GÜNTER ROTH

Die Institution der kommunalen Sozialverwaltung

Schriften zur Wirtschafts- und Sozialgeschichte

In Verbindung mit Rainer Fremdling,
Carl-Ludwig Holtfrerich, Hartmut Kaelble und Herbert Matis
herausgegeben von Wolfram Fischer

Band 56

Die Institution der kommunalen Sozialverwaltung

Die Entwicklung von Aufgaben, Organisation, Leitgedanken und Mythen von der Weimarer Republik bis Mitte der neunziger Jahre

Von

Günter Roth

Duncker & Humblot · Berlin

Die Deutsche Bibliothek – CIP-Einheitsaufnahme

Roth, Günther:
Die Institution der kommunalen Sozialverwaltung ; die Entwicklung von Aufgaben, Organisation, Leitgedanken und Mythen von der Weimarer Republik bis Mitte der neunziger Jahre / von Günther Roth. – Berlin : Duncker und Humblot, 1999
(Schriften zur Wirtschafts- und Sozialgeschichte ; Bd. 56)
Zugl.: Konstanz, Univ., Diss., 1996
ISBN 3-428-09852-8

Fotoprint: Werner Hildebrand, Berlin
Printed in Germany

ISSN 0582-0588
ISBN 3-428-09852-8

Gedruckt auf alterungsbeständigem (säurefreiem) Papier
entsprechend ISO 9706 ♾

Vorwort

Es handelt sich beim vorliegenden Band um die überarbeitete Fassung meiner Ende 1996 an der Fakultät für Verwaltungswissenschaft der Universität Konstanz angenommenen Dissertation. Überwiegend reichen die Analysen deshalb bis zu diesem Zeitpunkt, allerdings habe ich an einigen Stellen Aktualisierungen vorgenommen. An dieser Stelle möchte ich nochmals meinem – zwischenzeitlich leider verstorbenen – Betreuer *Prof. Dr. Thomas Ellwein* und der Deutschen Forschungsgemeinschaft für ihre Förderung und Unterstützung im Rahmen zweier Forschungsprojekte danken. Ebenso danke ich dem Institut für Gerontologie an der Universität Dortmund und *Prof. Dr. Gerhard Naegele* für die Unterstützung der Drucklegung.

Ferner standen mir mit Rat und Tat bei der Datenermittlung, -auswertung und -analyse *Harald Wiester* sowie *Dr. Willi Nagel* von der Universität Konstanz zur Seite. Dann möchte ich *Prof. Dr. Heinrich Mäding* als Direktor des Deutschen Instituts für Urbanistik und der Senatsbibliothek Berlin für die Unterstützung beim Zugang zu kommunalen Haushaltsdaten, den Archiven der Stadt Nürnberg und der Stadt Offenburg sowie der Verwaltung der Stadt Nürnberg für den Zugang zu Archiv- und Aktenmaterial danken.

Dr. Martin Schoelkopf danke ich für die Durchsicht des Manuskripts, für Anregungen sowie Kritik. Schließlich haben mich meine Kolleginnen und Kollegen, studentische Hilfskräfte sowie vor allem meine Konstanzer Freundinnen und Freunde (*Detlef Franz*, *Lara Kreutzer*, *Eva-Christina Quick*, *Stephanie Reulen*, *Anette Schenk* und *Nicola Teubner*) bei zwar zum Teil zeitlich schon länger zurückliegenden Korrekturarbeiten mit wertvoller und *unbürokratischer*, in Einzelfällen mit *‚persönlicher Hilfe'*, unterstützt, weshalb ich ihnen auch deshalb besonders verbunden bin.

Dortmund, Oktober 1999 *Günter Roth*

Inhaltsverzeichnis

A. Einführung und theoretischer Rahmen ... 17

I. Ausgangspunkt: Aspekte der Verwaltungsentwicklung ... 17

II. Wachstumslinien der deutschen Verwaltung ... 20

III. Defizite der Forschung ... 22

IV. Entwicklungslinien der kommunalen Sozialverwaltung ... 23

V. Theoretischer Ansatz ... 30

VI. Vorgehen ... 36

B. Die Sozialverwaltung in der Weimarer Republik ... 41

I. Die Begründung der Institution bis 1924 ... 41

1. Gründung von Wohlfahrtsämtern und erste Vereinheitlichung der Organisation ... 48
2. Die Institutionalisierung am Beispiel des Wohlfahrtsamtes der Stadt Nürnberg ... 51
3. Die rechtliche Begründung von Aufgaben und Organisation ... 58
   a) Verordnung über die Fürsorgepflicht (RFV) ... 60
   b) Reichsgrundsätze über Voraussetzung, Art und Maß der öffentlichen Fürsorge (RGr) ... 61
   c) Das Reichsjugendwohlfahrtsgesetz (RJWG) ... 64

II. Die Leitgedanken der Fachwelt ... 67

1. Überblick zur Konjunktur der Themen ... 67
2. Leitgedanken und Mythen ... 70
   a) Einheitlichkeit, Planmäßigkeit, Professionalität ... 70
   b) ‚Rationalisierung‘ der Fürsorge nach dem Vorbild der Medizin ... 74
   c) Familienfürsorge als Verbindung verschiedener Leitgedanken ... 78
   d) Ausbau der Verwaltung und Professionalität als ‚Sparmaßnahmen‘ ... 79

III. Wachstum und Vereinheitlichung der Fürsorgeverwaltung von 1924-1932 83

1. Grundzüge der organisatorischen Entwicklung: Standardisierung, Differenzierung, Professionalisierung 83

2. Die Entwicklung der Fürsorgeverwaltung zwischen 1925 und 1931 im Vergleich von 20 Großstädten 92

a) Methodisches Vorgehen 92

(1) Die abhängige Variable: Größe der Organisation 93

(2) Die unabhängige Variable Aufgabenumwelt 96

b) Die Fürsorgeverwaltung und ihre Umwelt 97

(1) Das Wachstum der Aufgaben 97

(2) Die Zahl der Einwohner 104

(3) Die Finanzkraft 104

c) Die Fürsorgeverwaltung und sonstige Parameter 105

(1) Das Wachstum der gesamten Verwaltung 105

(2) Bürokratische Strukturmerkmale 106

d) Die Fürsorgeausgaben und die Umwelt 107

(1) Zahl der Unterstützten und Höhe der Unterstützungsausgaben 107

(2) Die Finanzkraft 108

(3) Die Größe der Verwaltung 109

3. Die Entwicklung der Fürsorgeverwaltung am Beispiel der Stadt Nürnberg 110

a) Der Abschluß der Institutionalisierung 1925 110

b) Das Wachstum der Organisation und Aufgaben von 1925 bis 1932 113

c) Die Bürokratisierung und der Konflikt mit den ‚Ehrenbeamten‘ 121

C. Die Sozialverwaltung im Dritten Reich 128

I. Vorbemerkungen 128

II. Kontinuität und Wandel institutioneller Strukturen 132

III. Die Leitgedanken der Fachwelt 142

IV. Beharrungsvermögen und Veränderung der Fürsorgeorganisation 150

1. Grundstrukturen der organisatorischen Entwicklung 150

2. Das Beispiel der Nürnberger Fürsorgeverwaltung 154

D. Die Sozialverwaltung nach dem Zweiten Weltkrieg 169

I. Institutionelle Restauration 170

1. Die Restauration des Fürsorgesystems in den 50er Jahren 170

2. Reform und Anpassung des Fürsorgerechts 174

II. Die Leitgedanken der Fachwelt ... 180

1. Tradition statt Neubeginn ... 180
2. Professionalisierung und Ausbau der Organisation ... 182
3. Abschied vom ‚Ehrenamt' als *Teil* der kommunalen Fürsorgeverwaltung ... 188
4. Definition neuer Aufgaben: Die Not der Alten ... 190

III. Restauration und Ausbau der Organisation ... 192

1. Allgemeine Grundzüge ... 192
2. Restauration und Ausbau der kommunalen Sozialverwaltung am Beispiel der Stadt Nürnberg ... 194

E. Die Sozialverwaltung in den sechziger und siebziger Jahren ... 211

I. Allgemeine institutionelle Entwicklung ... 212

1. Das Wachstum der Sozialhilfe im Überblick ... 212
2. Rechtliche Leistungsausweitungen und -einschränkungen ... 217
3. Phasen des Wachstums und der Einschränkung von Ausgaben ... 218

II. Die Leitgedanken der Fachwelt ... 221

1. Reorganisation, Expansion, neue und alte Mythen ... 222
2. Finanzielle Restriktionen und Selbsthilfebewegung ... 237

III. Wachstum und Differenzierung der Organisation ... 242

1. Allgemeine Tendenzen ... 242
2. Wachstum und Differenzierung der Sozialverwaltung am Beispiel der Stadt Nürnberg ... 245
   a) Die Ausgaben ... 245
   b) Organisation und Aufgaben ... 253
      (1) Ergebnisse und Folgen eines Organisationsvergleichs ... 259
      (2) Die Organisationsstruktur der Nürnberger Sozialverwaltung (1980) ... 267
3. Wachstum von Aufgaben und Organisation im Städtevergleich (1976-1986) ... 271
   a) Zum Vorgehen ... 271
   b) Übersicht der Entwicklung von 1976-1986 ... 273
   c) Die Größe der Sozialverwaltung und Umweltparameter im Querschnitt ... 275

d) Die Größe der Sozialverwaltung und Umweltparameter im Längsschnitt ... 279
e) Die Ausgaben und die Zahl der Hilfeempfänger sowie Verwaltungskosten ... 281

F. Die Sozialverwaltung in den achtziger und neunziger Jahren ... 283

I. Reform und Neuordnung des institutionellen Systems ... 283

1. Das Wachstum der Sozialhilfe im Überblick ... 283
2. Einsparungen und Neuordnung in der wirtschaftlichen Krise ... 289
3. Institutionelle Neuordnung durch die Pflegeversicherung ... 296
4. Institutionelle Neuordnung durch das Kinder- und Jugendhilfegesetz ... 302

II. Die Leitgedanken der Fachwelt ... 306

1. Selbstreflexion und Selbstkritik ... 307
2. Verbreitung von Organisationsanalysen ... 311
3. ‚Neues Steuerungsmodell' ... 314
a) Das Tilburger Modell: ‚Konzern Stadt' ... 317
b) Neue Steuerungsmodelle der KGSt ... 320
c) Umsetzungsprobleme: Neue Steuerung versus Fachlichkeit? ... 323

III. Grundzüge der organisatorischen Entwicklung ... 331

1. Allgemeine Tendenzen ... 331
2. Organisatorische Entwicklung am Beispiel der Stadt Nürnberg ... 335
a) Die Entwicklung der Ausgaben ... 335
b) Organisation und Aufgaben ... 344

G. Fazit ... 358

H. Literatur ... 371

I. Quellen ... 404

J. Anhang ... 405

Tabellenverzeichnis

Tabelle 1: Organisationsformen kommunaler Wohlfahrtspflege (1922) ... 51

Tabelle 2: Organisationsformen kommunaler Wohlfahrtspflege (1925) ... 90

Tabelle 3: Organisationsformen kommunaler Wohlfahrtspflege (1931) ... 91

Tabelle 4: Organisationsformen kommunaler Wohlfahrtspflege (1936) ... 151

Tabelle 5: Zahl der Kreisämter, Nebenstellen und Außenstellen des Wohlfahrtsamtes der Stadt Nürnberg, 1924-1937 ... 159

Tabelle 6: Wachstumsraten in der Sozialhilfe der BR-Deutschland (1963-1980) ... 219

Tabelle 7: Veränderung der Ausgaben für Soziale Angelegenheiten der Stadt Nürnberg gegenüber dem Vorjahr in %, 1963-1980 ... 249

Tabelle 8: Anteile diverser Ausgaben für Soziale Angelegenheiten der Stadt Nürnberg in %, 1963-1980 ... 250

Tabelle 9: Laufend unterstützte Sozialhilfefälle und laufende Barleistungen der Stadt Nürnberg, 1964-1980 ... 252

Tabelle 10: Wachstumszahlen der Sozialverwaltung in 20 Städten, 1976-1986 ... 274

Tabelle 11: Wachstum der registrierten Sozialhilfeempfänger in 20 Städten, 1976-1984 ... 274

Tabelle 12: Ergebnisse einfacher Regressionsanalysen der Fallzahlen und der Verwaltungsausgaben im Sozialamt, 1976 und 1984/86 ... 276

Tabelle 13: Veränderung der Sozialhilfe in der Bundesrepublik Deutschland gegenüber dem Vorjahr in %, 1980-1993 ... 287

Tabelle 14: Veränderung der Ausgaben für „Soziale Sicherung" der Stadt Nürnberg geg. dem Vorjahr in %, 1980-1995 ... 338

Tabelle 15: Anteile diverser Ausgaben für „Soziale Sicherung" der Stadt Nürnberg in Prozent, 1980-1995 ... 341

Tabelle 16: Ausgaben und Zahl der Empfänger für Sozialhilfe in der Stadt Nürnberg, 1980-1992 ... 342

Tabelle 17: Stellenentwicklung gesamt und in der Fürsorgeverwaltung der Stadt Nürnberg (Beamte und Angestellte), 1925-1932 ... 406

Tabelle 18: Strukturdaten großstädtischer Fürsorgeverwaltungen, 1925 (Teil a) ... 407

Tabelle 19: Strukturdaten großstädtischer Fürsorgeverwaltungen, 1925 (Teil b) ... 408

Tabelle 20: Strukturdaten großstädtischer Fürsorgeverwaltungen, 1931 (Teil a) ... 409

Tabelle 21: Strukturdaten großstädtischer Fürsorgeverwaltungen, 1931 (Teil b) ... 410

Tabelle 22: Veränderung von Strukturdaten großstädtischer Fürsorgeverwaltungen von 1925-1931 (Teil a) ... 411

Tabelle 23: Veränderung von Strukturdaten großstädtischer Fürsorgeverwaltungen von 1925-1931 (Teil b) ... 412

Tabelle 24: Stellen in der Gesamt- und Sozialverwaltung der Stadt Nürnberg, 1951-1962 ... 413

Tabelle 25: Stellenentwicklung (Beamte und Angestellte) in der Gesamt- und in der Sozialverwaltung der Stadt Nürnberg, 1963-1980 ... 414

Tabelle 26: Verwaltungs- und Personalausgaben der Sozialverwaltungen bundesdeutscher Großstädte, 1976 ... 417

Tabelle 27: Sozialhilfeempfänger und -ausgaben der Sozialverwaltung in ausgewählten bundesdeutschen Großstädten, 1976 ... 418

Tabelle 28: Personal- und Verwaltungsausgaben der Sozialverwaltung in bundesdeutschen Großstädten 1984/86 (nominal) ... 419

Tabelle 29: Verwaltungs- und Personalausgaben der Sozialverwaltungen in ausgewählten bundesdeutschen Großstädten 1984/86 (real) ... 420

Tabelle 30: Verwaltungsausgaben sowie Ausgaben (real) und Empfänger der Sozialhilfe in bundesdeutschen Großstädten, 1976 und 1984 ... 421

Tabelle 31: Sozialhilfeausgaben der Sozialverwaltungen bundesdeutscher Großstädte (nominal) 1984/1985/86 ... 422

Tabelle 32: Sozialhilfeausgaben in ausgewählten bundesdeutschen Großstädten (real) 1984/1985/86 ... 423

Tabelle 33: Veränderung der Personal- und Verwaltungsausgaben (real) ausgewählter bundesdeutscher Sozialverwaltungen, 1976-1984/86 ... 424

Tabelle 34: Veränderung der Zahl der Sozialhilfeempfänger und der Verwaltungsausgaben pro Empfänger in ausgewählten bundesdeutschen Großstädten (1976-1984) ... 425

Tabelle 35: Veränderung der Verwaltungsausgaben pro Sozialhilfeempfänger in ausgewählten bundesdeutschen Großstädten (1976-1984) ... 426

Tabelle 36: Veränderung der Sozialhilfeausgaben (real) in ausgewählten bundesdeutschen Großstädten, 1976-1986 ... 427

Tabelle 37: Veränderung der Personal- und Verwaltungsausgaben in ausgewählten bundesdeutschen Sozialverwaltungen in %, 1976-1984/86 ... 428

Tabelle 38: Prozentuale Veränderung der Zahl der Sozialhilfeempfänger, der Verwaltungsausgaben pro Empfänger und der Bruttoausgaben Sozialhilfe pro Empfänger in ausgewählten bundesdeutschen Großstädten (1976-1984) ... 429

Tabelle 39: Prozentuale Veränderung der Sozialhilfeausgaben (real) in ausgewählten bundesdeutschen Großstädten, 1976-1986 ... 430

Tabelle 40: Stellen in der Gesamt- und Sozialverwaltung der Stadt Nürnberg, 1981-1995 ... 431

Abbildungsverzeichnis

Abbildung 1: Organisation des Nürnberger Wohlfahrtsamtes 1924/25 54

Abbildung 2: Laufend unterstützte Fälle zu hauptamtlich in der Fürsorgeverwaltung Beschäftigten, 1925 101

Abbildung 3: Laufend unterstützte Fälle zu hauptamtlich in der Fürsorgeverwaltung Beschäftigten, 1931 101

Abbildung 4: Stellen in der Wohlfahrtspflege der Stadt Nürnberg, 1925-1932 114

Abbildung 5: Fürsorgefälle im Wohlfahrtsamt der Stadt Nürnberg, 1925-1932 116

Abbildung 6: Zusammensetzung der laufenden Unterstützungsfälle des Wohlfahrtsamtes der Stadt Nürnberg, 1925-1932 117

Abbildung 7: Fälle in der Anstaltsfürsorge des Wohlfahrtsamtes der Stadt Nürnberg, 1925-1932 119

Abbildung 8: Fälle der Jugendfürsorge der Stadt Nürnberg, 1925-1932 121

Abbildung 9: Organisation der Nürnberger Wohlfahrtspflege 1928/1929 122

Abbildung 10: Organisation des Wohlfahrtsamtes der Stadt Nürnberg, 1935 157

Abbildung 11: Stellen im Wohlfahrtsamt der Stadt Nürnberg (1927-1938) 160

Abbildung 12: Personalausgaben des Bezirksfürsorgeverbandes Nürnberg (1924-1938) 161

Abbildung 13: Personalausgaben in der ‚wirtschaftlichen Fürsorge' der Stadt Nürnberg, 1933-1941 162

Abbildung 14: Personalausgaben im Jugend- und Gesundheitswesen der Stadt Nürnberg, 1933-1941 163

Abbildung 15: Laufende Unterstützungsfälle des Wohlfahrtsamtes der Stadt Nürnberg, 1924-1938 164

Abbildung 16: Laufend unterstützte Fälle pro Beschäftigten im Wohlfahrtsamt der Stadt Nürnberg, 1933-1938 164

Abbildung 17: Unterstützte Arbeitslose (ohne Erwerbslosen- oder Krisenfürsorge) des Wohlfahrtsamtes der Stadt Nürnberg, 1924-1938 166

Abbildung 18: Unterstützte Sozialrentner des Wohlfahrtsamtes der Stadt Nürnberg, 1924-1938 168

Abbildung 19: Organisation der Sozialverwaltung der Stadt Nürnberg, 1950 .... 198/199

Abbildung 20: Stellen in der Sozialverwaltung der Stadt Nürnberg, 1951-1962 202

Abbildung 21: Ausgaben und Steuereinnahmen der Stadt Nürnberg, 1947-1962 203

Abbildung 22: Entwicklung der Ausgaben der Sozialverwaltung der Stadt Nürnberg, 1947-1962 204

Abbildung 23: Anteil der Personalausgaben an den Gesamtausgaben für ‚Soziales und Jugend' der Stadt Nürnberg, 1947-1962 (in %) 205

Abbildung 24: Laufend unterstützte Fälle im Fürsorgeamt der Stadt Nürnberg, 1949-1962 ... 205
Abbildung 25: Laufend unterstützte Fälle pro Stelle im Fürsorgeamt der Stadt Nürnberg, 1949-1962 ... 206
Abbildung 26: Zahl der Sozialhilfeempfängerinnen und -empfänger in der Bundesrepublik Deutschland, 1963-1982 (in Tausend) ... 212
Abbildung 27: Ausgaben für Sozialhilfe in der Bundesrepublik Deutschland, 1963-1982 (in Mill. DM zu Preisen von 1985) ... 213
Abbildung 28: Ausgaben für Sozialhilfe außerhalb von und in Anstalten in der BR-Deutschland, 1963-1982 (in Mill. DM zu Preisen von 1985) ... 214
Abbildung 29: Veränderung der Hilfe zum Lebensunterhalt (1964-1980) gegenüber dem Vorjahr in % ... 220
Abbildung 30: Veränderung der Ausgaben für Hilfe in besonderen Lebenslagen (1964-1980) gegenüber dem Vorjahr in % ... 221
Abbildung 31: Gesamt- und Personalausgaben sowie Steuereinnahmen der Stadt Nürnberg, 1963-1979 ... 245
Abbildung 32: Gesamtausgaben für Soziale Angelegenheiten der Stadt Nürnberg, 1963-1980 ... 247
Abbildung 33: Struktur der Ausgaben für Soziale Angelegenheiten der Stadt Nürnberg, 1963-1973 ... 248
Abbildung 34: Struktur der Ausgaben für Soziale Angelegenheiten der Stadt Nürnberg, 1974-1979 ... 248
Abbildung 35: Laufend unterstützte Sozialhilfefälle und laufende Barleistungen / laufende Fälle der Stadt Nürnberg ... 253
Abbildung 36: Stellen der Sozialverwaltung der Stadt Nürnberg nach Aufgabenbereichen, 1962-1980 ... 254
Abbildung 37: Stellen der Sozialverwaltung der Stadt Nürnberg nach Aufgabenbereichen, 1962-1980 ... 255
Abbildung 38: Laufende Sozialhilfefälle pro Stelle im Sozialamt der Stadt Nürnberg, 1963-1979 ... 258
Abbildung 39: Organisation der Sozialverwaltung der Stadt Nürnberg, 1980 ... 268-270
Abbildung 40: Sozialhilfeempfänger gesamt zu Verwaltungsausgaben Sozialamt gesamt, 1976 ... 278
Abbildung 41: Sozialhilfeempfänger gesamt zu Verwaltungsausgaben Sozialamt gesamt, 1984 ... 278
Abbildung 42: Zahl der Sozialhilfeempfängerinnen und -empfänger in der Bundesrepublik Deutschland 1980-1993 (in Tausend) ... 283
Abbildung 43: Ausgaben für Sozialhilfe in der Bundesrepublik Deutschland, 1980-1993 (in Mill. DM zu Preisen von 1985) ... 286
Abbildung 44: Veränderung der Ausgaben für Hilfe zum Lebensunterhalt in der Bundesrepublik Deutschland gegenüber dem Vorjahr in %, 1980-1992 ... 288
Abbildung 45: Wachstum der Ausgaben für Hilfe in besonderen Lebenslagen in der Bundesrepublik Deutschland gegenüber dem Vorjahr in %, 1980-1993 ... 289

Abbildung 46: Gesamt- und Personalausgaben sowie Steuereinnahmen der Stadt Nürnberg, 1980-1995 ... 336
Abbildung 47: Ausgaben, Einnahmen und Zuschußbedarf für ‚Soziale Sicherung' der Stadt Nürnberg, 1980-1995 ... 337
Abbildung 48: Struktur der Ausgaben für „Soziale Sicherung" der Stadt Nürnberg, 1980-1995 ... 339
Abbildung 49: Struktur der Ausgaben für „Soziale Sicherung" der Stadt Nürnberg, 1980-1995 ... 340
Abbildung 50: Empfänger und Ausgaben für Hilfe zum Lebensunterhalt der Stadt Nürnberg, 1980-1992 ... 344
Abbildung 51: Stellen der Sozialverwaltung der Stadt Nürnberg nach Aufgabenbereichen, 1981-1995 ... 345
Abbildung 52: Stellen der Sozialverwaltung der Stadt Nürnberg nach Aufgabenbereichen, 1981-1995 ... 346
Abbildung 53: Zahl der Sozialhilfeempfänger der Stadt Nürnberg, 1980-1992 ... 347
Abbildung 54: Sozialhilfeempfänger pro Stelle im Sozialamt der Stadt Nürnberg, 1982-1992 ... 348
Abbildung 55: Organisationsstruktur der Nürnberger Sozialverwaltung: Sozialamt und Familienhilfe, 1994 ... 353
Abbildung 56: Organisationsstruktur der Nürnberger Sozialverwaltung: Jugendamt, 1994 ... 354
Abbildung 57: Organisationsstruktur der Nürnberger Sozialverwaltung: Altenversorgung, 1994 ... 356
Abbildung 58: Organisationsstruktur der Nürnberger Sozialverwaltung: Gesundheitsamt, 1994 ... 357
Abbildung 59: Vollzeitbeschäftigte der Gemeinden im Bereich „Soziale Sicherung, Soziale Kriegsfolgeaufgaben, Wiedergutmachung" (1950-1995) in 1000 ... 405
Abbildung 60: Fälle beim Jugendamt der Stadt Nürnberg, 1963-1979 ... 416
Abbildung 61: Fälle beim Jugendamt der Stadt Nürnberg, 1980-1993 ... 433

A. Einführung und theoretischer Rahmen

I. Ausgangspunkt: Aspekte der Verwaltungsentwicklung

„Eine einmal voll durchgeführte Bürokratie gehört zu den am schwersten zu zertrümmernden sozialen Gebilden. Die Bürokratisierung ist *das* spezifische Mittel [einverständliches] ‚Gemeinschaftshandeln' in rational geordnetes ‚Gesellschaftshandeln' zu überführen. Als Instrument der ‚Vergesellschaftung' der Herrschaftsbeziehungen war und ist sie daher ein Machtmittel allerersten Ranges für den, der über den bürokratischen Apparat verfügt."
(M. Weber, (1922) 1972: 569 f., Hervorhebung im Original)

Machthaber und Regierungen wurden gestürzt, Verfassungen durch revolutionären Akt außer und neue in Kraft gesetzt, doch die Verwaltung blieb zunächst meist verschont. Selbst als politische Systeme, wie nach dem Ersten und Zweiten Weltkrieg das Kaiserreich und das ‚Dritte Reich' zusammenbrachen, wurden beinahe reibungslos Steuern weiter eingetrieben, Schüler unterrichtet, Fürsorgeunterstützungen gewährt usw., d.h. die Verwaltung funktionierte mehr oder weniger weiter, und zwar im großen und ganzen mit dem vorhandenen Personal und in den *bestehenden Strukturen* (vgl. Ellwein, Th. 1997: 537).[1] Nach diesem Befund scheint der Einfluß der politischen, ökonomischen und gesellschaftlichen *Umwelt* auf die Verwaltung geringer zu sein, als theoretisch meist immer noch angenommen wird.

Fragt man nach *Gesetzmäßigkeiten* der *Verwaltungsentwicklung*, so gilt jedoch zumindest im Prinzip und dem Anspruch nach auch heute *Max Webers funktionales Modell*,[2] wonach Verwaltungsorganisationen als *Instrument* der Politik *öffentliche Aufgaben* nach *rationalen* Kriterien *vollziehen*, selbst wenn Vollzugsdefizite, eigengesetzliches Wachstum oder die „organisierte Anarchie", „Mülleimermodelle" der organisatorischen Entscheidung à la March und

---

[1] „Verfassungsrecht vergeht, Verwaltungsrecht besteht", so die lapidare Feststellung durch den Verwaltungsrechtler Otto Mayer (Ellwein, Th. 1997: 56).

[2] Bernd Becker (1989: 13) bezeichnete Max Webers in „Wirtschaft und Gesellschaft (1922, hier: 1972) aufgestellte Theorie als *einzige* zur Verwaltungsentwicklung. Zu Theorien der Verwaltungsentwicklung siehee die Überblicke bei Michael Weber (1994), der zahlreiche Ansätze zur Erklärung von Verwaltungswachstum aufzeigt, die jedoch alle mehr oder weniger fragmentarisch bleiben (siehe dazu: Roth, G. 1994, ders. 1996). Wichtig erscheint mir auch der Hinweis, daß sich alle einschlägigen Theorien, ob organisationssoziologischer, politikwissenschaftlicher oder wirtschaftswissenschaftlicher Herkunft, kaum mit der Entwicklung der *öffentlichen* Verwaltung beschäftigen und wenn, nur selten deren Spezifika und Vielfalt erfassen (vgl. Roth, G. 1994; Ellwein, Th. 1994b).

Olsen und anderes mehr seit den siebziger Jahren verstärkt diskutiert wurden. Immer noch *sollte* die auf Aufgaben bezogene, funktionale Tätigkeit der Verwaltung die Regel darstellen, die Abkopplung eher die Ausnahme. Daß dieses Modell dominiert, zeigt schon die Tatsache, daß der Regelverstoß Entrüstung bis hin zum öffentlichen Skandal provoziert. So ist auch das Ziel der aktuellen Verwaltungsreformen[3] im Rahmen des ‚*new public management*' und ‚Neuer Steuerungsmodelle', daß sich die Organisation nach den politisch und gesetzlich möglichst genau festgelegten und der Verwaltung zugewiesenen *Aufgaben* richtet: „Die Verwaltung soll rudern, die Politik steuern", so heißt es bildlich. Im Vordergrund stehen auch in diesem in den letzten Jahren nachgerade zum Mythos gewordenen Modell zwar die ‚*Produkte*' der Verwaltung, diese leiten sich jedoch wiederum aus den Aufgaben ab, wobei oft Produkt- und Aufgabenkatalog wiederum mit dem gesetzlichen weitgehend identisch sind.[4]

Öffentliche Aufgaben entstehen dem funktionalen Modell zufolge aufgrund einer gesellschaftlichen ‚Nachfrage' öffentlicher Leistungen im Rahmen eines politischen Prozesses.[5] Sie werden der Verwaltung in Form von Gesetzen, Verordnungen, Satzungen oder Anweisungen übertragen; Mittel werden bereitgestellt, wonach es der Verwaltung obliegt, die Aufgaben sinnvoll zu verteilen (Aufbauorganisation) und für eine effiziente Erledigung durch Arbeitsprogramme im Rahmen der ‚Ablauforganisation' zu sorgen.[6] *Wandel* der Verwaltungsorganisation tritt dem funktionalen Modell zufolge vor allem dann auf, wenn sich die Anforderungen der gesellschaftlichen, politischen oder ökonomischen *Umwelt* und die daraus erwachsenden *Aufgaben* verändern.[7]

Empirische Arbeiten zur deutschen *Verwaltungsgeschichte* – in dessen Umfeld die vorliegende Arbeit entstanden ist – zeigten jedoch eine vielschichtige, wechselseitige, manchmal auch *zufällige* und voneinander losgelöste historische Entwicklung von Aufgaben und Organisation der untersuchten Verwaltungen:[8] Überdies rückten in diesem Zusammenhang Tendenzen eines *eigenge-*

---

[3] Interessant ist in diesem Zusammenhang, daß der Reformbegriff ursprünglich als Rückbesinnung auf einen früheren besseren Zustand verstanden wurde (vgl. Brunner, O. 1984).

[4] Der durch die KGSt herausgegebene „Produktplan" Jugendhilfe richtet sich grundsätzlich nach der Aufgabengliederung des Kinder- und Jugendhilfegesetzes; vgl. KGSt 1993c; 1994a und b.

[5] Vgl. Mäding, E. 1973: 271 ff.; ders. 1982; Zum Begriff öffentlicher Aufgaben z.B. Bull, H.-P. 1974, ders. 1977; Hesse, G. 1979; Schuppert, G.F. 1980, ders. 1981; ders. 1989. Damit ist noch nichts darüber ausgesagt, wie diese ‚Nachfrage' zustande kommt, d.h. daß der politische Prozeß im wesentlichen durch die kritische Ressource ‚Legitimation' gesteuert wird.

[6] Vgl. Becker, B. 1976; Siepmann, H./Siepmann, U. 1981.

[7] Aufbauend auf dem Weberschen Modell hat sich die *Organisations*soziologie etabliert, in der das sogenannte ‚*Organisation-Umwelt-Paradigma*' in allen möglichen Variationen durchgespielt wurde (vgl. Kieser, A. 1993; Kieser, A./Kubicek, H. 1992; Scott, W.R. 1986). Der Grundansatz ist, daß organisatorischer Wandel durch die Umwelt und deren Anforderungen mehr oder weniger determiniert wird, selbst wenn sich Organisationen nicht immer und sofort als ‚fit' erweisen und anpassen müssen.

setzlichen Wachstums der Verwaltung ebenso in den Vordergrund wie ihre Fähigkeit, im Falle verschwindender Aufgaben zu überleben, oder sich neue Aufgaben zu suchen, um ihren Bestand zu sichern.[9] Dem entspricht die Beobachtung, daß Bemühungen um Rechts- und Verwaltungsvereinfachungen meist ebenso erfolglos blieben wie der Versuch des *Abbaus* staatlicher Aufgaben, so daß die Verwaltung auch in jüngerer Zeit kaum schrumpfte, obwohl die Prognosen des damit verbundenen, wie auch immer definierten, ‚Staatsanteils' schon länger Anlaß zur Besorgnis gaben.

Aufgabenverteilung und Organisation erscheinen in der historischen Entwicklung häufig wenig aufeinander bezogen und eher durch *Tradition* oder *Routine* als durch zentralen staatlichen rationalen Willen bestimmt. Ferner antizipierte die Verwaltung ‚vor Ort' oft gesellschaftliche Entwicklungen und wurde tätig, *ohne* daß Aufgaben gesetzlich bestimmt waren. Verwaltung *wandelte* sich angesichts neuer Umstände und Anforderungen ihrer Umwelt, indem sie sich *allmählich anpaßte*. Dies geschah meist wenig spektakulär und brauchte vor allem Zeit, konnte aber auf lange Sicht durchaus gravierende Veränderungen mit sich bringen, selbst wenn sich die äußere Form oder Struktur im groben kaum geändert hatte.

Der *Ausgangspunkt* der vorliegenden Untersuchung ist also zunächst das *theoretisch* interessante Wechselspiel zwischen der organisatorischen Entwicklung, den konkreten Aufgaben sowie der Umwelt (politische, ökonomische, soziale und institutionelle) der Verwaltung. Im folgenden soll jedoch zunächst das konkrete Feld der Untersuchung, die Entwicklung der kommunalen Sozialverwaltung und dessen Ausmaße innerhalb der allgemeinen Verwaltungsentwicklung umrissen werden, bevor einige qualitative Entwicklungslinien und theoretische Interpretationen der Sozialverwaltung aufgezeigt werden, welche dazu dienen, den theoretischen Untersuchungsansatz zu begründen.

---

[8] Folgende Verwaltungen wurden im Sonderforschungsbereich „Verwaltung im Wandel" an der Universität Konstanz untersucht – Gewerbeaufsicht (Buck-Heilig, L. 1989); Arbeitsstättenrecht, Gewerbeförderung (Drexler, A. 1989); Apothekenaufsicht (Weingarten, J. 1988); Straßenbauverwaltung (Buck-Heilig, L. 1990); Ortspolizei (Buck-Heilig, L. u.a. 1989); Bauverwaltung (Bachmann, B. 1993); Finanzverwaltung (Metzger, E./Weingarten, J. 1989; Weingarten, J. 1993) (ausführlich: Ellwein, Th. 1994b).

[9] Vgl. dazu die Analysen zur Eigendynamik der Verwaltung der ‚Public Choice'-Strömung (Downs, A. 1967; Niskanen, W.R. 1971; ders. 1991; Dunleavy, P. 1991; Blais, A../Dion, St. 1991).

II. Wachstumslinien der deutschen Verwaltung

Der Wandel der deutschen Verwaltung vollzog sich in diesem Jahrhundert im Rahmen eines enormen *Wachstums* der Verwaltung, das sich wiederum vor allem nach dem Zweiten Weltkrieg entfaltete (vgl. Ellwein, Th. 1993; ders. 1997).[10] Neben Kontinuität und Beharrungsvermögen ist die mit dem Wachstum einher gehende, weitgehend unüberschaubar gewordene, organisatorische *Differenzierung* als herausragende Erscheinung der bundesdeutschen Verwaltungsentwicklung in diesem Jahrhundert zu nennen. Dies gilt selbst dann, wenn die in den letzten Jahren leicht rückläufige Entwicklung der Zahl der öffentlich Beschäftigten berücksichtigt wird.[11]

Quantitativ wie qualitativ dominieren beim Wachstum der Verwaltungs*ausgaben* jene Sektoren, die mit der Entwicklung des „*Wohlfahrtsstaates*" genuin verknüpft sind, wie „Bildung", „Gesundheit" und „*Soziale Sicherung*".[12] Auf „Soziale Sicherung" (einschließlich Sozialversicherungen) entfielen im Jahr 1994 mit 886.541 Mio. DM knapp 50% *aller* Ausgaben der öffentlichen Haushalte (1.778.372 Mio. DM), bezogen auf Gesamtdeutschland. Im Jahr 1950 wurden dagegen in der Bundesrepublik von insgesamt 28.141 Mio. DM (nominal) lediglich 7.619 Mio. DM für „Soziales" verwandt, was einem Anteil von nur 27% entspricht (vgl. Statistisches Bundesamt StJb 1997: 499). Selbst wenn die Inflationsentwicklung berücksichtigt wird, entspricht dies einem Wachstum von über 3.000% zwischen 1950 und 1994.[13]

Etwas anders gelagert ist die Entwicklung der Zahl des *Personals* der öffentlichen Verwaltung, welche im Vergleich zu den Ausgaben weniger stark und vor allem im Bildungssektor (Schulen und Hochschulen) anwuchs: Von den 4,63 Mio. insgesamt zum 30.6.1996 in Bund, Ländern und Gemeinden in den Kernverwaltungen gezählten Beschäftigten (bezogen auf Gesamtdeutschland) entfiel mit 1,69 Mio. der größte Teil (36,5%) auf den Bereich „Bildung, Wissenschaft und Kultur". Im Gesundheitsbereich gab es 514,2 Tsd. Beschäftigte, im Bereich „Soziale Sicherung" waren es 241 Tsd., was zusammen einen An-

---

[10] Betrachtet wird in der vorliegenden Arbeit nach dem Zweiten Weltkrieg nur die Entwicklung auf dem Gebiet der Bundesrepublik Deutschland ohne die Entwicklung in der Deutschen Demokratischen Republik.

[11] Letzteres resultiert aber zum Teil aus Auslagerungen (vgl. Breidenstein, W. 1997). Neben der Zahl der Beschäftigten gibt die Höhe der Verwaltungsausgaben Auskunft über „die Größe der Verwaltung" (dazu unten, S. 64 ff.).

[12] Die Bedeutung dieser Aufgabenbereiche für die staatliche Entwicklung wurde schon durch Adolph Wagner mit dem ‚Wagnerschen Gesetz' erkannt.

[13] Preisindex für die Lebenshaltung in langjähriger Übersicht nach: StJb 1997: 650.

teil von 16,3% ausmachte.[14] Als Vergleich zum Jahr 1950 liegen lediglich Zahlen der *Voll*beschäftigten vor: Während 1995 von insgesamt 2,9 Mio. Vollkräften 317,9 Tsd. im Gesundheitsbereich und 155,1 Tsd. im Bereich „Sozialer Sicherung" arbeiteten, waren im Jahr 1950 von insgesamt 1,33 Mio. Vollkräften lediglich 98.100 im Bereich „Soziale Sicherung" und 116.000 im Bereich „Gesundheit, Erholung und Sport" gezählt worden. Zusammen kamen diese Bereiche im Jahr 1960[15] auf 14,6%, während „Bildung" und „Wissenschaft" 18,5% ausmachten.[16]

Unterscheidet man das Verwaltungspersonal nach Gebietskörperschaften (Bund, Länder und Gemeinden), so fand sich Mitte 1996 der größte Teil der Beschäftigten der Kernverwaltungen bei den Ländern (40,5%) und Gemeinden (33,4%), während bei der unmittelbaren Bundesverwaltung nur 23,3% aller öffentlich Bediensteten beschäftigt waren.[17]

Die Verteilung des Verwaltungspersonals nach *Aufgabenbereichen* ist in Bund, Ländern und Gemeinden entsprechend der Aufgabenverteilung des Grundgesetzes unterschiedlich. Während 1995 beim Bund der „Löwenanteil" (67%) der Vollbeschäftigten auf den Bereich „Verteidigung" entfiel und bei den Ländern „Bildung und Wissenschaft" (46,5%) dominierte, stellte der Bereich „Gesundheit, Sport und Erholung" den größten Anteil der Gemeindebediensteten (26,9% aller Vollbeschäftigten der Kernhaushalte); 11% der Vollbeschäftigten der Gemeinden waren im Bereich „Soziale Sicherung", noch einmal gut 11% im Bereich „Bildung, Wissenschaft und Kultur", womit diese Bereiche zusammen fast die Hälfte aller bei den Gemeinden Beschäftigten ausmachten (eigene Berechnung nach: Statistisches Bundesamt StJb 1997: 533 f.).

Vor allem muß betont werden, daß von den insgesamt im Jahr 1995 im Bereich „Sozialer Sicherung" tätigen Vollbeschäftigten der öffentlichen Verwaltungen *über 67%* in den *Kommunal*verwaltungen arbeiteten, wobei sich die Zahl der dort Beschäftigten seit dem Zweiten Weltkrieg verdoppelt hat (vgl. Abbildung 59 im Anhang).

---

[14] Breidenstein, W. 1997: 791; das Personal der „politischen Führung und zentralen Verwaltung" umfaßte 703.300 (15,2%), jenes für „öffentliche Sicherheit und Ordnung" (450.500; Anteil von 9,7%).

[15] Der Vergleich zum Jahr 1950 muß unterbleiben, weil der Bereich „Verteidigung" in diesem Jahr noch fehlte.

[16] Hier wiederum bezogen auf die Bundesrepublik. Eigene Berechnung nach: Statistisches Bundesamt, StJb 1997: 533.

[17] Der Rest entfällt auf Mischformen; berechnet nach: Breidenstein, W. 1997: 785).

III. Defizite der Forschung

Trotz der Bedeutung der Gemeinden für die Verwaltungsentwicklung wurde die Entwicklung der Kommunalverwaltung in der überwiegend staatsorientierten historischen Verwaltungsforschung lange Zeit vernachlässigt (vgl. Ellwein, Th. 1993 23 ff.). Ellwein führt dies eben auf die Vorherrschaft und Beschränkungen des im 19. Jahrhundert ausgebildeten, einheitlich rationalen Modells vom Staat zurück, in dem die Gemeinden vorwiegend als ausführender Teil des zentralen rationalen Willens vorkommen. Die umfangreichen ‚Randzonen' der Verwaltung mit ihrem Eigenleben, die auch für die Entwicklung der kommunalen Sozialverwaltung von Bedeutung erscheinen, wurden jedoch seit den achtziger Jahren als ‚verselbständigte Verwaltungseinheiten', ‚Quasi-Governmental Organizations', ‚Para-Governmental-Organizations' oder unter dem Stichwort ‚Dritter Sektor zwischen Markt und Staat' entdeckt,[18] also in einer Zeit, in der mit der Implementationsforschung ‚Vollzugsdefizite' offenkundig (vgl. Mayntz, R. 1980) und das klassische Verwaltungsmodell stärker in Frage gestellt wurde.

Auch in bezug auf die Entwicklung des Sozialstaates wies z.B. Reulecke (1991: 146) darauf hin, daß die Rolle der Gemeinden zu wenig untersucht worden sei, obwohl sich doch aus der kommunalen Fürsorgeverwaltung auch die anderen Systeme sozialer Sicherung des modernen Sozial- oder Wohlfahrtsstaates entwickelt haben (Sachße, Ch. 1990: 483). Die Forschung zur Entwicklung moderner Wohlfahrtsstaaten (vgl. z.B. Flora, P. 1982; Alber, J., 1982, ders. 1989; Schmidt, M.G. 1998) hat sich fast ausschließlich mit der Sozial*versicherung* beschäftigt, primär quantitative, aggregierte Analysen geliefert (vgl. Kaufmann, F.X. 1991b), und dabei den ‚arbeitenden Staat vor Ort' mit seinen sozialen Diensten sowie der Verwaltung als *Organisation* ausgeklammert.

Allerdings hat sich diese Lage seit den achtziger Jahren verbessert: Bahnbrechend dafür waren die historischen Analysen von Sachße, Ch./Tennstedt, F., 1980 u. 1988, 1992, die einen Überblick zur Entwicklung der Sozialverwaltung vom Kaiserreich bis zum Dritten Reich gaben und theoretisch den Aspekt der Sozialverwaltung in seiner gesellschaftlichen Funktion der ‚Arbeitsdisziplinierung' unterer Schichten verfolgten. Theoretisch ambitionierte Arbeiten lieferten auch K.P. Japp (1986), Th. Olk (1986) oder H.-U. Otto u.a. (1991), die sich auf

[18] Vgl. z.B. Schuppert, G.F. 1981; ders. 1988; 1989; Hood, Ch./Schuppert, G.F. 1988; Ronge, V. 1988; Reichard, Ch. 1988 u. 1990; Dreier, H. 1991; Kaufmann, F.X. 1991 a. u. b.; Seibel, W. 1992.

Einzelthemen wie die Entwicklung der Professionalisierung (Olk) oder auf die aktuelle Zeit (Japp; Otto u.a.) bezogen.[19] Allerdings decken diese Arbeiten nicht den gesamten hier untersuchten Zeitraum ab und sie haben nicht primär die organisatorische Entwicklung unter dem Blickwinkel einer historischen Theorie der Verwaltungswentwicklung (vgl. Ellwein, Th. 1981 ff.) zum Gegenstand der Untersuchung. Auf der anderen Seite hat die Verwaltungsforschung bisher kaum theoretisch geleitete historische *Analysen* geliefert (vgl. Seibel 1994: 21).

Nachdem der theoretische Ausgangspunkt, die quantitative Einordnung des Untersuchungsgegenstandes in die allgemeine Verwaltungsentwicklung und Forschungsdefizite umrissen wurden, sollen nachfolgend grundsätzliche Entwicklungen und Strukturen des Feldes der kommunalen Sozialverwaltung verfolgt werden, bevor im nächsten Schritt der hier angewandte theoretische Untersuchungsansatz aufgezeigt wird.

IV. Entwicklungslinien der kommunalen Sozialverwaltung

> „Das Subjektive der Armut und überhaupt der Not aller Art, der schon in seinem Naturkreise jedes Individuum ausgesetzt ist, erfordert auch eine *subjektive* Hilfe ebenso in Rücksicht der *besonderen* Umstände als des *Gemüts* und *der Liebe*. Hier ist der Ort, wo bei aller allgemeinen Veranstaltung die *Moralität* genug zu tun findet. Weil aber diese Hilfe für sich und in ihren Wirkungen von der Zufälligkeit abhängt, so geht das Streben der Gesellschaft dahin, in der Notdurft und in ihrer Abhilfe das Allgemeine herauszufinden und zu veranstalten und jene Hilfe entbehrlicher zu machen." (Hegel, G.W.F. 1972 [1821]: § 242, Hervorhebung i. Orig.)

Das Zitat von Hegel beinhaltet für die Entwicklung der kommunalen Sozialverwaltung bis heute relevante *Leitgedanken*: So reflektiert er zunächst die Unterscheidung zwischen *individueller*, subjektiver Not und der daraus abgeleiteten Notwendigkeit einer individuellen Hilfe (Fürsorge), dem er die Notwendigkeit der Hilfe durch *allgemeine* (sozialpolitische) Veranstaltung, die antizipierend, präventiv angelegt ist, gegenüber stellt, was wiederum einem rationalen funktionalen Staatsmodell entspricht.

Die Trennung von Fürsorge und Sozialpolitik entspricht einem auch in der Weimarer Republik verbreiteten *Begriffsverständnis*: Die soziale Fürsorge, so die selbst bis heute wirkende Unterscheidung, galt in der Weimarer Republik als „Wohlfahrtspflege im engeren Sinne", d.h. als *individuelle Zuwendung*, die im Falle *unverschuldeter* Not (vor allem infolge von Krankheit, Alter und Er-

[19] Weitere *deskriptive* Überblicke gaben André, G. 1994; Müller, C.W. 1988 u. 1994; Kühn, D. 1985; ders. 1992 u. 1994; Die Arbeit von Ch. Hasenclever (1978) umfaßt die rechtliche Entwicklung der Jugendfürsorge (von 1900 bis in die 70er Jahre; vgl. Vogel, M.R. 1960, ders. 1966 zur Organisation des Jugendamts in der Nachkriegszeit. Ergänzend sind, zeitlich beschränkte, Einzelfallstudien, wie z.B. die von K. Wagner (1981) oder Stumpfögger, N./Wiethoff, U. (1989) zu nennen.

werbslosigkeit oder ‚Asozialität') von der kommunalen bürgerlichen Öffentlichkeit geleistet wurde. Von der Fürsorge wurde streng die „Wohlfahrtspflege im weiteren Sinne", die für alle Volksgruppen galt, und von der Sozial*politik*, als Mittel zur Behebung von Klassengegensätzen abgegrenzt (vgl. Dünner, J. 1929: 774; Memelsdorff, F. 1926: 25; Muthesius, H. 1925: 2 f), womit primär die Auseinandersetzung mit der sozialen als Arbeiterfrage mittels Sozialversicherungen gemeint war.

Mit der Differenzierung von ‚Fürsorge', ‚Wohlfahrtspflege' und ‚Sozialpolitik' (Sozialversicherung) geht einher, daß sich die Fürsorge weitgehend *‚entpolitisiert'*, mehr oder weniger im Schatten der Sozialversicherung, in enger Bindung an ihre *‚institutionelle Umwelt'* sowie insgesamt *restriktiv* weiterentwikkelte. Nur allmählich entschärften sich in der Fürsorge die repressiven Züge. Während rechtlich garantierte und standardisierte Mittel der Sozialpolitik, wie Versicherung und Vorsorge, Leistungen ohne Ansehen der Person und des Verhaltens gewähren, war die Fürsorge einerseits an den *individuellen* ‚Bedarf' und an das Verhalten, d.h. die Einhaltung sozialer Normen gekoppelt und andererseits mit sozialem Stigma verbunden. Zwar fiel in der Weimarer Republik im Vergleich zum Kaiserreich der Verlust des Wahlrechts für die Fürsorgeklienten weg, jedoch blieb die Kategorie der ‚Asozialen' bestehen. Bei der Einordnung eines Klienten als ‚arbeitsscheu' und mithin ‚asozial' konnte die Fürsorge nach wie vor auf das zum Überleben unbedingt Nötige beschränkt und die Einweisung in besondere Anstalten angeordnet werden. Der erzieherisch-repressive Aspekt der Fürsorge trat z.B. zutage, wenn Arbeit auch von sozialdemokratischen ‚Fürsorgeexperten' als ‚Allheilmittel' gegen ‚Krankheiten im sozialen Sinne' (‚Asozialität') gepriesen und die *‚Unschädlichmachung'* der *‚sozialen Krankheit'* schon vor und während der Weimarer Zeit propagiert wurde.

Der zweite Aspekt im angeführten Zitat deutet auf ein positives Verständnis der „allgemeinen (sozialpolitischen) Veranstaltung", welche die individuelle Hilfe entbehrlich mache. Generell ist für die deutsche Entwicklung des Wohlfahrtsstaates (vgl. Schmidt, M.G. 1998) die Wichtigkeit des auf Hegel zurückgehenden *Leitgedankens* einer neutralen, am *Gemeinwohl* orientierten *Verwaltung* im Rahmen einer aufgeklärten Staates hervorzuheben,[20] ein Leitbild, das sowohl im preußischen Reformkonzept von Lorenz vom Stein und seiner Vision der ‚Verwaltung der sozialen Reform' als auch im bürokratischen Idealtypus von Max Weber fortgesetzt wird (Lehmbruch, G. 1991: 149 ff.). Ein derartiges Verständnis drückte sich im Kern der beginnenden staatlichen Sozialpolitik im Kaiserreich dadurch aus, daß soziale Konflikte und Bewegungen, die tatsächlich (noch) relativ schwach ausgebildet waren, vom aufgeklärten, jedoch korporatistisch-paternalistischen, *Staat* per *sozialer Sicherung antizipierend* beherrscht und die aufkommende Arbeiterbewegung in den Staat integriert werden sollte (vgl. Hentschel, V. 1983). Allerdings sollte nicht primär der Staat

[20] Vgl. die Diskussion der deutschen Staatsrechtslehre und ihre Folgen bei Ellwein, Th. 1993a.

selbst für soziale Sicherung sorgen, sondern eben ein *korporatistischer Verbund* von Staat und Interessenverbänden,[21] welcher die sozialpolitische Entwicklung in Deutschland im ‚Sozialversicherungsstaat' bis heute geprägt hat.

Die weitgehend erreichte Identifikation der Sozialdemokraten mit diesem wohlfahrtsstaatlichen Modell zeigte sich sowohl nach dem Ersten als auch nach dem Zweiten Weltkrieg in ‚*Kontinuität und Wandel*' statt revolutionären Umwälzungen.[22] Entscheidend dafür war, daß die spezifische ‚korporatistische Organisation' der deutschen Sozialpolitik die gewünschte Bindung gesellschaftlicher Gruppen an den Staat, z.B. via Selbstverwaltung, herstellte. Dies geschah schon dadurch, daß die Selbstverwaltung der Sozialversicherungen für Arbeiter eine der wenigen Aufstiegsmöglichkeiten darstellte (Schmidt, M.G. 1998: 45). „Weder Kommunismus noch Kapitalismus", so brachte dies Rüdiger von Bruch (1985) als Leitmotiv der „*bürgerlichen Sozialreform*" des 19. Jahrhunderts auf eine treffende Formel. Dieses unterschrieben – in Abgrenzung zum Kommunismus – auch die Sozialdemokraten, was insbesondere im kritischen Übergang zur Weimarer Republik für staatliche *Kontinuität* sorgte. Einerseits wurde ein Bruch mit den Eliten des Kaiserreichs (Bürokratie, Wirtschaft und Militär) von der neuen sozialdemokratischen Herrschaft weitestgehend vermieden und das System der auf die Sozialversicherung orientierten sozialen Sicherung blieb in seinen *Grundstrukturen* erhalten. Nicht einmal im Ansatz wurde z.B. das überwiegend kaisertreue und republikfeindliche Verwaltungspersonal ausgewechselt. Andererseits erfolgte – nicht zuletzt unter dem Eindruck der Folgen des Ersten Weltkrieges – ein erheblicher *pfadabhängiger Ausbau*, eine Leistungsausweitung und eine stärkere Regulierung des Sozialstaates.

Die Dominanz der Institution der Fürsorgeverwaltung wird entscheidend dadurch ermöglicht, daß die *politische Organisation* und die *Konfliktfähigkeit* der Klientel vergleichsweise schwach waren und sind. Die Klientele der Fürsorge wurden in der Weimarer Republik allenfalls im Ansatz durch die Kommunisten politisch vertreten, die jedoch in diesem Bereich weitgehend ohne Wirkung blieben. Die Sozialdemokratische Partei Deutschlands (SPD) ging in der Weimarer Zeit auch in den Kommunen eher eine Koalition im Sinne eines von der bürgerlichen Sozialreform getragenen ‚Munizipalsozialismus' ein (vgl. Ba-

---

[21] Streng genommen ist von Korporatismus dann die Rede, wenn speziell organisierte Gruppen in den politischen Entscheidungsprozeß einbezogen waren und nur, wenn sie bei den Verhandlungen mit einem Repräsentationsmonopol über die kollektiven Interessen einer umfassenden Gruppe ausgestattet waren sowie außerdem (Mit-)Verantwortung für einmal getroffene Entscheidungen trugen (Schmitter/Grote 1997: 531). Nachdem zunächst der Makrokorporatismus mit den Verhandlungsstrukturen zwischen Staat, Wirtschaft und Gewerkschaften im Vordergrund stand, ging man in neuerer Zeit dazu über, Varianten korporatistischer Strukturen auf der ‚Mesoebene' und in anderen Politikfeldern zu entdecken (vgl. Streeck 1994: 17). In bezug auf die Rolle von Wohlfahrtsverbänden siehe z.B. Backhaus-Maul/Olk 1994. Vgl. zum Ansatz eines in Richtung von ‚Policy-Networks' modifizierten Korporatismus z.B. Lehmbruch 1991; Vgl. Czada 1994; Czada/Schmidt 1994; Schmitter/Grote 1997.

[22] Auch hier setzte sich das Sozialversicherungsmodell gegen versorgungsorientierte Konzepte durch.

johr, F. 1991). Ein diesem zugrunde liegender Leitgedanke war die technokratische Herrschaft der „neutralen Vernunft der Fachleute" und deren angeblich unpolitische, praktisch pragmatische Ausrichtung der Kommunalpolitik (vgl. Bajohr ebenda). Die relative Abkopplung der Fürsorge von der politischen Umwelt in der Weimarer Zeit ist auch, aber nicht nur, eine Folge der schlechten politischen *Organisationsfähigkeit* der unterprivilegierten und heterogenen Interessen von ‚Asozialen', Rentnern, Kriegsveteranen, Arbeitslosen, Kindern und Frauen.[23] Diese Gruppen verfügten – in der Regel bis heute – kaum über Organisationsfähigkeit. Ihnen fehlen politische Druckmittel, wie sie z.B. Arbeiter im Streik haben. Erst seit den achtziger Jahren ist infolge der *Selbsthilfebewegung*, der ‚neuen sozialen Bewegungen' und der GRÜNEN das Sozialhilfeklientel wieder in Ansätzen politisch repräsentiert, wie beispielsweise die von dort erstmals wirksam in der Öffentlichkeit lancierte Forderung nach einer allgemeinen staatsbürgerlichen Grundversorgung zeigt.

Das Repräsentationsdefizit eher verstärkend wirkt auch die schwach ausgeprägte Rolle der *Wohlfahrtsverbände* als Sozialanwälte, weil diese nicht ohne weiteres den genuinen Interessen ihrer Mitglieder entspricht. Denn unter den Mitgliedern der Wohlfahrtsverbände dominieren die *Träger* der sozialen Einrichtungen, deren Interessen wiederum nicht identisch, ja sogar häufig konträr zu jenen der Klientel liegen. Gleichwohl erreichten die Wohlfahrtsverbände bei der Interessenvermittlung im Fürsorgesystem zusammen mit den Vertretern der Fachverwaltungen eine Schlüsselstellung und maßgeblichen Einfluß in einer für die Fürsorge zentralen Institution, dem *Deutschen Verein für öffentliche und private Fürsorge* (DV oder Deutscher Verein).[24] Verschärfend kommt hinzu, daß Verbände dem ‚ehernen Gesetz der Oligarchie' (Michels), anders gesagt dem Druck zur ‚institutionellen Isomorphie' unterliegen und insofern ohnehin dazu tendieren, ihre *‚Einflußlogik'* voranzustellen.[25]

Im Zuge der ‚Entkonfessionalisierung', der Selbsthilfebewegung sowie der Zeit der fiskalischen Krise seit den achtziger Jahren des zwanzigsten Jahrhunderts, d.h. anläßlich von Sparbemühungen, betonten jedoch auch die Wohlfahrtsverbände stärker ihre ‚sozialanwaltschaftliche' Rolle und protestierten gegen den – ihre *genuinen* Interessen tangierenden – ‚Sozialabbau'.

---

[23] Kriegsveteranen, sowie ‚Sozial- und Kleinrentner' grenzten sich in ihrem Selbstverständnis als ‚Bürger' deutlich von den ‚Asozialen' ab. Auch waren diese Gruppen in Veteranenorganisationen und Rentnerbund organisiert und konnten so erreichen, daß für sie immerhin eine ‚gehobene' Fürsorge mit besserem Leistungsangebot bereitstand.

[24] Gegründet 1880 auf einem Armenpflegerkongreß; bis 1919: „Deutscher Verein für Armenpflege und Wohlthätigkeit" (als ‚Hausgeschichte siehe Orthband 1980).

[25] Verbände, so Lehmbruch (1994: 371), müssen einerseits den Erwartungen ihrer Mitgliedern hinreichende Anreize bieten, um von diesen Ressourcen extrahieren zu können, die ihnen Überleben und Wachstum ermöglichen. Andererseits müßten sie dem Staat (oder den Tarifparteien) hinreichende Anreize bieten, um Tauschressourcen, Zugang und Einflußmöglichkeiten für ihre Mitglieder erwerben zu können.

Aus diesen Überlegungen folgt die Vermutung, daß der Einfluß der Klientel von Fürsorge und Sozialhilfe auf die Sozialverwaltung sich lediglich sehr *vermittelt* im Rahmen eines ‚*institutionellen Systems*' geltend machen kann. Organisationsfähigkeit von Interessen war und ist im Rahmen der ‚korporatistischen Organisation' des deutschen Sozialstaates jedoch Voraussetzung für *institutionelle Resonanz*, welche jedenfalls das Fürsorge- und Sozialhilfeklientel nur in eingeschränktem Maße herstellen konnte. Das Konzept des *Korporatismus* selbst erscheint indes, trotz seiner Weiterentwicklung in die Richtung eines ‚Mesokorporatismus', trotz der Relevanz für die Entwicklung der kommunalen Sozialverwaltung und ungeachtet der Nähe zum im nächsten Abschnitt dargestellten theoretischen Ansatz dieser Untersuchung, zu weit und wenig *konkret* genug, um die *organisatorische* Entwicklung der kommunalen Sozialverwaltung im engeren Sinne, d.h. ohne Wohlfahrtsverbände, zu analysieren. Dennoch soll dieses theoretische Konzept in der Folge an geeigneter Stelle aufgegriffen werden.

Die Relevanz von im weitesten Sinne (dazu im nächsten Abschnitt) *institutionellen Erklärungen* zeigte sich auch im internationalen Vergleich der Entwicklung von ‚Wohlfahrtsstaaten' (vgl. Schmidt, M.G. 1998). Diese wiesen bei grundsätzlicher Ähnlichkeit der Problemlagen in vergleichbaren Aufgaben- oder Politikfeldern im einzelnen sehr *unterschiedliche* Strukturen und *Entwicklungspfade* auf, was kaum alleine funktional oder durch Interessenkonflikte, vielmehr aber durch institutionelle Eigenlogik, dem jeweiligen nationalen ‚administrativen Stil' oder mit historisch eingespielten und stabilen institutionellen ‚Politiknetzwerken' erklärt werden konnte (vgl. z.B. Lehmbruch, G. 1991: 132 ff.).[26] Insofern spielen gesellschaftliche und ökonomische Veränderungen, wie Industrialisierung, Urbanisierung, soziale Probleme und politische Konflikte zwar eine wichtige Rolle bei der Entwicklung der Systeme sozialer Sicherung, diese Entwicklungen treffen jedoch auf ein *institutionelles* Gefüge, das durchaus unterschiedliche Verarbeitungsmöglichkeiten zuläßt.[27]

Die *Fortschritte* im Fürsorgesystem (Verankerung und Ausweitung von Rechtsansprüchen) wurden also zwar durch die *politischen Systemwechsel* nach den beiden Weltkriegen begünstigt, aber nicht ausgelöst. Noch weniger wurde die kommunale Sozialverwaltung als Organisation direkt von den politischen Umbrüchen berührt. Auch hier dauerte es einige Zeit, bis sich die Verwaltung an die neuen politischen Gegebenheiten anpaßte. Andererseits konnte man sich im zentralen Fachverband, im – Deutschen Verein bereits einige Zeit *vor* der Weimarer Republik einen gesetzlich verankerten, einklagbaren Rechtsanspruch

---

[26] Vgl. allgemein, mit Bezug zu anderen Staaten: Th. Skocpol 1985; 1992; Siehe zum historischen Institutionalismus die Überblicke bei Thelen, K./Steinmo, S. 1992; Pontousson, J. 1995.

[27] H. Heclo (1974) zeigte für Großbritannien und Schweden die Rolle der staatlichen Bürokratie bei der Ausbildung sozialpolitischer Programme, die in beiden Staaten mehr Gewicht hatte als etwa politische Parteien oder Interessengruppen.

auf Unterstützungsleistungen vorstellen, der 1924 zunächst ‚im Innenverhältnis' und 1954 durch das Bundesverwaltungsgericht tatsächlich realisiert wurde.

Die Übergänge im Wandel der institutionellen Regelungen waren in der Praxis sowie historischen Entwicklung fließend und oft widerspruchsvoll. So gilt auch heute der grundlegende Leitgedanke einer *individuell* an der *Bedürftigkeit* ausgerichteten, nachrangigen „sozialen Hilfe“, die nach Bundessozialhilfegesetz (BSHG) von 1962 durch die Kommunen gewährt wird, und die nach wie vor der *Selbsthilfe* durch Arbeit dienen soll.[28] Bei Ablehnung „zumutbarer Arbeit“ kann die Hilfe auch heute auf das „zum Lebensunterhalt Unerläßliche“ beschränkt werden (§§ 18 und 25 BSHG). Ferner ist die Sozial- und Jugendhilfe von den zwei anderen Säulen (Versorgung und Versicherung) des Systems der sozialen Sicherung (Schäfer, D. 1966) streng abgegrenzt, wenngleich ‚das Allgemeine' heute immer stärker dominiert und eine allgemeine ‚Grundversorgung' in der Diskussion ist. Insgesamt hat sich im Verlauf dieses Jahrhunderts eine enorme rechtliche und organisatorische Differenzierung, Professionalisierung und Bürokratisierung der Sozialverwaltung ergeben, was ebenso Veränderungen der Art der Aufgabenerledigung und für die Klientel Rechtsansprüche, Leistungsausweitungen und eine geringere soziale Stigmatisierung mit sich brachte. Solche Aspekte werden hier jedoch weitgehend unberücksichtigt bleiben, weil der Fokus der Analyse primär auf die Veränderungen der *Organisation* der Sozialverwaltung gerichtet ist.

Neben der Möglichkeit, die Entwicklung der Fürsorgeorganisation als Reaktion auf Veränderungen der politischen und gesellschaftlichen Umwelt zu werten, gibt es auch eine *institutionelle Eigenlogik*. So war die Verrechtlichung und Programmierung der Arbeitsabläufe in der Weimarer Zeit auch eine Folge der Sozialversicherung und der daraus in der Fürsorge entstandenen bürokratischen Verhältnisse, z.B. im Rahmen komplizierter finanzieller Abrechnungen und Erstattungen (zwischen örtlichen und überörtlichen Verbänden). Diese Verfahren wurden wiederum im Zusammenhang mit der zunehmenden Mobilität der Klientel (ein ‚Umweltfaktor') und dem wachsenden Ausbau und der Spezialisierung im Bereich der Fürsorgeanstalten komplizierter. Wissen und Erfahrungen darüber wurden entsprechend in sich etablierenden Fachzeitschriften und *Fachverbänden* ausgetauscht. Differenziert sich ein Bereich in der institutionellen Umwelt der Fürsorge mit Leitideen, sowie rechtlich und organisatorisch aus, wie die Sozialversicherung, so folgt daraus also ein *Anpassungsdruck* in die Richtung einer entsprechenden *Differenzierung* auch in der Fürsorge.

---

[28] Hilfe erhält auch heute nur, wer sich nicht selbst helfen kann oder von anderen Hilfe erhalten kann (Nachrangigkeit, vgl. § 2 Abs. 1 BSHG). Jede Hilfe soll darauf abzielen, daß diese Hilfe überflüssig wird (Hilfe zur Selbsthilfe, vgl. § 1 Abs. 2 Satz 2 BSHG). Schließlich soll die Hilfe sich nach der Besonderheit des Einzelfalls, vor allem der Person des Empfängers richten (§ 3 Abs. 1 BSHG) und als Form der Hilfe ist im Gesetz zuerst die persönliche, vor der Geld- oder Sachleistung genannt (§ 8 Abs. 1 BSHG) (vgl. Birk, U.-A. u.a. 1994).

Wesentliche organisatorisch relevante Leitgedanken, so eine grundlegende Annahme der vorliegenden Untersuchung, wurden und werden in der *institutionellen Umwelt* der kommunalen Sozialverwaltung und hier vor allem seit über hundert Jahren vom *Deutschen Verein*, in neuerer Zeit auch durch die *Kommunale Gemeinschaftsstelle für Verwaltungsvereinfachung* (KGSt) mittels Tagungen, Seminaren, Stellungnahmen, Empfehlungen, Veröffentlichungen usw. entwickelt und verbreitet. Beide sind ‚staatsnahe' Institutionen. Im Deutschen Verein, der sich heute fast ausschließlich staatlich finanziert, sind sowohl die Gebietskörperschaften, insbesondere die Kommunen und ihre Spitzenverbände, die private Wohlfahrtspflege sowie praxisnahe Wissenschaftler vertreten. Da der Deutsche Verein sich zum großen Teil aus öffentlichen Institutionen zusammensetzt und auch zu 75 % vom Bund finanziert wird (vgl. Sckell, St. 1990: 66), wird er sogar als „halbstaatlich" oder als „privatrechtsförmige Verwaltungseinheit des Bundes" (Becker, B. 1989: 317) bezeichnet. Der Deutsche Verein erarbeitet unparteiische, am Konsens orientierte, fachliche und wissenschaftlich begründete Stellungnahmen, die nicht selten fast unverändert ihren gesetzlichen Niederschlag finden.

Sckell bezeichnet den DV auch als „*neokorporatistische Clearingstelle*", wobei nach seinem Dafürhalten diese Funktion erst nach 1945 in der Bundesrepublik voll zur Entfaltung kam [Sckell, St. 1990: 101 ff. (112)]: „Daß sich der Verein als derartige Konfliktregelungsorganisation seit Bestehen der Bundesrepublik überaus erfolgreich betätigte bzw. betätigen konnte, ist vor allem auf die Einhaltung verschiedener formeller und informeller Regelungen zurückzuführen." Dazu zählen die „Einstimmigkeit" von Entscheidungen, die durch die Wahlordnung gesicherte paritätische Besetzung von Positionen zwischen „öffentlicher" und „privater" Wohltätigkeit sowie Rechte für Minderheiten und das Aussparen umstrittener Themen, sicherten die besagte Rolle des DV. Und weiter: „Einmütig verabschiedete Stellungnahmen des Vereins werden von den zuständigen politischen Instanzen oftmals in toto übernommen, da ihnen gleichermaßen ein „ex cathedra"-Charakter zugesprochen wird" (ebenda, 112 f.).

Als Träger institutioneller Leitgedanken fungierten neben den genannten Fachverbänden zuallererst die im Feld tätigen wissenschaftlich begründeten *Professionen*. Insofern etablierte sich die bürokratische Rationalität in der Sozialverwaltung im Zusammenspiel mit der sich ausbreitenden medizinischen, aber auch *pädagogischen* Profession, die vor allem Tätigkeitsfelder in immer *differenzierteren Anstalten* (z.B. für die Erziehung von Waisen, straffälligen Jugendlichen, ‚gefallenen Mädchen', ‚Arbeitsscheuen', Wanderern, Siechen etc.) besetzten. Eine wichtige Rolle kam hier auch der bürgerlichen Frauenbewegung zu, die im Bereich ‚sozialer Arbeit' ein Berufsfeld für sich entdeckte und erschloß. Diese sich – im und mit dem Sozialstaat Ende des 19. Jahrhunderts – etablierenden *Berufsgruppen* ergänzten sich – trotz oft gegenläufiger Rhetorik – in ihrer Logik und Funktion mit der Bürokratie, denn sie reklamierten vor allem folgendes: die rationale, planmäßige, systematische, nach Methoden und Regeln ausgerichtete Hilfe.

Mit dieser Rationalität erlangten sie sozusagen ‚automatisch' (weil funktional begründet) – aber auch im eigenen Interesse – die Vorherrschaft gegen das bis dahin dominierende, paternalistisch und unsystematisch vorgehende, ehrenamtliche ‚Personal', wie dieses zeitgenössisch noch hieß. Entsprechend läßt sich für die *organisatorische* Entwicklung beobachten, auf welche Art und Weise in der Fachwelt als vorbildlich und professionell geltende *Leitmodelle* entwickelt und formuliert sowie durchgesetzt wurden. So fungierten das ‚Elberfelder', ‚Straßburger' System oder das ‚Trierer Modell' als *Vorbilder*. Daran anschließend kam es vielfach allein durch das Wirken solcher Vorbilder, d.h. weder unter dem *direkten* Druck rechtlicher Normen, den Aufgaben oder ökonomischen Notwendigkeiten zur *Nachahmung* und zu einem *‚institutionellen Isomorphismus'*, theoretisch ausgedrückt: Verwaltungsorganisationen in einem bestimmten Sektor passen sich in ihren Strukturen der Aufgabenerledigung und der Organisation vor allem ihrer *‚institutionellen Umwelt'* an, welche wiederum selektiv auf Vorgänge in der weiteren politischen und gesellschaftlichen Umwelt reagiert. Trotz äußerst *‚loser Kopplung'* an die zentrale Ebene – die Kommunen verfügten im Rahmen ihrer Selbstverwaltung über die Organisationshoheit –, haben sich also, vor allem in den großen Städten, schon seit Anfang des Jahrhunderts völlig *ohne gesetzliche* Grundlage relativ *ähnliche* Verwaltungsstrukturen herausbildet.

V. Theoretischer Ansatz

Theoretisch wird in der Untersuchung also angenommen, daß fachlich legitimierte Leitgedanken einer institutionellen Umwelt eine entscheidende strukturierende und stabilisierende Wirkung auf die hier zu untersuchende Verwaltungsorganisation entwickelt, indem diese Leitgedanken oder -sätze bestimmen, welche Aufgaben wie zu erledigen sind. Aufgaben und funktionale Anforderungen werden somit in diesem theoretischen Ansatz *vermittelt* wirksam. Soziale Probleme sind eben dann für die Verwaltung bedeutsam, wenn sie *institutionelle Resonanz* erzeugen. Auf diese Art und Weise knüpfe ich an die in den letzten Jahren in der organisations- und politikwissenschaftlichen Literatur diskutierte Wichtigkeit formeller *und* informeller *institutioneller Variablen*, ‚standard operating procedures', Routinen, Traditionen sowie kulturell bestimmten Normen und Werthaltungen an (vgl. March, J.G./Olsen J. P. 1984). Das Bild der rationalen, funktionalen und ‚straff gekoppelten' Organisation wurde in der Organisationstheorie selbst mehr und mehr als Mythos zur Legitimierung und Stabilisierung von Organisationen entdeckt und *‚lose Kopplungen'*, sowie symbolische Prozesse ins Zentrum der Analyse gestellt (vgl. Meyer, J.W./ Scott, W.R. 1992; Scott/Meyer 1992; Scott, W.R. 1992a u. b.).

Generell wird im *institutionalistischen* Ansatz[29] die Tatsache betont, daß sich Verwaltungsorganisationen durch *Kontinuität* und das Beharrungsvermögen ihrer Strukturen über lange Zeiträume hinweg auszeichnen, eben unter verschiedenen Umweltbedingungen oder funktionalen Anforderungen (Kriege, politische Systemwechsel oder ökonomische und gesellschaftliche Krisen). Fraglich erscheinen also insbesondere die Auswirkungen von ‚*Krisen*', und ob diese radikale Veränderungen auch in der Organisation der Sozialverwaltung induzieren, allgemeiner formuliert, wäre die *Struktur* oder die Phasen institutioneller Wandlungsprozesse vor dem Hintergrund gesellschaftlicher Krisen zu untersuchen.[30] So könnte die relative Abkopplung von der weiteren gesellschaftlichen Umwelt auch in Krisenzeiten nur partiell und in bestimmten Situationen ‚institutionelle Resonanz' zulassen. Wann diese Resonanz aufgrund welcher Bedingungen eintritt, ist theoretisch jedoch noch weithin unklar.[31] Da der Legitimation von Leitbildern eine Schlüsselstellung zukommt, wäre in Krisenzeiten gleichwohl eine delegitimierende Tendenz anzunehmen, was die Bildung neuer Leitkonzepte begünstigte. *Wandel* findet im institutionellen Modell grundsätzlich dadurch statt, daß Einstellungen, Leitbilder und Mythen ständig reproduziert werden, auch in Auseinandersetzungen mit konkurrierenden Leitgedanken. Bei erfolgreicher und hoher Institutionalisierung und in Phasen stabiler Umweltbedingungen (‚state of balance') können sich dominante Konzepte rasch ausbreiten, während es in Krisen zur Destabilisierung und zum Rückgang bestimmter Leitideen kommen kann. In Krisenzeiten könnte also eine Öffnung gegenüber der näheren und weiteren ökonomischen, politischen und sozialen Umwelt auftreten, während in Phasen des institutionellen Gleichgewichts eine stärkere Schließung möglich wäre.

Neben „Kontinuität" wird in der institutionalistischen Schule auf die *Ähnlichkeit* oder ‚*Isomorphie*' von Organisationsstrukturen selbst in unterschiedlichen Aufgabenbereichen betont. Über Funktionalität hinaus, so die Schlußfolgerung, muß es also andere Verbindungen geben, die für den organisatorischen Zusammenhalt sorgen: Der organisationssoziologische Institutionalismus verweist zur Erklärung der organisatorischen Entwicklung primär auf die *Legiti-*

---

[29] Ausführlich zur Entwicklung des hier verwandten Ansatzes: Roth, G. 1994 u. 1996.

[30] Vgl. z.B. Greiner, L.E. 1972: 37 ff.; Levy, A./Merry, U. 1986: 230 ff.

[31] In einem bekannten Modell von Lewin (1947), geht dieser davon aus, daß, basierend auf individuellen Verhaltensmustern, sich organisationaler Wandel in folgenden Schritten vollzieht: ‚unfreezing', ‚moving' and ‚refreezing' (vgl. Heffron, F. 1989: 156). Hierauf baut Hage ein Modell von vier Schritten auf (nach Heffron, F. 1989: 156 f.): im Rahmen von ‚evaluation' (entspricht Lewin's ‚unfreezing') werden von Schlüsselpersonen ein Problem oder eine Krise ausgemacht, Ideen, Konzepte und Programme entwickelt (‚initiation'), die im Rahmen von Überzeugungsstrategien und der Mobilisierung von Ressourcen umgesetzt (‚implementation') und schließlich zur Routine gemacht werden (‚routinization', was Lewin's ‚refreezing' entspricht). Zu beachten bleibt bei der Einteilung in bestimmte Phasen und Prozesse des Wandels, daß damit bestimmte Festschreibungen erfolgen, die künstlich sind. Wandel erfolgt im Prinzip ständig, weshalb auch zwischen eher ‚statischen' und ‚dynamischen' Modellen unterschieden wird (vgl. Kanter, R.M., u.a. 1992: 10 ff.).

mation bestehender und als bewährt geltender organisatorischer Strukturen und *Leitideen.*

In Leitideen kommen nach K.S. Rehberg (1994: 56 ff.) die symbolisch vermittelten gesellschaftlichen Orientierungs- und Regelungsleistungen einer Institution zum Ausdruck, sozusagen das, was über die konkret faßbare Organisation hinaus reicht und den Kern der Institution ausmacht. Leitideen sind Rehberg zufolge nicht an sich sondern lediglich in der Differenz zu anderen Leitideen und vor dem Hintergrund zugrunde liegender Machtbeziehungen und Auseinandersetzungen konkret rekonstruierbar. Konstitutiv für Institutionen ist auch nach R.M. Lepsius (1995: 395) die Konkretisierung einer Leitidee, aus der praktische Verhaltensorientierungen folgen können und zu der Rationalitätskriterien definiert werden, die unabhängig vom Willen einzelner gelten, eben weil sie als rational gelten. Dafür muß ein Handlungskontext differenziert sein, innerhalb dessen die Normen gelten sollen. Außerdem müssen Sanktionsmittel zur Durchsetzung z.B. gegenüber konkurrierenden Leitideen ebenso vorgesehen sein, wie die Regelung von Folgen und Konflikten. Leitideen sind symbolisch aufgeladen, ritualisiert, mit hoher Geltungskraft, sprich mit einem Eigenwert ausgestattet, und sie reagieren gegenüber der weiteren gesellschaftlichen Umwelt nur selektiv auf Veränderungen.

Der Austausch zwischen Verwaltung und Umwelt wird dem hier zugrunde gelegten theoretischen Modell zufolge entscheidend durch ein ‚institutionelles System', oder anders gesagt, eine *‚institutionelle Umwelt'* geprägt, vermittelt oder ‚reguliert' (Meyer, J.W./Scott, W.R. 1992; Scott, W.R./Meyer, J.W. 1994). Verwaltungsorganisationen bewegen sich in ‚institutionellen Umwelten', die sich jeweils in einem bestimmten *Feld, Sektor* oder *Netzwerk* formal organisierter Organisationen bestimmen lassen. Die Umwelt von Organisationen besteht demnach zunächst aus anderen formalen Organisationen, die Ressourcen wie Legitimation und Finanzen bereitstellen oder eben symbolische Erwartungen induzieren.[32]

Scott definiert die institutionelle Umwelt in einem sehr weitgehenden Verständnis als

> „...including the rules and belief systems as well as the relational networks that arise in the broader societal context" (Scott, W.R. 1992a: 14).

Konkret bezieht B. Rowan in einer vergleichenden Untersuchung der Entwicklung kalifornischer Schulverwaltungen zwischen 1935 und 1970 folgende „key members of the institutional environment" ein:

---

[32] Gesprochen wird auch vom ‚interorganisatorischen' oder wie auch sonst umschriebenen *‚Netzwerk'*. In der Politikwissenschaft erscheint H. Heclo (1974) im Zusammenhang mit ‚policy-networks' als ‚Entdecker' (vgl. Lehmbruch, G. 1991: 127). Die Netzwerk-Metapher taucht zum anderen in der Organisationstheorie erstmals bei J.K. Benson (1977) auf.

„the state and federal legislatures and their constitutiencies, the state education agency, the state-level professional associations, and the teacher-training institutions in the state" (Rowan, B. 1984: 321).

Unter den Organisationen der institutionellen Umwelt spielen die *‚professional groups'* (Scott, W.R. 1992a: 15) als ‚Tonangebende' und als die großen *‚Rationalisierer'* eine entscheidende Rolle (DiMaggio, P./Powell, W.W. 1983: 147). Diese definieren und legitimieren Arbeitsprogramme sowie Leitgedanken, die auch den Charakter von ‚Mythen' annehmen können. Diese Leitbilder oder Leitideen führen durch Nachahmung, Normierung oder Zwang zu einer zunehmenden Anpassung und Gleichförmigkeit, d.h. zu einer *‚Isomorphie'* der Organisationen in einem Sektor und zu Wachstum und Verbreitung bestimmter organisatorischer Strukturen (DiMaggio/Powell 1983), weil diese als rationale Mittel für bestimmte Probleme gelten (Rowan, B. 1984).

Das Funktionieren der Verwaltung wird somit normalerweise mehr oder weniger vorausgesetzt[33] und ist *von außen* nicht *direkt* zu steuern, sondern nur über vorgegebene, *institutionalisierte Verfahren* und innerhalb vorhandener Verwaltungs*strukturen.* Der Institutionalisierung liegt ein grundsätzlicher *Glaube* an die Rationalität und funktionale Überlegenheit der Bürokratie ebenso zugrunde, wie ‚institutionelle Filter' in Form von Gesetzen, Tradition, Routine und Vertrauen in die professionelle Fachkompetenz das Verwaltungssystem gegen ‚destabilisierende' Einflüsse, mehr oder weniger abschirmen.[34] Die Institutionalisierung sorgt dafür, daß die Verwaltung sich dem individuellen Zugriff in der Regel verwehrt. Dieses läßt sich gewissermaßen auch funktional begründen, weil ein rein auf persönliche Verfügungen und Patronage beruhendes System aufwendig ist und gegenüber formalen rationalen Verfahren schwerer legitimiert werden kann. Die Entpersonalisierung, Habitualisierung, Ritualisierung und Internalisierung institutioneller Regelungen sorgt für die Überwindung gegensätzlicher Interessen und Werthaltungen, womit zugleich drohende Konflikte vermieden und das Handeln einzelner entlastet wird (vgl. Nedelmann, B. 1995).

Dies bedeutet, daß das funktionale und rationale Modell selbst *institutionalisiert* ist, mit der hier interessierenden Grundannahme, der Wohlfahrtsstaat und die Sozialverwaltung bearbeitet und löst soziale Probleme (vgl. Meyer, M.W., u.a. 1985: 2) und leistet ‚individuelle Hilfe zur Selbsthilfe'. Der tatsächliche Erfolg muß und kann angesichts unklarer, kaum operationalisierbarer und schon gar nicht durch direktes Verwaltungshandeln lösbarer Aufgaben im einzelnen aber oft nicht nachgewiesen werden; die wohlfahrtsstaatliche Verwaltung kann sogar trotz permanenter Ineffizienz oder andauerndem Scheitern (vgl. Meyer, M.W./ Zucker, L.G. 1989; Seibel, W. 1992) überleben und wachsen, wie sich

---

33 Skandale um behördliche Willkür oder Korruption zeigen, was normalerweise von der Verwaltung erwartet wird.

34 So ist das rationale Staatsmodell institutionalisiert (vgl. Art. 20 GG) und kann nur per Widerstand, sprich in einer revolutionären Ausnahmesituation außer Kraft gesetzt werden.

hier am Beispiel der Sozialverwaltung und der Organisation der „sozialen Fürsorge" oder „Hilfe" zeigen läßt.

Die Anwendung institutioneller Ansätze bietet sich bei weitgehend *unbestimmten öffentlichen Aufgaben* geradezu an. Es wäre also nicht ratsam, die Frage nach der Eigenheit der *Aufgabenumwelt* gänzlich aufzugeben, schon weil sich, trotz notwendiger Relativierung, Verwaltungsorganisationen nicht *völlig* unabhängig von Aufgaben und Recht entwickeln (vgl. Ellwein, Th. 1994a: 14 f.). Offensichtlich ist, daß unterschiedliche Aufgaben in unterschiedlichen Politikfeldern oder die jeweilige ‚Natur der Sache' durchaus eine Rolle spielen. Das Meldewesen unterscheidet sich beispielsweise grundlegend von den schwer programmierbaren, legitimatorisch problematischen und komplexen Aufgaben der Sozialverwaltung. Insgesamt ist das Meldewesen straffer kontrollierbar, weitgehend standardisiert und gegenüber Ausweitungsbestrebungen der Organisation eher gefeit (Ellwein, Th. 1994a: 15). Nur scheinen solche ‚mechanischen' und ‚einfachen' Aufgaben in der öffentlichen Verwaltung eher selten zu sein, weshalb sie auch nicht die theoretisch interessanten Wachstumssektoren darstellen.

Es handelt sich bei der kommunalen Sozialverwaltung um eine *Aufgabencharakteristik*, die unter dem Stichwort ‚people processing' gehandelt wird und wofür die *‚Hilfe zur Selbsthilfe'* als Kern der sozialen Hilfe steht. In technischer Terminologie läßt sich sagen, daß mit einem bestimmten *‚input'* oder bestimmten Mitteln, wie z.B. Personal, Geld und Sachmittel der Verwaltung, etwa ein Beratungs- oder Hilfeangebot zur Verfügung gestellt werden (*‚output'*) und damit jedoch nur eine ungewisse und schwer steuerbare gewünschte Wirkung oder ein gewünschtes Ziel bzw. *‚impact'* (gewünschtes Handeln oder Unterlassen des einzelnen) erreicht werden kann. Unklar ist aber bereits, wer Adressat der Hilfe sein soll, d.h. wer objektiv hilfsbedürftig ist, dann ist aber auch nicht leicht zu bestimmen, ‚wieviel' Hilfe und welche Hilfe der Klient überhaupt braucht, damit er irgendwann ohne diese leben will und kann. Ebensowenig kann der ‚Erfolg', z.B. beim Verschwinden eines Hilfsbedürftigen aus der Verwaltungskartei unbedingt dem Handeln derselben zugeschrieben werden, schon weil allgemeine ökonomische Rahmenbedingungen von durchschlagender Bedeutung sind. Kurzum: Weil die Zielerreichung und die geeignete Ziel-Mittel-Relation höchst unsicher sind, wird sich die Sozialverwaltung bei ihren Entscheidungen primär nach verläßlichen internen Größen, z.B. dem (Vorjahres-)budget richten und mit Verwaltungsgrößen (Personal und Finanzen) ‚steuern', d.h. soziale Probleme nur indirekt wahrnehmen, vor allem dann, wenn sie durch wissenschaftliche und politische Bearbeitung in Verwaltungssprache (dazu gehört vor allem: Zuständigkeit und Rechtsanspruch) übersetzt wurden und damit mehr sind als ‚Rauschen im Kanal' (vgl. Luhmann 1978, 1981, 1988a).

Die Organisation, so also *zusammenfassend* die hier untersuchte *These*, antizipiert soziale Probleme (Armut, Arbeitslosigkeit, Alter, Krankheit, Devianz, Delinquenz) sowie gesellschaftliche und politische Entwicklungen und verarbeitet diese nach von ihr entwickelten *Regeln*. Je mehr sie diese Regeln – in gleichzeitig geregelter werdendem Austausch mit ihrer Umwelt – formell und informell definiert, desto mehr wird die Organisation zur *Institution*, desto mehr ist die Sozialverwaltung im Rahmen ihrer institutionellen Umwelt (dazu zählen vor allem die Fachverbände und die horizontal und vertikal verflochtenen Fachverwaltungen sowie von diesen entwickelte Regelungen) an der Entwicklung der Problemsicht, an der daraus entwickelten Aufgabendefinition und an organisatorischen Lösungskonzepten beteiligt. Die Verwaltung, d.h. viele Verwaltungen als Institution, prägt gesellschaftliche Erwartungen und solche der Politik, welche diese aufgreifen und der Verwaltung zur Bearbeitung übertragen. Daraus resultiert, daß die Verwaltungsorganisation im Wechselspiel von Aufgaben- und Organisationsentwicklung eine hohes Maß an Einfluß entwikkelt, daß ein hohes Maß an *Kontinuität* im Rahmen einer weitgehenden Bestandsgarantie sowohl von Aufgaben als auch Organisation gegeben ist, daß diese relativ abgekoppelt sind und daß sich die Organisation nach Gesetzmäßigkeiten entwickelt, die von ihr zum großen Teil selbst bestimmt werden.

Für den institutionellen Charakter der Entwicklung der kommunalen Sozialverwaltung spricht ihre Verbreitung und Ausweitung sowie der zu beobachtende Prozeß der *Angleichung* der organisatorischen Strukturen. Dann spricht für den Charakter als Institution die Dauerhaftigkeit und kontinuierliche Entwicklung der organisatorischen Strukturen, aber auch des leitenden Arbeitsprogramms, was weithin deutlich losgelöst von der politischen, ökonomischen und sozialen Dynamik und den damit verbundenen ‚Krisen', d.h. ‚eigengesetzlich' ablief. Für den Charakter der Sozialverwaltung als Institution spricht schließlich, daß ihre Arbeit, wie die Arbeit jeder Institution, auf einem Mythos aufbaut, hier vor allem dem Mythos der „Hilfe zur Selbsthilfe" als der grundlegende Leitgedanke jeglicher „Fürsorge" oder, wie dies später bezeichnet wurde, der „Sozialen Hilfe". Der Leitgedanke der sozialen Hilfe kann weiter gefaßt so verstanden werden, daß die Organisation der Sozialverwaltung bestimmte ihr zugewiesene soziale Probleme als ihre Aufgaben wahrnimmt und diese ihr gestellten Aufgaben „löst".

Dieses Verständnis entspricht einem „rationalen" oder „funktionalen" Organisationsbegriff, jedoch nicht unbedingt der Realität, es ist der Mythos der modernen bürokratischen Verwaltung. In der vorliegenden Untersuchung wurde deshalb ein ‚institutionelles' Verständnis zugrunde gelegt, wonach die Organisation Aufgaben nach einem institutionell bestimmten Programm wahrnimmt und sie nach einem weiteren institutionellen Programm einer bestimmten ‚Lösung' zuführt. Die Rationalität dieser Lösung bestimmt sich in der Regel anhand der institutionellen Programme, jedoch nicht von außen, oder ‚an sich'. Dieses zeigt sich z.B. daran, daß das systematische Verfehlen der ‚Lösung sozialer Probleme' oder der ‚Hilfe zur Selbsthilfe', etwa angesichts dauerhafter Massenarbeitslosigkeit oder Obdachlosigkeit, zu keinen Konsequenzen für die Institution der Sozialverwaltung führt. Ob das ‚soziale Problem' ‚gelöst' wurde, bestimmt sich nämlich alleine dadurch, daß in einem definierten Fall die zuständige Organisation mit ihren Verfahren sowie Mitteln zum Einsatz kommt und (instutionell) bestimmte Regeln beachtet wurden.

VI. Vorgehen

Vor dem skizzierten theoretischen Hintergrund wird in der vorliegenden Untersuchung die *organisatorische Entwicklung* der *kommunalen Sozialverwaltung* (wenn man so möchte als ‚abhängige Variable') dahingehend untersucht, welchen Einfluß der *institutionellen Umwelt* mit den *Leitgedanken* der *Fachwelt* sowie den gesetzlichen Regelungen einerseits und – sozusagen als ‚konkurrierende Variablen' – der Aufgabenumwelt sowie der weiteren sozialen, politischen und ökonomischen Umwelt andererseits zukam.

Eine *methodische* Schwierigkeit besteht bei dieser Fragestellung zunächst insofern, als eine strenge Trennung zwischen den Variablen ‚politische, soziale, ökonomische und Aufgabenumwelt' auf der einen und derjenigen der Leitvorstellungen auf der anderen Seite nur schwer möglich ist, weil sich die Leitideen und -modelle im *Wechselspiel* zu dieser weiteren Umwelt entwickeln. Dennoch lassen sich *analytische* Trennungen im *historischen Verlauf* vornehmen. Außerdem finden sich Anhaltspunkte oder Operationalisierungen in bezug auf die weiter gefaßte Umwelt, die zumindest größtenteils *außerhalb* des Einflusses des hier vorwiegend untersuchten Teilbereichs der institutionellen Umwelt, nämlich der Fachwelt liegen; dazu gehören mindestens politische Systemwechsel, die Entwicklung der Arbeitslosigkeit oder des Steueraufkommens.

Ähnliche Schwierigkeiten beinhaltet die Variable der ‚Aufgabenumwelt', wenn diese z.B. als Zahl der tatsächlich unterstützten Fälle operationalisiert wird. Diese Zahl entsteht im Zusammenhang mit rechtlichen Vorgaben (Definition als Fall) und auch mit rechtlichen Veränderungen, die ihrerseits von der Fachwelt, aber auch durch die Stärke der sozialen Probleme usw. beeinflußt werden. Da diese institutionellen Vorgaben jedoch überall weitgehend ähnlich sind, können diese gegenüber der konkreten örtlichen Aufgabenlast zumindest als weitgehend ‚kontrolliert' gelten. Der Einfluß der sozialen Problemlage wird hier also prinzipiell nicht direkt, sondern durch den ‚institutionellen Filter' wahrgenommen, wie sich überhaupt das Verwaltungshandeln meist lediglich anhand von Produkten und Kategorien der Verwaltung selbst analysieren läßt. Derartige *interdependente* Zusammenhänge sollen im historischen Verlauf und auf verschiedenen *Ebenen* vergleichend auseinandergehalten werden. Deshalb bezieht sich die vorgenommene Analyse sowohl auf die *allgemeine* Ebene, als auch auf die *örtliche* Durchsetzungsebene.

Die weitere Überlegung bezogen auf die *allgemeine* Ebene ist, daß sich zunächst die Wahrnehmungs- und Handlungsmuster oder Leitbilder in der institutionellen Umwelt und hier im engeren Sinne vor allem in der *Fachwelt* in *fachlichen Diskursen* zwischen Profession, Wissenschaft, Verwaltungspraxis, Politik und Wohlfahrtsverbänden vor dem Hintergrund historisch eingespielter Strukturen entwickeln. Die weitere institutionelle Umwelt, wie Gerichte, Verfassung, Parlamente werden nur insofern einbezogen, soweit sie für einzelne Fragen relevant werden. Das analytische Zentrum der Fachwelt läßt sich im hier gewählten Sektor vor allem auf den Deutschen Verein und die, seit der Nachkriegszeit im Hinblick auf Organisationsmodelle wichtiger werdende, Kommunale Gemeinschaftsstelle für Verwaltungsvereinfachung (KGSt) konzentrieren. Neben den Deutschen Verein, der sowohl aufgaben- als auch organisationsbezogene Leitbilder ausarbeitete, ist spätestens seit den sechziger Jahren die KGSt für den organisatorischen Bereich zusehends in den Vordergrund getreten, die wichtige leitbildhafte Organisationskonzepte ausgearbeitet und Analysen einzelner Sozialverwaltungen in Städten durchgeführt hat. Am Rande (weil ihre Fachpolitik weitgehend in den beiden Einrichtungen repräsentiert ist) stehen die kommunalpolitischen Organe von Städten und Gemeinden und auch die Fachverwaltungen von Bund und Ländern sowie die Wohlfahrtsverbände.

Im Forum des Deutschen Vereins diskutierten seit über hundert Jahren alle relevanten Fachvertreter, allen voran die der großen Städte, aber auch Parteipolitiker und Spitzenvertreter der Bundes- und Landesverwaltung und praxisorientierte Wissenschaftler sowie Vertreter von Wohlfahrtsverbänden *fachlich*, *konsensorientiert* und *ohne parteipolitische* Fixierung – so die Grundregel – ihre Vorstellungen einer ‚rationalen' Fürsorgepolitik und -verwaltung.[35] Im Deutschen Verein setzt man sich auf ‚Expertenebene' zusammen, um ‚fachlich', d.h. professionell und überparteilich, Themen und Probleme der sozialen Fürsorge und entsprechende rationale Lösungskonzepte theoretisch und praktisch zu diskutieren und untereinander abzustimmen. Entscheidende Mitglieder des DV waren und sind praxisorientierte Wissenschaftlerinnen und Wissenschaftler wie auch führende Spitzenbürokraten der Sozialverwaltungen, aber auch Fachpolitikerinnen oder Fachpolitiker und Spitzenvertreter der ‚freien' Wohlfahrtspflege und ihre Organisationen. Häufig vereinen wesentliche Repräsentanten des Deutschen Vereins mehrere Funktionen in einer Person, so in der Weimarer Republik der Oberbürgermeister von Nürnberg und stellvertretende Vorsitzende des DV, Hermann Luppe (vgl. dazu H. Hanschel 1977). Verkörpert wird diese Mischung regelmäßig auf geradezu ideale Weise in den hoch angesehenen vielseitig gebildeten ‚großen' Vorsitzenden, wie z.B. Polligkeit, Muthesius, Fichtner, Schellhorn.

Diese fachliche Diskussion und die Produktion von Leitbildern läßt sich vor allem anhand der *Publikationen* der beiden Einrichtungen historisch verfolgen. Darüber hinaus wurde – möglichst erschöpfend – weitere fachliche Literatur

---

[35] Vgl. zur Geschichte des DV die Selbstdarstellungen von Orthband, E. 1980; Braun, H. 1955; Polligkeit-Eiserhardt, H./Pense, R. 1955; kritisch dazu: Tennstedt, F. 1981a u.b.

ausgewertet. Leitbilder wurden primär *inhaltsanalytisch* anhand der in den Diskursen immer wieder auftauchenden argumentativen Zusammenhänge und der sich so abzeichnenden *Strukturen* der Argumentation ‚freigelegt', vor allem im Hinblick auf diejenigen präskriptiv ausgerichteten bürokratischen und professionellen Leitbilder, die sich auf die organisatorische Erledigung sozialer Probleme durch die kommunale Sozialverwaltung beziehen lassen. Die Ermittlung von Leitbildern vorbereitend führte ich jedoch zunächst eine quantitative Analyse der fachlichen Diskurse im Hinblick auf Themen durch (vgl. B.II.1.).

Im Rahmen der qualitativen Inhaltsanalyse orientierte ich mich methodisch an folgenden von Ph. Mayring (1993) – neben der Verdeutlichung der Fragestellung und der kritischen Reflexion und Erläuterung der Materialauswahl – genannten speziellen ‚Techniken': Zusammenfassung, Explikation und Strukturierung. Besonderen Wert legte ich auf die m.E. entscheidende ausführliche ‚Explikation' der theoretischen Interpretation, womit die vorgenommenen Interpretationen transparent werden sollten. Relevant für die Einschätzung der Leitbilder war für mich ihr Grad an Institutionalisierung, was anhand der oben genannten Kategorien sich auf einem Kontinuum zwischen Umweltoffenheit einerseits und der Eigenschaft als institutioneller *Eigenwert* andererseits ansiedeln läßt. Damit hängt auch die Frage zusammen, welche Rolle die jeweiligen Leitbilder im Hinblick auf Aufgaben und Funktionalität spielen. Wenn etwa kein tatsächlicher Zusammenhang eines Leitbildes zur konkreten Aufgabenbewältigung hergestellt wird, kommt diesem eher ein rein legitimierender oder institutioneller Eigenwert zu. Derartige Mechanismen können, wenn ein rationalisierender Aufgabenbezug gleichwohl behauptet wird, als ‚rationaler Mythos' fungieren. Das Ziel dieses Teils der Analyse ist, jeweils zwischen Leistungen, die mehr auf die institutionelle Reproduktion als Eigenwert und solchen die auf eine institutionelle Anpassung an die Aufgabenumwelt zielen, analytisch zu unterscheiden.[36]

Im Vergleich zur Analyse der fachlichen Diskurse werden darüber hinaus Vorgänge in der politischen, ökonomischen und sozialen Makroumwelt immer noch auf der *allgemeinen Ebene* als *Hintergrund* berücksichtigt, wie politische Systemwechsel, Weltwirtschaftskrise, Arbeitslosigkeit und so weiter. Interessant ist dabei vor allem, inwiefern die fachlichen Diskurse in der institutionellen Umwelt von derartigen Vorgängen beeinflußt werden. Inwiefern werden dramatische Krisen in der Aufgabenumwelt (wie Arbeitslosigkeit) wahrgenommen, Leitbilder angepaßt, oder sind diese dafür im Extremfall gänzlich unempfindlich? Kurz: Wie reagiert die institutionelle Umwelt auf globale turbulente Veränderungen in ihrer weiteren Umwelt?

---

[36] Im Sinne von B. Nedelmann (1995) wäre also die Hauptaufgabe von Institutionspolitik, stets ein prekäres Gleichgewicht zwischen institutioneller Sklerose und Umweltöffnung auszubalancieren.

Um die wechselseitigen Prozesse zwischen der Organisation der kommunalen Sozialverwaltung und der institutionellen Umwelt sowie der Aufgabenumwelt zu verfolgen, nehme ich in der folgenden Darstellung eine *Phaseneinteilung* entlang politischer und gesellschaftlicher *Zäsuren* vor und zwar: Weimarer Republik, Drittes Reich, Nachkriegszeit, sechziger/siebziger Jahre (die Zeit ökonomischen Wachstums, sozialer und politischer Reformstimmung) und achtziger/neunziger Jahre (Zeit der ‚konservativ-liberalen' Wende und des ‚Umbau des Sozialstaats'). Diese Phaseneinteilung ist nach dem Zweiten Weltkrieg nicht immer einfach vorzunehmen; so ist die Frage, wann die Nachkriegszeit zu Ende geht (hier wurde der Schnitt beim BSHG und JWG von 1961 gemacht) und wann die Zeit der Reformphase beginnt (Anfang der sechziger Jahre) oder endet (hier Mitte bis Ende der siebziger Jahre), nicht exakt zu beantworten.

Anhand dieser Phaseneinteilung wird die Frage nach Kontinuität und Wandel der organisatorischen und institutionellen Entwicklung sowie nach ihren Einflußfaktoren gestellt. Dies dient dazu, den Einfluß einer weiteren gesellschaftlichen, politischen und ökonomischen Umwelt (sozusagen als ‚konkurrierende Variablen') zu untersuchen. Eine konkrete Frage ist, ob politische Umwälzungen sowie soziale und ökonomische Krisen einen erheblichen Einfluß auf die organisatorische Entwicklung der kommunalen Sozialverwaltung und ihre Aufgabenwahrnehmung hatten. Umgekehrt wäre eine Annahme, daß die kommunale Sozialverwaltung als Institution dazu relativ losgelöst und nicht direkt von diesen Entwicklungen beeinflußt bleibt, d.h., daß die Organisation der kommunalen Sozialverwaltung erst nach und nach, oder vielleicht auch gar nicht, diese Signale aus der weiteren Umwelt aufnimmt und zwar erst nach einer selektiven Verarbeitung durch die institutionelle Umwelt.

Im *nächsten Schritt* wird, immer noch auf der *allgemeinen Ebene*, qualitativ anhand empirischer Hinweise in der Literatur verfolgt, wie sich *die Entwicklung der Organisation* im ‚Sektor' kommunale Sozialverwaltung und zwar des Sozial- (Wohlfahrts-), Jugend-, und Gesundheitsamtes hinsichtlich der *Makrostrukturen* vollzogen hat, d.h. vor allem, ob und wie sich dominierende Leitbilder der institutionellen Umwelt tatsächlich im Sinne *institutioneller Isomorphie* auswirkten.

Ferner wird das *Wachstum* der kommunalen Sozialverwaltung anhand von *statistischen Quer- und Längsschnittanalysen* großstädtischer Sozialverwaltungen untersucht. Aufgrund der Datenlage waren solche Vergleiche lediglich für die Zeit der Weimarer Republik und zwar bezogen auf die Jahre *1925* und *1931* sowie für die neuere Zeit, bezogen auf die Jahre 1976 und 1984/1986, für ca. zwanzig Großstädte möglich. Auch hier galt das analytische Interesse dem Zusammenhang von ‚Aufgaben', Umwelt' und ‚Organisation'. Gefragt wurde nach dem Einfluß von Umweltparametern, wie der Größe der Stadt, der Finanzkraft oder der Aufgaben auf die Größe der Organisation oder die Ausgaben der kommunalen Sozialverwaltung. Die dabei zugrunde gelegte Methodik und

Vorgehensweise sowie die Variablenauswahl wird jeweils an Ort und Stelle dargelegt.

Wie die Leitbilder im Rahmen der konkreten organisatorischen Entwicklung auf der konkreten *örtlichen Ebene reproduziert* und umgesetzt werden, soll schließlich in einem weiteren Analyseschritt anhand der organisatorischen Wandlungsprozesse am hier gewählten Nürnberger Beispiel nachvollzogen werden. Damit kann die Funktion und das Arbeiten mit Leitkonzepten sowie deren Durchsetzung am konkreten Beispiel untersucht werden. Nürnberg wurde zum einen als eine mit ca. 500.000 Einwohnern relativ *durchschnittliche* Großstadt ausgewählt; Großstädte, insbesondere Nürnberg, waren wiederum meist Vorreiter und Träger der Prozesse institutioneller Isomorphie.[37] Nürnberg weist außerdem eine große Tradition hinsichtlich der Armenpolitik auf: es hatte schon im Mittelalter als eine der ersten Städte eine Armenordnung, galt insbesondere in der Weimarer Republik neben Frankfurt/M. als vorbildliche Sozialverwaltung und nimmt auch heute im Bereich der Sozialverwaltung eine fachlich engagierte Position ein, repräsentiert durch die Sozialdezernentin I. Mielenz, die in Fachkreisen mit ihrem Konzept der ‚Einmischung' und als Mitglied der Sachverständigenkommission des 9. Jugendberichts bekannt wurde. Daraus resultierte die Vermutung, hier genügend Material zur Analyse der Prozesse der ‚Rationalisierung' (im Sinne der Anpassung der Organisation an fachliche Leitkonzepte) zu finden. Außerdem versprach der Zugang im Rahmen des eingangs genannten Forschungsprojektes eine gute Erschließung des empirischen Materials, das auch für die Zeit der Weimarer Republik und die des Nationalsozialismus in ausreichender Menge zur Verfügung stand.[38]

[37] Dieses Muster konnte im Rahmen einer Vorstudie auch in der kleineren Stadt Offenburg festgestellt werden. Offenburg orientierte sich hauptsächlich an den größeren Nachbarstädten Karlsruhe, Mannheim, Freiburg, nachrangig auch an den übrigen badischen Städten, wie z.B. Konstanz. Entsprechende Anfragen und ein reger interkommunaler Austausch finden sich zahlreich in den Akten der Stadt Offenburg (Akten StArchObg, Alter Aktenplan Nr. 5/7846, Nr. 5/2089).

[38] Diese Zeiträume sind oft aufgrund der Vernichtung von Aktenbeständen in der Zeit des zweiten Weltkriegs nur kursorisch zu erschließen, so z.B. bei der zunächst ins Auge gefaßten Stadt Dortmund.

B. Die Sozialverwaltung in der Weimarer Republik

I. Die Begründung der Institution bis 1924

Zunächst sollen im folgenden institutionelle Entwicklungen aufgezeigt werden, die zur Begründung und Bildung der Institution Sozialverwaltung in der Weimarer Republik geführt haben. Im Rahmen dieser Darstellung werden Leitgedanken der Fachwelt, institutionelle und organisatorische Entwicklungen sowie sonstige bestimmende Einflüsse der Umwelt der Verwaltung (Aufgaben, politische und ökonomische Entwicklungen) diskutiert.

Die hier nur kurz anzusprechenden Ursprünge der modernen, d.h. bürokratischen und professionellen, kommunalen Sozialverwaltung, welche sich regulierend zwischen die mehr oder weniger spendablen Bürger und die zahlreichen, die bürgerliche Ordnung störenden, Armen schiebt, lassen sich bereits seit den frühesten bekannten *Bettelordnungen* verfolgen. Diese waren vor allem an polizeilichen Grundsätzen, d.h. der Beseitigung der Störung und Erhaltung von Ordnung, Disziplin (Anhalten zur Arbeit) etc. orientiert (vgl. Sachße, Ch./Tennstedt 1980: 33 ff.).

Vorläufer einer *modernen* Sozialverwaltung war das Mitte des 19. Jahrhunderts in der Stadt Elberfeld eingeführte überwiegend *ehrenamtliche ‚Elberfelder System‘*,[39] das noch ganz einer bürgerschaftlichen Selbstverwaltung entsprach, auch charakterisierbar als „Honoratiorenverwaltung“.[40] Die Stadt war in Gebiete eingeteilt, denen jeweils ein dort ansässiger ehrenamtlicher Armenpfleger zugeordnet war. Der Armenpfleger war nur für eine möglichst kleine Zahl von Unterstützungsfällen zuständig (ca. 3-4 Familien), d.h. er sollte ‚seine‘ Armen möglichst ‚intensiv‘, sprich kontrollierend, betreuen. Unterstützungen wurden durch die vierzehntägig angesetzten Bezirksversammlungen nur von Mal zu Mal gewährt. Oberstes Organ war die sog. „Armenverwaltung“, die ebenfalls zweiwöchig zusammentrat, unter Teilnahme der Bezirksvorsteher, Stadtverordneten und gewählter Bürger sowie des Oberbürgermeisters. Ihnen oblag im wesentlichen die Rechtsaufsicht, die Etatplanung und das Rechnungswesen. Zunächst schienen enorme finanzielle Einsparungen durch das eh-

[39] Vgl. Sachße, Ch., 1986: 37 ff., Sachße, Ch./Tennstedt, F., 1988; André, G. 1994; Werner, G., 1953: 17 ff.; Berger, G. 1979; Wex, E. 1929). Ähnlich war das sog. „Hamburger System“ (vgl. Berger, G. 1979: 40 f.).

[40] Nach E. Wex (1929) waren unter den ehrenamtlichen Armenpflegern überwiegend Handwerksmeister (35-50%) oder Rentiers (29%), jedoch fast keine Arbeiter.

renamtliche Elberfelder „*System*“ möglich – Halbierung der Kosten bereits im ersten Jahr nach der Einführung (Werner, G. 1953: 46) – und das Modell fand weithin *Anerkennung* und *Nachahmung*.[41]

In der sich etablierenden *Fachwelt*, d.h. vor allem im Ende des 19. Jahrhunderts mit dem Ziel, einheitliche Gesetze (Reichsarmengesetz, Jugendfürsorgegesetz) durchzusetzen, gegründeten Deutschen Verein für öffentliche und private Fürsorge (DV), stand die „*Planmäßigkeit*“ im Zentrum aller Überlegungen, „weil ein guter Wille und ein gutes Herz zwar zur fürsorgerischen Tätigkeit notwendig sind, aber eine gedeihliche Tätigkeit für sich allein nicht gewährleisten“ (Steinhilber, W. 1931: 70). Damit zeigte sich ein Einstellungswandel, eine Veränderung der Ziele und *Leitgedanken* (dazu: Krug von Nidda, C.L. 1955: 164 ff.), was in den Ausführungen Schwanders, dem Gründer des „*Straßburger Systems*“, zum Ausdruck kam: „Wir geben dem Armen, daß er gerade nicht schreit und öffentlich Ärgernis macht, doch geben wir nicht so viel und derart, daß wir hoffen können, außer diesem negativen auch ein positives Ziel mit unserem Tun zu erreichen.“ (vgl. Schwander, R. 1905b: 258 f.). Mit dem in diesem neuen Leitmodell vorgesehenen Einsatz von *Berufskräften* wollte man eine „*erzieherische*“ Einwirkung auf die Unterstützten erreichen und die Fürsorge „*präventiv*“ ausrichten (vgl. Bonnenberg, E. 1926: 51; vgl. auch Sachße Ch./ Tennstedt, F. 1988: 12). Es sollte eine neue *Qualität* in der Fürsorgearbeit erreicht werden, welche Willkür und Abhängigkeit vom Wohlwollen des Armenpflegers einerseits verhindern und eine bürokratische Berechenbarkeit andererseits ermöglichen sollte.

Bereits im Jahresbericht von 1863 wurde in Straßburg die Ergebenheit und oft bewiesene *Überparteilichkeit* der Büroangestellten betont (Steinhilber, W. 1931: 65). Zwar gab es auch im Straßburger Modell eine Dezentralisierung durch Bezirke (allerdings ohne Untergliederung in Quartiere) mit ca. 600 Unterstützungsempfängern und ehrenamtlichen Pflegern sowie Bezirkskommissionen. Ebenso entschieden diese letztlich die Gesuche. Dennoch war die Arbeitsverteilung eine neue, weil der Unterstützungsantrag beim neu geschaffenen, mit Beamten besetzten *Armenamt* zu stellen war. Auch die erste Ermittlung und eingehende Begutachtung erfolgte bereits durch Berufsbeamte, so daß nicht mehr alle Unterstützungsfälle den ehrenamtlichen Pflegern zugewiesen wurden. Schließlich war sogar die Höhe der Unterstützungen durch ausgearbeitete *Richtsätze* der Bezirkskommission weitgehend vorgegeben: „Jeder Willkür in der Unterstützungsbemessung wird damit vorgebeugt“ (Schwander, R.

---

[41] Vgl. die Auflistung der Verbreitung bei Krug v. Nidda, C.L. 1955: 155; nach E. Wex (1929) bekannten sich noch 1911 80 Städte (28% der Befragten) zum ehrenamtlichen Elberfelder System; 95,8% aller Armenpfleger waren ehrenamtliche. Trotz der Bezeichnung waren im einzelnen recht unterschiedliche örtlich angepaßte Variationen zu finden (vgl. Münsterberg, E. 1897: 46, vgl. allg. auch ders 1903; Sachße, Ch. 1986: 42). Wichtig erscheint mir auch die Einschätzung von Ch. Sachße, der meint, der Hinweis auf Elberfeld diente häufig der Legitimation eigener Neuorganisation (ebenda). Vgl. zur Verbreitung von beruflichen Kräften um die Jahrhundertwende auch die Umfragen von Zimmermann 1894, Kayser, K. 1900, Frankenberg 1907.

1905b: 265). Richtschnur für die Unterstützungshöhe war nicht mehr das im einzelnen zu bestimmende zum Leben Notwendige, vielmehr sollte der Wert 14% unter dem ortsüblichen Tagelohn liegen – eine ganz und gar moderne ‚Objektivierung' oder ‚Rationalisierung'. Die Gesamtleitung der Verwaltung oblag jedoch nach wie vor nicht dem Armenamt, sondern dem *Armenrat* (zusammengesetzt aus Bürgermeister und Gemeinderatsmitgliedern), der auch alle Personalentscheidungen traf.

Seit Beginn dieses Jahrhunderts erfolgte zugleich eine Abkehr von der an diskriminierenden Grundsätzen angelehnten Armenpflege; unterstand man der Armenpflege, zog dies bis dahin den Verlust des Wahlrechts nach sich, der ‚Arme' wurde so im Sinne der ‚Eingriffsverwaltung' überwiegend als Störung der öffentlichen Sicherheit und Ordnung betrachtet. Gefordert wurde nunmehr *systematische erzieherische* Wohlfahrtspflege statt Almosen; man wollte bleibende Armut verhindern und die Ursachen der Verarmung bekämpfen, d.h. die „*Schadensquellen*" ermitteln und beseitigen. Dazu, so sah man, gehörte als Leistung mehr als nur das zur Fristung des Lebens Unerläßliche (Simon, H. 1930: 105), weshalb durch die Fachwelt immer häufiger ein *Rechtsanspruch* auf Fürsorge gefordert wurde (vgl. Steinhilber, W. 1931: 70; Schwander, R. 1905b: 263 ff.). Diese Forderung ist jedoch auch vor dem weiteren Hintergrund der Durchsetzung des Sozialstaates, der Politik und Verwaltung der ‚sozialen Reform' und der Einführung von mit Rechtsansprüchen versehenen Sozialversicherungen zu sehen.

Zudem hatten nicht alle Städte die Erfahrung der Einsparung von Mitteln durch das ehrenamtliche Elberfelder System gemacht.[42] Durchaus nicht selten scheinen die *ehrenamtlichen* Pfleger im Vergleich zu den beruflichen Kräften *freigiebiger* und nachsichtiger mit den Bedürftigen umgegangen zu sein, was auch daran lag, daß diese schon örtlich *näher* am Bedürftigen waren, indem sie in der Regel im Quartier wohnten und weniger Fälle individuell bearbeiteten. Dieser Aspekt kam mutmaßlich verstärkt zum Tragen, als nicht mehr nur bürgerliche Honoratioren Armenpfleger waren, sondern im Zuge politischer Veränderungen auch Arbeiter oder gesellschaftlich weniger Hochstehende, welche vielleicht den Armen eher zugänglich waren.

Als weitere entscheidende Ursache für die Bürokratisierung und Professionalisierung wurde die steigende *Komplexität* und der wachsende *Arbeitsaufwand* genannt. Damit waren ehrenamtliche Kräfte, die Anfang des Jahrhunderts schwerer zu mobilisieren waren, überfordert.[43] Beides ergab sich zum einen aus der *rechtlichen Differenzierung*, welche z.B. aus den zunehmenden Beziehungen zu den *Sozialversicherungen* folgte, zum anderen aus der im Zuge der Industrialisierung wachsenden Zahl und der größeren *Mobilität* der Armen. So

---

[42] Vgl. Sachße, Ch. 1986: 43 mit Bezug auf eine Jahresversammlung des Deutschen Vereins von 1894.

[43] Vgl. z.B. für Frankfurt: Luppe, H. 1918: 8; allg. Memelsdorff, F. 1926: 97.

war es häufig schwierig und aufwendig, allein den Unterstützungswohnsitz zu ermitteln,[44] woraus wiederum oft langwierige und komplizierte Auseinandersetzungen der verschiedenen Fürsorgeeinrichtungen um Erstattungen von Leistungen entstanden (vgl. Sachße, Ch. 1986: 41). Gleichzeitig begann sich damit beim Personal der Fürsorgeorganisationen ein *Fachwissen* herauszubilden, welches zudem von einer wachsenden fachlichen Differenzierung, nicht zuletzt auch im Anstaltssektor begleitet war (vgl. Sachße, Ch./Tennstedt, F. 1988: 27 ff.):

- Neben *pädagogischen* Strömungen, vorwiegend in bezug auf die *Jugendfürsorge*,[45]
- traten *sozialhygienische* Aspekte in bezug auf eine sich etablierende *Gesundheitsfürsorge*.[46]

Die *Jugendfürsorge* kümmerte sich im Rahmen von Vormundschaften und als Gemeindewaisenrat um die Betreuung unehelicher Kinder und Pflegekinder. Weiter hatte sich die „Fürsorgeerziehung" mit Zwangsmaßnahmen für „verwahrloste" und „gefährdete" Jugendliche etabliert. Schließlich ist die „Jugendpflege" für schulentlassene Jugendliche zu nennen. Ferner hatten sich seit Ende des 19. Jahrhunderts, wiederum in den Großstädten beginnend, besondere *Gesundheitsfürsorgestellen* aus der Armenpflege gebildet, die sich vor allem um die Betreuung von Schwangeren und Wöchnerinnen, Säuglingen, Kindern und Schulkindern zur Verhütung der Ausbreitung ansteckender Krankheiten wie Tuberkulose, und um die Verringerung der Säuglingssterblichkeit kümmerten.

Neben dieser inhaltlichen und organisatorischen Ausdifferenzierung muß man den bereits erwähnten *generellen* gesellschaftlichen Trend zur Professionalisierung berücksichtigen (vgl. Sachße, Ch./Tennstedt, F. 1988: 41), was sich in zahlreichen zeitgenössischen Äußerungen belegen läßt, in denen Fachlichkeit zunehmend *als Wert an sich* betrachtet wird (vgl. m.w.N. Krug von Nidda, C.L. 1955: 172, 174). So begannen um die Jahrhundertwende soziale Frauenschulen ihre Ausbildungsarbeit, die in ihrem Streben zur Professionalisierung dem Vorbild der bereits etablierten, oft neidisch betrachteten, Ärzteschaft nacheiferten. Dies drückte sich im Sprachgebrauch aus, indem Begriffe der etablierten Disziplin übernommen und „soziale Krankheit", „soziale Diagnose" und „Heilplan"

---

[44] Endgültig verpflichtet zur Unterstützung war der Ortsarmenverband, in dessen Bezirk der Hilfsbedürftige zuletzt ein volles Jahr, ohne Unterstützung aus öffentlichen Mitteln empfangen zu haben, seinen gewöhnlichen Aufenthalt und damit seinen Unterstützungswohnsitz erworben hatte (vgl. Hirschfeld D. 1930 215 f.; Reichsarbeitsministerium 1929: 236 f.).

[45] Zu den Institutionalisierungsbemühungen der „Pioniere" der Jugendfürsorge, Petersen, Felisch, Klumker und dem Wirken des „Archivs für Berufsvormünder" sehr anschaulich Klumker, Ch.J. 1931. Dieser Bericht kann als Paradebeispiel einer gelungenen Institutionalisierung gelten. Vgl. zur Geschichte der Jugendfürsorge auch Peukert, D. 1986; ; Krug von Nidda, C.L. 1955: 188 ff.; zum allgemeinen Trend und zu den Bestrebungen zur Etablierung von Jugendämtern: Schmidt, G. 1910; Deutscher Verein 1919.

[46] Vgl. z.B. Krautwig 1913, 1925; Meyer 1919; Ascher, L. 1927; Engel, St./Behrendt, H. 1927; Schoppen 1931.

die entscheidenden, das praktische Handeln leitende und legitimierende Termini wurden.[47]

Gefördert wurden diese Vorgänge durch die im Zuge des ersten Weltkrieges verbreitete Massennot und die gesetzlich vorgeschriebene ‚*Kriegsfürsorge*.‘[48] Neben der kommunalen Armenpflege hatte sich in diesem Zusammenhang eine sogenannte „*gehobene*“,[49] finanziell vom Reich getragene und organisatorisch getrennte Fürsorge entwickelt, die sich von der traditionellen Fürsorge dadurch abhob, daß zum einen diskriminierende Elemente der Armenfürsorge, wie der Verlust des Wahlrechts bei ihrer Inanspruchnahme, entfielen und auf der anderen Seite ein deutlich höheres Leistungsniveau zugestanden wurde. Die Bevorzugung zeigt sich ferner daran, daß bereits hier, also einige Jahre vor der RFV ein Rechtsanspruch im ‚Innenverhältnis‘[50] und Beschwerde- sowie Teilhaberechte gewährt wurden. Außerdem blieb der materielle Anspruch nicht nur auf das Nötigste beschränkt, sondern sollte möglichst dazu dienen, daß der Bedürftige sich in seiner sozialen Schicht halten konnte (Krug von Nidda, C.L. 1955: 207).

Mit den Kriegsfolgen, der allgemeinen Massennot und finanziellen Engpässen war ein Ausbau der Fürsorgeleistungen verbunden, gleichzeitig aber auch eine, wie allgemein beklagt wurde, starke *organisatorische Zersplitterung*, ein „Neben- und Gegeneinander“,[51] so daß Bestrebungen nach einer rechtlich wie organisatorischen Zusammenfassung auf einheitlicher Grundlage stärker wurden. Gefordert wurden neben neuen, möglichst einheitlichen Rechtsgrundlagen[52] immer häufiger „*Wohlfahrtsämter*“.[53] Ausgangspunkt der Gründungen bereits *vor* dem 1. Weltkrieg waren entweder die Gesundheitsfürsorge, wie in Düren, Königsberg, Hamm, Charlottenburg und Köln, oder die Armenpflege, wie z.B. in Frankfurt/M., Stettin, Lübeck, Hamburg, Bremen und Kassel (Schirmel, O. 1927: 10). Nach einer Umfrage von 1919 hatten von 116 deutschen

---

[47] Vgl. allg. Salomon, A. 1927; Wex, E. 1929: 70 f.; Sachße, Ch. 1986: 116 ff.

[48] Vgl. zur Kriegsfürsorge Sachße, Ch./ Tennstedt, F. 1988: 49 ff.; Krug von Nidda, C.L. 1955: 206 ff.; Wex, E. 1926: 26 ff.

[49] Neben den Kriegsopfern (Kriegsbeschädigte und -hinterbliebene) traten *Sozialrentner* (Rentenempfänger der Invaliden- und Angestelltenversicherung, Reichsgesetz von 1921) und *Kleinrentner* (Alte oder erwerbsunfähige Personen, die infolge eigener oder fremder Vorsorge ohne die eintretende Geldentwertung oder ohne sonstige Kriegsfolgen nicht auf die öffentliche Unterstützung angewiesen wären, Reichsgesetz von 1923) in die gehobene Fürsorge ein (vgl. Sachße, Ch./Tennstedt, F. 1988: 92 ff).

[50] D.h., daß die Verwaltungsentscheidung lediglich intern (Aufsicht, Weisung) kontrolliert wurde, eine gerichtliche Klagemöglichkeit durch die Betroffenen gab es nicht.

[51] Vgl. die Beispiele von Wronsky wonach manchmal bis zu 6 verschiedene Träger in einer Familie die Fürsorge ausübten (nach Schirmel, O. 1927: 5).

[52] Vgl. den Jugendfürsorgetag von 1918 (Deutscher Verein 1919); in bezug auf die Armenpflege: Deutscher Verein 1921a, nachdem dieser aber schon seit 1912 die Reform des Armenrechts betrieb; vgl. als Übersicht z.B. Sachße, Ch. 1986: 213-222; Krug von Nidda, C.L. 1955: 227 ff.

[53] Unter den ersten Städte waren das sächsische Freiberg (1907) mit der Gründung einer „Wohlfahrtszentrale“ und Düren, das 1911 ein Wohlfahrtsamt einrichtete (vgl. Albrecht, G. 1920: 5 f.; vgl. auch ders. 1919a-c; Bolzau, H. 1917: 21 ff.; vgl. Deutscher Verein 1921a u. b).

Städten bereits 35 ein Wohlfahrtsamt, 17 eine „einem Wohlfahrtsamt ähnliche Einrichtung“, während weitere 38 die Einrichtung eines Wohlfahrtsamtes planten oder bereits betrieben (zus. 78%) (Meyer 1919: 233 ff.). Diese nach und nach eingeführten Zentralstellen sollten: „Auskunft erteilen, vermitteln, aufklären und erziehen, alle Wohlfahrtsbestrebungen pflegen und fördern“ (Bolzau, H. 1917: 44 f.; Glücksmann 1921).

So versuchte man zunächst *Zentralstellen* zu schaffen, die meistens eine Auskunftstelle und „Kartothek“ umfaßten, wobei auch die *private* Wohltätigkeit eingeschlossen sein sollte.[54] Diese Koordinationsstellen waren hauptsächlich dazu da, Doppelunterstützungen zu vermeiden. Die anfänglich sehr unterschiedlich organisierten Wohlfahrtsämter hatten meistens noch nicht den möglichst alle Fürsorgeaufgaben umfassenden zentralisierenden Charakter.[55] Diese Form konnte sich erst nach und nach durchsetzen (vgl. Glücksmann 1921: 15 ff.), auch weil es zwischen den einzelnen Fürsorgezweigen und den Berufsgruppen zu Auseinandersetzungen um die Vorherrschaft und Autonomie kam. Meist bestand bis zum Beginn der Weimarer Republik eine Trennung zwischen der klassischen Armenpflege – von der man sich aus Prestigegründen stärker abgrenzte –, der Kriegswohlfahrtspflege für Kriegsbeschädigte und -hinterbliebene, Erwerbslosen- und Wohnungsfürsorge[56] sowie den häufig selbständig organisierten Gesundheits- und Jugendämtern. Insbesondere mit den sehr selbstbewußt die Leitung im Wohlfahrtsamt anstrebenden Sozialhygienikern und Ärzten der Gesundheitsfürsorge (vgl. Krautwig 1913; ders. 1925) gab es, etwa im Bereich der mit den Wohlfahrtsämtern auftauchenden ‚Familienfürsorge‘ (vgl. allg. Baum, M. 1928),[57] Streit um die Vorherrschaft.[58] Zusammenfassen läßt sich mit Sachße: „Je nach lokalen Umständen und Traditionen entwickelten sich kommunale Wohlfahrtsämter aus den Aufgaben der Gesundheitsfürsorge, im Anschluß an die zentralisierenden Einrichtungen der Kriegsfürsorge oder aber aufbauend auf die herkömmliche Armenfürsorge“ (1986: 235). Die angesprochene Familienfürsorge bildete sich als Pendant zum bürokratischen Innendienst der zentralisierten Wohlfahrtsämter als methodisch

---

[54] Nicht selten ging die Initiative für eine solche Stelle sogar von der privaten Wohlfahrtspflege aus, wenn diese sie nicht bereits selbst eingerichtet hatte.

[55] Zum sehr heterogenen Begriffsverständnis siehe: Memelsdorff, F. 1926: 26 f.; Schirmel, O. 1927: 6 f.

[56] Zur Entstehung und Entwicklung der Erwerbslosenfürsorge: Sachße, Ch. 1986: 194 ff.; zur Wohnungsfürsorge ders. ebenda: 200 ff.

[57] Zum Begriff: „Bezirksfamilienfürsorge ist die in einem bestimmten geographischen Bereich in der Form der Einheits- und nach den Methoden der Familienfürsorge durchgeführte Wohlfahrtspflege, die je nach Lage des Einzelfalles zu Maßnahmen der Wirtschafts- Gesundheits- oder Erziehungsfürsorge greifen, offene oder geschlossene Fürsorge vermitteln, vorbeugenden heilenden oder rettenden Charakter annehmen kann, und die in all ihren Schritten bewußt auf die Stärkung der in der Familie liegenden Pflege- und Erziehungskräfte abzielt.“ (Baum, M. 1928: 5) Vgl. dazu auch Sachße, Ch./ Tennstedt, F. 1988: 198.; kritisch auch Vogel, M.R. 1966: 186 ff.; vgl. auch Ollendorff 1927).

[58] Vgl. die Diskussion im Deutschen Verein 1921; vgl. auch die verschiedenen Beiträge in Klumker, C./ Schmittmann, B. 1920.

und organisatorisch vereinheitlichende Form des fürsorgerischen professionalisierten „Außendienstes", der bis dahin in Spezialzweige (vorwiegend Gesundheits- und Jugendfürsorge) aufgeteilt war.[59]

Ebenso wie der 1. Weltkrieg und die darauf folgenden sozialen Probleme die skizzierte organisatorische Entwicklung nicht alleine in Gang brachten, wohl aber entscheidend beschleunigten (vgl. Schirmel, O. 1927: 10), waren die *politischen* Entwicklungen, welche die *Weimarer Republik* hervorbrachten, für weitere Veränderungen zwar begünstigend, doch resultierten daraus in der kommunalen Wohlfahrtspflege Strukturen, deren Konturen sich bereits *vorher* angedeutet hatten.

Zwischen Kontinuität und Reform angesiedelt, zwischen Verhinderung der Revolution, Kompromissen an die Arbeiterschaft und Erhaltung von Machtstrukturen, fand der Wohlfahrtsstaat in der Verfassung seine Verankerung: „Die Weimarer Nationalversammlung hatte auf der Grundlage der kapitalistischen Wirtschaftsordnung soziale Rechte und Perspektiven zugunsten der besitzlosen Volksklassen entwickelt, gerade weil die Revolution von 1918 als soziale Revolution gescheitert war. In Aufwertung («Verfassungsrang») und Fortführung sozialpolitischer Entwicklungen im Ersten Weltkrieg bedeutete das: Anerkennung der Verantwortung des Reiches für die sozialen Probleme der Bevölkerungsmassen («Lebenslage»)" (Sachße, Ch./Tennstedt, F. 1988: 77). Erstmals wurde ein Grundrechtskatalog eingeführt, der neben liberalen Abwehrrechten auch politische Teilhaberechte (gleiches Wahl- und Stimmrecht) und soziale Grundrechte vorsah: so etwa Art. 155 und Art. 163, 164, die ein Recht auf gesunde Wohnung oder den Unterhalt gewährende Arbeit – aber auch neben dem Recht auf Arbeit eine Pflicht zur Arbeit artikulierten (vgl. Sachße/Tennstedt ebenda). Zentrum des neuen Klassenkompromisses ‚Sozialstaat' war, entsprechend den politischen Veränderungen, die *soziale (Ver-)Sicherung* der Kernarbeiterschaft, wozu aber auch die soziale Abgrenzung nach unten zum „Lumpenproletariat" gehörte (Leibfried, St./Tennstedt, F. 1985a u. b.)

Daß die Verhältnisse insbesondere auf der Ebene der kommunalen Verwaltung, trotz der ‚Staatsumwälzung', von großer *Kontinuität* geprägt waren, zeigt sich auch daran, daß viele noch vor 1918 gewählte bürgerlich-konservative Stadtoberhäupter, wie z.B. Blüher (Dresden), Jarres (Duisburg), Rive (Halle), Adenauer (Köln) oder Rothe (Leipzig) ungeachtet der überwiegend zu verzeichnenden großen Wahlgewinne der SPD an der Spitze verblieben, was ebenso für viele andere Wahlbeamte galt (Engeli, Ch. 1983: 165). Erbitterte Abgrenzungsbestrebungen und Kämpfe der SPD mit USPD und KPD kamen nicht selten bürgerlichen Kandidaten zugute, die in der Regel von der SPD eher unterstützt wurden als radikalsozialistische (vgl. Engeli, Ch. 1983: 166). Auf die-

[59] Die ersten Formen einer Familienfürsorge entwickelten sich zeitgleich mit den Wohlfahrtsämtern zur Vorkriegszeit (vgl. Baum, M. 1951: 8-16) und wurden danach vor allem von M. Baum und im Deutschen Verein seit 1917 massiv propagiert (vgl. dies. 1928: 21-27).

se Weise wirkten sich die zugunsten der Arbeiterschaft geänderten Mehrheitsverhältnisse nicht so gravierend aus, zumal eben folgendes galt: „Die Verwaltung hatte sich vielfach als eigentlicher Motor städtischer Sozialpolitik erwiesen. Ihre Träger wurden deshalb nicht als ausgesprochener Gegner der neuen Ordnung empfunden“ (Engeli ebenda).

1. Gründung von Wohlfahrtsämtern und erste Vereinheitlichung der Organisation

Zentrale Wohlfahrtsämter mit professionellen sozialen Diensten der Familienfürsorge,[60] wurden von der Fachwelt bereits vor der Weimarer Zeit als rationales Mittel gegen organisatorische Zersplitterung und das wenig effektive nebeneinander und gegeneinander Arbeiten verschiedenen Organisationszweige empfohlen (vgl. Baum, M. 1928: 22 f.). Außerdem wurde als Argument die zu Beginn der zwanziger Jahre sich zuspitzende *Finanzsituation* der Städte angeführt, denn mit der Zentralisierung der Fürsorgeverwaltung wurden auch finanzielle Einsparungen versprochen.[61] Ob man durch eine Reorganisation tatsächlich Kosten einsparen konnte, war aber fraglich, wie die widersprüchliche Aussage des Nürnberger Wohlfahrtsreferenten, Heimerich, bei einer Fachtagung des Deutschen Vereins im Jahr 1921 nahelegt: „Daß es dagegen möglich ist, in der Familienfürsorge mit weniger Kräften als in der Spezialfürsorge auszukommen, scheint trotz der rationelleren Arbeit nicht möglich“ (1921: 32). So gab er die höhere Bezahlung aufgrund der besseren Ausbildung zu bedenken. Dennoch gipfelte die Schlußbemerkung Heimerichs beim 37. Deutschen Fürsorgetag im gleichen Jahr im folgenden Leitmotiv: „Wir m ü s s e n die Wohlfahrtspflege wieder zu einer Einheit gestalten. Darum fordern wir vor allem die Familienfürsorgerin“ (Deutscher Verein 1922: 76; Hervorhebung im Original).

Auch der Bericht von Ries (Kiel) auf der Fachtagung des Deutschen Vereins zur Familienfürsorge enthielt Widersprüchliches. So wurde von ihm zwar einerseits reklamiert, daß die Familienfürsorge billiger arbeite und weniger Per-

---

[60] Nach Ollendorff (1927) hatten bei einer Rundfrage des Deutschen Vereins 1922 von 170 größeren und mittleren Städten 26 die Familienfürsorge eingeführt und der Aufbau war in 11 weiteren im Gang.

[61] Vgl. Simon 1921; Ries 1921; die Hoffnung wurde auch vom Nürnberger Wohlfahrtsreferenten, Heimerich, beim 37. Deutschen. Fürsorgetag des Deutschen Vereins geäußert (1922: 22); vgl. für Frankfurt Michel, M. 1926). Immer wieder wurde von den Städten über die Wegnahme der Steuerautonomie, v.a. der Einkommensteuer, durch die Reichsfinanzreform („Erzbergersche Finanzreform“) von 1919 geklagt. Die Standardwendung war die von den Gemeinden als „Kostgänger des Reiches“. Vgl. im einzelnen dazu aus der Sicht der Gemeinden: Mulert, O. 1925; Deutscher Städtetag 1926; vgl. allg. Hansmeyer, K.-H. 1972. Nach der Kriegszeit, bei dem das Reich zum großen Teil die Kosten der neuen Aufgaben übernahm, wurden die Ausgabelasten nach und nach wieder auf die Gemeinden übertragen. Gleichzeitig trat an die Stelle der eigenen Steuereinnahmen ein System des Finanzausgleichs, der aus der Sicht der Gemeinden jedoch unzureichend war.

sonal brauche (1922: 28), doch zeigen die von ihm, ohne darauf näher einzugehen, angeführten Zahlen zur Personalsituation vor und nach Einführung der Familienfürsorge eine *Erhöhung* von 23 auf 34 Kräfte (1921b: 25 f.). Dieses war damals durchaus üblich; Zahlen wurden illustrativ eingesetzt, sie hatten vor allem eine die Objektivität unterstreichende symbolische Funktion.[62] Im Ansatz scheint eine Untersuchung von Simon nahezulegen, daß Neuorganisationen in der Regel zu *mehr* Ausgaben führen, weil diejenigen Städte mit Neuorganisationen in einen höheren Zuwachs der Ausgaben aufweisen als solche ohne (1922: 82).[63] Zu erinnern ist in diesem Zusammenhang daran, daß die Verwaltung der Kriegsfolgen finanziell wesentlich vom Reich getragen wurden (‚Dotationssystem'), was die Auf- und Ausbaumaßnahmen stark gefördert haben dürfte.

Zwar wurde die Notwendigkeit von Sparmaßnahmen gesehen, doch die gute, möglichst präventive und moderne Aufgabenerfüllung stand als Leitmotiv immer höher und wurde argumentativ verknüpft. Paradigmatisch ist die Äußerung von Muthesius (1926: 13):

> „Daß die Zahl der Beamten und Angestellten ausreichend sein muß, ist selbstverständlich. Es kann sogar der Fall eintreten, daß im Interesse der Rationalisierung, der zweckentsprechenderen Verwendung der Fürsorgemittel die Beamtenzahl erhöht werden muß."

Aufgrund derartiger Bemühungen um einen, wie es oft hieß, ‚*zeitgemäßen*' Ausbau der Wohlfahrtspflege waren die grundlegenden organisatorischen Wandlungen in der Struktur der Wohlfahrtspflege – nicht in Bezug auf die weitere quantitative Ausdehnung, die noch bevorstand – bei Erlaß der Reichsfürsorgeverordnung (RFV) (1924) und den Reichsgrundsätzen über Voraussetzungen Art und Maß der Fürsorge (RGr) (1925) sowie des Reichsjugendwohlfahrtsgesetzes (RJWG) von 1922 und 1924 bereits im Gange und teilweise sogar schon abgeschlossen.

Wie stark die von der Fachwelt propagierten Vorbilder wirken, verdeutlicht ein typisches Zitat: „Die Wandlungen über Wesen und Ziele der Fürsorge überhaupt, auch der Armenpflege, das vorbildliche Vorgehen besonders der Stadt Frankfurt a.M. im Ausbau ihres Fürsorgewesens, die Anregungen der Staatsregierung hinsichtlich einer Vereinheitlichung der Fürsorgemaßnahmen führten auch in Spandau zu einer Neuordnung mit dem Ziele, die städtischen Wohlfahrtseinrichtungen zu einer Verwaltungsgemeinschaft zusammenzufassen und eine enge Verbindung zwischen öffentlicher und privater Wohlfahrtspflege herbeizuführen. Am 1. Januar 1920 war die Neuorganisation durchgeführt. Sie

---

[62] Ein Vergleich war schwierig, da uneinheitliche Bemessungsgrundlagen, divergierende Begriffsverständnisse und unterschiedliche Organisationen vorlagen. (vgl. Kraus, H. 1926: 113 ff.; Baum, M. 1928: 95; Sachße, Ch./Tennstedt, F. 1988: 86; 186.

[63] Simon stellte für Nürnberg eine Ausnahme dieser Regel fest, was einer genaueren Betrachtung aber erneut nicht Stand hält: So stieg der Anteil der Personalausgaben an den Gesamtausgaben der Wohlfahrtspflege in Nürnberg immerhin von 1913: 17,4%, 1919: 19,7% auf 1921: 21,7%.

erfolgte im engsten Einvernehmen mit sämtlichen Organisationen der freien Liebestätigkeit in Anlehnung an das Vorbild Frankfurt a.M. Die Neuorganisation brachte die Zusammenfassung der materiellen Aufgabengebiete und die Zentralisation der Leitung." (Schirmel, O. 1927: 11).

Der Prozeß *institutioneller Isomorphie* verlief folgendermaßen. Nach der oben genannten Umfrage von 1919, bei der noch 22% (26) der befragten Städte keine Neuordnung geplant hatten, verfügten 1922, drei Jahre später, von 70 befragten Städten nur noch fünf über kein Wohlfahrtsamt (7%), wobei zu letzteren angemerkt wurde: „Durch den Ausbau einzelner Dienststellen, wie Armenamt, Jugendamt, sind aber auch hier Einrichtungen getroffen, die den Wohlfahrtsämtern einzelner Städte sehr nahekommen" (o.V. 1924: 49; vgl. Tabelle 1 nachfolgend). Neben dieser quantitativen Veränderung handelte es sich dabei auch qualitativ nicht mehr nur um lose Koordinationsstellen sondern um Behörden mit eigenem Verwaltungsapparat, wenngleich der Zusammenhang zwischen den Aufgabenbereichen nicht immer gleich eng war, wie etwa bei Ämtern im heutigen Sinne. Meist einbezogen waren, ganz den damaligen Forderungen der Fachwelt entsprechend, die Bereiche wirtschaftliche Fürsorge, Jugend- und Gesundheitsfürsorge, seltener hingegen die Erwerbslosen- und Wohnungsfürsorge, weil diesen allgemein weniger ein Fürsorge- als ein wirtschafts- und sozialpolitischer Charakter attestiert wurde.[64]

Nach der Häufigkeit der Aufgaben fanden sich im einzelnen beim Wohlfahrtsamt: Kleinrentnerfürsorge (84%), Sozialrentnerfürsorge (76%), Armenpflege (73%), Jugendwohlfahrt (69%), Kriegsbeschädigten- und -hinterbliebenenfürsorge (67%) und Gesundheitswesen (56%), Erwerbslosenfürsorge (14%), Wohnungsfürsorge (11%) (o.V. 1924: 51). Zu diesen Zahlen muß jedoch angemerkt werden, daß die Abweichungen und Variationen in der Zuordnung verschiedener Aufgabenbereiche immer noch erheblich waren. Nur in einem Drittel der Fälle befanden sich nahezu alle wichtigen fürsorgerischen Aufgaben in einem Amt, wogegen allerdings nur in 14% der Fälle ein selbständiges Wohlfahrts-, Jugend- und Gesundheitsamt existierte.[65]

---

[64] Vgl. Memelsdorff, F. 1926: 35 ff.; Blaum 1924: 492 f.; vgl. Bolzau, H. 1917: 11.

[65] Dazu M. Baum (1928: 22 f.): „Was man heute tatsächlich als Wohlfahrtsämter bezeichnet, sind Gebilde sehr verschiedenen Umfangs und Charakters. Begrifflich diskutiert man darüber, ob nur die behördliche oder nur die freie Wohlfahrtspflege oder beide gemeinsam geeinigt werden sollen ... und dergleichen mehr." Vgl. auch die Bemühungen um Präzision bei Memelsdorff, F. 1926: 26 f.

Tabelle 1:

Organisationsformen kommunaler Wohlfahrtspflege (1922)

Wohlfahrtsamt (alle Aufgaben in einem Amt)	30% (21)	Beuthen D.-G., Bielefeld, Bonn, Brandenburg, Coblenz[b)], Cottbus, Darmstadt[b)], Duisburg, Flensburg, Frankfurt a.O., Fürth[a)], Gera, Gladbeck, Görlitz, Hagen, Herne[b)], Kiel, Münster i.W., Recklinghausen, Remscheid, Saarbrücken
Wohlfahrtsamt (mit fehlenden Teilaufgaben)	21,4% (15)	Aachen[e)], Braunschweig[b)c)f)], Buer[c)e)], Elbing[b)d)f)h)], Erfurt[e)], Essen[b)c)d)f)], Hildesheim [a)f)], Magdeburg[d)f)g)]; Offenbach[c)], Pforzheim[c)], Potsdam[d)], Sterkrade[f)], Trier[d)f)], Würzburg[b)c)e)h)], Zwickau[a)b)c)]
Wohlfahrts- und selbständiges Jugendamt	7,1% (5)	Augsburg[c)f)g)], Dresden[c)], Gleiwitz[e)f)b)], Hindenburg[f)b)], Schwerin
Selbständiges Wohlfahrts-, Jugend-, u. Gesundheitsamt	14,3% (10)	Cassel[c)], Dortmund, Frankfurt a.M., Freiburg[c)], Hamburg, München, Plauen[c)], Rüstringen, Stettin[c)], Stuttgart[c)]
Wohlfahrts- und selbständiges Gesundheitsamt	20% (14)	Altona, Bochum [d)], Breslau [a)], Chemnitz [e) c)], Dessau, Düsseldorf, Elberfeld, Gelsenkirchen [a)], Hamborn, Heidelberg, Karlsruhe, Lübeck [f)], Nürnberg [f)], Wiesbaden [f)],
Kein Wohlfahrtsamt	7,1% (5)	Bremen, Halle a.S., Oberhausen, Harburg, Leipzig
Gesamt	100% (70)	

a) Jugendamt dem Wohlfahrtsamt angegliedert, doch ohne Zusammenfassung in einem Amt
b) Gesundheitsamt dem Wohlfahrtsamt angegliedert, ohne Zusammenfassung in einem Amt
c) Wohlfahrtsamt ohne Fürsorgestelle für Kriegsbeschädigte und -hinterbliebene
d) Wohlfahrtsamt ohne Sozialrentnerfürsorge;
e) Wohlfahrtsamt ohne Sozial- und Kleinrentnerfürsorge;
f) Wohlfahrtsamt ohne Armenamt
g) Wohlfahrtsamt ohne Gesundheitsamt (an andere Stelle angegliedert)
h) Wohlfahrtsamt ohne Jugendamt (an andere Stelle angegliedert)

Quelle: o.V., Mitteilungen des Deutschen Städtetages 4/1924: Sp. 49 ff.[66]

2. Die Institutionalisierung am Beispiel des Wohlfahrtsamtes der Stadt Nürnberg

Auch für die Entstehung und Entwicklung des *Nürnberger* Wohlfahrtswesens waren die politischen und gesellschaftlichen Rahmenbedingungen und Zäsuren nicht allein ausschlaggebend. Mindestens ebenso wichtig waren die Vorbilder der Wohlfahrtsämter anderer Städte und der Tenor der Fachwelt, d.h. Teile der institutionellen Umwelt. Den Aufbau des Nürnberger Wohlfahrtsamtes hatte der Referent für das Armenwesen, Rechtsrat Fleischmann, aktenkundig bereits seit *1918* begonnen. Vollendet hat dies der neu eingesetzte Wohlfahrtsreferent Heimerich (SPD) gegen Widerstände einzelner einzugliedernder Abteilungen

[66] Die Summe von 21 zentralisierten Wohlfahrtsämtern, wie sie auch in der Quelle abgedruckt ist (S. 51), erklärt sich daraus, daß die lediglich „angegliederten", aber nicht in einem Amt zusammengefaßten Jugend- und Gesundheitsämter, bei denen keine weiteren Aufgabenbereiche fehlen (Fürth, Coblenz, Darmstadt u. Herne) zu den „reinen" Fällen hinzugezählt wurden.

im Jahr 1919.[67] Das Hauptargument zur Gründung eines Wohlfahrtsamtes war neben angeblichen Kosteneinsparungen das *Vorbild* anderer Städte („Forderung der Zusammenfassung der sozialen Fürsorgetätigkeit hat sich in allen größeren Städten Deutschlands überraschend schnell durchgesetzt"), wobei insbesondere Frankfurt a.M. genannt wurde, und die Meinung der Fachwelt. Das ‚wie machen es die anderen' kann anhand der in den Nürnberger Akten gesammelten Anfragen aus zahlreichen Städten in der Zeit von 1929 bis 1943 nachvollzogen werden. Die an die Sozialverwaltung Nürnbergs gerichteten Fragen der Städte zielten fast immer auf Organisationsvergleiche und waren meistens durch geplante organisatorische Änderungen veranlaßt (Akten StArch Nbg C25/I Nr. 177a).

In Frankfurt hatte der später in Nürnberg zum Oberbürgermeister gewählte liberaldemokratische Luppe, einer der ‚großen' Oberbürgermeister der Weimarer Zeit (vgl. Hanschel, H. 1977), bereits erfolgreich das dortige Wohlfahrtsamt mit begründet, und zwar unter Einschluß sowohl der Kriegsfürsorge als auch der Armenpflege, mit der Absicht, überhaupt nur noch „gehobene Fürsorge" betreiben zu wollen (vgl. Luppe, H. 1918: 20 ff.). Mit dem Hinweis auf das Frankfurter Vorbild konnte vom zuständigen Nürnberger Referenten, Heimerich, erfolgreich behauptet werden, daß „die Notwendigkeit" der Einrichtung eines Wohlfahrtsamtes „unumstritten" sei.[68] Wie stark die Überzeugung vom allein Richtigen war, zeigt sich z.B. daran, daß, nachdem geeignete Räume und Personal in Aussicht standen, „der weiteren Behandlung der Sache" in Übereinstimmung mit dem OB „auch ohne formelle Genehmigung des Stadtrats" „nichts im Wege stehe" (Vermerk v. 8.8.1919; Akten ebenda, S. 48 ff.). Außerdem werden weitere Ansprüche hinsichtlich der professionellen Personalausstattung daraus abgeleitet:

> „Werden die gesamten Wohlfahrtsangelegenheiten, wie dies *allein zweckmäßig* und auch vorgesehen ist, in einem Referat vereinigt, so müssen zur Bewältigung der *großen Aufgaben* die nötigen Hilfsreferenten wie auch die sonstigen Beamten des Innen- und Außendienst zur Verfügung stehen. Dieser Unterbau fehlt heute noch fast vollständig. Insbesondere müssen Maßnahmen getroffen werden, um die Beamten, welche im Wohlfahrtsreferat tätig sind, mehr als bisher in der sozialen Fürsorgetätigkeit *zu schulen* und neue, sozial bereits vorbereitete Kräfte zu gewinnen, wie sie *andere Städte* teilweise schon seit längerer Zeit haben. Von ehrenamtlichen Kräften allein können *nach allgemeiner Überzeugung* die Aufgaben der sozialen Fürsorge nicht mehr bewältigt werden" („Denkschrift", Akten StArchNbg C 25/I Nr. 1a: 56 ff.; Hervorhebung G.R.).

In welchem Ausmaß mit Rückhalt von Leitideen der Fachwelt gearbeitet wurde, zeigt auch ein Einladungsschreiben Heimerichs an Polligkeit, den Vorsitzenden des Deutschen Vereins, zu einer geplanten Tagung des Deutschen

---

[67] Dazu Bußmann-Strelow, G. 1992: 156 ff.; vgl. Hanschel, H. 1977: 95 ff.; zu der in den Anfangsjahren der Weimarer Republik für die Nürnberger Wohlfahrtspflege wichtigen Rolle Heimerichs: Krauß, S. 1984. Heimerich war wie OB Luppe ein Fachmann von Bedeutung in ganz Deutschland und mit zentraler Funktion im Deutschen Verein; 1925 ging Heimerich nach Kiel, später wurde er OB in Mannheim (vgl. auch Hanschel, H. 1977: 95 f.).

[68] Gutachten des Wohlfahrtsausschusses („Denkschrift", verf. von Heimerich 28.8.1919); Akten StArchNbg C 25/I, Nr. 1a, S. 56 ff.; vgl. auch Bußmann-Strelow, G. 1992: 158.

Vereins in Nürnberg, in dem eine „Befruchtung der noch etwas rückständigen bayerischen Wohlfahrtspflege durch eine solche Tagung" erwartet wurde. Denn: „Gerade in Nürnberg, wo wir im Begriffe sind, ein Wohlfahrtsamt zu organisieren, wird eine solche Tagung einen großen Eindruck machen." (StArchNbg C 25/I Nr. 1a: 68 ff.) Dann wird die Personalforderung („umfangreiches Personal nötig"), die Heimerich an den Stadtrat richtete, nachdem er einem Besuch mit mehreren Mitgliedern des Armenrats sowie eines Stadtsekretärs in Charlottenburg und bei der Zentrale für *private* Fürsorge in Berlin abstattete, folgendermaßen begründet: Beide Organisationen seien besser ausgebaut und hätten sehr viel mehr Beschäftigte, bezogen auf die Zahl der Einwohner im Einsatz (Akten StArchNbg C 25/I Nr. 1a: 76; Hervorh. G.R.).[69]

Im Aufbau glich das neue Nürnberger Wohlfahrtsamt zunächst dem damals noch herrschenden Standard einer *losen Koordinationsstelle* (vgl. Bolzau, H. 1917) der erst nach und nach die weiteren geplanten Abteilungen einverleibt werden sollten (vgl. Abbildung 1 nachfolgend):[70] Mittelpunkt war die vorher *private* Auskunftsstelle (geplant mit einem mittleren Beamten („Sekretär"), einer Beamtin, vier Ermittlerinnen und Ermittlern sowie zwei Schreibkräften).[71] Als weitere Abteilungen sollten die bereits seit 1912 bestehende und trotz laut werdender Kritik dem Votum Heimerichs entsprechend weiterhin aufrechterhaltene Stelle für Rechtsauskunft (geplant mit einem Rechtsassessor, einem Sekretär, zwei Schreibkräften), dann eine Beratungsstelle für Frauen und Mädchen (zwei Beamtinnen) sowie die Kasse der Wohltätigkeitsstiftungen (ohne Personalangaben) dazu gehören.[72] Neben dem Wohlfahrts- und Jugendamt unterstanden dem neuen *Wohlfahrtsreferat* anfänglich die nur formal angegliederten selbständigen Ämter und Abteilungen: Armenamt, Stiftungsamt, wirtschaftliche Betriebe, Fürsorgeamt für Kriegsbeschädigte und -hinterbliebene, sonstige Abteilungen (Gefährdetenfürsorge, Altenversorgung u.a.) und Nürnberger Kinderhilfe (StArchNbg C25/I Nr. 1a: 138).

[69] Ähnliche Informationsreisen finden sich auch in den folgenden Jahren in den Akten, allerdings mit dem Unterschied, daß nur noch Beamte, nicht mehr Parlamentarier oder Ehrenamtliche abgesandt werden.

[70] Heimerich: „Ebenso zwecklos erscheint im gegenwärtigen Moment eine Auseinandersetzung darüber, welche Verwaltungszweige unbedingt zum Wohlfahrtsamt gehören. Ich glaube daß der Aufgabenkreis des Wohlfahrtsamtes sich aus der praktischen Arbeit ganz von selbst ergeben wird." (Denkschrift S. 2, StArchNbg C25/I Nr. 1a).

[71] Deren Leiterin, gleichzeitig Leiterin der Kriegsamtsstelle, hatte schon mit der Stadt wegen einer Übernahme verhandelt (Vermerk Heimerichs v. 8.8.1919, Akten StArchNbg C25/I Nr. 1a: 48 ff.). Bereits der Referent Fleischman hatte – wohl aufgrund der angesprochenen Widerstände gewisser Abteilungen – erwogen, auf diese private Auskunftsstelle zurückzugreifen und ihren privaten Charakter beizubehalten (Niederschrift über Sitzung des Ausschusses zur Errichtung eines Wohlfahrtsamtes in Nürnberg v. 14.1.1929, Akten StArchNbg C25/I Nr. 1a: 12 ff.; C25/I Nr. 2).

[72] Letztere sollte insbesondere die Geldquellen der Stiftungen erschließen (vgl. StArchNbg C25/I Nr. 1a: 48 ff.; Bußmann-Strelow, G. 1992: 159).

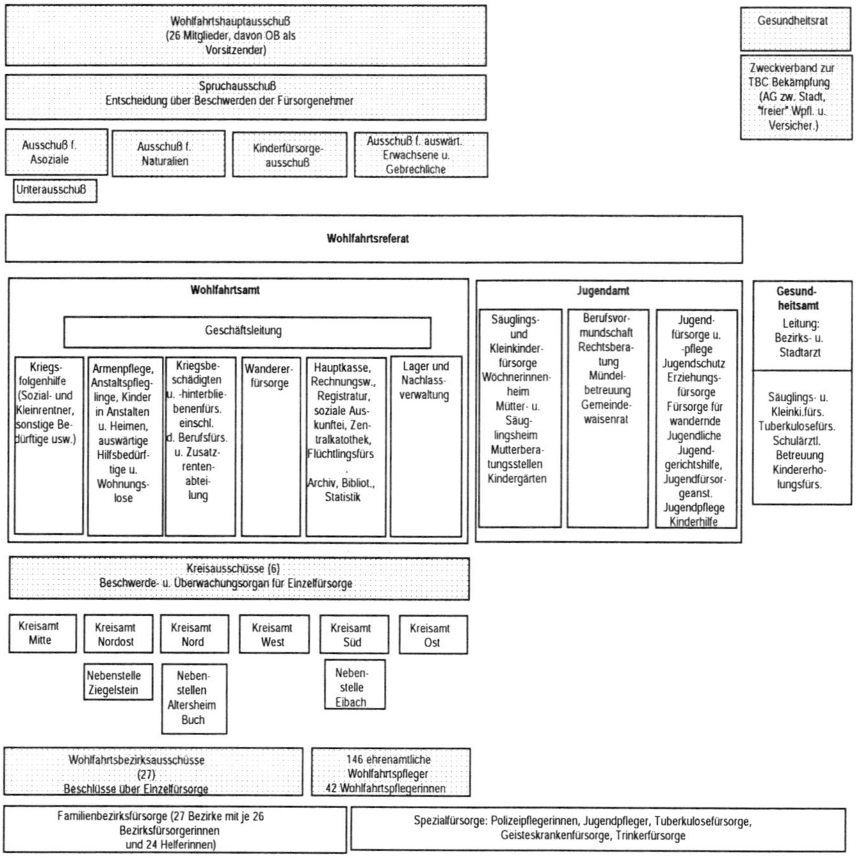

Abbildung 1: Organisation des Nürnberger Wohlfahrtsamtes 1924/25

Quelle: Eigene Bearbeitung nach Verwaltungsberichten, Stellenplänen der Stadt Nürnberg, Akten StArchNbg C 25/INr. 1a

Begonnen hatte parallel zur ‚Zentralisierung' auch der Aufbau *dezentraler* Nebenämter des Wohlfahrtsamtes. Gleich zu Beginn seiner Tätigkeit hatte Heimerich eine bezirksorientierte Reorganisation der Armenpflege mit der Einführung von Bezirksausschüssen begonnen, denen erstmals berufliche Armenpfleger analog zum ‚Straßburger Modell' zur Seite gestellt wurden.[73] In den später aufgebauten „*Kreisämtern*" gab es außer dem Leiter zwei bis drei Abteilungen zur Abwicklung der wirtschaftlichen Unterstützungen mit einer Zu-

[73] Vorher hatte es lediglich einen Armenpflegschaftsrat, darunter die Bezirksvorsteher, gegeben. Die Entscheidungen über Unterstützungen trafen überwiegend die Bezirksvorsteher, denen ehrenamtliche Ermittler zur Seite standen. Das Armenamt hatte lediglich die verwaltungsmäßige Bearbeitung der Unterstützungsfälle und die Auszahlung von Unterstützungen zu vollziehen (vgl. Eichenmüller, N. 1929: 1).

weisung der Bedürftigen nach dem Alphabet und eine Kassenabteilung als Auszahlungsstelle. Pro Kreisstelle waren drei bis sechs Bezirke zugeordnet mit einer Bezirksfürsorgerin sowie Berufshelfern und Ermittlungsbeamten (Hofmann, A. 1925: 5). Ohne die gleichzeitige „Dezentralisierung" wäre es, so Eichenmüller, schlechterdings unmöglich gewesen, den Massenverkehr und das 1921 erlassene Gesetz über Notstandsmaßnahmen für Sozialrentner reibungslos durchzuführen (Eichenmüller 1929: 3; vgl. m.w.N. Bußmann-Strelow, G. 1992: 167).

Begleitet wurde diese „Dezentralisierung" im Gegenzug allerdings wiederum von zentralisierenden Elementen, wie z.B. der *„Formalisierung"* und *„Programmierung"* der Arbeitsprozesse mittels festgelegter *Richtlinien* und Richtsätzen, weshalb im Grunde eher eine räumliche „Dekonzentration" denn tatsächliche Dezentralisierung vorlag. Die Richtsätze erlangten in der Folge immer stärkeres Gewicht, was einerseits eine „gleichmäßige Fürsorge über das ganze Stadtgebiet gewährleistete", andererseits aber durchaus über- oder unterschritten werden konnte, weil es eben nur Richtsätze, keine Regelsätze waren (Hofmann, A. 1925: 4). Ähnlich formulierte auch Luppe (1925a: 764 f.) dieses eigenartig ambivalente, aber für die Fürsorgeorganisation überhaupt und auch heute noch typische Zusammenspiel von ‚Dezentralisierung' und Zentralisierung, von Bürokratisierung und situativer Organisation, wonach es notwendig sei „... festzulegen, welche Befugnisse die Außenstellen haben, wie weit sie an die Richtsätze gebunden sind oder zu Abweichungen der Zustimmung des Amtes bedürfen, welche Rechte und Pflichten sie in dringenden Fällen haben, die Art der Kostenverrechnung usw. ... (E)ine möglichste Beweglichkeit und Anpassungsfähigkeit der Bestimmungen ist aber im Interesse einer guten individualisierenden Fürsorge erwünscht." Die Auflösung dieses Widerspruchs, die Nahtstelle zwischen notwendiger Flexibilität (‚loose coupling') und Kontrolle, schien die Professionalisierung darzustellen, was allerdings so nicht formuliert wurde. Eine stärkere Kontrolle der Entscheidungen sollte einerseits durch eine transparentere und demokratischere Entscheidungsfindung andererseits durch die Hinzuziehung *beruflicher* Kräfte erreicht werden: „es war kein Bedürftiger mehr von dem Willen des Einzelnen (Bezirksvorsteher, Anm. G.R.) abhängig, jeder Fall mußte ja im Bezirksausschuß besprochen und genehmigt werden" (ebenda).

Nach der erfolgreichen Institutionalisierung eines Wohlfahrtsamtes in Form einer Zentralstelle erfolgte die schrittweise Eingliederung der sich neu entwikkelnden gehobenen Fürsorge (für Sozial- und Kleinrentner), danach auch die Auflösung und Eingliederung des Amtes für Kriegsbeschädigte und -hinterbliebene und das bereits reorganisierte Armenwesen im Jahr 1923.[74] Als Schluß-

---

[74] Vgl. die Beiträge Luppes und Hofmanns in den Wohlfahrtsblättern der Stadt Nürnberg 1925, Nr. 1/2). Auch die Herausgabe einer solchen Fachzeitschrift war übrigens eine in der Fachwelt geforderte und von zahlreichen Großstädten in der Weimarer Zeit vollzogene ‚Notwendigkeit'.

stein dieser Neuorganisation ist schließlich zu Beginn des Jahres 1924 die Familienfürsorge, welche zuvor schrittweise eingeführt worden war, über das ganze Stadtgebiet ausgedehnt worden.[75] Danach bestanden 27 Bezirke, die mit je einer Berufsfürsorgerin und einer Helferin besetzt waren, wobei jedem Kreisamt ca. drei bis sechs Bezirke angehörten. Die Fürsorgerinnen waren zuständig für die jugend- und gesundheitsfürsorgerischen Fälle, zum Teil auch für solche der wirtschaftlichen Fürsorge. Diese oblagen ansonsten hauptsächlich den ehrenamtlichen Helfern, weshalb die Berufskräfte in „engster Fühlung" mit den ehrenamtlichen Organen des Wohlfahrtsamtes zusammenarbeiten sollten (Hofmann, A. 1925: 5). Ergänzt wurde nach einer Anlaufphase die Familienfürsorge allerdings durch verschiedene Spezialfürsorgezweige, wie die Fürsorge für Schwererziehbare oder sittlich gefährdete Jugendliche, Trinker und Geisteskranke (Georgi 1925: 10).

Neben dem Aufbau eines Wohlfahrtsamtes strebte Heimerich an, eine „moderne" amtliche *Jugend- und Gesundheitsfürsorge* in Nürnberg einzurichten, wobei er sich in seinen Begründungen insbesondere auf die Diskussion der Institutionalisierung von Jugendfürsorge und Jugendamt im Zuge des RJWG bezog.[76] Ebenso wie in anderen Städten stand auch in Nürnberg am Beginn der öffentlichen Jugendhilfe die, vorwiegend von *privater* Seite betriebenen, Einrichtungen der Fürsorgeerziehung und das Vormundschaftswesens (vgl. Klumker, Ch. 1931): 1909 wurde die private Hauptstelle für Jugendfürsorge ins Leben gerufen, die starke Unterstützung durch die Stadt erfuhr und als „gemischtwirtschaftlicher Betrieb" angesehen wurde (I. Fischer 1925: 6); 1912 wurde die städtische Berufsvormundschaft errichtet, die sich auch den Aufgaben des Gemeindewaisenrates und des Kost- und Pflegekinderwesens widmete, 1919 die Abteilung für Mutterschutz, Säuglings- und Kleindkinderfürsorge des Wohlfahrtsamtes und 1920 die städtische Jugendgerichtshilfe sowie die Nürnberger Kinderhilfe (ebenda). Erneut leistete die Finanznot der in der Jugendfürsorge dominierenden privaten Wohlfahrtspflege der von Heimerich explizit angestrebten „*Kommunalisierung*" Vorschub.[77] So bat die private Hauptstelle für Jugendfürsorge von sich um Übernahme durch die Stadt (Bußmann-Strelow, G.

[75] Dazu auch der persönliche Bericht der Nürnberger Fürsorgerin H. Stieve (1925), der von den mit der Einführung der Familienfürsorge verbundenen Problemen handelt, nach Müller, C.W. 1994: 36 f.

[76] Denkschrift, StArchNbg C25/I Nr. 1; Bußmann-Strelow, G. 1992: 160.

[77] Dabei bremste OB Luppe, der als Liberaler eine der privaten Wohlfahrtspflege gegenüber positivere Einstellung hatte, den Referenten Heimerich in manchen Punkten (vgl. Hanschel, H. 1977: 97 f.). Vgl. zum Streit um „Kommunalisierung" allg. Sachße, Ch./Tennstedt, F. 1980: 30 f. Kommunalisierung wurde maßgeblich von seiten der SPD vertreten und forciert, während sie von konservativer, liberaler und kommunistischer Seite aus unterschiedlichen Gründen bekämpft wurde. Der ideologische Streit wurde jedoch, wie in Nürnberg, meist kontrastiert durch rein praktische Notwendigkeiten, z.B. finanzielle und politische Erwägungen (vgl. Wex, E. 1929: 26 ff.; vgl. auch die Äußerungen Heimerichs 1922: 25 ff). Eine Überführung privater Einrichtungen in die Kommune konnte jedoch unter Umständen auch Kosten*einsparungen* bewirken, weil die Kontrolle der privaten Träger damals wie heute meist nur schwer möglich war und ist. Dies zeigt Michel am Beispiel der Frankfurter Kindergärten (Michel, M. 1926: 38 f.).

1992: 161). Diesem Wunsch kam diese 1920 nach, womit der Grundstein für das *Jugendamt* gelegt wurde (vgl. auch Plank, R. 1929: 19). Es war zwar noch kein „gesetzliches“ aber bereits eines „im Sinne dieses Gesetzes“ und zum Teil über dieses hinausgehend (Fischer, I. 1925: 6).

Entscheidend für die Organisationsgestaltung war auch in diesem Fall nicht die *gesetzliche* Bestimmung von *Aufgaben* sondern der Tenor der Fachwelt,[78] die gesellschaftlichen, politisch-ökonomischen Zeitläufe,[79] sowie der Aufbauarbeit im wahrsten Sinne des Wortes leistende ‚moralische Unternehmer‘ Heimerich. Dieser war kein Einzelfall, er war vielmehr ein typischer Vertreter seines Fachs und seiner Zeit. Die öffentliche Jugendfürsorge in Nürnberg war, wie Heimerich immer wieder meinte, „rückständig“ (nach Bußmann-Strelow, G. 1992: 161), was in Kürze durch sein Wirken überwunden werden sollte. Dadurch, so I. Fischer (1925: 6): rückte die Stadt Nürnberg auf dem Gebiet der Jugendwohlfahrtspflege in die vorderste Reihe der deutschen Großstädte auf (ähnlich: Luppe, H. 1925b: 2 f.)

In diesem Zusammenhang muß auch auf die Konkurrenzsituation zur größeren Landeshauptstadt München hingewiesen werden, die wohl immer eine ungeliebte ‚große Schwester‘ war, zumal sich die, überwiegend protestantischen und ‚roten‘ Nürnberger, als Franken, d.h. Nichtbayern verstanden, während München überwiegend katholisch und konservativ bis reaktionär war. Daß Heimerich derartige in der Bevölkerung verwurzelte Animositäten für seine Aufbauarbeit geschickt genutzt hatte, kam in seiner Äußerung vor dem Bayerischen Städtetag am 3./4.1925 in München zum Ausdruck, als es um die Auswirkungen des Reichsjugendwohlfahrtsgesetzes ging: Dabei wies er stolz auf die absolut weitaus *höheren* Aufwendungen für die Jugendfürsorge Nürnbergs (9% der Gesamtreinausgaben) hin und meinte, „... daß das Nürnberger Jugendamt, wohl das einzige völlig ausgebaute Jugendamt in Bayern ist...“.

Im neu gegründeten, dem Wohlfahrtsamt angegliederten, Jugendamt gab es 1921 folgende Abteilungen:[80] „Säuglings- und Kleinkinderfürsorge“, ferner „Berufsvormundschaft“, „Waisenpflege“, „Gemeindewaisenrat“, „Kostkinderwesen“, dann „Jugendfürsorge im engeren Sinn“ („Fürsorgeerziehung“ u. „Jugendgerichtshilfe“), schließlich „Anstalten“ („Säuglings- Wöchnerinnenheime“, „Kindergärten“, „Kinderheime und andere Einrichtungen“). Diese Abteilungen waren zusammengefaßt zu drei Hauptabteilungen, die allerdings räumlich nicht vereinigt waren: die Säuglings- und Kleinkinderfürsorge bildete

---

[78] Vgl. dazu als Anschauungsmaterial: Klumker, Ch.J. 1931 und die Jugendfürsorgetage von 1910 und 1919 (Schmidt 1910; Deutscher Verein 1919).

[79] Hingewiesen sei hier nur auf die im Entstehen begriffene kulturkritische Jugendbewegung und Reformpädagogik (vgl. Vogel, M.R. 1960: 12; Sachße, Ch./Tennstedt, F. 1988: 111 ff.; Klumker, Ch.J. 1931), und auf den bevölkerungspolitischen ökonomischen Hintergrund nach dem verlorenen Krieg (vgl. Deutscher Verein 1919: 57 f.; Engel, St./Behrendt, H. 1927).

[80] Laut „Geschäftseinteilung für das Wohlfahrtsreferat“ v. 20.1.1921, StArchNbg C25/I Nr. 1a: 138. Vgl. auch Fischer, I. 1925: 6 mit weiteren Ausführungen zu den Aufgaben.

die erste, die zweite Hauptabteilung umfaßte Berufsvormundschaft mit Kostkinderwesen und Gemeindewaisenrat und schließlich waren Jugendfürsorge im engeren Sinne mit Jugendpflege als dritte Hauptabteilung zusammengefaßt. Die Fachdiskussion zwischen den Disziplinen um die Vorherrschaft und Leitung des Jugendamtes wurde in Nürnberg salomonisch dadurch gelöst, daß die erste Hauptabteilung einem Arzt, die zweite einem Juristen und die dritte einem Pädagogen unterstellt wurde (Bußmann-Strelow, G. 1992: 160; Hanschel, H. 1977: 103 f.).

Die am 9.6.1920 vom Stadtrat beschlossene Satzung für das städtische *Gesundheitsamt* – das erste in Bayern – sah folgende sozialhygienischen Aufgaben vor: „Überwachung der Bäder und Wasserleitungen", „die Bekämpfung ansteckender Krankheiten im allgemeinen", einschließlich „Impf- und Desinfektionswesen", insbesondere aber die Organisation der „Tuberkulosen- und Geschlechtskrankenfürsorge", die „Trinker-, Irren-, Krüppel- und Taubstummenfürsorge", ferner die „Angelegenheiten der im Heilwesen Beschäftigten", die „Kranken- und Heilanstalten der Stadt", die städtische Untersuchungsanstalt für Nahrungs- und Genußmittel einschließlich der Nahrungsmittelpolizei", „das Bestattungswesen" (später dem Bezirkspolizeireferat angegliedert) und „das Rettungswesen" (Plank, R. 1929).[81]

3. Die rechtliche Begründung von Aufgaben und Organisation

Die nach dem 1. Weltkrieg schnell voranschreitende Inflation erschwerte das Abrechnungs- und Erstattungsverfahren zwischen Reich, Ländern und Gemeinden, da die veranlagten Beträge in kürzester Zeit nicht mehr dem angesetzten Wert entsprachen. Nicht nur die ‚Dotationen' vom Reich an die Gemeinden sondern auch Abrechnungen *zwischen* den Gemeinden zogen aufwendige Verfahren nach sich, z.B. zur Ermittlung der erstattungspflichtigen Gemeinde des Unterstützungswohnsitzes.[82] Dazu kamen Abrechnungen mit Sozialversicherungsträgern, was, wie einleitend angesprochen, im Sinne institutioneller Isomorphie auch in der Fürsorge zur Bürokratisierung führte. Schließlich tat die seit der Industrialisierung wachsende Mobilität der Unterstützten ihr Übriges, so daß die vom Deutschen Verein schon seit längerem betriebene und

[81] Im übrigen bleibt m.E. aber unklar, ob das Gesundheitsamt – entgegen der von Bußmann-Strelow vertretenen Ansicht (1992: 162) – überhaupt dem Wohlfahrtsreferenten unterstellt war (so erscheint dieses jedenfalls nicht in der „Geschäftseinteilung für das Wohlfahrtsreferat" v. 20.1.1921, StArchNbg C25/I Nr. 1a: 138, weshalb dies im oben angeführten Schaubild (Abb. 1) ebenso offen gelassen werden mußte wie teilweise die Differenzierung innerhalb der Abteilungen aufgrund fehlender Unterlagen).

[82] Endgültig verpflichtet zur Unterstützung war der Ortsarmenverband, in dessen Bezirk der Hilfsbedürftige zuletzt ein volles Jahr, ohne Unterstützung aus öffentlichen Mitteln empfangen zu haben, seinen gewöhnlichen Aufenthalt und damit seinen Unterstützungswohnsitz erworben hatte (vgl. Hirschfeld D. 1930 215 f.; Reichsarbeitsministerium 1929: 236 f.).

immer vehementer geforderte einheitliche Gesetzgebung und Neuordnung des Fürsorgewesens unumgänglich schien.[83]

Der 1923 vom DV eingereichte Dringlichkeitsantrag auf Erlaß eines Notgesetzes über allgemeine Fürsorge an die Reichsregierung führte aus, daß die Zeitverhältnisse die auf dem Unterstützungswohnsitzgesetz (UWG) von 1870 beruhende Armenpflege überholt hätten, daß die neuen im Zuge des Krieges entstandenen Sonderfürsorgen einbezogen werden müßten und eine stärker präventive Ausrichtung sowie eine Vereinfachung der zersplitterten Behördenorganisation erreicht werden müsse (vgl. Krug von Nidda, C.L. 1955: 244 f.). Das Ermächtigungsgesetz vom 8. Dez. 1923 (RGBl I: 11798) ermöglichte es der Reichsregierung, die Maßnahmen zu treffen, welche sie im Hinblick auf die Not von Volk und Reich für erforderlich und dringend erachtete, worauf die 3. Steuernotverordnung vom 14. Feb. 1924 (RGBl I: 47) in § 42 eine Reihe von Lasten des Reichs auf die Länder übertrug, insbesondere die Wohlfahrtspflege, und gleichzeitig Fragen des Finanzausgleichs regelte. In diesem Zusammenhang erging zur *rahmen*rechtlichen Regelung – die nähere Ausführungsgesetzgebung verblieb den Ländern – des *formellen* Fürsorgerechts am 13. Feb. 1924 (RGBl I: 100) die Verordnung über die Fürsorgepflicht (RFV), während zur Regelung des materiellen Teils am 4. Dez. 1924 (RGBl I: 765) die Reichsgrundsätze über Voraussetzung, Art und Maß der öffentlichen Fürsorge (RGr) erlassen wurden.[84]

Wie stark der Einfluß des DV auf das schließlich ergangene neue Recht war, kann hier nicht in allen Einzelheiten diskutiert werden. Meines Erachtens kann aber durchaus gesagt werden, daß die RFV und RGr weitgehend das Werk des DV waren (so auch Orthband, E. 1980: 198; Krug v. Nidda 1955). Zumindest die genannten Hauptforderungen des DV wurden durchgesetzt und stimmten mit den Vorstellungen des zuständigen Reichsarbeitsministeriums überein. Zu dieser Rolle des Deutschen Vereins bringen Sachße/Tennstedt (1988; ebenso Sachße, Ch. 1986) eher kritische Darstellungen, die vor allem auf die vom Vorsitzenden des Deutschen Vereins (Polligkeit) gewünschte Integration der Sozialversicherung abheben, die vom Gesetzgeber nicht nachvollzogen wurden. Allerdings sollten meines Erachtens diese Divergenzen nicht überbewertet werden, wofür die positiven Äußerungen zum neuen Fürsorgerecht auf dem 38. Deutschen Fürsorgetag des DV ebenso sprechen, wie das neue Recht in der Folge vom Deutschen Verein nicht mehr grundsätzlich in Frage gestellt wurde.[85]

---

[83] Eine erste Resolution gab es 1912; die weiteren Stationen waren grob: Deutscher Fürsorgetag 1920 (Deutscher Verein 1921a), Gesetzentwurf 1922 (vgl. Sachße, Ch. 1986: 213 ff.; Krug v. Nidda, C.L. 1955: 227 ff; Sachße, Ch./Tennstedt, F. 1988: 142 ff.).

[84] Vgl. zum folgenden: Dünner, J. 1925; Muthesius, H. 1925; Jung, B. 1924; Heimerich, H. 1924; Lohse 1924; Reichsarbeitsministerium 1929; Zeck, W. 1930; Hirschfeld, D. 1930; Sachße, Ch./ Tennstedt, F. 1988: 146 ff.

[85] Vgl. die Beiträge in Deutscher Verein 1924; vgl. auch Krug v. Nidda, C.L. 1961: 69 ff.

a) Verordnung über die Fürsorgepflicht (RFV)

Die *Aufgaben* der Träger der Fürsorge (Landes- und Bezirksfürsorgeverbände) legte § 1 der RFV fest:

„a) die soziale Fürsorge für Kriegsbeschädigte und Kriegshinterbliebene und die ihnen auf Grund der Versorgungsgesetze Gleichstehenden,

b) die Fürsorge für Rentenempfänger der Invaliden- und Angestelltenversicherung (Sozialrentner),

c) Kleinrentnerfürsorge,

d) die Schwerbeschädigten- und Schwererwerbsbeschränktenfürsorge durch Arbeitsbeschaffung,

e) Fürsorge für hilfsbedürftige Minderjährige,

f) die Fürsorge für Wöchnerinnen (‚Wochenfürsorge')

und schließlich die Armenfürsorge."

Den *organisatorischen Aufbau* der Fürsorgeverbände und der *Behörden*, deren Aufgabenverteilung, das Verfahren, die Aufsicht und die Beschwerdemöglichkeiten sollten die Länder selbst bestimmen (§§ 2 u. 3 RFV). Zu beachten blieb allerdings, daß die Bezirksfürsorgeverbände (BFV) – dies waren in der Regel die Städte und die Landkreise – „ihren Aufgaben gewachsen" waren. Im Unterschied zum UWG waren damit nicht mehr grundsätzlich die Gemeinden lokal zuständige Armenverbände, sondern nur noch die Stadtgemeinden, eine Konsequenz aus der oft auftretenden Überlastung kleiner Gemeinden.[86] Aber auch die Landesfürsorgeverbände (LFV) waren laut neuem Recht größere und leistungsfähigere Gebietskörperschaften, d.h. in der Regel das Land anstatt vorher die Landkreise (zu den Landesausführungsgesetzen Sandré, E. 1925).

Im allgemeinen waren die Aufgaben, anknüpfend an die Tradition der Aufgabenverteilung zwischen Orts- und Landarmenverbänden, zwischen Landes- und Bezirksfürsorgeverbänden so abgegrenzt, daß mit der Einzelfürsorge die BFV betraut waren, während den LFV Aufgaben allgemeinerer Natur, insbesondere die Schaffung gemeinsamer Einrichtungen auf dem Gebiet der Anstaltsfürsorge zufielen. Außerdem wies die Verordnung hinsichtlich der Behörden darauf hin, daß die Fürsorgeaufgaben desselben örtlichen Bereichs tunlichst von der gleichen Stelle durchgeführt werden sollten. Darüber hinaus sollten die Fürsorgestellen nach § 5 „in ihrem Bereich *Mittelpunkt* der öffentlichen Wohlfahrtspflege und zugleich Bindeglied zwischen öffentlicher und freier Wohlfahrtspflege sein" und ferner daraufhin wirken, daß diese „sich zweckmäßig ergänzen und in Formen zusammenarbeiten, die der Selbständigkeit beider gerecht werden" (Hervorhebung G.R.). Letzteres wurde verstärkt durch die umstrittene, die pri-

---

[86] Bayern, Württemberg und Baden bildeten noch besondere Ortsfürsorgeverbände, deren Zulässigkeit lange strittig war, aber letztlich höchstrichterlich bestätigt wurde (vgl. Hirschfeld, D. 1930: 225; vgl. auch Zeck, W. 1930: 41 f.).

vate Wohlfahrtspflege stärkende Vorschrift, daß die Fürsorgeverbände eigene Einrichtungen nicht neu schaffen sollten, soweit geeignete Einrichtungen der „privaten“ Wohlfahrtspflege ausreichend vorhanden waren (§ 5 Abs. 3).[87] Abgesehen von diesen Punkten wurden keine speziellen organisatorischen Vorgaben gemacht, wie z.B. beim RJWG, wo ausdrücklich von Jugendämtern die Rede ist, wenngleich aus den §§ 3 u. 5 eine organisatorische Zentralisierung von Aufgaben der Fürsorge abgeleitet werden mußte. Landesgesetzliche Wohlfahrtsämter bestanden aber in Sachsen, Thüringen, Hamburg, Mecklenburg-Schwerin, Oldenburg und Lübeck, wobei wiederum in Sachsen und Mecklenburg-Schwerin den Selbstverwaltungskörperschaften weitgehende Freiheit gelassen wurde (vgl. Maier, H. 1930: 323).

Nach einer wichtigen Neuerung der RFV richtete sich die Zuständigkeit der Träger für die Unterstützung gemäß §§ 7 ff. nun nicht mehr nach dem Unterstützungswohnsitz sondern nach dem gewöhnlichen Aufenthalt; vorläufig jedoch war der Bezirksfürsorgeverband zuständig und unterstützungspflichtig, in dessen Bereich sich der Bedürftige bei Eintritt seiner Hilfsbedürftigkeit gerade befand. Damit waren die viel beklagten aufwendigen Abrechnungsverfahren vereinfacht. Schließlich wurde im Abschnitt E (§§ 19 u. 20) die Arbeitspflicht geregelt, die im wesentlichen auf sogenannte „Asoziale“ abzielte (vgl. z.B. Zeck, W. 1930: 65 ff.).

b) Reichsgrundsätze über Voraussetzung, Art und Maß der öffentlichen Fürsorge (RGr)

Die zu gewährenden *materiellen Leistungen* der Fürsorge fanden ihre Regelung in den genannten Reichsgrundsätzen über Voraussetzung, Art und Maß der öffentlichen Fürsorge (RGr). Die Diskussion drehte sich hauptsächlich um die verschiedenen Leistungsniveaus, weil durch die Kriegsfürsorge nach unterschiedlichen Gruppen von Hilfsbedürftigen unterschieden wurde wogegen die oft geforderte „Einheitsfürsorge“ stand. Diese war jedoch durchaus nicht im Sinne von Standardisierung zu verstehen. Nur sollten alle Gruppen gleich „individuell“ behandelt werden. Nach § 1 hatte die Fürsorge die Aufgabe, unter

[87] Vgl. zum Problem der „Subsidiarität“ und zum Verhältnis öffentlich vs. „freie“ Wohlfahrtspflege : Krug von Nidda, C.L. 1955; als Überblick: Sachße, Ch. 1986: 223 ff.; Sachße, Ch./ Tennstedt, F. 1988: 149 ff.; Schmitt, R. 1993. Als Hintergrund für die relativ starke Betonung der Rolle der „freien“ Wohlfahrtspflege dürften folgende Momente in Betracht kommen: erstens die finanzielle Notlage auch der öffentlichen Träger, so brachte der Blick auf mögliche Entlastungen durch Verlagerung auf private Träger wohl auch ausgesprochene Verfechter der „Kommunalisierung“, wie z.B. Heimerich zur Vernunft (vgl. 1924), so daß sich trotz aller ideologischer Divergenzen ‚vor Ort‘ eine pragmatische Koordination ergab; ebenso hatte der Deutsche Verein als Fürsprecher der „freien“ Wohlfahrtspflege und Schlichtungsstelle einen großen Einfluß und schließlich gehörte der Reichsarbeitsminister Braun dem Zentrum an, was der katholischen Wohlfahrtspflege verpflichtet war.

Berücksichtigung der Eigenart der Notlage (Grundsatz der „*Individualisierung*“ i.V.m. § 10 u. 11 RGr) dem Hilfsbedürftigen den notwendigen Lebensunterhalt zu gewähren und ihn in den Stand zu setzen, sich und seinen unterhaltsberechtigten Angehörigen den Lebensbedarf selbst zu beschaffen (Grundsatz der „*Hilfe zur Selbsthilfe*“).[88] Hilfsbedürftig war gemäß § 5, „wer den notwendigen Lebensbedarf für sich und seine unterhaltsberechtigten Angehörigen nicht oder nicht ausreichend aus eigenen Kräften und Mitteln beschaffen kann und ihn auch nicht von anderer Seite, insbesondere von Angehörigen, erhält“ (Grundsatz der *Nachrangigkeit* öffentlicher Hilfe; dazu gehörten auch die §§ 7, 8 u. 9, wonach die Bedürftigen ihre Arbeitskraft und Vermögen einsetzen mußten). Zum „notwendigen Lebensbedarf“ gehörte laut § 6: a) „der Lebensunterhalt, insbesondere Unterkunft, Nahrung, Kleidung und Pflege, b) Krankenhilfe sowie Hilfe zur Wiederherstellung der Arbeitsfähigkeit, c) Hilfe für Schwangere und Wöchnerinnen, d) bei Minderjährigen Erziehung und Erwerbsbefähigung.“ Und: „Nötigenfalls ist der Bestattungsaufwand zu bestreiten.“

Mit diesem, gegenüber dem früheren Recht, höheren Leistungsniveau ging der Charakter der nun *präventiv* ausgerichteten Hilfe einher: Zum Lebensunterhalt gehörte nicht nur das zum Leben unbedingt Notwendige, sondern auch, was zum Erhalt oder zur Herstellung der Arbeitsfähigkeit oder Gesundheit erforderlich war, womit sich die Abkehr von der traditionellen Almosen gebenden Armenfürsorge nun auch rechtlich manifestierte. Der präventive Aspekt drückte sich auch in § 2 aus: „Die Fürsorge muß rechtzeitig einsetzen, sie ist nicht von einem Antrag abhängig“. Und Satz 2: „Sie muß der Notlage nachhaltig entgegenwirken und zu verhüten suchen, daß vorübergehende Not zu dauernder wird.“ Schließlich besagt § 3: „Um drohende Hilfsbedürftigkeit zu verhüten, kann die Fürsorge auch vorbeugend eingreifen, besonders um Gesundheit und Arbeitsfähigkeit zu erhalten. Bei Minderjährigen kann sie, ... auch eingreifen, um Störungen der körperlichen, geistigen und sittlichen Entwicklung zu verhindern.“ Daß dieser neue Charakter durchaus ambivalente Züge für die Hilfsbedürftigen beinhalten konnte, kommt wiederum in einem Kommentar von Muthesius zum Ausdruck, wenn dieser in diesem Zusammenhang darauf Wert legt, daß Fürsorge „ein Teil des großen Systems der Volkserziehung“ und dazu berufen sei,

> „die produktiven Kräfte des Volkes im Interesse der Fruchtbarmachung der deutschen Arbeit zu erwecken zu erhalten und zu fördern und dem einzelnen... das Bewußtsein der Zugehörigkeit zur Volksgemeinschaft zu geben“ (Muthesius, H. 1925: 20).

---

[88] Dazu führt Muthesius aus (1925:19): „Ihr Ziel ist also, dem Bedürftigen die Fortsetzung seines Lebens zu ermöglichen. Die Fürsorge geht davon aus, daß das Leben jedes einzelnen erhalten werden soll. Die Fürsorge selbst nimmt von sich aus zu der Frage keine Stellung, ob Leben, dessen Weiterführung wertlos erscheint, vernichtet werden soll, für sie ist jedes Leben heilig und schutzwürdig. Sie erfüllt ihre gesetzlichen Pflichten, indem sie jedem Leben die Möglichkeit der Fortsetzung gibt, auch dem körperlich oder geistig kranken Leben, auch dem Leben, das für die Volksgemeinschaft keine Bedeutung, für staatliche Zwecke keinen Nutzen, für die Gesellschaft keinen Wert hat oder zu haben scheint.“

Hier offenbart sich, daß es bei dieser Art ‚moderner' Fürsorge um alles andere als die sozialpolitische Förderung von im Verteilungskampf Benachteiligten ging, der sozialen Absicherung von Habenichtsen also, sondern um die Disziplinierung der an den Rand der Gesellschaft Befindlichen mit den Mitteln der ‚Sozialpädagogik'.[89] Wenngleich die *offene* Diskriminierung wegfiel, wie sie in der alten Armenpflege – der Begriff wurde in den RGr vermieden – durch den Verlust des Wahlrechts ausgedrückt war, wurde die erzieherische Disziplinierung, z.B. in Form der Aussonderung sogenannter „Arbeitsscheuer" gestärkt und rechtlich differenziert geregelt womit deren bürokratisch-rationale Bearbeitung eröffnet und abgesichert war. Aufgrund von § 13 RGr konnte bei „Arbeitsscheu" oder offenbar unwirtschaftlichem Verhalten und bei „Hilfebedürftigen, die den berechtigten Anordnungen der zuständigen Stellen beharrlich zuwiderhandeln", die Hilfe auf das „zur Fristung des Lebens Unerläßliche" beschränkt werden. Bei „Arbeitsscheu" oder „unwirtschaftlichem Verhalten" konnte ferner die Anstaltsunterbringung angeordnet werden. Die Einweisung in eine Anstalt sollte nach herrschender fachlicher Ansicht generell bei allen ‚Unwirtschaftlichen' auch gegen den Willen des Unterzubringenden möglich sein und die Reduktion des Unterhalts auf das äußerste Maß erschien gerechtfertigt (Lohse 1924: 9).[90]

Dagegen wurden die Klein- und Sozialrentner und die ihnen Gleichgestellten (§§ 14 ff.), die Kriegsbeschädigten und -hinterbliebenen (§§ 18 ff.) im Rahmen von Sonderregelungen besser gestellt, da sich die Leistungen an den früheren Lebensverhältnissen zu orientieren hatten. Denn: „Wer nach einem Leben von Arbeit und Mühen hilfsbedürftig wird oder im Kriege seine Gesundheit der Allgemeinheit geopfert oder seinen Ernährer verloren hat oder wer durch die Geldentwertung seiner gesicherten Vorsorge für Alter oder Erwerbsunfähigkeit verlustig gegangen ist, dem soll, wenn er in Not gerät, die Fürsorge besonders entgegenkommen" (Reichsarbeitsministerium 1929: 248). Vergünstigungen betrafen insbesondere die wohlwollende Prüfung der Bedürftigkeit, die Festsetzung der Art und des Umfanges der Hilfe, die eingeschränkte Rückzahlungspflicht und die geringere Anrechnung von Vermögen (§§ 14 ff.), wobei im Rahmen der „sozialen Fürsorge für Kriegsbeschädigte und -hinterbliebene" noch darüber hinausgehende zusätzliche Leistungen, wie z.B. die Finanzierung einer Berufsausbildung, vorgesehen waren (§§ 21-32).

---

[89] Hier geht es m.E. nicht um Pädagogik sondern um eine gerechte gesellschaftliche Verteilung von Ressourcen. Wenn jemand keine Motivation darin sieht, für einen „Hungerlohn" zu arbeiten, dann ist dies primär eine politische und weniger pädagogische Frage. Daß die Löhne häufig unter dem Existenzminimum und unter den Fürsorgesätzen lagen, zeigt z.B. die Tabelle bei Landwehr, R. 1983: 108.

[90] Was das bedeutet, darauf wiesen jedoch vereinzelt auch kritische Stimmen hin: „Sollen wir ihnen zumuten, sich mit dem nacktesten, ‚absoluten' Existenzminimum zu begnügen, wenn zugegeben ist, daß schon das Existenzminimum nicht genügt? ... Dann sollte man offen sagen, daß man lebensunwertes Leben vernichten will. Etwas anderes bedeuten diese Vorschläge für mich nicht. Man kann schnell morden, aber auch langsam" (Diskussionsbeitrag von Lic. Erfurth, Elberfeld in: Deutscher Verein 1924: 46).

Nachdem ursprünglich keine Bestimmungen über die Höhe der Unterstützung in den RGr vorgesehen waren, da sich die subsidiäre Hilfe nach den Verhältnissen des Einzelfalles richten sollte (§ 10 RGr), wurde am 7. Sept. 1925 ein § 33a in die RGr eingefügt, am 8.6.1926 als § 6 Abs. 3 (später 2) und 4 der RFV hinzugefügt, wonach die oberste Landesbehörde oder die von ihr bestimmten Stellen den örtlichen Verhältnissen angepaßte *Richtsätze* für die Bemessung des notwendigen Lebensunterhaltes der Hilfsbedürftigen festzusetzen hatten. Dabei sollten diese nach § 14 RGr für Kleinrentner und Gleichgestellte in der Regel wenigstens 1/4 der allgemeinen Richtsätze als Mehrleistung vorsehen,[91] was im Zuge der Notverordnungen der Wirtschaftskrise (hier v. 8.12.1931) auf eine „angemessene Mehrleistung" beschränkt wurde. Diese Bevorzugung einzelner Gruppen wurde von den Gemeinden und der Fachöffentlichkeit immer wieder kritisiert. Bemängelt wurde, daß damit die erwünschte Individualisierung nicht mehr durchgeführt werden könnte, eine Schematisierung und damit eine unangebrachte Verteuerung eintrete, die auf das Konto der Einflußnahme der organisierten, relativ gut angesehenen Bedürftigen der Kriegs- und Inflationsopfer gehe. Immer wieder mußte mit Blick auf die durchführenden Stellen auch betont werden, daß die schließlich *örtlich* festgelegten Richtsätze keineswegs als regelmäßig zu gewährende Mindestsätze sondern als Höchstsätze zu verstehen waren.[92]

c) Das Reichsjugendwohlfahrtsgesetz (RJWG)

Daß die Entwicklung im Wohlfahrtswesen von den politischen Umwälzungen gefördert und im einzelnen hauptsächlich von den Diskursen der Fachwelt bestimmt wurde, zeigt wiederum die Entwicklung des Reichsjugendwohlfahrtsgesetzes (RJWG), verabschiedet am 14. Juni 1922, in Kraft getreten am 1. April 1924, das bereits seit der Jahrhundertwende gefordert wurde und bereits vor der Weimarer Republik im Entstehen begriffen war.[93] Die durch das RJWG vorgesehenen obligatorischen Jugendämter waren in den großen Städten bereits Realität, nicht jedoch einheitlich organisiert und auf dem Lande und in den kleinen Städten kaum vorhanden. Die Vorstellungen der Fachwelt wurden von den großen Städten dominiert, dies spiegeln auch die Protokolle der Verhandlungen im Deutschen Verein wider. Nach der zunächst erfolgten Verabschiedung des Gesetzes im Jahre 1922 standen hauptsächlich finanzielle Probleme und Bedenken auf der Seite der (kleineren) Gemeinden einer schnellen Umset-

---

[91] Vgl. Zeck, W. 1930: 31 f.; Cuno, W. 1927 u. 1933; Orthband, E. 1986; Rohwer, G. 1986.

[92] Vgl. die Auseinandersetzung und Kommentare des DV um die Gesetzgebung des § 33a Rgr und des § 6 RFV, in NDV 1926 (z.B. Nr. 5: 111 f.); vgl. Cuno, W. 1933: 22.

[93] Vgl. Friedeberg, E./Polligkeit, W. 1923; Friedeberg, E. 1924; Goeze, W. 1925; Behrend, F. 1925; Zeck, W. 1930: 82 ff; Hasenclever, Ch. 1978: 62 ff.; Sachße, Ch. 1986: 207 ff.; Sachße, Ch./Tennstedt, F. 1988: 99 ff.; Müller, C.W. 1994: 28 ff.

zung der von der Fachwelt betriebenen Entwürfe im Wege. Und: Was man freiwillig ohne Reich und Länder begonnen und betrieben hatte, wollte man sich nicht im einzelnen vorschreiben lassen. Aufgrund der immer schneller voranschreitenden Inflation scheuten die Gemeinden die befürchteten Mehrausgaben und den Eingriff in ihre Selbstverwaltung, aber auch Widerstände der ‚privaten' Wohlfahrtspflege, vorwiegend von *katholischer* Seite, machten sich bemerkbar. Diese richtete sich gegen den reformpädagogischen und staatlichen Erziehungsanspruch und trat für das Recht der Eltern auf Erziehung ein. Entscheidend waren aber auch die Eigeninteressen an der kirchlichen, bzw., euphemistisch, ‚privaten' Erziehungsarbeit (vgl. Sachße, Ch./Tennstedt, F. 1988: 103 f.).

Die Einführung und gesetzliche Regelung von Jugendfürsorge und Jugendamt wurde jedoch von den meisten Städten nicht grundsätzlich bekämpft, da sich vieles in der Praxis ohnehin bereits in diese Richtung hin entwickelt hatte (vgl. Schrauth 1924; Deutscher Verein 1924). Dies widerspricht dem Eindruck, den Sachße/Tennstedt unter Betonung der Konflikte zwischen Deutschem Verein, Gemeinden, Reichsarbeitsministerium[94] und der katholischen Wohlfahrtspflege vermitteln. Die von Polligkeit auf dem 38. Deutschen Fürsorgetag angebotene Kompromißlösung (Deutscher Verein 1924: 132), sich zuerst auf wenige Aufgabenbereiche zu konzentrieren und das weitere in der Praxis unter lokkerer Rechtsauslegung fortzubilden, ist dafür wegweisend.

Der vom Deutschen Verein maßgeblich geprägte *Kompromiß*[95] drückte sich bereits im § 1 aus, indem einerseits erstmals „ein Recht auf Erziehung zur leiblichen, seelischen und gesellschaftlichen Tüchtigkeit" festgehalten, gleichzeitig aber auch betont wurde: „Das Recht und die Pflicht der Eltern zur Erziehung werden durch dieses Gesetz nicht berührt" (Abs. 2).[96] Und weiter: „Insoweit der Anspruch des Kindes auf Erziehung von der *Familie* nicht erfüllt wird, tritt, unbeschadet der Mitarbeit *freiwilliger* Tätigkeit, öffentliche Jugendhilfe ein" (§ 1 Abs. 3; Hervorhebung G.R.).

Aber auch hinsichtlich dem zweiten angestrebten Reformbereich, den organisatorischen Regelungen, wurde im Zeichen der finanziellen Not ein Kompromiß getroffen. Nach Nr. 1 des Art. 1 der Verordnung zum Inkrafttreten des RJWG konnte die oberste Landesbehörde die Befugnis erteilen, statt der Einrichtung von Jugendämtern (§§ 9 u. 10 RJWG) die dem Jugendamt obliegenden

[94] Die Sprecherinnen des Zentrums und der SPD in puncto RJWG, A. Neuhaus, und M. Juchatz, waren übrigens beide im Vorstand des Deutschen Vereins und Mitglieder in der vermittelnden, den Kompromiß aushandelnden Sachverständigenkommission (vgl. Orthband, E. 1980: 189 ff.). Sachße/Tennstedt scheinen mir allzusehr die vereinsfreundliche Eigendarstellung von Orthband in manchen Punkten durch eine zu starke Betonung der vereinskritischen Darstellung zu kontrastieren (vgl. so m.E. mit eben solchen Fehleinschätzungen auch Tennstedt, F. 1981).

[95] Vgl. dazu Deutscher Verein 1961; Hasenclever, Ch. 1978; Jordan, E./Münder, J. 1987; Orthband, E. 1980: 186 ff.

[96] Vgl. auch die programmatischen Bestimmungen über den Schutz der Jugendlichen der Art. 119-122 der Reichsverfassung.

Aufgaben einer anderen ... geeigneten Amtsstelle ... zu übertragen.[97] Hatten die kommunalen Selbstverwaltungskörper schon vor Inkrafttreten des Gesetzes freiwillig, meistens in Verbindung mit dem Wohlfahrtsamt, spezielle Jugendämter eingerichtet, so wehrten sich vor allem die kleineren ländlichen Regionen dennoch gegen die staatlich verordnete *Pflicht* und organisatorischen Vorschriften zum Jugendamt (§§ 8 u. 9 RJWG) – was allerdings durch die besagte Formulierung der Verordnung relativiert worden war.

Ferner war ein Streitpunkt die gesetzlich vorgeschriebene *Aufgabenausweitung* (z.B. § 4), wobei es durch Art. 1 der Verordnung zum Inkrafttreten des RJWG und die dadurch bewirkte Änderung des Einführungsgesetzes zu weiteren *Abschwächungen* kam: „Bis auf weiteres sind Reich und Länder nicht verpflichtet, Bestimmungen ... durchzuführen, die neue Aufgaben oder eine wesentliche Erweiterung bereits bestehender Aufgaben für die Träger der Jugendwohlfahrt enthalten." Außerdem konnte nach Art. 1 Nr. 3 der Verordnung über das Inkrafttreten die oberste Landesbehörde von der Durchführung der Aufgaben des § 3 Nr. 5-8 befreien (Jugendgerichtshilfe, Mitwirkung bei der Beaufsichtigung der Kinder- und Jugendarbeit, Mitwirkung bei der Fürsorge für Kriegerwaisen und Kinder von Kriegsbeschädigten, Mitwirkung in der Jugendhilfe bei den Polizeibehörden). Darüber hinaus bestand nach Art. 1 Nr. 4. der Verordnung zum Inkrafttreten keine Pflicht zur Durchführung der in § 4 RJWG bezeichneten Aufgaben (Aufgaben der „Jugendpflege", d.h. allg. Maßnahmen zur Förderung von Kindern und Jugendlichen, wie die Beratung in Angelegenheiten der Jugendlichen, Mutterschutz und Wohlfahrt der Säuglinge und Kleinkinder, Schulkinder und der schulentlassenen Jugend). Schließlich konnte nach Art. 1. Nr. 6 der Verordnung über Inkrafttreten auf Antrag das Jugendamt von der Durchführung der gesetzlichen Amtsvormundschaft (§§ 35 bis 40 RJWG) befreit werden und mit Nr. 7. durfte die Schutzaufsicht (§ 60 RJWG) dem Jugendamt nur mit Einverständnis übertragen werden.

Durch den erreichten Kompromiß des RJWG verblieben künftig dennoch die Kernaufgabenbereiche der Jugendwohlfahrtspflege bei den Jugendämtern, bis auf die materielle Fürsorge für Minderjährige, die laut RFV (§ 1) und RGr (insb. §§ 6 u. 10) entgegen der ursprünglichen Fassung bei den Bezirksfürsorgeverbänden angesiedelt wurde. Nach § 3 waren die Aufgaben des Jugendamtes: 1. das *Pflegekinderwesen* gem. §§ 19-31; 2. die Mitwirkung im *Vormundschaftswesen* (insbesondere *Gemeindewaisenrat* gem. §§ 32-48); 3. die Mitwirkung bei der *Schutzaufsicht* und *Fürsorgeerziehung* gem. §§ 56-76.

Hinsichtlich der *Organisation* wurden, abgesehen von den genannten Einschränkungen, die folgenden Regelungen getroffen (§§ 8-10): Das Jugendamt, dessen nähere Zusammensetzung, Verfassung und Verfahren einer landesrechtlichen Regelung vorbehalten waren (§ 9 Abs. 1 RJWG), wurde besonders

[97] Daneben wurde dem Land Ermessen über die §§ 12 bis 14 (Einrichtung von Landesjugendamt) u. die §§ 16 u. 17 (bzgl. Reichsjugendamt) wurden gestrichen.

auf Betreiben der privaten Jugendhilfe als *Kollegialbehörde* ausgestaltet. Neben den leitenden Beamten sollten in der Jugendwohlfahrt erfahrene und bewährte Männer und Frauen aller Bevölkerungskreise, insbesondere der freien Jugendwohlfahrt und -bewegung, dem Jugendamt stimmberechtigt angehören. Wie an anderer Stelle schon bemerkt wurde, entsprach dies dem vorherrschenden traditionellen Verständnis einer bürgerschaftlichen Selbstverwaltung, in deren Folge sich die professionelle bürokratische Verwaltung mit relativer Entscheidungsunabhängigkeit erst allmählich durchsetzte. Diese Interessengruppen sollten zwei Fünftel der Zahl der nicht beamteten Mitglieder beanspruchen dürfen (§ 9 Abs. 2).

Bemerkenswert ist auch der § 9 Abs. 3, wonach hauptamtliche Personen des Jugendamtes in der Regel eine für die Betätigung in der Jugendwohlfahrt hinreichende *Ausbildung* besitzen sollten, die jedoch schon durch eine mindestens einjährige praktische Arbeit in der Jugendwohlfahrt nachgewiesen werden konnte. Schließlich konnte nach § 10 Abs. 1 RJWG im Falle eines örtlich bereits bestehenden Wohlfahrtsamtes die Übertragung der Jugendfürsorgeaufgaben an ein solches erfolgen und nach Abs. 2 konnten die gesundheitlichen Aufgaben an ein bestehendes Gesundheitsamt im Einvernehmen mit dem Jugendamt übertragen werden. Die vom RJWG letztlich gelassene Freiheit in der Organisation wurde von den Ländern in ihren zum Teil sehr unterschiedlichen Ausführungsgesetzen (vgl. Goeze, W. 1925) entsprechend auch den Gemeinden gelassen.

II. Die Leitgedanken der Fachwelt

1. Überblick zur Konjunktur der Themen

Um die *qualitative* Auswertung der in der Fachliteratur formulierten Leitkonzepte zum Thema Aufgaben und Organisation kommunaler Sozialverwaltung vorzubereiten und zu kontrollieren, nahm ich zuerst eine *quantitative* Sichtung der Beiträge zweier zentraler Fachzeitschriften vor: der Deutschen Zeitschrift für Wohlfahrtspflege (DZW) und des Nachrichtendienstes des Deutschen Vereins (NDV). Aus der Grundgesamtheit aller Artikel aller Jahrgänge (Erhebungseinheit) wurden die *Themen*, mit denen sich die jeweiligen Artikel beschäftigen, analysiert. Codiereinheit war demnach der *Titel* der Artikel. Bei Zweifeln wurde zusätzlich als Kontexteinheit der gesamte Text einbezogen. Ziel dieser Frequenzanalyse war, die *Themenkonjunkturen* zu verfolgen, vor allem im Hinblick auf das Thema Organisation (Unterkategorien: Organisationsstruktur, Wohlfahrtsamt, Jugendamt, Gesundheitsamt, Außendienst, Koordination). Als Themen interessierten auch methodische Fragen, solche des Arbeitsprozesses (Unterkategorien waren: Beratung, Erziehung, Psychologie,

Pflege, Soziale Hygiene, Gemeinwesenarbeit, Case Work, Gruppenarbeit, Offene Hilfe, Geschlossene Hilfe, Sozialplanung) sowie die Professionalisierung (Unterkategorien: Ausbildung, Berufsverband, -ethos, Statusfragen, Lobbytätigkeit, Sozialarbeit/Wissenschaft/Theorie, Fachtagungen, Personalfragen). Daneben enthielt das Kategorienschema den Themenkomplex Aufgaben oder soziale Problemlagen mit den Unterkategorien: Soziale Probleme allgemein, Armut und wirtschaftliche Fürsorge, Arbeitslosigkeit, Wohnen, Jugend, Familie, Gesundheit, Behinderte, Alte, Ausländer, Generationen, Kriegsopfer, Wanderer, Obdachlose, Strafgefangene. Ferner wurde die Aufmerksamkeit für rechtliche Aspekte nach Fürsorgebereichen (Fürsorgerecht, Jugend, Gesundheit, Sonstiges, Richtsätze) gezählt sowie für finanzielle und ökonomische Fragen (Rahmenbedingungen) mit den Unterkategorien: Sozialer Wandel, Soziale Berichterstattung, Sozialpolitik, Sozialversicherung, Politische Parteien, Föderalismus, Wirtschaft, Arbeitsmarkt, Finanzen. Schließlich stand auf dem Tableau die Residualkategorie Sonstiges (Ehrungen, Personen, ‚private' Wohlfahrtspflege, Koordination öffentliche und ‚private' Wohlfahrtspflege, Verbände, Nachrichten).[98]

Auffallend ist, daß die meisten Artikel in *beiden* Zeitschriften sich vorwiegend mit Aufgaben oder Sozialen Problemen beschäftigen (knapp 40% der Nennungen). Dabei ist, auf den ersten Blick entgegen den Erwartungen, in der Zeit der großen Wirtschaftskrise eine leichte Abnahme zu verzeichnen, wogegen allerdings der Anteil der Nennungen der Kategorie Rahmenbedingungen (ca. 25%, NDV 1932; ca. 26%, DZW 1931) in der Zeit ansteigt. Hier sind insbesondere mehr Nennungen in den Kategorien Finanznot, Föderalismus (wiederum Fragen der Finanz- und Aufgabenverteilung) und Arbeitsmarkt zu verzeichnen, während Fragen der Sozialversicherung relativ kontinuierlich präsent sind. Wird der Blick weiter differenziert auf die Unterkategorien der „Aufgaben" gelenkt, so ergibt sich aber ein deutlicher Unterschied sowohl zwischen den Zeitschriften, als auch dann, wenn man z.B. die Jahre 1925 und 1932 vergleicht. Während im NDV 1925 der Bereich „Jugend/Kinder" (27% aller Nennungen mit Aufgabenbezug) und im DZW der Bereich „Gesundheit" mit 19% vorherrschend war, rückte 1930 in beiden Zeitschriften das Thema Arbeitslosigkeit in den Vordergrund (DZW: 21%, NDV 29% aller aufgabenbezogenen Nennungen) und gleichzeitig das Thema Armut/Not/wirtschaftliche Fürsorge in den Hintergrund. Ebenso waren aber in beiden Zeitschriften die Themenschwerpunkte von 1925 auch im Jahr 1930 immer noch mit unter den am häufigsten zu findenden aufgabenbezogenen Titeln (DZW: Gesundheit, 18%;

---

[98] Nach der Aufstellung des Kategorienschemas wurde ein Kodierleitfaden formuliert, in einem Probelauf die Abweichungen zwischen drei Kodierern festgestellt und dieser Durchlauf nach Diskussion sowie Überarbeitung wiederholt. Danach war in der Regel eine problemlose Zuordnung möglich und eine Abweichung zwischen den Codierern von unter 2% für jede Kategorie zu verzeichnen. Weitere methodische Verfeinerungen, wie z.B. das Ausrechnen von Koeffizienten zur Intercoderreliabilität (vgl. Mayring, Ph. 1993: 1107 f.) erschienen als nicht sinnvoll, angesichts des Ziels, lediglich die *groben* Themenkonjunkturen zu verfolgen.

NDV: Jugend/Kinder, 29%). Bemerkenswert erscheint mir schließlich auch, daß *Alter*, trotz der großen Zahl hilfsbedürftiger Sozial- und Kleinrentner, 1925 praktisch gar nicht und 1930 ebenso nur im geringem Umfange als Thema vorhanden war. Primär standen im Blick der fürsorgerischen Fachwelt vor allem die, welche eine Gefahr für den „gesunden Volkskörper" darstellten und die zu „verwahrlosen" drohten (vgl. unten, S 47-49): darunter die erzieherisch gefährdeten Jugendlichen, auch Umherwandernde und Obdachlose, dann die Geschlechtskranken, Psychopathen, Straffällige, Alkoholiker usw., was erst später durch das Problem der Massenarbeitslosigkeit überlagert wurde. Das Vorherrschen des Leitbilds der sozialen Hygiene und das der Sozialdisziplinierung in der fürsorgerischen Profession läßt sich also auch in gewissem Maße quantitativ bestätigen.

Ebenso wie sich beide Zeitschriften sehr intensiv mit „Aufgaben" und Fragen der Problembewältigung beschäftigten, war dagegen das Thema „*Organisation*" in der gesamten Weimarer Republik nur am Rande von *quantitativer* Wichtigkeit. In beiden Zeitschriften ist mit 5-6% der Nennungen nur *1925* (also nach der Verabschiedung der zentralen Gesetze) ein gewisser Anstieg zu bemerken, wonach ein kontinuierliches Verschwinden des Themas erfolgt. Lediglich auf dem Höhepunkt der Krise gab es partiell nochmals eine Diskussion um Spar- und Rationalisierungsmöglichkeiten. Neben der Einheitlichkeit des Bildes der untersuchten Zeitschriften gab es aber auch Unterschiede. So fällt auf, daß der NDV außer dem Schwerpunkt ‚Aufgaben' auch eine sehr umfangreiche Diskussion (Anteil von durchschnittlich ca. 20% der Nennungen) um rechtliche Fragen führt, während diese Kategorie mit durchschnittlich gut 10% eine geringere Rolle in der DZW spielte. Auch hier entspricht der quantitative Befund durchaus den gesamten Beobachtungen. Die rechtliche Diskussion von Gesetzesvorschlägen in enger Zusammenarbeit mit den ausführenden Stellen war und ist ein erklärtes Hauptziel und eine Domäne des Deutschen Vereins. Demgegenüber war die DZW eher als eine fach*wissenschaftliche* Zeitschrift konzipiert, was ja auch durch die Mitherausgeberin Alice Salomon signalisiert wurde, die als führende Vertreterin der sich etablierenden sozialarbeiterischen Profession galt. Diese Grundeinstellung und Orientierung drückt sich auch quantitativ in den Kategorien ‚Professionalisierung' (DZW: im Durchschnitt 12%, gegenüber 2% beim NDV) und ‚Methoden/Technik der Aufgabenerledigung' (DZW: 7%, NDV: 4%) aus, womit jeweils ein höherer Anteil bei der DZW zu verzeichnen ist. Im Vordergrund der Professionalisierungsdiskussion, die zu Beginn des Untersuchungszeitraums häufiger auftrat als später, standen bei der DZW Ausbildungsfragen, danach kamen wissenschaftliche Aspekte und allgemeine Personalfragen, wie z.B. solche der Besoldung. Das Bemühen um eine fachliche Begründung der sozialarbeiterischen Profession ist in der DZW deutlich zu bemerken, denn es erfolgen regelmäßig Beiträge zu methodischen Fragen (mit einem ‚Hoch' in den Jahren 1931 und 1932: 13% u. 12%), wobei insbesondere die Frage des ‚Case-Work' dominierte. Demgegenüber waren in dieser Kategorie beim NDV die Fragen der Anstalten und der geschlossenen Hilfe vorherrschend.

2. Leitgedanken und Mythen

a) Einheitlichkeit, Planmäßigkeit, Professionalität

Neben der vorbereitend vorgenommenen quantitativen Zeitschriftenanalyse stand die wichtigere qualitative Auswertung der fachlichen Diskurse unter Einbeziehen der ‚gesamten' Fachliteratur, die im Hinblick auf Leitbilder systematisch durchgearbeitet wurde. Hinsichtlich des methodischen Vorgehens nennt Ph. Mayring (1993)[99] neben dem Aufzeigen der Fragestellung und der kritischen Reflexion und Erläuterung der Materialauswahl folgende Techniken der Inhaltsanalyse: Zusammenfassung, Explikation und Strukturierung. Im Vordergrund der folgenden Auswertung standen Fragen der Organisation und Methoden, Art und Technik der Aufgabenerledigung sowie, damit eng zusammenhängend, solche der Professionalisierung. Ziel dieser Zeitschriftenanalyse war es, die in bezug auf bestimmte historische Phasen dominierenden Organisationskonzepte und Leitgedanken zu ermitteln.

Als erstes fällt in bezug auf Fragen der Organisation auf, daß generell stark mit Leitkonzepten gearbeitet wurde, die zum Teil ‚rationale Mythen' darstellen, zum Teil aber auch tatsächlich problem- und aufgabenbezogen sind. Empirische Belege für bestimmte Thesen, wie z.B. „Zentralisierung und Professionalisierung ist billiger", schienen in der Regel nicht notwendig, das Anführen, Behaupten von und das Pochen auf Erfahrungen von Fachleuten überwog. Die gesetzlichen Vorgaben wurden im Sinne des Gewünschten interpretiert, weil man ohnehin zu wissen glaubte, wohin die Entwicklung gehen sollte: „Alle Fäden der öffentlichen Wohlfahrtspflege *müssen* im Wohlfahrtsamt zusammenlaufen." (Memelsdorff, F. 1926: 27) Auf dem 38. Deutschen Fürsorgetag von 1924 wird diese vereinheitlichende Wirkung der rechtlichen Neuregelung deutlich: „Die Städte begrüßen vor allem die Möglichkeit einer einheitlichen Organisation der Fürsorge" ... Das ermöglicht den Städten, die ja zweifellos zu Bezirksfürsorgeverbänden erklärt werden, diese ganzen Aufgaben in einem Fürsorgeamt organisatorisch zusammenzufassen." (Heimerich, H. 1924: 21).

Charakteristisch für die damaligen Organisationsvorstellungen ist, daß einerseits alle idealtypischen Merkmale einer bürokratischen Organisationsstruktur genannt wurden, andererseits aber Merkmale, die einem Typus ‚situativer' oder ‚organischer', dezentraler und flexibler Organisationsstruktur entsprechen. Ge-

---

[99] Vgl. zur Inhaltsanalyse auch: ders. 1988; Merten, K. 1983; Früh, W. 1991.

fordert wurde letzteres vor allem in bezug auf den Außendienst von seiten der „*Profession der sozialen Arbeit*". Diese Spannweite resultiert bereits, wie eingangs skizziert wurde, aus der Art der Aufgaben. Allerdings wird dieser Widerspruch nicht wirklich als solcher gesehen oder gelöst, im Zweifel werden beide Organisationstypen harmonisierend gefordert. Dies drückt sich darin aus, daß beispielsweise von der Zentralisierung auf der einen Seite eine ‚Vereinfachung des Betriebes' erwartet wurde und daß auf der anderen Seite die „Massenabfertigung" endlich „wieder durch eine individualisierende Behandlung der Fälle" ersetzt werden könne (Heimerich, H. 1924: 22). Marie Baum brachte die in der Fürsorge verankerten widerstrebenden Organisationsmodelle auf die Begriffe Heer versus Orchester, wobei für sie letzteres als Ideal galt, während leider das erste die Praxis sei (1928: 92 f.). Dem „Ganzen", dem „Werk" verpflichtet, keiner ist austauschbar und einzigartig in seiner Funktion, alle voneinander abhängig und nur der „Liebe zur Sache" verpflichtet, so sollte es möglichst sein:

> „In dieser Welt hat sinngemäß nur die persönliche Handlung Geltung, weil es die Brücke von der mechanischen rationellen Leistung zur irrationalen Forderung zu schlagen gilt. So ist hier dem warmen, scharfen Blick für menschliche Verhältnisse oder selbst einer kleinen pflegerischen Handlung unter Umständen höhere Bedeutung zuzumessen als einer großen Geldgabe, statistischer Erfassung, intellektueller Regung. Vor dem auf das Organische eingestellten Blick müssen die ungleichartigsten Dinge gleichwertige Behandlung finden" (Baum, M. 1928: 93).

Auch Memelsdorff antizipierte zwar den Widerspruch der Organisation des Fürsorgewesens, er löste ihn jedoch eher in die Richtung der straff kontrollierenden bürokratischen Organisation auf (1926: 28):[100]

> „Soll nicht ein Nebeneinander der verschiedenen Stellen mit ihrem zahlreichen Außenpersonal – hauptamtlichen tätigen Fürsorgerinnen und Fürsorgern sowie ehrenamtlich arbeitenden Wohlfahrtspflegern und Helfern – stattfinden, das Doppelunterstützungen, Doppelbesuche – kurz eine starke Systemlosigkeit im Gefolge haben muß, so muß ein Weg gefunden werden, der alle öffentlichen Stellen zusammenfaßt, einheitlich leitet, Gegensätze ausgleicht und Reibungen aus der Welt schafft. Diese Zentralisation darf nicht zur Folge haben, daß die Ziele und Bestrebungen der einzelnen Stellen gelähmt oder eingeengt werden, so daß diese keinen eigenen Willen mehr haben, sondern die Leitung muß unter Wahrung der Eigentümlichkeiten und Sonderbestrebungen der Stellen das Zentrum der städtischen Wohlfahrtspflege bilden und ihren Geist allen Stellen und Abteilungen aufprägen."

Die positive Bewertung des bürokratischen Systems kam auch in der zur Institutionsbildung geeigneten Schrift des damaligen Vorsitzenden des DV, Polligkeit, zur Altenhilfe in seinem Vorwort zum Ausdruck (1928):

> „Unsere deutschen Fachkreise werden dem Gedanken näher treten *müssen*, wie sie die verschiedenen Einrichtungen und Formen der Versorgung und der Fürsorge für alte Leute, die heute vielfach noch zusammenhanglos nebeneinander stehen, *planmäßig* so miteinander *verbinden*, daß man von einem wirklichen *System* der Altersfürsorge reden kann." (Hervorhebung durch G.R.).

Gefordert wurde allerorten der „*große Plan*", was als zeitgemäße Faszination gelten kann. Hilfe sollte planmäßig, dauerhaft, geregelt, ordentlich, zielgerichtet, konzentriert einsetzen und koordiniert erfolgen, ganz dem Idealtypus Webers entsprechend. Aber gleichzeitig sollten die einzelnen Stellen ihren „eige-

---

[100] Vgl. auch Schirmel, O. 1927: 5 f.

nen Willen" und „Eigentümlichkeiten" bewahren können, allerdings wiederum vom gemeinsamen „Geist" geprägt. Der gemeinsame Geist, das gemeinsame Ziel sollte die Beseitigung der Ursache der Hilfsbedürftigkeit und das Aufstellen eines „*Heilplanes*" sein (Memelsdorff, F. 1926: 29 f.), d.h. neben die bürokratische sollte die *professionelle* Handhabung sozialer Probleme treten. Neben der organisatorischen Vereinheitlichung und Bürokratisierung stand – unter dem gemeinsamen Dach des planmäßigen Vorgehens – *das* unangefochtene Leitkonzept der *Professionalisierung* nach dem Vorbild der Ärzte. Die Professionalisierung schien die einzige erkennbare Möglichkeit zu bieten, den Widerspruch zwischen ‚Situation', unsicherer Aufgabe, notwendigen ‚Eigentümlichkeiten' der Stellen und bürokratischen Erwartungen an eine ‚rationale' zentrale Lösung aufzulösen.[101]

Auf die Folgen organisatorischer Uneinheitlichkeit wies Memelsdorff hin: Durch von vielerlei Seiten erfolgendes Geben, Helfen und Raterteilen werde eine systematische Wohlfahrtspflege durchkreuzt, so daß jede Unterstützung ein „Herumkurieren an einem kranken Körper" bedeute und zweckloses Flickwerk bleibe. Deshalb müsse „ein Plan für die soziale Gesundung der Familie aufgestellt werden" (ebenda, 28 u. 28 f.). Ebenso wie Memelsdorff beschwor B. Jung die gesetzlich mögliche bürokratische Vereinheitlichung:

> „Das Neben- und Durcheinanderarbeiten muß jetzt endlich einmal aufhören, sonst ist die große soziale Tat, die die Verordnung trotz aller Kritik darstellt, vergeblich. Sämtliche Abteilungen der Fürsorgeverbände müssen personell und räumlich zusammenhängen; nur so läßt sich ständig überschauen, was abgebaut werden kann oder was eine größere Berücksichtigung notwendig macht." (1924: 28)

Das Leitkonzept der *planmäßigen bürokratischen Erfassung* ‚sozialer Problemherde' (heute: „Problemzentren" oder „soziale Brennpunkte") kam auch in der folgenden Äußerung von P. Krautwig (1925: 444), einem führenden Sozialhygieniker und Vertreter der Gesundheitsfürsorge, zum Ausdruck:

> „Die Organisation der Wohlfahrtspflege und der Gesundheitsfürsorge steht heute mehr als je unter dem Zeichen der Vereinheitlichung der auseinanderstrebenden Fürsorgezweige, und das nicht nur unter dem Drucke schlechter Finanzen, sondern auch aus der inneren Erkenntnis heraus, daß der einzelne Mensch und die einzelne Familie als Objekt der Fürsorge möglichst einheitlich erfaßt werden müsse, weil alle Not ... als wirtschaftlicher, erziehlicher oder gesundheitlicher Schaden, zumeist aus denselben in Familie und Wohnung erkennbaren Quellen fließt."

Neben dem Recht und der Profession wurde das *Vorbild anderer Städte* herangezogen, um eine bürokratische Vereinheitlichung durchzusetzen. So heißt es im Verwaltungsbericht der Stadt Frankfurt/M. von 1926 (für die Jahre 1919/20 bis 1923/24): 129: „Die außerordentlich starke Spezialisierung der Fürsorge, die nicht nur ein kostspieliges Nebeneinander-, sondern sogar, zum Schaden der Betreuten, vielfach wenn auch ungewollt, ein noch kostspieligeres Gegeneinanderarbeiten ihrer Organe zur Folge hat, hat mehr und mehr zu dem Wun-

---

[101] Vgl. die typische Argumentation um „Individualisierung" und „Schematisierung" bei Eiserhardt, H. 1925: 6 ff.

sche geführt, auch hier, nach dem erfolgreichen Beispiel anderer Städte, die Spezialfürsorge durch die Einheitsfürsorge, die Spezialfürsorgerin durch die Familienfürsorgerin, ... zu ersetzen...". Aufgrund von Koordinationsproblemen insbesondere im Bereich des Jugendamtes wurde die Vereinheitlichung, über deren Notwendigkeit man sich „an allen Stellen einig war", später durch eine Dezentralisation des Jugendamtes und einer schrittweisen Vereinigung mit den Kreisstellen des Wohlfahrtsamtes ergänzt (vgl. ebenda).

Außerdem, so Jung, dürfe diese Vereinheitlichung nicht nur auf kommunaler Ebene erfolgen: „Landesfürsorgeverband und Bezirksfürsorgeverbände können die ihnen obliegenden umfangreichen Aufgaben nur dann materiell einheitlich und finanziell sparsam durchführen, wenn sie ihre Organisation ganz einheitlich gestalten." (Jung, ebenda). Deshalb müßten auch wenigstens die in § 1 RFV genannten Aufgaben einem Dezernenten zur Leitung übertragen werden. Weiter werde ganz *zwangsläufig* eine einheitliche Generalabteilung, Registratur, Kanzlei, Eingangs- und Absendestelle nötig werden. Die Notwendigkeit einer bezirklichen Wohlfahrtszeitschrift, Wohlfahrtsarchiv und anderes könne dagegen überprüft werden. Außerdem gelte aber generell: „Auch in den Bezirksfürsorgeverbänden (sei eine) ... organisatorisch einheitliche Bearbeitung der Fürsorgeaufgaben dringend erforderlich ... falls nicht auch hier ein lästiges und kostspieliges Durch- und Nebeneinanderarbeiten Platz greifen soll." (Jung, B. 1924: 29)

Neben diesem planmäßigen, organisierten Vorgehen der professionellen Verwaltung wurde weiterhin die Wichtigkeit *ehrenamtlicher* Arbeit proklamiert. Ein Widerspruch zwischen den ‚Ehrenbeamten' und den ‚richtigen' Beamten wurde nicht gesehen oder in der Art einer Leerformel aufgelöst. Jung wies auf die Gefahr einer gedankenlosen Verallgemeinerung des professionellen *oder* ehrenamtlichen Systems hin (1924: 29) und empfahl eine ‚zweckmäßige Mischung'. Gleichzeitig sah er jedoch die Problematik, „...daß die heutigen Armenpfleger im allgemeinen zu sehr auf die Armenpflege uralten Stils eingeschworen sind und erst durch eine besondere *Vorbildung*, die sie für eine gewisse Spanne Zeit in *nahe Fühlung zu den Bürobeamten* bringt, auch mit den Belangen einer *modernen* Fürsorge (z.B. Gesundheits-, Erziehungs-, Berufsfürsorge usw.) bekannt gemacht werden müssen" (Hervorhebung G.R.). Gleichzeitig wurde ein unumgänglicher und folgenschwerer Konflikt zwischen Ehrenamtlichen und Bürokratie, wie er unten für Nürnberg nachgezeichnet wird, verdrängt, denn ohne weitere Bedenken forderte man – konsequent aufgrund des Wunsches nach einer einheitlichen und geregelten Aufgabenerledigung im Rahmen des Leitbildes ‚Bürokratie' – daß die Entscheidung über Fürsorgeanträge künftig nicht in der Bezirksversammlung, sondern in der Behörde fallen sollte (Jung, ebenda).

b) ‚Rationalisierung' der Fürsorge nach dem Vorbild der Medizin

Das *organisatorische* Leitbild eines zentralisierten bürokratischen und professionalisierten Wohlfahrtsamts war mit den inhaltlichen und *methodischen* Leitvorstellungen, Prävention und individualisierender erzieherischer Hilfe eng verknüpft, wie die Äußerung von Memelsdorff zum ‚Heilplan' gezeigt hat. Auf die Gefahr, die aus einer ungeordneten Hilfe für den gesamten ‚Volkskörper' entstehen könne, weist die Schilderung von E. Bonnenberg in einer zentralen Arbeit zum „Jugendamt und Wohlfahrtsamt" (1926: 7): „Läßt man einen Teil der notleidenden Menschen ohne Hilfe, so wird bei ihnen ein Herd sozialer Krankheit entstehen, von dem aus sich diese immer wieder über die Gesunden und eben Geheilten verbreiten wird." Und: „Vor allem *geistige* Ungesundheit findet sehr schnelle Verbreitung, ..." (ebenda, Hervorhebung, G.R.).[102]

Hier deutet sich an, daß es bei der Professionalisierung auch um die Beherrschung, weniger die Lösung, sozialer Probleme und, organisationstheoretisch, um die Abgrenzung zu einer unsicheren Aufgabenumwelt mittels Profession *und* Bürokratie ging. Es sollte, so wurde immer wieder betont, nicht einfach nur ‚schematisch', ohne Rücksicht auf das Verhalten und die Einstellung der Person unterstützt, sprich so etwas wie eine Rente gezahlt werden, vielmehr wurde mit der individualisierten Unterstützung ein erzieherischer und disziplinierender Anspruch verbunden. Insgeheim oder offen verlangte man von den Betroffenen Wohlverhalten und Anpassung an soziale Normen. Bei ‚Arbeitsscheu' oder ‚unwirtschaftlichem', ‚liederlichem' und ‚unsittlichem' Verhalten konnte sich die individuelle, differenzierte ‚Hilfe' schnell in rigider und repressiver Manier zeigen . In der sich herausbildenden Profession der Sozialerziehung und Sozialarbeit gab es, nicht erst nach 1933, eine unheilvolle Mischung an sozialpädagogischen, *sozialhygienischen* und autoritären, bis hin zu diskriminierenden Gedanken. Dieses zeigen fachliche Äußerungen der *sozialdemokratischen* Vordenkerin der Fürsorge, Helene Simon, die, vom Gedanken der Arbeiterpolitik ausgehend, zwar durchaus in der *gesellschaftlich* produzierten Arbeitslosigkeit die Ursache aller Not erkannte. Aber in fataler Art werden Bestrebungen zum Schutz der Arbeiter mit rigiden Abgrenzungen zu den Leistungsschwachen und -unwilligen vorgenommen:

> „Eine kaum noch angeschnittene Aufgabe des Gesundheitswesens ist die Unschädlichmachung unheilbar Kranker und sittlich minderwertiger oder schwachsinniger Personen. Neben der Verhütung von Ansteckung und der Mißhandlung Angehöriger ist der Fortpflanzung unzurechnungsfähiger Personen durch dauernde Unterbringung zu begegnen...", denn, so Simon, hier handle es sich um „verderblichen Volkszuwachs" (1922: 8 ff.).

---

[102] Diese Leitbilder lassen sich nicht auf den Aspekt Organisation reduzieren, da mit Organisationsfragen immer Techniken der Arbeitserledigung oder des -prozesses sowie der -methoden und der zu bewältigenden Aufgaben thematisiert wurden. Hier zeigt sich der Sinn des qualitativen und weniger stark kategorisierten Vorgehens, da ja gerade der Argumentations*zusammenhang* verdeutlicht werden soll.

Zusammenfassend stellt sich für H. Simon der Zielkatalog einer gut ausgebauten Wohlfahrtspflege denn auch so dar:

> „Dem Ausbau der Wohlfahrtspflege mit dem Ziel ihrer einheitlichen Regelung in einem Reichswohlfahrtsgesetz ist gliedweise vorzuarbeiten, unter den immer gleichen Leitmotiven: Vorbeugung oder Verhütung, Heilung, Versorgung, Unschädlichmachung" (1922: 22).

Nach dem Vorbild des „Vorkämpfer(s) des Sozialismus", Robert Owens Arbeitskolonie Ende des 19. Jahrhunderts, wird von H. Simon „Arbeit als seelisches Allheilmittel" angepriesen, was der Verwahrlosung vorbeuge (1930: 110). Trotzdem die alten offen diskriminierenden Elemente der Armenfürsorge verschwunden waren, zeigte sich die Repression und Disziplinierung sowie ‚Ausmerzung' ‚schädlicher', weil angeblich nicht Arbeitswilliger aus der *Volksgemeinschaft* in ‚modernem', bürokratisch-professionellen Gewand. Spontane, von ‚milder Hilfstätigkeit' geleitete unsystematische Hilfe stand ebensowenig zur Diskussion wie eine soziale Grundversorgung.[103] Die Losung der Zeit war eine recht offen dem Zweck der Arbeits- und Kapitalgesellschaft dienende, *systematische, d.h. bürokratisch* angeleitete, kontrollierte sowie kontrollierende *Erziehung*, ‚Hilfe' zur Arbeit und Aussonderung der Unerziehbaren, Unverbesserlichen, ‚Asozialen', Unwirtschaftlichen usw.

Diese Modifikation alter autoritärer Positionen durch ‚moderne', bürokratisch und professionell auftretende Konzepte der ‚Sozialerziehung'[104] kann exemplarisch an der Diskussion um das sogenannte ‚*Bewahrungsgesetz*' nachvollzogen werden.[105] Es sei falsch, möglichst viele der Unzucht verdächtige Frauen unter polizeiliche Kontrolle zu stellen, da die Fürsorge eher das Vertrauen der Klienten und damit erzieherische Mittel habe (Pappritz, A., DZW 6/1925: 255 ff.). Beim unerziehbaren Rest handle es sich um „asoziale" Elemente, die unfähig seien, auf eigenen Füßen zu stehen und sich ihren Lebensunterhalt zu verdienen, womit ein ewiger Kreislauf zwischen Obdach, Irrenanstalt, Gefängnis und Krankenhaus begründet sei. Da es für ein „Kulturvolk" jedoch unwürdig sei, diese Personen verkommen zu lassen, müsse eine *vorbeugende* Verwahrung und damit eine „nutzbringende Verwendung" möglich sein. Genau dafür sei ein Bewahrungsgesetz notwendig, da es bis dahin unmöglich war, Personen, die weder geisteskrank, gemeingefährlich oder straffällig wurden, in eine Anstalt zwangsweise einzuweisen. Bei Verschwendung, Trunksucht oder sonstiger geistiger „Minderwertigkeit", wie z.B. beim „Fehlen jeglicher Hemmungen" müßten diese Personen, Bettler, und Landstreicher oder sonstige „Willensschwache", vor ihrer eigenen krankhaften Veranlagung, um ihrer selbst willen bewahrt werden (Jaeger, a.a.O.). Der nach anderen Vorstößen vom Deutschen

---

[103] Ein derartiger Gedanke war zur damaligen Zeit nur ganz am Rande zu finden. So etwa bei Beatrice Webb (vgl. die Rezension von A. Salomon, DZW 2/1926/27: 57-62).

[104] Auf diese strukturellen Ambivalenzen des Modernisierungsprozesses in der Fürsorge- und Sozialstaatsentwicklung wies z.B. D. Peukert (1986) bezüglich der Jugendfürsorge hin. Auch dort findet sich die Diskussion um das Bewahrungsgesetz wieder.

[105] Vgl. I. Jaeger, DZW 5/6 1925: 160, 206 ff.; vgl. den Literaturüberblick in NDV Sept. 1925: 391 f.

Verein eingebrachte Gesetzentwurf von 1922 sah dann auch in § 1 vor, daß eine Person über 18 Jahre, wenn diese verwahrlost sei oder zu verwahrlosen drohe, durch das Vormundschaftsgericht unter Mitarbeit eines Psychiaters der Bewahrung überwiesen werden kann: wenn a) dieser Zustand auf einer krankhaften oder außergewöhnlichen Willens- oder Verstandesschwäche, oder auf einer krankhaften oder außergewöhnlichen Stumpfheit des sittlichen Empfindens beruhe und b) keine andere Möglichkeit bestehe, diesen Zustand der Gefährdung zu beheben.

Aufgrund der ungeklärten Kostenfrage (zwischen Reich, Ländern und Gemeinden), der doch vorhandenen Scheu vor einem derartigen Freiheitsentzug von Erwachsenen – was vor allem bei den „Linksparteien" auf Widerstand stieß (vgl. NDV 8/1926: 191 f.) – sowie den Problemen bei der Bestimmung von „Verwahrlosung" blieb das Bewahrungsgesetz, trotz der gegenteiligen Ankündigung der Reichsregierung (vgl. NDV 6/1926: 306), lediglich ein verbreiteter Wunsch der Fachwelt (vgl. Eiserhardt, E. 1929). Als ein Vertreter derselben betonte Direktor Steigerthal, daß über die Notwendigkeit des Bewahrungsgesetzes „...innerhalb der Fürsorgekreise nirgends ein Zweifel mehr besteht..." (DZW 9/1928: 453 f.). In den zentralen Fachzeitschriften, wie der DZW und dem NDV ging es den Vertretern der Fürsorgeverwaltung und der damit verbundenen Fachwelt vor allem um die angeblich kostensparende Ausgrenzung der „Asozialen" und „Unverbesserlichen", weil damit die „Konzentration auf die eigentliche erfolgversprechende Fürsorgearbeit" ermöglicht würde, sprich um eine Effizienzsteigerung im Sinne der von der Fürsorge möglichst angestrebten erzieherischen Rückführung auf den Arbeitsmarkt (vgl. Michel, M. 1926: 58). Wie weit eine „Rassenideologie" von derartigen Diskussionen entfernt war, zeigt z.B. die Erhebung von Fischer-Desoy über 450 Frauen, in der über die laufende Ansteckung der Frauen mit Geschlechtskrankheiten berichtet. Dieser weist darauf hin, daß durch eine Bewahrung in diesen Fällen teure Klinikaufenthalte vermieden würden und daß die „weitere Belastung durch die von moralisch und oft genug geistig minderwertigen Frauen in die Welt gesetzten Kinder" durch eine Verwahrung dieser Geburten vermieden würde, womit eine Förderung „der ethischen und physischen Gesundung unseres Volkes" verbunden wäre.

Was diese Diskussion trotz der ausgebliebenen Verabschiedung des Bewahrungsgesetzes zeigt, ist die ‚moderne', vorgeblich ‚rationale' Prägung der alten repressiven Ideen, die im Rahmen des neuen sozialhygienischen Vorbilds in Verbindung mit *bürokratischen* Methoden und Effizienzargumenten auftreten. Angestrebt wurde die Hervorhebung des Nutzens der „Volksgemeinschaft", die Zurückstellung des „einzelnen Wohls" gegenüber dem „Gesamtwohl", wie es Steinhilber als ein besonders prononcierter Vertreter seiner Zunft formulierte (DZW 8/1927: 399). Der Zorn der braven und angepaßten Normalbürger richtete sich vorwiegend gegen solche, die nicht arbeiteten und ihre Lüste nicht beherrschen konnten, kurzum: „Wer nicht mitarbeitet ist asozial" (Steinhilber, a.a.O. 390); außerdem sind da die „Triebhaften", „Affektmenschen", die „Bewußtgesetzesübertreter", die „Ausschweifenden", die, ginge es „einfach" zu und stünde dem nicht die „humanitäre Einstellung" unserer Zeit entgegen, am besten der „natürlichen Auslese" überlassen, bzw. durch „Nachhelfen" und „Tötung unwerten Lebens" (ebenda 390 ff.) beseitigt werden sollten. Da dies alles eben (noch) nicht möglich war, sollte der Asozialität als „furchtbarste Gefahr der Zeit" im eigenen Interesse der „Asozialität selbst", also der davon „Betroffenen" vorgebeugt und bspw. die Eheschließung auf „Erbgesunde" beschränkt werden, wie es die Ärzte seit langem forderten (ebenda: 398).

Methodisches und *professionelles Vorbild* der sich etablierenden Sozialpädagogik war der *medizinische Beruf*, dem auch die Aufgabe zufiel, diskriminierende Maßnahmen als rationale zu bemänteln. Im einzelnen läßt sich der Hintergrund der modernen *Anstaltsrationalität* bei Foucault (1977) verfolgen, der sich auch in den historischen ‚Ablagerungen' der modernen Fürsorge wiederfindet. Erkennbar wird dies daran, daß Asozialität als Krankheit behandelt wird, was Eingriffe auch gegen den Willen im Interesse des Betroffenen rechtfertigen konnte und gleichzeitig die unangreifbare professionelle Kompetenz und Legitimation signalisierte. Voraussetzungen dafür waren sowohl das fraglos differenzierte Fachwissen und die technische, instrumentelle Kapazität, beides Elemente, die dem sozialarbeiterischen Beruf abgingen, aber auch die überlegene gesellschaftliche Anerkennung des medizinischen Berufes. Das methodische Denken der sozialen Fürsorge drehte sich vor allem um den Zauberbegriff *„soziale Diagnose"*, der in Deutschland von Alice Salomon und G. Wronsky geprägt wurde:[106] „Wie im ärztlichen Berufe die Stellung einer richtigen Diagnose die Grundlage aller weiteren Therapie ist, so erlangt die erste Prüfung der Ursachen und Wirkungen der Notlage, die früher charakteristischerweise als ‚Recherche' bezeichnet wurde, jetzt den Sinn einer Aufklärung des Krankheitsbildes in sozialem Sinne" (Eiserhardt, H. 1925: 24; vgl. auch Wex, E. 1929: 70 f.).

Daß solche sozialhygienischen Leitbilder in der Verwaltungspraxis verankert waren, zeigt das Beispiel der Geschäftsordnung für den fürsorgerischen *Außendienst* in Hamburg von 1930. In der Erläuterung dazu heißt es, daß sich das Schwergewicht der Fürsorge nach der berufsamtlichen Stellung hin verschoben habe, weshalb die erste Aufnahmeverhandlung an amtlicher Stelle unter Beteiligung eines Vertrauensarztes stattzufinden habe, „um die Stellung einer gründlichen *Sozialdiagnose* zu sichern ..." und „den *Heilplan*" aufzustellen (Martini, 1931: 731 f.). Schließlich wird als Hauptziel definiert: „Alle Hilfsmaßnahmen sind so einzuleiten und durchzuführen, daß sie der Familie als Einheit dienen, den Zusammenhang der Familie festigen und den Eltern helfen, die Kinder in gesunder und ausreichender Wohnung zu sittlich, geistig und

[106] Vgl. z.B. diverse Beiträge in der Deutschen Zeitschrift für Wohlfahrtspflege, 1926 ff.; vgl. auch das Buch von A. Salomon mit gleichlautendem Titel von 1927.

körperlich gesunden Menschen zu erziehen." (732 f.) Entsprechend formulierte der Präsident des Deutschen Städtetages: „Die Wohlfahrtspflege wird im Interesse des gesamten Volkes und der gesamten Wirtschaft ausgeübt, um Leben und Arbeitskraft der Bevölkerung zu erhalten. Die Erhaltung der *Volksgesundheit* ist eine der dringendsten Aufgaben" (nach M. Baum 1928: 31). Auch der Stadtrat und spätere Vorsitzende des Deutschen Vereins, Muthesius (Berlin), sieht die soziale Not als problematisch an, weil sie eine „Gefährdung gerade an den wichtigsten, an den wertbetonten Punkten des gesellschaftlichen *Organismus*" (Hervorhebung G.R.) mit sich bringe. Dieses vermindere „die Arbeitskraft der Arbeitsfähigen und ihre Gesundheit", weshalb „die gesunde Entwicklung der heranwachsenden Jugend in Gefahr" sei, und die Erwerbslosigkeit „den Weg zu körperlicher und sittlicher Verwahrlosung vor allem der Jugend als Trägerin der Zukunft" bereite (Muthesius, H. 1926: 3). Schließlich sei der anerkannte *liberale* Nürnberger Experte und stellvertretende Vorsitzende des Deutschen Vereins, OB Luppe genannt, der in einer Auseinandersetzung mit der Frage der wirtschaftlichen Auswirkungen der Wohlfahrtspflege auf die präventiven und ökonomischen Leistungen der Wohlfahrtspflege verweist. Diese erhalte den Arbeitswillen und die Arbeitskraft, gleichzeitig vernachlässigt Luppe es nicht, auch die offensichtlich populäre sozialhygienische Seite zu betonen und damit den damals verbreiteten Sparforderungen entgegenzutreten: „Es wäre aber weiter denkbar unwirtschaftlich auch deshalb, weil die Wirtschaft stets auch die halben Kräfte braucht und endlich aus dem Grunde, weil die Nichtbekämpfung der vielen hygienischen und *sozialen Seuchenherde* eine Selbstzerstörung unserer eigenen Aufbauarbeit und eine Gefahr für die Zukunft bedeuten würde" (Luppe, H. 1931: 39; Hervorhebung d. G.R.).

c) Familienfürsorge als Verbindung verschiedener Leitgedanken

Insbesondere in der ‚*Familienfürsorge*', die nach herrschendem Verständnis „Methode und Organisationsform" zugleich darstellte (vgl. Baum, M. 1928: 5), konnte sich die Verbindung der angesprochenen Ideen Ausdruck verleihen, weil die Familienfürsorge pädagogische, gesundheitliche und wirtschaftliche Aspekte *gleichzeitig* berücksichtigen sollte. Leitdisziplin war jedoch die am weitesten spezialisierte Gesundheitsfürsorge, weshalb diese von den übrigen Fürsorgerinnen und Fürsorgern oft auch neidisch betrachtet wurde (vgl. Heynacher, M. 1925: 10 ff.). Die zentrale Stellung der Gesundheitsfürsorge im Rahmen der Familienfürsorge definiert M. Baum, eine anerkannte Fachfrau und Vordenkerin: „Worauf es ankommt ist, in einer guten Bezirksfamilienfürsorge beiden Forderungen gerecht zu werden, d.h. in einheitlichem Plan die Pflege des Gesunden, die frühe und wirksame Vorsorge für das Gefährdete und die

Heilung des in sozialer Beziehung Kranken und Geschädigten einzubeziehen“ (1928: 16).

Darüber hinaus übte die Familienfürsorge eine *organisatorische* Vermittlungsfunktion aus. Nach Sachße/Tennstedt (1988: 198) lag hier sogar der Schwerpunkt. Wichtig war aber auch ein ideologischer Anknüpfungspunkt: Der angebliche „Kern des Problems“ (des sozialen, G.R.) sei die „Erhaltung der Familieneinheit“ (Bonnenberg, E. 1926: 109). Dem lag der Wille zugrunde, eine individualisierende Fürsorge nach Eigenart der Notstände, d.h. die alte ‚Hilfe von Mensch zu Mensch‘, aufrecht zu erhalten. Denn um den Kontakt mit den Bedürftigen zu erhalten, war es nötig, „...eine Verbindung zu schaffen zwischen der Außenarbeit der wirtschaftlichen, der erzieherischen und der gesundheitlichen Fürsorge“ (Eiserhardt, H. 1925: 13 ff.). Die Argumentation pro Familienfürsorge hatte schließlich auch einen finanziellen Hintergrund, denn man erhoffte sich durch die straffere Organisation, Finanzmittel einzusparen: Die „Finanzkrise hat der Überspannung des Gedankens der Spezialisierung ein Ende gemacht und die Möglichkeit einer einheitlichen Organisation gegeben“ (1925: 9). Gemeint waren Wohlfahrtsamt (für den Innendienst) und Familienfürsorge (für den Außendienst). Ries (1921: 25) bezeichnete die Familienfürsorge sogar als eine Fortentwicklung des Wohlfahrtsamtes: „Einmal das Wohlfahrtsamt als Kuppelbau mit einheitlicher Leitung und Richtunggebung für alle drei Ämter, im Außendienst gleiche Bezirke, und zum andern die Familienfürsorgerin, die in ihrem Bezirk die Tätigkeit der drei Ämter vereinigt“ (Eiserhardt, H. 1925: 13).

d) Ausbau der Verwaltung und Professionalität als ‚Sparmaßnahmen‘

Beide Ansätze, professionelle Familienfürsorge und Individualisierung, ergänzten sich als *‚Sparmaßnahme‘*. Das in der Weimarer Republik in der Sozialerziehung und Sozialarbeit bereits zu beobachtende Abheben auf die Familien- (und Volks)gemeinschaft als „Schicksalsgemeinschaft“ stand dabei nicht im Widerspruch zur dauernd beschworenen ‚Individualisierung‘.[107] Im Gegenteil, beide Ansätze waren Ausdruck eines straffen Kontrollregimes: Im Rückgriff auf die Familie konnte unter Verweis auf diese Schicksalsgemeinschaft eine scharfe Kontrolle der Einkünfte aller Mitglieder – vereinzelt taucht sogar der Hinweis auf die Hausgemeinschaft auf – vorgenommen werden. So konnten öffentliche Mittel durch eine scharf ausgeübte individualisierte, sprich auf das Nötigste beschränkte Hilfe, eingespart werden. Als Voraussetzung dienten dafür *Informationen,* die am besten zentral und kontinuierlich, auf

[107] Siehe den Einwand bei E. Wex: 1929: 72.

schnellem Wege verfügbar sein sollten. Am Anfang der organisatorischen Entwicklung der Wohlfahrtsämter standen dementsprechend zentrale Informationsstellen. Durch eine einheitliche und zentral geleitete Familienfürsorge war die Koordination mit dem bürokratischen Innendienst (Abteilungen des Wohlfahrtsamtes) gewährleistet, wo z.B. versicherungsrechtliche und Ersatzansprüche, etwa an Unterstützungspflichtige, geprüft wurden.

Die Finanzkrise der Gemeinden und Fragen des Finanzausgleichs waren seit Erlaß der 3. Steuernotverordnung und der RFV Dauerthemen in der Fürsorgepolitik der Weimarer Republik,[108] zumal sich durch die große Arbeitslosigkeit in den Krisenjahren der Weltwirtschaftskrise die sozialen Aufgaben der Städte rapide vermehrten. Deshalb kamen Sparmaßnahmen in der Organisation kommunaler Sozialverwaltung ein entsprechend wichtiger Stellenwert zu. Besonders von der Seite der Wirtschaft wurden Rationalisierungsforderungen lanciert (vgl. NDV 7/1930: 252 f.) und es wurde sogar der „Kampf gegen den Fürsorgestaat" ausgerufen (vgl. Memelsdorff, F. 1931: 653). Dazu OB Luppe, Nürnberg: „In einem kommunalen Parlament wird es wohl keine Sitzung geben, in der nicht von irgendeiner Seite heute dieses Thema angeschnitten wird: Unsere Fürsorgelasten fressen uns auf, sie müssen abgebaut und eingeschränkt werden." Deshalb sei es notwendig, sich darüber klar zu werden, „ob und inwieweit unserer Wohlfahrtspflege mit Recht der Vorwurf gemacht werden kann, daß sie die schwer darniederliegende Wirtschaft unnötig belaste, unwirtschaftlich arbeite, Selbstverantwortung und Selbsthilfe lähme und die persönlichen Werte unterdrücke." (1931: 30 f.)

Die Reaktionen der Fachwelt gleichen in weiten Zügen den späteren, bis heute zu hörenden Argumentationen gegen Sparforderungen: Einerseits sollten Aufgaben und soziale Probleme, welche für eine individualisierende Fürsorgemethode nicht geeignet seien und bei denen man eher für eine *Versorgung* (Kriegsopfer), *Versicherung* (Krankheit) oder Verwahrung (Asoziale) plädierte, wirksam von der Fürsorge abgegrenzt werden. Auf der anderen Seite wurden die Leistungen der Fürsorge für die Gesellschaft hervorgehoben, die insbesondere in der erzieherischen und disziplinierenden Wirkung (Prüfung und Erhaltung des Arbeitswillens und der Arbeitskraft) gesehen wurden (Luppe, ebenda).[109] Der Tenor war innerhalb von Fachkreisen, daß *eine gut ausgebaute*

---

[108] Vgl. z.B. die Tagung des Deutschen Vereins von 1926 mit dem Titel „Sparmaßnahmen unter möglichster Aufrechterhaltung des Gesamtstandes der Fürsorge" und den richtungsweisenden Beitrag von Muthesius (1-34); vgl. allg. zur Finanzsituation der Gemeinden und Fragen des Finanzausgleichs Mulert, O. 1925; 1927; 1931; Deutscher Städtetag 1926; Lichtenstein 1933.

[109] Dabei galt insbesondere Nürnbergs Arbeitsfürsorge (vgl. neben dem Referat vor dem Deutschen Fürsorgetag (1931) das beim Deutschen Städtetag (Luppe 1930) als vorbildlich (vgl. NDV 7/1930: 252 f.). Seine Grundzüge bestanden darin, daß zunächst sowohl für „Unwirtschaftliche und Erwerbsbeschränkte" als auch „Arbeitsfähige aber Unwillige" und „voll Arbeitsfähige und -willige" Pflichtarbeit zur Prüfung des Arbeitswillens angeordnet wurde. Danach wurde die letzte Gruppe ausgesondert und einer gehobeneren, weil besser entlohnten, Fürsorgearbeit zugeführt, um diese wieder in die vom Reich getragene Erwerbslosenunterstützung einzugliedern.

Wohlfahrtspflege aufgrund des Wesens der Fürsorge, dem Grundsatz der Nachrangigkeit und Subsidiarität, *an sich sparsam sei* (vgl. Muthesius, H. 1926), weil rechtzeitiges und präventives Eingreifen viele Schäden verhindern könne.[110] Das von vielen Finanzdezernenten angesichts der Finanzkrise geforderte Streichen freiwilliger und vorbeugender Aufgaben (vorwiegend in der Jugend- und Gesundheitsfürsorge, sowie in der Jugend- und Schulpflege) wurde meist als „verhängnisvolle Kurzsichtigkeit" (NDV 1/1926: 2 f.) bezeichnet. Diese „kurzsichtige Politik" sei „in der Fürsorge die größte Geldvergeudung" (vgl. NDV 6/1930: 194 ff.). Kostspielig sei auch jede Schematisierung, denn das „mechanische Anwenden der Richtsätze führe zu Mehrausgaben" (NDV 1/1926: 3). Notwendig sei deshalb bei dem Massenandrang in der Fürsorge eine Steigerung der Ausgaben am richtigen Platz, denn so Luppe,

> „Ersparnis beginnt mit Ausgaben" (DZW 7/1926: 335).

Deshalb war es nach dem Credo der Fachleute der Fürsorgeverwaltung in der Weimarer Republik auf keinen Fall sinnvoll, an vorbeugender und individualisierender Fürsorge und, daraus abgeleitet, an geschultem Personal zu sparen, im Gegenteil: „So ist das Gebot der Sparsamkeit in erster Linie ein Gebot der Arbeitsintensivierung, der immer wieder erneuten Überprüfung der Arbeitsmethoden und der Verstärkung des Stabes von fachlich geschulten Kräften" (NDV 6/1930: 194-196).[111] Diese unumstrittene Meinung brachte ebenso OB Luppe auf dem 31. Deutschen Fürsorgetag zum Ausdruck:

> „Es ist leider auch richtig, daß der Masse der Fälle kein ausreichend geschultes Personal gegenübersteht. Deshalb wäre es die törichtste Sparmaßnahme, das geschulte Personal zu vermindern (Zuruf: Sehr wahr!). Im Gegenteil, je besser das Personal geschult ist, um so wirtschaftlicher arbeitet die Fürsorge, um so stärker kann sie dem Einzelfall nachgehen und die mißbräuchliche Benutzung der Fürsorge verhindern ..." (Luppe, H. 1931: 41)

Diese herrschende Meinung wurde nicht zuletzt durch den Reichssparkommissar in einem oft zitierten Gutachten bestätigt (vgl. NDV 6/1930: 194-196), was durch das Aufsehen erregende Beispiel Berlin bestätigt schien. Dort konnten durch die Einstellung von Berufskräften in der Erwerbslosenfürsorge zur Nachprüfung von Unterstützungsgesuchen 300 von 3056 Anträgen abgelehnt werden. Diese Einschränkung rief angeblich keine nennenswerten Proteste der Betroffenen hervor, was wiederum als Zeichen für die gründliche und korrekte Arbeit gewertet wurde (Israel, C. 1931: 378 ff.). Der „laienhaften Ansicht, daß fürsorgerisch ausgebildete Kräfte nur das Bestreben (hätten), möglichst viel Geld möglichst unzweckmäßig auszugeben", trat Obermagistratsrat Kobrak, Berlin, auf dem Höhepunkt der Krise entgegen (1932: 529 f.). So sei es „rechnerisch unwiderlegbar erwiesen, daß Personalvermehrungen großen Umfanges Sparmaßnahmen erster Ordnung" seien. Und: „Nicht minder wichtig (sei) es, daß man, soweit irgend angängig, geschultes Personal (verwende)" (Kobrak,

---

[110] So hieß es zur Jugendfürsorge: „jegliche Jugendfürsorge ist an sich schon Sparmaßnahme" (NDV 1/1931: 6-8).

[111] Vgl. auch die Entschließung der nordwestdeutschen Wohlfahrtsämter, NDV 10/1930: 325.

ebenda). Deshalb kann als Leitsatz die Aussage von Stadtrat Muthesius, Berlin, stehen:

„Durch Organisation und Methoden sind an sich nur wenige Sparmöglichkeiten gegeben, jedoch können Planmäßigkeit der ersteren und *Verfeinerung* der letzteren wohl zu Ersparnissen führen" (Muthesius, H. 1931: 1). Erreicht werden könne dies durch, „eine sinnvolle Verteilung von guten und geschulten Kräften, die tatsächlich individualisierend arbeiten können" (Muthesius ebenda, Hervorhebung d. G.R.).

Planmäßigkeit und Verfeinerung, was nichts anderes heißt als Differenzierung, d.h. Wachstum der Organisation, so das Leitmotiv, bringe eine sparsame, d.h. effiziente und, dieses war nämlich meistens gemeint, *effektive* Aufgabenerledigung.

Hier und da wurde in der fachlichen Diskussion auch „*Überorganisation*" in der Wohlfahrtspflege beklagt, insbesondere anläßlich der Einführung der staatlichen *Arbeitsämter*: „Eine durchgreifende Rationalisierung der Wohlfahrtspflege ist unmöglich ohne gleichzeitige Beseitigung einer Behördenorganisation, für die die Bezeichnung Überorganisation noch recht gelinde ist" (so Landesrat Gerlach 1927: 34). Die Forderungen nach Aufhebung von Doppelarbeit, Stärkung der bürgerschaftlichen Selbstverwaltung und planmäßigem Zusammenfassen aller Aufgaben an einer Stelle[112] wurden aber weder konkretisiert noch deren Widersprüchlichkeit gesehen. Daß das geforderte planmäßige Zusammenfassen aller Unterstützungsaufgaben an einer *kommunalen* Stelle (vgl. Magistratsrat Michel, M. 1927: 5) unter Umständen mehr Organisation hervorbrachte, blieb unbeachtet. Gerlach selbst forderte z.B. „Arbeitsgemeinschaften" zwischen öffentlicher und privater Fürsorge. Die Koordination von Krankenkassenleistungen, Arbeitslosenunterstützung, Versorgungsansprüchen und Fürsorgeleistungen, d.h. von bürokratischen Leistungen des Sozialstaates, erforderte Berufsbeamte mit Rechtskompetenzen. Diese und ihre Abteilungen, Organisationen usw. mußten selbst wiederum koordiniert werden, was zusätzliche Formalisierung und Organisation nach sich zog, damit mehr Koordination nötig machte und so fort.

Professionalisierung und der Ausbau formaler Organisation, so war der damalige alleinige Blickwinkel, bringt eine rationellere, weil *bessere* Aufgabenbewältigung. Der Nachweis dieser These wurde lediglich anhand von Einzelfällen und der Schilderung von ‚Erfahrungen' geführt. Die mögliche eigendynamische bürokratische Entwicklung blieb noch völlig außerhalb der fachlichen Vorstellungen.

---

[112] Hier ging es um die Koordination zwischen Gemeinden, Länder und Reich, insbesondere zwischen Bezirks- und Landesfürsorgeverbänden, zwischen Selbstverwaltung und Mittelinstanzen, Provinzen, Kreisen, und Ländern sowie der Staatsaufsicht (dazu z.B Hamburger E. 1927).

III. Wachstum und Vereinheitlichung der Fürsorgeverwaltung von 1924-1932

1. Grundzüge der organisatorischen Entwicklung: Standardisierung, Differenzierung, Professionalisierung

Sowohl die Gesetzgebung (vgl. Maier, H. 1930) als auch die Fachöffentlichkeit, welche wiederum die Gesetzgebung vorantrieb, und Vorbilder wirkten in Richtung einer *Vereinheitlichung* der Organisation. Nachfolgend soll die Verbreitung grundsätzlicher Strukturen der Organisation kommunaler Sozialverwaltung verfolgt werden.

Noch stand nämlich der Prozeß der Bürokratisierung und Professionalisierung am Anfang seiner Entfaltung, das Ehrenamt war noch vorherrschend. Das damals herrschende Verständnis umfaßte zunächst als ‚Amt' – im Gegensatz zu heutigen Vorstellungen – nicht *allein* die behördliche Dienststelle sondern *primär* die gemischte *ehrenamtliche* Deputation, den beschließenden Ausschuß (meist Hauptausschuß oder Wohlfahrtsausschuß genannt). Dieser fungierte als Leitungsinstanz und entschied über die allgemeinen Methoden, Richtlinien und Richtsätze sowie die Vorprüfung des Haushaltsplanes. Dementsprechend wurde im RJWG der entsprechende Ausschuß sogar als Jugend*amt* bezeichnet, ein Verständnis, das aber auch bezüglich des Wohlfahrtsamtes noch zu finden war. Die Zusammensetzung der Ausschüsse war bis auf den Bereich des Jugendamts (§§ 9 u. 10 RJWG) nicht geregelt, dennoch gab es ein relativ ähnliches Bild (vgl. Memelsdorff, F. 1926: 88 f.; Dünner, J. 1929: 768 ff.).

Den Vorsitz im Wohlfahrtsausschuß führte meistens entweder ein Magistratsmitglied, der OB oder der Dezernent des städtischen Wohlfahrtsamtes. Neben Magistratsmitgliedern und Stadtverordneten waren darin in der Regel Bürger vertreten mit Fachkenntnissen, Repräsentanten der ‚privaten' Wohlfahrtspflege, leitende Beamte des Wohlfahrtsamtes, ehrenamtliche Bezirksvorsteher, Vertreter der Krankenkassen und häufig auch Vertreter von ‚gehobenen' Interessengruppen, wie der Kriegsbeschädigten und -hinterbliebenen und Sozial- und Kleinrentner. Weiter wurden mehrere Unterausschüsse, z.B. Verwaltungsausschüsse für die Bereiche wirtschaftliche Fürsorge, Jugend oder Gesundheit gebildet, die über die laufenden Angelegenheiten ihrer Abteilungen beschlossen (Memelsdorff, F. 1926: 90 f.).

Neben diesem, aus dem Blickwinkel der Verwaltung oft übermäßig differenzierten, Ausschußwesen[113] – in Nürnberg gab es fünf Unterausschüsse (für Asoziale, Naturalien, Kinderfürsorge, auswärtige Erwachsene und Gebrechliche und ein Spruchausschuß) – stand die eigentliche Verwaltungsbehörde oder das Wohlfahrtsamt. Außer dem zentralisierten Wohlfahrtsamt mit integriertem Jugend- und Gesundheitsamt gab es, wie gezeigt wurde, unterschiedliche Formen mit heterogener Aufgabenzuordnung, deren Bild jedoch zusehends *einheitlicher* wurde. Untergliedert waren die Wohlfahrtsämter in einen bürokratischen *Innendienst* mit mehreren Abteilungen (vor allem mit allgemeinen Aufgaben, wie die einer zentralen Auskunftsstelle, Zentralkartothek, Personalkartei und Organisation, oder Leitung der Anstaltsfürsorge) und einen fürsorgerischen professionellen *Außendienst*, der sich basierend auf der Entwicklung vom Elberfelder über Straßburger System immer häufiger als ‚*Familienfürsorge*' etabliert hatte. Daneben waren auch Generalisten im Innen- *und* Außendienst im Einsatz (vgl. Helbling, E. 1931: 40).

Nach der Untersuchung von M. Heynacher (1925) waren in Preußen nur ca. 24 % aller Fürsorgerinnen Spezialfürsorgerinnen, d.h. mit nur einem Tätigkeitsbereich betraut (darunter stand an erster Stelle die Gesundheitsfürsorge mit 14%; danach kam die Wirtschafts- und Berufsfürsorge). Für alle Zweige (Gesundheits-, Erziehungs-, wirtschaftliche u. Berufsfürsorge) verantwortlich waren 54%, davon fungierten wiederum 61% (1/3 der Gesamtzahl) als Familienfürsorgerinnen. Ein Vergleich zwischen Stadt und Land zeigt eine nur geringe Spezialisierung auf dem Land (in Landkreisen fanden sich nur selten Spezialfürsorgerinnen und dann allenfalls Gesundheitsfürsorgerinnen), am stärksten war die Spezialisierung in der Großstadt, insbesondere in Berlin.

Die Familienfürsorge übte im wesentlichen eine *Koordinationsfunktion* aus, wie sich auch im Tätigkeitsfeld der Fürsorgerinnen zeigt: Nach einer Woche Bestandsaufnahme bei 15 Familienfürsorgerinnen in Köln (1932) hatten diese 21% der Tätigkeit und Arbeitszeit für Hausbesuche, 20% für Sprechstunden, 18% für vorbereitende Büroarbeit, 16% für Besprechungen, 13% für Berichte und 12% für die Mitwirkung an ‚Untersuchungen' in Mütterberatung, Kindergarten und Schule aufgewendet. Der *rein* bürokratische Anteil (Büroarbeit, Besprechungen und Berichte) machte also immerhin gut 47% der gesamten Arbeit aus. Bemerkenswert ist auch, daß im reinen Klientenkontakt ebensoviel Zeit im Büro (Sprechstunden) wie für Hausbesuche aufgewendet wurde (nach Sachße, Ch./ Tennstedt, F. 1988: 200). Diesen Zahlen entsprechen auch diejenigen von M. Heynacher, basierend auf einer Umfrage in Preußen von 1925, wonach lediglich 40% der Fürsorgerinnen angaben, nur im Außendienst tätig zu sein, während immerhin 51% im Innen- und Außendienst arbeiteten und 9%

[113] So heißt es im Nürnberger Verwaltungsbericht von 1923/24: „Das schwerfällige System der zahlreichen Ausschüsse bedarf einer Vereinfachung".

sogar nur Innendienstaufgaben wahrnahmen (1925: 27 ff.).[114] Ergänzt wird dieses Bild durch das *Nürnberger* Beispiel: Hier heißt es im Verwaltungsbericht von 1931/32, also auf dem Höhepunkt der Wirtschaftskrise, zur Aufgabenstruktur der Familienfürsorgerinnen, daß sich das Schwergewicht der Familienfürsorge weiterhin auf die Seite der wirtschaftlichen Fürsorge verschoben hätte und daß die Fürsorgerinnen zeitweilig – insbesondere an Zahltagen – wieder stark für den reinen Ermittlungsdienst des Wohlfahrtsamtes sowie für dessen Innendienst beansprucht worden seien. Infolgedessen trat ihre Tätigkeit für Jugendamt und Gesundheitsamt zurück. Eine Analyse der durchschnittlich aufgewendeten Arbeitszeit wies für den reinen Außendienst nur 18 Stunden aus, für Innendienst 33 Stunden. d.h. vor allem für Mütterberatung, Schulsprechstunden, Sitzungen und Aktenbearbeitung, wobei auf letzteres immerhin 21 Stunden entfielen.

Der Einschätzung von Sachße/Tennstedt, daß die Tätigkeit der Fürsorgerinnen vorwiegend auf die „Betreuung und Beratung der Hilfsbedürftigen reduziert wurde, die Entscheidung im Innendienst dagegen den administrativ geschulten kommunalen Verwaltungsbeamten übertragen war“ (1988: 201) kann also nur schwer gefolgt werden, zumal die Fürsorgerinnen mit ihrer Vorarbeit und ihren Kenntnissen Entscheidungen auch indirekt stark beeinflußt haben dürften. Zu berücksichtigen ist, daß die Entscheidung über Art und Maß der Fürsorge, falls dies mit „Entscheidung im Innendienst“ gemeint war, im Bereich der wirtschaftlichen Fürsorge, zumindest formal, immer noch weitgehend in *ehrenamtlicher* Hand lag, womit der Innendienstbeamte gegenüber der Familienfürsorgerin diesbezüglich in einer ähnlichen Lage war. In Nürnberg konnten in den Bezirksausschüssen sowohl die Familienfürsorgerinnen als auch die Berufshelfer und Ermittler, wie auch in seltenen Fällen die Innendienstbeamten als Sachbearbeiter, jeweils für ihren Fall *gleichrangig* Vorträge und Vorschläge machen, auf deren Basis die Entscheidung vom Ausschuß gefällt wurde (vgl. für Nürnberg: Hofmann, A. 1927a: 12).[115] Angesichts des hohen Zeitanteils, der auf die Aktenbearbeitung durch die Familienfürsorgerinnen entfiel, sowie der ihnen in der Fachwelt zugesprochenen Kompetenz, kann doch vermutet werden, daß ihre Empfehlungen durchaus Gewicht hatten. Es etablierte sich zudem so etwas wie eine Vereinheitlichung der Qualifikationsanforderungen von männlichem Innendienst und überwiegend weiblichem Außendienst: Zumindest gefordert wurde, wenn dem auch in der Regel durch die Praxis nicht ent-

---

[114] Allerdings weist M. Heynacher darauf hin, daß die Trennung nicht unbedingt gleichbedeutend mit fürsorgerischer und Verwaltungsarbeit war, da z.B. auch Sprechzeiten im Innendienst abgehalten wurden, weshalb sie selbst „den Mut verlor“ aus den Zahlen allzu weitgehende Schlüsse zu ziehen.

[115] Die Fürsorgerinnen unterstanden meistens, bis auf Düsseldorf, dem zentralen Amt und waren in den Bezirkskommissionen stimmberechtigt in: Breslau, Frankfurt a.M., Hamburg, Köln, München, Nürnberg und Oberhausen. Beratende Stimme hatten die Fürsorgerinnen in Dortmund, Dresden, Duisburg-Hamborn, Essen, Gladbach-Rheydt, Kiel, Magdeburg und in Wiesbaden (Preiser 1931:724).

sprochen wurde (weil die Ausbildung dazu erst in den Anfängen steckte), der sowohl verwaltungstechnisch als auch fürsorgerisch gebildete, professionelle Beamte, unabhängig davon, ob er männlich oder weiblich, im Innen- oder Außendienst eingesetzt war.[116]

Unter dieser, mehr oder weniger zentralisierten und verschiedene Aufgabenbereiche umfassenden, Kuppel des Wohlfahrtsamtes, gab es, zumindest in größeren Städten, vor allem in der wirtschaftlichen Fürsorge mehr und mehr einen dezentralen Unterbau mit sog. ‚*Kreisämtern*', denen die konkrete Fallbearbeitung und Unterstützungsauszahlung oblag. Die interne Aufgabenverteilung auf die Sachbearbeiter war meistens differenziert entweder nach Bezirken (z.B. in München) oder Anfangsbuchstaben des Alphabets (z.B. in Nürnberg) der Unterstützungsberechtigten (vgl. Preiser, K. 1931).[117] Die Kreise deckten jeweils mehrere, aus der „Elberfelder Tradition" stammende, Wohlfahrtsbezirke mit einer Einwohnerzahl zwischen 25.000 und 100.000 ab (Preiser, K. 1931: 719). Preiser berichtet aus einer Umfrage des Deutschen Städtetages, daß diese „Dezentralisation" bis zu diesem Zeitpunkt in nicht weniger als 17 von 45 Städten und in fast allen Großstädten stattgefunden hatte.[118]

Daß das *Vorbild* anderer Städte für die Reorganisation eine entscheidende Rolle spielte zeigt exemplarisch ein Bericht aus Mannheim: „Zu erwägen wäre die Schaffung von Kreisausschüssen, die sich nach dem Vorbild anderer Städte aus den zu den einzelnen Kreisstellen zählenden Bezirksvorstehern unter Hinzutritt eines Mitglieds des Wohlfahrtsausschusses als Vorsitzenden und des Kreisstellenleiters zusammensetzen." (Böttger 1930: 7)

---

[116] Vgl. Muthesius, H. 1926: 8 ff; vgl. Eiserhardt, H. 1925: 17 f., die sogar ein Rotationssystem zwischen Innen- und Außendienst empfiehlt; vgl. auch Baum, M. 1928: 94; 102; 134; welche die Entscheidung generell mehr in den Außendienst legen wollte Salomon, A. 1927: 208 ff.; DZW 9/1927: 447 f. Der Fortschritt der Professionalisierung läßt sich aus verschiedenen zeitgenössischen Quellen ablesen (vgl. z.B. die Umfrage von Heynacher 1925). Beerensson, eine renommierte Vertreterin der jungen Profession, resümiert, daß bereits 1926, also keine 10 Jahre nach Erlaß der ersten staatlichen Prüfungsordnung, „fast nur noch ‚staatlich anerkannte' Wohlfahrtspflegerinnen verlangt (werden)" (nach André, G. 1991: 46 m.w.N.). Zur Entwicklung des sozialarbeiterischen Berufs: G. André 1993; 1994.

[117] Die Frage nach Bezirks- oder Buchstabeneinteilung war wohl umstritten. Während die Bezirkseinteilung vom bezirksorientierten Außendienst und im Nachrichtendienst des Deutschen Vereins (vgl. NDV 6/1925: 294 f.; NDV 1/1926) aufgrund der leichteren und einfacheren Koordination zwischen Innen- und Außendienst favorisiert wurde – bei der Buchstabeneinteilung mußte ein Innendienstbeamter mit Fürsorgerinnen aller Bezirke kooperieren –, erhält das Buchstabensystem den Vorzug z.B. vom Verwaltungsobersekretär Kühl (Neukölln) (DZW 7/1926: 361 f.) ebenso wie vom Verwaltungsamtmann Hofmann (Nürnberg) (1927: 11 f.) wegen der besseren Übersichtlichkeit, dem leichteren Auffinden von Akten und auch der Sachbearbeiter durch die Klienten, etwa nach Wohnungswechseln. Außerdem führte Hofmann an, daß durch den kontinuierlichen Kontakt zwischen dem Innendienstbeamten und dem Bedürftigen sich die Einsichten in die Verhältnisse des Unterstützten sich nach und nach vervollständigten, wodurch eine individuelle Vervollkommnung der Fürsorgearbeit möglich sein sollte (Hofmann, a.a.O.: 12).

[118] Es waren dies die Städte Braunschweig, Breslau, Dortmund, Dresden, Duisburg-Hamborn, Düsseldorf, Essen, Frankfurt/M., Gladbach-Rheydt, Hamburg, Kiel, Köln, Magdeburg, München, Nürnberg, Oberhausen und Wiesbaden. Angebahnt wurde die Einrichtung von Kreisstellen in Bremen, Leipzig und stand in Kassel, und Mannheim in Aussicht. (Preiser 1931: 718).

Aufgrund des Massenandrangs in den zentralen Wohlfahrtsämtern war die organisatorische Differenzierung jedoch auch *,funktional'* begründet, indem die Erhöhung der Eigenkomplexität im Sinne der Erhaltung, Festigung und Verstärkung der Grenze zur Aufgabenumwelt fungierte: „Die individuelle Fürsorge kann in der Kreisstelle besser zum Ausdruck kommen, als es in dem Wohlfahrtsamt der Fall ist. Die Kreisstelle dient als *Bollwerk* gegenüber dem Massenansturm der Hilfsbedürftigen, der die Arbeit der Wohlfahrtsämter zu erdrücken droht" (Preiser, K. 1931: 725 f.; Hervorhebung G.R.). Eine ähnliche Argumentation fand sich auch im Bericht zur geplanten Neuorganisation von Mannheim (Böttger 1930. Dieser sprach von einem „Publikumsverkehr, der oft genug einen geradezu beängstigenden Umfang angenommen hat" (ebenda: 8). Der Erfolg dieser Bewältigungsstrategie scheint auch eingetreten zu sein: Nach Preiser sind in einer Stadt nach Einrichtung der Kreisstellen sogar die Verwaltungskosten pro Unterstützungsfall um über 10% gesunken, woraus dieser eine generelle Einsparmöglichkeit durch Dekonzentration folgert (1931: 725).

Schließlich wurde durch eine bessere, weil individuellere und engere, Betreuung der Bedürftigen wiederum eine Verbesserung der Aufgabenbewältigung erwartet und – trotz der zugenommenen Professionalisierung – eine naive Hoffnung auf Belebung des vielfach im Rückzug befindlichen *ehrenamtlichen* Systems (Preiser, K. 1931: 725 f.). Aber auch der magische Begriff „Modernisierung" und das Beispiel der anderen Großstädte wurde dabei argumentativ eingesetzt. Die Mischung zwischen Rationalität, Funktionalität und rationalen Mythen zeigt sich dabei wie folgt:

> „Verschieben läßt sich die Neuorganisation jedenfalls nicht länger. Mannheim ist sowohl nach seiner Einwohnerzahl, als auch seiner räumlichen Ausdehnung nach, in die Reihe der Großstädte gerückt, die ihr Wohlfahrtswesen nicht nur dezentralisieren, sondern auch durch die Schaffung von Kreisstellen, die nicht nur die Stützpunkte für die Armenpflege im engeren Sinne, sondern für die gesamte Wohlfahrtspflege abgeben, modernisieren müssen. Der Gewinn einer Neuorganisation (...) läßt sich im voraus nicht in Zahlen ausdrücken. Einer etwaigen Minderung des Fürsorgeaufwands (...) würde (...) eine Steigerung der sachlichen wie der personellen Ausgaben gegenüberstehen. Es darf aber erwartet werden, daß die Qualität der städtischen Wohlfahrtspflege durch die Neugestaltung sicher eine Steigerung erfahren wird." (Böttger 1930: 8; Hervorhebung im Orig.)

Auf und unter der Ebene der Kreisämter gab es üblicherweise weitere Kreisausschüsse, Bezirksvorsteher- und Bezirksversammlungen, für die Bewältigung und Koordination der Unterstützungsarbeit zwischen Innendienst, meist männliche Ermittler, Familien- und Spezialfürsorgerinnen (meistens im Gesundheitsbereich)[119] sowie den ehrenamtlichen Pflegern und Pflegerinnen, denen meistens die Beschlußfassung über die Unterstützungsgesuche oblag (vgl. Memelsdorff, F. 1926: 96 f.). Zu dieser Frage meinte Memelsdorff (1926: 100): „Die Kommission nur zu einem begutachtenden Organ herabzudrücken und die Bewilligung dem Amt vorzubehalten, hieße die Arbeitsfreudigkeit der Kom-

---

[119] In fast allen Städten, die Kreisämter eingerichtet hatten, bestand auch eine Familienfürsorge, ergänzt durch Spezialfürsorgerinnen (Preiser 1931: 724).

missionsmitglieder wesentlich zu lähmen. Es genügt, daß sich das Amt ein Beanstandungsrecht vorbehält, so daß offenbare Härten und berechtigte Beschwerden vermieden werden."

Das *Verfahren* war überwiegend so geregelt, daß die Anträge in den Kreisämtern zu stellen waren und durch Beamte und Ermittler, teilweise durch das zentrale Wohlfahrtsamt (so z.B. in Nürnberg), zum Teil sogar durch den Leiter (wie in Düsseldorf) geprüft wurden. Danach kam es zur Vorlage bei den beschließenden ehrenamtlichen Bezirks- oder Kreisausschüssen, die durch die teilweise stimmberechtigten beruflichen Fürsorgerinnen oder die amtlichen Sachbearbeiter beraten wurden.

Die Unterstützungszahlung wurde nach Bewilligung in der Regel im Kreisamt in bar vorgenommen. Die als Rationalisierungsmaßnahme begonnene Postschecküberweisung für Routinefälle war umstritten (vgl. z.B. Michel, M. 1926: 53 ff.). Zwar ließen sich dadurch Kosten senken, andererseits sah man die Gefahr, daß der Kontakt zu den Unterstützten verlorenginge, diese die laufende Zahlung als Rente ansehen und sich zur Ruhe setzen könnten. Auf diese Art und Weise eine unwirtschaftliche Verwendung der Mittel ein, was nur durch die ständige Überprüfung der Verhältnisse der Bedürftigen kontrolliert werden könne.[120] Deshalb wurde die Zuweisung der Betreuung durch das Amt entweder an Berufskräfte, meist Familienfürsorgerinnen (bei ‚schwierigen Fällen' mit erzieherischen und gesundheitlichen Problemen) oder an Ehrenamtliche (wirtschaftliche Fürsorge und Dauerunterstützungen), vorgenommen (vgl. Eiserhardt, H. 1925: 15 ff.).

Ungeachtet der im einzelnen noch großen Vielfalt ging der Trend nach 1922 deutlich in die Richtung einer *Vereinheitlichung* der Fürsorgeverwaltung (vgl. Tab. 2, nachfolgend). Neben der Zusammenfassung oder Zentralisation von Aufgaben im Wohlfahrtsamt gab es im Außendienst die ‚Familienfürsorgerinnen', die aber durch Spezialfürsorgerinnen – vorwiegend Gesundheitsfürsorgerinnen – ergänzt wurden. Hinsichtlich der Ämtereinteilung war organisatorische Selbständigkeit am häufigsten beim Gesundheitsamt zu finden, was auf die fortgeschrittene Professionalisierung der Mediziner zurückzuführen sein dürfte. Im Gegensatz zu den erfolgreich auf Selbständigkeit drängenden Gesundheitsämtern war bei den Jugendämtern häufig eine Integration in das Wohlfahrtsamt zu verzeichnen, das Jugendamt als eigenständige Behörde hatte sich noch nicht vollständig etabliert. Kompetenzkonflikte traten vor allem zwischen Jugend- und Gesundheitsämtern auf, vor allem im Bereich der Kleinkin-

---

[120] Nach positiven Berichten aus Dresden und Köln, äußerte sich Hamburg negativ, worauf die Redaktion des Nachrichtendienstes des Deutschen Vereins das salomonische Urteil fällte, daß Einsparungen zwar nicht bestritten werden könnten, vor allem dann, wenn die sorgfältige Prüfung der Bedürftigkeit erfolgt sei, wie dies in Köln mit der professionellen Außenfürsorge der Fall sei. Demgegenüber wäre die Kontrolle beim ehrenamtlichen Hamburger System wohl weniger gut gewährleistet, weshalb die Frage der Einsparmöglichkeiten von Ort zu Ort unterschiedlich ausfallen könne (vgl. NDV 5/1926: 115; NDV 7/1926: 169).

der-, Schulkinder- und Säuglingsfürsorge. Sachße (Ch. 1986: 236 ff) bezeichnet die Integration der Jugendfürsorge in das Wohlfahrtsamt deshalb als „salomonische Lösung". Grob gesagt waren drei Grundtypen der organisatorischen Ansiedlung von *Jugendämtern* zu finden:[121] organisatorisch selbständige Jugendämter, in der Regel neben dem Wohlfahrtsamt einem Dezernenten unterstellt (meist in Großstädten, aber auch in einer Reihe von Mittelstädten); dann solche, die in das Wohlfahrtsamt als Abteilung integriert waren (häufig in Mittelstädten, fast durchweg in kleineren Städten); und schließlich diejenigen, die anderen Ämtern, vorwiegend dem Gesundheitsamt unterstellt waren.

Eine Umfrage des Deutschen Städtetages von *1925* (Helbling, E. 1927: 431 ff.) verdeutlicht auf der Basis 89 antwortender Städte im Vergleich zur Umfrage von 1922 (vgl. 2.1.1) die *Vereinheitlichung* (Tabelle 2 nachfolgend). Erstens verfügen mittlerweile alle antwortenden Städte über ein Wohlfahrtsamt, auch die unter ‚Sonstige' eingeordneten Städte. Zweitens ist deutlich, daß der Begriff Wohlfahrtsamt insgesamt einheitlicher in der Ausgestaltung war. Die 1922 auffällige heterogene Zuordnung von Aufgaben fand sich nur noch sehr selten, nämlich in 9% der Fälle, während 1922 noch 21% der antwortenden Städte sehr unterschiedliche Ämterzuschnitte aufwiesen. Die Städte unter ‚Sonstige' zeichneten sich 1925 vor allem dadurch aus, daß noch eine organisatorische Trennung zwischen ‚gehobener' (im Wohlfahrtsamt) und allgemeiner Fürsorge (eigenes Fürsorgeamt) bestand. Außerdem war die Zahl der Städte mit getrennter Kriegswohlfahrtspflege (8) oder Armenpflege (8) sehr gering geworden.

Gleichzeitig fällt eine gegensätzliche Entwicklung auf. Erstens war der Trend zu einem einheitlichen Wohlfahrtsamt mit allen Fürsorgezweigen in einem Amt zu beobachten (1924: 40,4%, 1922: 30%) – wohl auch ein Ergebnis der neuen Gesetze RFV und RGr, welche die bereits im Gang befindliche Vereinheitlichung und Zusammenfassung im organisatorischen Bereich förderten (vgl. Helbling, E. 1927: 431). Daneben nahm aber auch das Auftreten getrennter Wohlfahrts-, Jugend- und Gesundheitsämter zu (1924: 33,7%, geg. 1922: 14,3%), während die Lösung mit einem Wohlfahrts- und einem getrennten Jugendamt relativ unverändert oft (7% (1922), 8%, 1925) vorzufinden war. Rechnet man die Kategorie jeweils selbständiger Jugendämter zusammen, so zeigt sich, daß 1922 21,4%, aber 1924 bereits 41,5% der Jugendämter selbständig waren. Auch hier ist, ungeachtet der viel kritisierten einschränkenden Formulierungen der Inkraftsetzungsverordnung des RJWG, die Wirkung der Gesetzgebung bemerkbar. Allerdings war die überwiegende Mehrheit der Jugendämter immer noch ins Wohlfahrtsamt integriert. Stark gefallen ist der Anteil der Kombination mit einem Wohlfahrts- und einem separaten Gesundheitsamt (von 20% 1922, auf 9% 1925), wobei gleichzeitig gegenüber 1922, als nur 34% der Gesundheitsämter selbständig waren, 1925 die organisatorisch getrennten Gesundheitsämter schon 43% ausmachten. Basierend auf diesen Ergebnissen läßt

[121] Vgl. Schrauth, 1924: 87; Bonnenberg, E. 1926: 92.

sich die Hypothese wagen, daß einerseits die institutionelle Umwelt den erwarteten vereinheitlichenden Einfluß hatte, andererseits die stärkere Professionalisierung der organisatorischen Ausdifferenzierung Vorschub leistete.

Tabelle 2:

Organisationsformen kommunaler Wohlfahrtspflege (1925)

	1922	1925	
Wohlfahrtsamt (alle Aufgaben in einem Amt zusammengefaßt)	30% (21)	40,4% (36)	Beuthen, Bielefeld, Bonn, Bremen, Coblenz, Cottbus, Darmstadt, Dessau, Düsseldorf[a)], Elbing, Erfurt, Essen[a)], Flensburg, Frankfurt a.O., Gera, Harburg, Hildesheim, Kaiserslautern, Karlsruhe, Königsberg, Liegnitz, Lübeck, Ludwigshafen, Magdeburg, Münster, Oberhausen, Offenbach[a)], Oldenburg, Osnabrück, Remscheid, Rostock, Tilsit, Trier, Wesermünde, Wiesbaden, Zwickau
Wohlfahrtsamt und separates Jugendamt	7,1% (5)	7,8% (7)	Augsburg, Barmen, Dresden[a)], Heidelberg, Jena, München, Schwerin
Selbständiges Wohlfahrts-, Jugend- und Gesundheitsamt	14,3% (10)	33,7% (30)	Aachen[a)], Bochum, Bottrop, Braunschweig, Breslau, Buer, Cassel, Dortmund, Duisburg[a)], Frankfurt a.M., Freiburg, Fürth, Gelsenkirchen, Gladbeck[a)], Görlitz, Hagen, Halle, Hamburg, Herne, Kiel, Köln[a)], Mainz, Mannheim, Mülheim, Nürnberg, Plauen, Recklinghausen, Solingen, Stettin, Würzburg
Wohlfahrtsamt und separates Gesundheitsamt	20% (14)	9% (8)	Altona, Berlin, Brandenburg, Elberfeld, Hamborn, Pforzheim, Sterkrade, Ulm
Sonstige (nicht zuzuordnen)	28,5% (20)	9% (8)	Chemnitz, Crefeld, Gleiwitz, Hindenburg, Leipzig[b)], M.Gladbach, Potsdam, Stuttgart
Gesamt	100% (70)		

a) Diese Städte hatten zusätzlich ein separates Kriegswohlfahrtsamt
b) Leipzig plante zu diesem Zeitpunkt ein Zentralamt.

Quelle: Helbling, E. 1927: S. 431-441.; Werte für 1922: Mitteilungen des Deutschen Städtetages 4/1924: Sp. 49 ff.

Die Vereinheitlichung der Organisation der Wohlfahrtspflege in der Weimarer Republik wird schließlich bei der Umfrage des Deutschen Städtetages von *1931* deutlich (Helbling, E. 1932b: 37-48) (vgl. Tab. 3 nachfolgend). Mittlerweile machte der Anteil der Wohlfahrtsämter mit allen fürsorgerischen Aufgaben in einem Amt schon 53% aus; rechnet man den Anteil der Wohlfahrtsämter, die noch das Jugendamt integriert haben (15%) hinzu, so kommt man sogar auf 68%. Ebenso ist eine weitere Vereinheitlichung dahingehend erfolgt als nun der Aufgabenzuschnitt der Wohlfahrtämter, bis auf wenige Ausnahmen, die noch eine getrennte Armenfürsorge (z.B. Stuttgart) oder ein separates Kriegswohlfahrtsamt hatten (z.B. Chemnitz, Castrop-Rauxel), analog der RFV im allgemeinen weitgehend derselbe war.

Tabelle 3:

Organisationsformen kommunaler Wohlfahrtspflege (1931)

	1922	1925	1931	
Wohlfahrtsamt (alle Aufgaben in einem Amt zusammengefaßt)	30% (21)	40,4% (36)	52,8% (46)	Beuthen, Bielefeld, Bonn, Brandenburg, Castrop-Rauxel, Chemnitz[a)]Darmstadt, Dessau, Dresden, Düsseldorf, Elbing, Essen, Erurt, Flensburg, Frankfurt/O., Gelsenkirchen, Gera, Gladbach-Reydt, Görlitz, Hagen, Hamm, Harburg, Heidelberg, Hildesheim, Hindenburg, Jena, Kaiserslautern, Karlsruhe, Königsberg, Kottbus, Krefeld-Uerdingen, Ludwigshafen, Münster, Oberhausen, Osnabrück, Potsdam, Ratibor, Remscheid, Rostock, Stettin, Solingen, Weserrmünde, Tilsit, Ulm, Weimar, Wilhelmsburg, Zwickau,
Wohlfahrtsamt (incl. Jugendamt) und separates Gesundheitsamt	20% (14)	9% (8)	14,9% (13)	Altona, Bremen, Frankfurt a.M., Kassel, Leipzig, Lübeck, Magdeburg, München, Offenbach, Regensburg, Wiesbaden, Wuppertal, Würzburg,
Wohlfahrtsamt und separates Jugendamt	7,1% (5)	7,8% (7)	4,6% (4)	Augsburg, Mannheim, Schwerin, Trier
Selbständiges Wohlfahrts- Jugend- und Gesundheitsamt	14,3% (10)	33,7% (30)	22,9% (20)	Aachen, Bochum, Bottrop, Braunschweig, Breslau, Dortmund, Duisburg-Hamborn [a)], Freiburg i. Br., Fürth, Gladbeck, Herne, Kiel, Köln, Mainz, Mülheim a.d.R., Nürnberg, Pforzheim, Plauen, Recklinghausen, Witten,
Sonstige	28,5% (20)	9% (8)	3,4% (3)	Gleiwitz, Liegnitz, Stuttgart,
Gesamt	100% (70)	100% (82)	100% (86)	

a) Diese Städte hatten zusätzlich ein getrenntes Kriegswohlfahrtsamt.

Quelle: Helbling, E. 1927: S. 431-441.; ders. 1932b: 37-48; Mitteilungen des Deutschen Städtetages 4/1924: Sp. 49 ff.

Die Selbständigkeit der *Jugendämter* war offenbar wieder rückläufig: 1931 waren 27,5% eigenständig, 1925 waren dies noch 41,5%. Damit war Anfang der dreißiger Jahre fast wieder der Stand von 1922 vor Erlaß des RJWG erreicht, als 21,4% der Jugendämter selbständig waren. Dagegen war 1931 der Anteil selbständiger *Gesundheitsämter* mit 38% zwar etwas rückläufig, doch nach wie vor hoch. Entscheidend dürfte sich ausgewirkt haben, daß im Gesundheitswesen die Spezialisierung und Professionalisierung weiter fortgeschritten war als in den anderen Bereichen, beispielsweise der Armenfürsorge, die noch weitgehend ehrenamtlich erledigt wurde. Dies zeigte die genannte Untersuchung von Heynacher (M. 1925 10 ff.) über die Professionalisierung und die Arbeitssituation beruflicher Fürsorgerinnen in der Außenfürsorge. Der Bericht weist neben der am häufigsten selbständigen Gesundheitsfürsorge[122] die Arbeitsfürsorge als relativ stark spezialisiert aus. Dafür steht auch, daß die Ärzte als stark entwickelte Profession mit hohem gesellschaftlichem Ansehen

[122] Hier wirkt sich zusätzlich die Tradition der Gemeindeschwestern aus.

und anerkanntem Spezialwissen die Einverleibung in das sich erst etablierende Wohlfahrtsamt wohl besser abwehren konnten, als dies dem noch nicht so gefestigten Zweig der Pädagogik gelungen war.[123]

2. Die Entwicklung der Fürsorgeverwaltung zwischen 1925 und 1931 im Vergleich von 20 Großstädten

a) Methodisches Vorgehen

Im folgenden soll die Entwicklung der kommunalen Sozialverwaltung in der Weimarer Republik *statistisch* untersucht werden. Als Grundlage sowohl für den Quer- als auch den darauffolgenden Längsschnittvergleich dienten Daten aus Umfragen des deutschen Städtetages der Jahre 1925-1933 (Statistisches Jahrbuch deutscher Städte 1925 ff.).[124] Ausgewählt wurden alle Großstädte über 200.000 Einwohner, ohne die Berlin, Hamburg und Bremen, die wegen ihrer Besonderheiten unberücksichtigt blieben. Ein Einbeziehen sämtlicher Städte erschien nicht sinnvoll, da die Verwaltung kleinerer Städte, jedoch auch die allgemeinen Begebenheiten kleinerer Städte, als wenig vergleichbar eingeschätzt werden müssen. Der Nachteil der für eine statistische Auswertung relativ kleinen Zahl der Messungen (ca. 20 Städte) mußte deshalb wohl oder übel akzeptiert werden. Aufgrund der nicht in jedem Jahr kontinuierlich erhobenen Daten boten sich die Jahre 1925 und 1931 an, in denen für fast alle der interessierenden Variablen vergleichbare Daten zur Verfügung standen.

---

[123] Vgl. Sachße, Ch./Tennstedt, F. 1988: 196; vgl. zur Diskussion verschiedener organisatorischer Lösungen bzgl. Jugendamt und Wohlfahrtsamt: Bonnenberg, E. 1926.

[124] Diese Umfragen wurden in der Weimarer Republik mit teilweise abweichendem Fragenkatalog seit 1925 jährlich durchgeführt. Ein stichprobenartiger Vergleich der Daten mit den aus Verwaltungsberichten und statistischen Jahrbüchern einzelner Städte ergab den Eindruck einer hohen Qualität der Beantwortung. Dies resultiert wohl daraus, daß durch den Leiter der Umfrage, ein Kenner der Fürsorge, und durch intensiven Kontakt mit den Städten ein guter Informationsaustausch gewährleistet war (vgl. Helbling, 1927 ff.). So wurde z.B. immer das Personal des Gesundheitsbereichs mit den Krankenhäusern und den Ärzten entweder abgezogen oder separat ausgewiesen. Ebenso wurden die Beschäftigten der Kriegsfürsorge (1925) und das Anstaltspersonal nicht eingerechnet. Nicht separat ausgewiesen wurde allerdings anscheinend das, allerdings noch zahlenmäßig weniger ins Gewicht fallende, Personal der Jugendämter. Die Kriegsbeschädigten und -hinterbliebenen wurden 1925 als Fälle nicht einbezogen, da einige Städte in hoher Zahl laufend unterstützte Kriegsbeschädigte und -hinterbliebene aufwiesen, während diese bei anderen Städten fehlten, da nur einmalige Zusatzunterstützungen an Kriegsbeschädigte gewährt wurden (vgl. die Erläuterungen bei Helbling 1927; vgl auch ders. 1928: 123). Problematisch erscheint für das Jahr 1925, daß die Zahlen für vorübergehend Unterstützte nicht vorlagen. Allerdings stellten die vorübergehend Unterstützten in der Regel lediglich einen marginalen Anteil.

Der Hauptaugenmerk bezieht sich auf die Frage nach linearen Zusammenhängen,[125] zwischen der Größe der Fürsorgeverwaltung (zu erklärende Variable) und einigen verfügbaren örtlichen, mehr oder weniger externen erklärenden Variablen der Verwaltungsumwelt, wie der *Aufgabenanfall*, operationalisiert als Zahl der Unterstützungsfälle, die *Finanzkraft* der Städte oder deren *Einwohnerzahl*. Daneben wurden verschiedene zur Verfügung stehende Daten der internen Organisationsstruktur herangezogen, etwa das Verhältnis Außen- zu Innendienst, die Zahl der Dezernate, der Anteil des Leitungspersonals oder der fürsorgerisch Vorgebildeten.

Daß sich die Größe der Organisation nach der Stärke oder Größe des Aufgabendrucks richten sollte, ist eine klassische und Hypothese der Organisationssoziologie (vgl. z.B. Blau, P./Schoenherr, R.A 1971; Blau P.M./Meyer, M.W. 1987; Kieser, A./Kubicek, H. 1992) und bedarf hier keiner weiterer Erläuterung (vgl. Kap. A). Ebenso klassisch und fast schon selbstverständlich erscheint die Annahme, daß Verwaltungsorganisationen in Relation zu steigenden Einnahmen wachsen, oder dann groß sind, wenn viel Ressourcen, d.h. Finanzmittel zur Verfügung stehen.[126] Schließlich geht die Hypothese, daß mit der zunehmenden Bevölkerungsdichte auch die Komplexität und Größe der Verwaltungen zunimmt auf die berühmten Gesetze von Wagner sowie Brecht zurück (vgl. z.B. Brümmerhoff, D. 1996: 191 ff.).

(1) Die abhängige Variable: Größe der Organisation

Zunächst stellt sich die Frage, mit welchen Daten die primär interessierende erklärende Variable *Größe* der Organisation und das Verwaltungswachstum er-

[125] Für statistischen Rat und Hilfe bei der Datenaufbereitung sowie -auswertung danke ich Willi Nagel und Harald Wiester. Zur Methodik: Der Datenbestand und die Methode der hier verwendeten einfachen und multiplen Regressionsanalysen zwingen zu recht begrenzten Tests, aber sie ermöglichen es immerhin, Annahmen über lineare Zusammenhänge zwischen quantitativen Größen in einer Stichprobe zu überprüfen. Läßt sich durch alle beobachteten Werte in einem Streudiagramm eine Gerade ziehen, dann besteht ein exakt linearer Zusammenhang zwischen diesen, d.h. der Anteil der durch A erklärten Varianz der Variable B liegt bei 100%, und der in der Regressionsanalyse ermittelte Wert des Produkt- Moment- Koeffizienten liegt bei $r^2=1$ (vgl. Gaensslen, H./Schubö, W. 1973: 27). Durch einen Signifikanztest sind ferner Aussagen über die Wahrscheinlichkeit möglich, mit der das in einer Stichprobe gemessene Ergebnis noch auftreten kann, wenn das Gegenteil eines Zusammenhangs, nämlich: kein Zusammenhang, unterstellt wird. Das Maß für diesen Test der Nullhypothese, der sogenannte p-Wert, liegt im Falle keines Zusammenhangs bei 1. Liegt für ein in der Stichprobe erzieltes Ergebnis der p-Wert als Signifikanzmaß unter 0,05, so ist nach allgemeiner Übereinkunft damit gesagt, daß die Wahrscheinlichkeit, daß kein Zusammenhang zwischen den Variablen besteht, zu gering ist, weswegen man im Umkehrschluß dann von einem signifikanten Zusammenhang sprechen darf (vgl. Gaensslen, H./Schubö, W. 1973: 38 ff.).

[126] Siehe dazu in der Organisationstheorie den „Ressourcen-Abhängigkeitsansatz", der auf Pfeffer/Salancik (1978) zurückgeht, jedoch auch andere Ressourcen, wie z.B. Legitimation und Macht einbezieht. Zum allerdings aggregiert betrachteten Zusammenhang zwischen Größe des Sozialstaates und ökonomischer Potenz: Schmidt, M.G. 1997.

faßt werden kann. Organisationen als Produkte sozialer Kommunikation und Konstruktion, d.h. als nicht materiell greifbare Gegebenheiten sind schwer zu definieren. Es entstehen mithin grundsätzliche Probleme der Grenzziehung zwischen Verwaltungsorganisationen und ihrer Umwelt. Diese organisationstheoretischen Probleme können hier nicht im einzelnen diskutiert werden (vgl. m.w.N. Kieser, A./Kubicek, H. 1992; Kieser, A. 1993a). Häufig wird die Organisationsgröße nach der Zahl ihrer Mitglieder bestimmt, wobei Mitglieder die sein sollen, die für die Organisation eine formal definierte Leistung (Funktion) erbringen. So operationalisieren Blau, P.M/Schoenherr, R.A. (1971) in einer klassischen Untersuchung die Größe der Organisation als die Zahl des Personals. Daneben gibt es auch die Möglichkeit, auf die Zahl der Stellen, die Zunahme der Organisationseinheiten (Meyer, M.W. u.a., 1985: 81 ff.) oder die Höhe der Einnahmen und Ausgaben zurückzugreifen (vgl. Kieser, A./Kubicek, H. 1992: 292; Kimberly, J.R. 1976). Weiterhin stellt sich die Frage, ob unter Umständen ein einzelner Indikator ausreicht, die Größe der Organisation anzuzeigen. Nach Kieser/Kubicek (1992) kann man sich aufgrund der hohen Korrelation der verschiedenen möglichen Indikatoren auf einen beschränken, nämlich auf die Zahl des *Personals* (vgl. Kimberly, J.R. 1976).

In bezug auf die kommunale Fürsorgeverwaltung der Weimarer Republik ergibt sich als spezielles Problem, ob neben den hauptamtlich Beschäftigten auch die an der Aufgabenerfüllung *formal* beteiligten und bei Entscheidungen wesentlich beteiligten *ehrenamtlich* Tätigen einbezogen werden sollten. Die Größe der Organisation könnte man also einmal als die Zahl der Beschäftigten in der Fürsorgeverwaltung (Jugend- und wirtschaftliche Fürsorge ohne Anstalten und Gesundheitsämter) pro Einwohner[127] und auch als die Summe aller Tätigen, d.h. zusätzlich alle Ehrenamtlichen pro Einwohner, bestimmen. Im Anschluß daran gilt es zu überlegen, ob die Ehrenamtlichen unter Umständen wirklich ‚gleichwertig' ‚in' der Organisation mitarbeiteten. Bedenken gegen diese Annahme bestehen, weil die Entscheidungsvorbereitung und Hauptarbeit zur ‚Erledigung' des Falles (Ermittlung der Verhältnisse und das Ausrechnen der Unterstützungsansprüche) schon damals oft von den Hauptamtlichen geleistet wurde und die ehrenamtliche Mitarbeit aufgrund der Programmierung der Entscheidung quantitativ kaum noch ins Gewicht gefallen sein dürfte. So waren die Ehrenamtlichen als Mitglieder der Wohlfahrtsausschüsse in vielen wichtigen grundsätzlichen Fragen zwar immer noch *formal* die Entscheidenden – die Leiter der Wohlfahrtsämter und Leiter der dezentralen ‚Kreisämter' hatten z.B. bezüglich der Personalentscheidungen lediglich ein Recht der Anhörung. Die Frage, wie weit der ehrenamtliche Einfluß dann aber wirklich ging, muß zumindest skeptisch beurteilt werden, wenn man sich die zeitgenössische Fachliteratur vergegenwärtigt. Diese spricht für einen stark zunehmenden Grad an Entscheidungsvorbereitung und Programmierung durch die Hauptamtlichen. Für

---

[127] Damit wird der Einfluß der Größe der Stadt ausgeschaltet.

die Einbeziehung der Ehrenamtlichen spricht dagegen, daß, wenn damals von der ,Verwaltung' der kommunalen Fürsorgeverwaltung gesprochen wurde, die parlamentarischen Ausschüsse immer mit gemeint waren. Erst langsam bürgerte sich die Differenzierung ein, indem man von der ,eigentlichen' oder der Verwaltung ,im engeren Sinne' sprach. Begreift man jedoch die Organisationselemente nicht als Personen und Rollen sondern als Stellen, erscheint die Einbeziehung der Ehrenamtlichen nicht sinnvoll. Beim Ausscheiden eines Hauptamtlichen wird nämlich eine Stelle frei und in der Regel entsprechend wieder besetzt. Beim Ausscheiden eines Ehrenamtlichen hingegen ist dies fraglich, was auch bedeutet, daß Eintreten und Ausscheiden eines Ehrenamtlichen von der Organisation nicht direkt steuerbar ist. Die Organisation ist bei Ehrenamtlichen in sehr viel höherem Maße von persönlicher Motivation und Bereitschaft zur Mitarbeit abhängig, womit ein Grundelement formaler bürokratischer Organisation nicht gegeben wäre: die Differenz von Person und Stelle und die Steuerung über formale Verhaltenserwartungen im Zusammenhang mit der Mitgliedschaft. Dieser Differenzierungsprozeß wird von allen modernen Organisationstheoretikern vorausgesetzt, er war jedoch, was die kommunale Fürsorgeverwaltung der Weimarer Republik anbelangt, eben noch in der Entwicklung.

Eine weitere Beobachtung stützt die Annahme, daß hauptamtliche und ehrenamtliche Leistungen unterschiedliche Entwicklungen unterlagen, und daß sie daher besser nicht über einen Kamm geschoren werden sollten. Um zu sehen, wie stark sich die untersuchten Städte hinsichtlich ihres Personalbestandes und des Umfangs ehrenamtlicher Tätigkeit in der Fürsorgeverwaltung unterschieden, lohnt es sich, zunächst den Blick auf ein Streuungsmaß, den Variationskoeffizienten, zu lenken. Die Variation der Anzahl hauptamtlich Beschäftigter pro Einwohner unter den ausgewählten Städten war um etwa die Hälfte geringer als die Variation der Anzahl Ehrenamtlicher pro Einwohner. Dies gilt sowohl für 1925 als auch für 1931 (vgl. Tabellen 18 ff.).[128] Daran läßt sich auch sehen, daß die Variation hinsichtlich der Zahl der Ehrenamtlichen leicht zugenommen hat, während sie bei den Hauptamtlichen *insgesamt* noch schwächer wurde. Darüber hinaus besteht keine signifikante Beziehung zwischen den alternativen Größenmaßen, d.h. es hatten nicht etwa die Städte mehr ehrenamtliche Mitarbeiter, deren Organisation mit wenigen hauptamtlichen Stellen bestückt war, und ein hoher Stamm ehrenamtlich Tätiger machte offensichtlich einen weiteren Personalausbau nicht obsolet.

Im Ergebnis waren hauptamtliche und ehrenamtliche Tätigkeit hinsichtlich ihrer Leistung für das Organisationssystem also vermutlich nicht funktional äquivalent. Als Indikator für die Größe der Organisation wird daher im folgenden primär die Zahl der besetzten hauptamtlichen Stellen herangezogen; der alternativen Operationalisierung der Größe, bei der die Ehrenamtlichen mit

---

[128] Der Variationskoeffizient als Streuungsmaß für die relative Streuung wurde berechnet nach Spiegel, M.R. 1976: 73 und ist die Standardabweichung dividiert durch den Mittelwert.

einbezogen sind, wird aber dennoch nachgegangen, wobei die Hypothese hierzu lautet, daß etwaige Korrelationen schwächer ausfallen müßten als unter Heranziehen allein der hauptamtlich Beschäftigten.

(2) Die unabhängige Variable Aufgabenumwelt

Doch zunächst mehr zur Operationalisierung: Zur Messung des ‚Arbeitsanfalls', der Aufgaben also, wurden die Zahl der Unterstützungsfälle oder in der damaligen Begrifflichkeit: die Zahl der unterstützten ‚Parteien', [129] wiederum bezogen auf die Zahl der Einwohner, herangezogen. Es ist gerade hier fraglich, inwiefern es sich um eine organisationsexterne Größe handelt. Denn die Kategorie ‚bearbeitete Fälle' bezieht sich auf eine output- Größe, während es dem Vorhaben, Umweltgrößen zu messen, die auf die Organisation einwirken, entsprechen würde, eine reine Variable des potentiellen input – etwa die Häufigkeit bestimmter ‚objektiver' sozialer Problemlagen – zugrunde zu legen. Die Möglichkeit, daß die Fürsorgeverwaltung auf Probleme oder Aufgaben *nicht* reagiert, könnte dann im Idealfall in die Analyse einbezogen werden. Nun besaß die örtliche Sozialverwaltung zusammen mit der institutionellen Umwelt und der Fachwelt eine Art Definitions- und Dokumentationsmonopol der für die Fürsorge relevanten sozialen Probleme, und das macht es der empirischen Forschung schwer, gänzlich unabhängige, externe Größen zu verwenden. Das Grundproblem jeglicher Verwaltungsforschung ist, daß sich die Verwaltung überhaupt nur anhand eigener Produkte betrachten läßt. Streng genommen wird hier also lediglich der quantitative Zusammenhang gemessen zwischen den *wahrgenommenen* Aufgaben und der Größe der Fürsorgeverwaltung.

Neben dem *wahrgenommenen* Aufgabenanfall werden auch Aussagen zur ‚Aufgabenstruktur', d.h. der Anteil der ‚gehobenen' Fürsorgefälle an den Gesamtfällen, herangezogen.[130] Letzteres sollte die Qualität oder die Schwierigkeit der Aufgabenstellung erfassen und war von der Überlegung geleitet, daß ein Unterschied in der Aufgabenerledigung vorlag, wenn ein großer Anteil ‚gehobener' Fürsorgefälle vorhanden war. Insbesondere die Kriegsbeschädigten sowie die Sozial- und Kleinrentner waren zumindest teilweise organisiert und vor dem Krieg zum Teil noch wohlhabende Bürger, so daß diese eher ein schwieri-

---

[129] Gemeint sind die Zahl der Fälle. Dies entspricht nicht der Personenzahl, da z.B. bei Familien eine ‚Partei' mehrere Personen umfassen konnte. Für 1925 waren lediglich die *laufend* unterstützten ‚Parteien' verfügbar, die allerdings, zumindest 1931, den ‚Löwenanteil' der Unterstütztenzahlen ausmachten.

[130] Zwar muß berücksichtigt werden, daß bei den hier zugrunde gelegten Daten die Zahl der Fälle in der Jugendfürsorge nicht enthalten sind, während das Personal der Jugendämter enthalten ist, was zur Ungenauigkeit beiträgt und die Validität der Messungen beeinträchtigt. Allerdings gilt auch, daß die Aufgaben der wirtschaftlichen Fürsorge in der Weimarer Republik die alles überragenden Aufgaben waren und auch in die anderen Bereiche ‚ausstrahlten', weil z.B. in hohem Grade Fälle der Jugendfürsorge auch solche der wirtschaftlichen Fürsorge waren.

ges und arbeitsaufwendigeres Klientel dargestellt haben dürften. Besitzverhältnisse, Sozialversicherungsansprüche waren zu prüfen usw. Dies könnte die Fallbearbeitung erschwert und damit mehr professionellen Personalbedarf nach sich gezogen haben.[131] Weitere Unterschiede in der Qualität der Aufgaben konnten mit der quantitativen Analyse nicht erfaßt werden. Trotz grundsätzlicher Bedenken, die einer z.B. auf der Basis der Quote ‚Fälle pro Beschäftigten' angestellten Bewertung entgegengebracht werden können, muß gesagt werden, daß damit immerhin eine *grobe* Orientierung möglich ist, die dann durch die qualitative Analyse ergänzt werden kann.

b) Die Fürsorgeverwaltung und ihre Umwelt

(1) Das Wachstum der Aufgaben

Zunächst läßt sich festhalten, daß die Zahl des *hauptamtlichen* Personals der Fürsorgeverwaltung in allen untersuchten Städten *stark anwuchs*. Im Schnitt stieg sie in den sechs Jahren zwischen 1925 und 1931 um das 1,63-fache. In Chemnitz, Stettin und Nürnberg hat sich die Fürsorgeverwaltung in diesem Zeitraum sogar mehr als verdoppelt; man kann also von einem sehr heftigen Wachstum reden. Dagegen stagnierte in diesem Zeitraum praktisch die Zahl der *Ehrenamtlichen*, die jedoch trotz diesem noch näher zu untersuchenden relativen Bedeutungsverlust immer noch deutlich in der Überzahl waren! Der Anteil des hauptamtlichen Personals an der Gesamtheit der in der Fürsorge Tätigen betrug 1925 im Schnitt rund 20%, er dehnte sich bis 1931 auf gute 30% aus und lag in einigen Städten bereits bei über 50%.

Waren im Jahr *1925* in den zwanzig Städten durchschnittlich 68,2 Hauptamtliche und 281,1 Ehrenamtliche im Einsatz, so waren es 1931 bereits 111,1 Hauptamtliche und 286,4 Ehrenamtliche (alle Personalangaben pro 100.000 Einwohner; vgl. Stammdaten im Anhang). Allerdings gab es große Unterschiede zwischen den Städten, die im Zeitverlauf etwas geringer wurden: Während Duisburg im Jahr 1925 lediglich 44,5 Hauptamtliche pro 100.000 Einwohner meldete, gab das in der Fachliteratur als Vorbild fungierende Frankfurt bereits 116,7 Beschäftigte an. Bei den Ehrenamtlichen wies Nürnberg lediglich 128,2, Breslau dagegen einen Spitzenwert von 723 auf.

---

[131] Dem entspricht z.B. die Regelung in Mannheim, wonach die Betreuung der gehobenen Fürsorgefälle nicht in den Bezirken sondern beim zentralen Amt stattfand. Denn: „Das Arbeitsfeld, das sich bei dieser Art von Fürsorge ergab, bot soviel eigenartiges, stellte so erhebliche Ansprüche an die Erfahrung und an die Urteilskraft der Beteiligten, verlangte soviel Augenmerk für die Besonderheit im Einzelnen und soviel Geschicklichkeit gegenüber Stimmungsregungen, daß es angezeigt erschien, diese Fälle vorläufig in unmittelbarer Behandlung des Fürsorgeamts zu behalten" (Böttger 1930: 5).

Auch im Jahr *1931* gab es noch gravierende Unterschiede, wobei einige Städte größere Sprünge machten als andere. Während Düsseldorf lediglich 68,4 hauptamtliche Kräfte pro 100.000 Einwohner einsetzte, waren es in Breslau 157,9, in Frankfurt und Nürnberg fast 141. Wiederum war die Zahl der Ehrenamtlichen 1931 noch unterschiedlicher: Immer noch wies hier Breslau mit 690,8 den (gegenüber 1925 etwas rückläufigen) Spitzenwert auf, während nun Stettin mit 118,4 am Ende der Skala lag.

Trotz der Unterschiede näherten sich im Verlauf des generellen Wachstums die Organisationsgrößen aneinander an, was sich in den bereits genannten sinkenden Variationskoeffizienten ausdrückt. Man kann hier also von zunehmender *Isomorphie* bezüglich der Organisationsgröße reden. Insbesondere der im Durchschnitt sehr hohe (1925 und 1931 ca. 75%) Innendienstanteil variierte vergleichsweise gering, während der Außendienstanteil stärker streute (vgl. Tabellen 18 ff. im Anhang); gleichzeitig kam es bezüglich der fürsorgerisch Vorgebildeten zu einer deutlichen Verminderung der Streuung von 1925 bis 1931. Überhaupt kann auf der Basis der vorliegenden Zahlen beobachtet und bestätigt werden, daß der Ausbau der kommunalen Fürsorgeverwaltung zunächst primär im bürokratischen Innendienst stattfand und sich nur im geringerem Ausmaß und erst nach und nach ein professioneller fürsorgerischer Außendienst etablierte.

Weitere Analysen des Wachstums- und Angleichungsprozesses zeigen, daß die Städte mit einem zunächst vergleichsweise geringen Personalstand pro Einwohner verhältnismäßig stärker zulegen als die mit einem hohen, so daß man von einem *‚nachholenden' Wachstum* reden kann, während ‚gut ausgebaute' Verwaltungen nur in verhältnismäßig geringem Ausmaß expandierten.[132] Allerdings wirkt sich der Ausgangsstand des Personals pro Einwohner im Jahr 1925 ebenso noch sehr stark auf den Personalstand pro Einwohner 1931 aus (r^2=0,26), was auf eine unabhängig davon bestehende *Pfadabhängigkeit* verweist. Allgemein formuliert: Zu einem großen Teil determiniert die relative Größe einer Verwaltung zu einem bestimmten Zeitpunkt auch die relative Größe zu einem späteren Zeitpunkt.

Wie gut läßt sich nun die Vergrößerung der Fürsorgeverwaltung mit den anfallenden *Aufgaben* oder dem *steigenden Aufgabendruck* statistisch erklären? Zunächst stieg die Zahl der *laufend unterstützten Parteien* pro Einwohner zwischen 1925 und 1931 stark an, und zwar im Durchschnitt um das 1,58-fache. Gab es im Durchschnitt der deutschen Großstädte im Jahr 1925 ca. 3,36 laufend unterstützte Fürsorgeparteien pro Hundert Einwohner, so waren es sechs Jahre

---

[132] Nimmt man das proportionale Personalwachstum der einzelnen Städte zwischen 1925 und 1931 und vergleicht es mit dem Personalbestand von 1925 pro Einwohner, so erhält man einen negativen Zusammenhang von r^2=0,24. So kann also auch nicht von einem proportionalen Wachstum auf der Basis des Personalstandes von 1925 gesprochen werden, einer Überlegung, die mit der Vorstellung von *inkrementalen* Wachstumsschritten der Verwaltungen konform ginge.

später bereits 5,31. Aber dies heißt auch: Die Zahl der Unterstützungsfälle wuchs in diesem Zeitraum, der bekanntlich von starken wirtschaftlichen und sozialen Problemen (Massenarbeitslosigkeit) gekennzeichnet war, im Verhältnis nicht ganz so stark wie die zuständigen Verwaltungen selbst, die um das 1,63-fache zulegten. Daraus resultiert, daß die *Fallzahl pro Beschäftigten* oder die quantitative Arbeitsbelastung der Beamten im Durchschnitt der Städte – ungeachtet der grassierenden ökonomischen Krise und den Sparzwängen – in etwa *gleich blieb.*

Ob damit auch tatsächlich eine gleichbleibende *qualitative* Arbeitsbelastung einher ging, kann aus den quantitativen Analysen jedoch nicht geschlossen werden. Es ist eher das Gegenteil zu vermuten. Berücksichtigt werden muß schon, daß die Zahl der als komplizierter angenommenen Fälle der ‚gehobenen Fürsorge', die eher durch Hauptamtliche betreut wurden, im untersuchten Zeitraum besonders stark anwuchs, so daß deren Anteil an allen laufenden Fällen, der 1925 noch bei 45% lag, 1931 im Durchschnitt über 80% ausmachte. Ursache dafür war bekanntlich die rasant ansteigende Erwerbslosigkeit (vgl. Helbling 1932a: 324). Bei näherer Betrachtung der Entwicklung der quantitativen Arbeitsbelastung stellt sich ferner folgende *Disparität* heraus: So verlief in rund der Hälfte der untersuchten Städte die Personalentwicklung *über*proportional zur Fallzahlenentwicklung. Auf der anderen Seite gibt es jedoch genauso Städte, in denen die Fallzahl pro Beschäftigten, stark anstieg.

Nun wäre eine *Hypothese*, auch vor dem Hintergrund der sich angleichenden Personalbestände, daß insbesondere jene Städte in hohem Maße Verwaltungspersonal einstellten, die 1925 einem besonders starken Aufgabendruck ausgesetzt waren. Weitere statistische Analysen zeigen zwar, daß die Fallzahl von 1925 stark signifikant negativ mit ihrer Veränderung zwischen 1925 und 1931 korrelierte (r^2=0,69), d.h. Städte mit einer vergleichsweise hohen Arbeitsbelastung 1925 werden in den folgenden Jahren entlastet. Die Veränderung dieses Quotienten ist aber nicht nur dem Personalwachstum sondern auch der exogenen Entwicklung der Aufgaben geschuldet. Tatsächlich, so zeigt sich in einem multiplen Modell, resultiert die Veränderung der Fallzahl zum weitaus überwiegenden Teil aus der Veränderung der Zahl der laufend Unterstützten und nur zu ca. 28% aus der Veränderung der Zahl des Personals. Insgesamt bleibt festzuhalten, daß sich das enorme Personalwachstum vermindernd auf die – im Durchschnitt sogar leicht sinkende – quantitative Arbeitsbelastung auswirkt: je größer das Personalwachstum pro Einwohner 1925-1931 war, desto geringer fiel auch die Fallzahl pro Beschäftigten 1931 aus (R^2=0,21; unter ‚Ausblenden' des Einflusses des Standes der Beschäftigung von 1925: sr^2=0,29).[133] So hatte

[133] Liegen mehr als zwei Variablen vor, zeigt der multiple Produkt- Moment- Koeffizient R^2, in welchem Maße die Werte der abhängigen Variable durch die mehrerer unabhängiger Variablen linear beschrieben werden können. Ferner bietet diese Methode die Möglichkeit, den *Anteil* der durch eine oder mehrere unabhängige Variablen ‚erklärten' Varianz der abhängigen Variable aus der Rechnung herauszunehmen und somit ‚zu kontrollieren'. Damit wird es möglich, die exklusive

Nürnberg nach Stettin und Chemnitz zwischen 1925 und 1931 das stärkste Personalwachstum pro Einwohner und im Jahr 1931 nach Stettin die geringste Fallbelastung pro Beschäftigten. Umgekehrt wies Duisburg ein relativ geringes Personalwachstum, aber eine sehr hohe Quote Fälle pro Beschäftigten im Jahr 1931 auf. Große Verwaltungen haben also im Jahr 1931 auch eine vergleichsweise geringere Fallzahl pro Beschäftigten aufzuweisen (r^2=0,30).[134] Das heißt man könnte vermuten, daß diese unproduktiver sind als relativ kleine Verwaltungen.

Vergleicht man nun die Relation Aufgaben und Organisationsgröße im Querschnitt, so scheint zunächst *keine* lineare Beziehung zwischen den Variablen vorzuliegen: jedenfalls bestand *weder* 1925 noch 1931 eine *signifikante* Korrelation zwischen dem Stand der laufend unterstützten Parteien und dem hauptamtlichen Personalbestand in der Fürsorgeverwaltung (vgl. nachfolgende Abbildungen), verdeutlichen die starke Streuung; die Regressionsgerade ist deshalb lediglich gestrichelt dargestellt). Allerdings muß darauf hingewiesen werden, daß aufgrund der relativ kleinen Stichprobe das Gewicht einzelner ‚Ausreißer' das Bild stark prägt. So wird für das Jahr 1925 durch den Ausschluß von Dresden (sehr viele Beschäftigte, wenig Unterstützte) bereits eine positive Korrelation von r^2=0,33 erreicht. Für das Jahr 1931 ergibt sich ohne Stettin und Duisburg ebenso eine positive Korrelation von r^2=0,30.

---

sowie die *zusätzliche* Erklärungskraft einer Einflußgröße unter mehreren zu messen, die durch die Größe des partiellen Regressionskoeffizienten pr^2, respektive des semipartiellen Regressionskoeffizienten sr^2 zum Ausdruck gebracht wird (vgl. Cohen/Cohen 1975: 79 f.). Die Lesart der Koeffizienten und des p-Werts gleicht der der einfachen Regressionsanalyse, wobei die Größe des semipartiellen Regressionskoeffizienten stets niedriger liegt als die des partiellen, da beim ersteren im Nenner ein größerer Wert, nämlich der der gesamten Varianz der abhängigen Variable, zugrunde gelegt wird, während für den Wert des partiellen Regressionskoerffizienten nur der Wert der gesamten Varianz abzüglich der bereits durch andere Variablen erklärter Varianz berücksichtigt wird.

[134] Ohne Breslau, das eine hohe Personalzahl pro Einwohner, bei einer gleichzeitig überdurchschnittlichen Fallzahl pro Beschäftigten, aufwies, ergibt sich 1931 sogar ein signifikantes r^2 von 0,43.

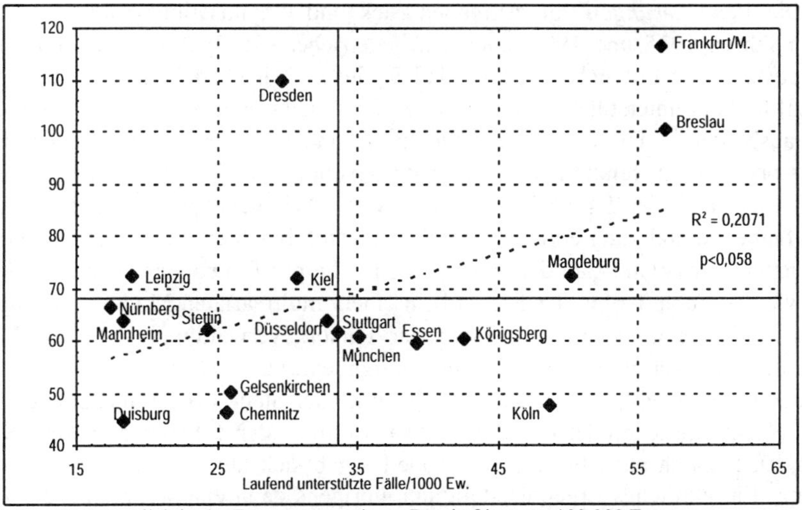

y-Achse: Hauptamtlich in der Fürsorgeverwaltung Beschäftigte pro 100.000 Ew.

Abbildung 2: Laufend unterstützte Fälle zu hauptamtlich in der Fürsorgeverwaltung Beschäftigten, 1925

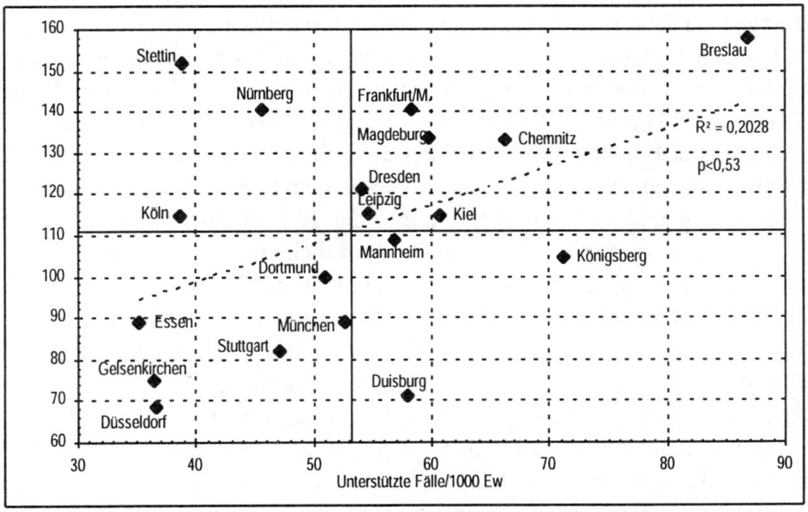

y-Achse: Hauptamtlich in der Fürsorgeverwaltung Beschäftigte pro 100.000 Ew.

Abbildung 3: Laufend unterstützte Fälle zu hauptamtlich in der Fürsorgeverwaltung Beschäftigten, 1931

Die *Veränderungen* von Aufgabendruck und Organisationsgröße zwischen den Jahren 1925 und 1931 stützen dagegen eher die Hypothese einer *relativ abgekoppelten* Entwicklung, d.h., daß Städte mit einem hohen Wachstum der Zahl laufend unterstützter Parteien ihren Personalbestand eben *nicht linear dazu* ausbauten.[135] Dieses gilt auch für die Veränderung des Anteils ‚gehobener' Fürsorgefälle in Relation zum Personalwachstum von 1925 auf 1931. Übrigens läßt sich auch der *Stand* des Personals von 1931 nicht zureichend durch die Aufgabenveränderung erklären und ebensowenig brachten die drei aufgabenbezogenen Variablen (Zahl der unterstützten Fälle pro Einwohner 1925 und 1931 sowie die Veränderung der Fallzahl) in einem multivariaten Modell eine signifikante Korrelation mit der Größe der Fürsorgeverwaltung von 1931. Nun könnte man vermuten, daß sich der Aufgabendruck erst mit Verzögerungen ausgewirkt haben könnte. Das hieße, je höher der Stand der zu unterstützenden Fälle 1925 desto größer das Personalwachstum in den folgenden Jahren 1925 bis 1931. Doch auch bei diesem Modell ergab sich kein linearer Zusammenhang. Ein ähnliches Ergebnis stellt sich übrigens dann ein, wenn statt der Zunahme der zu unterstützenden Fälle pro Einwohner die Zunahme des Anteils gehobener Fürsorgefälle in Relation zum Personalwachstum gesetzt wurde.

Organisationsgröße und Aufgabenumwelt ‚vor Ort' (laufend unterstützte Parteien pro Einwohner) korrelierten allerdings dann signifikant, wenn die *Ehrenamtlichen* eingerechnet wurden, aber *nur für das Jahr 1925 (r^2=0,26)*! Das heißt, daß sich hier die Varianz der unterschiedlichen Größe der Fürsorgeverwaltungen im Jahr 1925 immerhin zu 26% mit einem linearen Modell erklären läßt, wonach die Verwaltungen dann groß waren (inkl. Ehrenbeamten) wenn sie viele laufende Unterstützungsfälle bearbeiteten. Zu dieser Zeit (aber nicht mehr 1931) war der Umfang ehrenamtlicher Tätigkeit also *noch enger* an die Zahl der Unterstützten gekoppelt als dies bei der Zahl des hauptamtlichen Personals der Fall in beiden Jahren der Fall war. Dieses könnte einerseits die nachlassende Bedeutung und den Funktionswandel der Ehrenamtlichen unterstreichen. Dann kommen vermutlich bei den Hauptamtlichen noch weitere qualitative Aufgabenaspekte hinzu, die nicht direkt durch die *Zahl* der Unterstützten erfaßt sind. Andererseits könnte man die Korrelation ja auch umgekehrt interpretieren: in den Städten, in denen mehr Ehrenamtliche eingesetzt wurden, gab es auch mehr Unterstützte Fälle pro Einwohner. Das hieße, daß die Ehrenamtlichen unter Umständen weniger in der Lage gewesen wären, „die Grenzen zur Umwelt bzw. zur Klientel zu ziehen". Die ‚positiv' bewertete Leistung mußte ja nicht unbedingt darin bestehen, daß mehr Fälle unterstützt wurden sondern *weniger*. Erinnern wir uns auch an das oben geschilderte, in der Fachwelt als Vorbild gepriesene Berlin, wo durch die Neueinstellung von Beamten viele Fürsorgefälle erfolgreich abgewiesen werden konnten.

[135] In diesem Fall erhielte man erst durch die Eliminierung von drei Ausreißern (Köln, Essen und Stettin) eine Korrelation von r^2=0,27.

Weitere statistische Analysen zeigen, daß auch die Stärke anderer Beschäftigtengruppen, die näher an der Klientel sind, in einem engeren Aufgabenbezug standen; so korrelierte ein *hoher Frauenanteil* unter den Beschäftigten signifikant mit einer *hohen* Anzahl unterstützter Fälle pro Einwohner (1925: r^2=0,24, 1931: r^2=0,29), wobei allerdings der Wert für 1931 erst unter Ausschluß der ‚Ausreißer' Stuttgart und Köln zustande kam, die beide einen hohen Frauenanteil aber auch eine nur geringe Zahl laufend Unterstützter aufwiesen. Umgekehrt fiel in der Tendenz, allerdings jeweils nur sehr schwach, ein hoher Innendienstanteil eher mit *weniger* unterstützten Fällen zusammen. Ebenso *negativ* korrelierte, allerdings nur im Jahre 1925, ein hoher Anteil an Leitungspersonal mit den unterstützten Fällen pro Einwohner.

Zu den Ursachen der Stagnation der Zahl der *Ehrenamtlichen* und ihrem damit einher gehenden Bedeutungsverlust in der Weimarer Republik läßt sich weiterhin folgendes festhalten. Naheliegend ist zunächst, daß der relative Bedeutungsverlust der Ehrenamtlichen mit dem massiven Ausbau und dem Kompetenzzuwachs des hauptamtlichen Apparates zusammenhängt, wenngleich sich wie gesagt kein direkter statistischer Zusammenhang zwischen diesen Größen zeigte. Es war ja nicht so, daß es bei wenig Ehrenbeamten entsprechend mehr Hauptamtliche in den Fürsorgeverwaltungen gab und umgekehrt.

Der Ausbau der Bürokratie lief also insgesamt *relativ* losgelöst von der, stagnierenden, Zahl der Ehrenamtlichen, was auch dafür spricht, daß die Ehrenamtlichen nicht als funktional äquivalent angesehen wurden. In der Fachliteratur wird der Ausbau der hauptamtlichen Verwaltung immer wieder gänzlich unabhängig vom Mitwirken Ehrenamtlicher als vordringlich betont. Mit dem quantitativen geht ein qualitativer Wandel und die nachlassende Wichtigkeit von Ehrenamtlichen einher, was sich vor allem daran zeigt, daß die Einzelfallentscheidung zusehends mehr den Beamten übertragen wurden. Je stärker die Entscheidungen rechtlich differenziert, programmiert, fachlich methodisch geprägt und gekoppelt mit komplizierten bürokratischen Verfahren waren, desto eher schienen Ehrenamtliche einerseits überfordert, andererseits überflüssig, was naturgemäß zu lasten ihrer Motivation gehen mußte. Je mehr Hauptamtliche in den Vordergrund traten, abgestützt durch die fachliche Legitimation und mit Spezialwissen ausgestattet, desto eher traten die Ehrenamtlichen in den Hintergrund. Dieses führte durchaus zu Konflikten zwischen Haupt- und Ehrenamtlichen, denn letztere ließen sich ihre Kompetenzen oft nur ungern nehmen. Außerdem wird am Beispiel Nürnberg zu beobachten sein, daß von Ehrenamtlichen die Strenge der Hauptamtlichen kritisiert wurde, wenn etwa auch einem verarmten verdientem Kriegsveteranen eine besondere Zuwendung verwehrt und lediglich der Richtsatz zugeteilt wurde. Schließlich wurde aber auch diskutiert, daß die Rekrutierung Ehrenamtlicher in den Zeiten wirtschaftlicher Not an Grenzen stieß. Daß diese Bereitschaft zu ehrenamtlicher Tätigkeit auch mit der wirtschaftlichen Lage zusammenhing, läßt sich statistisch tatsächlich erhärten und wird unten noch zu zeigen sein.

(2) Die Zahl der Einwohner

Neben den wahrgenommenen Aufgaben ist als klassische Umweltvariable der Einfluß der Einwohnerzahl auf die Verwaltungsgröße zu überprüfen. Teilweise werden „die Aufgaben" einer Verwaltung direkt aus der Zahl der Einwohner abgeleitet. Selbst heute noch werden z.B. im Finanzausgleich die Aufgaben oder der Ausgabenbedarf einer Gebietskörperschaft und die daraus folgenden Finanzzuweisungen nach der Zahl der Einwohner bestimmt. Daß mit einer steigenden Einwohnerzahl relativ mehr Aufgaben für eine Verwaltung anfallen, mag zwar als grobe Orientierung für eine *ganze* Gemeinde mit Abstrichen noch gelten, für einen einzelnen Verwaltungszweig erscheint der Zusammenhang jedoch eher unwahrscheinlich, so daß man allenfalls einen geringen Einfluß der Größe einer Stadt auf die Größe der Fürsorgeverwaltung erwarten darf. In keiner der hierzu durchgeführten Regressionsanalysen konnte dem Modell ein signifikanter Einfluß zugemessen werden, was wiederum sowohl für die Querschnittsbetrachtung als auch die Veränderungswerte in einfachen und multiplen Modellen gilt.

(3) Die Finanzkraft

Eine weitere klassische und entsprechend naheliegende Annahme ist, daß die Personalintensität in der großstädtischen Fürsorgeverwaltung mit der Wirtschaftskraft der Stadt zusammenhing, d.h. daß sich vergleichsweise reiche Städte mehr Personal in der Fürsorgeverwaltung leisten konnten als arme Städte. Dabei war zunächst die Frage, wie die Wirtschaftskraft einer Stadt gemessen werden soll. Sieht man sich die Finanzstatistiken aus der Zeit an, so kann vermutet werden, daß die Wirtschaftskraft einer Stadt im wesentlichen von den Steuereinnahmen bestimmt wurde. Zwischen den Steuereinnahmen und den Gesamtausgaben der Städte besteht ein starker linearer Zusammenhang sowohl im Jahre 1925 (r^2=0,70) als auch 1930 (r^2=0,88), so daß man sagen kann, daß die finanzielle Potenz der Städte im wesentlichen an den Steuereinnahmen abzulesen war.

Der Analyse von Steuereinnahmen pro Einwohner in Relation zur Größe der Organisation der Fürsorgeverwaltung ergab aber ein sehr heterogenes Bild. Überhaupt in keiner Abhängigkeit zu den Steuereinnahmen der Stadt stand die Zahl der *hauptamtlich* Beschäftigten in der Fürsorgeverwaltung sowohl 1925 als auch 1931 und sowohl in der Quer- als auch Längsschnittbetrachtung der (inflationsbereinigten) Veränderungswerte. Daß die Steuerkraft selbst auf dem Höhepunkt der Krise und den überall geforderten Sparmaßnahmen überhaupt nicht in Abhängigkeit zur Personalstärke der Fürsorgeverwaltung stand, muß doch überraschen.

Nahm man hingegen die *ehrenamtlich* Tätigen in die Rechnung hinzu, so ließen sich, wenn auch nicht in jedem Test, signifikante und teilweise recht *starke* Zusammenhänge nachweisen (Steuereinnahmen zu Gesamttätigen 1931 mit r^2=0,25; Steuereinnahmen zu Ehrenamtliche 1925 mit r^2=0,35 ohne Breslau; Steuereinnahmen zu Ehrenamtliche 1931 mit r^2=0,42 ohne Breslau). Die Möglichkeit, Ehrenamtliche zu rekrutieren oder deren Bereitschaft zum Engagement in der Fürsorge hing offenbar wesentlich von der Steuerkraft der Stadt, d.h. ihrer Wirtschaftskraft ab. Je höher die Wirtschaftskraft der Stadt, desto eher schienen Ehrenamtliche bereit oder in der Lage gewesen zu sein, außerhalb ihrer sonstigen Erwerbstätigkeit und lediglich für geringfügige Aufwandsentschädigungen in der Fürsorge mitzuarbeiten.

c) Die Fürsorgeverwaltung und sonstige Parameter

(1) Das Wachstum der gesamten Verwaltung

Neben den Aufgaben, der Finanzkraft und der Größe der Stadt, alles klassische Umweltvariablen, wurde zuletzt die Größe der *allgemeinen* Verwaltung herangezogen, die auch die Besetzung in der Fürsorgeverwaltung positiv beeinflußt haben könnte. Städte mit einer allgemein großzügigen Personalbesetzung, so die Vermutung, neigten vielleicht auch zu einer vergleichsweise ‚üppigeren' Besetzung in der Fürsorgeverwaltung. Diese Hypothese zu testen war jedoch problematisch, da für das Gesamtpersonal im Statistischen Jahrbuch deutscher Städte lediglich Daten von *1928* zur Verfügung standen. Da die Besetzung des Personals in der Fürsorgeverwaltung insbesondere von 1929 an überdurchschnittlich stark anstieg, mußte man also, um die Verzerrungen möglichst gering zu halten, eher einen Vergleich zu 1925 und nicht zu 1931 anstellen.

Sah man sich die statistischen Maße unter diesen Einschränkungen an, dann kann gesagt werden, daß zunächst eine erstaunlich hohe und signifikante positive Beziehung (r^2=0,56) zu verzeichnen war, d.h. daß die Städte, die 1928 eine große Verwaltung aufwiesen, im Jahr 1925 auch eine große Fürsorgeverwaltung besaßen.[136] Allerdings muß berücksichtigt werden, daß diese hohe Korrelation bei genauerem Hinsehen durch die beiden Städte Dresden und Frankfurt/M. wesentlich geprägt wurde, da beide einen deutlich über den anderen Städten liegenden Personalstand in der Fürsorge aufwiesen und auch in der allgemeinen Personalbesetzung pro Einwohner an der Spitze lagen. Eliminierte

[136] Der Anteil des Personals der Fürsorgeverwaltung (1925) in bezug auf das Gesamtpersonal (1928) betrug durchschnittlich 11,95%.

man beide Städte, so erhielt man nur noch ein schwaches und nicht mehr signifikantes $r^2=0,20$ ($p<0,07$).[137]

(2) Bürokratische Strukturmerkmale

Merkmale der Organisationsstruktur wie z.B. der Grad an Zentralisierung, Professionalisierung etc. könnten sich schließlich ebenso auf die Größe der Fürsorgeverwaltung ausgewirkt haben. Relativ große Organisationen könnten z.B. einen verhältnismäßig hohen Anteil an professionellem Fürsorgepersonal aufweisen oder umgekehrt. Neben der Möglichkeit, daß der professionalisierte Außendienst eine insgesamt stärkere Personalbesetzung nach sich zog, könnte es auch sein, daß eine ausgeprägte *Bürokratisierung*, operationalisiert als *Innen*dienstanteil mit einem insgesamt größeren Personaleinsatz einher ging. Weiterhin wurde der Anteil an Leitungspersonal in seiner Beziehung zur Größe der Organisation untersucht, wiederum der Überlegung folgend, daß viel Leitungspersonal einen entsprechend starken Unterbau mit sich gebracht haben könnte.

Problematisch war allerdings, daß in den Umfragen des deutschen Städtetages nur ganz grobe Kategorien zur Organisationsstruktur abgefragt wurden, wie z.B. die Zahl der im Außendienst Beschäftigten, die in der Fürsorge Ausgebildeten, Zahl des Leitungs- oder des Büropersonals. Trotz dieser Einschränkungen konnten einige Annahmen überprüft werden. Professionalisierung wurde hier operationalisiert einmal als Anteil der im Außendienst Beschäftigten und dann als Anteil „fürsorgerisch Vorgebildeter". Dem lag die Überlegung zugrunde, daß den Aussagen in der Fachliteratur entsprechend, die Professionalisierung überwiegend im Außendienst stattfand. Beide Merkmale hingen übrigens lediglich 1925 erwartungsgemäß eng zusammen ($r^2=0,56$), während 1931 keine signifikante Korrelation mehr zu verzeichnen war. Offensichtlich hatte zwischenzeitlich auch eine Professionalisierung im Innendienst eingesetzt, wie es von der Fachwelt gefordert wurde. Dem entspricht auch die Beobachtung, daß in den späteren Umfragen des deutschen Städtetages die Ausweisung fürsorgerisch Vorgebildeter differenzierter und nunmehr auch für den Innendienst erfolgte, während sie sich 1925 nur auf den Außendienst bezogen hatte. Insgesamt verweisen die hier untersuchten bürokratischen Strukturmerkmale Außen- und Innendienstanteil sowie der Anteil fürsorgerisch Vorgebildeter aufgrund nicht vorhandener statistischer Zusammenhänge jedoch nicht auf einen Einfluß auf die Größe der Fürsorgeverwaltung – jedenfalls nicht auf der Basis der hier verfügbaren Parameter.

---

[137] Nimmt man den Personalstand der Fürsorgeverwaltung von 1931 pro Einwohner in Relation zum allgemeinen Personalstand der jeweiligen Stadtverwaltungen von 1928 pro Einwohner, so ergibt sich, demgegenüber, wie bereits erwartet, kein signifikanter Zusammenhang.

d) Die Fürsorgeausgaben und die Umwelt

Abschließend soll noch ein Blick auf die *Ausgaben* der Fürsorgeverwaltung geworfen werden. Zunächst stellt sich die Frage, inwiefern die Ausgaben in der Fürsorge durch die Aufgaben erklärt werden können, d.h. durch die Zahl der zu unterstützenden Fälle, wie dies dem Ideal nach der Fall sein müßte.

(1) Zahl der Unterstützten und Höhe der Unterstützungsausgaben

Die Gesamtausgaben im Fürsorgewesen standen 1925 kaum in Relation zur Zahl der laufend unterstützten Fälle ($r^2=0{,}23$, p-Wert von $< 0{,}06$). Allerdings lagen die Werte für 1931 mit einem starken und signifikanten $r^2=0{,}35$ bedeutend besser, so daß zumindest in der Zeit der Krise die Annahme eines relativ starken Einflusses der Zahl der Fälle auf die Höhe der gesamten Fürsorgeausgaben untermauert werden kann (dabei fällt erneut die Ansammlung von Ruhrgebietsstädten im unteren Bereich der Fürsorgeausgaben und die Spitzenstellungen von Frankfurt, Breslau und Köln auf).[138] Berücksichtigt werden muß, daß die hier herangezogenen Fälle der *laufend* Unterstützten lediglich einen Teil der Gesamtausgaben ausmachen. Nimmt man statt der Gesamtausgaben in der Fürsorge pro Einwohner nur die Ausgaben für laufende Barunterstützungen pro Einwohner als abhängige Variable, so ergaben sich für 1925 und 1931 dementsprechend hohe signifikante Korrelationen von $r^2=0{,}58$ (1925) und $r^2=0{,}65$ (1931) in Relation zur Zahl der laufend unterstützten Fälle. Im Anschluß daran war von Interesse, inwieweit die Ausgaben für Unterstützungszahlungen auch die Gesamtausgaben in der Fürsorge bestimmten. Hier zeigt sich die Erklärung der Varianz deutlich und signifikant, mit einem $r^2=0{,}35$ im Jahr 1925 und einem dieses Mal auch im Jahr 1931 äußerst hohen, signifikanten und damit die Erwartungen voll befriedigenden $r^2=0{,}91$, weshalb dieser Zusammenhang für die Weimarer Republik als bestätigt gelten kann.

Neben der absoluten Höhe der Unterstützungsleistungen könnte noch die relative Höhe, d.h. die Unterstützungsausgaben pro Unterstützungsfall eine Rolle für die Höhe der gesamten Fürsorgeausgaben pro Einwohner gespielt haben. Erneut ergab sich ein für 1925 und 1931 unterschiedliches Bild. So war für 1925 kein Zusammenhang, dagegen 1931 immerhin ein r^2 von 0,37 festzustellen, was jedoch knapp nicht signifikant ausfiel. So war also die Höhe der laufenden Unterstützungszahlungen pro Fall für die Gesamtausgaben lediglich 1931 und da nur von geringfügiger Bedeutung.

In die gleiche Richtung weist die relativ geringe *Streuung* der Höhe der Unterstützungszahlungen pro unterstützter Partei, wo ein Variationskoeffizient

---

[138] Kein Zusammenhang war wiederum zum Anteil ‚gehobener' Fürsorge festzustellen.

von 22,4 (1925) und von nur noch 17,7 (1931) festzustellen ist, was erneut einen Angleichungsprozeß belegt. Dem entspricht auch die quantitative Analyse der Streuung der Richtsätze der Weimarer Republik durch G. Rohwer (1986), der insgesamt zwar eine teilweise erhebliche Streuung feststellte, die für *größere* Städte aber deutlich geringer ausfiel als für kleinere und im Zeitverlauf *abnahm* (1986: 10 f.). Weiterhin stellte Rohwer eine geographische Abhängigkeit der Streuung der Richtsätze fest. Danach gab es vor allem ein leichtes West-Ost-Gefälle, d.h. daß die Richtsätze im Osten geringer waren als im Westen. Es bleibt auch zu beachten, daß die Zeit der Angleichungsprozesse sehr kurz war und daß die Städte bis wenige Jahre zuvor noch weitestgehend frei in der Festsetzung der Unterstützungen waren.[139] Bemerkenswert ist insgesamt auch bei den Ausgaben der Fürsorgeverwaltung der zu beobachtende Angleichungsprozeß, der sich zwischen 1925 und 1931 unter den Städten vollzogen hat, was sich in stark sinkenden Variationskoeffizienten ausdrückt. Auch diese Angleichung spricht für die in der Weimarer Republik zum Durchbruch gekommene *Standardisierung* und *Programmierung* in der Fürsorgeverwaltung.

(2) Die Finanzkraft

Da ich oben bereits nachgewiesen habe, daß die Steuereinnahmen im wesentlichen die Einnahmen und Ausgaben einer Stadt zu dieser Zeit bedingten, setzte ich wiederum die Steuereinnahmen pro Einwohner mit den Gesamtausgaben im Fürsorgewesen pro Einwohner in Beziehung, um den Einfluß der wirtschaftlichen Lage der Stadt auf die Fürsorgeausgaben zu überprüfen. Wie oben gezeigt wurde, blieb die Finanzkraft der Stadt ohne wesentlichen Einfluß auf die Personalbesetzung in der Fürsorgeverwaltung, nicht dagegen in Bezug auf die Fürsorge*ausgaben* insgesamt. So korrelierten die Steuereinnahmen pro Einwohner mit den Gesamtausgaben in der Fürsorge pro Einwohner 1925 signifikant mit einem r^2 von 0,27 und 1931 etwas schwächer mit einem r^2=0,22. Daß hier der Zusammenhang 1931 etwas schwächer bleibt, bestätigt die eben festgestellte Beobachtung, daß der Druck der Aufgaben auf die Ausgaben 1931 stärker war als 1925. Es bestätigt aber auch die zunehmende Standardisierung und Programmierung der Fürsorgeverwaltung.

---

[139] Im übrigen ermittelte Rohwer das regionale Preisniveau als bestimmende Größe für die unterschiedliche Höhe der Richtsätze. Anzumerken bleibt jedoch, daß die gemeinsame Analyse von großen und kleinen Städten etwas bedenklich erscheint und in Anbetracht der diesbezüglich zu erwartenden Unterschiede die Streuung der Richtsätze *insgesamt* m.E. sogar noch erstaunlich gering war. Methodisch ist ferner die gleiche Gewichtung von gehobener und allgemeiner Fürsorge zu bemängeln. Dies zeigen die Zahlen des Anteils der gehobenen Fürsorge, der zwar 1925 im Schnitt noch bei knapp 50% liegt, doch 1931 bereits ca. 80% ausmacht. Bemerkenswert ist im übrigen, daß die Streuung der Richtsätze bei der gehobenen Fürsorge geringer als in der allgemeinen Fürsorge war (Rohwer, G. 1986: 10).

Nachdem die Ausgaben im Fürsorgewesen der Weimarer Republik relativ eng mit der Finanzkraft der jeweiligen Großstädte zusammenhingen, ist noch interessant, inwiefern sich die Finanzkraft auch auf die *Höhe* der Unterstützungszahlungen auswirkte. Nimmt man die Ausgaben für laufende Barunterstützungen pro laufend unterstützte Fälle und korreliert damit die Steuereinnahmen pro Einwohner, so zeigt sich allerdings hier für das Krisenjahr 1931 ein deutlicher Zusammenhang (r^2=0,41), während 1925 praktisch keine Korrelation festzustellen ist. Eliminiert man 1931 allerdings die ‚Ausreißer' Köln und Frankfurt (sehr hohe Steuereinnahmen pro Einwohner und sehr hohe Unterstützungszahlungen pro Fall), so verschwindet hier die Korrelation fast völlig. Somit wirkte sich also die Finanzkraft nur relativ eingeschränkt auf die Unterstützungshöhe pro Fall aus, wie die Unterstützungshöhe pro Fall nur 1931 und da nur relativ wenig die Unterstützungsausgaben insgesamt beeinflußten.

(3) Die Größe der Verwaltung

Neben den Aufgaben (Zahl der unterstützten Fälle), den Unterstützungskosten und der Finanzkraft hatte unter Umständen auch die Personalstärke der Fürsorgeverwaltung einen Einfluß auf die Kosten der Fürsorge, zumal in der Fachwelt der damaligen Zeit immer behauptet wurde, daß eine mit Personal gut ausgestattete Fürsorgeverwaltung auch eine kostengünstige Fürsorge implizieren würde. Dies konnte mit den vorliegenden Daten jedoch nicht gestützt werden, da die Korrelationen der Beschäftigten in der Fürsorge pro Einwohner mit den Gesamtausgaben in der Fürsorge pro Einwohner keine signifikanten Zusammenhänge brachten. Wenn nicht die Größe des Personalkörpers mit geringeren allgemeinen Kosten in der Fürsorge einher ging, so ist dennoch möglich, daß mit einer geringeren *Arbeitsbelastung* (Fälle pro Beschäftigten) die Ausgaben in der Fürsorge sanken. Allerdings zeigten die Korrelationen zwischen Unterstützten Fällen pro Beschäftigten und den Gesamtausgaben in der Fürsorge sowohl 1925 als auch 1931 keinen bis einen nur ganz leichten positiven Zusammenhang. Nahm man die Unterstützungszahlungen pro Einwohner statt den Gesamtfürsorgeausgaben als die aussagekräftige Größe, so trat lediglich 1925 ein signifikanter Zusammenhang von r^2=0,33 auf, der allerdings ohne den ‚Ausreißer' Köln (sehr hohe Unterstützungsausgaben und sehr hohe Arbeitslast) nicht mehr nachweisbar war. Schließlich wies die Korrelation der Höhe der Unterstützungszahlungen pro Fall zur Zahl der Unterstützungsfälle pro Beschäftigten sogar jeweils leicht negative Zusammenhänge auf, d.h. man könnte eher sagen, je *mehr* Fälle ein Beschäftigter zur Bearbeitung hatte, desto geringer war die Unterstützungshöhe pro Fall.

3. Die Entwicklung der Fürsorgeverwaltung am Beispiel der Stadt Nürnberg

a) Der Abschluß der Institutionalisierung 1925

Im Anschluß an die oben beschriebene Institutionalisierung des Nürnberger Wohlfahrtsamtes kam es nach dem Erlaß der RFV und den RGr im großen und ganzen hauptsächlich zur weiteren *Differenzierung* des Arbeitsprozesses und der bürokratischen Organisation, da die Grundzüge, wie dargestellt wurde, bereits ausgebildet waren (vgl. oben Kap. B.I.2; Verwaltungsbericht 1924/25: 141). Insbesondere das Ausschußwesen erfuhr durch die gesetzlichen Vorgaben eine Reform, wobei das Jugendamt dementsprechend als kollegiales Organ und der Jugendhauptausschuß mit Unterausschüssen geschaffen wurden. Für das Wohlfahrtsamt wurde ein Wohlfahrtshauptausschuß mit 5 Fachausschüssen eingerichtet, in denen die grundsätzlichen Angelegenheiten aller Bedürftigen einheitlich behandelt werden konnten. Der bis dahin noch formell fortbestehende Armenrat wurde beim Inkrafttreten der bayerischen Verordnung vom 12. Januar 1925 über die Verwaltung der Fürsorgeverbände endgültig aufgelöst. Damit konnten die im Organisationsplan bereits vorgesehenen (vgl. Abb. 1) Kreis- und Bezirksausschüsse ihre Tätigkeit aufnehmen. Weiterhin wurde den gesetzlichen Vorgaben entsprechend (§ 1 Abs. e RFV) die Fürsorge für hilfsbedürftige Minderjährige nicht beim Jugendamt sondern beim Wohlfahrtsamt untergebracht. Zur Begründung hieß es: „Im Interesse einer einheitlichen Durchführung der wirtschaftlichen Fürsorge für hilfsbedürftige Minderjährige ist bei der Zentrale des Städtischen Wohlfahrtsamtes eine besondere Kinderfürsorgeabteilung errichtet. Es ist ferner innerhalb der Verwaltung des Bezirksfürsorgeverbandes ein eigener Kinderfürsorgeausschuß aufgestellt, der beschliessendes Organ in diesen Angelegenheiten ist." (Verwaltungsbericht 1926/27: 159)

Ebenso wurde im Zuge der gesetzlichen Reform zunächst die sog. „Einheitsfürsorge" mit einheitlichen, „gehobenen" Richtsätzen für alle Bedürftigengruppen eingeführt (vgl. Richtlinien in: WblStNbg Nr. 1/2 1925: 13 ff.) – eine Ausnahme stellten allerdings gemäß § 13 RGr die „Asozialen" dar, wo eine Einschränkung auf das „zur Fristung des Lebens Unerläßliche" erfolgte. Diese vorläufigen Richtlinien wurden nach Erlaß des § 33a RGr durch gehobene und allgemeine Fürsorgesätze abgelöst (Richtlinien v. 1.11.1925; WBlStNbg Nr. 5/6 1926: 9 ff.), die Einschränkung für Asoziale galt auch weiterhin. Danach befanden sich in der „allgemeinen" Fürsorge nur noch die sog. „Asozialen", d.h. die ‚unwirtschaftlichen Bedürftigen', ‚Trinker', ‚Verschwender', ‚Arbeitsscheue' usw. (Verwaltungsbericht 1926/27: 174).

Neben dem zentralen Wohlfahrtsamt gab es 6 Kreisstellen und 4 Nebenstellen mit jeweils 2-6 Fürsorgeabteilungen und entsprechenden Bezirken (anfänglich 27, seit 1929 waren es 30, Akten StArchNbg C 25/ Nr. 177a, Notiz v.

19.7.1929), für die jeweils ein Bezirksausschuß, geleitet von einem ehrenamtlichen Bezirksvorsteher, beschließend tätig war. Weitere Mitglieder waren der Leiter des zuständigen Kreisamtes, die zuständige Bezirksfürsorgerin, ein Berufsfürsorger, je ein katholischer und evangelischer Geistlicher, ein Arzt und 6-8 ehrenamtliche Pfleger, darunter auch Angehörige der Organisationen der Hilfsbedürftigen. Als Beschwerde- und Überwachungsinstanz der Bezirke für die Einzelfürsorge fungierten die Kreisausschüsse, denen je ein Stadtratsmitglied des Wohlfahrtshauptausschusses als Vorsitzender, der Kreisamtsleiter und die Bezirksvorsteher angehörten. Oberste Instanz zur Entscheidung der Fürsorgeanträge war der Spruchausschuß (Mitglieder des Wohlfahrtshauptausschusses), dem ein Verwaltungsausschuß angegliedert war, der sich mit der Vorberatung grundsätzlicher Angelegenheiten und besonderen Fällen beschäftigte. An der Spitze des Ausschußwesens stand der Wohlfahrtshauptausschuß, der neben dem Vorsitzenden und 8 Mitgliedern des Stadtrates den Amtsarzt, Vertreter der Konfessionen, der Verbände der ‚privaten' Wohlfahrtspflege, der Kriegsbeschädigten und -hinterbliebenen und der Sozial- und Kleinrentner sowie 3 Vertreter der Wohlfahrtsbezirksvorsteher umfaßte. Daneben bestanden noch Fachausschüsse für die Fragen der Arbeits- und Obdachlosenfürsorge, der Fürsorge für auswärtige Erwachsene, für Gebrechliche und für Kinder (vgl. Eichenmüller, N. 1929: 3 f.).

Außer dem Abschluß der Neuorganisation im Bereich des Wohlfahrtsamtes wurde der Weggang des Wohlfahrtsreferenten, Dr. Heimerich, im Jahr 1925 als Anlaß für eine Umstrukturierung des Nürnberger Wohlfahrtsreferates, nämlich die Aufteilung in ein Gesundheits- und Jugend sowie ein eigenständiges Wohlfahrtsreferat genutzt (Verwaltungsbericht 1925/26): 165). Die Hintergründe für diese Abspaltung sind jedoch im einzelnen schwer zu ermitteln. Zunächst ist festzuhalten, daß statt einem Referatsleiter nunmehr zwei zu verzeichnen waren, der Leiter der administrativen Abteilung des Gesundheitsamtes und Hilfsreferent Dr. Robert Plank stieg zum Referatsleiter auf, dessen alte Hilfsreferentenstelle mußte allerdings in diesem Fall nicht neu besetzt werden, was wiederum als Sparargument gegen auswärtige Bewerber um die Referentenstelle für Plank ins Feld geführt wurde (vgl. Bußmann-Strelow, G. 1992: 189). Insgesamt ist jedoch das Personalwachstum im Bereich Jugend und Gesundheit, hauptsächlich aber beim Gesundheitsamt und die Aufgabenverlagerung zum letzteren auffällig, wie aus der folgenden Abb. 4 (vgl. auch Tabelle 16 im Anhang) zu entnehmen ist.[140] So wurden die Mütter- und Säuglings- und Kleinkinderfürsorge mit den Mütterberatungsstellen, die Kinderhilfe und die Bezirks(familien)fürsorge nunmehr dem Gesundheitsamt unterstellt (vgl. Haushaltspläne 1925/1926, Verwaltungsberichte 1925/26 u. 1926/27). Insgesamt

[140] Daß Reorganisationen häufig mit organisatorischer Ausdifferenzierung und Stellenvermehrungen einhergehen, sah man übrigens schon um die Jahrhundertwende (vgl. Zeitschrift für das Armenwesen 4/1900: 15), vermutlich aber auch früher. Vgl. dazu z.B. auch die Studie von Warwick (1975) zur Reorganisation des US State Department.

war ein erheblicher Aufgaben-, Personal- und Machtzuwachs für den Gesundheitsbereich und den neuen Referenten Plank zu verzeichnen.

Im Zusammenhang mit der Schaffung des Gesundheits- und Jugendreferates waren auch politische Tauschgeschäfte und Machenschaften im Spiel.[141] Bereits der SPD-Referent Heimerich war von den ins Stadtparlament eingezogenen Nationalsozialisten sowie Konservativen wegen seiner ‚freireligiösen' Einstellung und seinem gespannten Verhältnis zur ‚privaten' Wohlfahrtspflege bekämpft worden. Nachdem dieser die Stadt verließ, konnten die Sozialdemokraten nur mit Mühe, ihren wiederum von den Konservativen bekämpften, nicht akademisch gebildeten Arbeitersekretär Nikolaus Eichenmüller als Wohlfahrtsreferenten gegen die von seiten der Konservativen eingebrachten Vorwürfe der sachlichen Unfähigkeit durchsetzen. Als Konkurrent wurde von den Konservativen ihrerseits der „tüchtige" Beamte Plank unterstützt.[142] Dieser war vor diesem Hintergrund, wie als Eklat bekannt wurde, kurzerhand in die Bayerische Volkspartei (BVP) eingetreten und hatte der SPD im Tausch für seine eigene Wahl zwei Stimmen seiner Partei für die Wahl Eichenmüllers angeboten.

Ungeachtet dessen wurden sachliche Gründe für die Aufteilung des Wohlfahrtsreferates angeführt, da dieses zu groß geworden sei, um von einem Referenten allein bewältigt werden zu können (vgl. OB Luppe nach Bußmann-Strelow, G. 1991: 189). Doch scheinen weitere Machtinteressen eine Rolle gespielt zu haben. So meint H. Hanschel (1977: 41): „... setzte Luppe beim Stadtrat eine Teilung des Wohlfahrtsreferates nach dem Weggang von Stadtrat Heimerich durch. Luppe konnte Teile eines Referats an sich ziehen, die Leitung besonders wichtiger Verhandlungen übernehmen oder gemeinsam mit den zuständigen Referenten führen." Schließlich war mit der Vergrößerung des Aufgabenbereiches des Gesundheitsamtes auch eine inhaltliche Neuorientierung verbunden: „Während früher die amtliche Tätigkeit auf dem Gebiete des Gesundheitswesens hauptsächlich vom Standpunkte der Gesundheitspolizei ausging, trat seit der Gründung des Gesundheitsamtes mehr und mehr der Fürsorgegedanke und die vorbeugende Gesundheitspflege in den Vordergrund der Bestrebungen." (Verwaltungsbericht 1926/27: 189) Im übrigen, so wäre anzumerken, stand diese wachsende Selbständigkeit und Ausweitung der Gesundheitsfürsorge im Einklang mit den oben beschriebenen Leitgedanken der Fachwelt, in denen die Medizin und soziale Hygiene eine zentrale Rolle spielten.

---

[141] Vgl. dazu und im folgenden Bußmann-Strelow, G. 1992: 189 f.

[142] OB Luppe bezeichnete diesen zwar auch als tüchtig aber ebenso als einen ehrgeizigen Streber, politisch und charakterlich unzuverlässig (nach Bußmann-Strelow, G. 1992: 190). Diese Einschätzung sollte sich später bestätigen. Nach seinem Eintritt in die NSDAP am 1.5.1933 (!) blieb er weiterhin Leiter des Gesundheitsreferates und hatte auch Parteifunktionen inne (vgl. zur Biographie, Hansen, E. 1991: .404 f.).

b) Das Wachstum der Organisation und Aufgaben von 1925 bis 1932

Neben dieser Reorganisation gab es in der Nürnberger Sozialverwaltung in der Weimarer Republik vor allem ein starkes Anwachsen des bürokratischen Apparates: Das *Personalwachstum* war besonders in den Zeiten der großen Wirtschaftskrise von 1929 bis 1932/33 beim Bezirksfürsorgeverband und im Wohlfahrtsamt, d.h. im Bereich der wirtschaftlichen Fürsorge, zu verzeichnen, während in den anderen Fürsorgebereichen ein im Vergleich dazu mäßiges Wachstum, vor allem von 1925 auf 1926 und von 1928 bis 1930, zu beobachten war. Neben der Zunahme an Personal erfolgte in der wirtschaftlichen Fürsorge der Ausbau der Organisationseinheiten durch die Einrichtung neuer Nebenstellen der Kreisämter, während die Zahl der Kreisämter, wie auch die Zahl der Abteilungen im zentralen Wohlfahrtsamt unverändert blieb. Gab es 1925 noch lediglich 6 Kreisämter mit nur 4 Nebenstellen, waren 1930/31 bereits 7 Nebenstellen zu verzeichnen (Verwaltungsbericht 1930/31), 1932 waren es 9 (Verwaltungsbericht 1931/32) und 1933 sogar 10 (Düthorn, K. 1939).

Ab 1930 machten sich jedoch, wie allgemein in der Nürnberger Verwaltung, mehr im Jugend- aber auch im Gesundheitssektor *Sparmaßnahmen* bemerkbar. Überhaupt lag die Entwicklung der Jugend- und Gesundheitsfürsorge im Vergleich zur gesamten Verwaltung überwiegend im allgemeinen Trend, während die wirtschaftliche Fürsorge sich besonders ab 1930 *überdurchschnittlich* ausweitete. So erhöhte sich der Anteil des Bezirksfürsorgeverbandes am Gesamtpersonal ab 1930/31 von knapp fünf Prozent auf über 10% (Abb. 4, Tab. 16 im Anhang). Während die Entwicklung der Stellen in den drei Fürsorgebereichen bis 1930 also weitgehend parallel ansteigend verlaufen war – mit einem flacheren Anstieg zwischen 1926 und 1928 – wurden ab 1930/31 bis 1932, d.h. in den Jahren des extremen Wachstums der Stellen im Bereich des Wohlfahrtsamtes, vor allem Einsparungen im *Jugendbereich* vorgenommen, später und in schwächerem Maße auch im Gesundheitsbereich.

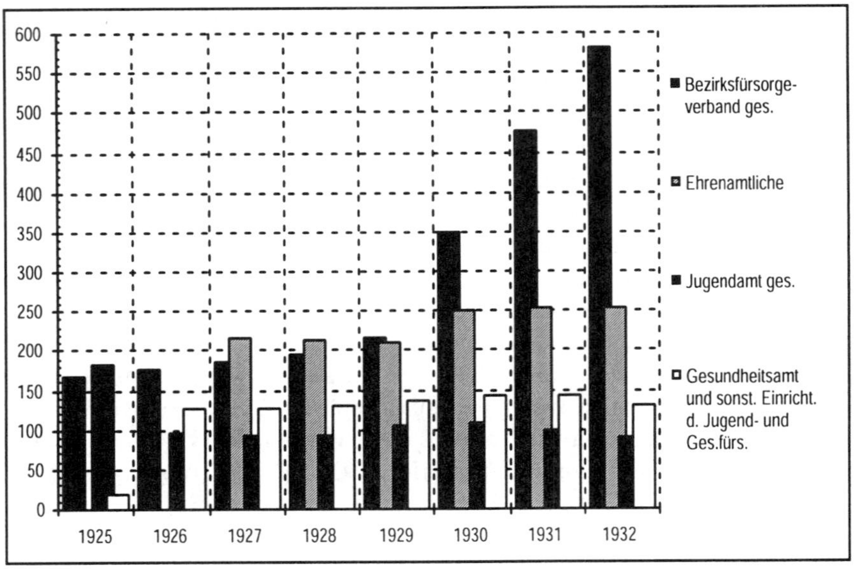

Abbildung 4: Stellen in der Wohlfahrtspflege
der Stadt Nürnberg, 1925-1932

Quelle: Haushaltspläne und Verwaltungsberichte der Stadt Nürnberg

Zu den genannten Einsparungen bei der Jugendamtsverwaltung äußerte sich der Verwaltungsbericht 1930/31 (230) folgendermaßen:

„Das Jahr 1930/31 ging am Jugendamt nicht ohne einschneidende Änderungen vorüber. Die auch bei der Stadtverwaltung notwendigen Maßnahmen wurden für das Jugendamt unter dem Gesichtspunkt durchgeführt, den Betrieb sowohl der Verwaltungsabteilungen als auch der Anstalten so weit als möglich zu rationalisieren, um dadurch das Lebensnotwendige erhalten zu können. Dies dürfte im wesentlichen gelungen sein.“ Die Kürzung im Jugendamt erfolgte vor allem auch im Heimbereich: „Durch die in den Heimen und Verwaltungsabteilungen durchgeführten Änderungen wurden insgesamt 8 Beamten- bzw. Angestelltenstellen eingespart. Bei der Aufstellung des Voranschlags für das Jahr 1931/32 konnte auf diese Weise und durch Abstriche an den Sach- und Zweckausgaben gegenüber dem Drucketat 1930/31 eine Gesamteinsparung von 142.541 RM, d.h. 16% der Reinausgaben, erzielt werden.“ (ebenda S. 230)

Schließlich blieb aber in der wirtschaftlichen Krise auch der *Gesundheitsbereich* nicht verschont. Laut Verwaltungsbericht 1931/32 waren immerhin zwei Beamtenstellen in der Geschäftsstelle des Gesundheitsamtes gestrichen worden. Außerdem wurde eine kleinere Reorganisation durchgeführt: „Durch die Angliederung der bisher selbständigen Fürsorgestelle für Alkoholkranke an das städtische Gesundheitsamt wurde nicht nur die Einsparung eines Beamten und von Sachausgaben erreicht, sondern zugleich eine sachlich zweckmäßigere Handhabung der Geschäfte erzielt...“ (S. 245) Noch stärker waren aber erneut die Streichungen im Jugendamt: „Das Jahr 1931/32 erforderte aus Sparsamkeitsgründen wiederum wesentliche Einschränkungen im Gesamtbetriebe des

Jugendamtes." So wurden nochmals vier Beamtenstellen gestrichen, zwei Beamte nur noch ‚zur Dienstleistung auf unbestimmte Zeit' eingestellt. Eine Kürzung erfuhren aber auch die Zuschüsse an Vereine und Anstalten für Jugendfürsorge und Jugendpflege. Dagegen gewann, dem Druck der Zeit entsprechend, der Bereich der Fürsorge für erwerbslose Jugendliche an Bedeutung; trotz allgemeiner Sparsamkeit wurden für das Jugendamt zu diesem Zweck 38.000 RM flüssig gemacht. Dazu heißt es im Verwaltungsbericht 1932/33 (179): „Die Maßnahmen für erwerbslose Jugendliche haben im Berichtsjahre seit Bestehen des Jugendamtes innerhalb der Jugendamtsarbeit den größten Raum eingenommen. Zu den bisherigen Arbeitsgebieten kamen neu hinzu der Freiwillige Arbeitsdienst (FAD) und das Notwerk für die deutsche Jugend." Ansonsten setzte sich der Spartrend im Jugendamt fort: „Im Berichtsjahr wurden weiter Einsparmaßnahmen durchgeführt. Es wurde die Stelle einer Kanzleisekretärin eingezogen. Seit den im Januar 1930 begonnenen Sparmaßnahmen sind bis zum Ende des Berichtsjahres insgesamt 22 Stellen im Jugendamt abgebaut worden." Dagegen hieß es mit deutlich anderem Tenor beim Gesundheitsamt: „Das Gesundheitsamt mußte sich damit begnügen, den in günstigeren Zeiten erprobten Rahmen der Gesundheitsfürsorge beizubehalten und trotz der gebotenen Einschränkung die Fürsorge auf den einzelnen Gebieten zu vertiefen." (ebenda: 141)

Verursacht wurde dieser rapide Organisationsausbau in einer isolierten Betrachtung durch die rapide Zunahme der unterstützten *Erwerbslosen* (vgl. Abbildung 5), wobei allerdings auf die Ergebnisse der statistischen Vergleiche oben verwiesen werden muß. So ist im Verwaltungsbericht 1932/33 von einer Zuspitzung der wirtschaftlichen Depression im Berichtsjahr und einer neuerlichen Vermehrung der Arbeitslosigkeit die Rede: „Dauernd stieg die Zahl der laufend Unterstützten durch das ununterbrochene Einströmen von hilfsbedürftigen Arbeitslosen in die öffentliche Fürsorge. Ende des Berichtsjahres waren 70% der Fürsorgenehmer Wohlfahrtserwerbslose." (S. 5) Außerdem war eine Erhöhung der Zahl der Dauerunterstützten durch Sozialrentner und sonstige Bedürftige zu verzeichnen, wiederum „durchweg nur aus dem Grunde, weil die Arbeitslosigkeit den Angehörigen die Möglichkeit nahm, ihre Unterhaltspflicht zu erfüllen." (ebd.)

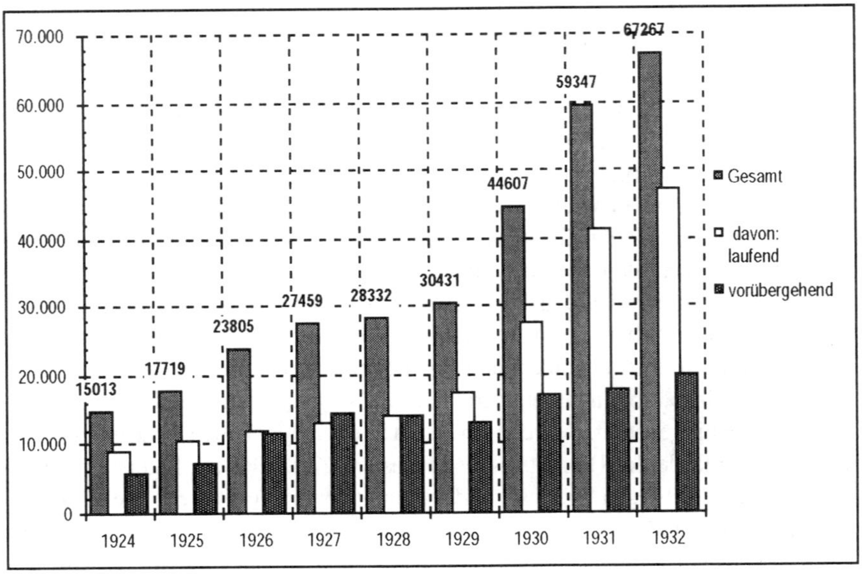

Abbildung 5: Fürsorgefälle im Wohlfahrtsamt der Stadt Nürnberg, 1925-1932

Quelle: Statistische Jahrbücher der Stadt Nürnberg

Die *Struktur* der Unterstützungsfälle zeigt die Rolle der Arbeitslosigkeit. Die Zahl der unterstützten Erwerbslosen und ‚Ausgesteuerten' stieg 1925/26 stark an, ebenso die Gesamtzahl der durch das Wohlfahrtsamt unterstützten Parteien. Nach einer kurzen ‚Erholung' ist wiederum von 1928 auf 1929 und bis 1932 ein starker Anstieg der Erwerbslosen und Ausgesteuerten zu verzeichnen, was sich ebenso im Anstieg der Summe aller Unterstützungsfälle niederschlägt (nachfolgende Abb. 6). Unabhängig davon ist zwar ein kontinuierlicher Anstieg auch bei anderen Gruppen, wie bei den Sozialrentnern und insbesondere bei den ‚Sonstigen Bedürftigen und Asozialen' zu beobachten, der jedoch gegenüber der dramatischen Entwicklung der Erwerbslosen in den Hintergrund trat.

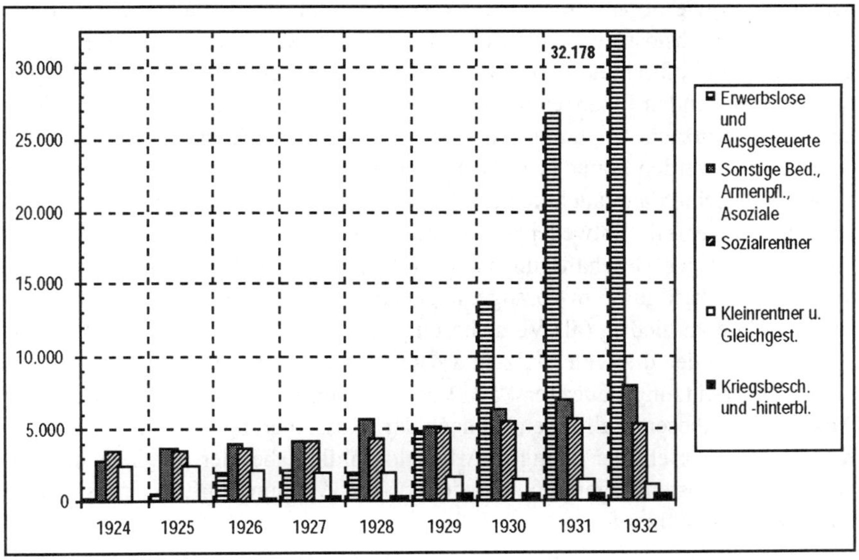

Abbildung 6: Zusammensetzung der laufenden Unterstützungsfälle des Wohlfahrtsamtes der Stadt Nürnberg, 1925-1932

Quelle: Statistische Jahrbücher der Stadt Nürnberg[143]

Mein Ziel ist hier nicht, die Grenzen staatlicher und kommunaler Wohlfahrtspolitik in der Zeit der Weltwirtschaftskrise oder die Folgen der großen Arbeitslosigkeit im allgemeinen zu erörtern.[144] Entscheidend für die gewählte Fragestellung ist allein der Zusammenhang von Arbeitslosigkeit und der Ausweitung der Organisation der kommunalen Fürsorgeverwaltung. Daß nicht verhindert werden konnte, daß Arbeitslose trotz Versicherung häufig auf wirtschaftliche Unterstützung durch die kommunale Fürsorge angewiesen waren, wurde durch praktisch alle Fürsorgeexperten und Kommunalpolitiker immer wieder als ernste Belastungsprobe und *Krise* geschildert.[145] Die Arbeitslosenversicherung war im Zuge der vorübergehenden wirtschaftlichen Besserung, trotz Bedenken der Gemeinden, 1927 eingeführt und die bis dahin kommunalen Arbeitsnachweise als Arbeitsämter verstaatlicht worden (vgl. Faust, A. 1987).[146] Die Gemeinden wollten aus Selbstverwaltungsinteressen und aus fi-

[143] Die Statistischen Jahrbücher geben hinsichtlich der Zusammensetzung der Gruppen verschiedene Übersichten mit unterschiedlichen Summen wider. Zum einen ist diese bezogen auf das gesamte Jahr (hier wiedergegeben), zum einen gibt es eine Übersicht nach Monaten. Letztere enthält weitaus geringere Zahlen, die sich mit der Gesamtsumme nicht decken.

[144] Vgl. dazu z.B. Abelshauser, W. 1987; für Nürnberg: Ziegler, M.M. 1976; Bußmann-Strelow, G. 1992.

[145] Vgl. z.B. Luppe, H. 1930; 1931; Elsas, F. 1930; Kobrak 1932.

[146] Vgl. zur Ausdifferenzierung der Arbeitsämter aus dem System der Fürsorge als kurze Übersicht auch Sachße, Ch. 1986: 194 ff.; Sachße, Ch./Tennstedt, F. 1988: 74 ff., 94 ff.

nanziellen sowie organisatorischen Erwägungen an der Bedürftigkeitsprüfung, auch für Erwerbslose, festhalten und den kommunalen Arbeitsnachweis nicht aufgeben. Sie befürchteten vor allem Mehrausgaben und einen schwerfälligen, mit unzureichenden Finanzen ausgestatteten bürokratischen Apparat, was Doppelarbeit verursache,[147] da der Zusammenhang zur Fürsorge ohnehin nicht überwunden werden könne (vgl. Luppe, H. 1930: 298 f.). Die Arbeitslosenversicherung reichte dann auch keinesfalls aus, die Fürsorge ausreichend zu entlasten, im Gegenteil. Entweder waren die Unterstützungsansprüche wegen zu kurzer vorheriger Beschäftigungsdauer (Voraussetzung waren mindestens 26 Wochen Beschäftigung im vorangegangenen Jahr) nicht gegeben, aufgrund geringer Löhne zu niedrig (als Versicherung waren die Unterstützungen beitragsabhängig)[148] oder die Unterstützten verloren wegen Überschreitung der maximalen Unterstützungsdauer (erst 52 Wochen, dann nur noch 26 Wochen) ihren Anspruch. In diesem Fall fielen sie nach der ‚Aussteuerung' erst in die ‚Krisenfürsorge' (entspricht der heutigen Arbeitslosenhilfe), bei der die Gemeinde einen Teil der Kosten tragen mußte (seit Oktober 1927 ein Fünftel), und später in die eigentliche Fürsorge.

Der *indirekte* Zusammenhang oder die Überlagerung durch die Folgen der Arbeitslosigkeit ist auch in der *geschlossenen Fürsorge* zu beobachten (vgl. Abbildung 7). Deren Hauptkontingent rekrutierte sich aus der Arbeitsfürsorge, weshalb sich die Gesamtzahl der Unterstützten weitgehend parallel zur Arbeitslosigkeit entwickelte. In der geschlossenen Arbeitsfürsorge wurden anfänglich lediglich die sog. „Asozialen" „behandelt", deren Fallzahl von 1927 auf 1928 stark anstieg. Später kamen immer mehr in den „Genuß" dieser „Hilfe zur Arbeit". Die Organisation der Arbeitsfürsorge stellte beim Ansteigen der Erwerbslosigkeit und insbesondere der Zunahme der ‚Ausgesteuerten' zunächst ein Problem dar, da man diese Gruppen nicht mit den „Asozialen" zusammenbringen wollte (vgl. Verwaltungsbericht 1924/25: 170). Später war diese Trennung jedoch so nicht mehr aufrechtzuerhalten. Es wurden nun auch Erwerbslose z.B. dem Landwirtschaftsamt zur Hilfe auf städtischen Gütern überwiesen (vgl. nachfolgende Verwaltungsberichte). Die eigens dafür erlassenen Richtlinien drückten die Wichtigkeit der Arbeitsfürsorge für alle Gruppen aus (Verwaltungsbericht 1927/28):

> „Der Bezirksfürsorgeverband Nürnberg unterhält seit Jahren [...] eine Reihe von Arbeitsfürsorgeeinrichtungen .[...]. Die günstigen Erfahrungen, welche in fürsorgerischer und finanzieller Beziehung gemacht worden waren und welche die Arbeitsfürsorge als einen bedeutungsvollen Zweig der wirtschaftlichen Fürsorge überhaupt erkennen ließen, gaben dem Wohlfahrtshauptausschuß Veranlassung, mit Beschluß vom 2.Februar 1928 Grundsätze für die Durchführung der

---

[147] So verging meist eine geraume Zeit der Antragsbearbeitung bis zur Bewilligung und Auszahlung, so daß die Wohlfahrtspflege einspringen und Ersatzanspruch anmelden mußte, was unnötigen Aufwand verursachte (vgl. Hofmann, A. 1928 (WBlStNbg): 10).

[148] Es bestanden 11 Lohnklassen, wobei in den unteren Klassen von I bis VI die Unterstützungssätze unter den Richtsätzen des Bezirksfürsorgeverbandes lagen (Hofmann, A. WBlStNbg 4/5/1928: 9 f.).

Arbeitsfürsorge des Bezirksfürsorgeverbandes Nürnberg aufzustellen. Diese Grundsätze betonten vor allem die Pflicht des Bezirksfürsorgeverbandes zur Arbeitsfürsorge, sie setzten die Erhaltung oder Wiederherstellung der Arbeitsfähigkeit als Ziel und legten fest, daß fortlaufend Dauerunterstützung an arbeitsfähige Hilfsbedürftige nur insoweit zu gewähren ist, als diese nicht in Arbeit vermittelt oder der Arbeitsfürsorge zugeführt werden können." (S. 206)

Die sorgfältige Prüfung und Erhaltung des Arbeitswillens durch die Arbeitsfürsorge stieß aber an *Kapazitätsgrenzen*, da die Beschäftigungsmöglichkeiten beschränkt blieben, so daß nicht alle Arbeitslosen beschäftigt werden konnten: während die Quote 1929/30 zwischen 80 und 90% der in Unterstützung genommenen Wohlfahrtserwerbslosen betrug, fiel diese von 33% im April 1930 auf 12% im März 1931 (Verwaltungsbericht 1930/31: 152).

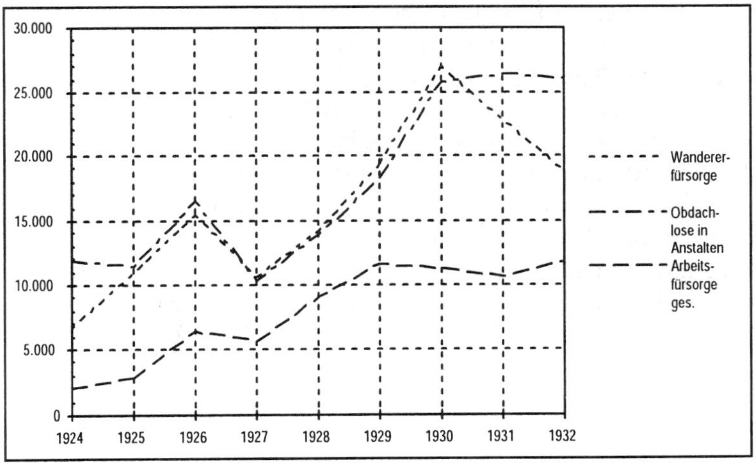

Abbildung 7: Fälle in der Anstaltsfürsorge
des Wohlfahrtsamtes der Stadt Nürnberg, 1925-1932

Quelle: Statistische Jahrbücher der Stadt Nürnberg

Immer mehr Menschen wurden aufgrund von Wohnungsnot und fehlender Arbeitsangebote mittellos auf die Straße geworfen. Diesen Zusammenhang legt nicht nur das relativ zeitgleiche Ansteigen der Fallzahlen nahe, davon ging auch der Verwaltungsbericht der Stadt Nürnberg aus (1926/27: 174), der eine „Zunahme des Wandererverkehrs aufgrund ungünstiger Lage auf dem Arbeitsmarkt und mißlichen Wohnverhältnissen" konstatierte. Auch die Strategie der Gemeinden, durch „Notstandsarbeiten" oder „produktive Erwerbslosenfürsorge" für Ausgesteuerte (vgl. Luppe DZW 11/1925: 489 ff.) einerseits deren „Arbeitswillen zu testen" – bei (‚Arbeitsscheu') konnte die Unterstützung auf das Nötigste beschränkt werden – und andererseits deren Ansprüche auf Arbeitslosenunterstützung wiederherzustellen, d.h. damit die Gemeindefinanzen zu entlasten,[149] konnte in der Zuspitzung der Krise keine ausreichende ,Entlastung' mehr bringen. Erschwerend kamen Legitimationsprobleme ins Spiel: einerseits waren die Arbeitsanstalten, wie z.B. landwirtschaftliche Betriebe oder der Einsatz zu Erdarbeiten insbesondere bei der KPD als ,Zwangsanstalten' in Verruf, andererseits wurden die Arbeitsmaßnahmen von der Seite der Wirtschaft argwöhnisch beäugt mit der Angst, daß Aufträge verlorengehen könnten (vgl. Bußmann-Strelow, G. 1992: 294 ff.)

Abschließend sei die Entwicklung einiger Fallzahlen in der Jugendfürsorge dargestellt (Abb. 8), welche unter den Zeichen der allgemeinen Not ebenso wachsende Aufgaben wahrnahm. Dies geschah, wie oben schon ausgeführt wurde, bei gleichzeitigem Personal*abbau*, weil eben die alles andere in den Hintergrund drängende wirtschaftlichen Fürsorge und die angespannte Finanzlage Einsparungen hier eher möglich erscheinen ließen. Allerdings war die Entwicklung der Fallzahlen auch in manchen Bereichen der Jugendfürsorge konstant oder rückläufig (Fürsorgeerziehung), jedenfalls nicht so dramatisch wie in der wirtschaftlichen Fürsorge. Lediglich die Unterbringung von ,Pflege- oder Kostkindern' in Familien oder Anstalten nahm von 1924 bis 1930 stark zu. Als „als wichtige Ursachen fürsorgerischen Eingreifens" wurden in diesem Zusammenhang vor allem die Wohnungsnot und Trunksucht genannt (Verwaltungsbericht der Stadt Nürnberg 1928/29: 355). Ferner war ein Schwerpunkt der Jugendfürsorge die Arbeitsfürsorge der aus Heimen entlassenen Fürsorgezöglinge und jugendlichen Wanderer, wofür jedoch keine Zahlen vorlagen.

[149] Das Thema des 40. Deutschen Fürsorgetages von 1927 war: „Verwertung der Arbeitskraft als Problem der Fürsorge".

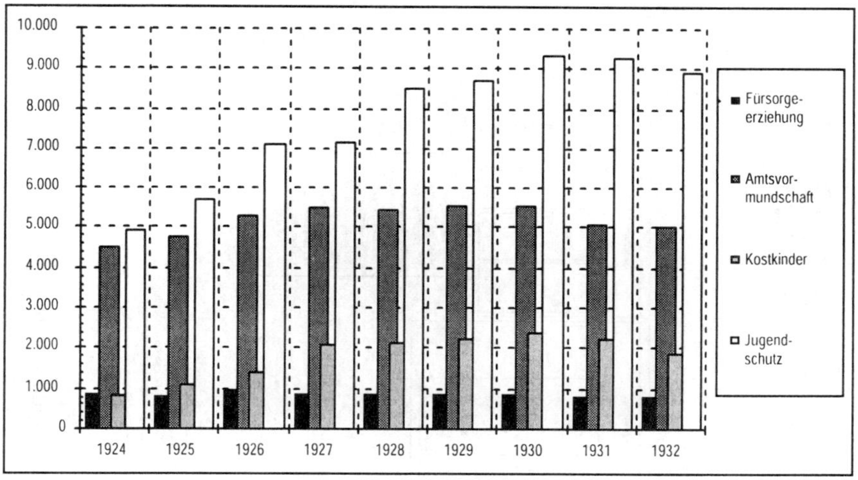

Abbildung 8: Fälle der Jugendfürsorge
der Stadt Nürnberg, 1925-1932

Quelle: Statistische Jahrbücher der Stadt Nürnberg

c) Die Bürokratisierung und der Konflikt mit den ‚Ehrenbeamten'

Stärker als in quantitativen Veränderungen drückt sich die *Bürokratisierung* und *Professionalisierung* der Nürnberger Sozialverwaltung im *Arbeitsprozeß* selbst aus, was sich in Übereinstimmung zur aufgezeigten herrschenden Lehre der Fachkreise entwickelte und insbesondere eine Änderung der Kontroll- und Entscheidungsstruktur mit Beschneidung ehrenamtlicher Kompetenzen bewirkte. Das Ganze machte sich aber kaum in der Stellenkonfiguration bemerkbar. Das Organisationsschaubild von 1928/29 (Abb. 9 nachfolgend) zeigt jedenfalls außer den genannten quantitativen Änderungen und einer etwas stärkeren Differenzierung (zwei Referate statt einem, Familienfürsorge als eigenständige Organisationseinheit) sowie leichten Aufgabenverschiebungen zwischen einzelnen Abteilungen relativ geringfügige Unterschiede zu der von 1924/25 (vgl. Abb. 1, oben):

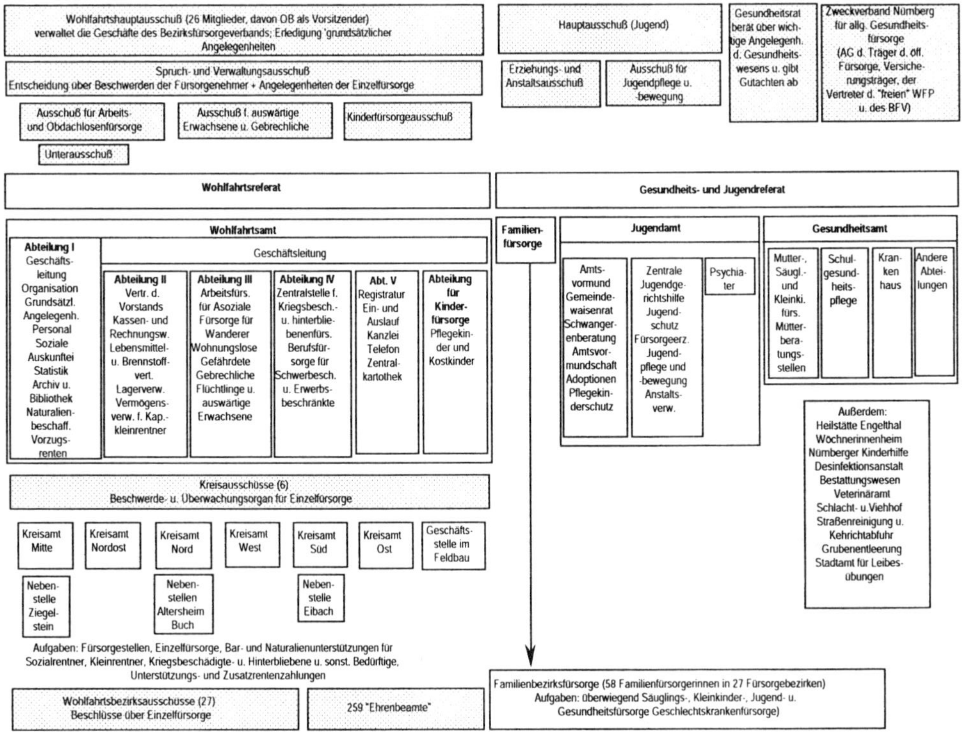

Abbildung 9: Organisation der Nürnberger Wohlfahrtspflege 1928/1929

Quelle: Eigene Bearbeitung nach Verwaltungsberichten, Stellenplänen der Stadt Nürnberg, StArchNbg C25/INr. 15

Generell versuchte die Nürnberger Sozialverwaltung, die *Entscheidungskompetenz*, zunächst nur für geringfügige Angelegenheiten, von den ehrenamtlichen Organen samt Vertretungsgremien in die Ämter zu verlagern. Auch hier war die gesetzliche Regelung nicht Auslöser sondern Stütze zur Legitimation des schon länger Geplanten. Dies zeigen die Verwaltungsberichte 1921 bis 1925, in denen immer wieder das schwerfällige Ausschußwesen kritisiert wurde. Dem folgt die Aktennotiz eines Beschlusses des Wohlfahrtshauptausschusses vom 17.2. 1925, daß auf Anregung des Leiters der wirtschaftlichen Fürsorge, dem Vorsteher des Wohlfahrtsamtes, nicht nur den Leitern sondern auch den Sachreferenten und ihren Stellvertretern in den Kreisämtern, sowie dem Vorsteher des Wohlfahrtsamtes die Befugnis erteilt wurde, einmalige Unterstützungen und in dringenden Fällen Rentenvorschüsse und Darlehen bis zum Höchstsatz anzuweisen. Dies sei in Übereinstimmung mit der Bayerischen Verordnung über die Verwaltung der Fürsorgeverbände v. 12.1.1925 (Art. 3 Abs. 2) möglich, wo es hieß: „Der WHA kann bestimmen, der Vorsitzende des Spruchausschusses oder ein Beamter der Stadt entscheidet allein über Anträge.“ (Akten StArchNbg C 25/I Nr. 15)

Die Ausweitung der Kompetenzen insbesondere der Kreisamtsleiter stieß jedoch auf Ablehnung bei den *Ehrenamtlichen* und bei Betroffenenverbänden, wie z.B. das Schreiben des Reichsverbandes Deutscher Kriegsbeschädigter und -hinterbliebener vom 2.4.1925 an den Vorsteher des Wohlfahrtsamtes zeigt. Dort wurde moniert, daß die Amtsleiter der Kreisämter häufig Anträge ablehnten, ohne daß der ehrenamtliche Pfleger Kenntnis davon erlange, weshalb die Beschwerde sofort beim Kreisausschuß notwendig werde, ohne den Bezirksausschuß einschalten zu können. Und weiter: Dies „...halten wir nicht für richtig. Wenn schon die ehrenamtlichen Pfleger herangezogen werden, Ermittlungen vorzunehmen und auch die Mühe nicht scheuen, diese Ermittlungen aufs genaueste und gewissenhafteste zu pflegen, so kann man nicht verstehen, daß auf der anderen Seite von der Amtsleitung Fälle abgewiesen werden, ohne daß mit dem betreffenden Pfleger irgendwie Rücksprache genommen wird.“ Ansonsten „... müßte die Tätigkeit der Bezirksausschüsse eingestellt werden“ (Akten StArchNbg C 25/I Nr. 15) Damit konnten sich die Interessenverbände aber nicht durchsetzen. In einer Notiz vom 8.4.1925 wurde nach einer Besprechung mit dem Wohlfahrtsreferenten vom Leiter des Wohlfahrtsamtes vorgeschlagen, den vorläufigen Richtlinien gemäß die Amtsleiter zu ermächtigen, Unterstützungen zu gewähren, da dies zweckmäßig sei. Die Beschwerden seien nicht bei den Bezirksausschüssen sondern bei den Kreisausschüssen anzubringen. Dort seien zwar die Kriegsbeschädigten und -hinterbliebenen nicht vertreten, dafür seien diese aber schließlich im Spruchausschuß, weshalb eine Änderung nicht nötig sei. Entsprechend wurde am 16.4. 1925 im WHA entschieden. Zum Schreiben der Kriegsbeschädigten hieß es lediglich: „zur Kenntnis genommen“ und im übrigen sollten sich die Leiter der Kreisämter „ins Benehmen mit den ehrenamtlichen Pflegern setzen. Schließlich: In dringenden Fällen sollten durchwegs *berufsmäßige* Ermittler tätig werden (Akten StArchNbg C 25/I Nr. 15).

Auch im folgenden finden sich in den Akten ähnlich gelagerte Hinweise zur *Geschäftsvereinfachung* mit dem Tenor, geringere Vorgänge „auf dem Verfügungswege durch die Kreisamtsleiter" entscheiden zu lassen, wodurch das aufwendige Ausschußsystem entlastet werde.[150] Nach der vorläufigen Zuständigkeitsregelung waren die Beamten befugt, einmalige Unterstützung in Notfällen bis zu einer bestimmten Höhe anzuweisen. Dauerunterstützungen oblagen aber auch weiterhin der Entscheidung durch die Bezirksversammlungen. Da die Ermittlungen und Vorberechnungen durch die Beamten dann aber schon getätigt waren, war diese Entscheidung in den vierzehntägigen Sitzungen der Bezirksausschüsse „nur noch Formsache" und wurde weitgehend im sog. „Auflageverfahren" ohne weitere Diskussion entschieden (vgl. WBlStNbg ebenda). Weitergehend wurde in der Folge aufgrund einer Dienstreise des Vorstehers des Wohlfahrtsamtes nach Dresden, Magdeburg und Hamburg, d.h. im Einklang mit der Fachwelt, gefordert (Notiz vom 7.9.1928, Akten StArchNbg C 25/I Nr. 15):

> „Wenn den Beamten das Recht auf Anweisung von Dauerunterstützungen auf Grund von Berechnungen und in Berücksichtigung der Verhältnisse im Einzelfall allgemein – wenigstens für alle Normalfälle – wie in Dresden und Magdeburg zugestanden werden könnte, so würde damit eine wesentliche Geschäftsvereinfachung durch Wegfall des Aktenumlaufes, des Botendienstes, vieler Sitzungen und der Sitzungsprotokolle (im Vorjahr 59510 Gegenstände behandelt) erzielt und eine beschleunigte Erledigung der Fürsorgeanträge erfolgen können", was finanzielle Vorteile für die Stadt und für die Bedürftigen hätte.

Dementsprechend kam es durch den Beschluß des WHA vom 18.4.1929 zum Vorschlag der Geschäftsvereinfachung und Ausweitung der Befugnisse der Berufsbeamten, ja zum Antrag auf Aufhebung der Bezirksausschüsse und Einbezug der Bezirksvorsteher in die Kreisausschüsse, worüber allerdings der Stadtrat entscheiden sollte. Die zugrunde liegende Denkschrift machte neuerlich nachhaltig auf die Überlastung des schwerfälligen Ausschußsystems aufmerksam und sah statt dessen die Ausweitung der *ständigen* Betreuung durch Berufskräfte und Familienfürsorgerinnen vor (Akten StArchNbg C 25/I Nr. 15).

Von diesen Vorschlägen wurde allerdings nur ein Teil verabschiedet, da sich starker *Widerstand* der ehrenamtlichen Bezirksausschüsse und Bezirksvorsteher regte, die sich immer mehr übergangen und vernachlässigt fühlten. Ein Bezirksvorsteher beschwerte sich in einem Schreiben an die Zentrale des Wohlfahrtsamtes vom 17.11.1928 über mangelnden Kontakt und zu selten stattfindende Konferenzen der Bezirksvorsteher. Er habe den Eindruck, es werde „...überhaupt keine Verbindung mehr angestrebt". Weiterhin war dort die Rede von einem „absolutistischen Beamtenregiment". Die kühle Antwort der Verwaltung v. 3.12.1928 lautete: Eine „Einberufung erfolgt zu gegebener Zeit" (Akten StArchNbg C 25/I Nr. 53). In einem neuerlichen drastisch formulierten

---

[150] Vgl. dazu auch Wohlfahrtsblätter der Stadt Nürnberg Nr. 3/1926: 10 f.9.

Schreiben vom 6.9.1929 rügte ein Bezirksvorsteher die Ausschaltung der ehrenamtlichen Organe, insbesondere der Kreisausschüsse und bezog sich auf die genannte Regelung vom 30.7.1929 zur Geschäftsvereinfachung.[151] Schließlich beklagte er sich auch über die Einsparung von Unterstützungszahlungen:

> „...an den Fürsorgenehmern, die nicht das notwendigste zum Leben haben, soll eingespart werden. Ausgerechnet an den Armen unter den Armen ..." „...sparen Sie lieber an Papier mit den vielen Verfügungen und den leeren Seiten darauf und geben Sie den Armen ihr Recht", denn, so der Bezirksvorsteher, „die Klagen über die unwürdigsten Behandlungen nehmen immer mehr zu." (Akten StArchNbg ebenda).

Wie heftig dieser Konflikt zwischen ehrenamtlichen und beruflichen Kräften in der Nürnberger Wohlfahrtspflege war, läßt sich auch an folgender Begebenheit ablesen. Im Anschluß an eine Versammlung des Bezirksausschusses im Bereich des Kreisamtes Süd hielt ein Beamter nach dem Verlesen eines Beschlusses des Verwaltungsausschusses folgendes in einer Aktennotiz fest: „Nach Verlesen des Beschlusses nahm mir der Vorsitzende des Bezirksausschusses das Blatt mit den Originalbeschlüssen aus der Hand und gab es mir trotz Protest nicht wieder" (Akten StArchNbg C 25/I Nr. 15). Zwar gab es aber auch Bezirksausschüsse, so z.B. Nr. 24, welche die Geschäftsvereinfachung hinnahmen und unterstützten. Der Grund: Die Pfleger müßten sich ohnehin streng an die Richtsätze halten und in fast allen Fällen sei die Unterstützung bereits vom Amt genau errechnet worden. Aus diesem Grund könne von einer Beteiligung der Ausschußmitglieder an der Beratung von Neuzugängen auch so nicht mehr gesprochen werden (Akten StArchNbg C 25/I Nr. 53). Daß Teile der Bezirksausschüsse die ‚Rationalisierungsmaßnahmen' einsahen, geht auch aus dem Verwaltungsbericht 1926/27 hervor, wo es sogar heißt, daß die Reformen zur Geschäftsvereinfachung auf Anregung von Bezirksvorstehern, Wohlfahrtspflegern und Beamten vorgenommen worden seien.[152] Schließlich wurde, völlig ungeachtet der geschilderten Konflikte, im Verwaltungsbericht 1927/28 (188) über eine „gute Zusammenarbeit zwischen Ehren- und Berufsbeamten" berichtet. Anhand der Akten ist letztlich nicht zu entscheiden, inwieweit die Konflikte lediglich Einzelfälle darstellen. Letzteres erscheint angesichts der Dramatik der wirtschaftlichen Not, der großen Arbeitslosigkeit auf der einen Seite sowie der Knappheit der öffentlichen Mittel und der strengen Behandlung (siehe das oben zur Aussonderung von ‚Asozialen' Gesagte) auf der anderen Seite eher unwahrscheinlich. Schließlich ist das Konfliktpotential der Weimarer Wohlfahrtspolitik hinlänglich bekannt. Hier ist auch die parteipolitische Mobilisierung und Zuspitzung zu beachten. Sowohl Nationalsozialisten, welche sich

---

[151] Danach waren die Kreisamtsleiter unter anderem berechtigt, einmalige Barunterstützungen bis zu 100 RM selbständig anzuweisen, außerdem konnten bei Dauerunterstützungsfällen Vorschüsse von den Kreisämtern ausbezahlt werden und Überschreitungen der Richtsätze bis zu 20% ohne Genehmigung der Bezirksausschüsse vorgenommen werden.

[152] Die Vereinfachungen bezogen sich auf das sog. „Auflageverfahren" für die Ausschußsitzungen, bei dem keine Aussprache sondern eine unmittelbare Beschlußfassung nach der Vorlage erfolgte.

hauptsächlich mit den Kriegsveteranen sowie den Sozial- und Kleinrentnern solidarisch fühlten, als auch Kommunisten, die Arbeitslose und das ‚Lumpenproletariat' (Crew, D.F. 1990) auf ihre Seite zu ziehen versuchten, agitierten entschieden gegen die staatliche Wohlfahrtspolitik.[153]

Bürokratisierung und Professionalisierung waren insofern auch Mittel, um soziale und politische Konflikte zu bewältigen, wobei die Verwaltung die Rolle der „unparteiischen und professionellen, gemeinnützigen Fachverwaltung" zu besetzen versuchte und so Ansprüche einzelner Gruppen zurückweisen konnte (vgl. Bajohr, F. 1991). Auf der anderen Seite stand der Protest der immer mehr in den reinen Vollzug und die programmierte Aufgabenerledigung gedrängten Ehrenamtlichen, die zum Teil eine stärkere Klientenorientierung und den Blick für die Not des Einzelnen oder einzelner Gruppen hatten. Zunächst sei unter dem Druck der wirtschaftlichen Krise, so ein Kreisamtsleiter auf einer Bezirksvorstehersitzung vom 20.11.1930, das oberste Prinzip Sparsamkeit, und das Protokoll einer Sitzung vom 9.9.1932 läßt verlauten, daß die Spruchpraxis des Verwaltungsausschusses akzeptiert werden müsse, da dieser den *größeren Überblick* über verschiedene Fälle und die Auswirkungen der Fürsorgemaßnahmen hätte. Ziel der Verwaltung sei es, die *„Meinungen auf eine Linie zu bringen"*, was nicht als persönliche Kritik zu bewerten sei; jeder mache einmal Fehler und eine Korrektur sei nach und nach möglich. „Scharfe Beamte" habe es außerdem immer schon gegeben und jede Kritik solle an die Kreisamtsleiter weitergegeben werden. Schließlich wurde nochmals darauf hingewiesen, daß Richtsatzüberschreitungen nur nach *Gutachten* von Vertrauens*ärzten* möglich seien (StArchNbg C 25/I Nr. 53).

Eine weitere Notiz vom 11.9. 1932 (Akten StArchNbg ebenda) zeigt den Konflikt um die Bürokratisierung und Professionalisierung aus der Sicht der Ehrenamtlichen. Darin werden „schärfste Bedenken gegen Sparmaßnahmen" geäußert und weiter: Die „ehrenamtlichen Pfleger machen das nicht mit" und „lassen es darauf ankommen, daß vom Verwaltungsausschuß die beanstandeten Beschlüsse aufgehoben werden. Diese fühlen dann wenigstens ihr Gewissen nicht mit einem Unrecht belastet." Umgekehrt blieben z.B. die Ermittlungsbeamten regelmäßig den Sitzungen der Bezirksausschüsse fern, weil sie dort nicht stimmberechtigt waren. Dieses war in den Akten (StArch Nbg C 25/I Nr. 59) seit dem 15.4.1931 zu verfolgen und wurde mehrfach, offenbar erfolglos, gerügt. Die Tatsache, daß die Rügen über längere Zeit hinweg erfolglos und scheinbar ohne Konsequenzen blieben, werfen schließlich auch ein Licht auf die verbliebenen realen Kompetenzen der Bezirksausschüsse.

Die Haltung der Nürnberger Verwaltung in der Zeit der Krise kam auch in der Korrespondenz mit dem Deutschen Städtetag zum Ausdruck, in der es um

[153] Vgl. für Nürnberg Hanschel, H. 1977; Bußmann-Strelow, G. 1992; vgl. auch das Hamburger Beispiel bei Lohalm, U. 1991 und Crew, D.F. 1990, der insbesondere die Konflikte mit den ärmeren Alten, den Kriegsopfern, Sozial- und Kleinrentnern aufzeigt.

Rationalisierungsmaßnahmen in der Wohlfahrtspflege ging. Erster Ansatzpunkt war getreu der aufgezeigten *Leitbilder*: „Dringend notwendig ist das Vorhandensein von (geeignetem) Personal in ausreichender Anzahl." (Akten StArchNbg C 25/I Nr. 631). Ähnliches dokumentiert ein Artikel des Leiters des Wohlfahrtsamtes, A. Hofmann (1927b: 15 f.) mit dem Titel „Das System der Berufshelfer beim Wohlfahrtsamt Nürnberg".[154] Als Hauptaufgaben für die Berufshelfer nannte er die Fälle, in denen *Strenge* als notwendig erachtet wurde – unwirtschaftliche Familien, entlassene Strafgefangene, Arbeitsfähige – oder diejenigen, bei denen „eine rasche Sicherung des Nachlasses zugunsten des Wohlfahrtsamtes notwendig" sei. Schließlich fand sich der Leitsatz der Einsparung durch Bürokratisierung und Professionalisierung in einem weiteren Artikel der Nürnberger Wohlfahrtsblätter, der sich mit „Bedeutung und Aufgaben der ehrenamtlichen Mitarbeit in der neuzeitlichen städtischen Fürsorge" beschäftigte: „Die Erfahrungen der letzten Jahre haben gezeigt, daß ein Abbau von amtlichen Fürsorgepersonal einer Vermehrung der Fürsorgeaufgaben gleichkommt, da nur eine ständige n a c h g e h e n d e F ü r s o r g e eine Gewähr für die Vermeidung unnützer Fürsorgeausgaben bieten kann" (Hervorhebung i. Orig.), was eben bei den Massen von Fällen und der Komplexität der Materie von Ehrenamtlichen nicht mehr ausreichend bewältigt werden könne (Staudacher, L. 1925: 2). Zwar werde „das ehrenamtliche Moment in der Fürsorge nie ausgeschaltet werden können und immer eine wichtige Rolle spielen. Freilich wird es dazu notwendig sein, an der Schulung der ehrenamtlichen Kräfte in gleichem Maße weiter zu arbeiten wie an jener der beruflichen Organe" (ebenda: 3). Daß der Ausbau einer professionellen Verwaltung von der Nürnberger Sozialverwaltung favorisiert und nach Möglichkeit vorangetrieben wurde, zeigen nicht nur die zahlreichen Äußerungen der führenden Vertreter, dies läßt sich schließlich an deren Bestrebungen zur Verbesserung der *Ausbildungssituation* ablesen, die auch für die männlichen Sozialbeamten gefordert wurden.[155]

---

[154] Im Tenor ähnlich ist sein Artikel zu „Ausbildungsfragen der Sozialbeamten" (1926: 4 ff.) oder zur „Fürsorge- und Verwaltungstechnik beim städtischen Wohlfahrtsamt Nürnberg" (1927a: 10 ff.).

[155] Vgl. Hofmann, A. 1926: 4 ff.; vgl. StArchNbg C 25/I Nr. 22; vgl. auch Bußmann-Strelow, G. 1992: 201 ff.

C. Die Sozialverwaltung im Dritten Reich

I. Vorbemerkungen

Die Betrachtung der kommunalen Fürsorgeverwaltung während der Diktatur des ,Dritten Reichs' erfordert einige Vorbemerkungen. Einerseits erschwert die Befangenheit der deutschen Geschichtsschreibung und die damit einher gehende Verdrängung einen unbeschwerten wissenschaftlichen Zugang.[156] Die Verdrängung kam in vielerlei Hinsicht zum Ausdruck, so darin, daß der zentrale Wille Hitlers und seiner weniger Helfershelfer, sein ,Charisma' als Demagoge, der Dämon gar oder „die Katastrophe", die sozusagen von außen hereinbrach, beschworen und die Beteiligung der großen Mehrheit geleugnet wurden. Dann wurde entschuldigend die wirtschaftliche und politische Krise, die angebliche ,Unregierbarkeit' der Weimarer Republik hervorgehoben und schließlich auf die „totale Herrschaft" im Dritten Reich verwiesen, was jeglichen Widerstand angeblich schon im Keim ersticken mußte.[157] Noch wichtiger scheint mir aber, und dies ist ein Teil der anderen Seite der besonderen Schwierigkeiten einer objektiven Rekonstruktion der nationalsozialistischen Herrschaft, daß die eigentümliche, oft wirre und widersprüchliche, Ideologie und unübersichtliche terroristische Praxis weder in Ursachen noch in ihrer Wirkung vollständig oder zureichend erklärt werden konnten, was zudem an der schwer faßbaren Dimension der Gewalt lag.

Bei der Analyse des politischen und bürokratischen Herrschaftssystems des Dritten Reichs wurde meist die unausweichliche, *totale* nationalsozialistische

---

[156] Martin Broszat brachte dies auf den Punkt, daß eine ,Historisierung' des Nationalsozialismus in kritischer Absicht noch nicht gelungen sei (1988). Der Verlauf des ,Historikerstreits' Ende der achtziger Jahre belegt dies ebenso wie die ,Goldhagen-Debatte' Mitte der Neunziger. Charakteristisch für die mit zahlreichen Beispielen zu belegende und wohl als unumstritten anzusehende *Verdrängung* ist für den vorliegenden Bereich die für die Zeit des Nationalsozialismus äußerst knappe und beschönigende Hausgeschichte des Deutschen Vereins von Orthband (1980: 284-287) oder die Biographie des Vorsitzenden Polligkeit durch Krug von Nidda 1961. Vgl. dazu die Kritik von Tennstedt, F. 1981a u. b. Erst 1985 begann man im Deutschen Verein daraufhin die Untersuchung der Rolle seiner berühmten Vorsitzenden Polligkeit sowie Hans Muthesius (Vorsitz von 1950-1964) in der Zeit des Dritten Reichs – letzterer war von 1940-1945 im Reichsinnenministerium unter anderem zuständig für ,Jugendschutzlager' in den besetzten polnischen Westgebieten, die der ,Verwahrung' jugendlicher Opfer der deutschen Besatzer dienten. Der darauffolgende Forschungsbericht von 1992 bewirkte immerhin, daß das Haus des Deutschen Vereins in Frankfurt und seine Ehrenplakette fortan nicht mehr nach Muthesius benannt wurden (vgl. NDV 4/1992: 101 f.).

[157] Mit anschaulichen Beispielen aus der Regionalgeschichte: Ellwein, Th. 1997: 79-86.

Herrschaft betont, die weitestgehend durch das Wirken Hitlers, seiner Ideologie und des terroristischen Systems ‚erklärt' wurde. Dies gilt im Prinzip auch für die Fraenkelsche These vom nationalsozialistischen ‚Doppelstaat' (1941), wonach der *Staat* durch die parallele quasi-staatliche nationalsozialistische Parteiorganisation völlig instrumentalisiert worden sei (vgl. Wunder, B. 1991: 269). Diese Einschätzung der – oft entschuldigend vorgebrachten – ‚Instrumentalisierung' ist im Prinzip auch den später so genannten ‚Intentionalisten' zu eigen, die innerhalb einer – mehr und mehr zugestandenen – ‚*Polykratie*' das geschickte charismatische Wirken des ‚Führers' Hitler betonten (differenzierter dazu: Bach, M. 1990). Arbeiten der ‚Funktionalisten' oder ‚Strukturalisten' (vgl. z.B. Broszat, M. 1992, Rebentisch, D./Teppe, K. 1986) betonten ebenso unübersichtliche Herrschaftsstrukturen sowie den Wirrwarr an Zuständigkeiten im „polykratischen" nationalsozialistischen Staat, sie lenkten jedoch den Blick stärker auf *Kontinuität* sowie die zugrunde liegenden *gesellschaftlichen* Funktionsweisen und Strukturen mit ihrer jeweiligen Interessenbasis.[158]

Ungeachtet dieser hier nicht im einzelnen zu betrachtenden Schwierigkeiten der Analyse des nationalsozialistischen Herrschaftssystems ging mit der weithin vorherrschenden *gesellschaftlichen* Verdrängungsleistung eine fehlende *theoretische* Reflexion und mangelnde Analyse gesellschaftlicher, ökonomischer und kultureller Hintergründe einher – sieht man von marxistischen Arbeiten ab, welche wiederum allzusehr vereinfachend den Nationalsozialismus als Instrument des Kapitalismus, als Manager der kapitalistischen Krise sahen, was in der kriegerischen Sicherung von Ressourcen und der ‚Bändigung' der Arbeiterbewegung deutlich werde (dazu: Mason, T. 1977). Die mangelnde theoretische Durchdringung signalisierend heißt es z.B. in einem als wegweisend gehandelten Werk zur Verwaltungsentwicklung des Dritten Reichs, es sei angesichts der „in hohem Maße defizitären" Forschungssituation und der „schwierigen Definitionsprobleme und Standortbestimmung" „legitim, sich ohne großen theoretischen Aufwand mit der Sache selbst zu beschäftigen" (Rebentisch, D./ Teppe, K. 1986: 9).[159]

Deutlich werden theoretische Unzulänglichkeiten daran, daß *Begriffe* des Nationalsozialismus übernommen werden, ohne diese zu reflektieren. Dies soll hier kurz am für den Nationalsozialismus zentralen ‚*Rassenbegriff*' beleuchtet werden. Juden werden bis heute in Zusammenhang mit ‚Rasse' gebracht, obwohl sie eine Religionsgemeinschaft darstellen und die Bezeichnung als Rasse selbst Teil der lange ausgeübten Bekämpfung durch die christlich geprägte Ge-

[158] Einschlägig ist dazu immer noch Franz Neumanns ‚Behemoth' (1944). Einen guten Überblick zur Forschungslage gibt Ian Kershaw (1994). Konkret zur nationalsozialistischen Herrschaftspraxis mit dem Blick auf die Verwaltung (mit zahlreichen Nachweisen): Ellwein, Th. 1997.

[159] Eher theorielos sind auch die Beiträge in: Jeserich/ Pohl/Unruh 1985; z.B. K.D. Bracher, 1985: 653 ff.

sellschaft ist.[160] Gerade an diesem Punkt scheint die Forschung geblendet zu sein, die z.B. von „NS-Rassenantisemitismus“ spricht (vgl. Röhr, W. 1992b: 37 f.), ohne auf religiöse Aspekte überhaupt einzugehen.

Auch in den in neuerer Zeit – nach anfänglichem Desinteresse oder Stillschweigen – zunehmenden Arbeiten zum nationalsozialistischen „*Wohlfahrtsstaat*“, wie z.B. in der von Sachße, Ch./Tennstedt, F. (1992), fehlt in der Regel eine dahingehende Reflexion, die z.B. von „Mitbürgern jüdischer *Abstammung*“ reden (1992: 50). Eine solche ‚Sicht‘ wirkt sich konkret bei der Analyse der Auseinandersetzungen zwischen kirchlicher und nationalsozialistischer Wohlfahrtspflege aus.[161] Zwar stellen Sachße/Tennstedt fest: „Trotz allen Anfeindungen und Einschränkungen waren so die beiden konfessionellen Wohlfahrtsverbände neben den Kirchen selbst die einzigen gesamtgesellschaftlich relevanten Organisationen, die dem Schicksal formaler Gleichschaltung entgingen“ (1992: 27). Die andere relevante Interessengruppe war übrigens die der Unternehmerverbände (vgl. Broszat, ebenda). Theoretischer Leitgedanke der in den letzten Jahren wachsenden Literatur zur nationalsozialistischen Wohlfahrtspflege ist dagegen folgender, der wiederum nur eine Seite von Ursachen einigermaßen deutlich benennt:

> „Der Nationalsozialismus läßt sich … einmal als Krise der kapitalistischen Akkumulationsbedingungen, zum anderen als durch Konservative und Reaktionäre selbst verordnete Kulturkrise bzw. deren Radikalisierung verstehen“ (Otto, H.-U./Sünker, H. 1989b: 15).

Ist die Analyse in bezug auf die kapitalistische „Bändigungsfunktion“ der Arbeiterklasse (nach Mason) aufgrund marxistischer Theorieanleihen noch gelungen, bleibt der Hintergrund der „selbst verordneten Kulturkrise“ unklar. Meist wird global eine antimoderne Traditionsrevolte unterstellt, ohne wiederum den religiösen Hintergrund der Judenverfolgung anzusprechen. Im Vergleich dazu wird allgemein die antidemokratische und antikommunistische Tradition staatlicher Eliten und Institutionen in Bürokratie, Justiz, Wehrmacht und Wirtschaft eher deutlich benannt. Fraglos ging der Nationalsozialismus indes weit über die traditionelle Ausschließung und Verfolgung hinaus, er erfaßte neben Juden und Kommunisten viele andere Bevölkerungsgruppen, Sinti und Roma oder eben die sogenannten ‚Asozialen‘ (vgl. dazu Ayass, W. 1995) und er verwandte grundsätzlich andere, radikale und ‚moderne‘ Mittel.[162]

---

[160] Conze bringt den historischen Hintergrund auf den Punkt: „Besonders zwei historische Vorgänge haben den frühen Rassebegriff entscheidend beeinflußt: die spanische Reconquista und die Adelsdiskussion in Frankreich. Mit dem spanischen Zwangsbekehrungsedikt von 1492 traten die Juden als ‚race‘ ins europäische Bewußtsein, und ihre Sonderstellung wurde zusätzlich noch durch die Forderung nach ‚Reinheit des Blute*s*‘, limpieza de sangre, besiegelt, die sie über die Konversion hinaus als mächtige Gruppe aus der spanischen Gesellschaft ausschließen sollte…“ (1984: 140).

[161] Dieser Vorwurf gilt im Prinzip auch für das Standardwerk von E. Hansen (1991).

[162] Karlheinz Deschner wies auf die *entscheidende* Mithilfe durch von Papen (Zentrum) bei der Machtergreifung durch die Nationalsozialisten hin, aber auch auf die darauffolgende Unterstützung des deutschen Faschismus durch die Kirchenfürsten und den Papst. Anlaß für ernste Kritik der katholischen Kirche am Hitlerregime war während der gesamten Zeit neben der Verletzung eigener Organisationsinteressen lediglich die Vernichtung der Geisteskranken (Deschner 1965: 132 ff.).

Zur Erklärung der „Kulturkrise“ wird gerne eine negativ gewendete *Modernisierungstheorie* herangezogen (vgl. Miller, M./Soeffner, H.-G. 1996). Dies versuchte im Bereich der Geschichte der Sozialpädagogik und Sozialarbeit insbesondere *Detlev Peukert* in seinen Arbeiten zur Entwicklung der Jugendfürsorge von 1878 bis 1932 (1986) (vgl. auch Prinz, M. 1989). Peukert begreift die NS-Sozialpolitik als „kriseninduzierten negativen Höhepunkt der destruktiven, pathologischen Aspekte des Modernisierungsprozesses, als Teil der Krankengeschichte der Moderne“ – „einer ‚Moderne‘ übrigens, deren Pathologien in der kapitalistischen Version ebenso bedrückend aufscheinen wie in der staatssozialistischen Version“ (1989: 43). Ohne Peukert ganz dort einordnen zu können, verliert die Gleichstellung von ‚linkem‘ und ‚rechtem‘ Faschismus, wie sie auch im sogenannten „*Totalitarismusansatz*“ vollzogen wurde, deren Besonderheiten und Unterschiede aus dem Auge. Diese liegen, ungeachtet von Gemeinsamkeiten des Stalin- und Hitlerregimes, in der sozialen, politischen und ökonomischen Basis und dessen Wirkungsmechanismen, was schon daran deutlich wird, daß es für die konservativen Eliten, allen voran die Schwerindustrie und die Kreise um Hugenberg durchaus einen Unterschied ausmachte, ob sie die NSDAP oder KPD unterstützten (vgl. Kühnl, R. 1988: 159; vgl. ders. 1979). Außerdem ist die Verwendung der Modernisierungstheorie an sich problematisch, weil der Begriff der Moderne selbst unklar ist. Die Diskussion von Modernisierungstheorie und nationalsozialistischem Wohlfahrtsstaat, kann an dieser Stelle ebensowenig weiterverfolgt werden wie andere theoretische Probleme der Interpretation der nationalsozialistischen Herrschaft.

Ausgangspunkt ist hier also, „die Realität des Verwaltungsalltags“ aufzuarbeiten und „Kontinuität“,[163] aber auch Neugründungen und Spezifika der nationalsozialistischen Verwaltung nachzugehen (Rebentisch/Teppe 1986: 12 f.). Ferner gilt es zu beachten, daß auf kommunaler Ebene Abweichungen und praktische Widersprüche zur herrschenden Ideologie auftraten, zumal diese selbst in sich widersprüchlich war und viele ‚Führer‘ ‚vor Ort‘ am Werk waren.[164] Solches kann aber im folgenden im Rahmen der hier gewählten theoretischen *Fragestellung* lediglich in einem kleinen Ausschnitt, nämlich der *organisatorischen Entwicklung*, bearbeitet werden, wobei die Aufbauorganisation im Vordergrund und die Ablauforganisation eher im Hintergrund stand. Ebenso konnten deshalb die konkrete Verwaltungsarbeit und der -vollzug mit ihren je-

---

Deschner kam zum Fazit, daß der katholischen – aber auch der evangelischen Kirche – der Faschismus als „das kleinere Übel“ und als ein wertvolles Instrument zur Beseitigung des gottlosen Bolschewismus erschien (1965: 184). Bemerkenswert ist auch die in Deutschland herrschende Unkenntnis des Konzentrationslagers Jasenovac. Dieses wurde vermutlich auch deshalb nicht so bekannt, weil bei den Greueln des Ustascha-Regimes Vertreter der katholischen Kirche bei der Judenvernichtung *aktiv* beteiligt waren (vgl. Dedijer, V. 1989, Deschner, K.-H. 1965: 225 ff.).

[163] Vgl. dazu die Untersuchung der Rolle der deutschen Beamtenschaft im Übergang zum Faschismus von J. Caplan (1988). Sie belegt die These, daß die Beamten in ihrer Aversion gegen eine pluralistische politische Demokratie sich weithin mit den Nationalsozialisten gegen die Weimarer Demokratie verbündeten.

[164] Dazu gibt es eine Fülle regionaler Studien; vgl. m.w.N. Ellwein, Th. 1997: 79 ff.

weiligen Auswirkungen (Repression nach innen und außen, Vernichtung) nicht aufgearbeitet werden. Schließlich mußte noch eine – für die Bewertung der nationalsozialistischen Fürsorgeverwaltung nicht unerhebliche – zeitliche Einschränkung vorgenommen werden, denn für die Zeit des *Weltkrieges* stand überwiegend kein Material zur Verfügung. Die besonderen Veränderungen der Fürsorgeorganisation unter dem Eindruck des Krieges können hier also nicht in die Überlegungen einbezogen werden.

II. Kontinuität und Wandel institutioneller Strukturen

Wie die *Grundzüge* der Fürsorgeverwaltung bereits vor der Weimarer Republik institutionell begründet und ausgeprägt waren, veränderten sich diese erneut nicht schlagartig und durchgängig mit der ‚Machtergreifung' oder -übergabe an die Nationalsozialisten. Weder machten die Nationalsozialisten – entgegen ihren Ankündigungen – „Schluß mit der Wohlfahrtsduselei" (Hitler), noch etablierten sie ein gänzlich neues System. Hier bewährt es sich, die Analyse mehr von der praktischen Wirkungsseite als von den ideologischen Absichtserklärungen der Nationalsozialisten anzugehen. Das Abstellen auf das ‚Volksganze', das sich in den Vordergrund und das individuelle Wohl in den Hintergrund drängte, der ‚gesunde Volkskörper' als zentrales Leitmotiv der nationalsozialistischen Zeit, war, wie bei der Diskussion der Leitgedanken der Fürsorge der Weimarer Republik gezeigt wurde, durchaus nicht nur bei konservativen reaktionären Denkern und nicht erst in der Zeit der wirtschaftlichen Krise in der Fachwelt populär, wie Sachße/Tennstedt (1992) betonen. So hat sich auch hier nicht ein vollkommen *neues* Leitbild etabliert sondern ein bereits bestehendes *radikalisiert* und andere, zart keimende, emanzipatorische Gedanken und insbesondere wesentliche Momente der Verrechtichung *verdrängt*, indem das individuelle Recht vollständig hinter das der „Volksgemeinschaft" gestellt wurde. Neben anderen Gründen, wie der Kostenfrage, war an diesem individuellen Recht das in der Fachwelt als unumstritten geltende Bewahrungsgesetz gescheitert. Dieses kam allerdings auch im Dritten Reich nicht zustande, weil Polizei und SS die Aussonderung in radikaler Form und ohne gesetzliche Grundlage übernahmen (vgl. Sachße, Ch./Tennstedt, F. 1992: 263 ff).

Hier zeigen sich die wichtigen *neuen* Interpretationen und Zuspitzungen, die der Nationalsozialismus hervorgebracht hat. Einerseits mußte die faschistische Volkspflege nicht neu geschaffen werden und konnte in weiten Bereichen auf eine Tradition christlichen und bürgerlichen pädagogischen Denkens zurückgreifen, das *auch* an der Aussonderung von Unwürdigen orientiert war (vgl. Otto, H.-U./Sünker, H. 1989: 24). Andererseits: Der Zugriff auf das auszusondernde unwürdige Subjekt wurde so total und brutal, wie es bis dahin eben nicht möglich war.

Die Nationalsozialisten konnten und wollten nach der Machtergreifung und Machtübergabe durch die Eliten der Weimarer Republik im Jahr 1933 (vgl. Broszat, M. 1992: 13 ff.) zunächst, im Gegensatz zur Beseitigung der parlamentarischen und demokratischen Strukturen, keine vollständige Neugestaltung der Verwaltung herbeiführen. Dem kam nicht zuletzt der Umstand entgegen, daß das Berufsbeamtentum stark der Tradition des Obrigkeitsstaates verpflichtet und überwiegend willfährig war (Broszat, M. 1992: 27). Dieses galt ungeachtet der von den Nationalsozialisten vorgebrachten scharfen verbalen Attakken gegen Bürokratie und Beamtentum. Auf der kommunalen Ebene wurden mit den bekannten Mitteln der Hetzpropaganda (meist gab es grundlose Korruptionsvorwürfe), Gewalt sowie mit Hilfe der Staatsaufsicht (Staatskommissare) oft die meist politisch gewählten *Spitzenbeamten*, die Oberbürgermeister, Bürgermeister und Referenten bzw. Dezernenten, auch in der Wohlfahrtsverwaltung ausgewechselt (vgl. eingehend Matzerath, H. 1970: 61 ff.; v. Mutius, A. 1985: 1062 ff.), insbesondere wenn sie Juden oder Sozialdemokraten waren.[165] Ein vollkommenes Auswechseln des gesamten Beamtenapparats erschien aber weder möglich – dem standen sowohl finanzielle Restriktionen (Rentenansprüche) als auch der Mangel an qualifizierten Kräften bei den Nationalsozialisten gegenüber – noch nötig, da die Beamten in der Regel ohnehin dem Parlamentarismus und Demokratie gegenüber ablehnend, konservativ und reaktionär eingestellt, selten Parteimitglieder und unter diesen noch seltener Sozialdemokraten oder gar Kommunisten zu finden waren. Ebenso gab es nur sehr wenige Juden in der Verwaltung (vgl. Broszat, M. 1992: 303 ff.).

Unterstützend für einen kontinuierlichen Übergang war, daß die Nationalsozialisten während ihrer „Radaupolitik"[166] in der Weimarer Zeit wenig konkrete Konzepte und Vorstellungen entwickelt hatten, welche über das Ziel der Machtergreifung hinausgingen – was sowohl für die Kommunalpolitik im allgemeinen als auch die Wohlfahrtspolitik im besonderen gilt. Kühn zitiert in seiner Arbeit zur Entwicklung des Jugend- und Gesundheitsamts (1986: 323) den Leiter des neuen, die zerschlagene Arbeiterwohlfahrt beerbenden Verbandes der Nationalsozialistischen Volkswohlfahrt (NSV),[167] Hilgenfeldt, mit einer Äußerung von 1937, was pars pro toto gelten kann: „Wir waren keine Spezialisten oder Fachleute auf dem Gebiet der Wohlfahrtspflege, als wir den Auftrag zu seiner Durchführung erhielten. Deshalb gingen wir unbelastet von Theorien

---

[165] Die, für viele Fälle nachträglich legalisierende Grundlage dafür bot insbesondere das „Gesetz zur Wiederherstellung des Berufsbeamtentums" vom 7.4.1933 (RGBl I: 175). Vgl. in bezug auf die Wohlfahrtsverwaltung Berichte über die zum Teil gewaltsamen und pogromartigen „Säuberungen" in Berlin bei Kramer, D. 1983: 198 ff.

[166] Beeindruckend schildert H. Hanschel (1977) das Vorgehen Julius Streichers und seiner Helfershelfer gegen OB Luppe und die „rote versippte" Verwaltung der Stadt Nürnberg.

[167] Die NSV wurde durch eine Verfügung des „Führers" am 3.5.1933 als die für die Wohlfahrtspflege und Fürsorge zuständige Organisation der NSDAP anerkannt (vgl. dazu Vorländer, H. 1988; Hansen, E. 1991; Sachße, Ch./Tennstedt, F. 1992; aus nationalsozialistischer Sicht: Michaelis, H. 1941).

ans Werk und ließen uns allein von der nationalsozialistischen Weltanschauung und unserem Instinkt bestimmen."

Den „Säuberungen"[168] und der Besetzung wichtiger Posten durch verdiente Nationalsozialisten oder „alte Kämpfer" folgte allerdings die Erkenntnis, daß „die Möglichkeit der ordnungsgemäßen Führung der Verwaltungsgeschäfte durch sachlich geeignete Kräfte gefährdet war" (so in einem Erlaß des Preußischen Innenministeriums vom 30.5.1933, nach Matzerath, H. 1970: 82).[169] Zum Teil wurden entlassene Kräfte auch wieder eingestellt. Dazu bemerkt D. Kramer aufgrund seiner Recherche zur Berliner Wohlfahrtsverwaltung (1983: 202):

> „Es kann nicht der geringste Zweifel darüber bestehen, daß fast alle Fürsorger aus der Weimarer Zeit ... sich ‚den Realitäten' in irgendeiner Art und Weise angepaßt haben, und sei es auch nur durch den Beitritt zur NSV ... Nach den Interviews scheint es auch keine Seltenheit gewesen zu sein, daß Fürsorgekräfte, die 1933-34 aus politischen Gründen entlassen wurden, gegen Ende der dreißiger Jahre wieder eingestellt wurden."

Nach den turbulenten Anfangsaktionen machte man auch in Nazikreisen geflissentlich auf die Einhaltung des „Dienstweges" aufmerksam, d.h. innere bürokratische Angelegenheiten sollten auch auf den traditionellen Wegen behandelt und nicht „von außen", d.h. von der Partei beeinflußt werden. Als die Herrschaft errungen, gefestigt und die „Führer" zunehmend überlastet waren, kam die Differenzierung der Verwaltung, d.h. Delegation, Arbeitsteilung und ‚Programmierung' wieder verstärkt ins Spiel. Nachdem die Verwaltungsspitzen mit zuverlässigen Parteigenossen besetzt waren, machten diese sich zudem die Perspektive „ihres Hauses" zu eigen, d.h. die der Verwaltung, und verteidigten – dem nationalsozialistischen ‚Auslesekampf' entsprechend – ihr ‚Revier', auch gegenüber Angriffen der Partei (vgl. Broszat, M. 1992: 309). Solche wechselseitigen Anpassungsvorgänge zwischen Parteiapparat und Verwaltung lassen sich auch anhand der Nürnberger Wohlfahrtspflege gegenüber der konkurrierenden NSV beobachten. Kramer (ebenda) kam aufgrund seiner Analysen der Berliner Verwaltung zum Schluß: „Von außen eingesetzte Nazi haben sich teilweise den eingefahrenen Normen der Sozialbürokratie und dem Fachwissen der Fürsorgerinnen unterworfen..."

Ein weiterer Aspekt, der für die Kontinuität der Verwaltung spricht, ist das, allen nationalsozialistischen Parolen gegen Fürsorgestaat oder Bürokratie widersprechende, *Anwachsen des Personalkörpers der Wohlfahrtsbürokratie*. Dieses Wachstum ist trotz dem tatsächlich drastischen Rückgang der Zahl der zu unterstützenden Personen und ‚Parteien' (Fälle) zu verzeichnen. Was D.

---

[168] Insgesamt wurden nach Broszat ca. 1 bis 2 Prozent aller Beamten aus politischen oder „rassischen" Gründen ausgewechselt, weshalb „von einer revolutionären Umschichtung der Beamtenschaft nicht gesprochen werden kann, vielmehr die Säuberungsmaßnahmen weitgehend an der inneren Geschlossenheit des Beamtenapparates abprallten" (Broszat, M. 1992: 306 f.).

[169] Die von Matzerath ansonsten reklamierte völlige Instrumentalisierung der Gemeinden durch den Staat wird in neuerer Zeit, nicht zuletzt durch die von Broszat angeregten regional ausgerichteten Studien relativiert (vgl. Ellwein, Th. 1997: 90).

Kramer für Berlin feststellt (1983: 203 f.), wird für Nürnberg noch zu bestätigen sein:

„Sie (die Nazi, G.R.) haben es offenbar in den ersten Jahren des Dritten Reiches für notwendig erachtet, den Papierkrieg in der Fürsorge nachhaltig zu intensivieren, obwohl der Rückgang der Arbeitslosigkeit und die Maßnahmen zur Abschottung Berlins gegenüber zuziehenden Fürsorgefällen sehr schnell zu wesentlichen Entlastungen geführt haben…“

Neben dem Personal der Verwaltung blieb das *Recht* in weiten Bereichen der Fürsorge und Wohlfahrtspflege das gleiche, insbesondere in der *wirtschaftlichen* Fürsorge. Dies bedeutet nicht, daß alles beim Alten geblieben wäre, weil eine radikale *Auslegung* des Rechts herrschte, es zur typischen Mischung zwischen „formalem Recht und offenkundigem Unrecht“ (vgl. Ellwein, Th. 1997: 298 ff; 308 ff.) kam und Änderungen anfänglich auch hier geplant waren (vgl. Schön, P. 1985: 94 ff.). Die Reichsfürsorgeverordnung (RFV) und die Reichsgrundsätze über Voraussetzung, Art und Maß der öffentlichen Fürsorge (RGr) blieben jedoch mit geringfügigen Änderungen in Kraft. Allerdings lag der Schwerpunkt nationalsozialistischer Wohlfahrtspolitik eben bei der rücksichtslosen Anwendung des Rechts „im nationalsozialistischen Sinn“ und den ideologischen Aussagen zufolge auf anderen Gebieten, nämlich der „Rassehygiene“.

Wohlfahrtspolitische Ziele sollten zum einen erreicht werden durch die hier nicht weiter zu verfolgende sogenannte ‚Arbeitsschlacht‘, d.h. durch die Bekämpfung der Arbeitslosigkeit. Dies gelang unter den günstigen Rahmenbedingungen einer sich erholenden Weltkonjunktur mittels – überwiegend durch Schulden finanzierte – Arbeitsprogrammen, Aufrüstung, aber auch durch Neudefinition unter pompöser Inszenierung.[170]

Weiter ging es der nationalsozialistischen ‚Wohlfahrtspolitik‘ primär um eugenische und ‚rassenhygienische‘ Maßnahmen, d.h. die Förderung der erbbiologisch ‚Gesunden‘ und die Aussonderung der ‚Unwürdigen‘ oder eugenisch ‚Ungesunden‘ zur ‚Förderung des gesunden Erbstroms‘, der ‚Aufartung‘ im Sinne einer ‚*Volkswohlfahrtspflege*‘. Nach der Legaldefinition in § 2 der 3. Verordnung zur Durchführung des Gesetzes über Ablösung öffentlicher Anleihen vom 4.12.1926 hieß es noch: „Wohlfahrtspflege ist die planmäßige, zum Wohl der Allgemeinheit und nicht des Erwerbs wegen ausgeübte Sorge für notleidende oder gefährdete Mitmenschen. Die Sorge kann sich auf das gesundheitliche, sittliche oder wirtschaftliche Wohl erstrecken und Vorbeugen oder Abhilfe bezwecken“. Demgegenüber stand in der nationalsozialistischen Volkswohlfahrtspflege nicht mehr der einzelne, sondern das Volk im Vordergrund:

„Ausgangspunkt muß das Volk, das Wohl der Volksgemeinschaft sein. Nur so kann der Aufwand für den gesunden, den gefährdeten und kranken Volksteil einen gerechten Umfang annehmen. Maßstab für die Bewertung muß der erbbiologische und völkische Wert des Menschen

[170] Vgl. Kramer, D. 1983: 173 ff., Sachße, Ch./Tennstedt, F. 1992: 54 ff; Schoen, P. 1985: 56 ff.

sein, entscheidend seine Stellung in der Volksgemeinschaft" (Kirmeß, A. 1939: 14). Und weiter: „Der Staat strebt nun an, alle kranken Erbanlagen aus der Vermehrung des Volkes herauszulösen, um so für die Zukunft alles Kranke auszuschalten oder doch auf ein Mindestmaß einzuschränken. Dem Ziel, der Schaffung eines in allen Gliedern erbgesunden u. fortpflanzungsfreudigen Volks hat sich der einzelne Mensch unterzuordnen" (Kirmeß, A. 1939: 24 f.).

Aufgrund dieser ideologischen Zielsetzung gab es insbesondere im Bereich der enorm aufgewerteten *Gesundheitsfürsorge* wichtige *institutionelle Neuerungen.* Bereits am 14.7.1933 wurde, aufbauend auf Vorarbeiten aus der Weimarer Republik, das „Gesetz zur Verhütung erbkranken Nachwuchses" (RGBl I: 529) erlassen, das eine Sterilisation derer ermöglichte, die als ‚erbkrank' eingestuft wurden (vgl. m.w.N. Sachße, Ch./Tennstedt, F. 1992: 101).[171] Nach dem Grundsatz „die Gesamtheit ist nur gesund, wenn Einzelteile gesund sind" wurden in der Folge im Interesse der „Volksgesundheit" und zur Förderung der „Familie als Keimzelle des Staates zur Erzeugung gesunder Nachkommen und zur Pflege deutscher Kultur und deutschen Wesens" (Kirmeß, A. 1939: 40) weitere Gesetze erlassen, wie das „Gesetz zum Schutze des deutschen Blutes und der deutschen Ehre („Blutschutzgesetz") vom 15.9.1935 (RGBl I: 1146), welches die Eheschließung Deutscher mit Juden und durch die Ausführungsverordnung auch mit ‚Zigeunern' verbot. Weiter erging das „Gesetz zum Schutze der Erbgesundheit des deutschen Volkes („Ehegesundheitsgesetz") vom 18.11.1935 (RGBl I: 1246), das bei Verdacht auf „erbbiologische Mängel" bei einem der beiden Verlobten die Vorlage eines vom Gesundheitsamt ausgestellten „Ehetauglichkeitszeugnisses" verlangte. Schließlich wurden auch die verschiedenen Ehe- und Familienförderungen von derartigen Gesundheitszeugnissen abhängig gemacht (vgl. André, G. 1994: 77; Sachße, Ch./ Tennstedt, F. 1992: 102 f.).

Mit der Aufwertung und Ausweitung der ‚gesundheitsfürsorgerischen' Maßnahmen[172] ging die wesentlichste *organisatorische* Reformbemühung der Nationalsozialisten auf dem Gebiet der Sozialverwaltung einher, die *Verstaatlichung* der *Gesundheitsämter* mit dem „Gesetz zur Vereinheitlichung des Gesundheitswesens" (GVG) vom 3.7.1934 (vgl. Kühn, D. 1986: 324: f.; Sachße, Ch./Tennstedt, F. 1992: 103 ff.). Nach diesem Gesetz war die Einrichtung eines

---

[171] Dazu gehörten neben erblicher Blindheit, Taubheit oder sonstigen körperlichen Mißbildungen insbesondere auch psychische Auffälligkeiten, wie „angeborener Schwachsinn oder Schizophrenie", aber auch schwerer Alkoholismus, also Merkmale der „sozialen Tauglichkeit (Sachße/Tennstedt 1992: 101 f.). Diese Versuche der Klassifizierung von „Asozialität" führten nicht erst im Dritten Reich zu Grotesken, wie z.B. zum „getarnten Schwachsinn", der die „Maske der Schlauheit" trägt (letzteres aus Sachße/Tennstedt ebenda).

[172] Die neue Gewichtung kommt auch im Aufsatz Büttners im von Althaus u.a. herausgegebenen Handwörterbuch zur Wohlfahrtspflege (1939) zum Ausdruck, der unter „städtischer Wohlfahrtspflege" die Aufgaben der Gesundheitsämter an erster Stelle führt (vgl. ebenda S. 1006). Althaus war übrigens vor 1933 in der Berliner Sozialverwaltung tätig, später Amtsleiter im Hauptamt für Volkswohlfahrt, ab 1935 Vorsitzender des DV und nach 1945 in Kassel in einer Wohlfahrtsorganisation tätig; vgl. dazu die biographischen Angaben in Hansen, E. 1991: 378 f.; bemerkenswert ist dabei auch bei diesem führenden Vertreter der nationalsozialistischen Wohlfahrtspflege dessen dort angeführte *christliche* Gesinnung und Motivation.

staatlichen Gesundheitsamtes bei den Stadt- und Landkreisen unter der Leitung eines Amtsarztes *Pflicht*. Dennoch war es möglich, daß kommunale Gesundheitsämter bestehen bleiben konnten, was auf finanzielle Interessen vom Reichsministerium der Finanzen und politische Widerstände der Gemeinden zurückzuführen ist: Trotz der geplanten Verstaatlichung blieben vorwiegend in den großen Städten (in *allen* Großstädten mit mehr als 160.000 Einwohnern), die bereits ein kommunales Gesundheitsamt eingerichtet hatten, die kommunalen Gesundheitsämter erhalten, ja es gab sogar ab 1938 aus finanziellen Erwägungen wieder Bestrebungen zur Rekommunalisierung (vgl. Sachße, Ch./Tennstedt, F. 1992: 105). Hinsichtlich der *Aufgaben* der Gesundheitsämter gab es allerdings eine deutliche Veränderung, da neben den traditionellen gesundheitsfürsorgerischen und -polizeilichen Aufgaben eine starke Ausweitung, vor allem im Bereich der alle anderen Aufgaben überlagernden „erb- und rassenpflegerischen" Maßnahmen, erfolgte (vgl. Sachße/Tennstedt 1992: 108 f.). Wichtig scheint mir aber auch, daß den Gesundheitsämtern nach § 3 Abs. 1 Nr. 1 des GVG lediglich die ärztlichen Aufgaben übertragen wurden. Die *Durchführung* der von ihnen vorgeschlagenen Maßnahmen verblieb immer noch bei den Wohlfahrtsämtern (vgl. Büttner, R. 1939: 1006).

Während das Gesundheitsamt durch die Nationalsozialisten generell eine Aufwertung erfuhr, wurde die Stärke der *Jugendämter*, die wie gezeigt bereits in der Weimarer Republik etwas zurückgedrängt wurden, aufgrund des Expansionsstrebens von Parteiorganisationen eher eingeschränkt. Dies brauchte die Vergrößerung der Jugendämter dennoch nicht zu verhindern, wie am Nürnberger Beispiel zu zeigen sein wird. Nach Kühn waren es insbesondere drei Aufgabenbereiche, in denen das Jugendamt zurückgedrängt wurde: Die Übertragung gesundheitspflegerischer Aufgaben (Schulgesundheitspflege, Mutter- und Kindbetreuung) – im Einvernehmen mit dem Jugendamt – an das Gesundheitsamt (§ 10 RJWG), die Abgabe jugendpflegerischer Aufgaben an die Hitlerjugend und die Delegation nicht hoheitlicher Jugendfürsorgeaufgaben an die NSV (§ 11 RJWG).[173] Auch dies vollzog sich im wesentlichen ohne die gesetzliche Grundlage, das RJWG, zu ändern – obwohl für kurze Zeit derartige Überlegungen im Gang waren (vgl. Sachße, Ch./Tennstedt, F. 1992: 156). Geändert wurden dagegen die §§ 9 und 14 (Gesetz vom 1. Februar 1939) des RJWG, die anstelle der kollegialen Leitung eine Leitung nach dem „Führerprinzip" durch den Bürgermeister vorschrieben. Diesem wurde allerdings immer noch ein „*Beirat*" zur Seite gestellt, dessen Zusammensetzung und Aufgaben – wie im Bereich der wirtschaftlichen Fürsorge – stark an die alten Kollegialorgane angelehnt war (Büttner, R. 1939: 1010; NDV 2/1939: 40 f.). Jedoch wurden die Mitglieder, der „Beigeordnete" (Dezernent oder Referent),[174] die

---

[173] Kühn, D. 1986: 324; vgl. zum Jugendamt auch Müller, C.W. 1994: 46 ff.; Hasenclever, Ch. 1978: 127 ff.

[174] Dieser Beigeordnete trug die Bezeichnung Stadtrat und sollte führendes Parteimitglied sein, da aufgrund des Gesetzes zur Sicherung der Einheit von Staat und Partei vom 1.12.33 eine Führer-

Gemeinderäte sowie Vertreter der ‚privaten' Wohlfahrtspflege, vom Bürgermeister eingesetzt. Aufgabe der Beiräte war die Beratung der allgemeinen Richtlinien, etwa die Bestimmung der Richtsätze der wirtschaftlichen Fürsorge, der Anrechnungsgrundsätze, die Begutachtung der Anstaltsfürsorge oder des Haushaltsplanes. Ebenso wurde das im § 3a der RFV vorgesehene Einspruchs- und Beschwerdeverfahren weiter durch kollegiale Ausschüsse wahrgenommen (Büttner, R. 1939: 1010).

Die Modifizierung der quasi-parlamentarischen Leitungsorgane und die Ausrichtung auf das ‚Führerprinzip' war in der Praxis schon in allen Bereichen auf die für die nationalsozialistische Politik typische Art und Weise vollzogen worden *bevor* die Deutsche Gemeindeordnung von 1935 dies rechtlich absicherte (vgl. zur DGO allg. Matzerath, H. 1970: 132 ff.; v. Mutius, A. 1985: 1070 ff.). Ebenso war typisch, daß trotz der Deutschen Gemeindeordnung das Kollegium des Jugendamtes zunächst formal erhalten blieb, was der Reichsinnenminister angesichts der großen Unübersichtlichkeit", welche ob dieser Frage in der Praxis entstanden war, „klarstellte" (NDV 9/1935: 290). Weiter ist in diesem Zusammenhang erhellend, daß der Hinweis auf die Änderung der *Funktion* dieser Organe begleitet wurde von der Feststellung, daß diese schon in früheren Jahren bei straffer Führung durch energische Jugendamtsleiter und angesichts der Finanznot lediglich eine beratende Aufgabe hatten (NDV ebenda).

Die vielfach angeordneten straffenden Maßnahmen im Sinne des „Führerprinzips" wurden in der Praxis von unübersichtlichen und regional unterschiedlichen Entwicklungen überlagert, die stark von der Durchsetzungsfähigkeit einzelner Personen abhing (ausführlich: Ellwein, Th. 1997: 91-95; 281-295). Aufgrund der zwangsläufigen Überlastung und fachlichen Überforderung der „Führer" muß davon ausgegangen werden, daß nach der bereits 1933 überall erfolgten Umstellung auf das „Führerprinzip" die traditionellen kollegialen Einrichtungen – allerdings auf eher unauffällige Art und in modifizierter Form – in Ansätzen wiederbelebt wurden, wie das Nürnberger Beispiel nahelegt. Nachdem dort anfänglich noch *alles* auf dem Verfügungswege durch den Bürgermeister oder den Dezernenten entschieden werden sollte, wurden später kollegiale Gremien unter Zuziehung Ehrenamtlicher als monatliche und wöchentliche Besprechungen im Amt reaktiviert, wobei die Arbeit bestimmter Ausschüsse sogar unverändert beibehalten wurde. Wohlgemerkt bedeutete das keine Partizipation im Sinne parlamentarischer Organe. Durch die Reorganisation wurde die Position der Amtsleiter und der Beamten überhaupt weiter gestärkt, da diese nun die Besprechungen leiteten und die wesentlichen Entscheidungen trafen. Die Ehrenamtlichen wurden vor allem unterrichtet, es ging bei diesen Besprechungen hauptsächlich um die Koordination der verschiedenen Funktionsträger (und dabei vor allem zwischen Innen- und Außendienst und

---

personalunion zwischen leitenden Ämtern der Stadtverwaltung und der Partei bestehen sollte (Büttner, R. 1939: 1010).

zwischen ehrenamtlicher und behördlicher Fürsorgearbeit). Deutlich wird an diesem Beispiel aber auch, daß die Nationalsozialisten hauptsächlich auf ideologischem Gebiet auf radikale Neuerungen setzten, die aber dann, weil sie allgemein und vage, oft widersprüchlich, eben auf der ideologischen Ebene, formuliert waren, in der kommunalen Praxis auf vielfältige Widerstände bei der Umsetzung stießen, weshalb sich viele ‚bewährte' bürokratische Strukturelemente im Rahmen der nationalsozialistischen ‚Polykratie' behaupten konnten.[175]

Allerdings gab es gravierende politisch initiierte *materielle* Änderungen, die sich neben der Aufwertung der Gesundheitsfürsorge, bei den damit verbundenen „rassehygienischen Maßnahmen" insbesondere in der *‚Asozialenfürsorge'* zeigten (vgl. Ayass, W. 1995). Kirmeß reklamierte dieses Gebiet für die Nationalsozialisten sogar als *neues* Element der Fürsorge und zugleich als Grundgedanke aller drei Fürsorgezweige (Kirmeß, A. 1939: 43). Auch hier gab es in der materiellen Ausgestaltung, wofür dieser Zweig exemplarisch steht, substantiell Neues, jedoch daneben Kontinuität. So kam die radikale Aussonderung und spätere Vernichtung der „Asozialen" den oben bereits geschilderten Bestrebungen der Fachwelt entgegen, die in der Weimarer Republik von der Fürsorgepraxis, z.B. in der Diskussion um die Internierung („Bewahrung") derartiger Personen, geäußert wurden.[176] Die gängige Sprache vom „kranken Volkskörper" und „Schädling" baute ohne Zweifel der Vernichtung vor. Charakteristisch und exemplarisch für die Einstellung führender Fürsorgeexperten ist denn auch, daß der in der Fachwelt vor 1933 und nach 1945 hoch angesehene Hans Muthesius sich als Ministerialrat im Reichsministerium des Innern verdient machte und z.B. für ‚Jugendschutzlager' in den besetzten polnischen Westgebieten, die der ‚Verwahrung' jugendlicher Opfer der deutschen Besatzer dienten, zuständig war (Sachße, Ch./Tennstedt, F. 1992: 271; vgl. NDV 4/1992: 101 f.). Ebenso sah der Deutsche Verein und stellvertretend dessen Vorsitzender Polligkeit „neue Aufgaben und neue Möglichkeiten" vor sich, was er dem Stadtrat Nürnbergs in einem Schreiben vom 23.9.1933 versicherte:

---

[175] Daß abseits der Ideologie und den ‚rassistischen' Aussonderungsmaßnahmen wenig Konkretes von den Nazi in bezug auf die kommunale Sozialverwaltung entwickelt wurde, läßt sich auch an der nationalsozialistischen Fachliteratur ablesen (vgl. z.B. Michaelis 1941, Kirmeß 1939).

[176] Dazu Sachße/Tennstedt (1992: 263): „Die meisten Aktivitäten für ein Bewahrungsgesetz gingen von den Experten der Jugendfürsorge aus. In eine ähnliche Richtung liefen aber auch die gleichzeitig geführten Debatten um ein Wanderergesetz, das die arbeitsfähigen und -unwilligen von den arbeitswilligen Wanderern getrennt wissen wollte, und um ein Irrengesetz, das auf bewahrende Internierung von Schwachsinnigen und Süchtigen hinauslief, die nicht entmündigt und damit zwangsverwahrt werden konnten. Die Gesamttendenz dieser fürsorglichen Initiativen war eine neue, selektive Randgruppenstrategie, eine fürsorgliche Bereinigung der bürgerlichen Gesellschaft von ‚Asozialen' und ‚Verwahrlosten'. Das politische Spektrum der Befürworter reichte von der SPD über das Zentrum bis zu den Deutschnationalen und ist mit in der Geschichte der Fürsorge klangvollen Namen, wie Hans Maier, Helene Simon, Agnes Neuhaus, Wilhelm Polligkeit und nicht zuletzt auch dem Deutschen Verein ...verknüpft."

„Getreu seiner jahrzehntelangen Überlieferung, gestützt auf das Vertrauen und die lebendige Mitarbeit seine Mitglieder wird unser Verein im Einvernehmen mit dem Deutschen Gemeindetag, der unsere Arbeit ausdrücklich als notwendig anerkannt hat, auch in der kommenden Zeit sein Bestes zu leisten suchen im Dienst an den Notleidenden und am Gemeinwohl. Mit der NS-Volkswohlfahrt stehen wir in engen Arbeitsbeziehungen. Neue Aufgaben, aber auch neue Möglichkeiten stehen vor uns. Ihre Größe und Bedeutung für das von der Reichsregierung begonnene Aufbauwerk hat der Unterzeichnete in einem Aufsatz gekennzeichnet, der die in ihren Händen befindliche April/Mai-Nummer des Nachrichtendienstes einleitet.... Mit deutschem Gruß".[177]

Obwohl die Nationalsozialisten mit der massenhaften Beseitigung der ‚Asozialen' und ‚Gemeinschaftsfremden' weit über das bis dahin anvisierte Maß hinausgingen und die individuellen Rechte völlig beseitigten, bleibt die Frage nach Anpassung, Tradition und Traditionsbruch eine schwere Last (vgl. Sachße, Ch./Tennsttedt, F. 1992: 270 ff.). Die Bereitschaft der Fürsorgeexperten für die Ideologie des Dritten Reiches muß als durchaus groß angesehen werden: „Auf Reichsebene führten die einschlägigen Experten die Bewahrungsdebatte aus der Weimarer Republik mit verschärfter Argumentation fort. Darüber hinaus nutzten die Wohlfahrtsdezernenten einiger Großstädte die Möglichkeiten geminderten Rechtsschutzes im NS-Staat, um Modellversuche einzuführen, in denen sie, ohne gesetzliche Grundlage, bewahrungsähnliche Praktiken ausweiten und dabei positive Kosten-Nutzen-Relationen erzielen konnten. Auch wurden in der Wandererfürsorge in Bayern und Westfalen Modellversuche durch verstärkte Kontrolle, Koordination und Zwang unter Einbeziehung des Systems der neuen Konzentrationslager durchgeführt. So galt das KZ Dachau als Anstalt i.S. von § 20 RFV." (Sachße/Tennstedt (1992: 265). Diese Modellversuche knüpften an jene, bereits 1926 von Direktor Steigerthal, Hamburg, praktizierten an, im Nachrichtendienst von 1937 war von den „Erfahrungen aus der Hamburger Bewahrungsfürsorge" zu lesen (S. 167 f.).

Nicht nur im Bereich der Asozialen stieß die schärfere Praxis auf Zustimmung der Fachleute. Generell wurde die im Nationalsozialismus gegenüber dem ‚Anspruchsdenken' (was durch Parlamentarismus und insbesondere durch die Kommunisten, angeblich gefördert wurde) wieder stärker hervorgehobene ‚Individualisierung' und das wiederbelebte Verantwortungsgefühl des einzelnen (vgl. Bürgermeister Ettwein, Stuttgart in: DZW 6/1934/35: 209) von seiten der Fürsorgepraxis, auch aus finanziellen Erwägungen, begrüßt. Außerdem ermöglichte die Verschärfung der Praktiken für die wachsende Zahl der ausgesonderten ‚Unwürdigen' später eine gewisse Hervorhebung der – im Zusammenspiel mit dem Rückgang der Arbeitslosenzahlen und der verstärkten Zwangsarbeit – immer weniger werdenden ‚würdigen' Klienten auf der anderen Seite; hier handelte es sich z.B. um „rassisch einwandfreie" Kapital- und Kleinrentner (vgl. z.B. das Kleinrentnerhilfegesetz), Kriegsveteranen oder ‚alte Kämpfer'.

---

[177] Bereits kurze Zeit später verwandte auch der anpassungsfähige Polligkeit in einem weiteren Schreiben an die Stadt Nürnberg den sich nun durchsetzenden Hitlergruß. (StArch Nbg C 25/I Nr. 788).

Dem ‚Verschwinden' der ‚Unwürdigen' folgte der Trend zur *organisatorischen „Einheitsfürsorge"*, d.h. die Zusammenfassung der verschiedenen Zweige der Einzelfürsorgen; weil die organisatorisch getrennte Behandlung der Besserzustellenden überflüssig geworden war. Erst sehr viel später zeigt auch die Entwicklung der Richtsätze eine merkliche Reaktion auf die Aussonderung der ‚Unwürdigen" und eine Leistungsverbesserung für die ‚Würdigen'. Dies resultiert nicht zuletzt aus der Kürzung der Reichszuschüsse an die Kommunen (vgl. Kramer, D. 1983: 177 f). Die Richtsätze blieben noch bis 1941 auf dem krisenbedingten niedrigen Stand von 1932 eingefroren und wurden erst 1941 mit dem *Richtsatzerlaß* vom 31. Oktober in die Richtung auf ein standardisiertes und gesetzlich vorgeschriebenes nationales Existenzminimum weiterentwickelt (vgl. Leibfried, St./Hansen, E./Heisig, M. 1984b).

Fürsprecher und treibende Kraft dieser merklichen Verbesserung der Richtsätze, damit der Verhältnisse der ‚würdigen Volksgenossen', war insbesondere die *Nationalsozialistische Volkswohlfahrt (NSV)*, welche verstärkt ab 1938 die kommunale restriktive Fürsorgepraxis mit eigenen Unterstützungsmaßnahmen flankierte, kritisierte und diskreditierte – auch, um möglichst ganze Bereiche übernehmen zu können. Eine institutionelle Neuerung, die hier, trotz der Konzentration auf den genuin öffentlichen Sektor, in der notwendigen Kürze angesprochen werden muß, stellt die schon mehrfach genannte NSV dar, welche quasi die zerschlagene Arbeiterwohlfahrt (AWO) ablöste und neben den weiterhin bestehenden *christlichen* Wohlfahrtsorganisationen (katholische Caritas und evangelische Innere Mission) als in diesem Bereich immer mehr dominierender ‚privater' Wohlfahrtsverband fungierte.[178] Daneben entwickelte die NSV als Organisation der NSDAP aber auch Ambitionen, im öffentlichen Sektor mitzureden, zumal häufig eine Personalunion zwischen Partei und Staat bestand.[179]

Insgesamt gelang es aber der kommunalen Fürsorge, ihren Bestand weitgehend zu verteidigen:

> „Wenngleich die Wogen im Kompetenzstreit um die öffentliche Fürsorge 1938/39 hoch schlugen, weist eine Fülle von Indizien darauf hin, daß zumindest der im Kern der Auseinandersetzung stehende Bestand der kommunalen Wohlfahrtsämter unmittelbar nie ernsthaft in Gefahr war." (Hansen, E. 1991: 142). Ebenso urteilen Sachße, Ch./Tennstedt (1992: 120): „Trotz Monopolanspruch und Polemik gegen Gemeinden und konfessionelle Verbände entwickelte sich – jedenfalls in der Zeit bis 1938 – faktisch eine Arbeitsteilung, in der die Gemeinden mit der finanziellen Mindestsicherung und die Verbände mit der Anstaltspflege erst die Voraussetzungen für die Expansion der NSV auf den neuen Sektoren der ‚Volkspflege' bereitstellten."

Dieses entsprach einem Konsens in der nationalsozialistischen Fürsorgeliteratur. So sieht Kirmeß den Unterschied zwischen öffentlicher Wohlfahrtspflege und NSV vor allem darin, daß der Staat für *alle* Unterstützungsbedürftigen zu-

---

[178] Vgl. eingehend dazu Vorländer, H. 1988; Hansen, E. 1991; Sachße, Ch./Tennstedt, F. 1992; aus nationalsozialistischer Sicht: Michaelis, H. 1941.

[179] Zum Konflikt zwischen NSV und öffentlicher Wohlfahrtspflege Hansen, E. 1991: 118 ff.; Schön, P. 1985: 120 ff.

ständig sei, während sich die NSV „in freier Auswahl der Volksgenossen um die völkischen Belange", also um die „körperlich, geistige und seelische Gesundheit des Volkes" kümmern könne (1939: 38). Dennoch fand teilweise ein Eindringen der NSV in kommunale Aufgabenbereiche, vor allem in Grenzzonen, wie im Bereich der Kinder-, Jugend- und Gesundheitsfürsorge statt. So entwickelte die NSV, z.B. mit dem NS-Schwesternwesen, dem Hilfswerk Mutter und Kind, beim Ausbau von Kindergärten, aber auch im Vormundschaftswesen, Pflegekinderaufsicht und der Jugendgerichtshilfe vielfältige Aktivitäten (vgl. Hansen, E. 1991: 156 ff.; Sachße, Ch./Tennstedt, F. 1992: 146 f.). Je nachdem, ob eine Personalunion zwischen NSV und öffentlicher Wohlfahrtspflege vorlag und je nach örtlichem Machtgefälle im nationalsozialistischen Kompetenzwirrwarr konnte sich die kommunale Seite gegen Ansprüche mehr oder weniger erfolgreich zur Wehr setzen. So gab es im einzelnen Kämpfe um die von der NSV begehrte Akteneinsicht, um das Abstellen von ehrenamtlichen Helfern an diese, bis hin zu den von der NSV gewünschten Mitspracherechten oder der beanspruchten Abgabe von Aufgaben und Bezahlung ihrer Aktivitäten.

III. Die Leitgedanken der Fachwelt

Die bereits angeklungenen Diskurse der ‚Fachwelt' im Nationalsozialismus enthalten wie gesagt ein besonderes Problem, denn zum einen ließen sich die Nationalsozialisten in ihrer gegen Rationalität und Aufklärung gerichteten Theoriefeindlichkeit bei ihrer Arbeit kaum von theoretischen Überlegungen leiten. Es wurde versucht, die Rolle der Fachwelt auf die ‚genuin fachliche' Komponente zu beschränken, womit deren *Einfluß abnahm* und gegenüber der ‚Bewegung' und der Praxis zurücktrat. Da man sich von der „Arbeitsschlacht" und der Aussonderung der „eugenisch Wertlosen" die weitgehende Entlastung von fürsorgerischen Aufgaben erwartete, gab es auch wenig neue Ansätze, sowohl was Fragen der Profession und Methodik, als auch der Organisation anbelangt. Zum anderen stellt sich als zentrales Problem die *ideologiekritische* Textinterpretation und die Bewertung der Rolle ideologischer Aspekte. Eine große Schwierigkeit war auch die in der nationalsozialistischen Zeit verstärkt auftretende *Widersprüchlichkeit* ‚fachlicher' Beiträge. Die untersuchten Texte mit ihrer häufig abstrusen ideologischen Argumentation waren nicht nur *in sich* widersprüchlich, sie traten außerdem nicht selten in Widerspruch zum tatsächlich Durchgeführten. Dabei waren diese Widersprüche – ein typisches Merkmal von Heilslehren – durchaus gewollt und nicht nur aus praktischen oder pragmatischen Erfordernissen und Zugeständnissen an die Verhältnisse akzeptiert. Was bloße Ideologie und rituell wiederholte Floskeln darstellte und was wirklich ernst zu nehmen war, läßt sich heute nur schwer sagen. Zum Ideologischen stand das praktische Handeln häufig im Gegensatz. Beides war nicht selten losgelöst voneinander, wobei die Praxis aber meistens im Vordergrund des Interesses stand, da es den Nationalsozialisten zunächst „vor allem auf die Lösung der praktischen Gegenwartsaufgaben der Wohlfahrtspflege“ ankam, da „die jetzt beginnende Geistesepoche erst in Jahrhunderten“ erreicht sein werde (Reutti, K. 1933: 2). Aus der an die Tradition der Fürsorge anknüpfenden Ablehnung von „Schematismus“ und „Formalismus“ entsprang die grundlegende Forderung, daß „man sich bewußt davon frei halten“ müsse, „Systeme schaffen zu wollen.“ (Reutti, ebenda). Schließlich gelte: „Die große allgemeine Linie ist vorgezeichnet, ihr ist mit höchster Tatkraft an jeder Stelle nachzustreben – unbeschadet dessen, daß der Fortschritt nicht in theoretisch richtiger Reihenfolge und nicht überall mit gleich großen Schritten vollzogen werden kann.“ (Reutti, ebenda).

Die Diskussion in der Literatur und den untersuchten Zeitschriften (Nachrichtendienst des Deutschen Vereins und die Deutsche Zeitschrift für Wohlfahrtspflege) kreiste analog dazu vorwiegend um praktische Einzelfragen, wie z.B. rechtliche Details, die wiederum primär Kosten- und Zuständigkeit betrafen. Generell überwog der Nachrichtencharakter, längere Ausführungen mit analytischem und theoretischem Gehalt blieben selten. Thematische Schwerpunkte der Fürsorge bildeten die Familie, Jugend und Gesundheit sowie die Bewahrung „Asozialer“, immer in bezug auf polizeiliche strafrechtliche Aspekte – schließlich: Arbeit und nochmals Arbeit. So sollten Körperbehinderte ebenso zur Arbeit herangezogen werden wie Alte, aber auch ausgesonderte ‚Minderwertige‘ oder ‚Asoziale‘ sollten nutzbringend für die ‚Volksgemeinschaft‘ eingesetzt werden. Selbst die erbbiologisch ausgesonderten Sterilisierten sollten unauffällig behandelt werden, damit sie auch weiterhin in den Arbeitsprozeß eingegliedert werden konnten. Erschreckend ist auch der Einfallsreichtum, der sich bei Themen der Aussonderung und, in Verbindung damit, der Schaffung von immer neuen *Anstalten* zeigte. Schließlich wurde einerseits immer wieder die Subsidiarität der Fürsorge und die Selbstverantwortung, Arbeitspflicht usw. betont, andererseits aber auch die Verantwortung für bestimmte ‚wertvolle‘ ‚Volksgenossen‘, für (‚erbgesunde‘) Familien usw. hervorgehoben.

Sieht man sich die Zielsetzungen der nationalsozialistischen Wohlfahrtspflege trotz ihrer Widersprüchlichkeit etwas näher an, so wird deutlich, daß diese „nicht vom Himmel gefallen waren“, daß vieles in der Weimarer Zeit von Fürsorgeexperten bereits proklamiert worden war und daß die Nationalsozialisten mit ihrem Konzept der ‚Volksgemeinschaft‘ erstaunlichen Widerhall bei vielen Fürsorgeexperten fanden. Ebenso klingt die eingangs angedeutete ideologische Basis an, wenn mobil gemacht wurde gegen den liberalistischen „Geist des Individualismus und Rationalismus“ oder „Materialismus“ und demgegenüber bezeichnenderweise „Geist“, „Seele“ oder der „Reifezustand der kommenden Epoche spiritualistischer Weltanschauung“ beschworen wurde (vgl. Reutti, K. 1933: 13). M. Cordemann formulierte (1934: 490): „Nur eine Organisation, die diesen geistigen Triebkräften – Vaterlandsdienst, Menschendienst, Gottesdienst – Rechnung trägt, dürfte Gewähr dafür bieten, daß der Materialismus ... in der Wohlfahrtspflege des dritten Reiches verhütet wird." Ebenso erfuhren die Nationalsozialisten von den Fürsorgeexperten Unterstützung, weil sie eine nun wieder wirklich „individualisierende" an Selbstverantwortung und Selbsthilfe (Subsidiarität) orientierte Fürsorge durchsetzen wollten, welche gegen die „Schematisierung", „Entleerung" und „Entpersönlichung" antrat (vgl. Cordemann, M. 1934: 490 ff.). Schließlich nahmen auch die von der Fachwelt immer beschworenen Präventions- und Erziehungsgedanken – in überzogener und pervertierter Form – eine zentrale Stellung in der nationalsozialistischen ‚Volkspflege' ein. Daß sich die Fürsorgeexperten von kirchlicher Seite und vom Deutschen Verein bereitwillig den neuen Machthabern anboten,[180] war nicht zufällig.

Charakteristisch für die Fachwelt war die Haltung des Vorstands des Deutschen Vereins, der sich bereits am 24. März 1933 „von dem ernsten Willen beseelt, auch die Arbeit des Deutschen Vereins in den Dienst der nationalen Erhebung des Aufbauwerks der Reichsregierung zu stellen" der neuen Regierung durch die Umstellung auf das „Führerprinzip" empfahl (nach Sachße, Ch./Tennstedt, F. 1992: 147). Daß der Deutsche Verein dennoch nicht weiterhin seine frühere zentrale Rolle spielen konnte und in eine eher wenig bedeutsame fachliche und wissenschaftliche Beratungsfunktion zurückgedrängt wurde, lag an der von der NSV angestrebten Vorrangstellung, zum Teil an der untergeordneten Rolle, welche Theorie und Wissenschaft in dieser Zeit spielten, keineswegs aber an einem inhaltlichen Dissens.[181] So ist nach der nationalsozialistischen Übernahme der beiden führenden Fachzeitschriften kein wesentlicher Bruch festzustellen (Polligkeit wurde als Schriftleiter des Nachrichtendienstes im Juni 1936 abgelöst;[182] während die Herausgeber der Deutschen

---

[180] Dazu Caritasdirektor W. Wagner (nach Sachße, Ch./Tennstedt, F. 1992: 134): „Die freie Wohlfahrtspflege ist sich der Größe der Aufgabe, die sich Kanzler und Regierung, Volk und Staat gesetzt haben, voll bewußt. Sie weiß um ihre eigene große Verantwortung, die ihr innerste Verpflichtung und Ruf des Vaterlandes auferlegen. Die Maßnahmen der Reichs- und Länderregierungen z.B. im Kampf gegen die öffentliche Unsittlichkeit, gegen Schmutz und Schund, die Bemühungen um den Aufbau der gesunden deutschen Familie, die Forderungen verstärkter Selbstverantwortung und Selbsthilfe, von Zucht und Ordnung und Dienstverpflichtung dem Volksganzen gegenüber, werden von uns nicht nur warm begrüßt, sondern tatkräftig durch unsere Mitarbeit unterstützt werden." Und nicht minder begeistert verkündete der Präsident des Centralausschusses für Innere Mission, E. Karow (nach Sachße/ Tennstedt ebenda): „Der Atem eines neuen Völkerfrühlings geht durch die deutsche Welt, werde froh und hoffnungsstark. Aufgerüttelt aus dem Schlaf der Gleichgültigkeit, in den Tiefen durchschauert von einer neuen Liebe zum Vaterland, streckt sich die Seele des deutschen Volkes nach den ewigen Gütern".

[181] Zur Auseinandersetzung um den Deutschen Verein und – ein wesentlicher Aspekt dabei – um die Person Polligkeit und dessen Kontakte zu Juden, wie Wilhelm Merton, siehe Hansen, E. 1991: 87 ff.

[182] Daß Polligkeit gerne dem neuen Regime weiter gedient hätte, geht auch aus seinen bereits zitierten Briefen an den Stadtrat von Nürnberg hervor (vgl. auch: Sachße, Ch./Tennstedt, F. 1992: 306). Da er aber den Umzug nach Berlin scheute und er außerdem nicht mehr Vorsitzender sondern

Zeitschrift für Wohlfahrtspflege, welche traditionell wissenschaftlicher und kritischer eingestellt war, bereits im September 1934 abgelöst wurden).

Die Leitvorstellungen der Nationalsozialisten hinsichtlich der Organisation der Fürsorge waren in weiten Teilen ähnlich zu denen der Weimarer Zeit. Neu war allerdings die Betonung des Führerprinzips und einer „straffen Organisation". Ansonsten wurden ‚Geist' und ‚Seele' der Fürsorge, und das „Organische" im nationalsozialistischen Staat beschworen (NDV 8/1934: 218), ebenso wie das ehrenamtliche Helfen (NDV 6/1934: 151). Dieses stand jedoch nicht im Widerspruch zu einer gleichzeitig von den Nationalsozialisten angestrebten modernen „planvollen" Organisation – im Gegenteil, die Kompetenzen der Beamten sollten auch im Dritten Reich weiter ausgeweitet werden:

> „Die Volksgemeinschaft als Schicksals- und Hilfsgemeinschaft soll dem Hilfsbedürftigen im Helfer lebendig werden. Daß es dabei nicht zu einer ‚ungeordneten Wohltätigkeit' kommen darf, wie das Mittelalter sie verwirklichte, ist wohl kaum eine Frage. Es bedarf also einer Helferordnung, einer Organisation, in die der einzelne freie Fürsorger sich einordnet, die sowohl dem Helfer als auch dem Hilfsbedürftigen seine Abhängigkeit vom Volksganzen zum Bewußtsein bringt" (so M. Cordemann (1934: 490) über die „Zusammenarbeit zwischen beruflichen und ehrenamtlichen Kräften in der Wohlfahrtspflege des nationalsozialistischen Staates").

Dabei war unumstritten, daß die „beruflichen Kräfte" als „Führer und Führerinnen" die „Offiziere" darstellen sollten, „die den Kampf gegen die Not organisieren, und die Mannschaften – das sind die nicht amtlichen – an ihren Platz stellen" (Cordemann, M. 1934: 491), denn „planlose Überschüttung hilfsbedürftiger Familien mit wirtschaftlichen Hilfsmitteln", als besondere Gefahr, wenn zu viele Ehrenamtliche Helfer aktiv sind, „ist auf die Dauer ebenso vom Übel, wie zu wenig Hilfe. Deshalb ist es notwendig, die freien Helfer in eine Organisation einzuspannen, in der sie immer wieder gesagt bekommen, wie sie Familien aufbauende Fürsorge ansetzen müssen. Mittelpunkt und Leitung der gesamten Bezirksarbeit müßte die Familienfürsorgerin sein ... in enger Zusammenarbeit mit dem Ermittlungsbeamten des Unterstützungsamtes" (Cordemann, M. 1934: 495). Die Entscheidungskompetenz – soviel war also trotz aller Volksnähe und Betonung des ‚Gemeinschaftsgefühls' von Anfang an unumstritten (NDV 8/1934: 216) – sollte dabei hauptsächlich aus Gründen der Verantwortung und Kosten im „herrschaftlichen" Gewaltbereich verbleiben, „vorwiegend getragen vom Berufsbeamtentum" (NDV 8/1934: 217 mit bezug auf eine entsprechende Empfehlung aus einem Gutachten des Reichssparkommissars). So sollten auch statt der parlamentarischen Ausschüsse alle „geeigneten und sachkundigen Kräfte" „im Interesse des Gemeinwohls" im Rahmen von „*Beiräten*" einbezogen werden, was der bereits gängigen Praxis der Einschränkung der Kompetenzen der Ausschüsse in der Weimarer Zeit entsprach. Beides, sowohl die straffe bürokratische als auch die eher organische Organisationsstruktur prägten die Organisationsvorstellungen der damaligen Zeit:

---

nur noch Geschäftsführer war, stimmt von daher die offizielle Begründung seines Rücktritts aus „privaten Gründen" (vgl. Sachße, Ch./Tennstedt F. 1992: 148).

„Die behördliche Tätigkeit soll fürsorgerisch-menschlich, erzieherisch-helfend, zielbewußt wertend sein, aber diese fürsorgerische Tätigkeit muß behördlich sein, d.h. formgebunden, ordnungsgemäß, peinlich genau in finanziellen Dingen. Es müssen also das Fürsorgerische und das Behördliche miteinander vereinigt werden." (NDV 4/1937: 111)

Die in dem angeführten Zitat deutlich werdende Spannung, welche die Organisation kommunaler Sozialverwaltung bis heute prägt, wurde damals, wie auch in der Zeit der Weimarer Republik, durchaus gesehen. Es wurde aber auch während des Dritten Reiches keine Lösung angeboten, sondern, wenn überhaupt, leichthin empfohlen, diese Spannung immer zu beachten und nie einseitig aufzulösen (vgl. NDV 4/1937: 112). Als entscheidende Konsequenz dieses Spannungsverhältnisses wurde auch an dieser Stelle ausgeführt, daß „die Auswahl der Kräfte von grundlegender Bedeutung sei" und daß diejenigen Kräfte auszuwählen und an der Entscheidung zu beteiligen seien, welche die unmittelbaren Lebensverhältnisse der Betreuten kennen würden (vgl. NDV 4/1937: 112).

Auch in der Zeit des Nationalsozialismus galt *Professionalisierung* als ein probates Organisationsmittel zur Überbrückung des Gegensatzes der Anforderungen einer komplexen Entscheidungssituation und jener der bürokratischen Kontrolle. Neben dem Einsatz professioneller Kräfte stand die „Schulung der ehrenamtlich tätigen Wohlfahrtspfleger" (NDV 6/1934: 151 f.) ganz oben auf der Agenda. Trotz der Betonung des „Dienst- und Opfergedankens" und der angestrebten „Wiederbelebung des Laienelementes in der öffentlichen Fürsorge" galt „Sachkunde" als unverzichtbares Element, denn: „Ohne diese Sachkunde ihrer Wohlfahrtspfleger muß die Arbeit der Wohlfahrts- und Jugendämter Stückwerk bleiben" (NDV 6/1934: 151). Deshalb wurden auch im Dritten Reich zahlreiche Weiterbildungsmaßnahmen (Seminare, Vorträge) vorgeschlagen und durchgeführt. Ebenso sollten die Mitarbeiter der NSV neben der selbstverständlichen „nationalsozialistischen Einstellung in erster Linie ‚fachlich gebildet' sein" (NDV 1933: 270). Daß die Forderung nach Professionalität nicht nur in der Fachwelt, sondern auch offiziell vertreten wurde, zeigt ein entsprechender Erlaß des badischen Ministers des Innern vom 18.5.1934 über die Verwendung geschulten Personals in der öffentlichen Fürsorge, der verhindern sollte, daß nicht fachlich gebildete Frauen und Mädchen in der amtlichen Familienfürsorge als ‚Sozialpraktikantinnen' arbeiteten. Ausgehend vom unumstrittenen Leitmodell der Familienfürsorge erachtete der badische Innenminister „ein sachlich aufs beste vorgebildetes Personal" als notwendig, weswegen er bestimmte Qualifikationen vorschrieb sowie ein Probejahr nach der Ausbildung verlangte. So heißt es in dem Erlaß: „Ich kann daher nicht dulden, daß irgendwo im Bereich der öffentlichen Fürsorge und Jugendwohlfahrt mit ungelernten Hilfen gearbeitet wird, die womöglich zum Schaden notleidender Volksgenossen an diesen ausgebildet werden und ihre Erfahrungen sammeln" (nach NDV 9/1934: 248).

Professionalisierung führte man ferner auch im Dritten Reich als Möglichkeit an, um *Kosten einzusparen*. Diese Argumentation diente im übrigen der bürokratischen und fachlichen Selbsterhaltung angesichts rückläufiger Fallzahlen. Selbst die NSV, die häufig als Gegnerin der behördlichen Fürsorge beschrieben wird (vgl. Hansen, E. 1991), erklärte: „(D)em Abbau von geschultem Personal auf dem Gebiet der Wohlfahrtspflege und Fürsorge sollte sowohl von Seiten der nationalsozialistischen Behörden als auch von Seiten der NSVW entgegengetreten werden. Hier hat die NSVW Aufklärungsarbeit zu leisten“ (NDV 1933: 270). Die Begründung des Reichsamtsleiters im Hauptamt für Volkswohlfahrt, Althaus, lautete ähnlich klassisch: „Die Einsparung von wohlfahrtspflegerischen Kräften zieht unter Umständen eine erhebliche Kostensteigerung im Fürsorgetat nach sich, weil dann die Durchführung vorbeugender Maßnahmen kaum mehr möglich ist“ (nach NDV 1933: 271). Außerdem würde es nunmehr – entgegen dem in der „Systemzeit“ verbreiteten „schematischen Abfertigen“ und der bürokratischen „weitgehenden Zerlegung des Arbeitsvorgangs“ – mit dem Rückgang der Fürsorgefälle möglich, daß „die Fürsorgeämter wieder die Möglichkeit (erhielten), den Menschen in der Person des Hilfsbedürftigen zu sehen und zu bewerten“. Gerade deshalb komme es nicht darauf an, „den Fürsorgeaufwand mit äußerlichen Mitteln herabzudrücken“, sondern es sei vielmehr Aufgabe, „individualisierend von den Einzelfällen auszugehen und eine Lösung zu suchen, die sowohl finanziell wie fürsorgerisch“ befriedige (NDV 5/1934: 119). Zuletzt wurde folgendes ins Spiel gebracht: „Ganz irrig ist die Anschauung, daß die Abnahme der Zahl der Arbeitslosen zu einer Verringerung des Personalbestandes berechtige.“ Schließlich müßten nicht nur die absoluten Zahlen des Rückgangs der Zahl der Fälle gesehen werden, weil der ständige Zu- und Abgang immer noch erhebliche Arbeit verursache, so daß noch nicht von einer Entlastung des Personals gesprochen werden könne (NDV 5/1934: 119).

Neben den traditionellen Wegen derartiger Debatten machten sich jedoch auch kritische Töne bemerkbar. Es wurden verstärkt Techniken der „*Innenrevision*“ (NDV 3/1938: 76) und „objektive Anhaltspunkte“ sowie „Unterlagen“ zur Entscheidung darüber verlangt, wie groß denn nun der Personalzuschnitt sein sollte (NDV 9/1936), was an die in der Weimarer Zeit aufkeimende Debatte um Betriebsstatistiken und -vergleiche im Wohlfahrtsamt anschloß. Mittels der an unabhängiger Stelle eingerichteten Innenrevision, d.h. der Überprüfung der gesamten Fallbearbeitung, Organisationsstruktur und des Arbeitsprozesses sollte die Sachbearbeitung kontrolliert und Aufschluß darüber gewonnen werden, ob Anordnungen, Richtlinien usw. ergänzt oder abgeändert werden müßten. Die entweder beim Rechnungsprüfungsamt oder im Wohlfahrtsamt selbst angesiedelte Innenrevision – wieder andere empfahlen zur „Organisations- und Leistungsprüfung“ die Gemeindeprüfungsämter bei der Regierung (Schickenberg, DZW 10/11 1937: 636) – sollte außerdem zu Arbeitsbesprechungen und bei geplanten Organisationsveränderungen gehört werden (NDV 3/1938 ebenda). Schließlich wurde erwartet, daß „die häufig noch mangelhafte Kenntnis der Wohlfahrtsämter von den Bestimmungen der RVO, des Angestelltenversicherungsgesetzes und insbesondere auch der Arbeitslosenunterstützung … erweitert wird“ (NDV ebenda). Inwieweit diese Innenrevision, von der einige Städte positiv berichteten, auch flächendeckend eingeführt wurde, kann nicht beurteilt werden, weil Hinweise dazu in der zeitgenössischen Literatur fehlen. Die direkten Auswirkungen auf eventuelle Personaleinsparungen müssen jedoch eher skeptisch eingeschätzt werden, wie Erfahrungen mit bürokratischem Beharrungsvermögen aus andere Zeiträumen und das Nürnberger Beispiel nahelegt. So wies auch das Reichs- und Preußische Ministerium des Innern als oberste Kommunalaufsichtsbehörde in seinen Erlassen über die Haushaltsführung der Gemeinden auf die Personalfrage der Wohlfahrtsämter hin. Dort hieß es in einem Erlaß vom 30.1.1936, „daß bei fast allen größeren Gemeinden festgestellt werden könne, daß sich der Rückgang der Erwerbslosigkeit und die damit verbundene Verminderung des Arbeitsumfanges in der personellen Besetzung der Wohlfahrtsämter bisher überhaupt nicht oder nur in ungenügendem Maße ausgewirkt habe“ (NDV 9/1936: 286). Ebenso kritisch zur Leistung der Wohlfahrtsämter äußert sich der Prüfer Schickenberg aufgrund seiner Erfahrungen (DZW 10/11/1937: 640 f.), der insbesondere Mängel in der Aktenführung anführt, die keine für Außenstehende transparente Kontrolle der Entscheidungen zulasse. Der übliche Einwand, so Schickenberg, das Personal sei überlastet, ließ er nicht gelten: „In den Ämtern, die ich geprüft habe, war fast regelmäßig zu viel Personal, allerdings auch manchmal schlecht vorgebildetes Personal“.

Im allgemeinen dominierte eine Leistungs- und Organisationsbewertung, die in Großstädten maximal sieben Tage dauerte und nicht vergleichend angelegt war. Vergleiche wurden mangels Daten nicht angestellt, die meisten Informationen wurden aufgrund der schlechten Aktenführung im Gespräch erhoben, insbesondere fehlten objektive Prüfkriterien (vgl. exemplarisch den bezeichnenden Bericht von Schickenberg DZW 1937: 635 ff.). Bemerkenswert ist dennoch der grundsätzliche Schritt in Richtung Reform und Kontrolle, einer heute immer noch aktuellen reflexiven Organisations- und Leistungsbewertung (und so etwas wie ‚Controlling‘).

Ferner intensivierten sich Bemühungen um eine weitere *Vereinheitlichung* der kommunalen Verwaltungsorganisation und eine diesbezügliche Organisationsberatung, wie sie heute in Form der KGSt etabliert ist, im Deutschen Gemeindetag, indem Muster von Aufgaben-, Geschäftsverteilungs- und Organisationsplänen für die gesamte Kommunalverwaltung erstmals auftauchten (vgl. z.B. Nordsieck, F. 1937 ders. 1949). Dabei wurde die *Zentralisierung* der Organisation weiter vorangetrieben: Dezernate wurden zu Ämtern vereinigt und mehrere Ämter zusammengelegt (vgl. z.B. Stuttgart, DZW 6/1933/34: 254; Berlin – hier wurde auch eine Innenrevisionsabteilung eingesetzt – DZW 1/1933/34: 17 ff.). Dann wurden Abteilungen zusammengefaßt und bereits in moderner Manier „*Arbeitsgruppen*“ gebildet (NDV 3/1938: 76). Der Trend der Leitkonzepte hinsichtlich der Arbeitsteilung in der Fürsorgeorganisation ging im Nationalsozialismus weiter in die moderne, in den sechziger und siebziger

Jahren sich durchsetzende Richtung, „daß sämtliche Fürsorgefälle (Einheitsbetreuung) eines bestimmten Bezirks (Bezirkszuständigkeit) möglichst ohne Abspaltung wichtiger Teilfunktionen (uneingeschränkte Sachbearbeitung) durch einen Sachbearbeiter mit einer Reihe von Zuarbeitern (Arbeitsgruppe) bearbeitet werden" (NDV 5/1937: 153 f.). Zwar stand die Einteilung der Fälle nach Bezirken immer noch in Konkurrenz zu der nach Buchstaben (vgl. Groot, G. 1937a; b; c), doch setzte sich die erste Lösung zumindest in der Fachwelt als Leitkonzept immer mehr durch, da es Anknüpfungspunkte an das „*Organische*", die Familie, die Gruppe, das Volk im Wohnbezirk bot. Zwar hatte auch die Buchstabeneinteilung bei großer Mobilität Vorteile hinsichtlich einer rationellen und kontinuierlichen Fallbearbeitung – vor allem aus der Sicht des bürokratischen Innendienstes –, jedoch wurde diesem Argument lediglich entgegengehalten: „Man kann auf den Einwand nur erwidern, daß die Bezirkszuständigkeiten so groß sind, daß dieser Nachteil in Kauf genommen werden muß, und dabei lernen, daß es kaum eine Organisationsform geben wird, bei der jeder idealen Forderung restlose Befriedigung gewährt wird" (NDV 5/1937: 154).

Das Ziel der nationalsozialistischen Organisationsgestalter war eine flexible „*organische*" Arbeitsteilung, mit möglichst großer Selbständigkeit der Sachbearbeiter im Rahmen einer „uneingeschränkten Sachbearbeitung" (NDV 7/8 1937: 221 f.), die in „Bearbeitergruppen" mit verantwortlichen „Gruppenführern" stattfinden sollte (so in Berlin, DZW 1/1933/34: 18 f.) und eine besonders gute Verbindung zur *Bezirksfamilienfürsorge* erlaube (NDV 7/8/1937: 221). Als vorbildlich wird Halle mit Bezug auf ein Gutachten des Reichssparkommissars dargestellt, wo besonders der Familienfürsorge im Außendienst mehr Kompetenzen als anderswo eingeräumt wurden:

> „Während in vielen Verwaltungen diese Bezirksfamilienfürsorge im wesentlichen als Ermittlungs- und Prüfungsorgan … verwendet wird, hat Halle ihr durch die Übertragung des Aufnahmeverfahrens und durch die Bestimmung, daß das Ermittlungsergebnis und der Vorschlag der Bezirksfamilienfürsorge die Grundlage für die finanziellen Maßnahmen des Amts zu bilden habe, eine Funktion zugewiesen, vermöge derer sie ihrer eigentlichen Aufgabe erst gerecht werden kann, nämlich bei allen Zuständigkeits- und Befugnisverteilungen, die in einem großstädtischen Verwaltungsorganismus unvermeidbar sind, die Einheitlichkeit aller Maßnahmen der Fürsorge und ihre Einordnung unter das Ziel: Stärkung der Familie zu vertreten und für die Vereinheitlichung der von verschiedenen Stellen ausgehenden Maßnahmen grundsätzlich und im Einzelfall zu sorgen." (NDV 9/1934: 247).

Die Familienfürsorge als Leitmodell des professionellen fürsorgerischen Außendienstes galt in der Zeit des Nationalsozialismus unangefochten, es hieß sogar: „nationalsozialistische Fürsorge ist Familienfürsorge"; ferner sei sie „Kern der Arbeit und Kernpunkt der Behörde" (NDV 5/1937: 146). Daraus wurde sogar die Forderung nach einem großen „Familienamt" abgeleitet, wozu die Organisation der Fürsorgeverwaltung umgeformt werden müsse (vgl. ebenda), oder es wurde die Zusammenfassung des gesamten fürsorgerischen Außendienstes in einem selbständigen Amt für Familienfürsorge, wie es z.B. in Kiel realisiert worden war, empfohlen (vgl. NDV 1/1939: 5 ff.).[183] Entsprechend der im Nationalsozialismus unumstrittenen Vorherrschaft der Familienfürsorge, welche die Spezialfürsorge im Außendienst ablöste, war das leitende Konzept hinsichtlich der Aufgabenverteilung auf die Sachbearbeiter im Innendienst jenes nach Bezirken, Arbeitsgruppen und das Prinzip der Einheitsfürsorge.

IV. Beharrungsvermögen und Veränderung der Fürsorgeorganisation

1. Grundstrukturen der organisatorischen Entwicklung

Die Entwicklung der *organisatorischen* Grundstrukturen in der kommunalen Sozialverwaltung zeigt ein etwas widersprüchliches Bild von Kontinuität und Wandel. Auf den ersten Blick hat sich ein nicht unerheblicher Strukturwandel vollzogen. Waren 1931 immerhin mehr als die Hälfte aller fürsorgerischen Aufgaben in einem Amt zusammengefaßt, so sind es nach einer Umfrage des Hauptamtes für Kommunalpolitik im Jahr 1936 nur noch 6%. Nimmt man allerdings die verstaatlichten Gesundheitsämter – trotz Verstaatlichung blieben 58% kommunal – heraus, da diese mit 94% fast vollständig von der übrigen Organisation losgelöst waren, ergibt sich in über 63% der Städte noch die Zusammenfassung von Wohlfahrts- und Jugendamt. Während also das Gesundheitsamt dem früheren Trend entsprechend weiter selbständiger wurde, lag nach wie vor eine häufige Zusammenfassung der Aufgaben Jugend und wirtschaftliche Fürsorge in einem Amt vor (Tabelle 4). Nichtsdestotrotz war insgesamt ein Trend zur stärkeren Differenzierung festzustellen. Erklärten sich 1931 nur 27,5% der städtischen Jugendämter als organisatorisch selbständig, so waren es 1936 immerhin über 36%. Das Hoch des Anteils selbständiger Jugendämter nach Erlaß des RJWG von 1925 (damals waren dies über 40%), wurde

[183] Zur Frage der organisatorischen Anbindung der Familienfürsorge – entweder an das Wohlfahrts-, Jugend- oder Gesundheitsamt oder die Schaffung eines eigenständigen Amtes – gab es eine umfangreiche Fachdiskussion, die eher unentschieden blieb (vgl. NDV 6/1936: 179 ff; NDV 7/8 1937: 216; NDV 5/1938: 142 ff; NDV 8/1938: 240 ff.). Deshalb konnten vermutlich Tradition und Machtverhältnisse sowie örtlich unterschiedliche praktische organisatorische Erwägungen den Ausschlag geben. Die Chancen, die Familienfürsorge einzuverleiben stiegen für das Wohlfahrtsamt z.B., wenn bereits die Einheitsfürsorge und eine Fallzuteilung nach Bezirken eingeführt war. Ebenso spielte eine Rolle, ob das Gesundheitsamt verstaatlicht oder kommunal, das Jugendamt selbständig oder unselbständig war usw.

also im Nationalsozialismus fast wieder erreicht, so daß der Trend der Zusammenfassung von Jugend- und Wohlfahrtsamt wieder umgekehrt wurde.

Tabelle 4:

Organisationsformen kommunaler Wohlfahrtspflege (1936)

	1931	**1936**	
Wohlfahrtsamt (alle Aufgaben in einem Amt)	52,8% (46)	5,9% (6)	Brandenburg, Frankfurt a.d.O., Hagen, Hamm, Potsdam, Wuppertal
Wohlfahrtsamt (einschl. Jugendamt) separates *kommunales* Gesundheitsamt	14,9% (13)	25,5% (26)	Altona, Augsburg, Berlin, Breslau, Cottbus, Dresden[a)], Düsseldorf, Duisburg, Essen, Gladbeck, Halle, Hannover, Kassel, Königsberg, Krefeld, Lübeck[a)], Magedeburg, München-Gladbach, Münster, Osnabrück, Remscheid, Stettin, Stuttgart, Trier, Wesermünde, Zwickau
Wohlfahrtsamt (incl. Jugendamt) und separates *staatliches* Gesundheitsamt)		32,4 % (33)	Bamberg, Darmstadt, Dessau, Elbing, Flensburg, Freiburg, Gera, Gleiwitz, Halberstadt, Heidelberg, Hildesheim, Hindenburg, Jena, Kaiserslautern, Karlsruhe, Koblenz, Ludwigshafen, Mainz, Neuß, Offenbach, Oppeln Pforzheim, Rostock, Saarbrücken, Solingen, Ratibor, Tilsit, Ulm, Waldenburg, Weimar, Wiesbaden, Worms, Würzburg,
Selbständiges Wohlfahrts-, Jugend- und Gesundheitsamt	22,9 % (20)	26,5 % (27)	Aachen, Bielefeld, Bochum, Bonn, Bottrop, Braunschweig, Castrop-Rauxel, Chemnitz, Dortmund, Erfurt, Frankfurt a.M., Gelsenkirchen, Görlitz, Jena, Kiel, Köln, Leipzig, Liegnitz, Mühlheim a.d.R., München, Nürnberg, Oberhausen, Plauen, Recklinghausen, Rheydt, Wanne-Eickel, Witten,
Fürsorge- und Jugendamt selbständig, Gesundheitsamt staatlich		9,8 % (10)	Beuthen, Bremen, Fürth, Harburg-Wilhelmsburg, Heilbronn, Mannheim, Oldenburg, Regensburg, Schwerin, Wattenscheid
Sonstige	8,1% (7)	--	
Gesamt	100% (86)	100% (102)	

a) Die endgültige Form der Organisation in Dresden, ebenso die Verstaatlichung des Gesundheitsamtes in Lübeck, noch nicht fest.

Quelle: Groot, 1936; ders. 1937a, b, c; Prozentzahlen eigene Berechnung.

Auch in dieser Umfrage taucht das Problem auf, daß lediglich etwas grobe Kategorien erfaßt wurden, obwohl einige Zusatzinformationen gegenüber den Untersuchungen der Weimarer Zeit geliefert wurden. Insbesondere machten sich Übergangsformen (nur räumliche Trennung der Ämter bei organisatorischem Zusammenhalt) und verschiedene Bezeichnungen der gleichen Struktur für die Kategorisierung negativ bemerkbar. In manchen Städten wurden selbständige Ämter im Organisationsplan als Abteilungen bezeichnet, die als Dezernate zusammengefaßt waren. Ebenso gab es Städte, in denen Fürsorgeamt, Jugendamt und Gesundheitsamt zwar selbständige Ämter waren, aber einem

Dezernenten unterstanden und dieses Dezernat im Organisationsplan als ‚Wohlfahrtsamt' bezeichnet wurde (Groot, G. 1937b: 355). Danach waren immerhin in 38% der Städte alle fürsorgerischen Aufgaben in einem Dezernat zusammengefaßt, in 88% der Städte waren Jugend- und Wohlfahrtsamt in einem Dezernat vereinigt (Groot, G. 1937b: 355 f.).

Die *Aufgabenverteilung* war entweder nach Bezirken (36%) oder nach Buchstaben organisiert. In der Regel hatten Städte mit ‚Einheitsfürsorge' eine Bezirksaufteilung, was den Anschluß an den als Familienfürsorge organisierten Außendienst erleichterte (Groot, G. 1937b: 359). Immerhin arbeiteten bereits 34% der Städte mit einer Einheitsfürsorge, darunter machten die *Großstädte* wiederum fast die Hälfte aus. Weitere 14% befanden sich im Übergang zur zusammengefaßten Sachbearbeitung (Groot, G. 1937b: 357 f.). Dennoch blieben damit aber in den meisten Städten die besonderen Abteilungen, vorwiegend entlang der Unterstützungsgruppen, bestehen, wie z.B. Kriegsbeschädigten-, Klein- und Sozialrentnerfürsorge, Arbeitsfürsorge, Wandererfürsorge, Anstaltsfürsorge usw.. Dies entsprach der organisatorischen Ausdifferenzierung analog zum Gesetz, wie sie sich vor und in der Weimarer Republik etabliert hatte. Hinzu kamen nicht selten neue Abteilungen für neue Aufgaben, wie z.B. für die Maßnahmen der Familienförderung (so die Ehestands- und Kinderreichenbeihilfen oder die Familienunterstützung von Kriegsdienstleistenden) und im Bereich der Wanderer- und „Asozialenfürsorge".

In bezug auf den *Außendienst* ergab die Umfrage von 1936, daß mittlerweile 70,6% der Städte die auch von den Nationalsozialisten favorisierte Familien- oder Bezirksfürsorge eingeführt hatten, wobei insbesondere die Großstädte über 200.000 Einwohner einen überdurchschnittlich hohen Wert von 81% aufwiesen, während für die kleineren Städte nur ein Wert von 35% zu verzeichnen war. Der für den Berichterstatter erstaunlich hohe Anteil an eigenständigen Sonderfürsorgebereichen – in knapp 14% waren alle drei Fürsorgebereiche getrennt organisiert – resultierte hauptsächlich aus der Verstaatlichung der Gesundheitsämter, die in kleineren Städte weitaus häufiger zu finden war (Groot, G. 1937a: 442). Aber auch hier machen sich Abgrenzungsprobleme bemerkbar. Dazu der Berichterstatter (Groot ebenda): „Häufig ist die Frage, ob grundsätzlich Familien- oder Sonderfürsorge bestehe, aber auch schwer zu entscheiden; dann nämlich, wenn zahlreiche Aufgaben der erzieherischen und gesundheitlichen Fürsorge gesondert bearbeitet werden. Kann man z.B. noch von Familienfürsorge sprechen, wenn in einer Stadt beim Jugendamt die Säuglings-, Schul- und Gefährdetenfürsorge von Spezialfürsorgerinnen ausgeübt werden?" Trotz der wohl regelmäßigen Ergänzung oder Überschneidung von Familien- und Spezial-, d.h. primär Gesundheitsfürsorge, befand sich also im Nationalsozialismus die Familienfürsorge weiterhin auf dem Vormarsch. Damit wurde eine bereits in der Weimarer Zeit begonnene Entwicklung fortgeführt: Die verstärkte Einführung der professionellen Familienfürsorge im Bereich der wirtschaftlichen Fürsorge und Jugendfürsorge, welche durch selbständige Gesundheitsdienste ergänzt wurde. Schließlich muß aber darauf hingewiesen werden, daß die Familienfürsorge eine wesentliche inhaltliche Veränderung im Zusammenhang mit den ‚rassenhygienischen' Maßnahmen erfuhr und durch die Aufwertung der Gesundheitsämter nicht selten von diesen stark in Beschlag genommen wurde (vgl. Baum, M. 1951: 21; André G. 1994: 90 m.w.N.; Bastiaan, P. 1977: 82).

Ehrenamtliche Bezirksversammlungen oder Wohlfahrtskommissionen bestanden der genannten Umfrage zufolge in knapp 90% der Großstädte und in gut 60% der antwortenden Städte insgesamt. Insbesondere die kleineren Städte hatten also keine derartigen ehrenamtlichen Einrichtungen, weil es wohl nicht sinnvoll war, Bezirke zu bilden, obwohl vielleicht auch dort ehrenamtliche Kräfte im Einsatz waren. Bei der Verteilung der Kompetenzen schritt die in der Weimarer Republik beobachtete Tendenz zur Einschränkung der ehrenamtlichen Entscheidungsbefugnis weiter voran.[184] Nur noch in wenigen Städten entschieden die ehrenamtlichen Bezirksversammlungen allein, ohne bürokratische Vorgaben über Unterstützungsleistungen (Groot, G. 1937a: 444 ff.; André, G. 1994: 90 f.). Tatsächlich lag die Entscheidung „gemäß dem Führerprinzip", zumindest formal, beim vom Wohlfahrts- oder Kreisamt gestellten Leiter der Versammlung. Im übrigen führte das Wohlfahrtsamt die Aufsicht. „Nur in wenigen Städten gingen die Funktionen der Bezirksversammlung über eine lediglich beratende Tätigkeit hinaus" (Groot, G. 1937a: 445). Charakteristisch ist wiederum das Auftreten unterschiedlicher Ziele, die aber in ihrer Widersprüchlichkeit nicht näher erörtert wurden und so der Fortsetzung der bereits im Gang befindlichen Entwicklungen entgegenkamen. Einerseits sollte die ehrenamtlicher Betätigung gestärkt werden, nicht zuletzt im Sinne „der Bewegung" und der „volkspolitischen Bedeutung der sozialen Tat", wie sie Hitler im Zusammenhang mit dem Winterhilfswerk beschwor (Schell 1934, nach André, G. 1994: 91). Andererseits sollte aber eine straffe behördliche Führung, dem „Führerprinzip" entsprechend und im Interesse einer sparsamen und kontrollierten Verwendung der Mittel, gewährleistet werden (vgl. NDV 4/1937: 111); letzteres brauchte aber wiederum nicht die Einrichtung moderner kollegialer Arbeitsteilung zu verhindern, wie z.B. Arbeitsgruppen im Amt (vgl. NDV 3/1938: 76).

[184] Fast alle Städte antworteten, daß sie das sog. „Elberfelder" System etabliert hätten. Aufgrund der näheren Ausführungen z.B. zur Entscheidungskompetenz über die Unterstützungsleistungen wird jedoch klar, daß das Begriffsverständnis in den Städten sehr mangelhaft war (vgl. Groot, G. 1937a: 444).

2. Das Beispiel der Nürnberger Fürsorgeverwaltung

Nach der Machtergreifung durch die Nationalsozialisten ordnete der neue Nürnberger Oberbürgermeister Liebl am 22.3.1933 per Direktorialverfügung an, daß der „Gesamtsitzungsdienst (Sitzungen des Stadtrats und der beratenden und beschließenden Ausschüsse einschließlich aller im Bezirksfürsorgeverband bestehenden Ausschüsse) bis zur Neubildung des Stadtrates ausgesetzt bleibt", dringende Anordnungen sollten auf dem „Verfügungsweg" entschieden werden.[185] Auch in Nürnberg wurden den Nationalsozialisten mißliebige Spitzen der Verwaltung ausgewechselt, so der sozialdemokratische Wohlfahrtsreferent Eichenmüller, der aufgrund der „Ministerialbekanntmachung vom 20. März 1933, betreffend Geschäftsführung der Gemeinden" „beurlaubt" wurde (Verwaltungsbericht 1932/33: 107). Danach wurde Rechtsrat Dr. W. Schmidt die Referatsleitung per Direktorialverfügung vom 20.3.1933 übertragen. ‚Legitimiert' wurde diese „Neubildung der Verwaltung" durch das „vorläufige Reichsgesetz zur Gleichschaltung der Länder mit dem Reiche vom 31. März 1933 (Verwaltungsbericht ebenda) und das spätere, bereits erwähnte, „Gesetz zur Wiederherstellung des Berufsbeamtentums" vom 7.4.1933. Ferner wurde der international anerkannte, jedoch bereits in der Weimarer Republik „aufgrund persönlicher Animositäten" bekämpfte Experte für Arbeitsfürsorge, Hilfsreferent Th. Marx, mit Hilfe einer Verleumdungskampagne (ihm wurde Bereicherung als Vorsitzender der Nürnberger Nothilfe e.V. vorgeworfen) und des genannten Gesetzes aus dem Amt getrieben (Bußmann-Strelow, G. 1992: 465). Schließlich wurde die Leiterin der Amtsvormundschaft und der Familienfürsorge, Dr. E. Georgi, aufgrund ihres *jüdischen Glaubens* durch die Nationalsozialisten des Amtes enthoben (vgl. Bußmann-Strelow, G. 1992: 465), ebenso wie sämtlichen *jüdischen* Ärzten, die als Fürsorge- oder Schulärzte im städtischen Dienst oder im Krankenhaus tätig waren, gekündigt wurde (Verwaltungsbericht 1932/33: 7).[186]

Andererseits wurde Fürsorgepersonal, das im Zuge der Machtergreifung mittels Willkür und Denunziation zeitweise vom Dienst suspendiert wurde, aufgrund des Bedarfs professioneller Kräfte wieder eingestellt, worunter Sozialdemokraten, nicht aber Kommunisten waren (Bußmann-Strelow, G. 1992: 466). Insgesamt wurden bei den genannten ‚Säuberungen' in der Nürnberger Verwaltung nicht einmal 4% des Personals ausgetauscht (Bußmann-Strelow, G. 1992: 466). So verblieben sowohl der Leiter des Jugend- und Gesundheitsreferates, R. Plank, der Leiter des Jugendamtes, I. Fischer als auch der ärztliche Leiter der Säuglingsfürsorge, Dr. Zeltner. Altgediente Nürnberger Verwal-

---

[185] StArchNbg C 25/I Nr. 15; zum folgenden Verwaltungsbericht 1932/33: 107; Hanschel, H. 1977: 379 ff.

[186] Der Verein Kriegerhinterbliebener, Kriegereltern und Kriegermütter polemisierte gegen die abgesetzte Vertrauensärztin, die Jüdin Anna Schützer, in einem Pamphlet vom 21.3.1933. Darin ist mehrmals von „Gott sei Dank", „Vergelts Gott" und von der „göttlichen Fügung, daß Adolf Hitler nunmehr usw." die Rede.

tungsangehörige, wie der neue Wohlfahrtsreferent Schmidt, ersetzten die ausgeschiedenen Personen (Bußmann-Strelow, G. 1992: 466).

Die Mischung von Kontinuität und Wandel, Ideologie und pragmatischem Vorgehen, zeigte sich auch anhand anderer Entwicklungen der Nürnberger Sozialverwaltung während des Dritten Reichs. Zunächst muß man festhalten, daß die Aussetzung des Sitzungsdienstes der Ausschüsse schon in der Weimarer Zeit begonnen hatte, „so daß die formelle Außerkraftsetzung des Ausschußwesens den von der Weimarer Verwaltung initiierten Prozeß nur vollendete" (Bußmann-Strelow, G. 1992: 467). Die Beseitigung partizipativer Elemente wurde im Nationalsozialismus also vorangetrieben, aber auch durch wieder oder neu etablierte *beratende kollegiale* Organe ergänzt. So sollte der Verwaltungshauptausschuß, aufgrund der großen Zahl von Einzelverfügungen, die zur Aufrechterhaltung des Geschäftsganges nötig waren, auch weiterhin Verfügungen erlassen (StArchNbg C 25/I Nr. 15, Beschluß vom 8.5.1933). Die Überlastung der „Führer" und die Begrenztheit des von den Nationalsozialisten geliebten Verfügungsweges stellte sich anscheinend recht schnell ein. Jedenfalls zog OB Liebl bereits im Juni 1933 einen Schlußstrich unter die „außergewöhnliche Behandlung von Unterstützungsgesuchen durch mich und den Wohlfahrtsreferenten" (nach: Bußmann-Strelow, G. 1992: 473).

Ebenso gab es trotz der Zentralisierungsbemühungen eine Gegenströmung in Richtung einer Dezentralisierung:[187] Durch eine Anordnung vom 24.3.1933 sollten alle normalen Unterstützungsfälle durch die Kreisamtsleiter entschieden werden, lediglich besondere Fälle, ebenso wie Beschwerden gegen Verfügungen der Kreisamts- und Nebenstellenleiter, sollten dem Wohlfahrtsreferenten zur Entscheidung vorgelegt werden.[188] Dann wurde am 25.9.1933 mit einer Direktorialverfügung beschlossen, daß keine weitere Einberufung der ehrenamtlichen Wohlfahrtsbezirksausschüsse erfolgen sollte, während der Wohlfahrtshauptausschuß, ebenso wie der Spruchausschuß, mit Beschluß vom 25.10.1933 unter Einbeziehung sechs ehrenamtlicher Bezirksvorsteher wieder etabliert wurde. Da auf „die persönlichen Kenntnisse als glänzende Ergänzung zu den Erhebungen und Entscheidungen des Amtes" im Sinne einer wirklich individualisierenden Fürsorge nicht verzichtet werden konnte (Protokoll einer Bezirksvorsteherkonferenz am 8.2.1934, C 25/I Nr. 53; vgl. auch OB Nbg 1936), wurden monatliche „Besprechungen" mit den Bezirksvorstehern und Pflegern in den Kreisämtern etabliert. Kollegiale Beratungen, auch mit den Ehrenamtlichen, fanden also weiterhin statt – wenngleich diese Sitzungen nur noch „Be-

---

[187] Vgl. als organisationstheoretische Interpretation der Mischung aus Zentralisierung und straffer Führung als Bestandteil nationalsozialistischer Organisation am Beispiel der Reichswehr: Wilson, J.Q. 1989.

[188] Hierzu und zum folgenden StArchNbg C 25/I Nr. 15; vgl. auch die Arbeitseinteilung innerhalb der Kreisämter vom 16.5.1935, StArchNbg C 18/I Nr. 641 Bd. 2 .

sprechungen" waren.[189] Die Gespräche dienten der gegenseitigen Information und Koordination, ohne daß Entscheidungen getroffen wurden (vgl. OB der Stadt Nürnberg 1936; dazu auch Bußmann-Strelow, G. 1992: 468). Entsprechend liegen keine Protokolle von diesen Sitzungen vor. Zur Funktion der Besprechungen heißt es in der Schrift „Die Nürnberger Fürsorge" (OB der Stadt Nürnberg 1936: 13): „Diese Beratungen vermitteln auch gleichzeitig eine Schulung für die ehrenamtlichen Organe, weil alle die auf dem Gebiete des Fürsorgewesens ergehenden Gesetze, Verordnungen, Richtlinien, sowie die wichtigsten Entscheidungen besprochen und besondere Fürsorgefälle zur richtunggebenden Einstellung zur Kenntnis gebracht werden."

Weitere kollegiale *Beratungs*organe wurden durch die Deutsche Gemeindeordnung (RGBl I: 49) vom 1. Januar 1935 mit „Beiräten" reaktiviert, die sich zur Durchführung der DGO auch im Bayerischen Fürsorgegesetz vom April des gleichen Jahres (GVBl: 7) wiederfanden. Den Beiräten gehörten in Nürnberg fünf Ratsherren an, ferner der Gauamtsleiter der NSV, der Kreisamtsleiter der NSKOV und je ein Vertreter der Kleinrentner und Arbeitsopfer (Rechenschaftsbericht 1935/36: 6); dort wird zur Funktion weiter ausgeführt:

> „Die große Mehrzahl der Entscheidungen über Fürsorgeanträge wird von den dazu ermächtigten Beamten durch ‚Vorentscheidungen' erledigt. Bei Einsprüchen gegen diese Vorentscheidungen wird die Entscheidung nach Anhörung der Beiräte für das Wohlfahrtswesen durch den Oberbürgermeister oder den zuständigen Beigeordneten getroffen. Die Beratungen mit den Beiräten finden in der Regel alle 14 Tage statt. Dabei werden auch sonstige Fürsorgeangelegenheiten allgemeiner Art und von besonderer Bedeutung erörtert."

Offen muß bleiben, wieviel Macht und Einfluß den Beratungsgremien wirklich verblieb. Im Organisationsplan von 1936 tauchten sie jedenfalls nicht mehr auf, wodurch übrigens auch grafisch der Schritt zur Ausdifferenzierung des ‚Systems' Verwaltung vollzogen war (vgl. untenstehende Abb. 10).

Die Verwaltung, insbesondere das durchführende Kreisamt, ging also sogar gestärkt aus der Reorganisation hervor. Die seit über 10 Jahren angestrebte Vereinfachung im Ausschußwesen, die generelle Verwaltungsvereinfachung mit der Verlagerung der Entscheidungskompetenzen ins Kreisamt war entscheidend vorangekommen. Auch innerhalb der Kreisämter wurde mit dem Schritt zur ‚Einheitsfürsorge' eine Vereinfachung erzielt, was durch die Aussonderung und Unterbringung der ‚Asozialen' und ‚Unwürdigen' in zahlreiche Anstalten möglich wurde, deren organisatorisch getrennte Behandlung im Amt obsolet wurde. So gab es in allen Kreisämtern neben den Verwaltungsabteilungen (Ein-, Ausgang, Registratur, Rechnungseinweisung, Sekretariat) Ersatzabteilungen (Rückforderung der Kosten von Unterstützungspflichtigen), einheitliche Unterstützungsabteilungen (worin alle Fälle nach dem Alphabet auf die einzelnen Sachbearbeiter verteilt und bearbeitet wurden) und schließlich eine Kassen-

---

[189] StArchNbg C 25/I Nr. 53, 59, 182; 194; vgl. auch die Richtlinien für die Tätigkeit der ehrenamtlichen Wohlfahrtsbezirksvorsteher und Wohlfahrtspfleger beim Wohlfahrtsamt Nürnberg vom 11.7.1936, StArchNbg C 25/I Nr. 118.

abteilung.[190] Ein weiteres Element der organisatorischen Reform stellte die 1934 erfolgte Wiedereingliederung des – als Amt weiterhin eigenständigen – Jugendamtes in das Wohlfahrts*referat* dar (Rechenschaftsbericht 34/35: 100).

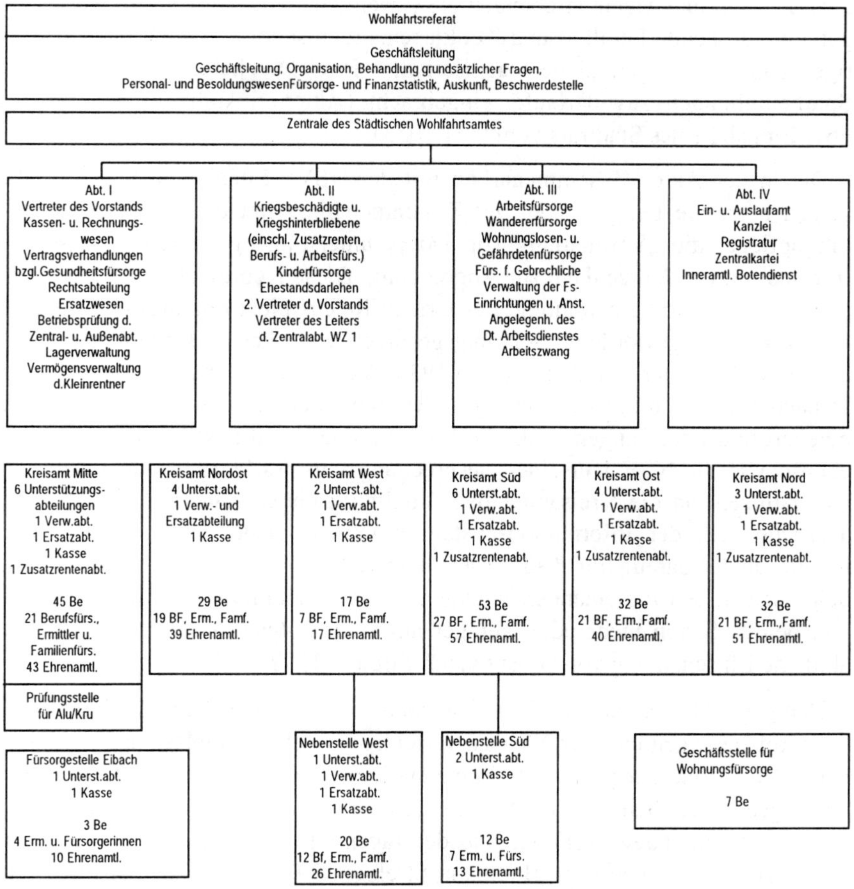

Abbildung 10: Organisation des Wohlfahrtsamtes
der Stadt Nürnberg, 1935

Quelle: Oberbürgermeister der Stadt Nürnberg 1936.

Die Reorganisation bedeutete keine Schwächung der von den Nationalsozialisten gehaßten Wohlfahrtsbürokratie oder etwa einen Sieg der Position der

[190] Vgl. „Die Arbeitseinteilung in den Kreisämtern" vom 16.7.1935 (Akten StArchNbg C 18/I Nr. 641, Bd. 2); Antwort an Deutschen Gemeindetag bezüglich Organisation vom 14.11.1936, Akten StArchNbg C 25/I Nr. 15.

‚privaten' Wohlfahrtspflege, allen voran der *NSV*. Selbstbehauptungskräfte zeigte das Nürnberger *Gesundheitsamt*, das – wie die anderen großstädtischen Gesundheitsämter – trotz dem GVG von 1935 als kommunale Einrichtung erhalten blieb. Ebenso konnte sich das Nürnberger *Wohlfahrtsamt* gegenüber der nach Einfluß und Macht strebenden NSV weitgehend behaupten. So wurde gegen eine drohende Parallel- und Konkurrenzorganisation der NSV das zugkräftige Argument gegen „Überorganisation, wirres Durcheinander", was allen Sparbemühungen zuwiderlaufe, eingebracht (Akten StArchNbg, C 25/I Nr. 667; Eingabe eines Stadtrats vom 9.11.1933).

Die in der Akte „Zusammenarbeit mit der NSV" enthaltenen Schriftstücke zeigen bekannte Leitgedanken der Zusammenarbeit mit der ‚privaten' Wohlfahrtspflege: die „Vermeidung von Doppelunterstützung" durch gegenseitige Information und Vorschläge zur Abgrenzung. Diese Koordination funktionierte allerdings in Nürnberg während des Dritten Reichs nicht reibungslos, was z.B. ein notwendig gewordenes Klärungsgespräch zwischen OB Liebl und Gauamtsleiter Schröder signalisiert (22.5.1935, Akten StArchNbg, C 25/I Nr. 667). Danach wurde von der Verwaltung in den Schreiben nach außen immer wieder beteuert und intern angemahnt, alle Informationen an die NSV weiterzugeben, ebenso wie die NSV laut einer Besprechung vom 30.11.1938 alle Listen der Unterstützten an die Kreisämter des Wohlfahrtsamtes weitergeben sollte. Die Tatsache, daß der Informationsaustausch immer wieder angemahnt werden mußte, deutet darauf hin, daß dieser nicht reibungslos klappte. Faktisch pendelte sich in den Auseinandersetzungen mit dem Wohlfahrtsamt dennoch eine von beiden Seiten mehr oder weniger akzeptierte *Arbeitsteilung* ein (vgl. die ähnliche Einschätzung von G. Bußmann-Strelow 1992: 487).

Demgegenüber gelang es dem *Jugendamt* weniger gut, behördliche Aufgabenbereiche gegenüber der NSV zu verteidigen, weil die Zielsetzung der „aufbauenden" Volkspflege der NSV eine stärkere Überschneidung mit Aufgaben des Jugendamtes beinhaltete. Dieses mußte Einbußen an Kompetenzen im Bereich des Gemeindewaisenrates und der Jugendpflege (Abgabe von Aufgaben an die HJ) hinnehmen (vgl. Bußmann-Strelow 1992: 487 f.). Die oben bereits angesprochene Identifikation der Führer mit den Interessen *ihres* Hauses zeigte sich aber auch am Beispiel der Nürnberger Auseinandersetzungen zwischen NSV und öffentlicher Fürsorgeverwaltung. Referent Plank und Oberbürgermeister Liebl waren z.B. in den Gremien des Deutschen Gemeindetages daran beteiligt, den „Generalangriff" der NSV abzuwehren (so ein Aktenvermerk Liebls vom 6.3.1939 nach Bußmann-Strelow, G. 1992: 489). Dem Konflikt zwischen NSV und öffentlicher Fürsorge kann hier nicht im einzelnen nachgegangen werden. Vieles spricht jedoch dafür, daß je nach regionalen Machtverhältnissen, bei denen z.B. die Position des Oberbürgermeisters in der Nationalsozialistischen „Polykratie" eine große Bedeutung hatte, und je nach *Bereich* der Fürsorgeverwaltung, d.h. der Nähe zu ideologischen Forderungen der Nationalsozialisten, die Lage unterschiedlich war. So gelang es dem Jugendamt weniger, dem Wohlfahrtsamt deutlich besser, Angriffe der NSV abzuwehren. Der „Generalangriff", wenn er denn mehr gewesen sein sollte als ein „Bluff" oder „Gerücht" (so die Einschätzung von E. Hansen 1991: 143), führte jedenfalls auch in Nürnberg lediglich zu Teilerfolgen in den genannten Bereichen.

Wenn von einer Stärkung der Position der Verwaltung insgesamt und der damit einher gehenden Schwächung des politischen Einflusses und des ehrenamtlichen Elements die Rede war, so ging dies trotzdem mit *Abbaumaßnahmen der Verwaltung* in einzelnen Bereichen einher. Bereits im ersten Berichtsjahr nach der Machübernahme durch die Nationalsozialisten wurde aufgrund der *rapide sinkenden Fallzahlen* – von 1933 bis 1935 war ein Rückgang um mehr als die Hälfte zu verzeichnen (Tätigkeitsbericht 1934/35: 1; vgl. Abb. 15, unten) – über die Schließung von fünf Nebenstellen und der Geschäftsstelle des Wohlfahrtsamtes im Feldbau in Schniegling berichtet (Tätigkeitsbericht des Bezirksfürsorgeverbandes 1933/34: 2). Letztere wurden aber nicht wirklich geschlossen, sondern, wie andere Einrichtungen auch, an den NS-Arbeitsdienst abgegeben (Tätigkeitsbericht 1933/34: 16). Hinsichtlich der *Struktur* der personellen und organisatorischen Abbaumaßnahmen fällt auf, daß zuerst bei den während der Wirtschaftskrise Ende der zwanziger Jahre ausgebauten Neben- und Außenstellen gestrichen wurde, demgegenüber wurde erst 1937 das erste Kreisamt geschlossen:

Tabelle 5:

Zahl der Kreisämter, Nebenstellen und Außenstellen des Wohlfahrtsamtes der Stadt Nürnberg, 1924-1937

	Kreisämter	Nebenstellen	Sonstige Außenstellen
1924	6	3	0
1925	6	4	0
1929	6	4	1
1930	6	8	1
1931	6	9	1
1932	6	10	2
1933	6	8	2
1934	6	3	2
1935	6	2	2
1936	6	1	2
1937	5	1	2

Quelle: Düthorn, K. 1941: 131[191]

[191] K. Düthorn wurde zu Beginn der Diktatur stellvertretender Leiter des Wohlfahrtsamtes der Stadt Nürnberg als Leiter der neu eingerichteten Revisionsabteilung. Die Zahlen stimmen mit denen der Tätigkeitsberichte des Bezirksfürsorgeverbandes und denen des Statistischen Jahrbuches überein und scheinen daher zuverlässig zu sein. Da die Nationalsozialisten bekanntlich keine Scheu hatten, über ihre grausamen Vernichtungsmaßnahmen genau Buch zu führen, können die Zahlen der Verwaltung dieser Zeit wohl generell eher als zuverlässig angesehen werden, wobei die Möglichkeit der Propaganda berücksichtigt werden muß.

Auch die *Stellenentwicklung* des Nürnberger Wohlfahrtsamtes zeigt, daß ab 1933 zuerst und überdurchschnittlich im Außendienst abgebaut wurde, weniger im Innendienst. Der Außendienst war in der Wirtschaftskrise ab 1929 ja auch verhältnismäßig stärker ausgebaut worden als der Innendienst. Im Zuge des starken Rückgangs der Fallzahlen konnte sich nach 1933 der Innendienst also besser behaupten als der Außendienst (vgl. Abbildung 11).[192]

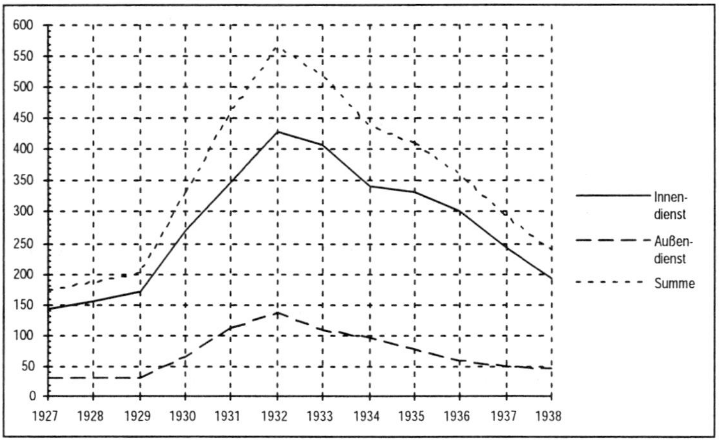

Abbildung 11: Stellen im Wohlfahrtsamt der Stadt Nürnberg (1927-1938)

Quelle: Düthorn, K. 1941: 127; Verwaltungs- und Rechenschaftsberichte der Stadt Nürnberg

Ähnlich illustriert schließlich die Entwicklung der Personal*ausgaben* das *Beharrungsvermögen* der Wohlfahrtsbürokratie in der Zeit des Dritten Reichs (vgl. Abb. 12). Dabei wiesen die Personalausgaben des Bezirksfürsorgeverbandes 1938 sogar einen nur geringfügig niedrigeren Stand als 1930 auf, während die Zahl der Unterstützungsfälle zu dieser Zeit unter den Stand von 1924 gefallen war.

192 Betrug der Außendienstanteil an den Gesamtbeschäftigten im Nürnberger Wohlfahrtsamt 1927 noch 17,82 %, 1929 sogar nur 15,42%, so steigerte sich dieser in der Krise bis auf knapp 25% 1931/32, während er bis 1936/37 wieder auf knapp 17% fiel (eigene Berechnungen nach Düthorn, K. 1941: 127). Der Stand der Ehrenamtlichen blieb übrigens wie in der Weimarer Republik auch im Dritten Reich weitgehend konstant. Waren 1926 noch 216, 1933 269 Ehrenamtliche im Einsatz, so waren es im Jahr 1938 222 (vgl. Düthorn, K. 1941: 105).

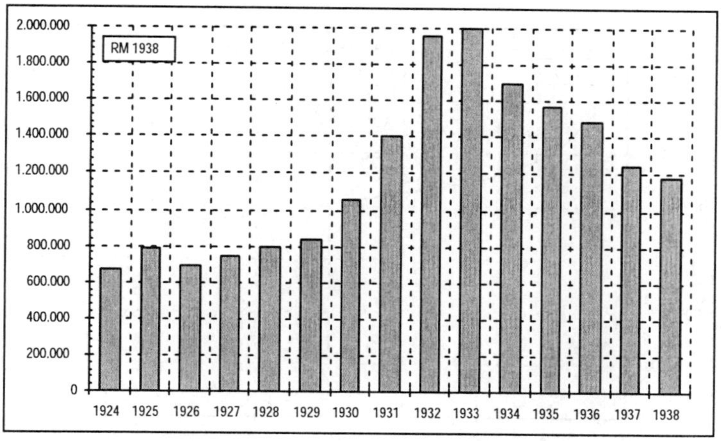

Abbildung 12: Personalausgaben
des Bezirksfürsorgeverbandes Nürnberg (1924-1938)

Quelle: Eigene Berechnung nach: Düthorn, K. 1941: 37 f., 120 ff.; Tätigkeitsberichte des Bezirksfürsorgeverbandes Nbg; Statistisches Bundesamt: Index der Verbraucherpreise seit 1881 (5-köpfige Arbeiterfamilie, 1934)

Das *ab 1939* sogar wieder zu verzeichnende Wachstum der *Summe* der Personalausgaben in der Wohlfahrtspflege signalisiert, daß dem Abbau im unmittelbaren Bereich des Wohlfahrtsamtes – der ideologischen Ausrichtung gemäß – das Wachstum anderer wohlfahrtspflegerischer Aufgabenbereiche gegenüber stand, was sich besonders bei den Anstalten, im Bereich des Jugendamtes und im Gesundheitswesen bemerkbar machte. Dem entspricht die Entwicklung der Gesamtausgaben in der „Wohlfahrtspflege“, die zunächst von 38 Mio. RM, 1933, auf 1938: 18 Mio. sanken, um dann 1940 *infolge des Krieges* bereits über 51 Mio. RM zu betragen, wovon der „Löwenanteil“ auf die „Familienunterstützung von Wehr- und Arbeitspflichtigen“ (1940 ca. 35 Mio. RM) fiel. Diese Zahlen sind instruktiv, auch wenn die im Haushaltsplan vorgenommene Summenbildung mit dem Vorbehalt zu versehen ist, daß auch eher sachfremde Organisationseinheiten, wie z.B. das Sportamt oder die ‚Desinfektionsanstalt‘, eingeordnet waren, deren Ausgabenhöhe jedoch marginal war. Das Wachstum im Bereich der Wohlfahrtspflege wird zum Teil erst dadurch sichtbar, daß neu im Haushaltsplan auftauchende, in manchen Fällen auch einfach ausgelagerte Titel, die sachlich aber dem jeweiligen Bereich zuzuordnen sind, hinzugerechnet werden. Wenn zu den Personalausgaben des Wohlfahrtsamtes die der Anstalten und der ab 1940 separat aufgeführte Personalaufwand für den „Familienunterhalt von Einberufenen“ hinzugerechnet wird, verändert sich das Bild merklich gegenüber der alleinigen Betrachtung des Bezirksfürsorgeverbandes bzw. des Wohlfahrtsamtes, wie es Düthorn oben vornahm.[193]

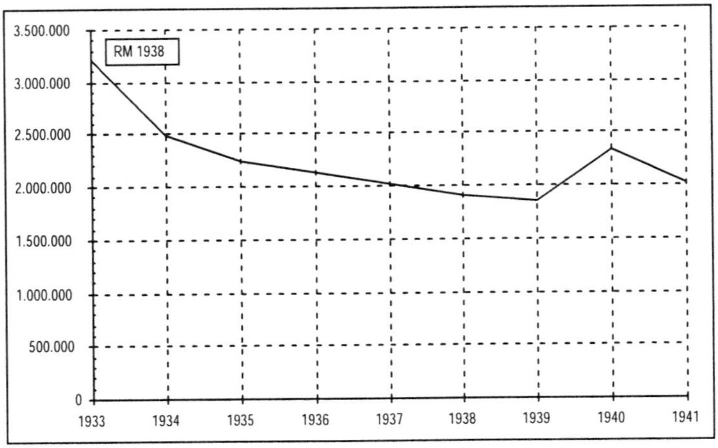

Abbildung 13: Personalausgaben in der ,wirtschaftlichen Fürsorge' der Stadt Nürnberg, 1933-1941

Quelle: Eigene Berechnung nach Haushaltsplänen der Stadt Nürnberg, Statistisches Bundesamt: Index der Verbraucherpreise seit 1881 (5-köpfige Arbeiterfamilie, 1934).

Ein differenzierteres Bild ergibt sich auch beim *Jugendamt*, wenn die Personalausgaben für die Anstalten der Jugendpflege hinzugerechnet werden, die bereits ab 1934 eine besondere Zunahme verzeichneten. Schließlich trat die Ausgliederung einzelner Titel ganz besonders im *Gesundheitsbereich* auf. Nimmt man allein den Personalaufwand für das ,Gesundheitsamt', so war zwischen 1933 und 1937 eine Zunahme von 91.788 Reichsmark auf 194.162 Reichsmark zu beobachten, ab 1938 aber ein Rückgang auf nur noch knapp 67.000 Reichsmark im Jahr 1939. Verursacht wurde dieser Rückgang wiederum durch haushaltstechnische Auslagerungen: Im Gesundheitswesen wurden ab 1933 die Personalausgaben für „Mütter- und Säuglingsheime", ab 1938 das „Stadtmuseum für Volksgesundheit", der „schulzahnärztliche Dienst", die „Erb- und Rassenpflege" sowie die Mütterberatungsstellen ausgegliedert. Bereits 1936 fand sich die Poliklinik- und Geschlechtskrankenuntersuchungsstelle als eigener Ansatz bei den Personalausgaben im Haushaltsplan. Rechnet man nun diese im Haushalt ausgelagerten Titel wieder zum Gesundheitsamt hinzu, so erhält man fast für die gesamte Zeit zwischen 1933 und 1941 eine Steigerung der Personalausgaben im „Gesundheitswesen" (vgl. Abb. 14).

[193] Beim Vergleich der beiden Abbildungen ist zu berücksichtigen, daß im Haushaltsplan unter dem Titel Wohlfahrtsamt die Familienfürsorge enthalten ist, die organisatorisch eigentlich dem Gesundheitsamt angegliedert und nur zu ca. einem Drittel für das Wohlfahrtsamt tätig war. Bei der Abb. oben, welche auf den Zahlen von Düthorn basiert, ist diese deshalb anteilsmäßig vom Wohlfahrtsamt subtrahiert, was bei der zweiten Abb. nicht geschah. Eventuell nicht berücksichtigte Veränderungen beim Personalstand der Familienfürsorgerinnen schlugen aber nur unerheblich zu Buche, da es insgesamt nur ca. 50 Familienfürsorgerinnen waren.

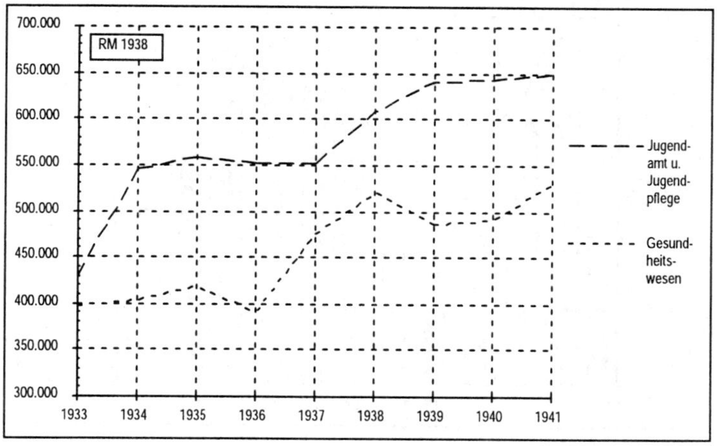

Abbildung 14: Personalausgaben im Jugend- und Gesundheitswesen der Stadt Nürnberg, 1933-1941

Quelle: Eigene Berechnung nach Haushaltsplänen der Stadt Nürnberg, Statistisches Bundesamt: Index der Verbraucherpreise seit 1881 (5-köpfige Arbeiterfamilie, 1934)

Ein Vergleich der Personalentwicklung mit den wahrgenommenen *Aufgaben* erscheint aufgrund der Aufgaben- und Datenlage allein in der wirtschaftlichen Fürsorge sinnvoll. Der Abbau des Personals im Nürnberger Wohlfahrtsamt schritt im Vergleich zum rapiden Rückgang der zu bearbeitenden Fälle nur langsam voran: Während in der wirtschaftlichen Fürsorge die Zahl der laufend unterstützten Parteien bereits 1936 wieder den Stand von 1929 erreicht hatte (vgl. Abb. 15, nachfolgend), lag die Zahl der Beschäftigten im Wohlfahrtsamt (hier wieder ohne Anstalten) auch 1938 noch über dem Stand von 1929 (Abb. 11, oben). Im Jahr 1938 war die Fallzahl aber bereits unter den Stand von 1924 gesunken, was sich auch in Form des Quotienten Unterstützungsfälle pro Beschäftigten ausdrücken läßt, der zwischen 1933 und 1938 immerhin um zwei Drittel gesunken war und von daher – trotz anderer neuer Aufgaben – auch eine gesunkene ‚Arbeitsbelastung' nahelegt (vgl. Abb. 16, unten). Dies ist ein neuerliches Indiz für das Beharrungsvermögen und der relativ „losen Kopplung" von Wohlfahrtsverwaltung, Aufgaben sowie politischer Umwelt.[194]

[194] So wurde zwar sofort nach der Machtübernahme beim Wohlfahrtsamt eine Abteilung für materielle Revision der Kreisämter eingerichtet, deren Aufgabe auch die Bearbeitung schwieriger Verwaltungsrechtsfälle sowie von Ersatzangelegenheiten war (Akten StArchNbg C 25/I Nr. 15).

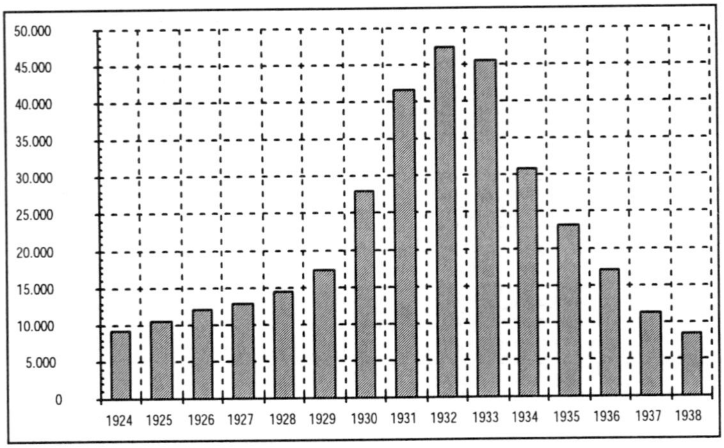

Abbildung 15: Laufende Unterstützungsfälle des Wohlfahrtsamtes der Stadt Nürnberg, 1924-1938

Quelle: Düthorn 1941: 139

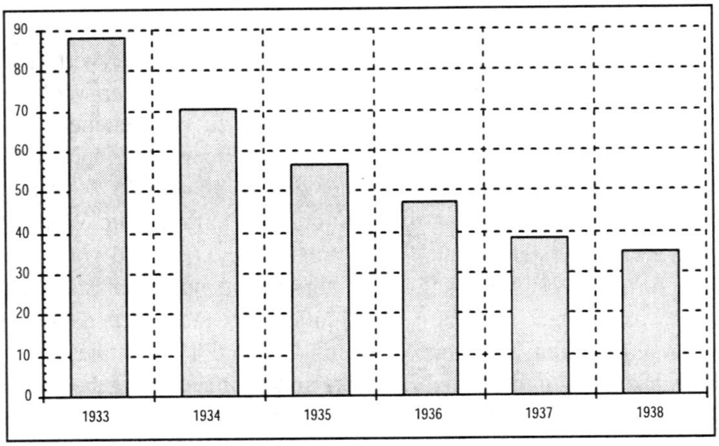

Abbildung 16: Laufend unterstützte Fälle pro Beschäftigten im Wohlfahrtsamt der Stadt Nürnberg, 1933-1938

Quelle: eigene Berechnung nach Düthorn, a.a.O.

Zur Rechtfertigung der Tatsache, daß die Personalzahl im Wohlfahrtsamt nicht in gleichem Maße wie die Zahl der Fälle zurückging, hieß es im Rechen-

---

Damit war jedoch keine naheliegende Überprüfung des Personalzuschnitts verbunden, sondern die strenge Kontrolle der den Kreisämtern überantworteten Gewährung von Unterstützungsleistungen.

schaftsbericht 1935/36: VIIa4: „Das Ausmaß der Entlastung des Amtes von der Fürsorgearbeit läßt sich jedoch nicht lediglich an der Zahl der Nettoabgänge (Überschuß der Abgänge nach Abzug der Zugänge) ersehen. Es ist vielmehr mit zu berücksichtigen, daß die gegenwärtig noch bestehende Übergangszeit in vielen Fällen kurzfristige Arbeitsverhältnisse mit sich bringt. Ein Teil der wegen Aufnahme von Arbeit aus der Fürsorge ausgeschiedenen Wohlfahrtserwerbslosen mußte nach Beendigung der Beschäftigung erneut Unterstützung beantragen. Die Bewegung im Stande der laufend Unterstützten war daher stets sehr lebhaft, sie allein ist der Gradmesser für die Würdigung des Umfanges der Amtsgeschäfte." Dann wurde auf neue Aufgaben hingewiesen, wie die Behandlung der Ehestandsdarlehen, die Hilfsbedürftigkeitsprüfung für Arbeitslosen- und Krisenunterstützungsempfänger sowie die für „Erbkranke", die Ausgabe von Fettverbilligungsscheinen, die Bearbeitung der Anträge auf Gewährung von Reichsbeihilfen für kinderreiche Familien, Befreiung von Rundfunkgebühren und anderes mehr. Neben dieser Aufgabenverlagerung klingt aber auch eine eigengesetzliche organisatorische Entwicklung an, wenn es zusammenfassend heißt:

> „Der Ausbau des Nürnberger Fürsorgewesens machte weitere Fortschritte. Entsprechend der Bedeutung der erbgesunden kinderreichen Familie für den Staat ergab sich von selbst ihre besondere Berücksichtigung bei der Gestaltung der Fürsorgemaßnahmen." (Rechenschaftsbericht 1935/36: VIIa5)

Außerdem wurde nicht versäumt, auf das bekannte fürsorgerische Credo legitimierend hinzuweisen:

> „Während in den Jahren der allgemeinen Arbeitslosigkeit die schematische Massenfürsorge das Feld beherrschte, machte der erhebliche Rückgang in der Zahl der laufend Unterstützten die individuelle Fürsorge wieder möglich, deren Maßnahmen noch durch wesentliche Milderung der Richtlinien und Vollzugsbestimmungen unterstützt und gefördert wurden." (Rechenschaftsbericht ebenda)

Die bekannten Leitgedanken der kommunalen Fürsorgeverwaltung wurden in Nürnberg zur Absicherung der eigenen Position ins Feld geführt. In zwei Denkschriften zur Organisation von 1934 wurde die endlich eingetretene Möglichkeit der Rückkehr zur Individualisierung begrüßt und mit einem legitimierenden Zitat aus der Fachlitaratur betont, daß es eine „anerkannte Erfahrungstatsache (sei), daß gerade in der Fürsorge das beste Personal gerade gut genug ist." Weiterhin reiche die statistische Bewertung allein nicht aus, um den Arbeitsaufwand einzuschätzen (Akten StArchNbg C 25/I Nr. 22). Endlich hieß es dort aufschlußreich, daß bei der Personalzuweisung leider nicht immer in diesem Sinne gehandelt worden sei und häufig eine allgemein verbreitete Geringschätzung der Arbeit des Wohlfahrtsamtes festzustellen sei, die als „Strafabteilung" oder „notwendiges Übel" gesehen werde. Gleichzeitig waren darin auch modern klingende Reformansätze zur Verbesserung der Verwaltungsleistung enthalten, die vor allem auf eine den Leitbildern der Fachwelt entsprechende *flexible* Organisation mit kleinen Abteilungen, Gruppenarbeit und Personalrotation zielte, was zudem eine bessere Kontrolle bedeute.

Der Blick auf die *Zusammensetzung* der unterstützten Fälle bestätigt die allgemeine Beobachtung, daß vorwiegend der Rückgang der *Arbeitslosigkeit* zur Entlastung der Nürnberger Fürsorgeverwaltung nach 1933 geführt hat, was am an den Zahlen der durch das Wohlfahrtsamt zu unterstützenden Arbeitslosen zu sehen ist (vgl. Abb. 17, unten). Hinzugefügt werden muß allerdings, daß trotz großer Propaganda um die nationalsozialistische „Arbeitsschlacht" der Rückgang der Arbeitslosigkeit bereits von 1932 auf 33 begonnen hatte, d.h., daß die Nationalsozialisten auch von Erfolgen der Weimarer ‚Systemzeit' profitierten (vgl. Sachße, Ch./Tennstedt, F. 1992: 39 ff.). Außerdem ging die kommunale Entlastung primär auf die Verlagerung der Kosten der Arbeitsbeschaffungsmaßnahmen auf das Reich zurück, das die Arbeitsprogramme wiederum vorwiegend mittels Krediten finanzierte.[195]

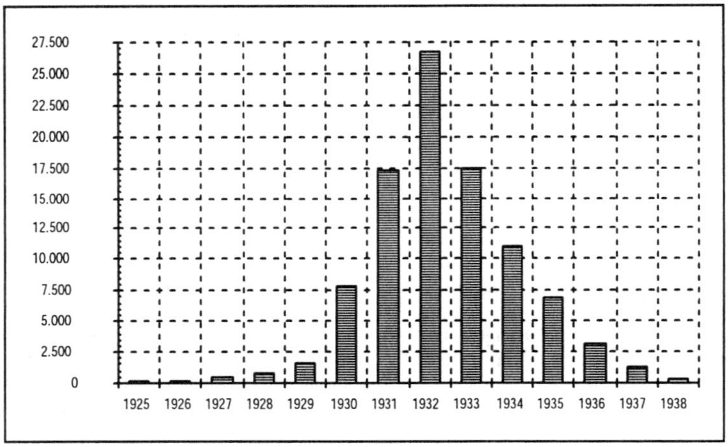

Abbildung 17: Unterstützte Arbeitslose (ohne Erwerbslosen- oder Krisenfürsorge) des Wohlfahrtsamtes der Stadt Nürnberg, 1924-1938

Quelle: Düthorn 1941: 72, 150; StJbStNbg 1925-1939

Trotz der Fragwürdigkeit dieser Programme zeigt deren Wirkung die Abhängigkeit des Aufgabendrucks der Fürsorgeverwaltung von der ökonomischen *und* institutionellen Umwelt mit dem dadurch ‚produzierten' *sozialen* Problem Arbeitslosigkeit. Je nach institutionellen Regelungen im Sektor der Arbeitsverwaltung gibt es mehr oder weniger soziale Probleme und Aufgabenanfall in der Fürsorge. Daraus folgt, daß die Wirksamkeit der ‚Individualisierung' bereits zur damaligen Zeit höchst fraglich war. So war das ‚Ein- und Ausströmen'

[195] Z.B. durch die Deutsche Gesellschaft für öffentliche Arbeiten; vgl. anschaulich zu den Auswirkungen auf Nürnberg: Tätigkeitsbericht 1933/34: 16 ff.; vgl. auch Bußmann-Strelow, G. 1992: 479 ff.

von Fürsorgefällen in das Unterstützungssystem durch die Sozialverwaltung generell nur sehr bedingt zu steuern und dieses reagierte wiederum seinerseits nur sehr vermittelt in seiner Organisation auf den Aufgabendruck.

Zum Charakter der Arbeitsprogramme ist zu sagen, daß sich diese hauptsächlich auf den Ausbau der Infrastruktur bezogen (Kanalnetz, Straßenbau, öffentliche Gebäude, Siedlungsbau) und daß man durch Auftragsabgabe die Konkurrenz zum örtlichen Gewerbe vermied, was wiederum den städtischen Wohlfahrtswerkstätten aus der Weimarer Zeit angelastet worden war. Zweitens trugen die nach „Arbeitswillen", Bewährung und Leistung stärker als früher differenzierten Arbeitsprogramme extrem repressive Züge. Die Möglichkeit einer Einweisung „Asozialer" in ein „Arbeitszwangslager" bzw. „Konzentrationslager" nach § 20 RFV wurde nach den in der Fachwelt jahrelang propagierten Leitvorstellungen auch in Nürnberg, obgleich in zahlenmäßig zunächst geringem Umfang, *sofort* umgesetzt und im Tätigkeitsbericht der Verwaltung klar und deutlich erwähnt (vgl. Tätigkeitsbericht 1933/34 14 ff.; 24). Der Zwang des Regimes kam in unvergleichlich milderer Form sogar gegenüber den Arbeitgebern zum Tragen, da maßgebliche Persönlichkeiten, wie der OB und der Wohlfahrtsreferent Druck auf die Gewerbetreibenden ausübten, damit diese z.B. Kriegsbeschädigte einstellten: „Insbesondere haben die persönlichen Verhandlungen des Wohlfahrtsreferenten und der Vertreter der Nationalsozialistischen Kriegsopferversorgung mit den Nürnberger Betriebsführern gute Erfolge gezeigt." (Tätigkeitsbericht 1933/34: 15). Wie ‚sanft' oder stark der Druck bei diesen Verhandlungen war, konnte aus den Akten allerdings nicht nachvollzogen werden.

Der Rückgang der zu unterstützenden Fürsorgefälle zeigte sich nach 1933 – zwar in weitaus geringerem Ausmaß – schließlich im gesamten Spektrum der Bedürftigen (vgl. Übersicht in Tätigkeitsbericht 1933/34: 5; vgl. z.B. bei den unterstützten Sozialrentnern, Abb. 18), was belegt, daß insbesondere die ökonomischen Rahmenbedingungen sich auf alle soziale Problemlagen auswirken.

Der Rückgang der Fallzahlen der Fürsorgeverwaltung war neben den Erfolgen in der global angelegten Wirtschaftspolitik und Arbeitsbeschaffung (z.B. auch für Sozial- und Kleinrentner oder Kriegsbeschädigte), soviel sei abschließend nochmals betont, auf eine rücksichtslos aussondernde Fürsorgepraxis zurückzuführen (vgl. dazu Bußmann-Strelow, G. 1992: 472 ff). Wie erwähnt, wurde spätestens 1935 im Falle des „Scheiterns von Pflichtarbeit" entweder die Fürsorgeleistungen stark eingeschränkt, nur noch Sachleistungen statt Geld gewährt und ganz offen von der Möglichkeit der Einweisung von „Müßiggängern" und „Asozialen" in das „Konzentrationslager" Dachau gesprochen (so im Nürnberger Tätigkeitsbericht von 1935: 24 oder im Rechenschaftsbericht 1935/36: (VII^{a})51). Für die Beteiligten mußte klar sein, daß dies nicht selten die Ermordung der Eingelieferten bedeutete (vgl. Kramer, D. 1983: 206 f.). Das im

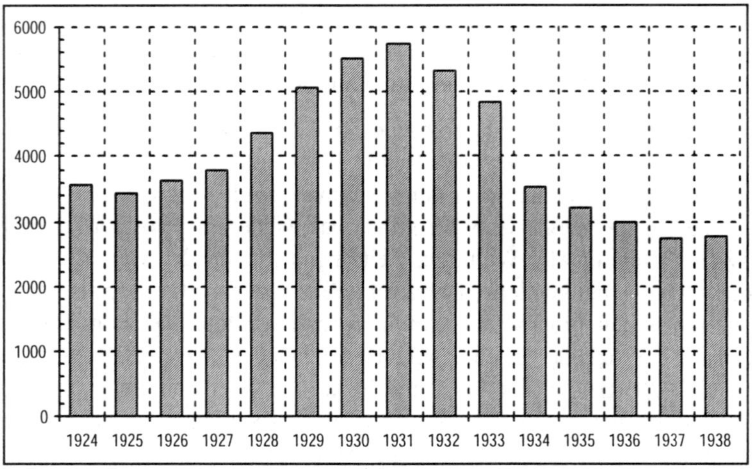

Abbildung 18: Unterstützte Sozialrentner des Wohlfahrtsamtes der Stadt Nürnberg, 1924-1938

Quelle: Düthorn, K. 1941: 67

Nachkriegsdeutschland reklamierte breite Unwissen ist deshalb auch vor diesem Hintergrund überwiegend als Schutzbehauptung anzusehen, die Greuel wurden von den Nationalsozialisten von Anbeginn an kaum verschleiert, im Gegenteil (vgl. Ellwein, Th. 1997: 81 ff.). Die Aussonderung der ‚Unwürdigen' (‚Asoziale', ‚Erbkranke', Juden und andere) und die verstärkte Förderung der ‚Würdigen' – z.B. die als anständig und ‚rassisch einwandfrei' befundenen kinderreichen Familien, Kriegsbeschädigten oder Kleinrentner – ging Hand in Hand. Ebenso ging damit eine flexiblere Praxis in der Richtsatzanwendung als früher einher. Diese Praxis beinhaltete auch eine stärkere Heranziehung der als primär unterstützungspflichtig angesehenen „Familien- und Hausgemeinschaft" als „Notgemeinschaft" (vgl. „Die Richtsätze der Nürnberger Fürsorge und ihre Anwendung 1934"; StArchNbg AV 428).

D. Die Sozialverwaltung nach dem Zweiten Weltkrieg

Nach dem Zweiten Weltkrieg herrschte in Deutschland eine ungeheure Verwüstung und Massennot. Zur Verdeutlichung seien nur einige Daten genannt (vgl. z.B.: Dyckerhoff, K. 1983: 219 ff.): Es gab ca. 12 Millionen Flüchtlinge, ca. 3 Millionen Kriegsbeschädigte und -hinterbliebene sowie eine großflächige Zerstörung von Gebäuden mit einer unüberschaubaren Wohnungsnot (in Großstädten waren nur noch ca. 25% der Wohnungen nicht zerstört). Ferner herrschte bei darniederliegender Wirtschaft eine entsprechende Lebensmittel- und Warenknappheit, was wiederum Inflation und Schwarzhandel hervorbrachte. Darüber hinaus hatte sich durch die zahlreichen im Krieg gefallenen Soldaten die Bevölkerungsstruktur erheblich verändert: der Frauenanteil und derjenige der Alten war stark gestiegen.

Vor diesem Hintergrund ging es für die herrschenden Mächte zunächst darum, diese unmittelbaren Kriegsfolgen zu bewältigen, die dringendste Not zu lindern und das gefürchtete Chaos zu verhindern, wofür wiederum das *Weiterfunktionieren* der Verwaltung ‚vor Ort' eine vordringliche Voraussetzung war. Diese hörte in den Städten und Gemeinden denn auch so gut wie nie auf zu arbeiten (vgl. Ellwein, Th. 1997: 399 ff.), obwohl Personal (zumal politisch unbelastetes Fachpersonal) und Mittel häufig fehlten und zahlreiche Gebäude zerstört waren.[196] Daraus resultierte, daß ungeachtet politischer Belastungen das vorhandene Personal weitgehend übernommen wurden, womit die Organisation ihren Fortbestand sicherte: „Von unten nach oben übernahm man so überlieferte Strukturen, in denen die Verwaltung ‚funktionierte' und mit denen die nunmehrige Demokratie das Erbe früherer Zeiten antrat" (Ellwein, Th. 1997: 325). Die Sozialverwaltung und die dazu gehörige Fachwelt richteten ihren Augenmerk, ebenso wie die sich restaurierenden übergeordneten Institutionen,[197] zunächst auf die Rekonstruktion der Rechtsgrundlagen, um auf dieser

---

[196] Vgl. Deutscher Verein 1947. Der Verwaltungsbericht Nürnbergs 1945-1949 sprach von großen Lücken im Personalbestand, die wegen Einberufungen und Kriegsverlusten entstanden seien. Außerdem hieß es: „Die nach Kriegsende durchgeführten politischen Überprüfungen des Personals entblößten das Amt nahezu aller noch vorhandenen Fachkräfte. Die Hauptlast der Verwaltungsarbeit mußte von wenigen qualifizierten Dienstkräften getragen werden, unterstützt von sachunkundigen und berufsfremden Hilfskräften" (ebenda: 109). Dazu unten mehr.

[197] Auf die in den Besatzungszonen unterschiedlich verlaufene Entwicklung des Regierungs- und Verwaltungssystems und auf die Begründung des Regierungssystems der Bundesrepublik Deutschland kann hier nicht eingegangen werden (vgl. als Überblick: Ellwein, Th./Hesse, J.J. 1987).

Basis die Handlungsfähigkeit zu erhalten, wobei zu den drängenden sozialen Problemen und der Personalknappheit erschwerend die Aufteilung in Besatzungszonen und die große Binnenwanderung hinzu kamen.

I. Institutionelle Restauration

1. Die Restauration des Fürsorgesystems in den 50er Jahren

Als Grundlage des Verwaltungshandelns und Garant für Kontinuität, blieben nach Ende des zweiten Weltkrieges, trotz anfänglicher Rechtsunsicherheit, das alte einheitliche Fürsorgerecht und die Einteilung in Landes- und Bezirksfürsorgeverbände im Grunde bestehen, was nicht zuletzt auf maßgebliches Drängen und Wirken des Deutschen Vereins mit seinem wieder eingesetzten Vorsitzenden Polligkeit zurückzuführen war. Beide konnten sich sofort wieder in „bewährter Manier", d.h. unter Berufung auf die in der Weimarer Republik begründete Tradition, etablieren.[198] Neben dem Fortbestehen des Fürsorgerechts war bereits 1945 die von Polligkeit, dem Deutschen Verein und den Gemeinden schon in der Weimarer Zeit bekämpfte „Gruppenfürsorge" von den Militärregierungen aufgehoben und und die, nach einheitlichen Grundsätzen gestaltete, „Einheitsfürsorge" angeordnet worden (Keese 1954: 19). Ebenso wurde neben anderem das Arbeitslosenversicherungsrecht aufgehoben (Krug v. Nidda, C.L. 1961: 255). Diese Regelungen wurden in der Fürsorgerechtsvereinbarung der drei Westzonen vom 3.5.1949 festgehalten (vgl. Orthband, E. 1980: 336 ff.), worin vor dem Hintergrund der Wanderungen zudem eine Geschäftsvereinfachung vorgesehen war, indem ein Verzicht der Fürsorgeverbände auf gegenseitige Kostenerstattung und als Zuständigkeitsregelung der tatsächliche Aufenthalt der Bedürftigen festgelegt wurde.

Parallel zu dieser Restauration der alten Rechtsgrundlagen begannen im Deutschen Verein aber auch Bemühungen um eine *Reform* des gesamten Fürsorgerechts, im Interesse einer Konsolidierung der Fürsorge (vgl. die Beiträge in Deutscher Verein 1950).[199] Darüber hinaus forderte der Deutsche Verein Ergänzungsmaßnahmen zugunsten der *Kriegsopfer* im Rahmen einer „Soforthilfe" (Braun, H. 1955: 109). Diese Bedürftigen machten nach einer Berechnung der Stadt Frankfurt ca. drei Viertel in der Fürsorge aus und drohten erneut, das Fürsorgesystem und die Gemeinden zu überlasten (NDV 1/1946: 7). Ein „Gesetz zur Milderung dringender sozialer Notstände" (Soforthilfegesetz, SHG)

[198] Vgl. Orthband, E. 1980: 334 ff.; vgl. Krug v. Nidda, C.L. 1961: 255 ff.; vgl. Polligkeit W. 1947.

[199] Zur Nachkriegsentwicklung der öffentlichen Fürsorge siehe die Überblicke von Weddigen, W. 1957; Otto, E./Kister, W. 1950; Brackmann, P./ Drilling, Ph. 1950; vgl. André, G. 1993; 1994.

wurde auch am 8.8.1949 erlassen (vgl. NDV 8/1949: 183 ff.), abgelöst vom „Lastenausgleichsgesetz" (LAG) vom 14.8.1952 (BGBl: 446), das zur Durchführung formal eigenständige *Ämter der Soforthilfe bzw. Ausgleichsämter* auf Kreisebene vorsah. Ziel dieser Gesetze war die Abgeltung von Schäden und Verlusten von Vermögen, die infolge der Vertreibungen und Zerstörungen der Kriegs- und Nachkriegszeit eingetreten waren (vgl. dazu Keese, H. 1954: 112 ff). Neben dem Lastenausgleich wurden durch das „Gesetz über die Versorgung der Opfer des Krieges" (Bundesversorgungsgesetz) vom 20.12.1950 (BGBl: 791), das sich eng an seinen Vorgänger, das Reichsversorgungsgesetz von 1927 anlehnte, gesundheitliche Schäden durch Renten kompensiert. Dies betraf Beeinträchtigungen, welche durch eine militärische Dienstverpflichtung oder -verrichtung entstanden waren. Es galt aber auch für Zivilpersonen, wenn die Schädigung aus unmittelbaren Kriegseinwirkungen, Gefangenschaft oder Internierung resultierte (vgl. Keese, H. 1954: 116 ff.). Ergänzend wurde durch das „Gesetz über die Errichtung der Verwaltungsbehörden der Kriegsopferversorgung" vom 12.3. 1951 (BGBl I: 169) die Schaffung besonderer Versorgungsämter und Landesversorgungsämter vorgeschrieben.

Die neben der Fürsorge eingeführten *Versorgungs*elemente waren nicht nur dem Druck der Not geschuldet, sondern – zum Leidwesen vieler Fürsorgeexperten – charakteristisch für ein allgemein sich wandelndes *Rechtsbewußtsein*. Wie nach dem Ersten Weltkrieg war auch nach dem Zweiten Weltkrieg das Bewußtsein verbreitet, daß der Staat die Verantwortung für die Kriegsfolgen zu übernehmen habe. Die aufkeimenden sozialen Bewegungen gegen Hunger und Not und die – durch die Besatzungsmächte verstärkte – Notwendigkeit der Distanzierung vom nationalsozialistischen Unrechtsregime unterstützten die Diskussionen um eine Ausweitung sozialstaatlicher Regelungen und Leistungen, was sich nicht zuletzt im Sozialstaatspostulat des Grundgesetzes ausdrückte (Art. 28 Abs. 1 GG vom 23.5.1949).

Mit der sozialstaatlichen Ausweitung, insbesondere der Zunahme der Gewährung staatlicher Versorgung, war allerdings auch die Frage nach der künftigen Rolle der Fürsorge im sozialen Sicherungssystem eingeschlossen. Aus der Sicht der Fürsorge wurde die Tendenz, „daß immer neue Staatsrentner geschaffen werden", so Hans Achinger (NDV 8/1949: 182), jedenfalls beklagt, ebenso wie die damit verbundene drohende Politisierung der Fürsorge nicht begrüßt wurde:

> „In den Parlamenten und Ministerien wird die gemeindliche Fürsorge, die doch der Eckpfeiler der sozialen Sicherheit gewesen ist, als lästiges, kaum noch verständliches Überbleibsel einer verschwundenen Zeit behandelt. Ihr Subsidiaritätsprinzip ist der allgemeinen erstrebten Schaffung von Rechtsansprüchen im Wege. Ihr Versuch, zu individualisieren, von Fall zu Fall mit verschiedenen Mitteln einzugreifen, wird meist nur noch als unberechtigte Einmischung in persönliche Dinge betrachtet. Ohne Zweifel liegen die Gründe für die Wandlung des Denkens sehr tief. 90 Prozent des deutschen Volkes fühlen sich in der einen oder anderen Weise als kriegsgeschädigt und machen den Staat ersatzpflichtig. Hilfsbedürftigkeit ist eine politische Frage geworden ..."

Die Diskussion um die Rolle der Fürsorge und die Abgrenzung zu grassierenden Rentenansprüchen beherrschte auch den Deutschen Fürsorgetag des Deutschen Vereins von 1949 mit seinem Gesamtthema, „ob und inwieweit die durch Krieg und Kriegsfolgen ausgelösten Strukturveränderungen Notstände hervorgerufen haben, für die das geltende Fürsorgerecht nicht mehr ausreicht“ (vgl. Deutscher Verein 1950; NDV 9/10/ 1949). Denn: „In der öffentlichen Fürsorge sind wir in den Nachkriegsjahren gegenüber allseits erhobenen Rentenansprüchen ... fortschreitend in die Abwehr gedrängt worden“ (NDV 9/10/1949: 215). Dabei spielten auch finanzielle Motive eine Rolle, denn, so war zu hören, die Ausgaben müßten in einem „tragbaren Verhältnis zum Volkseinkommen“ stehen (ebenda). Eine ausreichende Versorgung aller Bedürftigen mit Renten sei schlicht nicht zu finanzieren, die daraus resultierende Steuerbelastung zu hoch. Außerdem wäre dies sogar ungerecht, da immer Gruppen übrigblieben, die benachteiligt und in der Fürsorge verbleiben würden. Diese sei deshalb alles andere als überflüssig und habe sich schließlich auch seit langem bewährt. Unverblümt wurden nach wie vor auch traditionelle Argumente der notwendigen Disziplinierung der Armen ins Feld geführt, denn Fürsorge sei nicht nur materielle sondern auch persönliche Hilfe zur Selbsthilfe und das Gewähren von Renten nur für nicht arbeitsfähige Menschen gerechtfertigt:

> „Eine Gefahr des Umsichgreifens des Versicherungsgedankens anstelle der Fürsorge ist die Schwächung des Selbstbehauptungswillens des Einzelnen“ (NDV 9/10/1949: 217),.

Unter Festhalten an althergebrachten Fürsorgegrundsätzen der Individualisierung und Subsidiarität wurde allerdings ein grundsätzlicher *allgemeiner Rechtsanspruch* auf Unterstützung zugestanden, der bei Vorliegen von Bedürftigkeit im Rahmen der Gesetze gewährt werden sollte. Außerdem war die gerichtliche Kontrolle der Verwaltungsentscheidungen vorgesehen, was bereits in Verwaltungsgerichtsgesetzen verschiedener Länder in Form einer gerichtliche Kontrolle von Verwaltungsakten geregelt worden war (vgl. NDV 2/1947). Ebenso sahen verschiedene Länderverfassungen ein „Recht auf Fürsorge“ vor, wie z.B. die bayerische in Art. 168 Abs. III (GVBl 1946: 345), was durch die Entscheidung des Bundesverwaltungsgerichtes von 1954 (BverwGE 1, 159) sogar als „subjektives Recht“ bestätigt wurde (vgl. Birk u.a. 1994: 93).

„Vom Standpunkt der Fürsorge“ wurden diese rechtlichen Fortschritte zunächst „nicht begrüßt“ (NDV 7/8/1948: 121), weil es damit zu einer „erheblichen Verstärkung des von der Gesamtheit der Hilfsbedürftigen ausgehenden Druckes“ kommen könne. Außerdem hätten die Gerichte nicht den ausreichenden Einblick in die Verhältnisse, womit die gerichtliche Überprüfbarkeit von Entscheidungen über Fürsorgeleistungen den Anforderungen der Praxis nicht gerecht werde (NDV 7/8/1948: 122). Ob die zur Behebung der Not im Einzelfall geeigneten Maßnahmen ergriffen worden seien, könne nur derjenige beurteilen, der über eigene praktische Erfahrungen auf dem Gebiete der Fürsorge verfüge, enge Fühlung mit den hilfsbedürftigen Menschen habe und hieraus Erfahrungen über die Art, wie sie auf die Gewährung von staatlicher Hilfe reagieren, habe ansammeln können (O.V. 1948: 28, nach: NDV 3/1954: 135). Gegenüber dem von den Verwaltungsgerichten zunehmend befürworteten Rechtsanspruch (vgl. Übersicht in NDV 3/1954: 134 f.), wurde das „Ermessen" betont und lediglich die Überprüfung einer richtigen Ermessensausübung zugestanden:

> „Dabei ist es außerordentlich wichtig, daß der Verwaltungsrichter dem Gesichtspunkt Rechnung trägt, daß die Ermessensfreiheit des Fürsorgeverbandes im Ausmaße der zu gewährenden Fürsorge nicht allzu stark beschnitten wird" (ebenda: 135).[200]

Ähnlich konservativ und restaurativ waren die Bemühungen auf dem Gebiet der *Jugendfürsorge.* So wurden in verschiedenen Ländern Gesetze zum „Schutze der heimatlosen und gefährdeten Jugend" erlassen, die inhaltlich maßgeblich von später noch zu erläuternden fürsorgerischen Ordnungsvorstellungen und alten pädagogischen und polizeilichen Konzepten geprägt waren. Dabei wurde auch nicht davor zurückgeschreckt, erneut den Erlaß eines Bewahrungsgesetzes für „arbeitsscheue und verwahrloste" Jugendliche – allerdings immer noch erfolglos – zu fordern.[201] Diese Bemühungen wurden durch die amerikanische Militärregierung unterbrochen: Durch das Gesetz Nr. 14 v. 1.4.1949 wurden alle Bestimmungen über die Unterbringung in einem Arbeitshaus oder Asyl, die Freiheitsentziehungen ohne gerichtliches Verfahren vorsahen, aufgehoben.[202] Weitere Gesetzesinitiativen betrafen das „Gesetz zum Schutz der Jugend in der Öffentlichkeit" (1951) und das „Gesetz über die Verbreitung jugendgefährdender Schriften" (1953) (vgl. Müller, C.W. 1994: 60).

Schließlich wurden 1953 sowohl das RJWG (BGBl I: 1035 ff) als auch das Jugendgerichtsgesetz novelliert, wobei die Jugendgerichtshilfe im Sinne einer Bewährungshilfe gestärkt wurde. Beim RJWG stellte man, basierend auf den Vorarbeiten des Deutschen Vereins und einer von Polligkeit geleiteten Expertenkommission im Prinzip die alte Fassung von 1922 wieder her (vgl. Orthband, E. 1980: 380 ff.). Die Leistungen des Jugendamtes nach § 4 RJWG waren nun wieder Pflichtaufgaben: so die Beratung Jugendlicher, der Mutterschutz, die Säuglingsfürsorge, die Kleinkinderfürsorge, die Schulkinderfürsorge, die Wohlfahrt der Stadtjugend und die Wohlfahrt der schulentlassenen Jugend (vgl. Hasenclever, Ch. 1978: 172 f.). Außerdem wurde das *selbständige Jugendamt* rekonstituiert, dessen Aufgaben nicht mehr an andere Behörden delegiert werden durften und dessen Charakter als Kollegialbehörde endgültig beseitigt wurde, wenngleich durch den § 9a ff. RJWG ein Jugendwohlfahrtsausschuß (JWA) an die Seite der Dienststelle gestellt wurde. Dieser setzte sich zusammen aus dem Leiter der Dienststelle (beratend oder stimmberechtigt), Mitgliedern der Vertretungskörperschaft (stimmberechtigt), sowie aus von

---

[200] Vgl. dazu die – wiederum die Position des Deutschen Vereins nachträglich beschönigende – Darstellung bei Orthband, E. 1980: 357 und im Vergleich dazu die zutreffende Einschätzung und Darstellung bei H. Nootbaar, 1983: 260.

[201] Vgl. Hasenclever, Ch. 1978: 156; Krug v. Nidda, C.L. 1961:260 f.

[202] Nach fortgesetzten Bemühungen der Fachleute ließ schließlich aber das Bundessozialhilfegesetz (BSHG) von 1961 eine Freiheitsentziehung nach § 73 zu, wozu gleich mehr zu sagen sein wird (m.w.N. Krug v. Nidda, C.L. 1961: 261).

dieser gewählten, in der Jugendwohlfahrt erfahrenen Männern und Frauen (stimmberechtigt). Ferner mußten in beratender Funktion hinzugezogen werden: Vertreter der Verbände (2/5 der Mitglieder des JWA), der Leiter des Jugendamtes, der Arzt des Gesundheitsamtes, weiter Vertreter der Kirchen und der jüdischen Kultusgemeinde, sowie ein Vormundschaftsrichter oder Jugendrichter.

Die Funktionen waren so geteilt, daß das Jugendamt die laufenden Geschäfte wahrnehmen sollte, während der Jugendwohlfahrtsausschuß sich „anregend und fördernd mit den Aufgaben der Jugendwohlfahrt" beschäftigen (§ 9b RJWG) und – im Rahmen der von der Vertretungskörperschaft bereitgestellten Mittel und der Satzung – über Angelegenheiten der Jugendhilfe beschließen sollte. Der JWA sollte auch von der Vertretungskörperschaft zu Angelegenheiten der Jugendwohlfahrt „gehört" werden und konnte Anträge an diese stellen (§ 9b RJWG). Beachtlich ist auch, daß in § 9c des novellierten RJWG *Professionalität* für die Verwaltung des Jugendamtes zwingend vorgeschrieben war. Die mit dieser Novelle zum RJWG angestrebte Restitution und Stärkung des Jugendamtes als gegenüber dem Sozialamt eigenständige und professionell geprägte Organisation konnte in der Folge erst nach und nach erreicht werden, wie noch zu zeigen sein wird.

Ebenso wie bei der wirtschaftlichen und der Jugendfürsorge blieben auch die Regelungen im Bereich der *Gesundheitsfürsorge*, wie z.B. das Gesetz zur Vereinheitlichung des Gesundheitswesens (GVG v. 1934), zunächst bis auf die durch die Militärregierung aufgehobenen Bestimmungen zur „Rassenpflege" bestehen (Kühn, D. 1994: 62). Allerdings setzte ein Trend zur Rekommunalisierung ein, nicht jedoch in Bayern, Baden-Württemberg,[203] Rheinland-Pfalz und im Saarland, wo die Gesundheitsämter staatliche Sonderbehörden blieben (Kühn, D. 1994: 64).

2. Reform und Anpassung des Fürsorgerechts

Die 50er Jahre waren, trotz der bewahrenden Haltung der vom Deutschen Verein und den Kommunalvertretern bestimmten Fachwelt, durchzogen von Diskussionen um das *System* sozialer Fürsorge im Rahmen einer allgemeinen „Sozialreform", die besonders von sozialdemokratischer Seite gefordert wurde.[204] Aus der Sicht der Fachwelt sollte vor allem das unübersichtlich gewordene System von Fürsorge, Versicherung und Versorgung wieder den jeweiligen

[203] Mit Ausnahme von Stuttgart (diesen Hinweis verdanke ich Martin Schölkopf).

[204] Vgl. aus der Sicht des damals die Diskussion mit seiner Expertenkommission stark dominierenden Deutschen Vereins: Orthband, E. 1980: 350 ff.; vgl. für die Jugendfürsorge: Hasenclever, Ch. 1978: 177 ff.; vgl. auch die übersichtliche Gesamtdarstellung bei Kühn, D. 1994: 67 ff. und eingehender Nootbaar, H. 1983: 265 ff.

Grundsätzen gemäß geordnet und die Rolle der Fürsorge, anknüpfend an seine frühere Bestimmung, neu abgegrenzt werden. Zur Verdeutlichung der erreichten rechtlichen Komplexität verweist Mäding (1955: 66) auf der Grundlage einer durch die KGSt (1954) erstellten Inventur gültiger Vorschriften im Bereich wirtschaftlicher Fürsorge auf eine Auflistung der für die nordrhein-westfälischen Fürsorgeämter relevanten Regelungen und Bestimmungen zum allgemeinen Geschäftsgang, welche immerhin 78 Seiten umfaßte. Das Schwergewicht lag dabei übrigens auf dem Gebiet der Kriegsfolgenhilfe, die traditionell komplexer bearbeitet wurde als etwa die „Asozialenfürsorge", weil in der Regel Rentenansprüche und damit mehr Beziehungen zur Sozialversicherung vorlagen.

Ein weiterer Hintergrund der Reformüberlegungen war aber vor allem folgender: Nachdem die *wirtschaftliche Entwicklung* überraschend schnell und durchgreifend in Gang gekommen war und die Fürsorge dementsprechend entlastet wurde, erschien eine Reform und Leistungsverbesserung im Fürsorgewesen ohne Probleme machbar. So ging die Arbeitslosenquote von 10,3 % (1950) auf 1,2% (1960) zurück. Ähnliches zeigte sich in der Fürsorge: kamen 1949 auf 1000 Einwohner noch knapp 60 Unterstützte,[205] so waren es 1955 nur noch gut 20 (Zahlen bezogen auf das Bundesgebiet und West Berlin, nach: Nootbaar, H. 1983: 256, 262).

Dem Deutschen Verein ging es neben der Neuordnung primär um die *Ausweitung persönlicher Hilfen* im Rahmen der als unverzichtbar geltenden und mit neuen Aufgaben betrauten *Fürsorge.*[206] Aufgrund der verbesserten wirtschaftlichen Lage, so die Erwartung, betreffe Armut künftig nur noch wenige Menschen in *besonderen* Lebenslagen. Bedürftigkeit zeige sich verstärkt nicht mehr im materiellen sondern im ‚seelischen' und sozialen Bereich. Vor dem Hintergrund der wirtschaftlichen Verbesserung schien sogar neben der Fürsorge erstmals eine *bedarfsunabhängige* versorgungsähnliche, aus Steuern finanzierte Grundsicherung denkbar (vgl. Muthesius, H. 1955: 29).

Die konservativen politischen Kräfte, welche die staatliche Umverteilung begrenzen wollten, waren allerdings dominant, was dem Beharrungsvermögen und den Selbsterhaltungsinteressen der bestehenden institutionellen Systeme (Versicherung und Fürsorge) entgegenkam (vgl. eingehend unter Verwendung von Hintergrundmaterial: Giese, D. 1986: 255 ff.). Getrennte Reformen und kontinuierliche Leistungsausweitungen in den jeweiligen Sicherungssystemen, nicht übergreifende Perspektiven und radikale Neuerungen konnten sich deshalb durchsetzen. Damit wurde auch eine mögliche Einschränkung der Staatstätigkeit verfehlt, weil die Leistungsausweitung in den einzelnen Systemen

---

[205] Zum Vergleich: Im Jahr 1931 gab es im Durchschnitt der zwanzig Großstädte 53 *Fälle* pro 1.000 Einwohner (vgl. Tabelle 20 im Anhang).

[206] Vgl. die Diskussion auf dem Deutschen Fürsorgetag 1955, Deutscher Verein 1955.

auch angesichts der wirtschaftlichen Lage kaum verhindert werden konnte.[207] Ein allgemeines „soziales Grundgesetz", wie es die „Professoren-Denkschrift" (Muthesius[208], Achinger, Höffner, Neundörfer) 1955 gefordert hatte, kam aufgrund parteipolitischer Divergenzen und institutioneller Eigen-, Ressort- oder Domäneinteressen nicht zustande. Inhaltlich gab es zwar die Diskussion um die Reichweite der Staatstätigkeit, staatlicher Verantwortung und die Rolle des Subsidiaritätsprinzips, was vor allem die CDU gestärkt wissen wollte. Aber diese Diskussion blieb innerhalb der Grenzen der jeweiligen Sicherungssysteme und sie bewirkte eben, daß die *subsidiäre* Fürsorge selbst und der Zwang zur Selbsthilfe erhalten blieb und die Begründung eines neuen Gesamtsystems unterblieb. So blieb es bei moderater Weiterentwicklung, z.B. in Form des o.g. vom Bundesverwaltungsgericht 1954 gewährten *Rechtsanspruchs* auf Fürsorge. Insbesondere im Bereich der Jugendhilfe sollte die Reichweite staatlicher Erziehungsansprüche stark begrenzt und Subsidiarität betont werden. Ebenso sollte aber auch die Selbständigkeit des Jugendamtes als Erziehungsbehörde gegenüber den Sozialämtern gestärkt werden, weshalb die einzelnen Bereiche getrennt geregelt blieben (vgl. Hasenclever, Ch. 1978: 177 ff., 192).

Die Ausdehnung und Verlagerung der Fürsorgeaufgaben hin zur ‚persönlichen Hilfe' manifestierten sich im neu erlassenen *Bundessozialhilfegesetz* (BSHG) vom 5. Juni 1961, das zugleich eine Ausweitung des Anspruchsniveaus für die Fürsorgeklientel vorsah.[209] Der oben angesprochene Einstellungswandel drückte sich neben der begrifflichen Änderung („Sozialhilfe" statt „Fürsorge") und der Verwirklichung eines Rechtsanspruchs (§ 4 BSHG), darin nieder, daß die Bemessung der Sozialhilfe die Führung eines „menschenwürdigen" Lebens ermöglichen sollte (§ 1 Abs. 2 BSHG). Diese Ausweitung der Leistungsansprüche sind neben der wirtschaftlichen Besserung auch den politischen Bemühungen um eine Integration Deutschlands in die westlichen Demokratien geschuldet (vgl. Fuchs, M. 1963: 15 f.).

Ansonsten verblieb die Sozialhilfe aber in der Kontinuität der früheren Fürsorgeregelungen. Sie war nach wie vor dem Grundsatz „Hilfe zur Selbsthilfe" verpflichtet und wurde lediglich nachrangig (§ 2), nach der Besonderheit des Einzelfalles (§ 3) geleistet. Sie sollte aber auch, wie das bereits in der RFV festgehalten war, sofort nach Kenntnis der Notlage (§ 5) und vorbeugend (§ 6 BSHG) geleistet werden. Insbesondere sollte die Hilfe sich aber nach der Person und den örtlichen Verhältnissen richten (§ 3 Abs. 1 BSHG), was sich in den Grundsätzen der „*Angemessenheit*", „*Zumutbarkeit*" und „*Vertretbarkeit*" wi-

[207] Zur nach dem Weltkrieg verpaßten Chance der Einschränkung der Staatstätigkeit, zur danach ‚auf breiter Front' erfolgten Aufgabenausweitung und zur Grundsteinlegung für den „überforderten Staat": Ellwein, Th. 1997: 334 ff., 344 ff.

[208] H. Muthesius hatte im Jahr 1950, trotz seiner erst spät problematisierten nationalsozialistischen Vergangenheit, Polligkeit als Vorsitzenden des Deutschen Vereins beerbt (vgl. Orthband, E. 1980: 344, wovon der Chronist des DV jedoch kein Wort erwähnt).

[209] BGBl I: 815 ff. Vgl. allg. als Überblick zur ursprünglichen Fassung Bangert, W. 1969; Fuchs, M. 1963; Mergler, O. 1963 (Kommentar).

derspiegelt (vgl. Mergler, O. 1963: XXII f.). Das „Ermessen“ der örtlichen Behörden als Grundelement der Fürsorge verblieb also trotz rechtlicher Besserstellung in Form von „Kann- und Soll-Leistungen“ durchaus bestehen, ja es erfuhr durch das Gesetz sogar eine Ausweitung.

Dies geschah vor allem durch das Hervorheben *persönlicher* Hilfen – Geldleistungen standen erst an zweiter Stelle (§ 8 (1) BSHG) – und der Hilfe in „besonderen Lebenslagen“ (§§ 27 ff.) gegenüber der regelmäßigen „Hilfe zum Lebensunterhalt“ in Form von Geld (§§ 11 ff.).[210] Die höhere Wertung der Hilfe in besonderen Lebenslagen kam auch darin zum Ausdruck, daß Einkommen und Vermögen in schwächerem, sprich „zumutbarem“ Maße angerechnet wurden (§ 28), während sie bei der Hilfe zum Lebensunterhalt voll angerechnet werden mußten. Als Arten der Hilfe in besonderen Lebenslagen wurden als Regelbeispiele aufgezählt (§ 27 Abs. 1 u. 2): 1. Hilfe zum Aufbau oder zur Sicherung der Lebensgrundlage, 2. Ausbildungshilfe, 3. vorbeugende Gesundheitshilfe, 4. Krankenhilfe, 5. Hilfe für werdende Mütter und Wöchnerinnen, 6. Eingliederungshilfe für Behinderte, 7. Tuberkulosehilfe, 8. Blindenhilfe, 9. Hilfe zur Pflege, 10. Hilfe zur Weiterführung des Haushalts, 11. Hilfe für Gefährdete, 12. Altenhilfe.

Hans Muthesius nannte in einem Kommentar vier Hauptgedanken des neuen Gesetzes: individuelle Hilfe, persönliche Hilfe, soziale Integration (insbesondere für *Alte*) und Beratung (1962: 456). Charakteristisch für diese sozialpädagogische, verwaltungstechnisch kaum in den Griff zu bekommende und theoretisch ‚uferlose‘ Aufgabenbestimmung ist die *Altenhilfe*, wozu in § 75 BSHG geregelt wurde: „Alten Menschen soll außer der Hilfe nach den übrigen Bestimmungen dieses Gesetzes Altenhilfe gewährt werden. Sie soll dazu beitragen, Schwierigkeiten, die durch das Alter entstehen, zu überwinden und Vereinsamung im Alter zu verhüten“ (Abs. 1). Weiter werden in Abs. 2 mögliche Maßnahmen erwähnt: „1. Hilfe zu einer Tätigkeit des alten Menschen, wenn sie von ihm erstrebt wird und in seinem Interesse liegt, 2. Hilfe bei der Beschaffung von Wohnungen, die den Bedürfnissen alter Menschen entsprechen, 3. Hilfe zum Besuch von Veranstaltungen oder Einrichtungen, die der Geselligkeit, der Unterhaltung oder den kulturellen Bedürfnissen alter Menschen dienen, 4. Hilfe, die alten Menschen die Verbindung mit nahestehenden Personen ermöglicht“. Auch Muthesius sah aus der neuen Aufgabendefinition für die Entwicklung des modernen Rechtsstaats gravierende Folgen erwachsen (ebenda):

> „In all diesen vier Punkten ist das Ermessen der zuständigen Stellen in einem bisher nicht bekannten Umfang ausgedehnt worden“, dem die „Zumutbarkeit“ an die Seite gestellt wurde. Und

[210] Die Umbenennung in Sozialhilfe wurde mit dem gewünschten Abheben von der Armenfürsorge begründet, was gerade mit der Hilfe in besonderen Lebenslagen erreicht werden sollte. Zum BSHG-Entwurf heißt es prägnant: „Die eigentliche Bedeutung des neuen Gesetzes liegt aber auf dem Gebiet der Hilfe in besonderen Lebenslagen“ (Drucksache des Deutschen Bundestages, nach André, G. 1993: 121).

weiter: „Die Konsequenz ist natürlich die Frage, welchen Menschen vertrauen wir die Entscheidung im Rahmen des Ermessens, im Rahmen der Zumutbarkeit an. Sie wissen was ich meine, es ist die Frage der Fachkräfte" (Muthesius, H. 1962: 456 f.).

Im Rahmen des nach der Lage des Einzelfalles, innerhalb rechtlicher ‚Schranken', zu richtenden Ermessens sah das Gesetz weiterhin restriktive und abschreckende Maßnahmen gegen die „Asozialen", die sogenannten „Unwirtschaftlichen" oder „Arbeitsscheuen" vor. In den §§ 25, (20), 26 BSHG sind eine Reihe von Formulierungen zu finden, die sich kaum von den früheren des § 13 RGr unterscheiden. In diesem Zusammenhang sei nochmals auf die „Gefährdetenhilfe" verwiesen, die man nach jahrzehntelangen Forderungen im Rahmen einer integrierten *Bewahrungsregelung* aufgenommen hatte. Das Uferlose und die Ambivalenz der sozialpädagogischen Aufgabendefinition zeigen die Vergleiche der Formulierungen der §§ 72 und 75 BSHG. Zur „Gefährdetenhilfe" (§ 72), wurden nach Abs. 1 Personen gerechnet, „die das achtzehnte Lebensjahr vollendet haben und die dadurch gefährdet sind, daß sie aus Mangel an innerer Festigkeit ein geordnetes Leben in der Gemeinschaft nicht führen können." Zu dieser Hilfe zählte nach § 73 Abs. 2 bei Ablehnung der Hilfe die richterliche Einweisung in eine Anstalt, wenn 1. der „Gefährdete besonders willensschwach oder in seinem Triebleben besonders hemmungslos ist und 2. der Gefährdete verwahrlost oder der Gefahr der Verwahrlosung ausgesetzt ist". Dem braucht nichts hinzugefügt werden, selbst wenn dieser Paragraph in der Praxis kaum zur Anwendung gekommen ist.

Der im BSHG ausgeweitete pädagogische Zugriff ließ zumindest theoretisch eine unbegrenzte *Aufgabenintensivierung* und *-ausweitung* möglich erscheinen, so z.B. bei Bemühungen um ‚Integration' alter Menschen, was der Kommentator Muthesius denn auch bewundernd als „kühn" (1962: 453) bezeichnete:

„Das stellt uns vor ganz neue Situationen und unser Hauptausschuß muß einmal mit dieser Frage fertig werden, was dieses Programm, der Kampf gegen die Vereinsamung des Alters als ein verwaltungsrechtliches Programm eigentlich bedeutet. Oder der andere Ausdruck, der mindestens so kühn ist, das sind die ‚kulturellen Bedürfnisse', die plötzlich mit in den Mittelpunkt der modernen Sozialhilfe gestellt worden sind" (Muthesius, H. 1962: 453 f.).

Unter dem Eindruck des beginnenden Wirtschaftswunders forderte er die „soziale Phantasie", welche für die Umsetzung der im BSHG vorgenommenen Betonung der persönlichen Hilfe nötig sei. Für gefährlich hielt er dagegen, wenn man die neue Aufgabe nicht ernst nähme und etwa meinen könnte, daß das alles ja schon gemacht werde (a.a.O.: 455).

Ungeachtet dieser neuartigen Aufgabendefinition überwog schließlich bei den *organisatorischen* Bestimmungen Kontinuität. Wurden die Aufgaben differenziert und ausführlich benannt, so blieben die Vorschriften zur Organisation (§§ 96 ff.) der – statt Bezirks- und Landesfürsorgeverbände –"örtlichen" und „überörtlichen" Sozialhilfeträger zurückhaltend. Entgegen den detaillierten Regelungen zum Jugendamt im Jugendwohlfahrtsgesetz „wagt das Bundessozialhilfegesetz nicht, das Wort ‚Sozialamt' in den Mund zu nehmen" (Muthesius, H. 1962: 453). Nach der jeweiligen Landesgesetzgebung wurden als überörtliche Sozialhilfeträger das Land, der Landeswohlfahrtsverband, Landschaftsverband oder Bezirk bestimmt, während die kreisfreien Städte und Landkreise örtliche Sozialhilfeträger wurden. Stand in der RFV zur Zeit der Institutionalisierung des primär bürokratischen Wohlfahrtsamtes noch die „Zusammenfassung" der Aufgaben an einer Stelle und die Behörde als „Mittelpunkt" der Fürsorge als Zielsetzung im Gesetz, so stand mittlerweile das Thema „*Fachkräfte*" als „Leitbild" im Vordergrund, das in § 102 BSHG nach langer Diskussion als Kompromiß (vgl. NDV 1962: 37) formuliert wurde. Damit war der Durchbruch für den Berufsstand der Sozialerzieher gelungen. In der amtlichen Begründung hieß es, daß dieser Paragraph in engem Zusammenhang zu den im Gesetz stärker betonten persönlichen Hilfen stünde. Letzteres ließe sich nur verwirklichen, wenn geeignete Fachkräfte in ausreichender Zahl eingesetzt würden. Ebenso wurde dort ausgeführt, daß es Sache der Länder sei, die Frage der Fachkräfte im einzelnen zu regeln (nach Mergler, O. 1963: 302).

Eher ‚im Windschatten' der Diskussion um eine „Sozialreform" blieb das *Jugendwohlfahrtsgesetz* (JWG) vom 11. August 1961 (BGBl I: 1193 ff.) (vgl. Hasenclever, Ch. 1978: 192). Der Deutsche Verein versuchte, auf der Basis einer umfassenden Erhebung über den Stand und die Entwicklung der Jugendamtsarbeit eine Reform auf diesem Gebiet auszulösen. Die Ergebnisse dieser Studien (Gunzert, R. 1959; Vogel, M.R. 1960) lagen aber erst nach dem ersten Gesetzentwurf vor.[211] Die parteipolitisch polarisierte Diskussion des Gesetzentwurfes drehte sich vorwiegend um die vorgesehene Stärkung des Subsidiaritätsprinzips und um Fragen der Ausweitung oder Beschränkung staatlicher Leistungs- und Kontrollansprüche (vgl. dazu Schneider, H. 1964: 180 ff.; vgl. Hasenclever, Ch. 1978: 198 ff.). Da keine politische Einigung über eine grundlegende Reform erzielt werden konnte, überwogen auch hier die konservativen Kräfte, so daß lediglich eine Novelle des RJWG zustande kam. Diese ging den reformpädagogischen Kreisen nicht weit genug, weil das Elternrecht sowie die Position der „privaten" Wohlfahrtspflege gestärkt wurden und bis auf den im RJWG dem Grunde nach gewährten Rechtsanspruch (§ 6 Abs. 1 JWG) nur geringe Fortschritte erzielt wurden. Vor allem die beim Bundesverfassungsgericht erfolglos angegriffene Regelung zum Subsidiaritätsprinzip erwies sich nach Abflauen der hitzigen Diskussion in den folgenden Jahren jedoch als nicht von gravierender Bedeutung: „... es stellte sich heraus, daß das Verhältnis von öffentlicher und freier Jugendhilfe sich im Grunde – den umstrittenen Vorschriften zum Trotz – nicht ändert. Wie bisher pendelt sich nach örtlichen Gegebenheiten und Kräfteverhältnissen ein Gleichgewicht zwischen den Partnern ein, ohne daß es zu besonderen Schwierigkeiten kommt" (Hasenclever, Ch. 1978: 204).

[211] Vgl. neben Hasenclever, Ch. 1978: 191 ff.; Orthband, E. 1980: 396 ff.

II. Die Leitgedanken der Fachwelt

1. Tradition statt Neubeginn

Nach dem zweiten Weltkrieg „nimmt der Deutsche Verein die Arbeit im Sinne seiner guten alten Tradition wieder auf“ (Braun, H. 1955: 103), so heißt es im 10 Jahre später angestellten Rückblick leichthin. Angesichts der Massennotstände erschien es zunächst wichtiger, zur Tat zu schreiten, als kritische Nabelschau zu betreiben. Jedenfalls konnte der Anschluß an „die Tradition“ der Weimarer Republik ohne weiteres reklamiert und gesucht werden. Der beim deutschen Fürsorgetag am 13.5.1946 geäußerte Anspruch, „sich sorgsam Rechenschaft darüber zu geben, wie unsere Lage in Deutschland gestaltet ist“ (Polligkeit, W. 1947: 17), blieb ohne nähere Ausführungen und klang, wenn damit der Nationalsozialismus überhaupt gemeint war, floskelhaft. Vielmehr stand Verdrängung im Vordergrund, weil man – als „Erbe einer Vergangenheit“ und „Träger unheilvoller Kriegsfolgen“ – nach einem „verlorenen Krieg“, wozu die „verhängnisvolle Politik des Hitlerregimes“ geführt habe, zur Überwindung der Volksnot „übermenschliche Kräfte“ benötige (Polligkeit, W. 1947: 17 f.). Die Schuld wurde auf *Hitler* abgewälzt, selbst begriff man sich als unbeteiligter „Erbe“ und Opfer der Kriegsfolgen. Der Krieg wurde als verloren empfunden – obwohl doch die Demokratie gesiegt hatte – von „Befreiung“ war keine Rede und es hieß vor allem, nach vorne zu blicken.

Inhaltlich wurde in der Fürsorge, völlig ungeachtet der Greuel der nationalsozialistischen ‚Sozialhygiene‘, die bereits wieder drohende Gefahr für den „gesunden Volkskörper“ ausgemacht, um die überall lauernde „Verwahrlosung“ (ebenda 18) zu verhindern (ebenso: Baum, M. 1951: 26). Im Kampf gegen alle ‚Erkrankungen des Volkskörpers‘ wollte man sich auf die traditionellen Mittel und Ziele, wie die Familienfürsorge verlassen. In militärischer Terminologie, ohne zynische Absicht, markierte M. Baum eine wichtige ‚Truppeneinheit‘: „Innerhalb des ‚Grenzschutzes‘ ist wiederum die Außenfürsorge der am weitesten vorgeschobene Posten“ (1955: 26). Dabei war durch die militärische Besetzung, ‚Gott sei Dank‘, für Unterstützung gesorgt, um revolutionäre Umtriebe der Besitzlosen zu verhindern und ‚Stabilität‘ zu garantieren:

> Dank der „militärischen Besetzung“ „sind uns ... politische Unruhen, erspart geblieben, wie wir sie 1919 erleben mußten“ (Polligkeit, W. 1947: 18).

Nicht das Nachdenken über gesellschaftliche, politische und fachliche Neuanfänge oder die Frage nach eigenem Versagen standen im Vordergrund der Diskurse im Deutschen Verein nach 1945. Für den Vorsitzenden, Polligkeit, schien vor allem der „erzieherische Einfluß der ‚Wohnstube‘“ bedroht und auch nach dem nationalsozialistischen „Ordnungsdebakel“ wurden bereits wieder „Zersetzungserscheinungen“ bei der Jugend ausgemacht, welche angeblich auf die „Schwächung der Autorität und damit der Erziehungskraft der Familie schon vor dem Ausbruch des Krieges“ zurückzuführen waren (Polligkeit, W. 1947: 23). Kein Zweifel bestand auch über die künftigen, keinesfalls neuen Grundsätze:

„Die entscheidenden Ansatzpunkte für einen Wiederaufbau des geschädigten Volkskörpers sind geordnete und gesunde Verhältnisse in Familie und Arbeitsstätte. ... Innerhalb des Fürsorgewesens erwächst uns daraus die Aufgabe, zu unserem Teil an der Gesundung des Familienlebens und der Nutzbarmachung der Arbeitskraft zum Wohle des Ganzen beizutragen“ (Polligkeit, W. 1947: 21).

Was mit der Gesundung der Familie und der Jugend gemeint war, läßt sich aus M. Bambergers Referat auf dem besagten Fürsorgetag schließen, wenn sie die schlimmen „objektiven Zustände“ wie folgt schilderte (1947: 45):

„Jeder von uns hat sich an den Zuständen gestoßen. Jeder sieht die halbwüchsigen Mädchen Arm in Arm mit ihren Freunden schlendern, eng aneinander geschmiegt mit ihnen auf den Anlagebänken sitzen. Jeder hat sich schon über die zigarettenrauchenden Bengel geärgert – woher haben sie die Zigaretten? – über die frechen Antworten, die man bekommt, wenn man einen zur Rede stellt; jeder hat sich empört über das schamlose Treiben der Kinder und Jugendlichen, vor allem der jungen Mädchen...“

Entrüstet wurde ein Polizist nach einer Razzia zitiert, der von „nackten Frauen, welche dort am hellen Tag auf den Divans der Küchen liegen, dabei ihre Liebhaber und – Kinder!!!“ erzählte, so Bonnenberg (Deutscher Verein 1947: 47). Ferner wurde mit dem Verweis auf den Anstieg der Jugendkriminalität (Bamberger, M. 1947: 46) oder die Zahl unehelicher Geburten auf die zweifelhaften „Ordnungsleistungen“ der letzten Jahre Bezug genommen. Daß im Nationalsozialismus „immerhin Ordnung geherrscht habe“, scheint eine verbreitete Ansicht gewesen zu sein. Mit keinem Wort fanden sich Überlegungen dahingehend, daß diese ‚Ordnung‘ selbst schwere Unordnung hinterlassen hatte.

Dies gipfelt sogar darin, daß nicht der Nationalsozialismus angeprangert wurde, sondern „in unserer zerstörerischen Zeit“ die „Auflösung“ der Familie durch den „Bolschewismus“ (M. Baum ebenda). Und weiter: „Trotz aller Auflösungstendenzen können wir noch in erheblichem Umfang auf den Halt und die Wirkung von Ordnungen in unserem sozialen Leben vertrauen, der Ordnung der Familie, der Kirche, des Berufslebens“ (M. Baum 1951: 68). Ebenso wurde der rechte Glaube für das Leitmodell Familienfürsorge bemüht, „denn es ist keine Sache der Erkenntnis, es ist letzten Endes eine Sache des Glaubens, ob wir der Familie unzerstörbar bleibende Kräfte zusprechen. Sie gehört zu den Urphänomenen, durch die, wie Goethe sagt, das Göttliche transparent wird“ (Baum, M. 1951: 27). Die Suche nach Tradition führte zu Sozialromantik und *sozialer Reaktion*: Als Grundlage der Fürsorge empfiehlt M. Baum „...ein Vertrauensverhältnis wie jenes, das in früheren Zeiten die Dorfbewohner mit ihrer Gutsherrin, die Bevölkerung des Kirchspiels mit ihrem Pfarrer und seiner Frau verband“. Diese restaurative Tendenz kommt auch in einer Stellungnahme der Berufsverbände der Fürsorgerinnen zum Ausdruck: Indem das Vertrauen zu den sozialen Ämtern gestärkt würde, werde die Frage ‚Familienfürsorge‘ auch zu einer politischen Frage, denn es stehe außer Zweifel, daß eine mit Herz und Verstand arbeitende Familienfürsorgerin sehr zur *Beruhigung der Bevölkerung* beitragen könne (so der Bericht von Baum, M. 1951: 97).

Unbeirrt wurden auch nach dem Zweiten Weltkrieg in der Fachwelt Regelungen der *Verwahrung* „Verwahrloster" und moralisch ‚Gefährdeter' erörtert: „Die zuständigen Stellen sollen daher ermächtigt werden, Frauen und Mädchen über 18 Jahre, die durch ihren Lebenswandel zur Verbreitung von Geschlechtskrankheiten beitragen und damit eine Gefahr für die Volksgesundheit bedeuten, oder die sonst verwahrlost sind, aufzugreifen und in einer entsprechenden Anstalt einer geregelten Arbeit, in einem geordneten Leben und einer erziehlichen Beeinflussung zuzuführen" (Bamberger, M. 1947: 58). Von „Menschenfreunden" mit „neuen Ideen" und „neuen Heimen" hielt man nichts: „Meistens halten alle diese Ideen einer kritischen Prüfung nicht stand" (Bamberger, M. 1947: 62).

Neben Ordnungs- und Verwahrungsgedanken, dem Hervorheben von Volksgesundheit und Familienfürsorge wurden auch andere Fürsorgegrundsätze oder „ewig gültige Gesetze der Liebestätigkeit" (Baum, M. 1951: 31) repetiert. Der Frankfurter Stadtrat Rudolf Prestel betonte auf dem deutschen Fürsorgetag 1949 die „Berechtigung und Unentbehrlichkeit der Programmsätze des deutschen Fürsorgewesens" (Deutscher Verein 1950: 33): „Eigenhilfe geht vor Fremdhilfe, Familienhilfe geht vor Staatshilfe. Die öffentliche Fürsorge muß auch ohne Antrag eingreifen, um zu verhindern, daß vorübergehende Not zur dauernden wird. Sie hat die Aufgabe, sich selber überflüssig zu machen, indem sie der Existenzgründung ihre Hilfe leiht, und sie hat vorbeugend einzugreifen, um Schädigungen der Familien, insbesondere der Volksgesundheit, zu vermeiden".

2. Professionalisierung und Ausbau der Organisation

Auch im *organisatorischen* Bereich dominierten die Restaurationsbemühungen, wie die eher selten geführten Organisationsdiskussionen nahelegen. Diese brauchten kaum geführt zu werden, weil die organisatorische Kontinuität außer Frage stand. Die Verwaltung mußte unter dem Druck der Verhältnisse weite arbeiten, so daß Strukturen zunächst nicht zur Diskussion standen. So blieb die *Familienfürsorge* als Leitbild für den Außendienst unumstritten.[212] Allerdings

[212] Vgl. Bericht über den Deutschen Fürsorgetag, Deutscher Verein 1950. Diese Einschätzung wird unterstützt durch die Tatsache, daß sogar ministerielle Erlasse die Familienfürsorge empfahlen (vgl. NDV 1951: 63 ff.; NDV 1952: 253 f, nach André, G. 1994: 111).

sank die Bedeutung der Gesundheitsämter aufgrund der offensichtlichen nationalsozialistischen Schuld (vgl. Kühn, D. 1994: 71f.), wogegen die der Wohlfahrts- und später, d.h. zu Beginn der sechziger Jahre, vor allem der Jugendämter stieg. Wenn Organisationsfragen anstanden, so ging es um *Professionalisierung*, um den Aufbau eines Amtes für Familienfürsorge oder am Rande um das Jugendamt. Bei letzterem stand vor allem der Ausbau als *pädagogische* Einrichtung im Vordergrund, nachdem das RJWG novelliert worden war (vgl. Vogel, M.R. 1960). Diese professionelle Profilierung ging zunächst zu Lasten des Sozialamtes (vgl. auch Kühn, D. 1994: 55 ff.), das erst nach dem Erlaß des BSHG in den sechziger Jahren ebenfalls professioneller gestaltet wurde.

Als organisatorisches Leitbild entwickelte sich immer mehr das einer *flexiblen*, spezialisierten, professionellen *Organisation*, deren Kennzeichen flache Hierarchien, eine geringe vertikale Differenzierung sowie ein hohes Maß an Dezentralisierung und Arbeitsgruppen sind. Das organisatorische Leitmodell wurde immer deutlicher das einer „situativen Organisation", das allerdings seine Dominanz in der Fachwelt erst in den sechziger und noch mehr in den siebziger Jahren erreichte.[213] Die Ansprüche auf „Einheitlichkeit", Gleichmäßigkeit", straffe Führung, Zentralisation etc., alles Merkmale einer eher bürokratischen Organisation, traten dagegen in der fachlichen sozialpädagogischen Wahrnehmung langsam zurück.

Allerdings wurden im Gegenzug Elemente *reflexiver* Organisationsarbeit weiter ausgebaut. Diese zeigte sich in Form zunehmender *Organisationsanalysen* und der Beratungstätigkeit der Kommunalen Gemeinschaftsstelle für Verwaltungsvereinfachung beim Deutschen Städtetag (KGSt). Damit begann sich auch die organisatorische Differenzierung in der Fachwelt niederzuschlagen. Auf der einen Seite stand die soziale Fachwelt und auf der anderen die der allgemeinen Verwaltung, die verstärkt eigene Organisationen und Foren ausbildete. Neben die soziale Fachwelt trat in stärkerem Maße die, später verwaltungswissenschaftlich inspirierte, Verwaltungsfachwelt. Deren Einfluß auf die Sozialverwaltung blieb jedoch zunächst eher gering. Die Überprüfung und der Versuch einer rationalen Organisationsgestaltung schloß an die Ende der zwanziger Jahre in Form von Betriebsstatistiken und -vergleichen sowie mit dem Institut für Wirtschaftsberatung des Deutschen Städtetages (WIBERA) begonnene Entwicklung an, die sich bei den Nationalsozialisten unter anderem im Rahmen der ‚Innenrevision' fortgesetzt hatte. Allerdings gab es in der, noch do-

[213] Basierend auf organisationssoziologischen Untersuchungen von Woodward, Burns/Stalker (1961) und Lawrence/ Lorsch (Lawrence P.R./Lorsch J.W. 1967: 14 ff.) stellte man fest, daß eher organische, assoziative, dezentralisierte, wenig formalisierte Strukturen in komplexen und instabilen Umwelten, bei komplexen, wenig programmierbaren Aufgaben erfolgreich sein können, während stabile Umwelten und wenig komplexe Aufgaben eher formalisierte bürokratische Strukturen begünstigen. Vgl. zur „situativen Organisationstheorie": Kieser, A. 1974; ders. 1985; ders. 1993f); Kieser, A./Kubicek, H. 1992; programmatisch auch: Pugh, D.S., u.a. 1969, in neuerer Zeit als ‚Review' z.B.: Pennings, J.M. 1992. In bezug auf Verwaltungen siehe: Becker, B. 1976; Treutner, E., u.a. 1978; Schuppert, G.F. 1981.

minierenden, sozialen Fachwelt, der mangelnden Resonanz nach zu schließen, *noch* keinen Anlaß, sich mit Organisations- und Leistungsprüfungen intensiver auseinanderzusetzen. Dennoch wurden immer häufiger *spezielle Organisationsämter* in den städtischen Verwaltungen eingerichtet (vgl. KGSt 1953),[214] die eine rationale Organisationsgestaltung ermöglichen sollten.

Nach wie vor blieb das Ideal einer gut ausgebauten Fürsorgeorganisation vorherrschend. Der frühere Leiter des Fürsorge- und Jugendamtes der Stadt Königsberg (Preußen), zitierte im Beitrag „Gute Verwaltungsorganisation – Gute Fürsorge“ im NDV (7/1951: 188) Umfrageergebnisse zur Arbeitsbelastung der Sachbearbeiter in Fürsorgeämtern. Diese, so Jerosch, lag zwischen 100 Fällen (Frankfurt) und 700 (Stadt B.), was ihn zu folgendem Schluß führte: „Dabei darf, ohne B. damit kritisieren zu wollen, angenommen werden, daß die sehr weit getriebene Organisation in Frankfurt a.M. dem oben dargelegten organisatorischen Hauptgrundsatz sehr viel mehr entspricht als die Organisation in B.“ (ebenda: 187). Daß nicht Frankfurt, mit der weitaus geringeren Arbeitsbelastung als negatives Beispiel dargestellt wurde, sondern offensichtlich die – vielleicht aus diesem Grund anonymisierte – Stadt B., unterstreicht das dominierende Leitbild einer möglichst differenzierten Organisation, weil daraus, so die zeitgenössische Erwartung, auch eine *gute Aufgabenbewältigung* folge. Der Mythos, daß formale Organisation ein rationales und funktionales Mittel zur Bewältigung von Aufgaben und sozialer Probleme sei, stand offenbar noch außer Frage.

Ebenso klar war für Jerosch, daß, wenn man jeden Spezialisten an seinen Platz stellte, „das Arbeitspensum einer eindeutig bestimmten qualifizierten Arbeit notwendig begrenzen müsse(n), wenn diese Qualifikation nicht wieder durch Überlastung verloren gehen soll“ (Jerosch, a.a.O.: 187). Aus der Zielvorstellung abgeleitet, daß die Sozialarbeiter möglichst viel Zeit haben sollten, sich ihren eigentlichen Aufgaben, d.h. einem Menschen im Sinne der vertieften Einzelfallhilfe zu widmen (vgl. W. Rocholl, NDV 4/1959: 100), wurden die Fachleute nicht müde darauf hinzuweisen, daß die durch das verstärkte Wirken der KGSt sich mehrenden Organisations- und Leistungsvergleiche für eine wirkliche Beurteilung der Arbeitsleistung unzureichend seien:

> „Hier mag ein Wort über die Versuche, die Arbeit der Fürsorgerin nach der Zahl der von ihr bearbeiteten Fälle sinnvoll einzuteilen, gesagt werden. Da bekanntlich jedes menschliche Schicksal, mit dem die Sozialarbeiterinnen in Berührung kommt, etwas Lebendiges und deshalb nie Vorausberechenbares ist, läßt sich von einer solchen Aufzählung gar nichts ablesen.“ (Rocholl, NDV 4/1959: 100)

Nichtsdestotrotz wurde im Anschluß daran eine ‚objektiv‘ festzustellende Wirksamkeit der Sozialarbeit reklamiert:

---

[214] In Nürnberg wurde auf Vorschlag eines Gutachtens der KGSt (1950a) erstmals 1950 ein *Organisationsamt* eingerichtet (Verwaltungsbericht 1950: 19 f.).

„Der einzig mögliche Maßstab ist die echte fürsorgerische Arbeit, deren möglicher Umfang an ihrem nachhaltigen Erfolg objektiv und an der Leistungsfähigkeit der einzelnen Fürsorgerin subjektiv abgelesen werden kann" (Rocholl, ebenda).

Daß das eine mit dem anderen zusammenhinge und beides letztlich unklar blieb, stellte offenbar zu der damaligen Zeit kein zu erörterndes Problem dar. Noch war das Vertrauen in beides ohne weiteres vorauszusetzen.

In der Sozialverwaltung konnten sich also die Ansätze einer sparsamen Personalbesetzung und rationalen Organisationsgestaltung – nicht zuletzt in den durch wirtschaftliches Wachstum geprägten sechziger Jahren –keinen breiten Raum verschaffen. Es dominierten die bekannten Leitgedanken: nach wie vor sah man in der Nachkriegszeit zwar generell die grundsätzliche Notwendigkeit, „beschränkte Mittel an der richtigen Stelle einzusetzen"; ferner wurde die Abkehr von jedem Schematismus als wichtig erachtet und die Hinwendung zu dem Gedanken, Art und Umfang der Fürsorge auf die Besonderheit des einzelnen Falles abzustellen (R. Prestel 1950: 33). „Allen diesen Zielen", so Prestel (ebenda) weiter, „dient die Notwendigkeit einer nach einem *einheitlichen Plan durchorganisierten* Familienfürsorge" (Hervorhebung, G.R.). Auch in der Nachkriegszeit blieb das gespannte Verhältnis von standardisierter, formalisierter, organisierter, damit bürokratischer *und* – nichts anderes bedeutet ja die zitierte Formulierung – flexibler, situativer und individueller Hilfe als Leitvorstellung bestehen, ohne deren Wechselwirkungen näher zu analysieren.

Die organisatorische Differenzierung von Verwaltungsaufgaben (Innendienst) und Sozialerziehungsaufgaben (fürsorgerischer Außendienst) wurde nach dem zweiten Weltkrieg zunächst beibehalten, teilweise sogar weiter vorangetrieben. Dies geschah nicht zuletzt durch die Vertreterinnen und Vertreter der sozialerzieherischen Profession selbst, die auf eine stärkere fachliche und organisatorische Selbständigkeit und mehr Selbstbestimmung drängten. Angestrebt wurde teilweise sogar ein eigenes *Amtes für Familienfürsorge*[215], *obwohl* man konstatierte: „...in der Grundkonstruktion bleibt die Trennung von Innen- und Außendienst unbefriedigend" (vgl. E. Falkenberg, E. 1961: 8 ff.). Der Widerspruch blieb unter anderem auch deshalb, weil beide Berufsgruppen von *Statusüberlegungen* bestimmt waren. So wurde in einem Bericht der vier Großstädte Köln, Düsseldorf, Essen und Dortmund aus dem *sozialerzieherischen* Charakter der Familienfürsorge gefolgert, daß diese eine *selbständige* Aufgabe sei, unabhängig von der Beanspruchung durch andere Ämter. Daraus folge, daß der selbständige Aufbau, gleichsam der eigene Raum innerhalb der Verwaltung, gewährt werden müsse. Die Führungsansprüche der Gesundheitsämter wurden ebenso nachdrücklich zurückgewiesen, mit der Anmerkung, daß die Mitarbeit der Fürsorgerin im Gesundheitsdienst keine besondere Bewertung gefunden habe (so M. Baum 1951: 89; vgl. auch Niemeyer, W. 1950: 93 ff.). Au-

---

[215] Ähnliche Intentionen richteten sich auf ein Jugendamt ‚neuer lebendiger' Prägung, womit die Belebung durch sozialpädagogisches Gedankengut gemeint war (vgl. Kühn, D. 1994: 57 ff.).

ßerdem finde nicht nur in der Zusammenfassung in einem Amt die Besonderheit des fürsorgerischen Außendienstes ihre Anerkennung, auch daß die Familienfürsorge einer Oberfürsorgerin unterstellt sei, unterstreiche diese Wertschätzung (Niemeyer, W. 1950: 103). Als Schlußfolgerung hieß es dementsprechend in dem Bericht von W. Niemeyer (1950: 110):

a) Soll die Familienfürsorge die ihr gestellten Ziele mit der ihr eigentümlichen Arbeitsweise erreichen, so ist sie dem Sozialamt (also Fürsorge- und Jugendamt zusammen) als selbständiges Amt oder Abteilung bei direkter Unterstellung unter deren Dezernenten anzugliedern.

b) Sie wird aber dann erst ihr Aufgabenziel vollkommen erreichen können, wenn in dem organisatorischen Aufbau der Städte auch die bereits früher vorhandene und schon heute sich wieder anbahnende Einheit der Sozialverwaltung durch Zusammenschluß der Ämter, Fürsorgeamt, Jugendamt und Gesundheitsamt, unter einem Dezernenten durchgeführt wird."

Das zuletzt Genannte verweist darauf, daß keine eindeutige Präferenz entweder für Ausdifferenzierung und Dezentralisation oder Zentralisation festzustellen war und im Zweifel beides erforderlich erschien. Während einerseits, vorwiegend von der Seite der Verwaltungsfachleute eher Zentralisierung gefordert wurde, setzten Fürsorgefachleute eher auf Spezialisierung und Differenzierung sowie Koordination. Sehr weit hinsichtlich einer wünschenswerten Zentralisation ging z.B. Keese (1954: 127), der „die Bildung eines Sozialamtes (oder einer Sozialverwaltung), in dem alle Aufgaben der wirtschaftlichen Fürsorge vereinigt sind" nicht nur als dem Gesetz entsprechend einschätzte, sondern dies auch aus dem Gebot der Sparsamkeit ableitete. Demgegenüber wurde in Arbeiten, die primär an *einem* fürsorgerischen Fachgebiet interessiert waren, wie z.B. in der von Vogel (1960) zum Jugendamt, eher einer Spezialisierung das Wort geredet: „Die Tendenz zur organisatorischen Verselbständigung stellte sich dabei im Hinblick auf den erzieherischen Gehalt des Jugendamtes als ein positiver Ansatz dar" (1960: 205).

Aus dem Gesagten lassen sich an dieser Stelle grundsätzliche Beobachtungen für die Organisation kommunaler Sozialverwaltung ableiten: die Ergänzung von Dezentralisation und Zentralisation. Beides vermehrt die Koordination und bewirkt wechselseitig eine größere Komplexität und organisatorisches Wachstum. Die bemängelten Divergenzen und Spannungen, wie z.B. die organisatorische Trennung von Innen- und Außendienst, wurde auch in der Nachkriegszeit nicht überwunden, sondern erst verfestigt, häufig bei gleichzeitigem Hervorheben von Einheit und Koordination. Mit der Einführung eines Amtes für Familienfürsorge beispielsweise verlief die Trennungslinie nicht mehr im Amt, sondern *zwischen* den Ämtern, womit neben ‚mehr Organisation' vor allem ein Statusgewinn für die sozialerzieherische Arbeit erreicht wurde, nicht aber eine unbedingt bessere Koordination, was wie gesagt nur am Rande Thema war.

Ein organisatorischer Aspekt, der sich bereits zur Zeit des Nationalsozialismus angedeutet hatte, war in diesem Zusammenhang weiter auf dem Vormarsch, nicht zuletzt inspiriert durch amerikanische Vorbilder: das Zusammenfassen mehrerer Sachbearbeiter zu *Arbeitsgruppen* (neuerdings „*teams*" genannt; vgl. Baum, M. 1951: 100) bei gleichzeitiger familien- und bezirksorientierter Arbeitszuteilung (vgl. NDV 1950: 157). Auch damit war, entgegen oberflächlichen Vermutungen, keine organisatorische Straffung und Verwaltungsvereinfachung verbunden, sondern eine höhere Komplexität und stärkere Professionalisierung, wie Vogel feststellte:

„Freilich erfordert nun vereinigter Innen- und Außendienst eine vergleichsweise hohe Qualifikation der Mitarbeiter. Dieser hohe Anspruch leitet sich jedoch nicht... aus einer beliebigen Organisationsform her, die man verwenden oder verwerfen kann. Er erhebt sich letztlich vielmehr aus dem erzieherischen Gehalt des Jugendamtes selbst, und es ist insofern wohl kein Zufall, daß diejenige Organisationsform sich praktisch dem Wesensgehalt am angemessensten zeigt, die zugleich auch die höchsten Anforderungen an ihre Mitarbeiter stellt" (Vogel, M.R. 1960: 190).

Hintergrund organisatorischer Differenzierung und Aufwertung der Familienfürsorge sowie des Jugendamtes war die *Professionalisierung*, welche als organisatorisches Leitbild auch in der Nachkriegszeit die Familienfürsorge flankierte. Die Bemühungen um Professionalisierung wurden in der Nachkriegszeit fortgesetzt, forciert durch die sich reformierenden *Berufsverbände* (vgl. André, G. 1994: 114 ff., m.w.N.) und gefördert durch amerikanische Einflüsse oder deutsche ‚Reimporte'.[216] Folgender Leitsatz brachte das neu erwachte und gestärkte Selbstbewußtsein des Berufsstandes zum Ausdruck:

„Um der Familienfürsorge die Möglichkeit zu geben, ihre Aufgaben mit der nötigen Intensität wahrzunehmen, wird es unerläßlich sein, immer wieder nachzuprüfen, ob sie nicht mit Arbeiten belastet ist, die keine soziale Ausbildung voraussetzen und von anderen Kräften übernommen werden könnten" (Falkenberg, E. 1961: 6 f.; Hervorhebung i. Orig.).

Von ähnlichem Selbstbewußtsein zeugt die vehement vorgetragene Forderung einer Direktorin der Inneren Mission: „Entweder sollte der auch in der wirtschaftlichen Fürsorge gut ausgebildeten Sozialarbeiterin volle Selbständigkeit und Verantwortung übertragen werden, oder man sollte auf ihre Mitwirkung verzichten" (Rocholl, W. NDV, 4/1959: 100). Der städtische Direktor F. Flamm (Freiburg i.Br.) stellte im Hinblick auf eine von den Fachkreisen betriebenen Regelung des Einsatzes von Fachkräften im bevorstehenden BSHG fest (NDV 1959: 275):

„Die Bedeutung fürsorgerischer Fachkräfte für die soziale Arbeit kann von niemandem mehr ernsthaft bestritten werden. In steigendem Maße werden aus dieser Erkenntnis auch von den öffentlichen Verwaltungen für die behördliche Sozialarbeit fürsorgerische Fachkräfte (Sozialarbeiter) begehrt. Die Arbeitsgruppe F des Deutschen Fürsorgetages 1957 hat in ihrer Entschließung an den Bundesgesetzgeber den Appell gerichtet, sicherzustellen, daß für die Vorbereitung, Entscheidung und Durchführung der im kommenden Bundessozialhilfegesetz vorgesehenen sozialen Hilfe fürsorgerisch vorgebildetes Fachpersonal in angemessenem Umfang bestellt wird. Bekanntlich hat der Bundesgesetzgeber für den Bereich der Jugendwohlfahrt diesem Anliegen in der Novelle zum Jugendwohlfahrtsgesetz vom 28.3.1953 bereits Rechnung getragen".

---

[216] Alice Salomons Veröffentlichung über ‚Einzelfallhilfe' in den zwanziger Jahren war schon damals weithin bekannt geworden, sie wurde als ‚case work' zum Teil mit von den Nationalsozialisten verdrängten Fachleuten noch einmal importiert (vgl. dazu Müller, C.W. 1994: 47 ff.). Dies führte zu der aus dieser Sicht merkwürdig anmutenden Fragestellung, ob diese ‚Technik' nicht erst modellhaft erprobt werden müsse (so W. Rocholl 1959: 101).

Gleichzeitig stellte er aus der Sicht der Verwaltung jedoch klar, daß der behördliche Sozialauftrag zwischen dem Wohl des Einzelnen und dem der Gemeinschaft vermitteln müsse. Eben deshalb sollten in der Ausbildung der Sozialarbeiter auch Verwaltungskenntnisse vermittelt werden:

„Der Sozialarbeiterberuf muß ein *eigenständiger* Beruf bleiben, wie jener des Verwaltungsbeamten. Aber gerade um seiner Eigenständigkeit und der Standwerdung des Sozialarbeiters und seines Aufstieges willen muß auch die soziale Ausbildung das dem Vollzug des behördlichen Sozialauftrages innewohnende Verwaltungsgeschehen respektieren" (Flamm, a.a.O.: 277; Hervorhebung im Orig.)

Ansonsten enthielt sein Vortrag die aus früheren Epochen bekannten Appelle zur „fruchtbaren" Zusammenarbeit (ebenda). Unter dem Strich der Bemühungen um die Festigung der Sozialarbeit neben der Verwaltungstätigkeit stand „die Stärkung der fürsorgerischen Position in der Verwaltung der Fürsorgeämter", wie es Stadtrat Dr. Jerosch in dem genannten Beitrag „Gute Verwaltungsorganisation – Gute Fürsorge" im NDV (7/1951: 188) formulierte.

3. Abschied vom ‚Ehrenamt' als *Teil* der kommunalen Fürsorgeverwaltung

Mit dem Fortschreiten der Professionalisierung ging der Rückgang der Zahl *ehrenamtlicher* Helfer und Helferinnen einher. Zwar wurde die Notwendigkeit ehrenamtlicher Mitarbeit trotz „modernem Organisationssystem" vor allem im Bereich „unmittelbarer menschlicher Beziehung" als wichtig erachtet (Peters, K. 1952: 393), doch wurde als geeigneter Ort mehr und mehr die *„private"* Wohlfahrtspflege gesehen (vgl. Weinbrenner, E. 1953: 168, 169 f.). Den Abschluß dieser Entwicklung verdeutlicht die Arbeit von J. Kessels aus dem Jahr 1967, die selbstverständlich davon ausgeht, daß der ehrenamtliche Dienst *nur noch* der ‚privaten' Wohlfahrtspflege angehören sollte (S. 71). Der Einbau in den behördlichen „Apparat" erschien für beide (ehrenamtliche und ‚private' Wohlfahrtspflege) grundsätzlich nicht mehr sinnvoll, denn: „Sie würden sehr bald wie die bisherigen Kräfte zu Ermittlern, Fürsorgetechnikern und Fürsorgerechtlern" (Weinbrenner, E. 1953: 168).

Beide Entwicklungen – Stärkung der Stellung Professioneller, Nachlassen des ehrenamtlichen Engagements – müssen wiederum vor dem Hintergrund der wirtschaftlichen Entwicklung gesehen werden. Diese schlug sich insbesondere auf dem Arbeitsmarkt nieder, spätestens Ende der fünfziger Jahre herrschte wie gesagt Vollbeschäftigung. Die gewandelten Rahmenbedingungen kamen auch in der Äußerung des Praktikers Jeroschs zum Ausdruck, der im Hinblick auf die Beschäftigten der Sozialverwaltung von der so wichtigen Arbeitsfreude sprach, die nur bei einem Mindestmaß an Bewegungsfreiheit und Selbstverantwortlichkeit erreicht werden könne; durch die Bildung von *Arbeitsgruppen* sei es z.B. in Königsberg gelungen, auch junge und begabte Kräfte in das Fürsorgeamt zu bewegen und mit der alten Gewohnheit zu brechen, die Fürsorgearbeit personell zu vernachlässigen. Damit sei wiederum das früher beobachtete Bestreben der Beamten, aus dieser Arbeit in andere Zweige der Kommunalverwaltung abzuwandern, sehr schnell verschwunden (NDV 7/1951: 189).

Bemerkenswert an den Ergebnissen der genannten Umfrage des Deutschen Vereins über ehrenamtliche Mitarbeit ist, daß praktisch keine Koordination der Ehrenamtlichen mit professionellen Fürsorgerinnen des Außendienstes mehr stattfand.[217] Einen Grund für den schon für die Weimarer Republik beschriebenen Rückgang ehrenamtlichen Engagements sah Weller im Wegfall der Verantwortung, nur war eine Umkehr der Entwicklung offenbar nicht mehr möglich:

> „Mobilisierung des Mitbürgers heißt nicht nur zur Mitarbeit aufrufen und Gelegenheit zu ihr zu bieten, sondern heranzuziehen zur Mitverantwortung ... Diese freiwilligen Kräfte dürfen nicht nur Anhängsel und Helfer eines selbst nicht zur Entscheidung berufenen ‚Außendienstes' sein. Der ‚S o z i a l p f l e g e r ' muß so gestaltet werden, daß er Vertrauen verdient und erweckt und entsprechende Achtung genießt" (Weller, A. 1956: 126; Hervorh. im Orig.).

Mit der Aufwertung und dem Machtgewinn der Professionellen war in der Nachkriegszeit die endgültige Degradierung der Ehrenamtlichen verbunden, sie waren „Helfer" der Beamten, ohne Entscheidungskompetenzen.[218] In diesem Zusammenhang wurde erneut die Komplexität der Materie als Grund für das Nachlassen ehrenamtlicher Betätigung angeführt (vgl. Weller, A. 1956: 123 ff.), was sich in fast allen dahingehenden fachlichen Stellungnahmen fand.

Der Rückgang der Zahl ehrenamtlicher Kräfte resultierte sozusagen aus der selbstreferentiellen Logik des bürokratisch-professionellen Systems öffentlicher Fürsorge, wie es für die Weimarer Zeit bereits beschrieben wurde. Zunächst traten professionelle Kräfte ehrenamtlichen zur Seite, es wurden Regeln festgelegt, Standards, rechtliche Normen usw., was zum mehr oder weniger freiwilligen Rückzug der Ehrenamtlichen führen mußte. Nach Niklas Luhmann wird spontane ehrenamtliche Hilfe in dem Moment als überflüssig angesehen, wenn professionelle Hilfe dauerhaft und zuverlässig zur Verfügung steht (vgl. Luhmann, N. 1973: 36).

Dennoch sei erwähnt, daß in den fünfziger Jahren auch Ansätze zur Neubelebung ehrenamtlicher Mitarbeit vorhanden waren: Aus Berlin wurde in der genannten Umfrage berichtet, daß nach dem Krieg ein starker Zustrom ehrenamtlicher Mitarbeiter aus den Kreisen der Rentner, der Fürsorgeempfänger, Kriegerwitwen und Kriegereltern sowie der Flüchtlinge eingesetzt habe, womit günstige Erfahrungen gemacht worden seien (NDV 6/1953: 169). Ebenso auf-

---

[217] Vgl. Weinbrenner, E. 1953: 163 ff; Neises, G. 1954: 192 ff. Bezeichnend ist auch die Feststellung in der Aussprache des Hauptausschusses des Deutschen Vereins über die Umfrage Weinbrenners: „Der Aufbau eines ehrenamtlichen Dienstes, so wurde angeführt, sei nicht möglich, ohne daß die Fürsorgerin dabei die Hauptarbeit leiste und jahrelang die ehrenamtliche Hilfe hege und pflege" (NDV 6/1953: 169).

[218] Vgl. Weinbrenner, E. 1953: 168; Neises, G. 1954: 195.

schlußreich für den vereinzelt noch intakten ehrenamtlichen Helferwillen ist ein Beispiel, das kurze Zeit später aus Charlottenburg berichtet wurde: In der Charlottenburger *Altenhilfe* wirkten seit 1947 etwa 100 ‚Sozialpfleger' und fast ebenso viele ‚Helfer' in der nachgehenden Fürsorge für alleinstehende bedürftige Alte, bei Einzelfällen und allgemeinen Verteilungsaktionen mit, was vom Berichterstatter als „bemerkenswerter Ansatz zu einer ganz neuen, den modernen Verhältnissen entsprechenden Form der ehrenamtlichen Mitarbeit in der öffentlichen Fürsorge" bezeichnet wurde (Neises, G. 1954: 196 f.). Dieser ‚Neuansatz' könnte, so Neises, vor allem in der persönlichen Betreuung von Alten liegen:

> „Das Problem der alten Leute z.B. wird ja tatsächlich immer mehr eines der modernen fürsorgerischen Hauptprobleme und kann sicherlich durch eine bloße Perfektionierung des Versorgungssystems nicht gelöst werden. Die persönliche Hilfe für alte Leute, die natürlich auch die wirtschaftliche Versorgung einschließt, vor allem aber darin besteht, daß man sich persönlich um den alten Menschen und seine Sorgen und Nöte kümmert, ist durchaus eine erfüllbare Aufgabe für ehrenamtlich tätige Mitarbeiter in der öffentlichen Fürsorge." (Neises, G. 1954: 197)

Wie in der Jugendfürsorge Ende des 19. Jahrhunderts zeigt sich an diesem Beispiel, daß die ehrenamtliche Seite gerade bei der Wahrnehmung *‚neuer'*, ungeregelter Aufgaben von Bedeutung ist. Wenn für diese neuen Aufgaben jedoch eine formale bürokratische Organisation bereitsteht, geht die Selbsthilfe und das Ehrenamt neue Wege. Die Wiederbelebung ehrenamtlicher Arbeit wurde also in den fünfziger Jahren nicht überall geschafft und wohl von der Verwaltungsseite nur vereinzelt gewünscht. Das große Hemmnis sah Neises in seinem Bericht zur ehrenamtlichen Hilfe klar in der *Eigengesetzlichkeit* der Verrechtlichung und organisatorischen Ausdifferenzierung der Fürsorge:

> „Die kritische Einstellung der Ämter, die den ehrenamtlichen Helfern ein Zurechtfinden in der komplizierten Materie des Unterstützungswesens nicht mehr zutrauen und dementsprechend ihnen nur noch ‚durchsichtige' Fälle zuweisen oder gar hauptamtliche ‚Prüfer' anstellen, ist mit ein Zeichen dafür, daß die ehrenamtliche Mitarbeit in der öffentlichen Fürsorge im ‚klassischen' Sinne immer schwieriger werden wird" (Neises, G. 1954: 197).

4. Definition neuer Aufgaben: Die Not der Alten

Die Kriegsfolgen brachten mit sich, daß – ähnlich wie nach dem Ersten Weltkrieg – zahlreiche alte Menschen in Not gerieten. Schon 1947 hatte der Nachrichtendienst des Deutschen Vereins von der Not der Alten als Massenproblem berichtet. Dagegen wurde der bewährten Rationalität gemäß ein „planmäßiges und einheitliches Vorgehen" gefordert und das Thema auf dem Deutschen Fürsorgetag behandelt.[219] Zudem wurde eine künftige Veränderung der Bevölkerungsstruktur vorausgesagt. Der Anteil der Alten (über 65-Jährige) an der Bevölkerung, so wurde als Ausgangspunkt fachlicher Überlegungen ange-

---

[219] Vgl. dazu und zum folgenden NDV 6/7/1947: 58.

nommen, steige bis 1970/80 von etwa 10% vor dem Kriege auf 16%. Der gesellschaftliche Prozeß der Auflösung der Familien und die ungenügende Absicherung durch die Sozialversicherung brachten nach dem Kriege zudem große Massen von Alten in Abhängigkeit der Fürsorge, wobei neben Geld- und Sachleistungen die „menschliche Betreuung" der Alten als Aufgabe besonders hervorgehoben wurde. Von psychologischer Betreuung, geistiger Anregung und menschlicher Liebe war hier die Rede. Abgeleitet wurden daraus Forderungen der öffentlichen Finanzierung und das Bereitstellen professionellen Personals.

Das Gelingen der Institutionalisierung neuer und Intenvisierung bestehender Aufgaben im BSHG (Betonung persönlicher Hilfen, Etablierung der Altenhilfe) muß jedoch erneut vor dem Hintergrund der schnellen wirtschaftlichen Entwicklung und dem Ausbau der Organisation mit ihrer Professionalisierung gesehen werden, was die Wahrnehmung neuer oder die Intensivierung bestehender Aufgaben begünstigte. In der fachlichen Diskussion wurde der bereits erprobte Modus der Institutionalisierung verwandt: Als Leitgedanke wurde formuliert, daß soziale Probleme professionelle Lösungen erfordern. Diese Argumentation war ein Leitbild, das im einzelnen nicht belegt werden mußte, es galt auch dann, wenn die fachlichen Kompetenzen noch unklar oder allgemein menschlicher Natur waren, jedenfalls noch nicht auf nachgewiesenem exklusivem Fachwissen oder wissenschaftlicher Forschung beruhten (vgl. Peters, H. 1968).

Gleichzeitig wurde der Mangel an ausgebildeten Pflegekräften behauptet, wobei sich in der Literatur dazu zunächst, sieht man von den genannten demographischen Zahlen ab, keine wissenschaftlichen Analysen finden, vielmehr wurde auf Erfahrungen Bezug genommen, d.h. die Fachleute stellten dies fest, ohne Belege anzuführen. Allerdings scheint die folgende Feststellung wiederum vor dem Hintergrund des Arbeitsmarktes plausibel.

> „Ein empfindlicher Mangel besteht heute an ausgebildeten Pflegekräften. Weniger fehlt die rein fachliche Ausbildung als das spezifische Arbeitsethos, das seelische Einfühlungsvermögen in die Gedankenwelt und die besondere Lage der Betreuten" (Lic. Karig, nach NDV 6/7/1947: 61).

Als nächster Schritt der Institutionalisierung wurde ein *Fachausschuß* des Deutschen Vereins gebildet, welcher auch der Beschaffung statistischen Materials in der Altenhilfe und -pflege dienen sollte. Allerdings sei angemerkt, daß erst zu Beginn der achtziger Jahre mit dem Gutachten „Socialdata" (1980) erstmals umfangreiches Material zum Ausmaß des Pflegebedarfs in diesem Bereich vorlag. Der Fachausschuß des Deutschen Vereins legte jedoch, ganz dem klassischen Vorgehen gemäß, schon im Jahr 1948 eine zusammen mit Wohlfahrtsverbänden unterzeichnete ‚Denkschrift' dem ‚Minister für Arbeit und Wohlfahrt in Wiesbaden' vor (NDV 7/8/1948: 122). Darin wurde von neuem dringend auf die Personalnot in der Altenpflege hingewiesen: „Fachlich gut ausgebildete und charakterlich wertvolle Kräfte stehen immer noch nicht genügend zur Verfügung" (ebenda).

Schließlich gelang den Fachkreisen die Institutionalisierung der *Altenhilfe* mit der rechtlichen Verankerung im BSHG (§ 75). Hinzu kommt die Verlagerung des Schwerpunktes im BSHG zu den persönlichen Hilfen in besonderen Lebenslagen, wozu auch die Hilfe zur Pflege zählt (vgl. D.I.2). Dazu Ministerialrat A. Weller:

> „Bei der Vorbereitung des BSHG war immer wieder folgende Beobachtung zu machen: Fachkreise, die sich mit dem Entwurf des Gesetzes beschäftigten, weil ihnen ein bestimmtes Spezialgebiet der Fürsorge besonders am Herzen lag, bestätigten ihm zwar zumeist eine gründliche Vorbereitung, meinten dann manchmal einem gewissen Hang zum Perfektionismus feststellen zu müssen, um schließlich zu bemerken: nur das ihnen vor allem vertraute Sondergebiet sei doch erheblich zu kurz gekommen. Diese Erfahrung konnte damals auch im Bereich der Altenhilfe gemacht werden: Die Interessenten griffen nach dem verhältnismäßig kurzen Unterabschnitt ‚Altenhilfe' des Entwurfs mit seinen wenigen Sondervorschriften und waren sich zunächst noch nicht darüber klar, in welchem Umfang das Gesetz in den verschiedensten Bestimmungen Möglichkeiten der Hilfe für alte Menschen verankert hat" (Weller, A. 1961: 264 f.).

III. Restauration und Ausbau der Organisation

1. Allgemeine Grundzüge

Für die Zeit nach dem Zweiten Weltkrieg liegen nicht die den vorherigen Jahrzehnten entsprechenden statistischen Umfragen vor. Allerdings gab es solche zur ehrenamtlichen Mitarbeit und zum fürsorgerischen Außendienst. Dann gab es Anfang der sechziger Jahre umfassendes statistisches Material zum Jugendamt (Gunzert 1959; Vogel, M.R. 1960, 1966). Ferner verweist einerseits die nur in geringem Maße vorhandene Diskussion um Organisationsfragen in der Fachöffentlichkeit und andererseits der Befund aus den späteren Jahren darauf, daß in der Bundesrepublik prinzipiell an die vorherigen Organisationsstrukturen kontinuierlich angeschlossen wurde. Allerdings gab es insofern eine Innovation, als die Kommunale Gemeinschaftsstelle für Verwaltungsvereinfachung (KGST) ihre Beratungstätigkeit aufnahm, die *Reflexivität* der Organisation damit intensivierte und vor allem die Vereinheitlichung unterstützte. Z.B. nahm die KGST die folgenden Prüfungen von Sozialverwaltungen vor: Bielefeld, Hagen, Herne, Remscheid (1950b) sowie Nürnberg (1950a). Weitergeführt und intensiviert wurde auch die vom Deutschen Städtetag und Nordsieck (vgl. 1937) vorangetriebene Arbeit, Modellaufgaben- und Verwaltungsgliederungspläne herauszugeben und so die institutionelle Isomorphie weiter zu fördern (vgl. KGSt 1953).

Nach einer Umfrage des Deutschen Vereins von 1949 hatten 25 (65%) der antwortenden Städte den fürsorgerischen *Außendienst* im Sinne der *Familienfürsorge* organisiert. Nach einer umfassenden Studie des Deutschen Vereins von 1958 gab es sogar in knapp 74% von über 500 befragten Städten und Kreisen einen familienfürsorgerischen Außendienst (Vogel, M.R. 1960: 175 f.), womit die Dominanz der Familienfürsorge als Organisationsform in der Nachkriegszeit sogar weiter gestärkt wurde. Ebenso blieb die traditionelle Vorherrschaft der organisatorischen Anbindung der Familienfürsorge an das Gesundheitsamt bestehen: über die Hälfte dieser Dienste waren auch 1958 noch dem Gesundheitsamt angegliedert, lediglich 15% waren bei zusammengefaßten Jugend-, Fürsorge- und Gesundheitsämtern angesiedelt, 12,5% beim Fürsorgeamt, 6,5% beim Jugendamt, in knapp 5% der Fälle gab es ein eigenes Amt für Familienfürsorge (eigene Berechnung nach Vogel, M.R. 1960: 176).

Eine Zäsur in der Organisationsentwicklung der Sozialverwaltung der Nachkriegszeit war allerdings hinsichtlich der *ehrenamtlichen* Mitwirkung festzustellen. Anläßlich des hundertjährigen Jubiläums des ‚Elberfelder Systems' führte der Deutsche Verein dazu eine breit angelegte Umfrage unter 700 Städten und Kreisen durch, wobei von 514 gültige Ergebnisse vorlagen. Danach hatten nur noch knapp 15% (75) der antwortenden Städte einen *echten* ehrenamtlichen Außendienst, in 25 Städten (knapp 5%) gab es eine eher ‚unechte' Mitwirkung, hauptsächlich in Ausschüssen (vgl. Weinbrenner, E. 1953; Neises, G. 1954). War bereits in der Zeit des Nationalsozialismus ein deutlicher Unterschied zwischen großen (mehr ehrenamtliche Mitwirkung) und kleineren (weniger ehrenamtliche Mitwirkung) Städten festzustellen, so bestand dieser in ähnlichem Maße auch noch in der Nachkriegszeit. Unter den Stadtkreisen hatten immerhin noch 32% der Antwortenden einen ehrenamtlichen Dienst, während dieser in lediglich 10% der Landkreise vorhanden war (Neises, G. 1954: 164, eigene Berechnung). Räumlich gesehen lagen die Schwerpunkte ehrenamtlicher Mitarbeit bei den Großstädten, den Stadtstaaten Berlin und Hamburg und den kreisangehörigen Städten des Landes Nordrhein-Westfalen (Neises, G. 1954: 164). Der bereits für die Weimarer Republik und im Dritten Reich festzustellende Abbau ehrenamtlicher Kompetenzen setzte sich also auch in der Nachkriegszeit zum einen weiter fort – eine Entscheidungskompetenz gab es nur noch in Ausnahmen, die Ehrenamtlichen wirkten hauptsächlich als Ermittler – und zum anderen wirkte sich vermutlich gerade dies in Form eines dramatischen Rückgangs ehrenamtlicher Mitarbeit aus (vgl. Neises, G. 1954: 164).

Die genannte groß angelegte Erhebung zum Jugendamt (Vogel, M.R. 1960) gab schließlich Hinweise darauf, daß in der Nachkriegszeit – im Vergleich zur Entwicklung während des Nationalsozialismus – eine noch stärkere Tendenz zur *Selbständigkeit* auftrat. Dieses folgte den in den fünfziger Jahren überwiegend formulierten fachlichen Leitbildern der Professionalität und Spezialisierung. Waren die Gesundheitsämter im Dritten Reich bereits fast überall selbständig, so gab es im Bereich des Jugendamtes in der Nachkriegsentwicklung offenbar einen ähnlichen ‚Schub' zur Selbständigkeit: Während 1936 nur ca. 36% der städtischen Jugendämter „selbständig" waren, waren dies 1958 bereits über 83% der Jugendämter der kreisfreien Städte, wobei dieser Wert in den Städten mit über 100.000 Einwohnern sogar noch größer war (Vogel, M.R.

1960: 192 ff.).[220] Vogel wies allerdings relativierend auf das bereits in den vorangegangenen Kapiteln angesprochene Problem hin, daß die Klassifizierung „selbständig“ relativ grob war und dementsprechend unterschiedliche organisatorische Strukturen im einzelnen beinhalten konnte (Vogel, M.R. 1960: 195). Beispielsweise waren nur 65% der Jugendamtsleiter nicht mit zusätzlichen fremden Aufgaben betreut, und immerhin 17% der Leiter der „selbständigen“ städtischen Jugendämter nahmen ihr Amt in Personalunion mit anderen Ämtern wahr (Vogel, M.R. 1960: 196 ff.).

Neben der zunehmenden Selbständigkeit des Jugendamtes gab es, so läßt sich aus den Verwaltungsgliederungsplänen der KGSt entnehmen, auch in anderen Bereichen dahingehende Tendenzen. So findet sich neben den drei klassischen Ämtern im Modellplan der KGSt von 1953 ein Ausgleichsamt, ein Amt für Krankenanstalten sowie ein Sportamt, obwohl die KGSt ansonsten eher für die Zusammenfassung von Aufgaben eintrat (vgl. KGSt 1950b: 11 f.). Ebenso weist der genannte Untersuchungsbericht der KGSt über die Sozialverwaltungen der Städte Bielefeld, Hagen, Herne und Remscheid (KGSt 1950b) darauf hin, daß in keiner der vier Städte lediglich ein Dezernent für die Sozialverwaltung zuständig war, wobei meistens für den Gesundheitsbereich ein eigener Dezernent bestellt war.

2. Restauration und Ausbau der kommunalen Sozialverwaltung am Beispiel der Stadt Nürnberg

Nach dem Zusammenbruch des Naziregimes, der Übernahme der städtischen Verwaltung durch die amerikanische Militärregierung und der Entfernung von Nationalsozialisten aus städtischen Diensten wurde die Nürnberger Stadtverwaltung nach und nach unter Orientierung an die Weimarer Tradition restauriert (vgl. Verwaltungsbericht 1950: 3 ff.). Aus politischen Gründen, d.h. wegen Unterstützung des Nationalsozialismus, wurden zunächst 1645 Beamte, 656 Angestellte und 489 Arbeiter aus dem Dienst entfernt (Verwaltungsbericht 1945-50: 15), was immerhin rund einem *Viertel* des Gesamtpersonals entspricht. Damit waren die politisch begründeten Säuberungen auf den ersten Blick deutlich umfangreicher als nach 1918 und 1933. Aber laut Verwaltungsbericht von 1950 gab es später auch gegenläufige Tendenzen: „Im übrigen konnte später auch wieder entferntes Personal eingestellt werden. Diese Möglichkeit ergab sich zunächst aus den Bestimmungen des sog. Befreiungsgesetzes, das am 5.3.1946 in Kraft getreten war. Von den politisch belasteten, zunächst entlassenen, Personen wurden insgesamt 983, also immerhin *über ein Drittel*, wieder eingestellt, wofür es keiner Zustimmung der amerika-

[220] Dabei ist allerdings darauf hinzuweisen, daß die Auswahl der Städte der Untersuchung von 1936 nicht mit der Auswahl von 1958 übereinstimmt, obwohl beide als repräsentativ gelten können.

nischen Militärbehörde bedurfte" (Verwaltungsbericht 1945-50: 16; Hervorhebung G.R.). Im Gegenzug stellte man bis 1949 aufgrund von Vorgaben 73 Schwerstbehinderte, 431 Flüchtlinge und 139 Verfolgte des Nationalsozialismus ein. Insgesamt ergab sich also aufgrund der amerikanischen Vorgaben eine immerhin *spürbare Veränderung* beim Personal der Bürokratie, was weder bei der ,Revolution' von 1918 noch beim nationalsozialistischen Machtantritt von 1933 der Fall war.

Ferner wurden zur Zeit der Währungsreform im Jahre 1949 dringend notwendige *Sparmaßnahmen* durch das Einsetzen einer Sparkommission umgesetzt, welche sich Stellenpläne und organisatorische Erörterungen vornahm (Verwaltungsbericht 1945-1950: 17). Schließlich wurde, „dem Beispiel anderer Großstädte folgend", im selben Jahr an die *KGSt* der Auftrag gegeben, Organisation und Personalbesetzung der Stadtverwaltung mit Ausnahme der Werke und Schulen zu prüfen (Verwaltungsbericht 1945-50: 17). Gleichwohl war trotz dieser Sparmaßnahmen auch nach dem Zweiten Weltkrieg ein *Ansteigen* der Zahl der Dienstkräfte zu verzeichnen, was laut Nürnberger Verwaltungsbericht (1945-50: 18) „vielfach Gegenstand kritischer Betrachtung in der Öffentlichkeit" war.

Auch in der *Fürsorgeverwaltung* Nürnbergs erfolgte ein Anknüpfen an die Weimarer Tradition, was durch die Berufung des bis zur Nazizeit im Wohlfahrtsamt beschäftigten Experten für Arbeitsfürsorge, Theodor Marx, als „vortragenden Stadtrat" (entsprach der vorherigen Referentenstellung) signalisiert wurde. Dann wurden der Wohlfahrtsausschuß im Jahr 1946 (entsprach dem früheren Wohlfahrtshauptausschuß) und später der Wohlfahrtsunterausschuß sowie mehrere Kreisausschüsse wieder einberufen (Verwaltungsbericht 1945-50: 104).[221] Diese Wiederbelebung der ehrenamtlichen Ausschüsse wurde jedoch aufgrund der 1952 novellierten Gemeindeordnung suspendiert und deren Funktion wieder als *beratende* Beiräte ersetzt (Verwaltungsbericht 1952: 164), um wiederum aufgrund der Novellierung des Fürsorgerechts 1953 erneut geändert zu werden. Die etwas unübersichtliche Entwicklung stellt sich nach dem vorliegenden Material folgendermaßen dar. Nach der Fürsorgerechtsänderung von 1953 etablierte man zunächst einen in Grundsatzfragen beschließenden Fürsorgeausschuß, dem der OB und sein Vertreter, 12 Mitglieder des Stadtrats mit beschließender Stimme, 12 Vertreter der „privaten" Wohlfahrtsverbände, der anerkannten Religionsgemeinschaften und der Hilfsbedürftigen mit beratender Stimme angehörten. Diesem wurde ein Spruchausschuß an die Seite gestellt, der aus dem Vorsitzenden des Fürsorgeausschusses, zwei Stadträten aus dem Fürsorgeausschuß, einem Vertreter der „privaten" Wohlfahrtspflege und einem Vertreter der Hilfsbedürftigen bestand (Verwaltungsbericht 1952: 164). Aus dem Verwaltungsbericht geht die Entscheidungskompetenz nicht deutlich hervor, nach H. Keese (1954: 127) waren der Wohlfahrtsausschuß und Unter-

[221] Vgl. Verwaltungsbericht 19545-50: 107; vgl. auch KGSt 1950a: 203 ff.

ausschuß aber im allgemeinen nicht im Einzelfall entscheidungsberechtigt, sondern nur beratend tätig. Schließlich wurde 1957, die neue Rechtslage antizipierend, bestimmt, daß lediglich schwierigere Fälle der Einzelfürsorge in einem aus Stadtratsmitgliedern gebildeten Beirat gutachterlich zu behandeln waren, worüber letztlich durch das Sachreferat entschieden wurde. Danach gab es also eine zweistufige Beratungsfunktion durch parlamentarische Gremien auf „Kreisamts-" und Referatsebene. Dieses Verfahren änderte sich auch nach Erlaß des BSHG nicht. Lediglich der bereits 1960 in „Kommission" umbenannte Beirat für Fürsorge- und Gesundheitswesen hieß nun „Kommission für Sozialhilfe", während die auf Kreisamtsebene bestehenden Beratungsgremien immer noch „Beiräte" hießen.

Dieser anfänglichen Unklarheit bezüglich des Ausschußwesens entsprach auch die Unklarheit bezüglich der *ehrenamtlichen Mitarbeit* allgemein. Zwar sollte laut Verwaltungsbericht 1945-49 (Stadt Nürnberg 1950: S. 111) die ehrenamtliche Mitarbeit – zu der man knapp feststellte, daß sie noch nicht wieder die Bedeutung von 1933 erreiche – im Interesse einer weiteren Verstärkung der individuellen Fürsorge ausgebaut werden, doch hieß es ebenso, daß der Stadtrat bewußt davon abgesehen habe, die früheren Wohlfahrtsbezirksausschüsse wieder ins Leben zu rufen,

> „weil die Gewinnung so zahlreicher geeigneter ehrenamtlicher Kräfte für die öffentliche Fürsorge in den ersten Nachkriegsjahren unüberwindlichen Schwierigkeiten begegnet wäre und erst ein Stamm brauchbarer Laienhelfer wieder herangezogen werden mußte" (Verwaltungsbericht 1945-49: 111).

Damit wird der entscheidende Vorbehalt deutlich hinsichtlich der ehrenamtlichen Arbeit, nämlich die fachliche Kompetenz. Dementsprechend nahm man insgeheim Abschied von der Vorstellung einer wiederbelebten, groß angelegten ehrenamtlichen Mitarbeit. Bereits 1950, wie auch in den folgenden Jahren, hieß es zu dieser Frage in den Verwaltungsberichten in praktisch übereinstimmenden Formulierungen lapidar, daß der Ausbau der ehrenamtlichen Mitarbeit (bis zum Erscheinen eines neuen Fürsorgegesetzes) weiterhin *zurückgestellt* sei (Verwaltungsbericht 1950: 139). Schließlich wird ab dem Verwaltungsbericht für das Jahr 1953 dieser Punkt nicht einmal mehr erwähnt.

Demgegenüber verlautbarte man bei *Personalfragen* um so entschlossener, daß ein Hauptaugenmerk auf der Gewinnung geeigneter Kräfte und auf der Schulung und Fortbildung des Personals lag (Verwaltungsbericht 1950: 139; Verwaltungsbericht 1951: 151 und 1952 ff.). Mit diesem Vorgang war der Durchbruch der bürokratischen und professionellen Hilfe auf dem Gebiet der kommunalen öffentlichen Fürsorge im Prinzip gelungen. Nachdem in der Weimarer Republik und im Nationalsozialismus die Entscheidungskompetenz schrittweise in die Ämter verlagert worden war, verzichtete man schließlich in der Nachkriegszeit völlig auf die Mitarbeit der ehrenamtlichen Helfer im Bereich der öffentlichen kommunalen Fürsorge, ohne dem aber besondere Beachtung zu schenken. Unabhängig von der Frage, ob denn nun ehrenamtliche

Helfer tatsächlich zur Verfügung gestanden hätten, wurde ein Versuch der Rekrutierung offenbar gar nicht mehr unternommen. Die *Art und Weise,* wie dieser Prozeß in Nürnberg zum Abschluß kam und am Ende vollzogen wurde, deutet darauf hin, daß dies ohne Diskussion und großes Bedauern geschah. Allerdings war die Funktion ehrenamtlicher Mitarbeit längst nur noch eine nachrangige, weshalb sich die Durchsetzung des bürokratischen und professionellen Leitbildes am Ende laut- und reibungslos vollziehen konnte. Konflikte mit den Ehrenbeamten, wie in der Weimarer Republik, waren jedenfalls nicht festzustellen. Außerdem gingen mit dem einsetzenden Wirtschaftsaufschwung und der aus der Fürsorge ausgesonderten Bearbeitung der Kriegsfolgen die Zahl der Fälle laufend zurück, so daß der nachlassende Aufgabendruck eine weitere entscheidende Rahmenbedingung darstellte.

Weniger verändert zeigte sich der Wiederaufbau der *Organisation* des *‚Fürsorgeamtes‘* (früher: ‚Wohlfahrtsamt‘), der sich anhand des historischen Vorbildes weitgehend an den früheren Strukturen ausrichtete (vgl. Abb. 19).

Die Zentrale des Fürsorgeamtes gliederte sich neben der Geschäftsleitung (in Personalunion mit dem Amt für Soforthilfe wahrgenommen) in sechs Abteilungen, bei allerdings leicht veränderter Aufgabenzuteilung (vgl. KGSt 1950a: 210 ff.). Daneben bestanden als Unterbau zur Durchführung der offenen, halboffenen und geschlossenen Fürsorge, einschließlich der wirtschaftlichen Flüchtlingsfürsorge, zunächst wieder sechs Kreisämter und drei Nebenstellen sowie eine besondere, nicht dem Fürsorge*amt* unterstehende, eigenständige Dienststelle ‚Familienfürsorge‘ (Verwaltungsbericht 1945-50: 110), die direkt dem Wohlfahrts*referenten* unterstellt war. Außerdem wurde die während der Nazizeit eingeführte Innenrevision „sobald es die Personallage anfangs des Rechnungsjahres 1949 gestattete“ wieder eingeführt (Verwaltungsbericht 1945-49: 110), und zwar bei der Hauptabteilung zwei. Dazu hieß es: „Seine (des Prüfers, G.R.) Tätigkeit hat sich bereits insofern als fruchtbar erwiesen, als der technische und fürsorgerische Vollzug in den Kreisämtern und Außenstellen mehr und mehr auf eine einheitliche Linie gebracht und Fehlerquellen beseitigt werden konnten“ (ebenda). Dennoch war in dieser Hinsicht die eigentliche Arbeit erst noch zu leisten, wie auch der Prüfungsbericht der KGSt von 1950 verdeutlicht und wozu gleich mehr zu sagen sein wird.

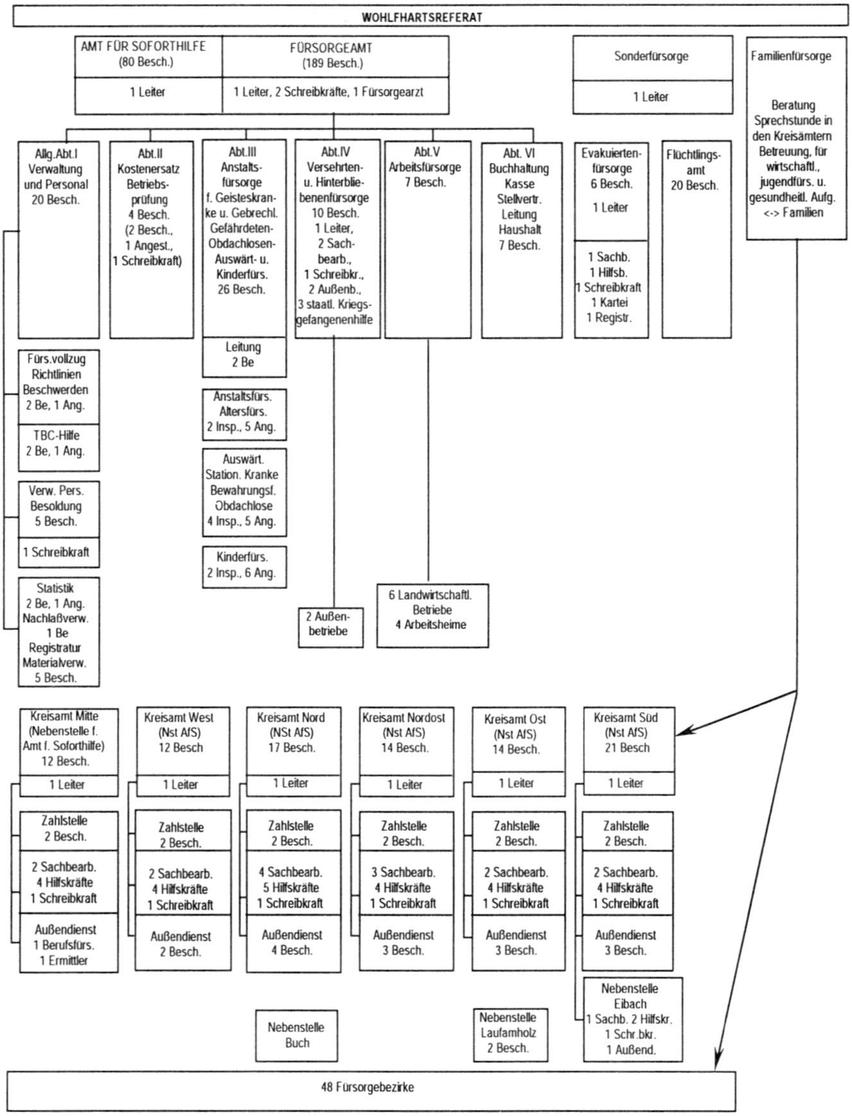

Fortsetzung nächste Seite

Der rechtlichen Regelung entsprechend wurde auch in Nürnberg zur Bewältigung der Kriegsfolgen ‚neben‘ der Fürsorgeorganisation ein *Soforthilfeamt* gegründet (Verwaltungsbericht 1945-50: 153 ff.), womit zahlreiche Bedürftige zumindest formal außerhalb der Fürsorge gehalten werden konnten. Dieses ‚neben‘ war allerdings in der Praxis nicht einzuhalten: So bemerkte der Verwaltungsbericht von 1950, daß das Soforthilfeamt „aus Zweckmäßigkeitsgründen in engster personeller, organisatorischer und räumlicher Verbindung mit

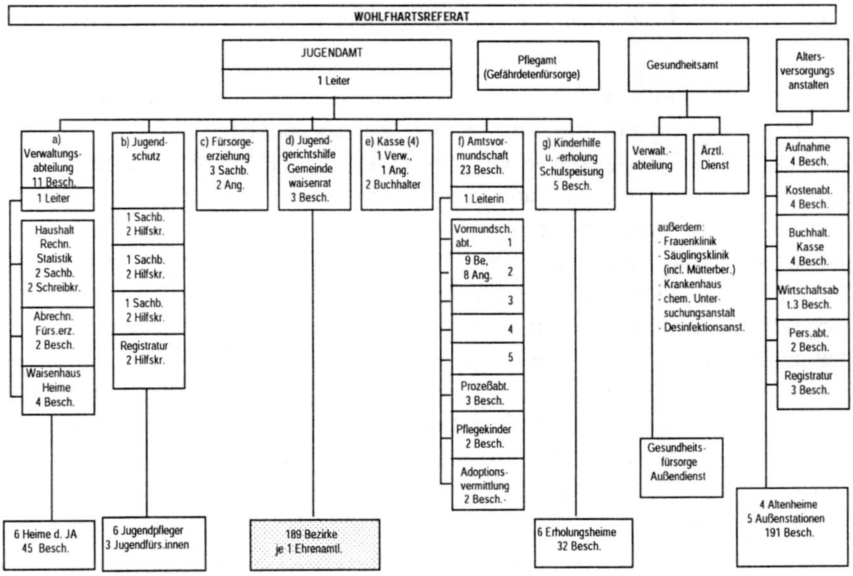

Abbildung 19: Organisation der Sozialverwaltung der Stadt Nürnberg, 1950

Quelle: Eigene Erstellung nach Verwaltungsberichten, Stellenplänen der Stadt Nürnberg, KGSt 1950a.

dem Fürsorgeamt" stehen müsse (S. 163). Im Verwaltungsbericht von 1952 hieß es anläßlich des Lastenausgleichsgesetzes von 1952 und den darin vorgesehenen „Ausgleichsämtern" weiter (S. 207): „An der bisherigen Organisationsform des Soforthilfeamtes (Personalunion zwischen Fürsorgeamt und Ausgleichsamt in der Dienststellenleitung und in wesentlichen Verwaltungsfunktionen sowie räumlichen Verbindung der Zweigstellen des Ausgleichsamtes mit den Fürsorgekreisämtern) wurde festgehalten." Außerdem gab es an dieser Stelle noch einen Hinweis auf ein „Kriegsschädenamt" als ‚Feststellungsbehörde' zum Vollzug der Kriegsschädenverordnung von 1940, das bei dieser Gelegenheit dem Soforthilfeamt eingegliedert wurde (Verwaltungsbericht 1952: 206).

Schließlich wurde das „*Ausgleichsamt*" im Jahr 1954 doch vom Fürsorgeamt abgetrennt und einem eigenen Leiter unterstellt, wenngleich in diesem Fall das Buchhaltungs- und Kassenwesen „aus Gründen der Geschäftsvereinfachung und -verbilligung" in organisatorischer Verbindung mit dem Fürsorgeamt verblieben (Verwaltungsbericht 1954: 228). Das neu geschaffene ‚Lastenausgleichsamt' hatte 1952 immerhin 144 Dienstkräfte (ebenda) und 1955 bereits 200 Beschäftigte (Verwaltungsbericht 1955: 233) und damit mehr als das Fürsorgeamt aufzuweisen. Neben der wirtschaftlichen Fürsorgeverwaltung bestanden auch nach 1945 ein eigenes *Jugendamt* und ein *Gesundheitsamt,* die beide, ebenso wie die *Familienfürsorge*, direkt dem Wohlfahrtsreferat unterstellt. Weitere eigenständige, dem Wohlfahrtsreferat untergeordnete Dienststellen bzw. Aufgabenbereiche waren die „Gefährdetenfürsorge" (ab 1963 „*Pflegamt*") und die Verwaltung der „*Altersversorgungsanstalten*", womit auch in diesen Fällen organisatorisch an die Tradition angeknüpft wurde.[222]

Die Restitution früherer Organisationsstrukturen konnte zunächst aufgrund des Personalmangels, der durch die Einberufung von Dienstkräften zum Kriegsdienst entstanden war und wegen zerstörter Amtsräume nur auf einem *etwas* niedrigeren Personalstand als vor dem Krieg begonnen werden. Waren z.B. im Jahre 1938 noch 238 Beamte und Angestellte in der Verwaltung des Nürnberger Wohlfahrtsamtes beschäftigt, so veranschlagte man 1951 nur noch 215 Stellen in der engeren Fürsorgeverwaltung (vgl. Abb. 21 nachfolgend; Stammdaten im Anhang). Nach dem Wiederaufbau setzte aber in den folgenden Jahren ein je nach Aufgabenbereich sehr unterschiedlich starkes Personalwachstum in der Sozialverwaltung ein, wobei sich der Anteil des Bereiches ‚Soziales und Jugend' am Personalbestand der gesamten Verwaltung (ohne Betriebe) von 12 auf 14% erhöhte. Diese relativ geringe Ausweitung des *Anteils* der Stellen in der Fürsorge ist darauf zurückzuführen, daß in der gesamten Verwaltung ebenso ein starkes Stellenwachstum zu verzeichnen war.

Die Aufschlüsselung der Stellenentwicklung nach den einzelnen Aufgabenbereichen zeigt, daß der Anstieg in der Sozialverwaltung (Soziales und Jugend ges.), welcher nach 1952 einsetzte, in einer ersten Phase vorwiegend auf

[222] Die jeweilige Verselbständigung läßt sich in ihrer Reichweite schwer genau einschätzen. Oft geht aus den Dokumenten nicht hervor, inwieweit lediglich ein Aufgabenbereich separat erwähnt, geführt (so vermutlich ohne wirkliche organisatorische Verselbständigung bei der Gefährdetenfürsorge) und ob eine eigene getrennte Dienststelle oder ein „Amt" existierte (so vermutlich bei den „Altersversorgungsanstalten"). Die Verwaltung der Altersversorgungsanstalten war bereits laut Verwaltungsbericht 1924/25 in der Satzung des Bezirksfürsorgeverbandes Nürnberg nicht enthalten und vermutlich organisatorisch eigenständig. Hinsichtlich der Organisation hieß es dort in § 1 (nach Verwaltungsbericht 1924/25: 140) lediglich: „Dagegen verbleibt die Verwaltung der gemeindlichen Altersversorgungsanstalten, der Asyle, der Herbergen, des Leihhauses, der Arbeiterspeiseräume, des Erwerbsbeschränktenbetriebe sowie die Unterstützung von Anstalten und Einrichtungen der privaten Wohlfahrtspflege beim Stadtrat Nürnberg".

den stark wachsenden Aufgabenbereich der *Kriegsfolgen* zurückzuführen ist (Abbildung 20). Da dieser Sektor formal ‚ausgelagert' worden war, wies das Fürsorge- oder Sozialamt im engeren Sinne eine relativ gleichbleibende Stellenbesetzung auf – gleiches gilt für die Anstalten des Fürsorgeamtes. Daneben waren in den fünfziger Jahren im Bereich *Jugend* und insbesondere in der *Alten*betreuung Stellenzuwachs bemerkbar. Während jedoch die Stellenbesetzung in der eigentlichen Jugendamtsverwaltung nur gering zulegte, fand der Ausbau vor allem im Bereich der Anstalten und dabei wiederum primär bei den Kinderbetreuungseinrichtungen statt (vgl. Tab. 24 im Anhang). Dies resultierte zum Teil aus der angesprochenen Schwerpunktverlagerung der fürsorgerischen Leitbilder (stärkere Ausrichtung auf pädagogische Aufgaben, Propagieren der Altenhilfe) *aber auch* aus Veränderungen der Aufgabenumwelt, wobei vor allem die hohe Zahl sogenannter „unvollständiger" Familien und die steigende *„Individualisierung*" als Hintergrund zu nennen sind. Die Zahl der Einpersonenhaushalte stieg nach dem Weltkrieg kontinuierlich an, was sich bekanntlich auf die Nachfrage nach Betreuungseinrichtungen von Kindern oder Alten in unterschiedlicher Art und Weise, jedoch in beiden Fällen relativ direkt auswirkt: Während die Zahl der Einpersonenhaushalte im Jahr 1939 noch knapp unter 10% lag, betrug sie 1950 bereits beinahe 20% (vgl. Be rtram, H./Gille, M. 1990: 43).

Zurückhaltung in der Stellenbesetzung ist zunächst im Aufgabenbereich der Gesundheitsfürsorge zu verzeichnen. Dieser zeigte sogar, entgegen dem allgemeinen Restaurations- und Wachstumstrend in den ersten Nachkriegsjahren, Stagnation und einen leichten Rückgang der Stellen, was auf eine geringere gesellschaftliche Bedeutung der Gesundheitsfürsorge verweist, und vermutlich auch auf deren Kompromittierung mit dem Nationalsozialismus zurückzuführen sein könnte; ab Mitte der fünfziger Jahre stellt sich jedoch auch hier wieder ein Wachstum der Stellen ein.

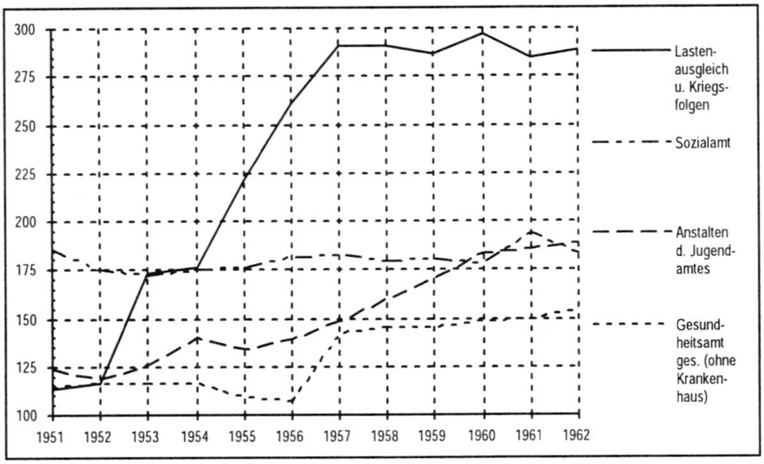

...

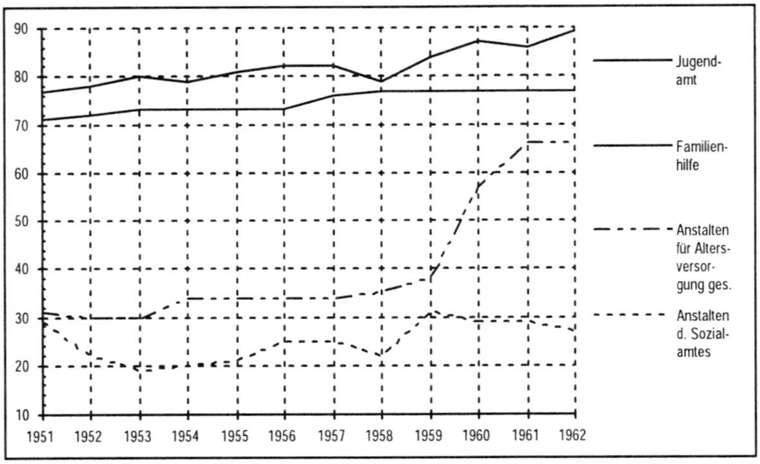

Abbildung 20: Stellen in der Sozialverwaltung
der Stadt Nürnberg, 1951-1962

Quelle: Haushalts- und Stellenpläne (Beamte und Angestellte) der Stadt Nürnberg

Neben der Stellenentwicklung liefert die der *Personalausgaben* einen Hinweis auf das Wachstum oder die Ausdehnung der Organisation der Nürnberger Fürsorgeverwaltung. Vergleicht man die Entwicklung der Personalausgaben in der Fürsorge mit der Stellenentwicklung, jeweils bezogen auf die *gesamte* Stadtverwaltung, so zeigt sich, daß der Anteil der Stellen in der Fürsorge an den gesamten Stellen in ähnlichem Maße (um ca. 2%) zunahm wie der Anteil der Personalausgaben in der Fürsorge an den gesamten Personalausgaben. Ebenso ähnliche Werte zeigen sich, wenn jeweils die Personalausgaben, dividiert durch die Stellenzahl in der Fürsorge mit den Personalausgaben insgesamt, dividiert durch die Stellenzahl insgesamt verglichen werden, wobei Unschärfen, die in den vorliegenden Berechnungen enthalten sind, zur vorsichtigen Beurteilung zwingen.[223] So gab es also vermutlich weder einen überproportionalen Anstieg der Personalausgaben insgesamt, der durch höhere Löhne oder Beförderungen verursacht worden wäre, noch einen über- oder unterdurchschnittliche Entwicklung der Besoldung in der Fürsorgeverwaltung.

Die Bedeutung des *wirtschaftlichen Aufschwungs* für das Wachstum der Nürnberger Verwaltung in der Nachkriegszeit scheinen die folgenden Abbildungen zu belegen. Dabei verlaufen insbesondere die Personalausgaben relativ synchron mit den steigenden Steuereinnahmen.

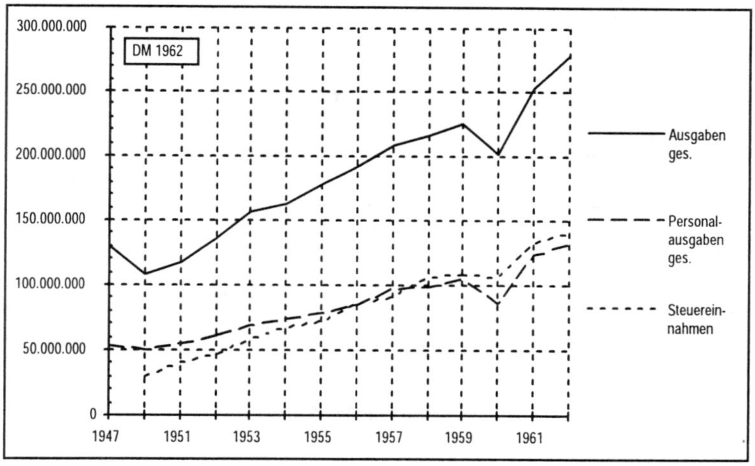

Abbildung 21: Ausgaben und Steuereinnahmen der Stadt Nürnberg, 1947-1962

Quelle: Eigene Berechnung nach Haushaltsplänen der Stadt Nürnberg; Preisindex der Lebenshaltung (Arbeitnehmerhaushalt mit mittlerem Einkommen) nach: StBA: Statistisches Jahrbuch 1994: 662.[224]

Daß die Verwaltung bei sprudelnden Steuereinnahmen in der Nachkriegszeit immer ‚üppiger' besetzt war, zeigt sich auch, wenn die Personalausgaben in Relation zu den Gesamtausgaben gesetzt werden. Lag der Anteil der Personalausgaben an den gesamten Fürsorgeausgaben Nürnbergs in der Weimarer Republik noch zwischen knapp 15% (1924) und knapp 8% (1932) und betrug er in

---

[223] So sind z.B. in der Zahl der gesamten Stellen die städtischen Betriebe nicht enthalten, während sie in den Personalausgaben gesamt enthalten sind.

[224] Der kurzfristige ‚Einbruch' im Ausgabenansatz im Jahr 1960 resultiert aus der Umstellung auf das Kalenderjahr als Rechnungsjahr (vorher war die Laufzeit März bis März), so daß ein ‚Rumpfhaushalt' von 1.4.-31.12. vorlag (vgl. Haushaltsplan der Stadt Nürnberg: XXVII).

der Zeit des Nationalsozialismus – in der Zeit abnehmender Fürsorgefälle – bereits fast 18% im Jahr 1936 (16%, 1938),[225] so stieg die Personalintensität der Fürsorgeverwaltung in der Nachkriegszeit erheblich an (Abb. 23 unten): entfielen 1947 nur knapp 10% aller Fürsorgeausgaben auf Löhne und Gehälter, waren es 1960 bereits über 40%.[226]

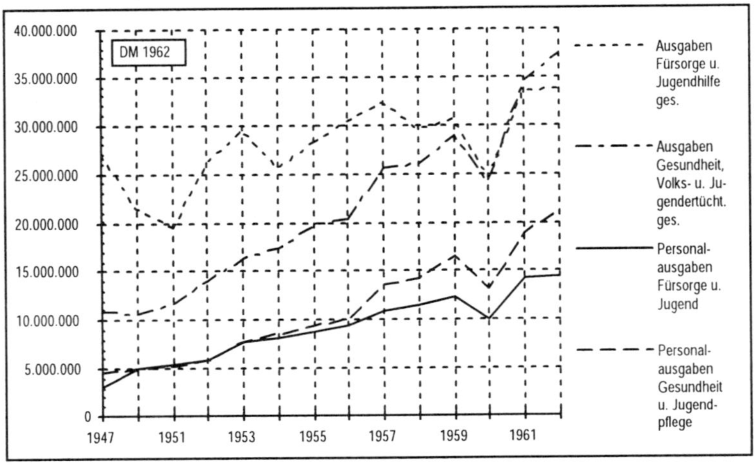

Abbildung 22: Entwicklung der Ausgaben der Sozialverwaltung der Stadt Nürnberg, 1947-1962

Quelle: Eigene Berechnung nach Haushaltsplänen der Stadt Nürnberg; Preisindex der Lebenshaltung (Arbeitnehmerhaushalt mit mittlerem Einkommen) nach: StBA: Statistisches Jahrbuch 1994: 662.

Der Vergleich mit der *Aufgabenentwicklung* deutet auf das Beharrungsvermögen und die in der Nachkriegszeit relativ „fetter" werdende Organisation der kommunalen Fürsorgeverwaltung. Weil die Fallzahlen zurückgingen (vgl. Abb. 24, unten), stieg der *Anteil* der Personalausgaben an den gesamten Ausgaben, zumal im gleichen Zeitraum sehr arbeitsaufwendige Bereiche, wie die Kinder- und Jugendbetreuungseinrichtungen ausgebaut worden sind.

---

[225] Berechnung nach Düthorn, K. 1941: 119.

[226] Damit hat sich dieser Wert im übrigen dem Durchschnittswert des Personalausgabenanteils an den Ausgaben der gesamten Verwaltung Nürnbergs angenähert. Letzterer schwankte zwischen 45% (1950) und knapp unter 50% 1960/61.

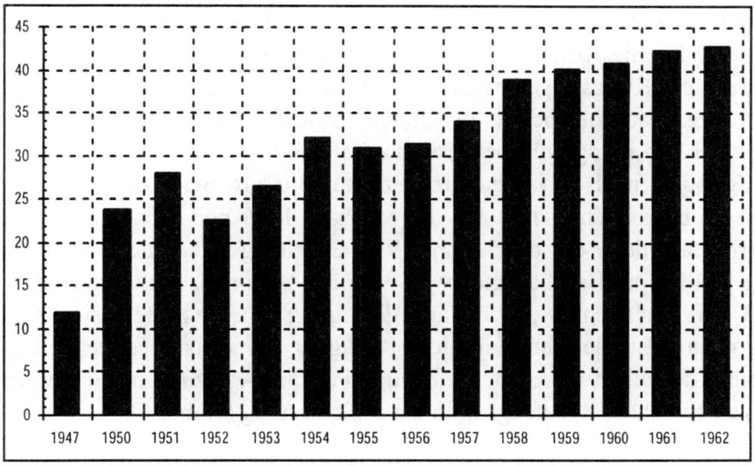

Abbildung 23: Anteil der Personalausgaben an den Gesamtausgaben für ‚Soziales und Jugend' der Stadt Nürnberg, 1947-1962 (in %)

Quelle: Eigene Berechnung nach Haushaltsplänen der Stadt Nürnberg

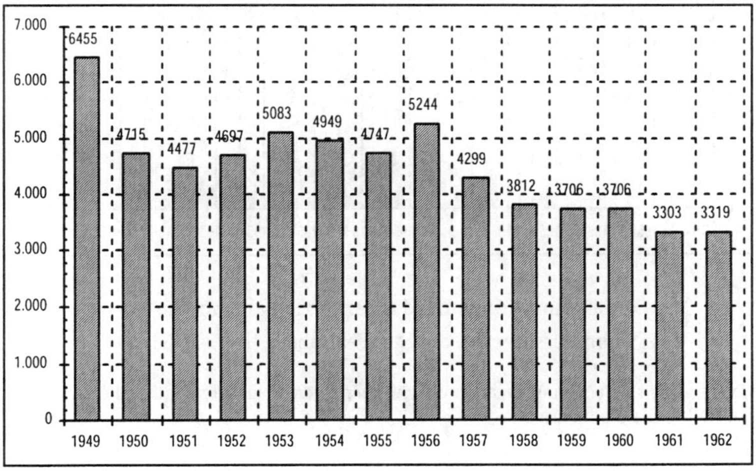

Abbildung 24: Laufend unterstützte Fälle im Fürsorgeamt der Stadt Nürnberg, 1949-1962

Quelle: Verwaltungsberichte der Stadt Nürnberg

Nimmt man die Zahl der Fälle, d.h. die der laufend Unterstützten, als grobes Richtmaß für die *Arbeitsbelastung* im Fürsorgeamt,[227] dann lag dieses unter Einbezug der Kriegsfolgenlasten zunächst auf einem ähnlichen Niveau wie vor dem Krieg. Nach der bereits genannten Organisations- und Leistungsprüfung der Sozialverwaltung Nürnbergs durch die KGSt im Jahre 1949 waren zu diesem Zeitpunkt noch 38 laufend unterstützte Fälle pro Beschäftigten im Fürsorgeamt zu bearbeiten. Damit lag die Meßzahl 1949 nur leicht über dem Vorkriegsniveau, denn die durchschnittliche Belastung mit laufend zu unterstützenden Fällen pro Beschäftigten war, wie oben schon gezeigt wurde, von ca. 90 (1933) auf nur noch ca. 35 im Jahr 1938 gesunken. Nach dem zweiten Weltkrieg verursachte der kontinuierliche Rückgang der zu unterstützenden Fälle – aufgrund der relativ konstant bleibenden Personalbesetzung im Fürsorgeamt – einen entsprechenden Rückgang in der Fallbelastung (Abb. 25).[228]

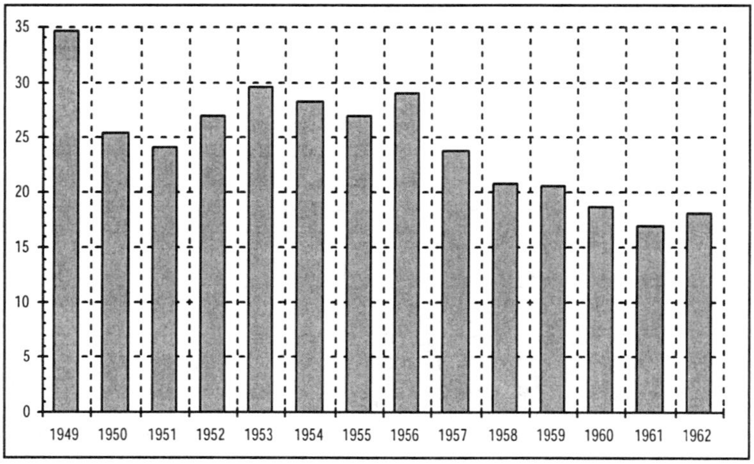

Abbildung 25: Laufend unterstützte Fälle pro Stelle
im Fürsorgeamt der Stadt Nürnberg, 1949-1962

Quelle: Eigene Berechnung nach Verwaltungsberichten, Haushalts- und Stellenplänen (Beamte und Angestellte) der Stadt Nürnberg

[227] Vgl. so auch die KGSt 1950a: 213 f. Vgl. dazu die Äußerung eines Praktikers, Stadtrat Dr. Jerosch, ehemaliger Leiter des Fürsorge- und Jugendamtes der Stadt Königsberg (Pr.) (NDV 7/1951: 189): „Die laufenden Fälle können in ihrem Zahlenverhältnis als repräsentativ für die sonstigen fürsorgerischen Vorgänge angesehen werden, wie z.B. die Weiterbearbeitung des Kostenersatzes nach Abschluß der Unterstützung, die einmalige Unterstützung von nicht laufend Betreuten, die Armenatteste, Rechtshilfeersuchen, Berichte und ähnliches.“

[228] Berücksichtigt werden muß allerdings beim Vergleich mit der Meßzahl der KGSt, daß die KGSt lediglich die Stellen in der Sachbearbeitung, ich dagegen die gesamten Stellen im Fürsorgeamt, also auch das Leitungspersonal, heranzog.

Mit der sinkenden Fallbelastung läßt sich nicht direkt auf eine gesunkene Arbeitsbelastung oder ineffiziente Leistung schließen, wie auch die KGSt (1950a: 214) bemerkte, denn „die anfallenden Nebenarbeiten und die Schwierigkeiten der Sachbearbeitung (sind) heute größer als 1938“. So verteidigte sich die Sozialverwaltung – wie übrigens schon im Dritten Reich – auch nach dem Krieg; dazu heißt es im Verwaltungsbericht von 1950:

> „Im Berichtsjahr ist zwar ein erheblicher Rückgang der in der offenen Fürsorge laufend unterstützten Parteien eingetreten, was auf die Auswirkungen neuer gesetzlicher Maßnahmen auf dem Gebiet der Sozialversicherung und Versorgung, den Rückgang der Arbeitslosigkeit und nicht zuletzt auf den Einfluß der verstärkten Arbeitsfürsorge zurückzuführen ist; es wäre aber abwegig, daraus übertriebene Rückschlüsse in personeller und organisatorischer Hinsicht zu ziehen. Der Bericht und die ihm beigefügten Unterlagen zeigen die Vielfältigkeit und die im Wesen der Fürsorge begründeten Schwierigkeiten der Sozialarbeit; die öffentliche Fürsorge sieht sich auch immer wieder vor neue Aufgaben gestellt, die durch Gesetzgebung und wirtschaftspolitische Maßnahmen ausgelöst werden.“ (S. 139)

Der von der KGSt 1949 erstmals unternommene Versuch einer Überprüfung der Organisation kommunaler Sozialverwaltung, basierend auf konkreten Meßzahlen und Vergleichswerten anderer Städte ließ aber im Gegensatz zur Selbstdarstellung der Verwaltung durchaus auf die bereits oben vermutete *Abkopplung* von Organisation und Aufgabe schließen, wenngleich mit der Untersuchung nur ein erster Ansatz geleistet wurde. Der routinemäßig von der Verwaltung geäußerte Hinweis auf die gestiegene Komplexität der Aufgaben läßt sich angesichts des *Querschnittsvergleichs* auch in diesem Fall nur schlecht bestätigen. Denn Verrechtlichung und Formalisierung dürften aufgrund der weitgehend bundeseinheitlichen Regelung für alle Städte im großen und ganzen ziemlich gleichmäßig von Belang gewesen sein, womit auch die Komplexitätssteigerung durch die Sozialversicherung abgedeckt ist. Außerdem hatten sich die fürsorgerischen Rechtsgrundlagen selbst nicht wesentlich geändert. Daß Stuttgart mit 14 Fällen pro Beschäftigten im Jahr 1948 eine derart schwierigere und anders gelagerte Aufgabenstellung zu bewältigen hatte als Dortmund mit 76 Fälle pro Beschäftigten im gleichen Jahr, erscheint jedenfalls fragwürdig (Zahlen nach KGSt 1950a: 213). Vergleichsdaten lieferte auch die Untersuchung der KGSt über die Städte Bielefeld, Hagen, Herne und Remscheid (1950b). Hier schwankte die relativ niedrige ‚Fallbelastung‘ pro Beschäftigte weniger stark, nämlich zwischen ca. 19 (Hagen), ca. 20 (Bielefeld), ca. 26 (Herne) und ca. 30 (Remscheid). Bemerkenswert ist, daß unter den verglichenen Städten Remscheid mit der relativ höchsten Fallbelastung auch die am stärksten zentralisierte Sozialverwaltung hatte (vgl. dazu das Urteil der KGSt 1950b: 18). Aus diesem Blickwinkel klingt die von der KGSt als für die Sozialverwaltung Nürnbergs gefolgerte Feststellung – „Im ganzen gesehen, erscheint das Fürsorgeamt personalmäßig nicht *wesentlich* überbesetzt, es liegt etwa auf gleicher Linie mit Köln und Düsseldorf“ (1950a: 214; Hervorhebung d. G.R.) – sehr vorsichtig.

Trotz dieser Zurückhaltung in der Gesamtbewertung wurden durch die KGSt im einzelnen umfangreiche *Rationalisierungsvorschläge* bei der Nürnberger

Sozialverwaltung angeregt. Erstens sollte eine für die gesamte Sozialverwaltung, d.h. für die Bereiche Soziales, Jugend und Gesundheit gemeinsame *zentrale* Verwaltungsabteilung geschaffen werden, um alle allgemeinen Verwaltungsaufgaben für alle Bereiche zu erledigen und so eine Vielzahl von Stellen einzusparen. Ebenso sollte die Sozialverwaltung möglichst in einem Haus untergebracht werden (vgl. KGSt 1950a: 194 f.). Der Blick auf das Organisationsschaubild (vgl. Abb. 19), das sich von den vorhergehenden Zeiträumen nur wenig unterscheidet, unterstreicht, daß eine sehr ungleiche, teilweise übermäßige und eher zufällig anmutende archaische Ausdifferenzierung der Nürnberger Wohlfahrtsorganisation vorlag, die streng funktional gesehen nur schwer zu legitimieren war. Deutlich wird, daß die organisatorische Ausdifferenzierung *historisch gewachsen* war und sich ansonsten vorwiegend an der *gesetzlichen* Aufgabendifferenzierung ausrichtete. Die Abteilungsgröße variierte stark und scheint von daher willkürlich, wie eben allgemeine Funktionen (z.B. Kasse, Personal, Organisation, Rechnungswesen) aufgrund der ausbleibenden Zusammenfassung von Aufgabenbereichen mal hier mal dort angesiedelt waren und nicht gemeinsam genutzt wurden. Symptomatisch ist dafür die Tatsache, daß im zentralen Wohlfahrtsamt immerhin *drei* Hauptabteilungen mit allgemeinen Verwaltungsaufgaben nebeneinander bestanden,[229] ebenso wie jede selbständige Dienststelle, wie z.B. das Gesundheits- und Jugendamt eine solche Verwaltungsabteilung, bzw. spezielles Personal für allgemeine Verwaltungsaufgaben hatte. Die KGSt verwies in ihrem Gutachten z.B. auch darauf, daß die in Nürnberg bei den Kreisämtern angesiedelten eigenen Kassen in den Großstädten Nordrhein-Westfalens unbekannt seien (vgl. KGSt 1950a: 230; vgl. in diesem Zusammenhang die genannte hohe Fallbelastung Dortmunds). Außerdem wurden durch überflüssige Tätigkeiten gerügt, wie z.B. die durch die zentrale Kassenabteilung vorgesehene Sollstellung unbestimmter Einnahmen (Unterhaltsbeiträge, Erstattungen), die wegfallen könne, da die Praxis ohnehin am Ende des Rechnungsjahres den Ist-Wert als Soll-Wert buche (ebenda).

Insgesamt wurden bei jeder einzelnen Abteilung des zentralen Wohlfahrtsamtes Vorschläge zur Personaleinsparung gemacht, ebenso wie z.B. für das Amt für Soforthilfe eine Einsparungsmöglichkeit von 50 Dienstkräften festgestellt wurde (KGSt 1950a: 233). Auch für die Kreisämter wurden „wesentliche Personalreserven“ in Höhe von „etwa 12% der Verwaltungskräfte ohne Außendienst“ ausgemacht (KGSt 1950a: 240), ebenso wie der Außendienst (Ermittler) der Kreisämter überbesetzt erschien. Diesbezüglich wurde die Wiedereinführung des *ehrenamtlichen* Dienstes ebenso empfohlen, wie eine Regelung der Koordination zwischen Familienfürsorge, Ermittlern und Ehrenamtlichen (KGSt 1950a: 284). Schließlich empfahl die KGSt an mehreren Stellen der So-

[229] Beispielsweise wurde durch die KGSt angeregt, die Hauptabteilungen II (Kostenersatz, Betriebsprüfung) und I (Allg. Verwaltungsabteilung) zusammenzufassen (KGSt 1950a: 216 f.) und an späterer Stelle auch die Streichung der Hauptabteilung VI (Buchhaltung, Kasse) gefordert (S. 284).

zialverwaltung existierende Registraturen zugunsten einer zentralen Registratur aufzulösen und statt dessen die „Sachbearbeiterakte" einzuführen.

Neben Einsparungsmöglichkeiten im *Amt für Altersversorgungsanstalten* (vgl. KGSt 1950a: 250, 252, 254) konstatierte die KGSt auch eine übermäßige Personalbesetzung im *Jugendamt*, welches die höchste Besetzung pro Einwohner unter 6 Vergleichsstädten aufwies (KGSt 1950a: 259). So stellte die KGSt fest: „Die Personalbesetzung in der Verwaltungsabteilung im Jugendamt erscheint uns überbesetzt und stellenmäßig überbewertet. Die Aufgabenverteilung ist nicht befriedigend. Wir glauben nicht, daß auf diese Weise eine wirtschaftliche Führung der Heime gewährleistet ist. Auch hier zeigt sich die Notwendigkeit, die Rechnungsführung an einer zentralen Stelle der Sozialverwaltung zusammenzufassen und dann unter einheitlichen wirtschaftlichen Gesichtspunkten zu führen. Außerdem können dadurch Personalersparnisse erzielt werden" (KGSt 1950a: 261). Ähnliche, wenngleich nicht immer so drastische Sparmöglichkeiten wurden aber auch in anderen Abteilungen des Jugendamtes entdeckt, wobei regelmäßig eine zu starke Differenzierung bemängelt wurde. So verursache z.B. die getrennte Bearbeitung zwischen Fürsorgeerziehungs- und Jugendschutzabteilung „Doppelarbeit" (KGSt 1950a: 263). Dementsprechend erschienen auch die sieben Verwaltungsabteilungen des *Gesundheitsamtes* auf drei reduzierbar, womit 9-10 Kräfte einzusparen seien (S. 286).

Dennoch, so die KGST, hätte Nürnberg eine „ausgezeichnete Sozialverwaltung", die nach dem Wiederaufbau schon bald die frühere führende Stellung in der deutschen Sozialverwaltung wieder einnehmen könne, was im wesentlichen auf ihren Leistungsstand, d.h. auf gute Sachbearbeitung sowie das ständige Bemühen um Ausbau und Verbesserung von Organisation, Einrichtungen und Leistungen zurückgehe. Andererseits wurden Sparvorschläge angeregt aufgrund der Tatsache, daß die große Selbständigkeit der Ämter und Einrichtungen der Sozialverwaltung Nürnbergs starke Unterschiede in der inneren Organisation, Personalbesetzung, Stellenplan und Geschäftsführung nach sich zögen, weshalb es notwendig sei, „dem Grundsatz der Wirtschaftlichkeit im weitgehenden Maße – ohne Einschränkung der sozialen Leistungen – Geltung zu verschaffen". Dazu wurden insbesondere die ständige Betriebsprüfung und die Zusammenfassung von Verwaltungsaufgaben in einer zentralen Verwaltungsabteilung gefordert (KGSt 1950a: 283). Insgesamt errechnete die KGSt immerhin eine Einsparmöglichkeit von knapp 100 Kräften in der Nürnberger Sozialverwaltung (KGSt 1950a: 286).

Die Empfehlungen der KGSt blieben jedoch ohne ersichtliche Auswirkungen. Ungeachtet dieses Gutachtens verlautbarte der Verwaltungsbericht der Stadt Nürnberg für das Rechnungsjahr 1950, daß „der *Aufbau* des sozialen Dienstes nach Kräften und im Rahmen der verfügbaren Mittel fortgeführt (werde). Die erfreuliche Tatsache, daß die Zahl der Unterstützungsempfänger weiterhin leicht zurückgegangen ist, gab die Möglichkeit, die Fürsorge im Einzelfall noch individueller zu gestalten" (Verwaltungsbericht 1950: 137). Ohne direkten Bezug zum KGSt-Bericht wurde alleine folgende Feststellung getroffen: „Der sozialen Arbeit der Stadt Nürnberg ist von maßgebenden Stellen des Bundes und der Länder volle Anerkennung gezollt und das Zeugnis ausgestellt worden, daß sie sich durch die organische Natürlichkeit der Lösung der Aufgaben auszeichne und ein Beispiel der Kraft der Selbstverwaltung darstelle" (ebenda). Ferner wurde, den Einfluß der Fachwelt unterstreichend, festgestellt: „Dieses Ergebnis wurde nicht zuletzt dadurch erreicht, daß der Fürsorgereferent durch seine ehrenamtliche Tätigkeit in Gremien des Bundes, des Landes Bayern, des Deutschen Städtetages, des Bayerischen Städteverbands und der freien Wohlfahrtspflege in der Lage war, die überörtlichen Erfahrungen in Nürnberg nutzbar zu machen" (Verwaltungsbericht 1950: 137). Trotz des Rückgangs der unterstützten Parteien, was laut dem genannten Verwaltungsbericht auf die Auswirkungen gesetzlicher Maßnahmen auf dem Gebiet der Sozialversicherung und Versorgung, den Rückgang der Arbeitslosigkeit und nicht zuletzt auf den Einfluß der verstärkten Arbeitsfürsorge zurückzuführen war, wurden erst im Jahr 1955 zwei ‚Kreisämter' des Wohlfahrtsamtes zusammengelegt (Verwaltungsbericht 1955: 202), und 1957 zwei geschlossen (Verwaltungsbericht 1957: 135). Ebenso wurde beim Jugendamt erst im Jahr 1956 die Abteilung Fürsorgeerziehung aufgelöst und, den KGSt-Empfehlungen in diesem Fall entsprechend, mit der Abteilung Jugendschutz vereinigt (Verwaltungsbericht 1956: 198).

E. Die Sozialverwaltung in den sechziger und siebziger Jahren

Die Entwicklung der kommunalen Sozialverwaltung läßt sich innerhalb des Zeitraums der sechziger und siebziger Jahre in verschiedene Phasen unterteilen. Zunächst erfolgte unter dem Eindruck einer guten wirtschaftlichen Entwicklung und rückläufiger Fallzahlen ein massiver quantitativer, noch mehr qualitativer Ausbau des Hilfesystems. Im Zuge dessen konnte die Sozialarbeit als Profession ihre Stellung im institutionellen Hilfesystem gegenüber der bürokratischen Seite verbessern und ausweiten, gestützt nicht zuletzt durch die Aufwertung ihrer Position im BSHG und ihrer Ausbildung in Form der 1971 eingeführten Fachhochschulen für soziale Arbeit. Hinzu kam als Hintergrund das gesellschaftspolitische Reformklima der sechziger Jahre, wodurch auch die Diskussion um eine Reform der Sozialverwaltung angeregt wurde. Mehr Entscheidungskompetenz im Rahmen dezentraler fachlicher Teams, weniger Hierarchie, bürokratische Kontrolle, intensivere Betreuung der Klienten und planvolleres Vorgehen waren die zentralen Proklamationen der sich kritischer, selbstbewußter und wissenschaftlicher gebenden sozialpädagogischen Zunft. Die voranschreitende Verwissenschaftlichung – auch der Verwaltungsausbildung, die Mitte der siebziger Jahre ebenso den Sprung an die Fachhochschule und Universität schaffte – brachte eine Zunahme an Reflexivität und Rationalität sowohl in die Diskussionen der Fachwelt, die zusehends weniger homogen verliefen, als auch in die ‚Organisationsarbeit' der Praxis.

Mit der wieder steigenden Arbeitslosigkeit und den ansteigenden Zahlen der Sozialhilfefälle traten jedoch ab *Mitte* der siebziger Jahre Aspekte der Leistungseinschränkung und allgemein Sparmaßnahmen in den Vordergrund. Immer häufiger mündete Reorganisation in Auseinandersetzungen zwischen der an Sparsamkeit orientierten allgemeinen Verwaltung und der an Expansion interessierten Fachverwaltung – häufig mit der Folge, daß Kontroll- und Organisationsstrukturen zum Teil eher *aus-* als abgebaut wurden und sich die Strukturen trotz Reformbemühungen verfestigten.

I. Allgemeine institutionelle Entwicklung

1. Das Wachstum der Sozialhilfe im Überblick

Nach dem Inkrafttreten des BSHG im Jahr 1962 bestätigten sich lediglich anfänglich die Erwartungen von Fachwelt und Gesetzgeber hinsichtlich der Entwicklung der Bedürftigkeit und Leistungen in der Sozialhilfe: So ging die Zahl der Hilfeempfänger insgesamt zunächst leicht zurück; sie stieg (auch wegen Leistungsverbesserungen) aber seit Beginn der siebziger Jahre von 1,5 Mill. (1969), über 2,1 Mill. (1977) auf mehr als 2,3 Millionen im Jahr 1982.[230] Dies resultierte maßgeblich aus der Zunahme der Zahl der Empfänger von *Hilfe zum Lebensunterhalt* (HLu), die allein zwischen 1972 und 1982 um fast 80% zulegte (vgl. Abb. 26).

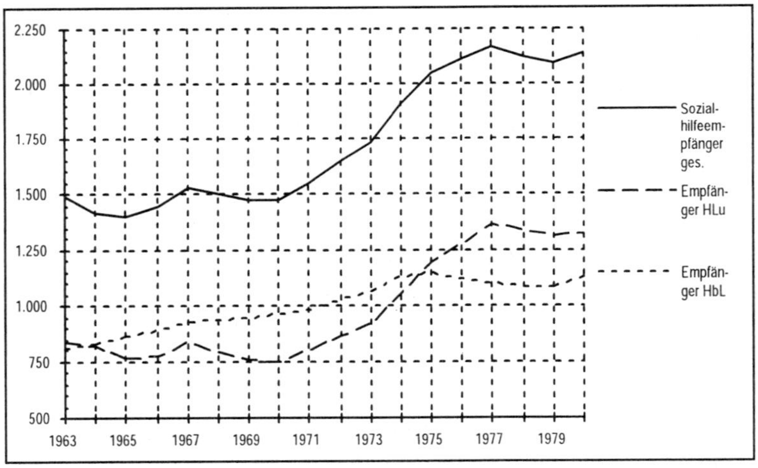

Abbildung 26: Zahl der Sozialhilfeempfängerinnen und -empfänger in der Bundesrepublik Deutschland, 1963-1982 (in Tausend)

Quelle: Statistisches Bundesamt, Fachserie 13: Reihe 2: Sozialhilfe

Entgegen den Erwartungen der Fachwelt verlagerte sich der Schwerpunkt der Bedürftigkeit ab Mitte der siebziger Jahre wieder zurück zu den Beziehern von Hilfe zum Lebensunterhalt. Sozialhilfe diente somit eher selten zur Überwindung kurzfristiger besonderer Lebenslagen, die standardisierte Dauerleistung in Form von laufendem Lebensunterhalt überwog; Anfang der achtziger Jahre wa-

---

[230] Vgl. zur Gesamtentwicklung Adamy, W./Naegele, G. 1985: 103 f.; Giese, D. 1986: 382; Schäfer, D. 1985: 6; Alber, J. 1989: 99 ff; Auf 1000 Einwohner bezogen waren 1963 26 Hilfeempfänger, 1970: 25, 1975: 33, 1982: 38 zu verzeichnen.

ren die Hauptursachen der Bedürftigkeit erneut *Arbeitslosigkeit*, unzureichende Versicherungs- und Versorgungsansprüche und Ausfall des Ernährers (vgl. Giese, D. 1986: 376). Damit muß die Behauptung einer Veränderung der sozialen Problemlagen – dahingehend, daß die Bedeutung rein wirtschaftlicher Notstände ab- und die der ‚psychosozialen' zunehme (so z.B. Japp, K.P./Olk, Th. 1981: 85) – zumindest in Frage gestellt werden.[231]

Stärker als die Zahl der Hilfeempfänger stiegen die *Ausgaben*, was der Leistungsausweitung aufgrund verschiedener Novellierungen des BSHG, vor allem aber auf den Anstieg der Ausgaben für Hilfe in *Einrichtungen* zurückzuführen war (vgl. Abb. 27). Trotz der starken Zunahme der Zahl der HLu-Empfängerinnen und -empfänger waren die noch stärker steigenden Gesamtkosten nicht primär darauf, sondern auf die, auch im Verhältnis zur Entwicklung der Empfängerzahl, stark steigenden Ausgaben für HbL zurückzuführen.

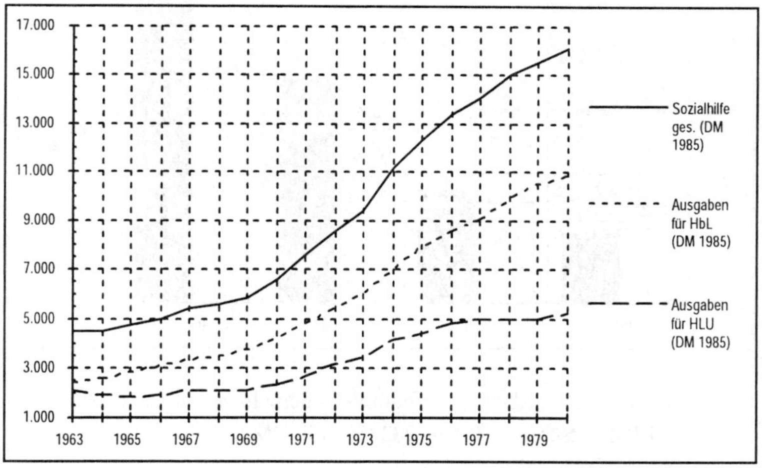

Abbildung 27: Ausgaben für Sozialhilfe in der Bundesrepublik Deutschland, 1963-1982 (in Mill. DM zu Preisen von 1985)

Quelle: Eigene Berechnung nach: Statistisches Bundesamt (1995: 93), Fachserie 13: Reihe 2: Sozialhilfe; Fachserie 17, Reihe 7 (Preisindex für Lebenshaltung, 2-Personen-Haushalte von Renten- und Sozialhilfeempfängern mit geringem Einkommen).

[231] Gestützt wird die Skepsis hinsichtlich eines größeren Gewichts ‚persönlicher Hilfe' durch empirische Untersuchungen der Arbeitsprozesse im Allgemeinen Sozialdienst (früher Familienfürsorge). Danach herrschte auch in den siebziger Jahren ein ‚schematischer' und wenig klientenorientierter Umgang mit Hilfesuchenden vor, Kontroll- und Informationsaufgaben überwogen gegenüber Beratungstätigkeit (Hegner F. 1981). So waren nur etwa die Hälfte der Sprechstundenzeiten tatsächlich mit Klientengesprächen ausgefüllt und in der Hälfte der Sprechtage kamen weniger als 5 Klienten (Grunow, D./Hegner, F. 1978: 436 ff.; Hegner, F. 1981: 58).

Der *Anteil* der *laufenden Barunterstützungen* an den Gesamtkosten der Sozialverwaltung ging entsprechend von zunächst ca. zwei Drittel (1963) auf ca. ein Drittel in den achtziger Jahren ständig zurück (vgl. Abb. 28; siehe auch: Alber, J. 1989: 100). Den eigentlichen Kostenanstieg verursachte also das Wachstum bei den *sozialen Diensten*, d.h. vor allem bei der Hilfe zur Pflege, der Krankenhilfe und bei der Eingliederung Behinderter (vgl. Alber, J. 1989: 100 f.; Giese, D. 1986: 378 f.). Hier handelt es sich zum großen Teil um Personalkosten. Immer mehr Geld wurde also für eine immer teurer und größer werdende ‚Apparatur' – so die Bezeichnung von Vogel (1966) – der Hilfeleistung ausgegeben (vgl. Adamy, W./Naegele, G. 1985: 111 f.).

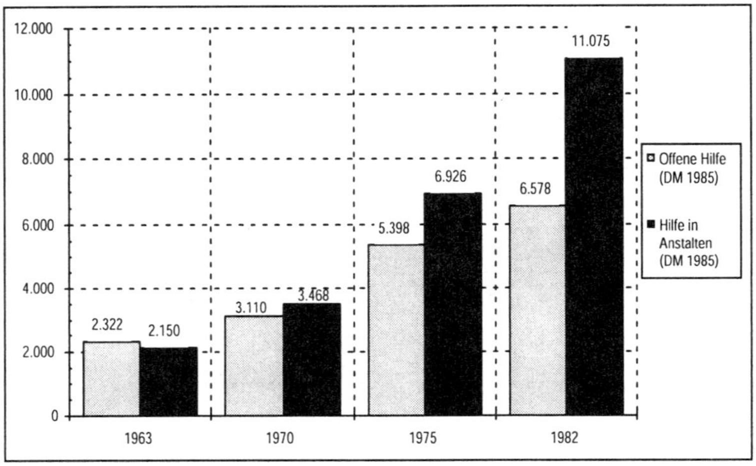

Abbildung 28: Ausgaben für Sozialhilfe außerhalb von und in Anstalten in der BR-Deutschland, 1963-1982 (in Mill. DM zu Preisen von 1985)

Quelle: Statistisches Bundesamt, Fachserie 13: Reihe 2: Sozialhilfe; eigene Berechnung nach Preisindex der Lebenshaltung, Fachserie 17, Reihe 7 (Preisindex für Lebenshaltung, 2-Personen-Haushalte von Renten- und Sozialhilfeempfängern mit geringem Einkommen) (1995: 93).

Entscheidend für diese ‚Kostenexplosion' war unter anderem, daß eine ständig garantierte nachträgliche Kostenübernahme (infolge des *Kostendeckungsprinzips*) die Responsivität und den Sparwillen nicht unbedingt förderte. Deutlich wird z.B. die extreme Kostensteigerung bei der Hilfe in besonderen Lebenslagen ab 1969, wobei eben 1969 eine diesbezüglich wichtige gesetzliche Weichenstellung erfolgte:

„Erst mit dem 2. ÄndGes (1969) wurden, vor allem auf Druck der Verbände der Einrichtungsträger, die sich an den süßen Trank gesicherter Zahlungseingänge durch Kostenzusagen gewöhnt hatten, aber auch der Leistungsträger, denen das Verfahren die Abwicklung der Hilfegewährung erleichterte, die entsprechenden Ermächtigungsgrundlagen durch Einfügung des (jetzigen) § 11 Abs. 2 und durch Streichung des Wörtchens ‚zunächst' in § 29 Abs. 2 BSHG geschaffen." (Giese, D. 1988: 17).

Diese Ausdehnung bei den sozialen Diensten ist aber *auch* auf, die schon im vorhergehenden Kapitel angesprochene, Veränderung *gesellschaftlicher Rahmenbedingungen*, vor allem der Bevölkerungs- und Familienstruktur, zurückzuführen. Diese Überlegung drängt sich auf, wenn man den gemeinsamen Hintergrund der Entwicklung der drei genannten ‚sozialen Dienste' oder Aufgabenbereiche (Alten-, Kranken- und Behindertenhilfe) erkennt: Offenbar konnten oder wollten die mehr werdenden hilfsbedürftigen Menschen immer weniger durch dafür zur Verfügung stehende Familienangehörigen, d.h. primär Frauen, betreut werden. Insofern trat neben der *Verrechtlichung* auch eine *Ökonomisierung* der gesellschaftlichen Verhältnisse ein, bisher unentgeltlich von Frauen geleistete ‚Familienarbeit' mußte verstärkt durch professionelle soziale Dienste, private oder öffentliche, ersetzt werden.[232]

Die Seite der Veränderung sozialer Problemlagen und Aufgaben ist jedoch nur die eine Seite, denn auf der anderen steht ein institutionelles Hilfesystem, welches naturgemäß auf Selbsterhaltung und Wachstum angelegt ist und für neue Aufgaben auch bereit steht. Die Veränderung der Problemlagen trifft auf ein institutionelles System, das seinerseits diese Aufgaben bereitwillig und entsprechend intensiv wahrnehmen will. Das Hilfesystem bestimmte die gesellschaftliche Wahrnehmung sozialer Probleme und Aufgaben selbst mit, indem es schon frühzeitig weitreichende Ziele formulierte, wenn ‚Vereinsamung' oder ‚Orientierungslosigkeit' bei Alten und ‚Unsicherheit' in der ‚Adoleszenzkrise' der ‚midlife crisis' usw. (Japp, K.P./Olk, Th. 1981: 85) bekämpft werden und entsprechende Angebote auch als „Anreize" fungieren sollten.

So sind Bedarfs*weckung*seffekte auf der Seite der Nachfrage *und* auf der Seite des Angebots als normal anzusehen. Eine prognostizierte Nachfrage nach Altenhilfe und Altenheimplätzen wurde in den sechziger Jahren als Begründung für ein Ende der sechziger und zu Beginn der siebziger Jahre verstärkt bereitgestelltes Angebot genommen, das seinerseits wiederum eine neue Nachfrage initiieren konnte. Programmatisch erklärte der Sozialausschuß im Deutschen Städtetag im Jahr 1963, ein „perfektes und umfassendes Programm der kommunalen Altenhilfe zu entwickeln". Dies, so weiter, sei im Augenblick günstig zu realisieren, deshalb müsse man die Städte konkret mit Zahlen und mit Hinweisen zur *Geldbeschaffung* versorgen.[233]

---

[232] Vgl. zum oft vernachlässigten Zusammenhang von Familien- und Armutspolitik z.B. Riedmüller, B. 1985: 311 ff.; vgl. grundsätzlich zur Entwicklung der Familie: Kaufmann, F.X. 1995.

[233] Sitzung am 29. u. 30.10.1963, Akten StArchNbg C 74 Nr. 31. Zum Zusammenspiel von Angebot und Nachfrage in der Sozialhilfe z.B. Klanberg, F./Prinz, A. 1983: 308. Diese sprechen in Bezug auf Bedarfsweckungseffekte durch ein bereitgestelltes Angebot vom „SAYschen Gesetz der Sozialhilfe" (ebenda). Außerdem weisen sie auf den von mir auch in Nürnberg nachvollzogenen Effekt hin, daß ökonomische Steuerungsmechanismen beim Kostendeckungsprinzip außer Kraft gesetzt sind, weil Kosten auf die Pflegesätze abgewälzt werden, die dann von den Betroffenen (Sozialhilfeträger aber auch Private) übernommen werden müssen. Dies funktioniert vor allem dann, wenn die außer Kraft gesetzten ökonomischen Kontrollmechanismen nicht ausreichend durch poli-

Nach dem quantitativen Ausbau erfolgte eine qualitative Verbesserung. Als in Nürnberg im Jahr 1970 festgestellt wurde, daß ein Alten*wohn*heim nicht voll ausgelastet sei, wurde der vergleichsweise niedrige Komfort als Ursache der mangelnden Auslastung ermittelt. Deshalb wollte man das Heim umfassend modernisieren, um eben wieder eine bessere Belegung zu erreichen.[234] Ein Jahr später hieß es im zuständigen Ausschuß anläßlich einer geplanten Errichtung eines Alten*pflege*heimes, daß „Nürnberg zwar über 800 Betten verfüge und damit an der Spitze aller deutschen Städte stehe"; der einmal eingeschlagene Weg müsse aber konsequent weiterverfolgt werden". Außerdem, so wird Einwänden gegen einen zu großzügigen Ausbau entgegengehalten, müsse der Anschluß an den *Landesaltenplan* von 1972 erreicht werden.[235] Während man die Nachfragesteigerung bei den Altenheimen für wünschenswert hielt – so wurde die Altenhilfe bei der Beratung des Nürnberger Altenplans im zuständigen Ausschuß als „große Aufgabe der Zukunft" bezeichnet – argumentierte man bei den Obdachlosen *gegen* eine Modernisierung der Heime. Hier wurden dringend anstehende Modernisierungen mit dem Einwand verzögert und eingeschränkt, weil der Komfort nicht über das sonst übliche unterste Niveau hinausgehen dürfe, da sonst eine „*Nachfrageexplosion*" eintrete.[236] Dieses Beispiel verdeutlicht erneut, daß es sich bei Aufgaben und Organisation um ein Wechselspiel handelte, weil das institutionelle System durchaus unterschiedliche Wahrnehmungsmöglichkeiten von Aufgaben, je nach internen Bedingungen *und* Umwelteinflüssen hat.[237]

---

tische (z.B. Rechnungsprüfung, öffentliche Rechnungsvergleiche, Partizipation der Betroffenen) ersetzt werden.

[234] Sitzungsniederschriften Sozialhilfeausschuß Nürnberg vom 12.2.1970 (StArchNbg C 85/III).

[235] Sitzungsniederschriften Sozialhilfeausschuß Nürnberg vom 23.6.1971 sowie vom 9.12.1971 (StArch C 85/III).

[236] Sitzungsniederschriften Sozialhilfeausschuß Nürnberg vom 20.6.1972, 15.2.1973, sowie vom 18.7.1974 (StArch C 85/III). Als statt beantragten 2 Mio. DM wieder einmal lediglich 900.000 DM für die Verbesserung einer Obdachlosenanlage genehmigt werden, äußerte sich der Nürnberger Sozialreferent verärgert: „Ich bin es leid, (im Hinblick auch auf Punkt 1 TO, hier wurden 10 Mio. DM für eine Kinder- und Jugendpsychiatrische Abteilung im Krankenhaus bewilligt, G.R.) auch nur einen Schritt nachzugeben. Alle möglichen großen Investitionen werden ohne weiteres verkraftet – im sozialen Bereich aber wird alles nur kleingeschrieben" (Sitzung des Sozialhilfeausschusses vom 12.4.1973, StArch Nbg C 85/III).

[237] Ein weiteres Beispiel ist die Kinderbetreuung. Auch hier ließe sich auf den Zusammenhang der steigenden Müttererwerbstätigkeit oder die Zunahme von Alleinerziehenden und die Bereitstellung von Einrichtungen der Kinderbetreuung verweisen. Allerdings steigt die Quote der Müttererwerbstätigkeit zwischen 1950 und 1982 lediglich von ca. 20-25% auf ca. 30-35% (vgl. Kaufmann, F.X. 1995: 130). Ein statistischer Vergleich unter 12 europäischen Ländern zeigt für das Jahr 1988 einen relativ hohen (r^2=0,74) Zusammenhang zwischen dem Grad der Müttererwerbstätigkeit und dem Versorgungsgrad an Kinderbetreuungseinrichtungen für Kinder von 0-3 Jahre, aber nur eine geringe Korrelation zur Zahl Alleinerziehender (r^2=0,24). Für die Altersstufe über 3 Jahre zeigten diese unabhängigen Variablen jedoch praktisch keine Erklärungskraft mehr für den jeweiligen Versorgungsgrad der untersuchten Länder, welcher besser durch eine historisch-institutionelle Betrachtung erklärt werden kann (Wiester, H. 1993).

2. Rechtliche Leistungsausweitungen und -einschränkungen

Die rechtliche Entwicklung im Bereich der kommunalen Sozialverwaltung läßt sich im Zeitraum der sechziger und siebziger Jahre in zwei Phasen einteilen: die Leistungs*ausweitung* dauerte bis Mitte der siebziger Jahre, wonach mit den dann auftretenden wirtschaftlichen und finanziellen Restriktionen eine Leistungs*einschränkung* ab 1975, insbesondere im Hinblick auf die Hilfe zum Lebensunterhalt eintrat. Wesentliche Leistungsverbesserungen brachten die Änderungsgesetze zum BSHG Nr. Eins bis Fünf. Das Erste Änderungsgesetz von *1965* erhöhte z.B. die Mehrbedarfszuschläge, die Blindenhilfe und die Einkommensgrenze nach § 81 BSHG,[238] weitere Leistungsverbesserungen wurden im Rahmen des Zweiten Änderungsgesetzes von *1969* gewährt (u.a. die Eingliederungshilfe für Menschen mit seelischen Behinderungen, Verbesserung bei Blindenhilfe und Pflegegeld). Daneben gab es die eben angesprochene, sich als sehr kostenintensiv erweisende, Umstellung vom Zuschußprinzip auf ein Kostendeckungsprinzip bei den Einrichtungen (vgl. Giese, D. 1988), die erst 1984 wieder zugunsten einer besseren Kontrollmöglichkeit eingeschränkt wurde (vgl. dazu das folgenden Kapitel)

Die entscheidende Ausweitung brachte aber das einstimmig verabschiedete Dritte BSHG-Änderungsgesetz von *1974* (vgl. Adamy, W./Naegele, G. 1985: 99 f.). Fortan sollten die Regelsätze angelehnt an die dynamische Anpassung der Renten erhöht werden, der Personenkreis der anerkannten Behinderten wurde ausgeweitet, die Altenhilfe, der Anspruch auf persönliche Hilfe sowie das Pflegegeld wurden ausgebaut. Nicht nur die Tatsache der einstimmig befürworteten Leistungsverbesserung verdeutlicht den sozialreformerischen Konsens der frühen siebziger Jahre, dieser Einstellungswandel läßt sich besser noch an den gestrichenen Zwangselementen, wie bei der ‚Gefährdetenhilfe' ablesen, die in ‚Hilfe zur Überwindung besonderer sozialer Schwierigkeiten' umbenannt wurde. Die Zwangseinweisung ‚Gefährdeter' und ‚Arbeitsscheuer' – früher ‚Asoziale' – in Anstalten (§§ 26, 73, 74 BSHG), wie in Arbeitshäuser, wurde nunmehr als nicht mehr mit dem Grundgesetz vereinbar erachtet, insbesondere unter dem Gesichtspunkt der Menschenwürde.

In engen Grenzen läßt sich dieser reformerische Geist auch im Erlaß des, verschiedene sozialrechtliche Zweige zusammenfassenden, Sozialgesetzbuches (SGB) von 1975 finden. In Grenzen, weil damit überwiegend nur eine Ansammlung der verschiedenen Sozialgesetze mit der Klammer eines Allgemeinen Teils realisiert wurde, ohne die einzelnen Teile näher aufeinander zu beziehen und abzustimmen.[239] Das Ende der Reformära der sozialliberalen Regierung signalisiert für den vorliegenden Bereich das Scheitern der Bemühungen

---

[238] Vgl. z.B. die Übersicht bei Gottschick, H./Giese, D. 1981; Schulte, B./Trenk-Hinterberger, P. 1986; Münder, J. 1988; ferner: Nöldeke, J. 1987: 159 ff.; Fichtner, O. 1984: 284 ff.

[239] Vgl. Schellhorn, W., in: NDV 5/1980: 145 ff.

um eine grundsätzliche Reform des *Jugendwohlfahrtsgesetzes*, was trotz mehrfacher Anläufe und dem Bemühen der Fachkreise nicht gelang und entweder aus finanziellen Erwägungen zurückgestellt wurde, so 1974 nach Einspruch des Deutschen Städtetages, am erlahmenden Reformeifer in der sozialliberalen Koalition oder am Widerstand des konservativ beherrschten Bundesrates, so 1980, scheiterte (vgl. dazu Wiesner, R. 1990: 112 ff.; Hasenclever, Ch. 1979: 206 ff.).

Mit der beginnenden wirtschaftlichen Rezession und dem Anstieg der Arbeitslosigkeit in den siebziger Jahren, setzte auch im Bereich der Sozialhilfe ab *1975* eine antireformistische ‚Reduktionsgesetzgebung' ein (vgl. Nöldeke, J. 1987: 159 ff.). So war im Jahr 1975 die Arbeitslosenquote auf, angesichts der Nachkriegsentwicklung kaum für möglich gehaltene, 4,7% und in den folgenden Jahren bis auf 7,5% (1982)[240] angestiegen, so daß im Zusammenspiel von ‚Wirtschaftskrise', sinkenden Steuereinnahmen und steigenden Sozialhilfeausgaben, die *Finanzsituation* der Städte und Landkreise eine immer zentralere Rolle in der politischen Diskussion einnahm.[241] Mit dem Haushaltsstrukturgesetz von 1975 wurde die Ausbildungsbeihilfe eingeschränkt und die anstehende Überarbeitung der Regelsätze ausgesetzt, die auch 1979 am Widerstand der kommunalen Spitzenverbände scheiterte (vgl. Adamy, W./ Naegele, G. 1985: 100). Fortgesetzt wurden diese Sparmaßnahmen im Zweiten Haushaltsstrukturgesetz von 1981, wodurch die Anpassung der Regelsätze an die Entwicklung der Lebenshaltungskosten und sonstige Leistungen eingeschränkt und die Ausbildungsbeihilfe gestrichen wurde (vgl. Nöldeke, J. 1987: 160). Der Trend zu Leistungskürzungen setzten sich schließlich auch mit dem Haushaltsbegleitgesetz von 1982 fort und wird im nächsten Kapitel weiterverfolgt.[242]

3. Phasen des Wachstums und der Einschränkung von Ausgaben

Abschließend läßt sich die beschriebene Entwicklung anhand der *Wachstumsraten* der Zahl der Empfängerinnen und Empfänger von Hilfe zum Lebensunterhalt, der Ausgaben für Hilfe zum Lebensunterhalt gesamt sowie des Quotienten Ausgaben für Hilfe zum Lebensunterhalt gesamt pro Empfänger von Hilfe zum Lebensunterhalt[243] vergleichend zusammenfassen und bewerten,

240 Vgl. Statistisches Jahrbuch für die Bundesrepublik Deutschland 1981: 108; 1991: 130.

241 Vgl. z.B. Rehm, F.-K., in: NDV 3/1976: 73 ff.; Keese, H. ebenda: 79 ff.

242 Vgl. neben den genannten dazu sowie zu den folgenden Jahren die Beiträge in Leibfried, St./Tennstedt, F. 1985. Zur Thematik der Spardiskussion um die Regelsatzanpassung mit ausführlichen Dokumenten aus der Sicht des Deutschen Vereins: Orthband, E. 1986: 141 ff.

243 Dieses Maß ist sehr grob und kann durch strukturelle Veränderungen innerhalb von Zähler und Nenner, die mit dem Quotienten nicht erfaßt werden können, verzerrt werden. Bspw. ist denkbar, daß eine größer werdende Zahl Bedürftiger immer geringere einzelne Beträge tatsächlich brauchten. Deshalb sind im folgenden die daraus abgeleiteten Aussagen hypothetisch zu verstehen.

womit die beschriebenen *Phasen* nochmals verdeutlicht werden (Tab. 6; Abb. 29). Auffällig ist insbesondere in der Zeit der in die Höhe schnellenden Fallzahlen (1966/67 und von 1970 bis 1977) die im Vergleich dazu scherenartig rückläufige Veränderung der Wachstumsraten der Quote *Ausgaben pro Hilfeempfänger*, die sogar in den Jahren 1975/77 negativ waren. Ähnlich verhielt sich auch die Entwicklung des durchschnittlichen Regelsatzes, der gegen Ende der siebziger Jahre deutlich abgesenkt wurde. Dies heißt, daß ein, offenbar nicht in gleichem Maße wachsendes, Budget auf immer mehr Bedürftige verteilt wurde, was dem Bedarfsprinzip der Sozialhilfe widerspricht. Die relative Parallelität der Kurven auch im Vergleich zu der Entwicklung der Regelsätze legt eine derartige Interpretation jedenfalls nahe, wobei der Pro-Kopf-Quotient noch stärker fiel als die Regelsätze; dieses läßt vermuten, daß bei den einmaligen und zusätzlichen Leistungen, die einem größeren Ermessensspielraum unterliegen, in noch stärkerem Ausmaß gespart wurde. Ebenso zu bemerken ist, daß in den sechziger Jahren die Wachstumsraten der Ausgaben für Hilfe zum Lebensunterhalt überwiegend über denjenigen der Zahl der Hilfeempfänger lagen, was auch die Verbesserung des Ausgaben-Pro-Empfänger-Quotienten bewirkte, wogegen sie in den siebziger Jahren eher darunter lagen.

Tabelle 6:

Wachstumsraten in der Sozialhilfe der BR-Deutschland (1963-1980)

	Jährliche Veränderung (Ø in %)	**Veränderung ges. in %**
Zahl der Hilfeempfänger gesamt	**1,8**	**43,8**
Zahl der Empfänger von HLu	*2,2*	*57,8*
Zahl der Empfänger von HbL	1,6	38,2
Ausgaben für Sozialhilfe ges. (DM 1985)	**4,2**	**259,2**
Ausgaben für HLu (DM 1985)	***3,6***	***154,9***
Ausgaben für HbL (DM 1985)	**4,6**	**348,3**
Ausgaben HLu / Empfänger Hlu	*2,2*	***61,6***
Regelsatz (DM 1985)	**1,8**	**45,4**
Ausgaben HbL / Empfänger HbL	**4,1**	**224,4**

Quelle: Statistisches Bundesamt, Fachserie 13: Reihe 2: Sozialhilfe; eigene Berechnung nach Preisindex der Lebenshaltung, Fachserie 17, Reihe 7 (2-Personen-Haushalte von Renten- und Sozialhilfeempfängern mit geringem Einkommen) (1995: 93); Regelsatzätze nach: Maaß, S. u.a. 1988: 17 f.

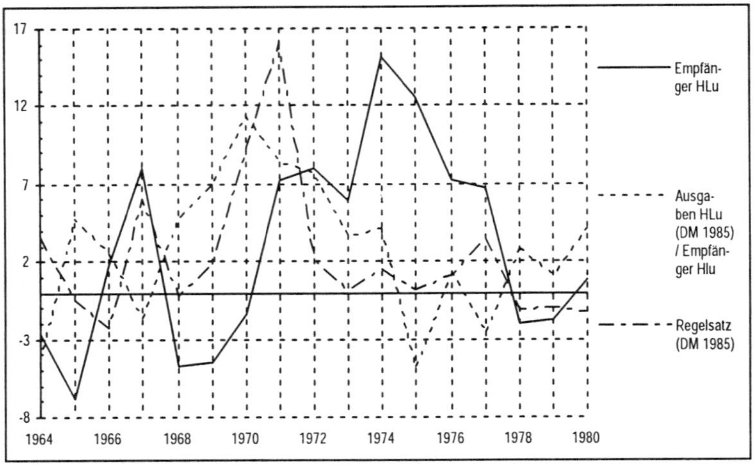

Abbildung 29: Veränderung der Hilfe zum Lebensunterhalt (1964-1980) gegenüber dem Vorjahr in %

Quelle: Statistisches Bundesamt, Fachserie 13: Reihe 2: Sozialhilfe; eigene Berechnung nach Preisindex der Lebenshaltung, Fachserie 17, Reihe 7 (2-Personen-Haushalte von Renten- und Sozialhilfeempfängern mit geringem Einkommen) (1995: 93). Regelsätze nach: Maaß, S. u.a. 1988: 18.

Etwas anders stellt sich der Verlauf der – im Vergleich zur HLu höheren – Wachstumsraten bei der Hilfe in besonderen Lebenslagen dar (vgl. Tab. 6, Abb. 30). Zunächst lagen hier die Wachstumsraten bei den Ausgaben insgesamt deutlich über denjenigen der Zahl der Hilfeempfänger (durchschnittliche Steigerung pro Jahr von 4,6% gegenüber 1,6%). Dementsprechend waren die Wachstumsraten des Ausgaben-Pro-Kopf-Quotienten bei der HbL mit Ausnahme des Jahres 1980 ständig positiv und betrugen im Durchschnitt über 4% jährlich gegenüber nur gut 2% bei der Hilfe zum Lebensunterhalt pro Empfänger. Die bei der HLu beobachtete Leistungsverknappung pro Kopf trat bei der HbL erst im Jahr 1980 auf, als ein Rückgang des Quotienten Ausgaben pro Empfänger zu verzeichnen war. Abschließend bleibt festzuhalten, daß, während zwischen 1963 und 1980 bei der Hilfe zum Lebensunterhalt die Zahl der Hilfeempfänger überproportional und die der Ausgaben (absolut und pro Kopf) unterproportional gewachsen ist, es bei der Hilfe in besonderen Lebenslagen entsprechend umgekehrt war: Hier sind die Ausgaben (auch pro Kopf) überproportional und die Zahl der Hilfeempfänger unterproportional gestiegen. Daraus könnte gefolgert werden, daß der Hilfezweig der HbL eine höhere soziale und politische Anerkennung als die HLu genoß und, da die Hilfe überwiegend in Einrichtungen geleistet wird, hier eine institutionelle ‚Abschirmung' gegen Sparmaßnahmen zum Tragen kam (vgl. Windhoff-Hèritier, A. 1983).

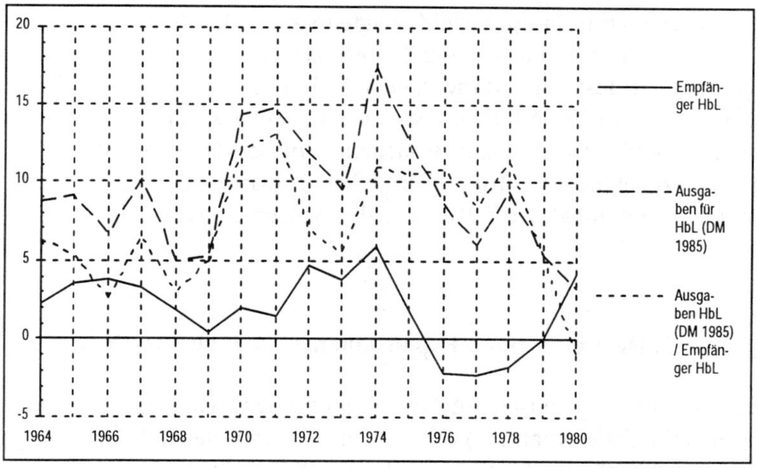

Abbildung 30: Veränderung der Ausgaben für Hilfe in besonderen Lebenslagen (1964-1980) gegenüber dem Vorjahr in %

Quelle: Eigene Berechnung nach: Statistisches Bundesamt, Fachserie 13: Reihe 2: Sozialhilfe; Fachserie 17, Reihe 7: Preisindex der Lebenshaltung, (Preisindex für Lebenshaltung, 2-Personen-Haushalte von Renten- und Sozialhilfeempfängern mit geringem Einkommen) (1995: 93).

II. Die Leitgedanken der Fachwelt

Die in den sechziger und siebziger Jahren zunehmenden Diskussionen um eine grundsätzliche Reorganisation der kommunalen Sozialverwaltung lassen sich analog der oben vorgenommenen Einteilung folgendermaßen strukturieren. Die erste eher *expansive* Phase dauerte bis ca. Anfang/Mitte der siebziger Jahre, wonach sich mit der ökonomischen Krise und den knapper werdenden Finanzen spätestens Mitte der siebziger Jahre ein eher *restriktiver* Diskurs durchsetzte, der primär an Rationalisierung und Einsparung orientiert war, aber auch grundsätzlich die Frage nach der Effektivität der Sozialverwaltung in den Vordergrund rückte.[244] Während vor allem in der frühen Phase Bestrebungen vorherrschten, *innerhalb* des herrschenden Hilfesystems Modifikationen und Verbesserungen anzubringen, das System an sich wurde allenfalls am Rande erst-

[244] D. Kühn (1994: 93 ff.) nahm eine m.E. zu weit gehende Differenzierung in vier Phasen (1968-1973, 1973-1978, 1979-1982, 1983 bis heute) vor. Die Fachdiskussionen ähneln sich jedoch inhaltlich über den gesamten Zeitraum von den späten sechziger Jahren bis heute sehr stark, so daß eine grobe Einteilung sinnvoller erschien. Z.B. wurde die Gruppenarbeit von den sechziger Jahren bis in die Neunziger gefordert. Außerdem: ebenso wie die Modellbewegung mit dem ‚Trierer Modell' bereits einige Jahre vor 1968 einsetzt, ist die Wende zu Rationalisierung und Einsparungen bereits Mitte der siebziger Jahre festzustellen.

mals grundsätzlich in Frage gestellt, zeigten sich in der Zeit der *späten siebziger* Jahre auch erste Tendenzen der *Deinstitutionalisierung:* Das staatliche und bürokratische Hilfesystem wurde zunehmend als grundsätzlich unfähig erachtet, den Hilfeauftrag zu erfüllen, insbesondere, wenn es um die *präventive Beseitigung* sozialer Probleme und Benachteiligung, die Hilfe zur Selbsthilfe, und nicht, wie zunehmend selbstkritisch erkannt wurde, um die nachträgliche ‚Symptombekämpfung' der Folgen sozialer Benachteiligung geht.

1. Reorganisation, Expansion, neue und alte Mythen

Meistens werden gesellschaftliche und politische (Stichwort: Studentenbewegung, Sozialliberale Koalition), aber auch ökonomische Rahmenbedingungen als Entstehungsgründe für sozialpolitische Reformen angeführt.[245] Mit dem ‚Wirtschaftswunder' gingen die sozialen Probleme nach und nach zurück, so daß Reformen realisierbar, d.h. finanzierbar schienen. Außerdem löste der Konjunktureinbruch im Jahr 1966/67 eine Erschütterung aus, was den in den fünfziger Jahren unterdrückten Reformgedanken mehr Raum verschaffte. So scheinen mir die ökonomischen Rahmenbedingungen und der nachlassende ‚Aufgabendruck' als Auslöser für Reformforderungen sogar noch wichtiger als die gesellschaftspolitischen Veränderungen. Als M.R. Vogel im Jahr 1966 seine weithin bekannt gewordene Kritik an der historisch überkommenen ‚Apparatur der öffentlichen Hilfe' veröffentlichte, hatten die globalen gesellschaftspolitischen Bewegungen noch keinen starken Druck entwickeln und damit Wirkung auf die Verwaltung entfalten können; außerdem schloß er an zurückliegende, zum Teil ähnlich gelagerte, Diskussionen an.

Wichtig sind neben ökonomischen und politisch-gesellschaftlichen *institutionelle* Faktoren. So ist der erste bekannte, bereits in den *frühen sechziger* Jahren begonnene, Reorganisationsversuch in Trier nicht aufgrund der Entwicklungen in der sozialen, politischen und ökonomischen Umwelt unternommen worden, was zumindest die Eigendarstellung nahelegt (vgl. Kreutzer, P. 1981). Wesentliche ausschlaggebende Momente waren in diesem Pionierversuch das von der *Fachöffentlichkeit* angeregte Wirken des Dezernenten (Kreutzer) selbst und jenes engagierter und selbstbewußter *Fachkräfte*, vorwiegend aus dem Jugendamt.

Nicht zufällig war die eigentlich aufsehenerregende Neuerung des ‚Trierer Modells' die Tatsache, daß die Sozialarbeiter in den jeweiligen Bezirken *leitend* und für alle Aufgaben der Sozial- und Jugendhilfe *entscheidungsberechtigt* waren. Dieser Streit um die Vorherrschaft mit Verwaltungsfachleuten, ausgedrückt im Entscheidungsrecht und in der Besoldung, zeigte sich schon in der

---

[245] Vgl. André, G. 1994: 136 ff.; vgl. Kühn, D. 1994: 67 ff.

seit den zwanziger Jahren zentralen Auseinandersetzung um die organisatorische Trennung von Innen- und Außendienst. Dabei ging es fast immer um die Vorherrschaft der dahinter stehenden Berufsgruppen und der Ressorts von Jugend- und Sozialamt. Die Sozialarbeiterinnen wollten mehr Selbstbestimmung der Arbeit gegenüber der als bevormundend empfundenen Hierarchie erreichen und proklamierten entsprechend die Dezentralisierung und Professionalisierung.

Unterstützt wurde dieser Emanzipationsprozeß durch *Rahmenbedingungen*, vor allem des *Arbeitsmarktes*: Sozialarbeit galt als ‚Mangelberuf', für den, angesichts eines insgesamt in den sechziger Jahren leer gefegten Arbeitsmarktes, nachdrücklich geworben werden mußte (Pfaffenberger, H. 1981: 97). Im Zentrum der institutionellen Entwicklung der sechziger und frühen siebziger Jahre stand der weitere *Professionalisierungsprozeß*, das gewachsene Selbstbewußtsein im Zusammenhang mit der primär formalen, aber auch materiellen Aufwertung und Verwissenschaftlichung der Ausbildung der sozialen Arbeit. Die Etablierung der *Fachhochschulen* für soziale Arbeit, 1971 (vgl. André, G. 1993; 1994),[246] das Festhalten der Professionalisierung im Recht (vgl. oben Kap. 4.), sowie die gestärkte Stellung der ‚persönlichen Hilfe' im BSHG stellen die entscheidenden Marksteine dieser Entwicklung dar. Die Sozialarbeit gewann insgesamt an Boden und festigte ihre Position im bürokratisch-professionellen *Hilfe*system, was nach der rechtlichen Aufgabenausweitung auch eine entsprechende organisatorische Manifestation nach sich zog (vgl. so auch Kühn, D. 1994: 76).

Im Vordergrund der intensiven Diskussionen um die *Reorganisation* der Sozialverwaltung standen Fragen der Arbeitsorganisation im Zusammenhang mit *internen* Koordinationsproblemen und Auseinandersetzungen um *Macht und Vorherrschaft* innerhalb des institutionellen Hilfesystems. Daß Organisationsstrukturen immer häufiger in Frage gestellt wurden, lag zunächst daran, daß diese von der sozialarbeiterischen Seite seit geraumer Zeit als einengend und hinderlich für die Entfaltung der eigenen fachlichen Kompetenzen empfunden wurden. Von der Ausweitung der letzteren versprach man wiederum eine verbesserte Aufgaben- und also auch Problembewältigung. Eine Verbesserung der Arbeitssituation und Organisation sollte quasi automatisch eine bessere Aufgabenbewältigung und Situation für die Klientel nach sich ziehen – ein gerne behaupteter *Mythos* der Sozialarbeit.

Organisatorisch und methodisch liegt der Sozialverwaltung theoretisch ein struktureller Gegensatz (nach Vogel) zwischen Verwaltungsfachleuten, denen die objektive Rechtmäßigkeit und Sozialarbeitern, denen die individuelle Hilfe am Herzen lag, zugrunde. Es gab und gibt diese *funktionale Disparität* zwi-

---

[246] Die Verwaltungsseite zog aber schon bald nach: so etablierten sich bis Mitte der siebziger Jahre auch Fachhochschulen für öffentliche Verwaltung (vgl. König, K. 1979) und die universitäre Verwaltungswissenschaft, wie z.B. in Konstanz.

schen schematischer standardisierter finanzieller Hilfe, die bürokratisch im Innendienst erledigt wurde und der, von der Fachwelt als übergeordnet beschworenen, individuellen persönlichen Hilfe in Form von Beratung, Betreuung, Motivation, Erziehung, Heilung usw., welche primär vom sozialfürsorgerischen Außendienst geleistet wurde. Dieser Gegensatz wurde jedoch in der Regel als *Leerformel* aufgelöst und im Zweifel beides gefordert: Ein wahlloses zuviel Geben, so das Bürokraten und Professionelle einigende Credo, sei ebenso von Übel wie unter Umständen das zu späte und zu sparsame Geben. Hilfe sollte rechtzeitig, d.h. möglichst präventiv, geplant, nachhaltig usw., aber *immer* individuell geleistet werden. Mit dem Prinzip der Individualisierung ist ein an der medizinischen Profession ausgerichtetes *kuratives* Modell professioneller Hilfe verbunden, das sich im Rahmen bürokratischer Kontrolle etablierte, nicht aber ein sozialpolitisches Modell. Letzteres bedrohte eher die Daseinsberechtigung sozialfürsorgerischer Intervention, wie auch die der bürokratischen Kontrolle der Bedürftigen, während eben durch die pathologische Definition (Stichworte: ‚Anamnese', ‚Diagnose', ‚Heilung') die Etablierung der sozialarbeiterischen Profession im Zusammenspiel mit der Bürokratie ermöglicht wurde. Dieser Zusammenhang wurde nun, zumindest vereinzelt, auch in der Fachwelt kritisch thematisiert (vgl. Peters, H. 1971: 159; ders. 1968). Eine institutionelle Abkopplung standardisierter finanzieller Unterstützung und sozialer Dienstleistung stand aber nicht zur Disposition.

Zunächst dominierten jedoch Bemühungen um eine weitere Verfeinerung und Rationalisierung des Systems, womit zugleich die funktionale Disparität und die zunehmenden Machtansprüche der Fachleute aufgefangen werden sollten. Das Fortschreiten in Richtung Ausbau, Professionalisierung und Verwissenschaftlichung drückte sich – wiederum *vor* der Massenwirkung einer allgemeinen Reformstimmung – in einer qualitativen Veränderung und Intensivierung der Aufgabenwahrnehmung, wie z.B. in Aspekten der ‚*Gemeinwesenarbeit*' und ‚Planung', aus. Immer häufiger wurde neben einem ‚einheitlichen *System*' eine vorausschauende, präventive *Sozialplanung* gefordert.[247] Nicht selten hatten sozialistisch inspirierte ‚studentenbewegte' Sozialarbeiterinnen und Sozialarbeiter in der Diskussion um Form und Inhalt der Sozialverwaltung eine gesellschaftspolitische Veränderungsperspektive (vgl. Arbeitskreis Kritischer Sozialarbeiter (AKS) 1973: 226 ff.), die sie unter Einbeziehung und *Vertretung* der Klienten- bzw. ‚Betroffeneninteressen' zu erreichen suchten. Anwälte der sozial Benachteiligten wollten sie im Rahmen des neuen Leitkonzeptes „*Gemeinwesenarbeit*" sein.

---

[247] Darauf wies z.B. Muthesius, H. 1963: 13 ff. hin; vgl. in der Diskussion um die Neuorganisation der Sozialverwaltung z.B. Pitschas, R. 1976: 64; insgesamt gibt es eine reichhaltige Literatur dazu (vgl. z.B. Peters, H. 1982), insbesondere angeregt durch die allgemeine Diskussion um ‚staatliche Planung' zu Beginn der siebziger Jahre (vgl. dazu z.B. Luhmann, N. 1971a u. c; Naschold, F./Väth, W. 1973; Scharpf, F.W. 1973;.Ronge, V./Schmieg, G. 1973).

Schärfste Angriffe auf das staatliche Hilfesystem waren indes meist von Forderungen begleitet, dieses weiter auszubauen.[248] Denn trotz fundamentaler Systemkritik blieben eben auch kritische Sozialarbeiter und Sozialarbeiterinnen auf Arbeitsplätze angewiesen: Die gesellschafts- und staatskritische Perspektive, die später in der Diskussion um die ,*Bürgerfreundlichkeit*' der Verwaltung staatstragend gewendet auftauchte, diente *auch* der Durchsetzung eigener Ziele der Arbeitsplatz- und Statusverbesserung, wie Analysen zu Reorganisationsversuchen gezeigt haben (Japp, K.P./Olk, Th. 1981: 82 ff.).

Die Reorganisationen trugen insofern ,*selbstreferentielle*' Züge, die zum weiteren Wachstum der Verwaltung führten.[249] Grunow und seine Kollegen kamen in ihren Untersuchungen zur *Bürgernähe* von sozialen Diensten (z.B. in der Altenhilfe) zu Befunden, wie sie für Reorganisationen typisch sind. Verbesserungen der Organisation, so die Begründung für die Reorganisation, sollen zur Verbesserung der Leistungen führen. Beginnt jedoch die Reorganisation, beginnen die organisationsinternen Interessen immer mehr zu dominieren und am Ende bleibt offen, ob die Leistungsverbesserung tatsächlich erreicht wurde:

> „Häufig werden nur Änderungen in Äußerlichkeiten angestrebt: Die Freundlichkeit der Sozialarbeiter und Sachbearbeiter soll geschult werden, die Wartezonen sollen bessere Stühle erhalten, die Broschüren sollen noch bunter sein als bisher u.a.m.; oftmals werden auch die vorhandenen Reorganisationsansätze so durch organisationsinterne Interessen überlagert, daß am Ende die Situation für die Klienten eher schlechter als besser ist. So konnte beispielsweise festgestellt werden, daß in einer Stadt, in der der Allgemeine Sozialdienst eingerichtet worden war, der gegenüber den anderen Ämtern stärkere Eigenständigkeit besaß als bisher, am seltensten Kontakte (im Vergleich mit anderen Städten) mit Klienten stattfanden, sei es in Form von Sprechstunden, sei es in Form von Hausbesuchen. Dabei war die Einrichtung dieses Allgemeinen Sozialdienstes gerade damit begründet worden, daß man mehr Einzelfallhilfe leisten wolle, weniger Akten für andere Ämter bearbeiten wolle, also insgesamt mehr Zeit für die Klienten haben wolle." (Grunow, D./Lempert, J. 1980: 163)

Dahinter steht die Theorie, daß sich Organisationen im Prinzip an Aufgaben ausrichten, weshalb erwartet wird, daß Organisationsverbesserungen quasi automatisch zur Verbesserung der Aufgabenbewältigung führen. Verbesserungen, so die Erwartung, können also vor allem durch Ausbau oder Verfeinerung der Organisation erreicht werden, wobei dann wiederum die Eigeninteressen der Organisationsmitglieder dominieren können. Daß diese Beobachtungen nicht nur Einzelfälle wiedergeben, ist aufgrund anderer ähnlich gelagerter Berichte zu vermuten, weshalb auch die Frage aufgeworfen wurde, ob mit der ,Modellbewegung' nicht nur eine „Spielwiese für kritische Sozialarbeiter eröffnet wird" (o.V., Informationsdienst Sozialarbeit 27/1980: 65).[250] Selbstkritisch erfolgt in der Analyse durchgeführter Neuorganisationsmodelle (Duisburg, Dortmund, Trier, Bremen, Berlin) der Hinweis, daß in allen eingeführten Modellen Veränderungen vor allem in der Kooperations- und Koordinations- oder

---

[248] Vgl. z.B. aus sozialarbeiterischer Sicht: Müller-Englisch, A./Buck, G. 1976.

[249] Vgl. Theoretisch dazu: Luhmann, N. 1981; ders. 1988; vgl. auch: Brunsson N. 1993.

[250] Ähnlich der Bericht über die Neuorganisation in Berlin: Müller-Englisch, A./Buck, G. 1976: 29 ff.

Leitungsstruktur stattgefunden hätten und Kompetenz mit Status verwechselt werde:

„Nicht wenige glauben, daß mit der Gehaltsstufe A13 (höherer Dienst) auch das Problem der Professionalisierung endgültig gelöst sein wird. Hinter derartigen Vorstellungen steht die Vermutung, daß ein höherer Status auch höhere Handlungskompetenz beinhaltet bzw. umgekehrt: daß eine ‚höhere' Handlungskompetenz nur ab einem gewissen Status möglich ist (vergleiche mit Ärzten und Anwälten)." (o.V. ebenda: 63).

Infolgedessen stand am Ende solcher Bemühungen um Reorganisation eine weitere organisatorische Differenzierung, vor allem der Leitungs- und Kontrollstruktur, welche die Koordination erleichtern sollte, was aber wieder zusätzliche Koordinationsarbeit nach sich zog usw. – ein theoretisch endloser Kreislauf der Koordination der Koordination oder Supervision der Supervision und so fort:

„So wird in allen Modellen die Leitung neu organisiert: neben bzw. über die leitenden Sozialarbeiter/Koordinatoren treten Amtsleiter und Supervisoren, in und zwischen den Regionalen Arbeitsgruppen (...) und zwischen den anderen Diensten werden Formen extrem arbeitsteiliger Organisation erprobt. Diese Modelle produzieren in sich aber wieder soviel Organisationsprobleme, daß selbst bei gutem Willen aller Beteiligten fast unüberwindliche Kooperations- und Koordinationsprobleme entstehen, die auch dann nicht mehr durch spezielle Supervision bewältigt werden können." (o.V. a.a.O.: 64 f.)

Ebenso wie Bürgernähe oder Teamarbeit Zeit und Geld kosten,[251] ist eine bessere Aufgabenbewältigung ‚naturgemäß' nicht umsonst zu haben:

„Die Hilfeangebote der Sozialen Dienste können allerdings nur dann voll wirksam werden, wenn sie sowohl in räumlicher Hinsicht wie auch in der Ausgestaltung der Leistungsbeziehungen möglichst nahe an den Bürger heranrücken. Von daher hält das Planungsteam *ein umfangreiches Angebot von räumlich dekonzentrierten Verwaltungseinheiten* und eine drastische Verkürzung von Entscheidungslinien für erforderlich" (Pitschas, R. 1976: 56, Hervorhebung G.R.).

Im Zuge der Neuorganisationsbewegung kam es zumindest in der eher expansiven *ersten Phase* (bis ca. Mitte der siebziger Jahre) zu einer teilweise erheblichen *Personalvermehrung*, die, wie am Beispiel Nürnberg noch zu zeigen sein wird, vor allem in den Bereichen *Alter* und *Jugend* stattfand. Zum Teil ging die Expansion auch damit einher, daß weitgesteckte oder gänzlich neue Ziele formuliert wurden. Zwar analysierten kritische Sozialarbeiterinnen und Sozialarbeiter immer häufiger die problematische Sisyphosarbeit der individualisierenden Symptombewältigung gesellschaftlicher Probleme im Dienste der kapitalistischen Industriegesellschaft [vgl. AKS 1973: 227 ff. (229)], doch blieben derartige Analysen aufgrund ihrer Abstraktion und Allgemeinheit wirkungslos für die Bedürftigen. Typisch für die Proklamation weit gesteckter Ziele sei hier eine Neuköllner Sozialarbeitergruppe angesichts einer dort anstehenden Neuorganisation zitiert:

---

[251] D. Freier erklärt schlicht (1970: 37): „Team-Arbeit kostet Zeit, die zwar bei der Arbeitszumessung einkalkuliert werden muß, aber nicht unbegrenzt zur Verfügung stehen kann. Mit Rücksicht darauf müssen die Punkte, die im Team beraten werden sollen, sorgfältig ausgewählt werden. ... Die Mitglieder des Teams sollten selbst bestimmen, was zur Beratung ansteht; das richtige Maß dürfte sich nach kurzer Anlaufzeit von selbst einstellen."

„Unsere Auffassung ist, daß die primäre Funktion unserer Arbeit sein muß, die Lebensverhältnisse der *arbeitenden Bevölkerung*, soweit es in unseren Möglichkeiten liegt, zu verbessern" (zit. nach: o.V. 1980: 81; Hervorhebung G.R.).

Daß die arbeitende oder, wie es häufig hieß, die lohnabhängige Bevölkerung zum vorherrschenden Adressaten der Sozialarbeit gemacht werden sollte, widerspricht zunächst der Tatsache, daß die Hauptursachen für Bedürftigkeit *fehlende* Arbeitseinkünfte wegen Arbeitslosigkeit, Krankheit, Alter, Behinderung waren und sind. Somit lag dieser Einschätzung keine direkte Klientenorientierung zugrunde. Ähnlich gelagert zeigte sich die schließlich gänzlich uferlose Bestimmung des Aufgabenkreises von Sozialarbeit in der Analyse von Neuorganisationsmodellen durch die berichtenden Sozialwissenschaftler bzw. Sozialarbeiter selbst. Diese forderten eine Sozialarbeit,

„...die von den sozialen Problemen und der bestehenden Selbsthilfeinfrastruktur eines Stadtteils ausgeht und die *alle* – nicht nur defizitären – *Lebensbereiche* umfaßt" (o.V. 1980: 86; Hervorhebung G.R.).[252]

Neben dem Einbeziehen aller Arbeitenden und aller Lebensbereiche erfolgte die Aufgabenausweitung weiterhin unter Verwendung des Vorbildes der medizinischen und psychologischen Berufe – allerdings in nicht mehr unmittelbar diskriminierender Art und Weise. Nicht mehr von ‚Asozialen' oder ‚sozial Kranken' war die Rede sondern von *‚Sozialpathologien'*. Immer mehr, so war auch zu hören, nähmen ‚psychosoziale' Problemlagen zu (vgl. z.B. Müller-Englisch/Buck, G. 1976: 29), womit die Grenzen zum Krankheitsbegriff selbst aufgeweicht wurden: zumindest potentiell schienen alle irgendwie krank und betreuungsbedürftig. Abhebend auf das sehr weitreichende „körperliche, psychische und soziale Wohlbefinden"

„ist auch der Krankheitsbegriff aus der Sphäre vermeintlicher Sicherheit, die die schroffe Gegenüberstellung zum Gesundheitsbegriff bietet, herausgetreten. Zahlreiche Zwischenstadien zwischen Gesundheit (relative Gesundheit) und Krankheit (latenter oder kompensierter Krankheit) werden differenziert und das Feld psychischer Leiden sowie sozialer Pathologien breitet sich aus" (Lüth 1974, nach Grunow, D./Lempert, J. 1980: 170).

Hochgestochene Erwartungen und Mystifizierungen der sozialen Arbeit wurden auch schon früher geäußert, in ihrer Funktion und Zielrichtung blieben die Aussagen gleich.

„Denn das Handeln des Sozialarbeiters sei nach Ansicht maßgeblicher Autoren keine Technik, sondern eine Kunst. Kunst schließe aber ein schöpferisches Element ein, das nicht reglementiert

---

[252] Vgl. die ‚hochgestochene' Aufgabenbeschreibung und Funktionsbestimmung neuer sozialpolitischer Anforderungen der Sozialarbeit bei Müller-Englisch, A./Buck, G. 1976: 29. Ein Bild des ‚Spezialwissens' über soziale Problemlagen und Hilfemöglichkeiten ergab die Befragung von Sozialarbeiterinnen und Sozialarbeitern durch Grunow u.a.: So konnten beispielsweise nur 15% in etwa den Anteil älterer und psychisch kranker Menschen der jeweiligen Stadt angeben. Außerdem gaben zwar 86% der Befragten an, sie könnten die wichtigsten Hilfearten des BSHG erläutern, bei konkretem Nachfragen, welche Möglichkeiten im Rahmen der Altenhilfe vorhanden seien, konnten jedoch nur noch zwei Drittel eine korrekte Antwort geben; im Hinblick auf die Eingliederungshilfe für Behinderte nur noch ein Drittel (vgl. Grunow, D./Lempert, J. 1980: 164 f.).

oder dirigiert werden könne, sondern eines Freiheitsraumes zur Entfaltung bedürfe." (NDV 1/1965: 12).

Nicht immer mußte eine so weitgehende Zielverschiebung vorliegen, daß

„die Handlungskompetenz zum vorrangigen Organisationsziel selbst" werde (o.V. 1980: 87).

Zwar wurden zusehends auch *empirische* Überprüfungen der Wirklichkeit angesprochen,[253] und die Rationalität der Sozialverwaltung kritisch in Frage gestellt: In Wirklichkeit, so konstatierte Vogel, „...zeigt die Apparatur bei eingehender Analyse alles andere als den Niederschlag reiner, konsequenter Rationalität" und ein „erstaunliche(s) Ausmaß von geschichtlich-irrationalem Wildwuchs gesellschaftlicher Apparaturen" auch in der kommunalen Sozialverwaltung (Vogel, M.R. 1966: 11), was er vor allem an der Funktionsteilung der sozialen Verwaltung in Innen- (Verwaltung, Herrschaft, Kontrolle) und Außendienst (persönliche Hilfe) festmachte. Vogel war ein Vertreter der seit den sechziger Jahren häufiger auftauchenden sozialwissenschaftlichen Studien. Jedoch fand sich auch bei diesen die Begrenzung durch Eigeninteressen, welche die wissenschaftliche Betrachtung überlagerten. So behauptete Vogel, daß sich mit dem Übergang zur sog. Wohlstandsgesellschaft zwangsläufig Leistungsformen und Selbstverständnis der öffentlich-kommunalen Hilfe gewandelt hätten, so daß ‚persönliche Hilfe' vorrangig vor Geld- und Sachleistungen in den Mittelpunkt gerückt worden sei (1966: 78). Aus der angeblich empirisch zu beobachtenden Zunahme persönlicher Hilfen, die wiederum aus dem Rückgang der materiellen Hilfen abgeleitet wurde, schloß Vogel auf die zukünftige Notwendigkeit der weiteren Spezialisierung, ohne dies aber begründen zu können – im Gegenteil, das schon seit Jahrzehnten bemühte Vorbild des ärztlichen Berufsstandes wurde herangezogen, ohne mit einer sachlichen Notwendigkeit zu argumentieren:

„...dürfte in Zukunft der herkömmliche, von der einheitlich-unspezialisierten Bezirks-Familienfürsorge bestimmte Typus des Sozialarbeiters nicht mehr angemessen sein. Die Differenzierung der im Begriff ‚persönliche Hilfe' angedeuteten Hilfebedürfnisse einerseits und der korrespondierenden Leistungsmöglichkeiten andererseits läßt sich bereits heute nicht mehr mit der Einheit einer ‚Fachkraft' vereinigen. Nach dem Vorgang der ärztlichen Spezialisierung wird auch hier neben einem weiterhin nötigen Kern der Familienfürsorge eine örtliche Spezialisten*gruppe* unumgänglich sein" (Vogel, M.R. 1966: 79; Hervorhebung G.R.).[254]

Im Anschluß daran behauptete Vogel, im Widerspruch zur von ihm favorisierten Spezialisierung, daß der fürsorgerische Spezialist auch Spezialist für bürokratische Verwaltungsaufgaben sein sollte und verdeutlichte damit, daß es

---

[253] So stellt z.B. P. Kreutzer in einem Fachbeitrag zu organisatorischen Überlegungen aufgrund seiner „Erfahrung" in Trier fest, daß – entgegen der beschworenen Komplexitätssteigerung der Aufgaben – in 80% der Fälle keine tiefere soziale Problematik stecke (1970: 110).

[254] Auffällig ist, daß Vogel an dieser Stelle das Wort ‚Gruppe' einfließen läßt und sozusagen automatisch davon ausging, daß Spezialisten in Arbeitsgruppen zu organisieren sind, eine Organisationsform, die er an anderer Stelle propagierte (z.B. S. 84), die hier aber gar nicht unmittelbar zur Diskussion steht.

ihm auch um die Abgrenzung, Selbstbestimmung und Kompetenzerweiterung der sozialarbeiterischen Profession ging:

> „Je qualifizierter indessen solche Spezialisten in Zukunft sein werden, desto weniger wird man ihre Leistungen von ‚innendienstlichen' Entscheidungen abhängig machen können. Das Prinzip der objektiven Rechtmäßigkeit der Hilfevoraussetzungen wird vielmehr von ihnen selbst mit vertreten werden müssen, die juristische und finanziellen Bedingungen der Hilfe müssen ihnen also ebenso geläufig wie die humanen sein; und nur im verantwortlichen Austrag der widerstreitenden Prinzipien des Hilfevollzugs durch die einheitliche Person des Helfers wird sich persönliche Hilfe künftig erfüllen lassen." (S. 79)

Ähnlich ‚ganzheitlich' kritisierte Vogel – im Gegensatz zur proklamierten Spezialisierung, aber ganz in der gegen Verwaltungsbevormundung gerichteten Tradition der Sozialarbeiterfachwelt –, daß die Funktionsteilung in Innen- und Außendienst Zusammenhänge trenne, „die nur in der Einheit einer helfenden Person verantwortet werden können" (a.a.O. 149).[255] Wie das konkret aussehen könnte und welche Folgen für die Kontrolle im Interesse einer am Gemeinwohl orientierten Verwaltung daraus erwachsen, wurde genauso nur angedeutet, wie deren Lösung, wobei einerseits auf die professionelle Ethik und demokratisch politisches Verantwortungsbewußtsein gesetzt wurde und andererseits auf die professionelle *Selbstkontrolle* innerhalb von *Arbeitsgruppen* (vgl. Vogel, M.R. 1966: 82 ff.). Hinweise darauf, daß auch eine Untersuchung wie die von Vogel, die sich erstmals mit der historisch gewachsenen und institutionalisierten ‚kommunalen Fürsorgeapparatur' kritisch auseinandersetzte, nicht gefeit war vor ‚rationalen Mythen', liefern auch Formulierungen, in denen Vogel kategorisch feststellte, „dem übertriebenen Spezialistentum ein Ende zu machen, (sei) eine irreale Forderung, die sich aus sachfremden Erwägungen" speise (1966: 80). Vogel stellte fest:

> „...daß weder die *herkömmliche* Funktionsteilung des Hilfevollzugs, noch der diese Teilung bewirkende, die rechtsstaatlichen Prinzipien der Rationalität und Legalität verbindende und repräsentierende Typus des allgemeinen Beamten, noch schließlich die *herkömmliche* Form des einheitlich-unspezialisierten Familienfürsorge den *modernen Erfordernissen* und Selbstdeutungen der kommunalen Hilfe-Apparatur gerecht werden kann." (ebenda, Hervorhebung d. G.R.)

Gefordert wurde also einerseits eine differenzierte andererseits ‚ganzheitliche' Hilfe, die nur von der sozialarbeiterisch oder sozialpädagogisch *spezialisierten* Fachkraft geleistet werden könne. Diese sollte auch den bürokratisch und rechtlich geordneten Vollzug ohne Aufsicht und Kontrolle gewährleisten,

---

[255] Ebenso ging der Sozialarbeiter V. Kolodziej, Freiburg/Brsg., einerseits von der Steigerung der Komplexität der Aufgabenbewältigung im Rahmen der Zunahme psychosozialer Problemlagen aus, kritisierte dann aber, daß die Funktionsteilung den Hilfeprozeß als ganzheitlichen Vorgang zerschneide, der wiederum nur vom Sozialarbeiter zu leisten sei und beklagt, daran anknüpfend, zu hohe Fallzahlen und eine verfehlte nicht ganzheitlich orientierte Organisationsstruktur als Hindernis für eine erfolgreiche Problembewältigung (1971: 336 ff.). Gefordert wurden: „1. verstärkte personelle Investition, 2. Aufbau einer primären Horizontalstruktur, 3. Organisations- und Methodenkonformität (Horizontal-Gliederung mit fachlicher Vertiefung), 4. Strukturierung unter Zielaspekten der Arbeit, 5. Verbesserung der räumlichen und technischen Bedingungen, 6. Abbau der Behinderungsfaktoren, 7. Lösung des Gruppenkonflikts (zwischen Sozialarbeit und Verwaltung, G.R.), 8. effiziente Organisation des Informations- und Fortbildungswesens" (1971: 337 f.).

allenfalls unter professioneller *Selbstkontrolle*, in zwanglosen, hierarchiefreien und basisdemokratischen Gruppensitzungen.

Als organisatorisches Leitbild wurde daraus folgend ein ‚*situativer Organisationstypus*' als Modell der ‚Zukunft' proklamiert. Er leitete allerdings aus einem angeblich beobachteten (dem erwünschten) Trend das angeblich rationale Konzept ab. Bei den Sätzen, „alles geht in Richtung Spezialisierung" und „zunehmende Spezialisierung ist eine ungünstige Entwicklung", handelt sich um unterschiedliche Argumente, das eine ist ein empirisches, das andere ein normatives. Im vorliegenden Fall wurde jedoch aus dem Empirischen *implizit* normativ geschlossen – ein typisches Muster für den Aufbau rationaler Mythen. So verhält sich auch die Argumentation von D. Freier (1970: 39), der eine Feststellung in der Literatur, die sich auf die private Betriebsorganisation bezog, auf die Sozialverwaltung übertrug:

> „Je stärker der Team-Charakter betont wird, desto besser paßt sich die Organisationsform der gegebenen Umweltsituation an". Dies gelte „in noch stärkerem Maße für die von Personen und von Gegebenheiten der Umwelt weithin abhängige Sozialarbeit".

Ob diese Anpassung an die Umwelt überhaupt wünschenswert war, blieb dahingestellt. Daß im privatwirtschaftlichen Bereich eine Kontrolle durch die Umwelt aufgrund des Marktes weitgehend gegeben ist, hingegen die Umweltbeziehungen der öffentlichen Verwaltung ganz anderen Bedingungen unterliegen (z.B. Klienteninteressen versus Interessen der Steuerzahler), wird bei der vorgenommenen Anpreisung des ‚situativen Organisationstyps' nicht problematisiert. Den Beispielen ließen sich weitere anfügen. So nahm Pitschas ‚moderne' verwaltungsorganisationssoziologische ‚Erkenntnisse' in sein Konzept einer situativ orientierten ‚Matrix-Organisation' auf, ohne die von ihm selbst geforderte empirische Absicherung seiner Argumentation zu leisten (vgl. Pitschas, R. 1979: 409 ff.).[256] Für den Bereich der Jugendhilfe postulierte das Deutsche Jugendinstitut (1973) ebenso die Übernahme organisationssoziologischer Erkenntnisse, d.h. die Übernahme des Leitbildes ‚situative Organisation': Nicht standardisierbare, komplexe sozialpädagogische Aufgaben erforderten eine flexible situative Organisation (1973: 31 f.). Allerdings fand sich hier wieder einmal der Hinweis, daß empirische Analysen dazu leider fehlten, weshalb es sich bei der Darstellung, so wurde selbstkritisch und treffend betont,

> „um eine Kombination von auf Sozialarbeit angewandten organisationssoziologischen Befunden mit einer Wiedergabe der seit einigen Jahren von Sozialarbeitern artikulierten ‚Stimmung' ihrer Situation in Behörden" handele (ebenda: 30).[257]

---

[256] Ein anderes Leitkonzept war das ‚alternative' oder ‚professionelle' Bürokratiemodell von Litwak, E. (vgl. 1971), das ebenso eine große Popularität in der Sozialarbeit genoß (vgl. z.B. Dreisbach, D. 1975), das einzusetzen sei, in Bereichen, die genormte administrative Verfahren bei großer Autonomie bedürfen und wo sowohl Wissen über administrative Details als auch große zwischenmenschliche Geschicklichkeit gefordert werde, wie z.B. in Einrichtungen der Sozialarbeit.

[257] Einen Ansatz zur empirischen Analyse stellt z.B. die Befragung von Familienfürsorgerinnen in drei Städten zur Teamarbeit dar (NDV 6/1973: 160 ff.). Jedoch wird darin, wie so häufig, ledig-

Wie bereits in den zwanziger Jahren wurde *behauptet*, daß frühzeitige präventive und methodische Sozialarbeit zwar *personalintensiv*, aber insgesamt *sparsam* sei, obwohl auch gesehen wurde, daß der Nachweis darüber noch nicht erbracht wurde. Deshalb erscheine es lohnend, „daß über den Nutzen methodischer Sozialarbeit systematische Untersuchungen durchgeführt werden", weil „Zahlenangaben über zukünftige Einsparungen die Diskussion über den Personalbedarf des Sozialbereichs wesentlich versachlichen würden" (Müller, H. 1969: 8) und „finanziell (sich) auswirkende Erfolge dieser Arbeit (soziale Arbeit, G.R.) den steigenden Personalbedarf leichter durchsetzbar machen würden (Müller, a.a.O.: 9).[258] Am Anfang der Reorganisation, so auch Müller in seinem Bericht aus Heilbronn, „steht nicht selten die Neigung, zunächst nach vermehrter Einstellung sozialpädagogisch ausgebildeten Personals zu streben" (ebenda), um eben angeblich methodisch, präventiv und sparsam arbeiten zu können.

Müller klagte deswegen über den ‚*Teufelskreis*' für die Sozialarbeit: Erst mit genug Fachpersonal könne präventiv und erfolgreich gearbeitet werden, der Nachweis über diesen Erfolg sei aber für die Durchsetzung von mehr Personal wiederum notwendig.[259] Kreutzer, Mitbegründer des ‚*Trierer Modells*', schrieb deshalb in seinem Bericht zuallererst gegen das „Vorurteil mangelhaft Informierter" an, denn, „methodische Sozialarbeit, die Ursachen der Not beseitigt, ist auch finanziell interessant" (Kreutzer, P. 1969: 71). Außerdem ließe sich die „komplexe Not" oft dem Verwaltungsinnendienst nicht differenziert und plastisch genug mitteilen, diese sei „allein intuitiv ertastbar", „mehrdeutig" und mit „wandelndem Gehalt", woraus folgende Forderung mit bemerkenswerter Begründung abgeleitet wird: „...warum läßt man dann den fachlichen Verantwortungsträger nicht auch administrativ die Verantwortung tragen, wie das vergleichsweise beim Intendanten eines Theaters, beim Ingenieur eines Bauamtes und bei allen Institutionen selbstverständlich ist, die ihre fachliche Arbeit im Rahmen des gesetzten Rechts mit Hilfe der Verwaltungstechnik als eines notwendigen Handwerkszeuges leisten" (ebenda: 71, 71 f.).

Außen- und Innendienst sollten in dem populär gewordenen Trierer Modell – unter Zusammenfassung der Aufgaben von Sozial- und Jugendhilfe als ‚*Familienfürsorge*' – in einer Hand, der des bezirksleitenden Sozialarbeiters (‚Sozialinspektor'), vereinigt werden, die reinen Verwaltungsaufgaben (‚Verwaltungssachbearbeiter') sollten dem zu- und *unter*geordnet werden, d.h. letztere waren

lich die Einschätzung und Stimmung der Sozialarbeiter und Sozialarbeiterinnen zur Teamarbeit abgefragt.

[258] Zur fehlenden empirischen Forschung der Sozialarbeit, insbesondere was *Wirkungsanalysen* anbelangt, ausführlich: Grunow, D./Hegner, F. 1975; dies. 1978; Grunow, D./Lempert, J. 1980.

[259] Ähnlich wurde auf dem Deutschen Fürsorgetag von 1976 zum sozialarbeiterischen Kernthema ‚Hilfe zur Selbsthilfe' argumentiert. Die Diskussionsgruppe VIa („Wie kann Beratung Selbsthilfe aktivieren?") notierte unter Punkt 1. daß das Ziel, Selbsthilfe zu aktivieren effektiver und dadurch kostensparend auf Zeit sei. Jedoch hieß es unter Punkt 3. auch, daß dies „einen besonderen institutionellen Rahmen" erfordere, was zunächst zeitaufwendiger und mit höherem Personalbedarf verbunden sei (NDV 1/1977: 25).

an Weisungen gebunden (vgl. Kreutzer, P. 1969: 72 f.). Damit war das Kräfteverhältnis zwar noch nicht umgedreht, die Leitungsebene war noch überwiegend nicht mit Sozialarbeitern, sondern mit Verwaltungskräften besetzt, doch hatte die sozialarbeiterische Aufgabenintensivierung und -ausweitung nunmehr organisatorisch und in puncto Macht zumindest einen deutlichen Niederschlag gefunden. Übrigens kam es vermutlich nicht unbedingt zu einer verstärkten Klientenorientierung: die Sozialarbeiter kamen nicht häufiger in ihre Bezirke als zuvor. Ebenso kam es zu keiner Arbeitsentlastung – die Sozialarbeiter hatten nun länger mit ihrem Fall zu tun als vorher, d.h. Differenzierungsvorteile gingen durch die Zusammenfassung von Aufgaben unter Umständen verloren. Die Sozialarbeiter klagten wie immer über zu hohe Fallzahlen (Kreutzer, P. 1969: 73 f.). Die beschriebene Umdrehung des Kräfteverhältnisses von Sozial- und Verwaltungsarbeit ging jedoch vermutlich eher selten so weit wie in Trier. Salomonisch, unverbindlich und der klassischen Funktionsteilung wieder entsprechend stellt ein Bericht aus Heilbronn fest,

> „...daß der optimale organisatorische Ausgleich mißlingen muß, wenn der Innendienst mit Verwaltung und Außendienst mit Sozialarbeit identifiziert werden. Ebenso zutreffend scheint uns seine (Bezug auf Literatur, G.R.) Feststellung, daß diese Ordnung nicht hergestellt werden kann durch die Subordination der einen Elemente unter die anderen. ... Allgemein formuliert geht es vielmehr darum, sowohl Sozialarbeitern als auch Verwaltungsbeamten die Funktionen zuzuordnen, die ihrer Ausbildung entsprechen" (Müller, H. 1969: 9).

Daß man in den Fachkreisen hinsichtlich der Übertragung von Entscheidungskompetenzen auf die Sozialarbeiter und Sozialarbeiterinnen gespalten war, ging auch aus dem Bericht des Deutschen Fürsorgetages von 1969 hervor. Dort wurden beide konkurrierende Positionen vorgestellt, ohne Präferenzen für die eine oder andere Position kundzutun (NDV 12/1969: 351). Allerdings scheint sich später tatsächlich die Delegation der Entscheidungskompetenz auf die ‚Sachbearbeiter' nach und nach durchgesetzt zu haben (Deutscher Verein 1976: 27).

Auf dem Fürsorgetag im Jahr 1969 (vgl. NDV 12/1969: 349 ff.) wurden weitere Grundhaltungen zur Organisation festgehalten, die auch später Bestand haben sollten. So bekannte man sich mittlerweile eindeutig, trotz nicht ausgeschlossener Spezialisierung, zum Ziel eines *ganzheitlichen* Hilfevollzugs, einer „ganzheitlichen Erfassung sozialer Notstände" und einer „ganzheitlichen Verantwortung", was insbesondere durch Neuorganisationsmodelle und Zusammenfassung der Rechtsgrundlagen („Vereinheitlichung des Sozialhilferechts") erreicht werden sollte (NDV, ebenda). Die Diskussion um die ‚Ganzheitlichkeit' der Hilfe verdeutlicht aber, wie sich im Gewand der Neuorganisationsdiskussion Altes verbarg:

> „Die alten Argumente, die schon die Einführung der Familienfürsorge in den 20er Jahren begleiteten, wurden unter dem Begriff ‚Ganzheitlichkeit' neuformuliert" (Kühn, D. 1994: 101).

Die ‚Ganzheitlichkeit' der Hilfe sollte nunmehr in der Form eines *‚Allgemeinen Sozialdienstes'* erreicht werden (KGSt 6/1975). Dies knüpfte an Bestrebungen in der Nachkriegszeit an, ein eigenständiges Amt für Familienfürsorge einzurichten, später gab es wiederum Ideen für ein ‚*Amt für soziale Dienste*' (vgl. Deutscher Fürsorgetag 1973, NDV 12/1973: 328). Andererseits bestanden rechtliche Bedenken gegen die Integration jugendfürsorgerischer Aufgaben, weil man damit der gesetzlich vorgeschriebene Bestand des Jugendamtes bedroht sah. R. Scholz (1973: 306 ff.) erörterte ausführlich die durch das JWG gewährte institutionelle Bestandsgarantie und die Zusicherung der funktionalen Selbständigkeit von Jugendamt und Jugendwohlfahrtsausschuß. Unter diesem Gesichtspunkt sah er insbesondere beim ‚Trierer Modell' rechtliche Probleme, weil dieses eine Aufteilung von Jugendamtsaufgaben in ein Amt für soziale Dienste (Sozial- und Jugendamt) und ein ‚Amt für soziale Gemeinschaftsaufgaben' vorsah (vgl. Kreutzer, P. 1969; ders. 1981).[260]

Diesen Bedenken Rechnung tragend, jedoch das Ziel der Zusammenfassung beibehaltend, wurde schließlich mehr und mehr ein ‚Allgemeiner Sozialdienst' gefordert, der beim *Jugendamt* anzusiedeln sei (KGSt 6/1975).[261] Diese Empfehlung entsprach der gestiegenen Bedeutung der sozialpädagogischen Aufgaben und dem größer und stärker gewordenen Jugendamt.

Ein zentrales Problem sozialer Dienste bestand also nach wie vor darin, daß einerseits eine *Differenzierung* vorlag, und zumindest zum Teil beibehalten werden mußte, andererseits vielfältige *Koordinationsprobleme* folgten: so zwischen Spezialdiensten und Familienfürsorge, Sozialarbeit und Verwaltungsdienst, Sozial-, Jugend- und Gesundheitsamt und schließlich zwischen zentraler kontrollierender Steuerung und dezentralem Dienstleistungsangebot.

Eine Lösung dieser Probleme erwartete man aus fachlicher Sicht durch integrierende und koordinierende *Teamarbeit* auf allen Ebenen. Ein Kern der Organisationsdiskussion stellte die Form einer institutionalisierten Zusammenarbeit zwischen Spezialdiensten innerhalb der genannten ‚Gesamtverantwortung' dar, die als „*helfende Gruppe*" bezeichnet wurde (Bericht vom Deutschen Fürsorgetag, NDV 12/1973: 328). Grundlegende Merkmale dieser Gruppen oder ‚Teams' sollten sein: funktionsgerechte Aufgabenverteilung auf Fachkräfte, Realisierung eines erforderlichen Spezialisierungsgrades unter Beachtung von Vorzügen und Grenzen der Spezialdienste sowie örtlicher Gegebenheiten, Gleichrangigkeit der einzelnen Gruppenmitglieder, Festlegung von Entscheidungs- und Verantwortungsbereichen der einzelnen Mitglieder und des Kontrollverfahrens und schließlich institutionalisierte Kooperation zwischen verschiedenen Hilfegruppen sowie mit anderen Trägern (gemeint war auch die ‚private' Wohlfahrtspflege) (NDV 12/1969: 351). Näheres zur Sozialarbeit als Gruppenarbeit enthielt der Beitrag von D. Freier (1970: 36 ff.), der das Problem

[260] Entschieden gegen das ‚Trierer Modell' und pro eigenständiges Jugendamt sowie für die traditionelle Trennung von Innen- und Außendienst argumentiert Carspecken, F. 1971: 183 ff. Dies sei rationeller, es bleibe mehr Zeit für sozialpädagogische Arbeit.

[261] Vgl. zur Umsetzung die Überlegungen von H.P. Mehl (Freiburg) (NDV 9/1978) und das Beispiel aus Heilbronn (NDV 2/1979: 52 ff.) oder Offenburg (Karolus, St. 11977); allgemein auch Deutscher Verein 1983; KGSt 6/1982c. Vgl. aktuell als Überblick zum ASD: Textor, M.R. 1994.

der *Koordination* als Ausgangspunkt seiner Argumentation wählte. Die Trennung von Außen- und Innendienst bringe einen erheblichen unnötigen Aufwand an gegenseitiger Information und im Rahmen von Rollendifferenzierungen oft auch Reibereien in Form persönlicher Auseinandersetzungen. Angesichts des häufig gleichzeitigen Tätigkeit mehrerer Abteilungen mit mehreren Hilfearten (Sozial-, Jugendhilfe) an einem Fall oder in einer Familie, gelänge die Abstimmung im Interesse eines optimalen Wirkungszusammenhangs im Team besser. Darüber hinaus bringe die ständige Zusammenarbeit auch manche Anregung zur Selbstkorrektur, insbesondere bei schwierigen Fällen, bei deren Bearbeitung sehr stark in das Lebensschicksal von Menschen eingegriffen werde (Deutscher Verein 1976: 31). Aufgabe der Teams sollte nach der sich später durchsetzenden Meinung aber, bis auf schwierige und mit schwerwiegenden Konsequenzen verbundenen Fälle – nicht die Einzelentscheidung selbst sein, sondern allgemeine fachliche Fragen, Zuständigkeitsregelungen sowie eben Koordination und Abstimmung.

Über Nutzen, sinnvolle Möglichkeiten und Grenzen der Teamarbeit wurde heftig diskutiert.[262] Kreutzer, Mitinitiator einer der ersten realisierten Gruppenarbeitsformen in Trier, wies darauf hin, daß der durch Teamarbeit größere Personalaufwand sich wegen der zu erwartenden Qualitätsverbesserung lohne:

> „Der relativ große Personalaufwand für die Teamarbeit ist gerechtfertigt, wenn sie in der Regel zu einer qualitativ besseren Maßnahme führt und damit die Chancen des Hilfesuchenden erhöht, daß eine sachgerechte, die Hilfemöglichkeiten ausschöpfende Entscheidung getroffen wird; der Wert der Teamarbeit sollte nicht von der Zahl der behandelten Fälle abhängig gemacht werden“ (Kreutzer, P. 1970: 119).

Typisch für zahlreiche Stellungnahmen zur Einführung von Teams in die Organisation der kommunalen Sozialverwaltung ist folgende Argumentation zum Aufbau eines Leitkonzepts und Mythos.[263] Es wird *behauptet*, daß

> „sich im modernen Geschäftsleben relativ früh die Erkenntnis durchgesetzt (hat), daß richtige und schwerwiegende Entscheidungen weniger das Werk einzelner, sondern eher das von Gruppen sind. … Erst dieses Arbeitsprinzip macht das heutige moderne Geschäftsleben möglich und – in einem anderen Bereich – eine Regierung funktionsfähig. Was sich dort bewährt hat, das muß sich doch auch auf Sozial- und Jugendarbeit übertragen lassen.“ (Hönle, H., 1973b: 107).

In einer Reihe von Städten wurden Teams eingeführt, was jedoch, wie gesagt, zur Erhöhung der Koordinations- und Leitungskosten führte, denn die Teamstrukturen wurden überwiegend *neben* den, weiterhin bestehenden, hierarchischen Strukturen aufgebaut. So stellte der Fachausschuß des Deutschen Vereins in Übereinstimmung mit der KGSt als Empfehlung zur Teamarbeit unter dem Punkt „Vorgegebener Verwaltungsaufbau“ fest:[264]

---

[262] Vgl. zum Pro und Contra knapp: Scholz in: NDV 7/1974: 186 f.

[263] Vgl. z.B. NDV 3/1972: 70; allg. Deutscher Verein 1976: 13 ff.

[264] Ähnlich erklärte auch D. Freier im Rahmen seines Aufsatzes „Überlegungen zu einer neuen Organisation der kommunalen Sozialarbeit“: „Die im vorausgegangenen Teil dargelegten Vorstellungen lassen den Bestand der Ämter unberührt“ (NDV 2/1970: 39). Vgl. aus juristischer und verwaltungswissenschaftlicher Sicht auch Scholz, R. 1973: 293 ff. Dieser betonte insbesondere *rechts-*

„Der Fachausschuß ist weiter davon ausgegangen, daß sich seine Überlegungen in die vorgegebene stufenmäßig aufgebaute Ordnung der Verwaltung (Linienorganisation), die auf der Über- und Unterordnung der einzelnen Mitglieder zueinander beruht, einfügen müssen (sog. Hierarchie). Ein autonomes weisungsunabhängiges Team kann es nach dem geltenden Kommunalverfassungsrecht nicht geben" (Deutscher Verein 1976: 26; ähnlich Schellhorn, W. 1980a: 60)

Die Verfeinerung der Kontroll- und Leitungsstruktur, d.h. die Differenzierung und Vergrößerung der Organisation kommunaler Sozialverwaltung, war denn auch der Hauptvorwurf, der gegen die Teamarbeit von der allgemeinen Verwaltung vorgebracht wurde (vgl. Deutscher Verein 1976: 40 f.). Daß tatsächlich ein enormer Mehraufwand mit Teamarbeit verbunden sein *kann*, legt das Reorganisationsbeispiel *Bremen* nahe, bei dem insgesamt 140 Arbeitsgruppen auf 5 Ebenen geplant waren. Allein in einem Stadtbezirk waren nicht weniger als 28 Arbeitsgruppen vorgesehen, die sich aus sieben zielgruppenspezifischen Arbeitsgruppen in jeweils vier Stadtteilen zusammensetzten. Daneben schuf man noch verschiedene zielgruppen- und stadtteilübergreifende Gruppen.[265] Durch die Zielgruppen und die Stadtteilorientierung wurde praktisch eine doppelte Struktur mit „einem hohen Aufwand an Kooperation und Kommunikation", d.h. ein „extrem arbeitsteiliges und kompliziertes Konferenzmuster" geschaffen (o.V. 1980: 76).

Was im klassischen bürokratischen Modell lediglich *informell* (z.B. der sogenannte ‚kleine Dienstweg') funktionierte, wurde nun in neuen Organisationskonzepten zum Teil *formell* als *‚Matrix-Organisation'* festgelegt. Diese weist jedoch den Nachteil eines hohen Leitungs- und Abstimmungsaufwandes auf und neigt zur hypertrophen Struktur.[266] Aufschlußreich liest sich dazu der grundsätzliche Ansatz zur Ermittlung des ‚Aufgaben-Organisationszusammenhangs', der von seiten der sozialpädagogischen Organisationsberater (Institut für Sozialpädagogik) im Bremer Zielgruppenkonzept empfohlen wurde:

„Es kommt nicht darauf an, zunächst durch Analysen zu bestimmen, welcher Bedarf jeweils im Detail zielgruppen- und regionalspezifisch gegeben ist, um auf dieser Grundlage eine geeignete Organisationsform zu finden, sondern die Struktur der sozialen Dienste so zu entwickeln, daß die Ermittlung des regionalen zielgruppenspezifischen Bedarfs an sozialen Dienstleistungen unter Beteiligung der Adressaten von den einzelnen regionalen Organisationseinheiten möglich wird" (Dolls 1975, nach Leppin, H./Terstegen, G. 1980: 198).

Leppin/Terstegen (Diplomsoziologe und Diplompolitologe der Sozialverwaltung Bremen) reproduzierten in ihrem Aufsatz den auf Expansion angelegten Leitsatz, daß „Neuorganisation nicht gelingen kann, wenn sie als Null-Summen-Spiel in Gang gesetzt wird". Eine Chance, Reformziele zu erreichen,

„ist nur gegeben, durch einen deutlichen Zuschlag in folgenden Bereichen: Aufstockung des Personals, Bereitstellung der zusätzlichen räumlichen und sachlichen Voraussetzungen, Ausweitung

---

staatliche Grenzen der Teamentscheidung, sprich Anforderungen an Kontrolle, Zurechenbarkeit und Transparenz von Entscheidungen.

[265] Vgl. Irle, G. 1980: 151; o.V. 1980: 76 ff.

[266] Vgl. dazu z.B. Kieser, A./Kubicek, H. 1992: 135 f., 268 ff.; Vgl. zu der Bremer Matrix-Organisation die Organigramme bei Kühn, D. 1994: 98 f. und ders. 1992: 312.

von Handlungsspielräumen und Entscheidungsbefugnisse für die Mitarbeiter in den regionalen Arbeitsgruppen, der Gewährleistung einführender und praxisbegleitender Fortbildungsmöglichkeiten für alle *Betroffenen*." (Leppin, H./Terstegen, G. 1980: 202 f.; Hervorhebung G.R.)

Ein konkreter output, so folgerten die Bremer Sozialverwaltungsmitglieder am Ende, dürfe dagegen nicht mit Sicherheit erwartet werden, denn: „Es liegt in der Natur der Sache, daß die Ergebnisse des Planungsprozesses nicht vorab darstellbar sind". Zwar geht der Vorschlag zur Neuorganisation davon aus, „daß bei Veränderung der Organisation wesentliche Leistungsverbesserungen für die Adressaten der Sozialen Dienste erzielt werden können und eine bedarfsorientierte Arbeit erfolgt. Ob und in welchem Ausmaß diese erhofften Ergebnisse erzielbar sind, hängt von einer Anzahl zusätzlicher Faktoren ab, die ebenfalls großteils nicht vorherbestimmbar sind" (Leppin, H./Terstegen, G. 1980: 203).

Ähnlich wie in Bremen ging auch die Neuorganisation in Dortmund-Brackel von einer vergleichsweise großzügigen Personalbemessung aus: In 17 Bezirken mit jeweils ca. 3400 Einwohnern wurden insgesamt 18 Sozialarbeiter und 18 Verwaltungskräfte eingeplant, d.h. auf eine Kraft kamen nur knapp 1.700 Einwohner.[267] Noch weiter schien die Neuorganisation in Heilbronn in die Richtung der ‚Individualisierung' sozialer Probleme fortgeschritten zu sein: Aufgrund der üblichen Funktionsteilung, daß bei materiellen Hilfen Verwaltungssachbearbeitern, bei persönlichen Hilfen Sozialarbeitern die Federführung oblag, konnte erreicht werden, daß nur noch 35 ‚Problemfälle' (unvollständige Familien, psychisch Kranke, kinderreiche Familien, sonstige soziale Schwierigkeiten, wie häufiger Arbeitsplatzwechsel, Eheschwierigkeiten, Suchtabhängigkeit) pro Sozialarbeiter zugewiesen wurden (Müller, H. NDV 2/1979: 53). Dagegen wurde im allgemeinen noch 1974 von F. Wagener eine Bezirksgröße für den damals noch Familienfürsorge genannten sozialen Dienst von immerhin 7-8000 Einwohnern als zweckmäßig erachtet – allerdings auf der Basis veralteter Empfehlungen der KGSt von 1966.[268] Zieht man die oben aufgezeigte Steigerung der Bedürftigenzahlen von 1970 bis 1980 in Betracht, läge die Bezirksgröße – analog zum Wert der KGSt – jedoch auch 1980 immerhin noch bei ca. 4000 Einwohnern. Bemerkenswert ist außerdem, daß noch 1983 die Bezirksgrößen beim Allgemeinen Sozialdienst (Nachfolger der Familienfürsorge) im allgemeinen zwischen 6 und 15000 Einwohnern schwankten (Deutscher Verein 1983: 109; Schellhorn, D 1980: 69).

Offenbar war bis in die achtziger Jahre die im Vergleich zur Fallzahl sehr grobe Bezugsgröße ‚Einwohner' ein durchaus gebräuchlicher Vergleichswert für die zunehmend durchgeführten *Personalbemessungen*. Die Frage der Personalbemessung galt in der Sozialverwaltung gleichwohl überwiegend als nicht

---

[267] Ein nahezu identischer Wert läßt sich aus den Angaben zur Neuorganisation bezüglich der „Regionalen Arbeitsgruppen" des Sozialdienstes in Berlin berechnen (Berechnung nach Müller-Englisch, A./ Buck, G. 1976: 32; Pitschas, R. 1976: 58).

[268] Vgl. Wagener, F. 1974: 383; KGSt 1966; dies. 1978b.

allgemein gültig, sondern lediglich anhand ‚örtlicher Verhältnisse' und aufgrund ‚sozialpolitischer Entscheidungen' zu klären (vgl. KGSt 6/1975a). Ein Ansatz des Rechnungshofes Rheinland Pfalz zu einer methodischen Personalbedarfsmessung (NDV 10/1977: 309 ff.) scheint lediglich einen Versuch darzustellen, ‚objektive' Kriterien aufzustellen. Ein ähnlicher Versuch stellte derjenige der KGSt dar, die erstmals 1964 ‚Richtzahlen' für die Kommunalverwaltung auf der Basis von Erfahrungswerten aus Hamburg herausgab, die 1966 durch eine zweite Auflage ergänzt wurden, später findet sich eine Neuausgabe im Jahr 1978 (KGSt 6/1978). Insofern nahmen, trotz den beschriebenen Abwehrbemühungen der sozialen Fachwelt, die Bemühungen um eine rationale Organisationsgestaltung aufgrund von Organisationsuntersuchungen und -vergleichen seit den sechziger Jahren zu, was vor allem ein Verdienst der kontinuierlichen Arbeit der KGSt war.[269] So gab es ihren Empfehlungen zur Aufgaben- und Verwaltungsgliederung folgend (1953, 1962, 1967, 1968) seit der Nachkriegszeit immer häufiger Personal- und Organisationsämter, die selbst Organisationsvergleiche anstellten, wie z.B. in Nürnberg im Rahmen des noch exemplarisch auszuführenden Städtevergleiches mit München von 1963.

2. Finanzielle Restriktionen und Selbsthilfebewegung

Eine methodisch verbesserte Personalbemessung durch die KGSt setzte sich in den späten siebziger Jahren langsam durch, als aufgrund *knapper finanzieller* Spielräume eine straffe, an möglichst objektiven Kriterien ausgerichtete organisatorische Disposition immer wichtiger wurde. Außerdem hatte sich zu Beginn der siebziger Jahre neben der Sozialarbeit auch die Verwaltungsseite als Verwaltungswissenschaft etabliert, so daß die Reform der öffentlichen Verwaltung auch von dieser Seite thematisiert und gefordert wurde.[270] Ansätze gab es seit der Nachkriegszeit z.B. in Form der Organisationsämter, die vor allem von der KGSt maßgeblich vorangetrieben und nun also durch mehrere Faktoren gefördert wurden. Seit Mitte bis Ende der siebziger Jahre wurden nun in verstärktem Maße Beobachtungen und Messungen der Arbeitsabläufe unter Einsatz differenzierter Methoden als Grundlage für die Personalbemessung – immer häufiger unter Beteiligung *externer* Organisationsgutachter – angestellt (vgl. KGSt 1977; 1982e; 1985; 1987), was hier nur kurz angedeutet werden soll und wozu

---

[269] Diese hielten sich jedoch sehr an die Abstimmung mit der sozialen Fachwelt und umgekehrt stimmte sich z.B. der Deutsche Verein bei seinen organisatorischen Empfehlungen mit der KGSt ab, wie z.B. die weitgehenden Übereinstimmungen der Empfehlungen des Deutschen Vereins und der KGSt zur Teamarbeit und des ASD zeigen (vgl. KGSt 1975a; 1982; Deutscher Verein 1976 u. 1983). Siehe außerdem die Empfehlungen der KGSt zur Organisation des Jugendamts (1974; 1975a-c; 1976a-c; 1977b; 1978a; 1980e) und später, als die Sozialhilfe wieder stärker in die Diskussion kam, auch des Sozialamts (1980a-d;1982).

[270] Aus der Fülle der Literatur dazu z.B. Wagener, F. 1974; Studienkommission 1973; Mayntz, R./ Scharpf, F.W. 1973.

im folgenden Kapitel noch mehr zu sagen sein wird. Lag in der ersten Phase der Neuorganisation der Schwerpunkt also noch auf quantitativem und qualitativem Ausbau im Rahmen der angestrebten Steigerung der fachlichen Intensität der Sozialarbeit, schob sich seit *Mitte/Ende der siebziger* Jahre, im Zuge der sich abzeichnenden Verknappung der Finanzressourcen der Städte einerseits, der beginnenden Deinstitutionalisierung andererseits, der Aspekt der *Rationalisierung* und Fragen der Effizienz sozialer Verwaltung stärker in den Vordergrund.[271]

Entsprechend wurde in dieser zweiten Phase einerseits festgestellt, daß die zunehmenden Finanzrestriktionen keine *weitere* Personalausweitung mehr zuließen und alle Ausgabenposten kritisch und vergleichend überprüft werden müßten, andererseits klang auch an, daß die fachlichen Grundlagen selbst im Hinblick auf ihre Wirksamkeit überprüft werden müßten. Das Motto ‚mehr vom Gleichen‘ wurde zusehends in Frage gestellt. Charakteristisch dafür ist folgende Äußerung:

> „Soziale Arbeit leistete vielmehr oft Sisyphusarbeit, und allein in einer Ausweitung des personellen Aufwandes sah man bisher die vermeintliche Lösung der Probleme“ (Dornbusch u.a., NDV 8/1977: 213).

Zur Unsicherheit des professionellen Selbstverständnisses trugen neben den kostenorientierten kritischen Überlegungen noch zwei weitere Entwicklungen bei. Zum einen brachte die *Verwissenschaftlichung* von Sozialarbeit quasi automatisch selbstreflexive Tendenzen der Kritik mit sich. Außerdem waren nicht wenige, der sich auf diesem Feld engagierenden Sozialwissenschaftler noch vom staats- und institutionenkritischen Geist der Studentenbewegung inspiriert, der in den Veröffentlichungen der siebziger Jahre fast allgegenwärtig ist. Hier schließt sich der zweite Entwicklungsstrang an, der Züge der Deinstitutionalisierung aufwies, nämlich die in den siebziger Jahren aufkeimende *Selbsthilfebewegung*.

Zunächst jedoch zu den Konsequenzen der Verwissenschaftlichung. Daß wesentliche herrschende Grundsätze der Sozialarbeit im strukturellen Spannungsverhältnis zu wissenschaftlichen Grundanforderungen stünden, problematisierte schon relativ früh insbesondere der bereits genannte H. Peters (1968; 1971).[272] Dieser wies in seinen Arbeiten darauf hin, daß die von der Sozialarbeit einerseits zur Etablierung im institutionellen Hilfesystem nötige Individualisierung, Pathologisierung, ‚Kustodialisierung‘ sozialer Probleme auf der anderen Seite hinderlich für die Professionalisierung sei. Die sozialarbeiterische Annahme der grundsätzlichen Unvergleichbarkeit der Fälle (‚Jeder Fall ist anders‘), das Proklamieren von Alltagserfahrungen, Faustregeln und ‚Sicheinfühlen‘ stehe Professionalisierung grundsätzlich entgegen (vgl. auch G. Mayer 1979: 74), denn dafür sei der Einsatz objektiver Techniken und Methoden und daraus abgelei-

---

[271] Vgl. z.B. Pitschas, R. 1976; ders. 1978; Kühn, D. 1980; Müller, S./Otto, H.-U. 1980a u. b.

[272] Vgl. die bereits angesprochene grundsätzliche Kritik von Luhmann, N. 1973; 1978; 1981.

teter allgemeiner Gesetze unabdingbar. Daraus folge, so H. Peters (a.a.0.) weiter, jedoch das Fortschreiten in die Richtung, daß soziale Probleme systematisch klassifiziert und unter Umständen auch mit Mitteln der Sozialpolitik zu bearbeiten seien, womit eine individualistische Sozialarbeit zumindest teilweise überflüssig würde. Ebendeshalb unterbliebe das Streben der Sozialarbeit nach einem Einsatz systematischen Wissens über soziale Problemlagen.

Neben der Verwissenschaftlichung trug zur Verunsicherung des Hilfesystems die anti-institutionelle ‚neue' *Selbsthilfebewegung* bei, die zum Teil wiederum aus verschiedenen ‚neuen' oder ‚alternativen' *sozialen Bewegungen* der siebziger Jahre resultierte. Nachdem in den fünfziger Jahren ehrenamtliche Mitarbeit in den Hintergrund und in die ‚private' Wohlfahrtspflege abgedrängt worden war, blieb diese rückläufige Tendenz auch in den sechziger Jahren ungebrochen (vgl. Kessels, J. 67),[273] wenngleich es Anzeichen für eine Wiederbelebung hauptsächlich unter der neuen Zielsetzung der Entwicklung eines lebendigen demokratischen Gemeinwesens gab.[274] Schließlich kann in den siebziger Jahren ein deutlicher Aufschwung *ehrenamtlicher* Betätigung und der Selbsthilfebestrebungen festgestellt werden. Entsprechend zeigte der Deutsche Fürsorgetag von 1976 mit dem Thema „Selbsthilfe und ihre Aktivierung durch die soziale Arbeit" die veränderte Haltung und Lage an. Einerseits wurde auf die auffällige Beziehung von Selbsthilfe und der Möglichkeit der Entlastung der öffentlichen Haushalte hingewiesen, andererseits die offene oder implizite Opposition der Bürgerinitiativen, Nachbarschaftsaktivitäten und Selbsthilfeorganisationen gegenüber der institutionellen professionellen sozialen Arbeit herausgestellt (Schäfer, D. in: NDV 11/1976: 293 ff.).[275] Die Arbeitsgruppe im Themenbereich V „Die Bedeutung ehrenamtlicher Hilfen" hielt denn auch vermittelnd und salomonisch fest, daß beide Seiten im System sozialer Dienste „originäre Aufgaben" hätten. Außerdem wurde das Thema zum Anlaß genommen, eine

---

[273] So stellte A.F. Kosmale im Nachrichtendienst aufschlußreich fest: „Je stärker sich ‚Sozialarbeit im engeren Sinne' als Beruf entwickelt und selbst versteht als eine eigene, eigenartige soziale Therapie, um so weniger können in diesem speziellen Bereich ehrenamtliche Mitarbeiter tätig werden" (NDV 6/1966: 174).

[274] Aufgaben und Stellung des ehrenamtlichen Mitarbeiters in der Freien Wohlfahrtspflege war Thema der Bundestagung des Deutschen Paritätischen Wohlfahrtsverbandes (NDV Okt. 1963: 467 f.). Dort wurde eine Untersuchung des Allensbacher Institut für Demoskopie referiert, wonach immerhin 20 Millionen Menschen sich vorstellen könnten, in der „freien" Wohlfahrtspflege mitzuarbeiten. Auch ein Seminar der Vereinten Nationen zu den Aufgaben und der Ausbildung ehrenamtlicher Sozialarbeiter „stieß international auf ein unerwartet großes Interesse" (NDV 7/1966: 209). Vgl. außerdem die relativ positiven Berichte über Modellprojekte der Selbsthilfe aus verschiedenen Bereichen der Sozialarbeit (Helfer, I./Mörsberger, Th. in: NDV 11/1979: 318 ff.).

[275] Stilbildend, so Schäfer, wirkten insbesondere seit Beginn der sechziger Jahre „Schicksalsgemeinschaften benachteiligter Minderheiten (Behinderte, Eltern behinderter Kinder, betagte Mitbürger)." Ihre Bestrebungen, so Schäfer weiter, sind von der Öffentlichkeit wahrgenommen worden, weil sie durch Publikationsmedien, die ‚Aktion Gemeinsinn' und ähnliche Institutionen unterstützt wurden. Sie haben sich weiter nicht auf Forderungen beschränkt sondern Einrichtungen und soziale Dienste selbst geschaffen, wie Tagesbildungsstätten für behinderte Kinder, Werkstätten für Behinderte, ambulante therapeutische Dienste, Beratungsstellen, Jugendclubs, Altentagesstätten und Altenerholung (NDV 11/1976: 296).

wissenschaftliche Untersuchung über die Funktionen hauptberuflicher und ehrenamtlicher Kräfte mit dem Ziel einer besseren Kooperation und drittens die Berücksichtigung der Notwendigkeit künftiger Zusammenarbeit mit ehrenamtlichen Kräften in der Ausbildung der Sozialarbeiter/Sozialpädagogen an Fachhochschulen zu fordern (NDV 1/1977: 19).

Der Bericht der Arbeitsgruppe verwies im einzelnen auf Probleme des Zusammenwirkens von Professionellen und Ehrenamtlichen, die in ähnlicher Art und Weise bereits anhand der Entwicklung in der Weimarer Republik beschrieben und mit als entscheidend für den Rückgang ehrenamtlichen Engagements ausgemacht werden konnten:

> „Wenn Fachwissen und Vorsprung an Information ausgespielt werden, bleiben Gefühle des Unterlegenseins bei Ehrenamtlichen nicht aus. Entmutigung ist eine zwangsläufige Folge. Der Rückzug Ehrenamtlicher aus der Arbeit ist die oft nicht erkannte ‚Stellungnahme' der Ehrenamtlichen zum Verhalten der Hauptamtlichen ihnen gegenüber.
>
> – Gefühle des Unterlegenseins werden verstärkt durch den Mythos der Geheimwissenschaft, mit dem sich Hauptamtliche oft umgeben. Die Chiffren einer – für Ehrenamtliche oft unverständlichen – Sprache sind Kennzeichen dafür.
>
> – Hauptamtliche empfinden nicht selten Ehrenamtliche als Störfaktoren in ihrer auf Rationalität angelegten Arbeit. Ehrenamtliche greifen oft unbekümmert und kritisch in die Abläufe und Strukturen der Institution ein. ...
>
> – Unbehagen bei Hauptamtlichen entsteht, wenn Ehrenamtliche etwas einbringen, was den Hauptamtlichen fehlt oder was sie nicht praktizieren dürfen, z.B. phantasievolle und ungewöhnliche Wege zur Lösung von Problemen...
>
> – Die Arbeit der Ehrenamtlichen im System moderner Sozialarbeit erscheint vielen als eine Form, mit der nicht gerechnet wird, die nicht eingeordnet werden kann" (NDV 1/1977: 20).

Schließlich wurde der möglichen Entlastung der sozialen Dienste durch Ehrenamtliche sogar ein größerer Aufwand für die Anleitung, Betreuung, Organisation entgegen gehalten, weswegen von seiten der sozialen Dienste der „privaten" Wohlfahrtspflege nicht selten die Integration ehrenamtlicher Mitarbeit mit der Forderung nach mehr Personal und finanzieller Ausstattung verbunden wurde, denn „der Einsatz ehrenamtlicher Kräfte fordert Vorplanung in bezug auf spezielle Dienste, notwendige Schulung, Unkostenerstattung und Auswertung, Verwertung der Erfahrung, Neuplanung" (NDV ebenda). Aufgrund dessen wurde gefordert, daß Modelle der Selbsthilfe finanziell und ideell durch Bund, Länder und Gemeinden unterstützt werden sollten (NDV 1/1977: 21). Den zukünftig erwarteten Einsparungen durch Selbsthilfe stehe also „zunächst" ein höherer Zeit- und Personalaufwand gegenüber (ebenda, S. 25).[276] Die beabsichtigten Rationalisierungen durch verstärkt berücksichtigte Selbsthilfeinitiati-

---

[276] So lautet auch die Forderung aufgrund von Erfahrungen aus verschiedenen Modellprojekten, daß zur Unterstützung der Anliegen von Selbsthilfe- und freiorganisierten Gruppen bei Verbänden und Behörden nach Bedarf neue Planstellen geschaffen werden sollten (Helfer, I./Mörsberger, Th. in: NDV 11/1979: 324).

ven konnten also auch in diesem Fall durchaus gegenteilige expansive Effekte mit sich bringen.

Eine Entwicklungsdynamik, die abwechselnde aufeinander bezogene expansive und kontraktive Elemente enthält, haben auch K.P. Japp und Th. Olk (1980: 60 ff.) in ihrer Auseinandersetzung mit den Neuorganisationskonzepten der siebziger Jahre beschrieben. Wie in der vorliegenden Arbeit sahen sie eine Entwicklungslogik, die primär aus den *institutionellen Funktionsmodi* selbst abgeleitet wurde (vgl. dies. 1981; Japp, K.P. 1986). Zusammengefaßt bewegt sich die Entwicklung nach diesem Modell zwischen den beiden Extremen der bürokratisch-professionellen standardisierten, formalisierten usw., d.h. straff kontrollierenden und vor allem selektiven Wahrnehmung sozialer Probleme auf der einen und der ‚situativen' Öffnung für die Aufgabenumwelt der sozialen Probleme auf der anderen Seite. Letzteres galt als Folge des zuerst Genannten, wobei die Rahmenbedingung zunehmend nicht mehr intakter sozialer Netze, wie Familie oder Nachbarschaft (Japp/Olk sprechen hier von ‚Urbanisierungsschäden') hinzukomme. Die daraus erwachsenden sozialen Probleme könnten nur zum Teil von *Selbsthilfeinitiativen* verschiedenster Art ausgefüllt werden, was in jedem Fall Legitimationsprobleme und Handlungsbedarf für die bürokratisch-professionelle Institution Sozialverwaltung auslösen würde, z.B. bei Drogenproblemen und Obdachlosigkeit. Öffnet sich daraufhin die Sozialverwaltung im Rahmen der Stärkung und ‚Dekonzentration' sozialer Dienste und gesellschaftspolitisch engagierter Sozialarbeit (Gemeinwesenarbeit) mit erweiterten Angeboten, wie dies mit der diskutierten Reorganisation angestrebt wurde, könnten jedoch unbegrenzte externe Bedarfsweckungseffekte bei den Klienten oder der Aufgabenumwelt auftreten, flankiert durch Aufgabenintensivierungen einer unter Umständen schrankenlos therapierenden und sozialisierenden Profession. Dies rufe dann aufgrund beschränkter Budgets wiederum eine öffentliche, politische bürokratische Kontrolle und Mitteleinschränkungen auf den Plan:

> „An diesem Punkt wird ersichtlich, daß weder Expansion noch Kontraktion jeweils für sich die dilemmatische Problemkonstellationen der Sozialverwaltung lösen können. Eine ‚Lösung' im Sinne der Eliminierung des Problems ist gar nicht möglich, sondern nur ein prekäres (von politischen und innerinstitutionellen Thematisierungszyklen gesteuertes und durch legitimatorische Akzeptanzschwellen begrenztes) Changieren zwischen strukturell nicht auflösbaren Alternativen." (Japp, K.P./Olk, Th. 1980: 73).

III. Wachstum und Differenzierung der Organisation

1. Allgemeine Tendenzen

Im folgenden sollen die Hinweise auf die Organisationsentwicklung aus der im vorigen Kapitel dargestellten Diskussion um die Reorganisation der Sozialverwaltung ergänzt werden. Für die sechziger und siebziger Jahre finden sich allerdings nur wenige Erhebungen zur Organisation. Dabei scheint sich, was spezielle Überblicke zur Organisation anbelangt, das wissenschaftliche Interesse noch deutlicher als früher, wenn überhaupt empirische Untersuchungen angestellt wurden, primär auf das *Jugendamt* zu richten. Dazu lieferte beispielsweise der Dritte Jugendbericht Daten (1973).[277] Daraus lassen sich die folgenden Aussagen ableiten, die neben dem Jugendamt auch die Bereiche der restlichen Sozialverwaltung betreffen.

Hinsichtlich der organisatorischen Ausdifferenzierung und Spezialisierung der drei wichtigsten Ämter der Sozialverwaltung (Sozial-, Jugend- und Gesundheitsamt) setzte sich ein in der Zeit des Nationalsozialismus begonnener Trend bis zur beinahe vollkommenen Selbständigkeit der Ämter in den sechziger Jahren weiter fort, obwohl auf Dezernatsebene meist noch ein relativ enger Zusammenhang bestand. Waren 1958 noch knapp 20% der Jugendämter anderen Ämtern angeschlossen, so finden sich 1969 nur noch gut 10 % unselbständige Jugendämter (als Abteilungen oder in einem Amt mit anderen, Viernstein, N./Gaensslen, H. 1971: 28). Allerdings deutet die Tatsache, daß Jugendamtsleiter häufig ihre Aufgabe in Personalunion mit der Leitung anderer Ämter wahrnahmen (knapp 28% der Fälle) immer noch auf eine deutliche Verflechtung hin – trotz formaler Selbständigkeit (ebenda: 30). Der Anteil der Leiter, die das Jugendamt lediglich als Teilaufgabe leiten (mit Abstand am häufigsten war immer noch eine Personalunion zwischen Sozial- und Jugendamtsleitung zu finden), lag damit 1969 sogar etwas höher als 1957/58, als dieser Anteil nur 17% ausmachte.

Daß organisatorische Verflechtungen zwischen Jugend- und Sozialämtern noch häufig zu finden waren, bestätigt auch die Dezernatszuteilung, wozu D. Grunow/F. Hegner (1975) Daten anführten: aus 35 der 61 zugesandten und von ihnen ausgewerteten Organisationsplänen ging hervor, daß Jugend- und Sozialamt in einem Dezernat untergebracht waren, während das Gesundheitsamt meist in einem anderen Dezernat angesiedelt war (ebenda: 99). Damit schlägt

[277] Vgl. auch Viernstein, N./Gaensslen, H. 1971. Diese Erhebung ist eine Fortsetzung der repräsentativen Befragung von R. Gunzert (1959).

sich auch eine Veränderung des Begriffsverständnisses von Sozialverwaltung nieder, die mit dem wachsenden Bedeutungsverlust des Gesundheitsamtes in der Nachkriegszeit einher geht. Mit gesundheitlicher Fürsorge hat man infolge der sich verbessernden hygienischen Bedingungen sowie der nachlassenden Bedeutung der Tuberkulose und auch aufgrund der nach und nach begonnenen Auseinandersetzung mit der nationalsozialistischen Erblast mit dem ‚Ausmerzen sozialer Krankheiten' immer weniger im Sinn – eine Entwicklung, die parallel zur wachsenden Bedeutung und Selbständigkeit der pädagogischen Disziplin und der Jugendämter zu sehen ist.

Zwar zeigte sich beim fürsorgerischen ‚*Außendienst*' eine gewisse Spezialisierung – immerhin die Hälfte der Jugendämter verfügten 1975/76 über, allerdings meist ergänzende, Spezialdienste (Schrapper, Ch./Wickenbrock, W. 1987: 67), während es 1968 erst knapp ein Viertel waren (Dritter Jugendbericht (BMJFG) 1973: 43). Es dominierte jedoch weiterhin die Organisation der *ganzheitlichen Familienfürsorge* noch häufig in den alten Strukturen: Ungefähr 70% der befragten Städte bestätigen die Existenz eines familienfürsorgerischen Dienstes (Viernstein, N./Gaensslen, H. 1971: 44).

Vorwiegend war die Familienfürsorge *noch* an das Gesundheitsamt angebunden, wobei sich Unterschiede zeigten, wenn nach Größe und Charakter der Städte unterschieden wurde. Während die frühere Anbindung an das Gesundheitsamt in kleineren Städten und Landkreisen auch in den sechziger Jahren noch vorherrschte, überwog bei den kreisfreien Städten über 100.000 Einwohnern immer mehr die Anbindung an das Sozialamt, gefolgt von der eigenständigen Organisation (Familienfürsorge als selbständiges Amt) (ebenda). In den größeren Städten, die in der Regel als Vorbilder dienten, hatte sich damit also der Bedeutungsverlust der Gesundheitsämter und das gewandelte Begriffsverständnis der Sozialverwaltung – womit seitdem meistens nur noch die Bereiche Sozial- und Jugendamt assoziiert wurden – zuungunsten der Gesundheitsfürsorge und zugunsten der pädagogischen ‚Jugendarbeit' organisatorisch niedergeschlagen.

Neben der ungebrochenen Dominanz der Familienfürsorge zeigten sich erste Auswirkungen der Forderung nach Neuorganisation im Sinne einer ‚ganzheitlichen' *Fallbearbeitung*: Während 1957/58 erst 46% der Jugendämter mit einem kombinierten Innen- und Außendienst arbeiteten –1969 nur 44% – waren es 1975/76 bereits knapp 64%. Hinsichtlich der organisatorischen Differenzierung der Sachbearbeitung ergaben sich der Befragung zufolge offenbar nur wenig Veränderungen. Nach wie vor dominierte bis Anfang der siebziger Jahre die traditionelle Differenzierung nach Sachgebieten, hauptsächlich analog zum gesetzlichen Aufgabenkatalog, dann nach Buchstaben und Bezirken, wobei Kombinationen mehrerer Systeme insbesondere bei den kreisfreien Städten über 100.000 Einwohnern zu finden waren, während vornehmlich bei den kleineren Landkreisen und kreisangehörigen Städten die Differenzierung meist nur nach einem System erfolgte (Viernstein, N./Gaensslen, H. 1971: 34 f.). Die neuerdings propagierte *Gruppenarbeit* praktizierten bis 1975/76 lediglich gut 12% der Jugendämter, wobei diese Form anscheinend überwiegend bei ‚eingriffsorientierten' Aufgaben, d.h. für die Absicherung von unter Umständen ‚unpopulären' Entscheidungen und weniger für die Suche kreativer Hilfsmöglichkeiten angewandt wurde (Schrapper, Ch./ Wickenbrock, W. 1987: 68 f.).

Bemerkenswert sind schließlich auch die Antworten auf die Frage nach den Kriterien für die *quantitative Aufgabenbemessung* pro Sachbearbeiter. In weit über der Hälfte der Antworten wurde das traditionelle Kriterium der Zahl der Einwohner (ca. 58%) angegeben, die geographische Größe nannten knapp 5%, während 16% ‚andere Gründe' und ca. 11% die Kategorie ‚mehrere Gesichtspunkte' bejahten; immerhin gut 10% fanden sich unter ‚keine Angaben' oder ‚keine Gesichtspunkte' (Viernstein, N./Gaensslen, H. 1971: 48).

Veränderungen ergaben sich schließlich hinsichtlich des *Personals* der Jugendämter. Neben der starken quantitativen Zunahme war zwischen 1957/58 und 1969 auch eine auffällige Steigerung des Ausbildungsniveaus und in der Eingruppierung festzustellen. Bei der Zahl des Personals legten insbesondere die kleineren Städte und Landkreise insgesamt verhältnismäßig überdurchschnittlich zu (Viernstein, N./Gaensslen, H. 1971: 54 ff.; Dritter Jugendbericht (BMJFG) 1973: 49). Dagegen fand eine Verschiebung zu höheren Gruppierungen (höherer und gehobener Dienst) zwar in allen Gemeinde- und Gebietsgrößenklassen, jedoch in etwas stärkerem Ausmaß in größeren Gebietskörperschaften statt. Auffällig ist in diesem Zusammenhang auch die absolute und relative Zunahme des Aufgabengebietes ‚Allgemeine Verwaltung', das 1969 im Durchschnitt ein Viertel des Personals im Jugendamt in Anspruch nahm (Dritter Jugendbericht (BMJFG) 1973: 52 f.). Weitere Veränderungen ergaben sich bei der Ausbildung. Während 1957/58 noch über 60% der Jugendamtsleiter über eine Verwaltungsausbildung verfügten, war ihr Anteil im Jahr 1969 nur noch sehr gering, fast drei Viertel der Leiter verfügten formal über eine soziale bzw. sozialpädagogische Qualifikation. Stark zugenommen hat auch der Anteil der Jugendamtsleiter mit abgeschlossener Universitäts- oder Hochschulausbildung: 1957/58 waren es nur gut 5%, 1969 mehr als 20%, wobei der Anteil zwischen 25% in den kreisfreien Städten mit über 100.000 Einwohnern und nur 2,5% in den Landkreisen unter 50.000 Einwohnern variierte (Viernstein, N./ Gaensslen, H. 1971: 66). Auch das jugendfürsorgerische Personal als Hauptzweig des Jugendamtes war 1969 überwiegend entweder sozialpädagogisch (ca. 38%) oder verwaltungstechnisch (ca. 33%) ausgebildet, nur 19% verfügten über keine der genannten Ausbildungen. Allerdings war der Anteil mit Hochschulbildung ebenso gering (ca. 2%) wie der mit der von der Fachwelt favorisierten Doppelausbildung, wobei schließlich auch bei der Ausbildung des jugendfürsorgerischen Personals das bereits für die Leiter festgestellte Stadt-Land-Gefälle auftritt (ca. 6% hatten eine Verwaltungs- und sozialpädagogische Qualifikation; Viernstein, N./ Gaensslen, H. 1971: 73 f.).

2. Wachstum und Differenzierung der Sozialverwaltung am Beispiel der Stadt Nürnberg

a) Die Ausgaben

Die Entwicklung der Nürnberger Sozialverwaltung befand sich in den sechziger Jahren zunächst in einem gegenüber früheren Zeiten ruhigen Fahrwasser. Die wirtschaftlichen Rahmendaten waren gut, die Steuerquellen sprudelten und die Zahl der zu unterstützenden Sozialhilfefälle ging zurück. Daran änderte auch der kurzfristige wirtschaftliche Konjunktureinbruch von 1966/1967 wenig. Erst mit dem vorläufigen allgemeinen Ende der wirtschaftlichen Prosperität ab Mitte der siebziger Jahre verengte sich aufgrund stagnierender oder sogar rückläufiger Steuereinnahmen der finanzielle Spielraum, was sich erstmals in der Nachkriegsentwicklung dem Anschein nach in Sparmaßnahmen auswirkte[278] und zumindest den Anstieg der Ausgaben begrenzte.

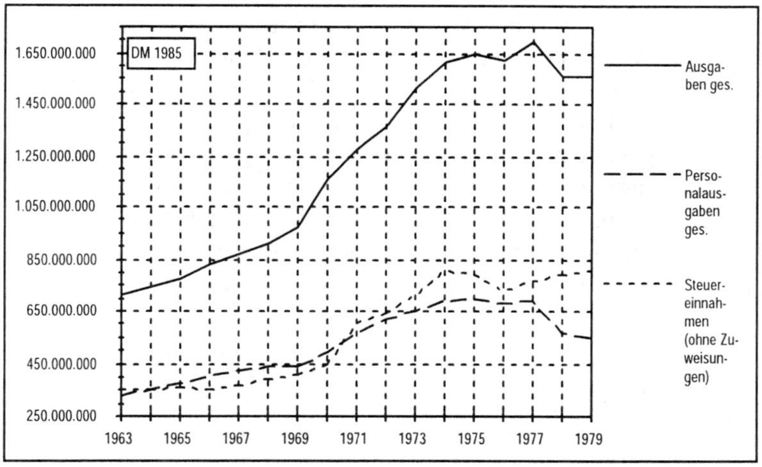

Abbildung 31: Gesamt- und Personalausgaben sowie Steuereinnahmen der Stadt Nürnberg, 1963-1979

Quelle: Eigene Berechnung nach Haushaltsplänen der Stadt Nürnberg, Verwaltungshaushalt, jeweils Bruttoausgaben, Preisindex der Lebenshaltung für Arbeitnehmerhaushalte mit mittlerem Einkommen (StBA, StJb 1994: 662)

[278] Wie stark diese Sparmaßnahmen wirklich waren, kann hier nicht genau gesagt werden, da im gleichen Zeitraum mehrere Änderungen der Haushaltssystematik auftraten: So wurden z.B. ab 1978 die Ausgaben für die Krankenanstalten (nominal ca. 200 Mio. DM) in einem eigenen ausgelagerten Haushalt geführt, was den starken Rückgang der Ausgaben von 1977 auf 1978 erklärt. Außerdem fanden sich bspw. 1788 Mitarbeiter des Polizeipräsidiums ab 1975 nicht mehr im Nürnberger Stellenplan ausgewiesen.

Die Entwicklung der Ausgaben für Soziale Angelegenheiten verlief im Vergleich zu jener der Gesamtausgaben der Stadt Nürnberg bis Mitte der siebziger Jahre ähnlich, was sich daran zeigt, daß der Anteil für ‚Soziale Angelegenheiten' keinen besonderen Schwankungen unterlag: Er bewegte sich zwischen ca. 12% (1963), 13,5% (1967) und wieder 11% (1970). Danach erfolgte jedoch eine Ausweitung auf 13,5% (1975) und auf über 16% (1980). Absolut gesehen stiegen die Ausgaben für Soziale Angelegenheiten der Stadt Nürnberg zunächst zwischen 1966 und 1968 deutlich an, zwischen 1968 und 1970 stagnierten sie oder waren rückläufig, wonach sie aber *ab 1970* enorm zulegten (nachfolgende Abb. 32). So verdoppelten sich die Sozialausgaben in Nürnberg zwischen 1970 (knapp 130 Mio. DM) und 1978 (gut 260 Mio. DM, in Preisen von 1985).

Erst danach, also in den späten siebziger Jahren, traten merkliche Sparmaßnahmen auf den Plan. Damit verlief die Entwicklung der Ausgaben für Soziale Angelegenheiten in Nürnberg überwiegend analog zu jener der gesamten Sozialhilfeausgaben in der Bundesrepublik (vgl. Abb. 32 u. 27), mit Ausnahme der in Nürnberg drastischer ausfallenden Sparmaßnahmen Ende der siebziger Jahre: Während bei den bundesdeutschen Ausgaben für Sozialhilfe lediglich ein Rückgang des Wachstums auftrat, waren diese in Nürnberg absolut rückläufig (jeweils in Preisen von 1985, vgl. Abb. 39, Tab. 7 nachfolgend). Bemerkenswert ist auch, daß der Anteil des Zuschußbedarfs – d.h. die letztlich von der Stadt Nürnberg aufzubringenden Kosten – an den gesamten Ausgaben für Soziale Angelegenheiten im Untersuchungszeitraum von 58% im Jahr 1963 auf 46% Ende der siebziger Jahre gesunken war, d.h. die durch Erstattungsleistungen haben sich zugunsten der Stadt Nürnberg in dieser Zeit trotz zunehmender Ausgaben relativ verbessert.[279]

[279] Leider fehlt in den Haushaltsplänen eine genauere Ausweisung des Zuschußbedarfs bezogen z.B. auf die Personalausgaben, weshalb in der Folge bei der Darstellung der Zusammensetzung der Ausgaben für Soziale Angelegenheiten darauf nicht weiter eingegangen werden konnte.

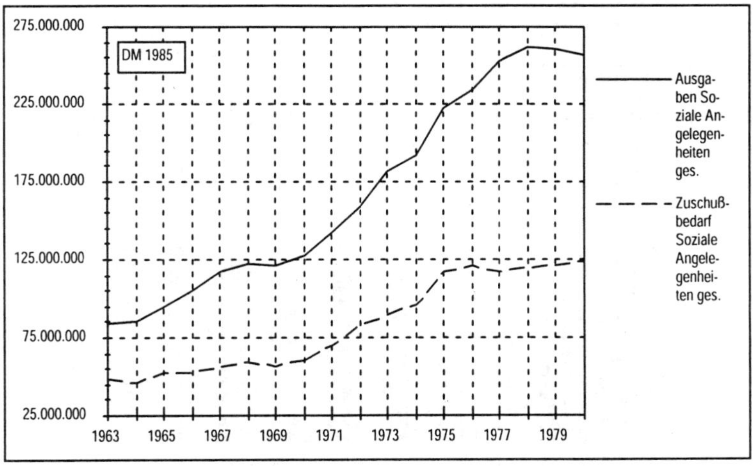

Abbildung 32: Gesamtausgaben für Soziale Angelegenheiten der Stadt Nürnberg, 1963-1980

Quelle: Eigene Berechnung nach Haushaltsplänen der Stadt Nürnberg, Verwaltungshaushalt, Preisindex der Lebenshaltung (StBA, StJb 1994: 662)

Die *Zusammensetzung* und die Entwicklung der verschiedenen Unterabschnitte der Haushaltstitel der sozialen Angelegenheiten[280] zeigen, daß der Anstieg im Zeitraum *bis 1975* einerseits hauptsächlich beim Personal und im personalintensiven Bereich, wie bei den Anstalten (hier vor allem im Alters- und Jugendbereich), andererseits bei den Jugendhilfeleistungen zu verzeichnen war, weniger jedoch bei den Ausgaben für Sozialhilfe, die zwischen 1963 und 1972 eher stagnierten. Absolut gesehen verdoppelten sich die Personalausgaben zwischen 1963 (knapp 35 Mio.) und 1974, als sie knapp 70 Mio. DM betrugen (alle Angaben in Preisen von 1985). Ebenso verdoppelten sich die Ausgaben für die Einrichtungen der Sozialhilfe beinahe (der Löwenanteil entfiel auf alle Arten von Altenheimen); um mehr als das Doppelte wuchsen sogar die Ausgaben für Einrichtungen der Jugendhilfe; hier sind auch Kindergärten und -horte enthalten (vgl. Abb. 33).

[280] Aufgrund der nachlassenden Bedeutung der Gesundheitsämter und dem sich immer mehr auf das Sozial- und Jugendamt verengenden Begriffsverständnis von Sozialverwaltung konzentriere ich mich in der Folge vorwiegend auf diese beiden Bereiche.

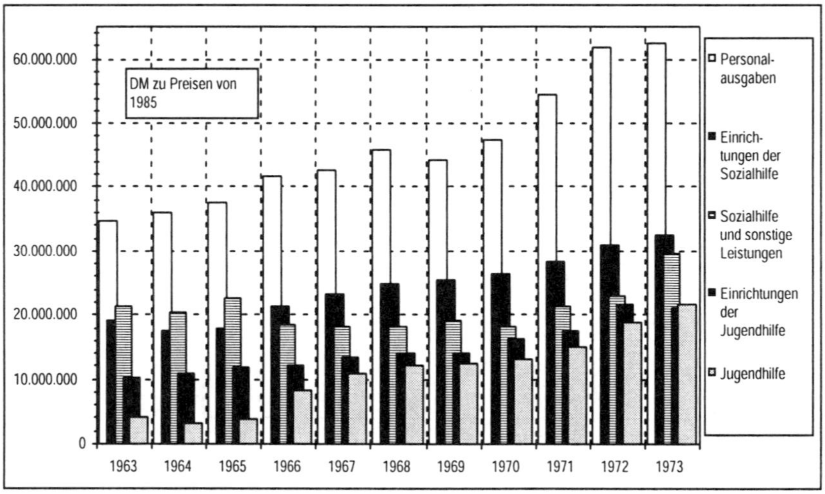

Abbildung 33: Struktur der Ausgaben für Soziale Angelegenheiten der Stadt Nürnberg, 1963-1973

Quelle: Eigene Berechnung nach Haushaltsplänen der Stadt Nürnberg, Verwaltungshaushalt, jeweils Bruttoausgaben, Preisindex der Lebenshaltung (StBA, StJb 1994: 662)

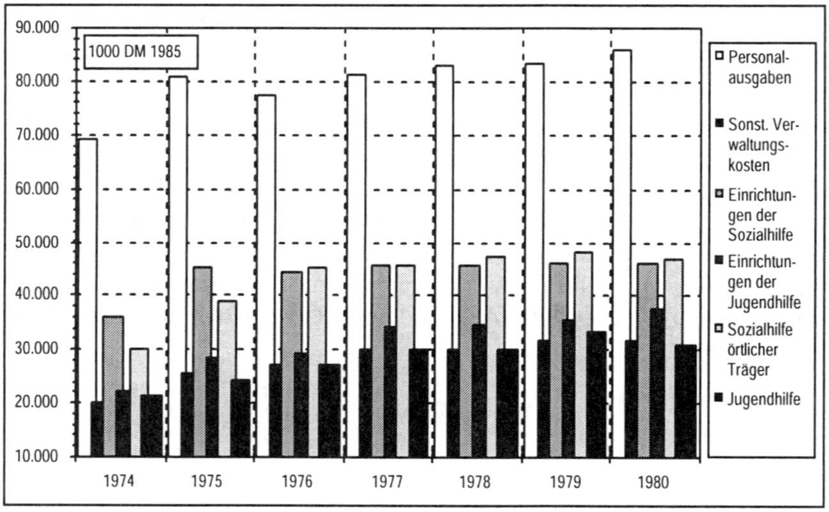

Abbildung 34: Struktur der Ausgaben für Soziale Angelegenheiten der Stadt Nürnberg, 1974-1979

Quelle: Eigene Berechnung nach Haushaltsplänen der Stadt Nürnberg, Verwaltungshaushalt, jeweils Bruttoausgaben, Preisindex der Lebenshaltung (StBA, StJb 1994: 662)

Ab *1973 bis 1976* explodierten die Sozialhilfeaufwendungen mit starken *Wachstumsraten*, während sich das Wachstum in den personalintensiven Bereichen verlangsamte. Die Ausgaben für Sozialhilfe und sonstige Leistungen verdreifachten sich beinahe von knapp 20 Mio. (1970/71) auf knapp 60 Mio. in den Jahren 1976/77. Danach verminderten sich die Wachstumsraten in fast allen Bereichen der Ausgaben für ‚Soziale Angelegenheiten' wieder– außer bei den Ausgaben für Einrichtungen der Jugendhilfe, die sich auch zwischen 1973 und 1980 noch fast verdoppelten.

Stark überdurchschnittlich wuchsen also im *gesamten* Zeitraum insbesondere die Ausgaben im Jugendhilfebereich, die im Durchschnitt pro Jahr ca. 5% zulegten, aber auch die Zuschüsse an die ‚private Wohlfahrtspflege' verzeichneten ab 1970 zum Teil zweistellige jährliche Zuwachsraten (vgl. Tab. 7). Im Zeitraum von 1976-1980 wiesen diese Ausgaben hier sogar die höchsten Zuwächse auf. Das heißt, daß die Stadt Nürnberg in der Krise vermutlich versucht hat, eine Entlastung über die Zuschüsse an ‚private' Träger zu erreichen, womit sie außerdem dem Trend der wachsenden Selbsthilfebewegung entgegenkam. Sehr hohe jährliche Anstiege (zum Teil über 30%) gab es schließlich auch bei den Ausgaben für Sozialhilfe zwischen 1971 und 1976.

Tabelle 7:

Veränderung der Ausgaben für Soziale Angelegenheiten der Stadt Nürnberg gegenüber dem Vorjahr in %, 1963-1980

	1964	**1965**	**1966**	**1967**	**1968**	**1969**	**1970**	**1971**	**1972**	**1973**
Soziale Angelegenheiten ges.	1,1	10,7	11,8	10,3	4,8	-0,6	5,4	10,8	12,4	13,8
Personalausgaben	3,5	4,2	11,6	1,8	8,0	-3,3	6,9	14,5	13,7	0,9
Sozialhilfe und sonstige Leistung.	-5,2	11,8	-19,0	-0,7	0,4	4,4	-5,3	17,1	7,5	30,2
Einrichtungen der Sozialhilfe	-8,6	2,9	19,5	8,4	7,1	2,9	3,1	7,5	8,8	5,7
Jugendhilfe	-24,5	15,8	120,8	30,9	14,1	0,2	7,0	13,4	25,9	15,6
Einrichtungen der Jugendhilfe	6,5	9,6	2,4	11,0	2,8	0,1	16,2	7,8	24,2	-2,3
Förderung der ‚freien' Wohlfahrtspflege	8,6	0,3	-3,5	-0,1	-0,9	2,3	21,9	16,7	14,0	66,4

...

	1974	1975	1976	1977	1978	1979	1980	Ø	Ges.
Soziale Angelegenheiten ges.	5,6	15,8	5,4	8,1	3,5	-0,3	-1,8	**3,9**	**203,3**
Personalausgaben	10,8	16,8	-3,8	4,8	2,1	0,3	3,1	**3,5**	**147,0**
Sozialhilfe und sonstige Leistung.	16,4	34,5	17,7	3,0	3,7	2,6	-4,2	**3,7**	**168,7**
Einrichtungen der Sozialhilfe	10,1	25,7	-2,0	3,0	0,1	0,8	0,2	**3,4**	**141,7**
Jugendhilfe	-1,3	12,8	12,5	11,3	-0,8	11,3	-6,9	**5,1**	**630,5**
Einrichtungen der Jugendhilfe	5,5	27,5	3,0	16,8	1,3	3,0	5,2	**4,3**	**268,8**
Förderung der ‚freien' Wohlfahrtspflege	-14,7	-24,0	29,1	8,3	8,3	8,0	13,6	**4,2**	**245,9**

Quelle: Eigene Berechnung nach Haushaltsplänen der Stadt Nürnberg, Verwaltungshaushalt, jeweils Bruttoausgaben, Preisindex der Lebenshaltung (StBA, StJb 1994: 662),[281]

Die beschriebene Entwicklung der verschiedenen Ausgaben für ‚Soziale Angelegenheiten' der Stadt Nürnberg schlug sich schließlich auch in der Veränderung der Zusammensetzung nach *Prozentanteilen* nieder (Tab. 8). Dabei drückt sich vor allem die überproportionale Zunahme der Leistungen für Sozial- (ab 1973) und Jugendhilfe (ab 1966) in wachsenden Anteilen aus, was zum Teil wiederum mit einem Rückgang des Anteils der Personalausgaben einher ging, wie z.B. erstmals merklich im Jahr 1973, als dieser von knapp 39% auf gut 34 % fiel. Der Personalausgabenanteil pendelte sich danach auf einem Niveau von knapp 35% ein. Nimmt man die Verwaltungskosten noch hinzu, so machten diese beiden Anteile jedoch zusammen 1980 immerhin noch fast die Hälfte, d.h. ca. 46% der Ausgaben für ‚Soziale Angelegenheiten' aus.

Tabelle 8:

Anteile diverser Ausgaben für Soziale Angelegenheiten der Stadt Nürnberg in %, 1963-1980

	1963	1964	1965	1966	1967	1968	1969	1970	1971	1972
Personalausgaben	41,1	42,1	39,6	39,5	36,5	37,6	36,5	37,0	38,3	38,7
Sozialhilfe und sonstige Leistungen	25,3	23,7	24,0	17,4	15,6	15,0	15,7	14,1	14,9	14,3
Jugendhilfe	5,0	3,8	3,9	7,8	9,2	10,0	10,1	10,2	10,5	11,7
Förderung der ‚freien' Wohlfahrtspflege	3,4	3,7	3,3	2,9	2,6	2,5	2,5	2,9	3,1	3,1

...

[281] Der starke Anstieg der Ausgaben für Jugendhilfe und der gleichzeitige Rückgang derjenigen für Sozialhilfe zwischen 1965 und 1966 resultiert aus einer Verlagerung der Ausgaben für Pflegekinder sowie für Kinder in Anstalten und Heimen, die ab 1966 bei der Jugendhilfe gebucht wurden (Haushaltsplan der Stadt Nürnberg 1966: XXXVII.

	1973	1974	1975	1976	1977	1978	1979	1980
Personalausgaben	34,3	36,0	36,3	33,1	32,1	31,7	31,9	33,5
Sonst. Verwaltungskosten		10,5	11,4	11,7	11,8	11,5	12,2	12,3
Sozialhilfe und sonstige Leistungen	16,3							
Sozialhilfe örtlicher Träger		15,5	17,4	19,1	17,9	17,9	18,1	18,2
Jugendhilfe	11,9	11,1	10,8	11,6	11,9	11,4	12,7	12,1
Förderung der ‚freien' Wohlfahrtspflege	4,6	3,7	2,4	3,0	3,0	3,1	3,4	3,9

Quelle: Eigene Berechnung nach Haushaltsplänen der Stadt Nürnberg, (Planansätze, jeweils Brutto).[282]

Abschließend soll betrachtet werden, wie sich die bundesweit beobachteten Sparmaßnahmen in Nürnberg ausgewirkt haben. Setzt man jeweils die *laufenden* Barleistungen und *laufend* unterstützten Fälle sowie den Quotienten daraus als grobes Maß für die Höhe der Unterstützungsleistungen pro Fall in ihrer Entwicklung zueinander in Beziehung (vgl. Tab. 9, Abb. 35), so lassen sich folgende Aussagen treffen. Die Höhe und das Wachstum der laufenden Barleistungen hing, wie erwartet, sehr stark von der Zahl der laufend unterstützten Fälle ab. Nicht in selbem Maße kongruent verlaufen aber die laufenden Barleistungen pro laufend unterstützte Fälle. Hier gibt es Phasen der ähnlichen, wie 1969/70, aber auch gegenläufigen Entwicklung – analog zu der oben beschriebenen für die gesamte Bundesrepublik. Insbesondere in der Zeit der sehr hohen Wachstumsraten der Sozialhilfefälle in den *frühen* siebziger Jahren waren die Unterstützungszahlungen pro Fall rückläufig. So scheint das Fürsorgesystem, in Reaktion auf die Explosion der wohl – trotz vorkommender Abschrekkungspraxis – kaum beeinflußbaren Fallzahlen eher bei den Unterstützungszahlungen Spielraum gehabt zu haben. Berücksichtigt werden müssen in diesem Zusammenhang die gesetzlich bestimmten Leistungsveränderungen, wie z.B. jene des Dritten Änderungsgesetzes zum BSHG von 1974, was sich in der sehr starken Steigerung der laufenden Barleistungen pro laufend unterstützten Fällen zwischen 1974 und 1978 widerspiegelt. Weiter wirkte sich die in der zweiten Hälfte der siebziger Jahre ausgesetzte Anpassung der Regelsätze an die Preisentwicklung in der sinkenden Unterstützungshöhe pro Fall aus. Sehr wahrscheinlich ist aber auch das Sparen bei einmaligen und zusätzlichen Leistungen, wie z.B. für Kleidung und Möbel – d.h. es wurde hier unter Orientierung an dem vorhandenen Budget auf mehr Fälle möglichst entsprechend weniger verteilt.

[282] Der fehlende Rest verteilt sich vor allem auf „Sonstige soziale Maßnahmen" und „Sozialhilfe", die nach Art. 10 Abs. 2 AAGBSHG durchgeführt wird sowie sonstige soziale Leistungen, d.h. z.B. Unterstützung für Kriegs- und Zivildienstleistende oder Wohngeld, wobei der Zuschußbedarf der Stadt, d.h. der Anteil der von ihr zu tragenden Kosten gegen Null geht; Verwaltungsausgaben wurden ab 1974 extra ausgewiesen.

Tabelle 9:

Laufend unterstützte Sozialhilfefälle und laufende Barleistungen der Stadt Nürnberg, 1964-1980

	1964	**1965**	**1966**	**1967**	**1968**	**1969**	**1970**	**1971**	**1972**	**1973**
Laufend unterstützte Fälle	3.637	3.525		3.337	3.371	3.277	3.359	3.809	4.905	5.360
Veränderung geg. Vorjahr in %	*-0,7*	*-3,1*		*-5,3*	*1,0*	*-2,8*	*2,5*	*13,4*	*28,8*	*9,3*
Laufende Barleistungen in 1000 DM 1985	10.682	9.417	8.850	9.806	9.424	9.173	9.983	11.250	13.173	13.663
Veränd. geg. Vorjahr in %	*30,6*	*-11,8*	*-6,0*	*10,8*	*-3,9*	*-2,7*	*8,8*	*12,7*	*17,1*	*3,7*
Veränderung lfd. Barleistungen / lfd. unterstützte Fälle geg. Vorjahr in %	31,4	-9,0		10,0	-4,9	0,1	6,2	-0,6	-9,1	-5,1
Veränderung Regelsatz geg. Vorjahr in % (DM 1985)								*16,1*	*4,0*	*0,3*

...

	1976	**1977**	**1978**	**1979**	**Ø**	**Ges.**
Laufend unterstützte Fälle	5.486	5.390	5.252	5.567		
Veränderung geg. Vorjahr in %	*2,35*	*-1,7*	*-2,6*	*6,0*	*2,1*	*52,1*
Laufende Barleistungen in 1000 DM 1985	16.556	18.315	18.736	16.858		
Veränderung geg. Vorjahr in %	*21,17*	*10,6*	*2,3*	*-10,0*	*3,2*	*106,1*
Veränderung lfd. Barleistungen / lfd. unterstützte Fälle geg. Vorjahr in %	*18,39*	*12,6*	*5,0*	*-15,1*	*1,6*	*35,5*
Veränderung Regelsatz geg. Vorjahr in % (DM 1985)	*0,4*	*2,4*	*-2,1*	*-0,6*	*2,2*	*25,0*

Das Jahr 1966 blieb z.T. ausgespart, weil der zu verzeichnende starke Rückgang der Fallzahlen in der Sozialhilfe hauptsächlich aus der Abgabe von Jugendhilfefällen an das Jugendamt resultiert (vgl. Verwaltungsbericht der Stadt Nürnberg 1965-67: 159 f.). Für die Jahre 1974 u. -75 lagen keine Fallzahlen vor. Die Regelsatzveränderung betrug 1974 +4,7%, 1975 -1,5% gegenüber dem Vorjahr.

Quelle: Eigene Berechnung nach Verwaltungsberichte der Stadt Nürnberg, Statistische Nachrichten der Stadt Nürnberg 3/1988: 20; StBA: Preisindex der Lebenshaltung Fachserie 17, Reihe 7 (Index für 2-Personen-Haushalte von Renten- und Sozialhilfeempfängern mit geringem Einkommen) (1995: 93).

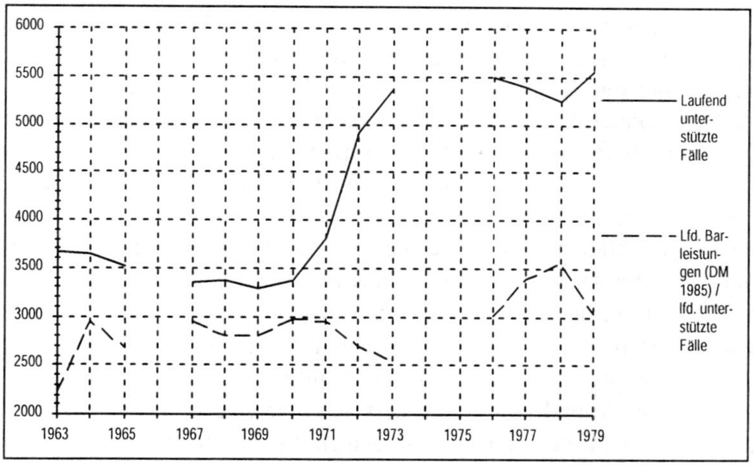

Abbildung 35: Laufend unterstützte Sozialhilfefälle und laufende Barleistungen / laufende Fälle der Stadt Nürnberg

Quelle: Eigene Berechnung nach Verwaltungsberichten der Stadt Nürnberg und StBA: Preisindex der Lebenshaltung, Fachserie 17, Reihe 7; Preisindex für Lebenshaltung, 2-Personen-Haushalte von Renten- und Sozialhilfeempfängern mit geringem Einkommen;1995: 93).

b) Organisation und Aufgaben

Zunächst fällt auf: Die Zahl der *Stellen* der Nürnberger Sozialverwaltung wuchs im Vergleich zu den Gesamtausgaben Sozialer Angelegenheiten in den sechziger und siebziger Jahren *weniger* stark. Die durchschnittlichen Zuwachsraten betrugen für die Stellen der Bereiche Soziales und Jugend insgesamt lediglich 1,5% pro Jahr (vgl. Tab. 24 im Anhang), im Gegensatz zur jährlichen Steigerung der Gesamtausgaben für Soziale Angelegenheiten von 3,9 % (in Preisen von 1985). Auch die Steigerungsrate der Personalausgaben für Soziale Angelegenheiten lag mit einem jährlichen durchschnittlichen Plus von 3,5% höher als jene der Stellenentwicklung, d.h. die Steigerung der Personalausgaben resultierte wohl in dieser Zeit mehr aus Stellenhebungen oder Lohnerhöhungen, weniger durch neue Stellen. Eine eher ‚ruhige' Entwicklung spiegelt daher auch die Stellenentwicklung nach den jeweiligen Organisationseinheiten wider, wie sie anhand der Tab.24 (im Anhang) zu verfolgen ist.

Die Aufgliederung nach *Aufgabenbereichen* (Abb. 36) zeigt jedoch ein sehr uneinheitliches Bild. Im Bereich ‚*Soziales*' fand der Ausbau von Stellen vor allem bei den *Altersversorgungsanstalten* statt und zwar, dies hatten auch die Ausgaben angezeigt, zwischen 1966 und 1975. Hier gab es ein jährliches durchschnittliches Wachstum von 4,4% und eine Verdreifachung der Zahl der

Stellen innerhalb von 10 Jahren, nämlich zwischen 1965 und 1975. Im Gegensatz dazu erwies sich die Besetzung im Bereich der Bewältigung des Lastenausgleichs und der Kriegsfolgen von 1965 bis 1969 erst stark, danach aber schwächer rückläufig und am Ende stagnierend, was das Beharrungsvermögen einmal geschaffener Verwaltungsorganisationen zu bestätigen scheint. Erst stagnierend, dann abnehmend war bis 1973 auch die Zahl der Stellen beim Sozialamt; erst ab 1973 bis 1980, stieg diese, allerdings sehr verhalten an – ganz im Gegensatz zum steilen Anstieg der Fallzahlen, so daß beim Sozialamt im Untersuchungszeitraum insgesamt sogar eine leicht rückläufige Stellenzahl auftrat. Schließlich ist bei den Anstalten des Sozialamtes überwiegend ein, allerdings verhaltenes, Stellenwachstum zu beobachten. Dieses fällt zahlenmäßig jedoch kaum ins Gewicht, weshalb es in der Abbildung auch dem Sozialamt hinzugerechnet wurde und nicht gesondert auftauchte; ebenso eine Randstellung fristet bis zu Beginn der siebziger Jahre auch die Familienhilfe, die erst danach ein merkliches Stellenwachstum verzeichnete.

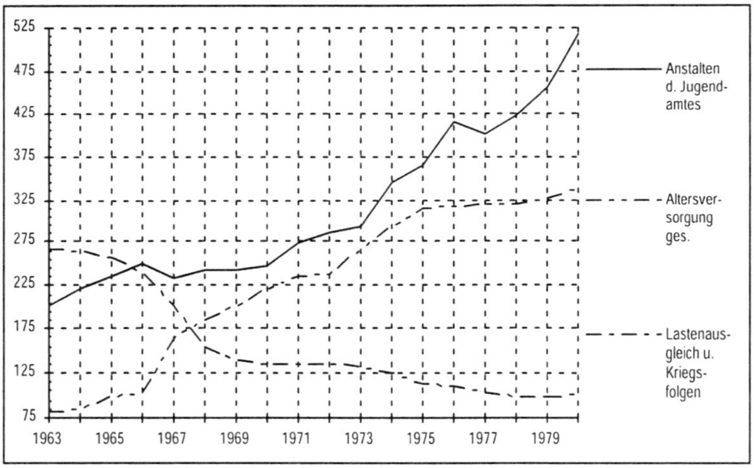

Abbildung 36: Stellen der Sozialverwaltung der Stadt Nürnberg nach Aufgabenbereichen, 1962-1980

Quelle: Haushaltspläne der Stadt Nürnberg (Stellenplan Beamte und Angestellte)

Im Gegensatz zu dieser in den angesprochenen Aufgabenbereichen ‚Soziales' sehr unterschiedlichen Entwicklung trat im *Jugendbereich* ein überwiegendes und im Vergleich zur gesamten Nürnberger Sozialverwaltung verhältnismäßig starkes Stellenwachstum auf, mit einer in den sechziger und siebziger Jahren jährlichen Steigerungsrate von gut 3%. Dieses Wachstum war innerhalb des Bereichs Jugend stärker bei den Einrichtungen zu verzeichnen. Immer mehr Stellen wurden vorwiegend bei den Kindergärten und -horten oder sonstigen Freizeit-, Beratungs- und Betreuungseinrichtungen geschaffen, also nicht im polizeilich orientierten ‚Eingriffssektor' für die erzieherisch ‚problematischen' Kinder und Jugendlichen, sondern im pädagogisch ‚leistenden' Bereich für alle Kinder und Jugendlichen. Aber auch beim in der zweiten Hälfte der *sechziger* Jahre stärker ausgebauten Jugendamt selbst wurden immer mehr pädagogische Aufgaben angesiedelt, wie anhand der Organisationsstruktur auszuführen sein wird. Allerdings muß das Jugendamt nach dieser Blütezeit ab 1971 auch Stelleneinbußen, insbesondere zu Beginn der sich intensivierenden wirtschaftlichen Krise Mitte der siebziger Jahre, hinnehmen. Dieses wird jedoch in der zweiten Hälfte der siebziger Jahre wieder von Stellenwachstum abgelöst, so daß insgesamt doch der Ausbau überwog und im Untersuchungszeitraum ein durchschnittliches jährliches Stellenwachstum von 1,7% realisiert wurde.

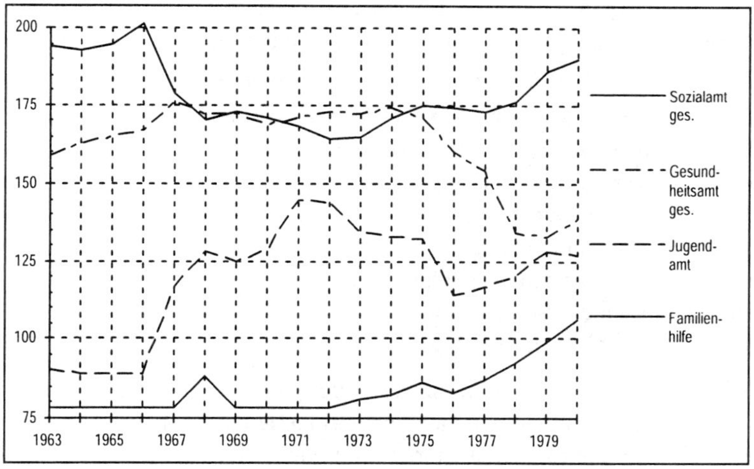

Abbildung 37: Stellen der Sozialverwaltung der Stadt Nürnberg nach Aufgabenbereichen, 1962-1980

Quelle: Haushaltspläne der Stadt Nürnberg (Stellenplan Beamte und Angestellte)

Dagegen überwog schließlich beim *Gesundheitsamt* der Stellenrückgang, der sich besonders ab Mitte der siebziger Jahre stärker bemerkbar machte und vor allem bei den ‚Anstalten' des Gesundheitsamtes, wie bei der Tuberkulosefürsorgestelle oder der Desinfektionsanstalt (Auflösung 1976) auftrat, was zum Teil aber aus der Abgabe des Bereiches ‚Kindergenesungs- und -kurheime' an das Jugendamt resultierte. Betrachtet man allein die Verwaltung des Gesundheitsamtes im engeren Sinne, so ergibt sich auch hier insgesamt ein Plus von über 40%, das vor allem aus der Übernahme neuer Aufgaben resultierte, wie der Drogen- Behinderten- und Schwangerenabbruchberatung.

Die Neugründungen und Auflösungen von *Organisationseinheiten* (vgl. Tab. 25 im Anhang) bestätigen, daß sich beim Sozial- und Gesundheitsamt eher weniger, beim Jugendamt dafür um so mehr verändert hat. Aufgelöst wurden im Bereich des Sozialamtes die Stellen für die landwirtschaftlichen Arbeitsbetriebe (1973), d.h. die Arbeitsfürsorge nach altem disziplinierendem Muster schien damit, zumindest vorläufig, ausgedient zu haben – trotz gewisser Widerstände der Verwaltung.[283] Außerdem schloß man angesichts noch sinkender Fallzahlen zunächst verschiedene Außenstellen des Sozialamtes: Im Jahr 1967 erfolgte die Auflösung des Kreisamtes Ost sowie der Außenstelle Buch (Verwaltungsbericht 1965/67: 154). Die Außenstelle Laufamholz wurde 1969 „aus organisatorischen Gründen aufgelöst". Desgleichen geschah mit der in Eibach (1970) sowie schließlich mit den Kreisämtern Nord und Süd (Verwaltungsbericht 1968/70: 147). Neu eingerichtet wurden dagegen eine Wohngeldstelle (1968), ‚Ambulante soziale Hilfsdienste' (1980) und Stellen für die Ausländerbetreuung (1979). Ansonsten bleibt zu erwähnen, daß das Evakuierten- und Vertriebenenamt ‚aufgelöst' und in das Ausgleichsamt als HauptabteilungVI (Vertriebenenhilfe) eingegliedert wurde (Verwaltungsbericht 1968/70: 54).

Wie gesagt überwog beim Jugendamt der Ausbau der Einrichtungen. So wurden Stellen oder Organisationsbereiche neu eingerichtet für Schulkindergärten, Kindergärten und -krippen, Wohngruppen und für Behinderteneinrichtungen. Daneben siedelten sich aber auch die von der Fachwelt geforderten ‚modernen' Aufgabenbereiche beim entsprechend sozialpädagogisch gestärkten Jugendamt an. Die organisatorische Differenzierung zeigte sich etwa in Form der Einrichtung eines ‚Sozialen Beratungsdienstes' (1964) oder der ‚sozialtherapeutischen Gruppenarbeit' (1976).

Das Wachstum und die Differenzierung der genannten Bereiche ist einerseits also im Zusammenhang mit neuen institutionellen Leitbildern, d.h. mit dem Trend „weg von der Eingriffsbehörde" hin zur sozialpädagogischen präventiv leistenden Beratungs- und Dienstleistungseinrichtung zu sehen, wie auch der Blick auf die Organisationsstruktur von 1980 zeigt (vgl. Abb. 39, unten). Andererseits entspricht bspw. der Ausbau der Einrichtungen zur Kinderbetreuung, wie schon im vorigen Kapitel angesprochen wurde, einer steigenden gesellschaftlich und politisch induzierten Nachfrage, die vor allem mit der zunehmenden Zahl von Einpersonenhaushalten (1960: 20%; 1980: 30%; Bertram, H./ Gille, H. 1990: 43) und der steigenden Frauenerwerbsquote in Verbindung stehen dürfte. Zwar nahm die Frauenerwerbsquote insgesamt von 1961 bis 1980 (jeweils ca. 33%) in der Bundesrepublik praktisch nicht zu – erst danach stieg sie bis 1987 auf 37% an; jedoch stieg der Anteil der erwerbstätigen Frauen mit

---

[283] Der Verwaltungsbericht der Stadt Nürnberg von 1972/74 äußerte sich folgendermaßen (S. 160): „Arbeitshilfemaßnahmen haben heute kaum mehr Bedeutung. Die Aufnahmefähigkeit des Arbeitsmarktes einerseits und die in den früheren Jahren intensiv durchgeführten arbeitsfürsorgerischen Maßnahmen andererseits, haben dazu geführt, daß kaum noch arbeitsfähige Personen die Hilfe des Sozialamtes in Anspruch nehmen. Trotzdem sind Arbeitshilfeeinrichtungen nicht entbehrlich geworden. Allein ihre Existenz verhindert den ungerechtfertigten Bezug von Sozialhilfe." Jedoch waren auch neue Aufgaben in Sicht: „Daneben werden aber mehr und mehr die Arbeitshilfemaßnahmen in den Dienst der Wiedereingliederung Behinderter gestellt" (ebenda).

Kindern unter 15 Jahren zwischen 1950 und 1982 folgendermaßen an: von 22,5% auf 46,2% (bei 1 Kind), von 21,8% auf 36,7% (bei 2 Kindern) und von 25,7% auf 29,9% (bei 3 und mehr Kindern) (Bertram/Gille a.a.O.), womit allerdings bei unterstelltem Zusammenhang mit der steigenden Anzahl der Kinderbetreuungseinrichtungen noch nicht klar ist, was als Ursache und was als Wirkung anzusehen wäre, denn ein Angebot an Betreuungsplätzen induziert wiederum die Möglichkeit der Müttererwerbstätigkeit und die Nachfrage nach Plätzen in Betreuungseinrichtungen.

Hinsichtlich der Frage des Zusammenhangs von ‚Aufgaben' und Organisation soll in der Folge jedoch das Hauptaugenmerk auf die Aufgabe der wirtschaftlichen Unterstützung und das Sozialamt gelegt werden. Ein interkommunaler Vergleich von Fallzahlen und Personalentwicklung ist beim Jugendamt ohnehin mit erheblichen Schwierigkeiten verbunden und wohl erst in der Entwicklung (vgl. KGSt 1994b). Deshalb sei auf die Abb. 61 zur Entwicklung von Fallzahlen bei Jugendamt zwischen 1980 und 1993 nur der Vollständigkeit halber und zur Illustration hingewiesen (vgl. Anhang). Der quantitative Zusammenhang der Entwicklung von Aufgaben und Organisation beim Nürnberger Sozialamt im Bereich der wirtschaftlichen Unterstützung legt nahe, daß die organisatorische Entwicklung in den sechziger und siebziger Jahren nur ungenügend derjenigen der Aufgaben gefolgt – jedenfalls erfolgte trotz rapidem Ansteigen der Fallzahlen in der Sozialhilfe kein entsprechender Ausbau der Stellen beim Sozialamt, weshalb der Quotient ‚laufend unterstützte Sozialhilfefälle pro Stellen' anstieg (Abb. 38 nachfolgend). Nach einer relativ gleichbleibenden bis leicht rückläufigen Entwicklung der Zahl der Sozialhilfefälle in den sechziger Jahren verschlechterte sich der Schlüssel Fälle pro Stellen aufgrund der stark wachsenden Fallzahlen ab 1970 und der stagnierenden Stellenzahl dramatisch. Erst mit dem Stellenausbau nach 1973 trat im Nürnberger Sozialamt wieder eine leichte Verminderung der quantitativen Arbeitsbelastung auf.

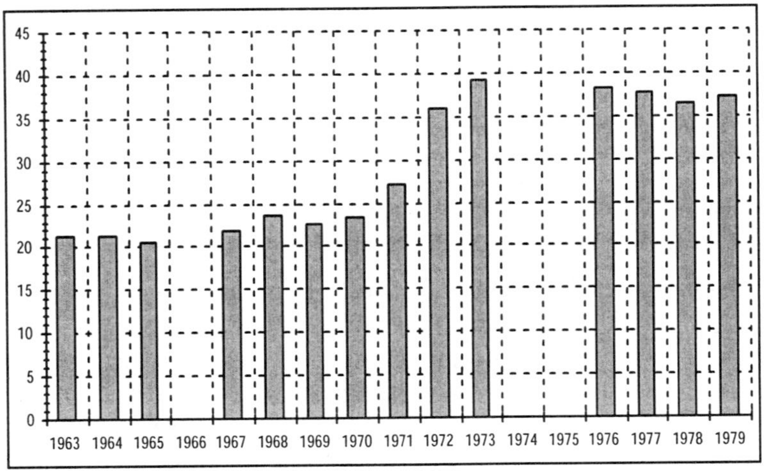

Abbildung 38: Laufende Sozialhilfefälle pro Stelle im Sozialamt der Stadt Nürnberg, 1963-1979

Quelle: Eigene Berechnung nach Verwaltungsberichten der Stadt Nürnberg, Haushalts- und Stellenplänen der Stadt Nürnberg (Beamte und Angestellte ohne Anstalten).

Zusätzlich muß berücksichtigt werden, daß die Fallbearbeitung in qualitativer Hinsicht im Laufe der Zeit sehr wahrscheinlich komplizierter wurde, wenngleich umgekehrt die Programmierung und Standardisierung größer geworden sind, ebenso wie Rationalisierungen in den siebziger Jahren aufgrund der nach und nach eingeführten elektronischen Datenverarbeitung eingetreten sind. Der Verwaltungsbericht von 1962/64 betonte die Arbeitssteigerung, welche durch die Verrechtlichung im Zuge der Reform von 1962 bedingt war: „Diese Gesetze vermehrten die Ansprüche der Hilfeempfänger und brachten vor allem Rechtsansprüche auf Hilfe und Erziehung und damit eine erhebliche Mehrarbeit für die mit der Durchführung dieser Gesetze betrauten Behörden" (Verwaltungsbericht 1962/64: S. 151). Dessenungeachtet war die Arbeitsbelastung im Nürnberger Sozialamt der *sechziger* Jahre vergleichsweise gering. Eine großzügige Besetzung und ‚*organizational slack*' legt der in den sechziger Jahren angestellte *Städtevergleich* mit *München* nahe, worauf im nächsten Abschnitt näher eingegangen wird. Unter Berücksichtigung des Anstiegs der Fallzahlen sowie der häufigen Änderungen in den ‚vorgelagerten' Bereichen des Sozialrechts, was andauernde Neuberechnungen und veränderte Erstattungsansprüche nach sich zog, ist insgesamt in den siebziger Jahren von einer Steigerung der Arbeitsbelastung im Nürnberger Sozialamt auszugehen und damit von einer engeren Kopplung von ‚Aufgaben' und Organisation.

(1) Ergebnisse und Folgen eines Organisationsvergleichs

Daß sich das systematische Nachdenken über Organisationsstrukturen der Sozialverwaltung in den frühen sechziger Jahren durchaus verbreitete, unterstreicht der Organisationsvergleich der Sozialverwaltungen von München und Nürnberg aus dem Jahr 1963,[284] dessen Ergebnisse und Folgen nachstehend aufgezeigt werden sollen. Das Beispiel zeigt, wie die damals vorhandenen Rationalisierungsbestrebungen, wohl aufgrund der günstigen wirtschaftlichen Lage, zunächst weitgehend wirkungslos blieben und sich erst allmählich durchsetzen konnten. Was bereits in der Untersuchung der Nürnberger Sozialverwaltung durch die KGSt im Jahr 1950 festgestellt worden war, nämlich eine weit getriebene Ämterdifferenzierung, woraus die unrationelle Wahrnehmung von allgemeinen Verwaltungsaufgaben resultierte, bestätigte sich auch im Organisationsvergleich von 1963. Die Sozialverwaltung von München, wo alle Verwaltungsaufgaben auf Referatsebene (ohne Gesundheitsverwaltung) zusammengefaßt waren, wies die Vorzüge einer stärkeren Zentralisierung von Verwaltungsaufgaben auf, wobei interessanterweise gleichzeitig mehr Entscheidungen delegiert wurden. Dazu der Prüfungsbericht aus Nürnberg:

> „...so läßt der Vergleich unter Berücksichtigung der Größenverhältnisse beider Städte (in München 44 Kräfte für rund 2.100 Bedienstete, in Nürnberg 54 Kräfte für rund 1150 Bedienstete) doch die günstigere Situation der Arbeitskonzentration in München erkennen. Dieser Effekt sollte sich allerdings auch durch Ämterkonzentration erreichen lassen, indem genügend große Verwaltungseinheiten gebildet werden, die den Einsatz rationeller Arbeitsverfahren und technischer Hilfsmittel wirtschaftlich ermöglichen." (Akten StarchNbg C 58 Nr. 184, S. 2)

Während es in München lediglich ein Sozial-, Jugend- und ein Ausgleichsamt gab, waren in Nürnberg darüber hinaus noch das Pflegamt, die Familienhilfe und die Verwaltung der Altersversorgungsanstalten eigenständige Organisationseinheiten auf Ämterebene. Außerdem erschien auch der Außendienst zu differenziert und überbesetzt. Bspw. gab es in Nürnberg neben der Familienfürsorge noch Ermittler und auch das Jugend- und das Pflegamt hatten noch eigene Außendienste, während in München lediglich das Gesundheitsamt einen solchen Spezialdienst besaß. Der Prüfungsbericht stellt dazu fest:

> „Die Nürnberger Personalausstattung des fürsorgerischen Außendienstes liegt damit erheblich über den in anderen Städten üblichen Richtzahlen" (Akten StarchNbg C 58 Nr. 184, S. 23)

Kamen in Nürnberg auf eine Fürsorgekraft ca. 4.500 bis 5.000 Einwohner, waren es in München fast 7.000 – bei allerdings etwas weniger Sozialhilfefällen pro Kopf. Vergleicht man die Fallbelastung der Außenstellen des Sozialamtes (Kreisämter), so verteilten sich in München 115 Fälle auf eine Kraft,

---

[284] Dieser Städtevergleich wurde mit großem Aufwand öffentlich mit einem Besuch von OB und Stadträten inszeniert, was in den Akten mit Presseabschnitten dokumentiert ist. Für die eigentliche Arbeit wurden Austauschbeamte abgesandt (Bericht, Akten StarchNbg C 58 Nr. 184). Besonders schwierig und langwierig stellte sich danach die Untersuchung der Sozialverwaltung dar, weil hier eine Vielfalt von Aufgaben, große Unterschiede in der Auffassung und Bearbeitung der Sachgebiete und unterschiedliche organisatorische Zuordnungen vorlagen (ebenda: 1).

wogegen in Nürnberg nur 79 Fälle pro Kraft zu bearbeiten waren. Insgesamt, d.h. bezogen auf das gesamte Sozialamt, kam denn auch der Prüfungsbericht aus München zu folgendem Ergebnis:

> „In Nürnberg liegt also personell eine stärkere Besetzung vor, was auch aus der Gegenüberstellung der vergleichbaren Zahl der Dienstkräfte beider Städte … über den Organisationsvergleich hervorgeht" (Akten StarchNbg C 74 Nr. 27, S. 24).

Anteilsmäßig hatte Nürnberg 42% der Einwohner Münchens, 43% der Sozialhilfefälle (Durchschnittswert von 1961), aber 55% der Dienstkräfte (nach Abzug nicht vergleichbarer Aufgaben) (Akten StarchNbg ebenda). Die in Nürnberg insgesamt höhere Stellenbesetzung wirkte sich entsprechend auf die Personalausgaben je Kopf der Bevölkerung aus, die um 23% höher lagen als in München (ebenda).

Deshalb regte auch der Prüfungsbericht des Nürnberger Organisationsamtes an, daß eine Verkleinerung der Organisation der Sozialverwaltung jetzt oder in nächster Zeit möglich sein sollte (Akten StarchNbg C 58 Nr. 184: Bericht, S. 2 f.). Nichtsdestotrotz wurden aus dem Städtevergleich nicht nur Pläne zum Abbau von Stellen und Organisationseinheiten gefolgert sondern auch Reorganisationsvorhaben und Schwerpunktverlagerungen analog neuer Leitkonzepte und Aufgaben entwickelt:

> „Die zentralen Stellen des Sozialamts in München erscheinen funktionsgerechter gegliedert als in Nürnberg… Die Gliederung des Sozialamts in Nürnberg ist durch das Hinzutreten neuer und das Zurücktreten früher bedeutenderer Aufgaben nicht nur unübersichtlich, sondern auch unsystematisch geworden. Das zeigt besonders die Häufung verschiedenartigster und in keiner Weise logisch zusammengehöriger Aufgaben in der Abteilung 1 und die organisatorische Vernachlässigung einiger durch das BSHG stärker betonten neueren Aufgaben – z.B. Gesundheits-, Behinderten- und Gebrechlichenhilfe, Pflegehilfe, Altenhilfe – zu deren planvoller Erfüllung geeignete Mittelstufen innerhalb des Amtes nicht ausreichend geschaffen sind." (Starch Nbg C 58 Nr. 184: 6)

Zur Rechtfertigung der starken organisatorischen Ausdifferenzierung führte man außerdem an, daß der eigene organisatorische Zuschnitt dem KGSt-Gutachten (offen bleibt hier welches gemeint war) entspreche und „in den meisten Städten üblich" sei (StarchNbg C 58 Nr. 184: 2). In ähnlicher Art und Weise wurde hinsichtlich der Frage der organisatorischen Zuordnung der Minderjährigenfürsorge darauf hingewiesen (mit Angabe von Fachliteratur), daß die Fachausschüsse des Deutschen Vereins wie auch die Arbeiterwohlfahrt eine zusammenfassende Ansiedlung beim Jugendamt befürworteten. Diese war in München in einer Abteilung beim Jugendamt zusammengefaßt, wogegen in Nürnberg die beliebte Aufteilung nach der Differenzierung im Recht eben immer wieder Streit um die Zuständigkeit zwischen Sozial- und Jugendamt hervorbrachte. Deshalb werde den Empfehlungen des Deutschen Vereins und dem Vorbild Münchens folgend nun auch in Nürnberg untersucht, ob nicht die Minderjährigenhilfe und die Kinderhilfe beim Jugendamt in einer Abteilung zusammengefaßt werden könnten, was dann offenbar später nach Diskussionen auch so geschah.

Neben der organisatorischen Ausdifferenzierung wurden in dem Prüfungsbericht Fragen der *Ablauforganisation* und des Arbeitsprozesses in Nürnberg bemängelt:

> „In allen Berichten der Austauschbeamten wird auf das komplizierte Genehmigungsverfahren in Nürnberg hingewiesen. Auch im Prüfungsbericht des Prüfverbands wird festgestellt, daß die derzeitige Verteilung der Zuständigkeiten arbeitsbelastend und hemmend wirkt." (Starch Nbg C 58 Nr. 184: 9 ff.)

Während zu dieser Zeit in Nürnberg nur einmalige Geldhilfen oder Sachleistungen bis zu 100 DM im Büroweg entschieden wurden und alle laufenden und größeren einmaligen Leistungen noch in die Kreisamtsbeiräte oder die Kommission für Sozialhilfe bzw. Wohlfahrtsausschuß mußten, entschied damals in München der Wohlfahrtsbezirksausschuß nur Dauerfälle und freiwillige Leistungen. Außerdem wurde in Nürnberg selbstkritisch angemerkt, daß in München generell eine stärkere Entscheidungsdelegation auf die untere Ebenen vorliege, wogegen in Nürnberg eine traditionell vorgegebene Verkomplizierung und Verzögerung durch zu viele eingeschaltete Hierarchieebenen die Entscheidungsfindung belaste (ebenda: 10). Schließlich wurde darauf hingewiesen, daß eine Verhandlung von Einzelfällen in den Ausschüssen mit der Einführung des Rechtsanspruches verzichtbar geworden sei und der ‚Sozialausschuß' nach dem Bayerischen Ausführungsgesetz zum BSHG vom 26.10.1962 nur noch grundsätzliche Angelegenheiten wahrnehmen solle. Zur Komplexität der Nürnberger Entscheidungsprozesse findet sich eine exemplarische Aufzeichnung eines Nürnberger Austauschbeamten. Danach seien für die Unterbringung eines Kindes, dessen Mutter wohnungslos geworden sei bis zur Genehmigung in Nürnberg folgende Stellen eingeschaltet: Sachbearbeiter (dreimal), Arbeitsgruppenleiter (fünfmal), Amtsleiter (zweimal), Referent (zweimal). Außerdem gebe es Besprechungen des Amtes in Gegenwart aller Abteilungsleiter und des Amtsleiters, der Kommission für Sozialhilfe in Gegenwart des Abteilungsleiters, des Amtsleiters und des Referenten. Dagegen sei für den gleichen Fall in München lediglich der Sachbearbeiter zweimal eingeschaltet und der Gruppenleiter einmal. Das Ganze wirkte sich so aus, daß der beschriebene Vorgang in Nürnberg zwei bis drei Wochen länger dauerte.[285]

---

[285] Zur Organisation und zum Arbeitsprozeß fanden sich in dem Bericht noch weitere Details. Beispielsweise benütze man in München mehr Formblätter, wobei die Antragsunterlagen im Gegensatz zu Nürnberg aber von den Sachbearbeitern, nicht von den Antragstellern ausgefüllt würden. Beides sollte in Nürnberg übernommen werden, ersteres weil es rationeller, zweiteres weil es ‚publikumsfreundlicher' sei. Schließlich wurde die Zahlungsweise verglichen, die in Nürnberg ‚bis auf weiteres', in München dagegen befristet angelegt sei, wobei ein erheblich größerer Teil bargeldlos geleistet werde. In Nürnberg erscheine jedoch eine „vollkommen bargeldlose Auszahlung aus fürsorgerischen Gründen nicht zweckmäßig" (Akten StarchNbg C 58 Nr. 184: 16 ff.). Nach den Münchner Unterlagen im Nürnberger Stadtarchiv wurden in Nürnberg nur 15% im Postzahlungsverfahren abgewickelt, in München 50% (Akten StarchNbg C 74 Nr. 27: 36). An dieser Stelle noch folgende Bemerkung: Während sich auf den Nürnberger Unterlagen der Stempel ‚vertraulich' findet, ist ein solcher bei denjenigen von München nicht vorhanden. Allerdings waren die Sitzungen des Münchner ‚Revisions- und Rationalisierungsausschusses' wohl ebenso nicht öffentlich. Ob die

Als Fazit des Städtevergleichs mit München wurden vom Nürnberger Organisationsausschuß wegen der diesbezüglich vorbildlichen Organisation des Münchner *Sozialamtes* folgende Punkte angeregt. Generell sollten Organisationseinheiten möglichst zusammengefaßt werden, so z.B. die Minderjährigenfürsorge beim Jugendamt, ferner die Außenstellen des Sozialamtes und die fürsorgerischen Außendienste. Entscheidungen sollten möglichst delegiert und die Familienfürsorge stärker dekonzentriert werden. Schließlich wurde angeregt, Aufgaben und Arbeitsweisen sowie den Personalstand der amtlichen Fürsorgestellen zu überprüfen, mit dem Ziel einer Konzentration und Kontraktion von Aufgaben und Personal. Die Stellungnahme des Nürnberger Sozialreferates vom 20.1.1964 entsprach diesen Forderungen zwar dem *Grundsatz* nach, *doch nur*:

> „wenn nach der personellen und nach der sachlichen Seite die Voraussetzungen für eine solche Zusammenfassung gegeben sind" (Akten StarchNbg C 58 Nr. 184).

Im einzelnen folgten dann einige ins Detail gehende Antworten nach der typischen ‚Ja-Aber-Manier'. Die Zusammenlegung der Außenstellen werde regelmäßig von den Mitgliedern des Wohlfahrtsausschusses abgelehnt, ebenso sei die Frage der Einschränkung von Kollegialentscheidungen eine prinzipielle Frage, die nicht Gegenstand eines Organisationsvergleiches sein könne und demnach dem Stadtrat verbliebe. Außerdem wurde die Tradition bemüht: die ehrenamtliche Mitwirkung sei *von jeher* ein *Prinzip* der Nürnberger Verwaltung und ein Element ihrer Demokratisierung. Schließlich:

> „Es besteht bis zur Stunde die Auffassung, daß im Interesse der Hilfeempfänger und im Hinblick auf den Standort der Familienfürsorge selbst um den Preis einer gewissen Organisationsausweitung die Kreisämter und die dort immer noch vorhandene Einschaltung des ehrenamtlichen Elements beibehalten werden müssen. Im übrigen fehlt es an den räumlichen Voraussetzungen für eine derartige Konzentration." (Akten StarchNbg C 58 Nr. 184)

Ansonsten sei in der Zentrale des Sozialamtes durch Aufgabenverschiebungen und -mehrungen die ursprünglich klare Gliederung beeinträchtigt worden. Deshalb erwäge die Amtsleitung auch seit längerem eine Neugliederung, wobei aber, so das Referat, die Auswirkungen des BSHG erst abgewartet werden müßten. Trotz Bedenken stimme man ferner aufgrund einer Stellungnahme des *Deutschen Vereins* der Eingliederung der Minderjährigenfürsorge beim Jugendamt (inklusive der Hilfe zum Lebensunterhalt für Minderjährige in Anstalten) zu. Streitigkeiten bei Fragen der Kostenerstattung müßten aber ebenso noch beim Sozialamt verbleiben wie die Federführung bei Grundsatzfragen. Weiter lehne man z.B. eine Vereinigung der Abteilung Unterhaltssicherung für die Angehörigen der Wehrpflichtigen mit der Fürsorgestelle für Kriegsbeschädigte aus psychologischen Gründen ab. Ebenso sei einer Herauslösung der Verwaltung der Einrichtungen der Arbeits- und Obdachlosenhilfe nicht zuzustimmen, denn: „Die mit Sicherheit sich ergebenden Notwendigkeiten verlangen, daß die

---

in Nürnberg stärkere Tendenz zur Geheimhaltung mit den Ergebnissen, der geringeren Effizienz, zusammenhängt, kann hier nur vermutet werden.

eigentlichen Hilfsmaßnahmen, die Verwaltung der Einrichtungen und die Planung bzw. die Mitwirkung bei der Planung neuer Einrichtungen in einer Hand vereinigt bleiben" (Akten StarchNbg C 58 Nr. 184).

Das zuletzt Angesprochene berührt die beim Städtevergleich ebenfalls ungünstig weggekommene Nürnberger Verwaltung der *Altersversorgungsanstalten*, wobei im Rahmen der Zentralisierungsbemühungen auch Kritik und Überlegungen laut wurden, diese eventuell mit der Verwaltung anderer Einrichtungen im Sozialamt zusammenzufassen. Insbesondere die Tatsache, daß die *Pflegekosten* in Nürnberg ungleich viel höher waren als die von München, ließ entsprechende Rationalisierungspläne in Gang kommen (Akten StarchNbg C 58 Nr. 187). Problematisch, jedoch andererseits auch interessant für einen Vergleich ist, daß München (3,6 Betten pro 1000 Einwohner) wesentlich weniger Heime in städtischer und mehr in ‚privater' Trägerschaft hatte und weniger Pflegeheime aufwies als Nürnberg (4,0 Betten pro 1000 Einwohner). Diesbezüglich räumte der Nürnberger Sozialreferent dann auch ein, daß insbesondere die *Personalkosten* in Nürnberg erheblich höher seien, genauso wie der Kapitaldienst aufgrund von Wiederaufbaumaßnahmen höher liege als in München.[286] Zur Frage der Höhe der Pflegekosten merkte der Nürnberger Sozialreferent (Dr. Thoma, SPD) folgendes an:

> „Man kann überzeugt sein, daß ein Großteil der Pfleglinge auf Grund der eigenen Einkünfte durchaus in der Lage wäre, höhere Pflegekosten zu entrichten. Wir sehen in vielen Fällen, daß die ‚Zurückhaltung' der Stadt dazu führt, daß Angehörige in den Genuß der überschüssigen Einkünfte gelangen, oder daß gewisse Ersparnisse getätigt werden, die dann letztlich im Erbwege völlig Unbeteiligten zugute kommt" (Akten StarchNbg C 58 Nr. 184).

Außerdem, so wurde im Wohlfahrtsausschuß der Stadt Nürnberg festgehalten, seien die strukturellen Unterschiede sowohl zwischen den Altenheimen in Nürnberg und München als auch deren Verwaltung zu groß, so daß von einer Eingliederung der Verwaltung der Altersversorgungsanstalten in das Sozialamt nach dem Münchner Vorbild abzusehen sei. Daneben seien die Aufgaben grundverschieden von denen des Sozialamtes, weil es bei den Altersversorgungsanstalten um die wirtschaftliche Führung der Heime gehe und die Bewohner überwiegend *nicht* mehr Hilfeempfänger nach dem BSHG seien. Im Widerspruch dazu wird gegen eine Eingliederung der Verwaltung der Altersversorgungsanstalten in das Sozialamt vom Wohlfahrtsausschuß noch vorgebracht, daß mit einer eigenen Verwaltung die „fürsorgerischen Anliegen" der Bewohner gezielter verwirklicht werden könnten. Ansonsten erscheine eine räumliche Konzentration in der Nähe des Sozialamtes zwar sinnvoll, jedoch erst dann, wenn ein Gebäude vorhanden sei. Im übrigen wären alle diesbezüglichen Aussagen vorläufig, weil sich ohnehin eine Neuorganisation im Gang befinde und auch die Leitung der Altersversorgungsanstalten wechsle. Abschließend betont der Wohlfahrtsausschuß aber programmatisch, daß das vor-

---

[286] Vorlage vom 21.2.1964, Personal- und Organisationsausschuß der Stadt Nürnberg (Akten StarchNbg C 58 Nr. 187).

dringliche Bemühen eigentlich gar nicht auf eine Absenkung der Pflegesätze abzielte:[287]

> „Das hiesige Verfahren zielt dahin, ganz generell die Pflegesätze so anzuheben, daß zu den Selbstkosten keine sehr große Diskrepanz gegeben ist. Darin liegt aber gleichzeitig die Handhabe, durch die sich das sozialpolitische Wollen des Stadtrates auswirken kann"

Neben dem Sozialamt und der Verwaltung der Altenversorgungsanstalten soll als dritter Bereich der Vergleich der *Jugendämter* von München und Nürnberg angesprochen werden, dessen Ergebnisse erst am 20.12.1966 vorlagen, weil die Komplexität des Untersuchungsgegenstandes sowie die Heterogenität der Aufgabenerledigung in den beiden Städten zu einer Verzögerung geführt habe.[288] Unterschiede bei der Aufgabenwahrnehmung bestanden vor allem in der Jugendpflege, wobei München bedeutend mehr in der kulturellen Jugendförderung leiste, was in Nürnberg hauptsächlich auf die unterschiedliche Struktur und Größe der Städte zurückzuführen sei. Während beispielsweise München 17 städtische Säuglings- und Kleinkinderkrippen mit 1.400 Plätzen aufweise sowie 10 weitere Krippen bis 1970 geplant habe, bestehe in Nürnberg keine einzige derartige Einrichtung.

Diese unterschiedliche Aufgabenwahrnehmung wirke sich auch auf die Organisation aus, insbesondere in der Abgrenzung zum Schulreferat, das in München stärker beteiligt sei. Bemerkenswert ist, daß in beiden Städten die Amtsleiter neben ihren Leitungsaufgaben noch einige spezielle Sachgebiete bearbeiteten, wobei die Zuordnung nicht systematisch begründet sondern persönlichkeitsbedingt sei.[289] Ein wichtiger Unterschied zwischen den Städten bestand außerdem bei der Verwaltung der *Heime* des Jugendamtes. Erneut wies München eine dezentrale Verwaltung der überwiegend in ‚privater' Trägerschaft stehenden Heime auf, während in Nürnberg eine zentrale Verwaltungsabteilung bestand, was hier mit deutlich höheren Kosten einher ging: In Nürnberg wurde in den Erholungsheimen in einem ‚Vertragsheim' ein Tagessatz von 11,65 DM und in einem städtischen Heim 21,78 DM berechnet, in den Münchner ‚Vertragsheimen' waren es dagegen lediglich 7,25 DM pro Tag. Dazu äußerte sich der Nürnberger Bericht einigermaßen selbstkritisch. Zwar wurde darauf hingewiesen, daß in Nürnberg von 3 Heimen zwei Heilstätten waren, München hatte dagegen von 10 Heimen nur 3 solche Einrichtungen aufzuweisen, aber: „Diese Unterschiede lassen sich nicht allein strukturell und mit Leerkosten infolge Umbaumaßnahmen begründen; sie liegen mindestens teilweise auf dem personellem Sektor". Deshalb wurde auch eine weitere Untersuchung verlangt (Akten StarchNbg C 58 Nr. 193, Bericht: 9 f.). Ähnlich gelagert stellte sich die Situation auch in anderen Heimbereichen dar, wie z.B. bei den Kinder- und Ju-

[287] Laut der Vorlage zu den Sitzungen des Wohlfahrtsausschusses vom 26.1.1965 (Beschluß wie fast immer einstimmig) sowie des Personal- und Organisationsausschusses vom 26.1.1965, Akten StarchNbg C 58 Nr. 187.

[288] Akten StarchNbg C 58 Nr. 193, Bericht: 1.

[289] Akten StarchNbg C 58 Nr. 193, Bericht: 7.

gendheimen, wo die Kosten in München zwischen 10 und 15 DM pro Tag, in Nürnberg jedoch bei knapp 20 DM pro Tag lagen. Noch extremer fiel der Kostenvergleich bei den Jugendwohnheimen aus, bei denen in München von der Stadt nur Zuschüsse an ‚private Verbände' in Höhe von 98,5 DM pro Jugendlichen gezahlt wurden, in den städtischen Heimen Nürnbergs aber 938 DM pro Jugendlichen aufgewendet werden mußten (Akten StarchNbg C 58 Nr. 193: 21 f.). Weiter schien im Vergleich der beiden Jugendämter die Abteilung Amtsvormundschaft in Nürnberg übermäßig differenziert, weil man die Sachbearbeitung nicht mit Spezialfragen, wie Pfändungsaufgaben, belasten wollte. Letztere werde jedoch eventuell als Unterabteilung aufgelöst. Ebenso forderte man von seiten des Nürnberger Organisationsamtes, daß die bisher bei der Abteilung Amtsvormundschaft untergebrachten Erziehungsmaßnahmen für Amtsmündel wie in München bei der Abteilung Erziehungshilfe mit erledigt werden sollten.

Wie schon beim Sozialamt zeigt sich beim Vergleich der *Ablauforganisation* der beiden Jugendämter die festgestellte stärkere *Formalisierung* in München, was auch der Prüfungsbericht des Nürnberger Organisationsamtes positiv einschätzte, weil eine Arbeitsentlastung eintrete und dies nicht unbedingt die traditionell befürchtete „Schematisierung" zu fördern brauche. Weiterhin gab es im Münchner Jugendamt eine Zentralkartei, nicht so jedoch in Nürnberg, da dies als unwirtschaftlich eingeschätzt wurde. Beim Sozialamt wurde aber eine solche Kartei als sinnvoll begrüßt. Außerdem wurden noch andere Details angesprochen, wie das in Nürnberg aufwendige Verfahren der Einnahme von Schenkungen oder die Bestellung und Prüfung von ehrenamtlichen Gemeindewaisenräten.

Schließlich zeigt die Gegenüberstellung der vergleichbaren Zahl der Dienstkräfte beider Städte in Nürnberg wiederum eine etwas stärkere personelle Besetzung. Daraus ergibt sich auch, daß die persönlichen Ausgaben in Nürnberg je Kopf der Bevölkerung um rund 14% höher waren als in München.[290] Bezieht man den Personalvergleich auf Fallzahlen, so lag z.B. in der Abteilung Kinderhilfe eine in Nürnberg deutlich niedrigere Fallzahl vor, weshalb „die Nürnberger Organisation noch einer näheren Überprüfung zu unterziehen sein wird" (Akten StarchNbg C 58 Nr. 193: 21). Allerdings zeigt ein dahingehender Vergleich der Abteilung Amtsvormundschaft, daß in Nürnberg eine etwas höhere Fallzahl pro Beschäftigten (190) als in München (167) vorlag, wobei in Mün-

[290] Diese Angaben finden sich im Bericht des städtischen Revisionsamtes München vom 31.5.1966 (Akten StarchNbg C 74 Nr. 28), nicht jedoch im Nürnberger Bericht über den Städtevergleich. Ersterer ist übrigens auch deutlich länger und ausführlicher als der von Nürnberg. Dort wird zu diesem Punkt folgendes ausgeführt: „Im Vergleich zum Einwohnerverhältnis (39% von München) weist Nürnberg einen höheren Personalanteil (43% zu München) auf. Wenn berücksichtigt wird, daß Verwaltungsangelegenheiten in München auf Referatsebene erledigt werden, dann reduziert sich das Verhältnis auf ca. 40%. Nach diesem groben Vergleich wäre die Personalausstattung des Nürnberger Jugendamtes in der Summe der genannten Arbeitsgebiete im Verhältnis zu München *ausreichend.*" (Akten StarchNbg C 58 Nr. 193: 19 f.; Hervorhebung, G.R.).

chen aber wiederum verhältnismäßig mehr Vormundschaften vom Jugendamt abgegeben werden konnten als in Nürnberg (Akten StarchNbg C 58 Nr. 193: 20).

Die vom Nürnberger Organisationsamt im Prüfungsbericht formulierte Kritik wurde vom Jugendamt folgendermaßen beantwortet. Auch beim Jugendamt habe man die Absicht, die Erziehungsmaßnahmen für Amtsmündel der Abteilung Erziehungshilfe zu übertragen, jedoch hieß es auch:

> „Da aber im Vollzug des Stadtratsbeschlusses vom 28.9.66 eine notwendige Vermehrung des Personals bei dieser Abteilung vom Organisationsamt nicht genehmigt werden konnte, mußte die Änderung zunächst aufgeschoben werden. Bei dem derzeitigen Personalstand der Abteilung Jugend- und Erziehungshilfe ist eine Bearbeitung von Erziehungsmaßnahmen für Amtsmündel nicht möglich".[291]

Dem Vorwurf der mangelnden Verwendung von Formblättern wurde folgendes entgegengehalten: „Die bisher bei Jugendamt und Amtsvormundschaft verwendeten Formblätter sind, wie die Praxis gezeigt hat, vollkommen ausreichend [...] Die Einführung von weiteren Formularen würde zwangsläufig zur Schematisierung der allgemeinen Arbeit führen. Außerdem ist die Erfahrung gemacht worden, daß in vielen Fällen z.B. ein kurzer Brief, der eine Zahlungsaufforderung enthält, eine bessere Wirkung hat als eine vorgedruckte Zahlungsaufforderung." Eben deswegen sei z.B. Berlin dazu übergegangen, Formblätter abzubauen. Im übrigen sei die Pfändungsabteilung bei der Abteilung Amtsvormundschaft bereits teilweise aufgelöst, wobei der Rest aber beibehalten werden müsse. Schließlich wurde dem Vorschlag vom Organisationsamt, das Verfahren zur Überprüfung der Vormünder zu vereinfachen und diese Aufgabe nach Münchner Vorbild der Familienfürsorge zu übertragen, vom Jugendamt entgegengehalten, daß die Familienfürsorge dann auch personell besser besetzt werden müsse.

Letztlich geben Unterlagen des Organisationsausschusses vom 27.1.1969 Hinweise darauf, daß die Auswirkungen des Städtevergleichs im Nürnberger Jugendamt sich in Grenzen hielten: Formulare, so heißt es, seien teilweise bereits geändert, außerdem sei der Personaleinsatz in der Kinderhilfe verbessert worden. Die Besetzung des jugendfürsorgerischen Außendienstes werde anläßlich von Stellenwiederbesetzungen überprüft. Geplant sei ferner dessen Angliederung an die Abteilung Jugendhilfe. Im übrigen seien zur Frage des Einsatzes von Sozialarbeitern in den verschiedenen sozialen Bereichen gegenwärtig Untersuchungen im Gange. Abschließend wurde festgestellt:

> „Soweit Erledigungen einzelner Punkte noch nicht möglich war, wird der Vollzug bzw. die Prüfung im einzelnen im Zusammenhang mit Stellenüberprüfungen, Arbeitsplatzuntersuchungen usw. durchgeführt. Die Verhandlungen des Städtevergleiches der Jugendämter können daher als abgeschlossen betrachtet werden" (Akten StarchNbg C 58 Nr. 193).

[291] Stellungnahme des Jugendamtes, vom 30.10.1967, Akten StArchNbg C 58 Nr. 193. Im folgenden ohne weitere Angabe.

(2) Die Organisationsstruktur der Nürnberger Sozialverwaltung (1980)

Die *Organisationsstruktur* der Nürnberger Sozialverwaltung im Jahre *1980* (vgl. Abb. 39) bestätigt das bis dahin Gesagte. So hielten sich die organisatorischen Änderungen im vorliegenden Zeitraum in Grenzen, zumindest überwiegen im Vergleich zu dem Schaubild von 1950 (vgl. Abb. 19), d.h. nach dreißig Jahren, die Ähnlichkeiten gegenüber Neuerungen, die vorwiegend beim Jugendamt zu verzeichnen sind.[292] Als Veränderung fällt eine wachsende (mehr vertikale als horizontale) Differenzierung hauptsächlich bei den Sozial- und Jugendämtern auf. Beim Sozialamt ist außerdem ein starker *Rückgang* der 1950 in Form zahlreicher Kreisämter und Außenstellen zu findenden ausgeprägten *Dekonzentration* ersichtlich. Daneben ist eine organisatorische Entschlackung dergestalt eingetreten, daß sich nunmehr, wie in der Regel in allen Ämtern, allgemeine Vewaltungsaufgaben zusammengefaßt in einer Hauptabteilung wiederfinden. Überhaupt ist eine deutliche *funktionale* Differenzierung eingetreten, offenbar parallel zur wachsenden vertikalen und horizontalen Differenzierung. Die für das Sozialamt angesprochenen Aspekte sprechen für eine *Rationalisierung* der Aufgabenerledigung, dieser Schluß wird durch die steigende Fallbelastung pro Beschäftigten unterstützt. Eine Rationalisierung scheint nicht zuletzt durch die weitere Standardisierung, Formalisierung und Programmierung ermöglicht worden zu sein, ein Prozeß, der wiederum durch die Einführung der elektronischen Datenverarbeitung begleitet wurde.[293]

---

[292] Änderungen ergeben sich zum Teil auch allein dadurch, daß 1980 detailliertere Informationen vorlagen.

[293] Dazu heißt es im Verwaltungsbericht der Stadt Nürnberg von 1974-1976 (136): „Die Leistungen der Sozialhilfe und der Kriegsopferfürsorge wurden bis 31.8.1974 zwar bereits mittels elektronischer Datenverarbeitungsanlage zahlbar gemacht, berechnet mußten die Hilfen aber manuell werden. Mit Einführung auch der maschinellen Berechnung der Hilfen ab 1.9.1974 konnte ein wesentlicher Rationalisierungseffekt im Bereich der Sozialhilfe und der Kriegsopferfürsorge erzielt werden.“

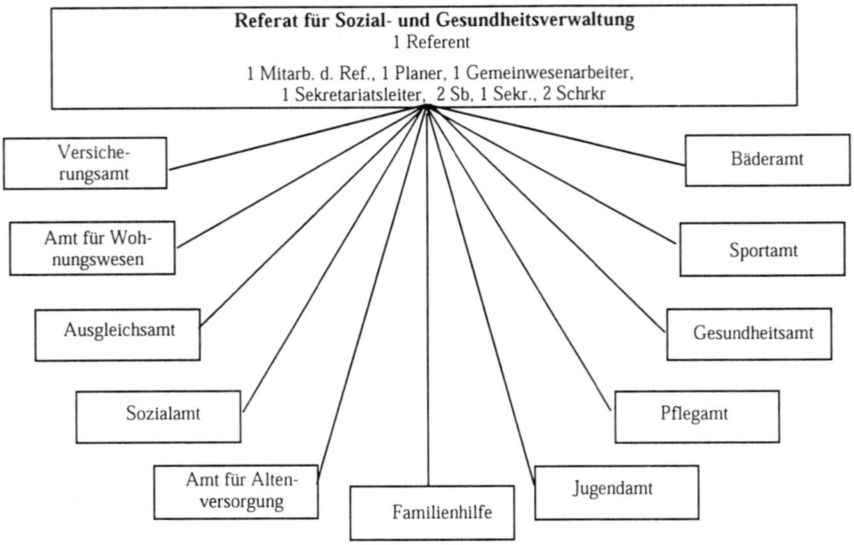
Referat für Sozial- und Gesundheitsverwaltung
1 Referent
1 Mitarb. d. Ref., 1 Planer, 1 Gemeinwesenarbeiter, 1 Sekretariatsleiter, 2 Sb, 1 Sekr., 2 Schrkr
Versicherungsamt
Amt für Wohnungswesen
Ausgleichsamt
Sozialamt
Amt für Altenversorgung
Familienhilfe
Jugendamt
Pflegamt
Gesundheitsamt
Sportamt
Bäderamt

…

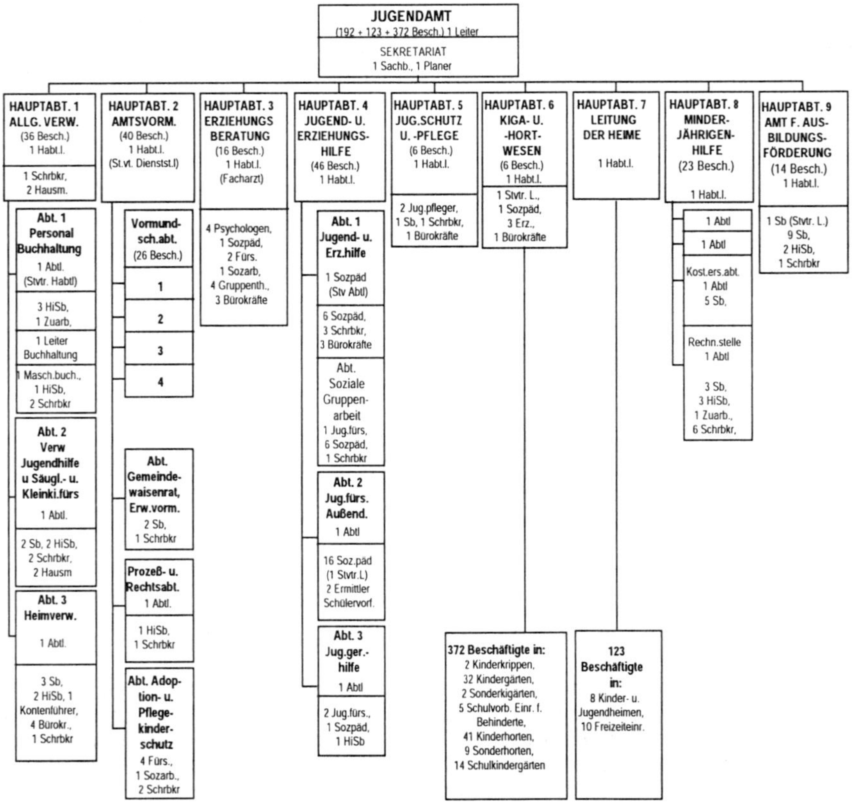
JUGENDAMT
(192 + 123 + 372 Besch.) 1 Leiter
SEKRETARIAT
1 Sachb., 1 Planer
HAUPTABT. 1 ALLG. VERW. (36 Besch.) 1 Habt.l.
1 Schrbkr, 2 Hausm.
Abt. 1 Personal Buchhaltung 1 Abtl. (Stvtr. Habtl)
3 HiSb, 1 Zuarb,
1 Leiter Buchhaltung
1 Masch.buch., 1 HiSb, 2 Schrbkr
Abt. 2 Verw Jugendhilfe u Säugl.- u. Kleinki.fürs 1 Abtl.
2 Sb, 2 HiSb, 2 Schrbkr, 2 Hausm
Abt. 3 Heimverw. 1 Abtl.
3 Sb, 2 HiSb, 1 Kontenführer, 4 Bürokr., 1 Schrbkr
HAUPTABT. 2 AMTSVORM. (40 Besch.) 1 Habt.l. (St.vt. Dienstst.l)
Vormundsch.abt. (26 Besch.)
1
2
3
4
Abt. Gemeindewaisenrat, Erw.vorm. 2 Sb, 1 Schrbkr
Prozeß- u. Rechtsabt. 1 Abtl.
1 HiSb, 1 Schrbkr
Abt. Adoption- u. Pflegekinderschutz 4 Fürs., 1 Sozarb., 2 Schrbkr
HAUPTABT. 3 ERZIEHUNGS BERATUNG (16 Besch.) 1 Habt.l. (Facharzt)
4 Psychologen, 1 Sozpäd, 2 Fürs. 1 Sozarb, 4 Gruppenth., 3 Bürokräfte
HAUPTABT. 4 JUGEND- U. ERZIEHUNGS-HILFE (46 Besch.) 1 Habt.l.
Abt. 1 Jugend- u. Erz.hilfe 1 Sozpäd (Stv Abtl)
6 Sozpäd, 3 Schrbkr, 3 Bürokräfte
Abt. Soziale Gruppenarbeit 1 Jug.fürs, 6 Sozpäd, 1 Schrbkr
Abt. 2 Jug.fürs. Außend. 1 Abtl
16 Soz.päd (1 Stvtr.L) 2 Ermittler Schülervorf.
Abt. 3 Jug.ger.-hilfe 1 Abtl
2 Jug.fürs., 1 Sozpäd, 1 HiSb
HAUPTABT. 5 JUG.SCHUTZ U. -PFLEGE (6 Besch.) 1 Habt.l.
2 Jug.pfleger, 1 Sb, 1 Schrbkr, 1 Bürokräfte
HAUPTABT. 6 KIGA- U. -HORT-WESEN (6 Besch.) 1 Habt.l.
1 Stvtr. L., 1 Sozpäd, 3 Erz., 1 Bürokräfte
372 Beschäftigte in: 2 Kinderkrippen, 32 Kindergärten, 2 Sonderkigärten, 5 Schulvorb. Einr. f. Behinderte, 41 Kinderhorten, 9 Sonderhorten, 14 Schulkindergärten
HAUPTABT. 7 LEITUNG DER HEIME 1 Habt.l.
123 Beschäftigte in: 8 Kinder- u. Jugendheimen, 10 Freizeiteinr.
HAUPTABT. 8 MINDER-JÄHRIGEN-HILFE (23 Besch.) 1 Habt.l.
1 Abtl
1 Abtl
Kost.ers.abt. 1 Abtl 5 Sb,
Rechn.stelle 1 Abtl 3 Sb, 3 HiSb, 1 Zuarb., 6 Schrbkr,
HAUPTABT. 9 AMT F. AUSBILDUNGS-FÖRDERUNG (14 Besch.) 1 Habt.l.
1 Sb (Stvtr. L.) 9 Sb, 2 HiSb, 1 Schrbkr

…

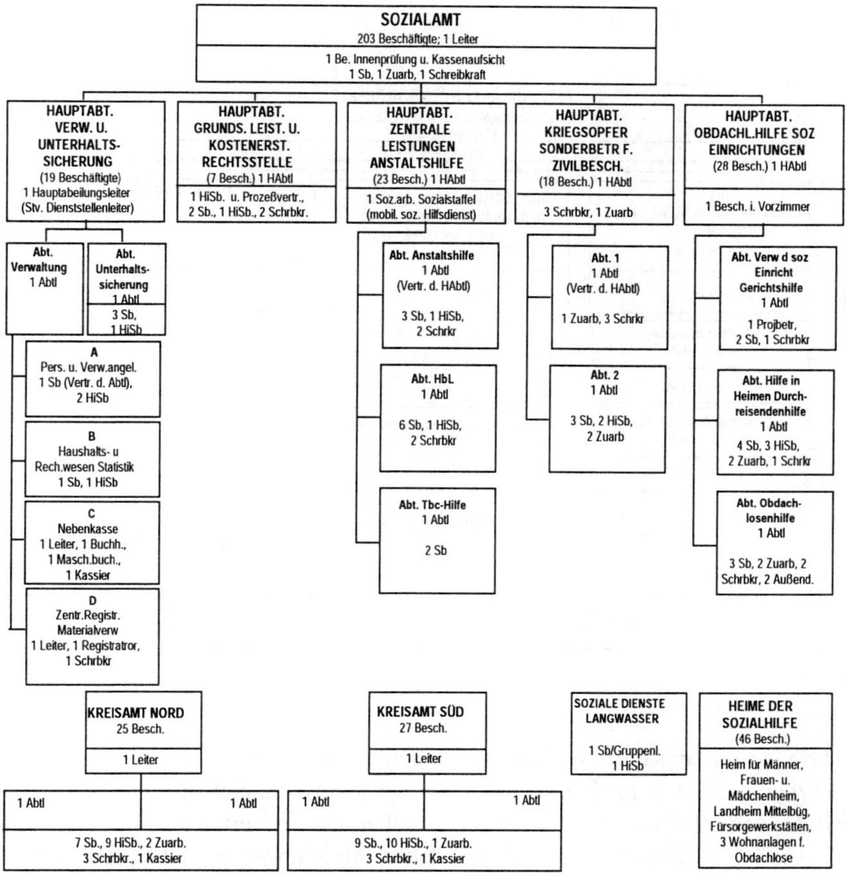

...

(Fortsetzung auf Seite 270)

Abbildung 39: Organisation der Sozialverwaltung der Stadt Nürnberg, 1980

Quelle: Stellenplan der Stadt Nürnberg 1980

Fortsetzung von Abbildung 39

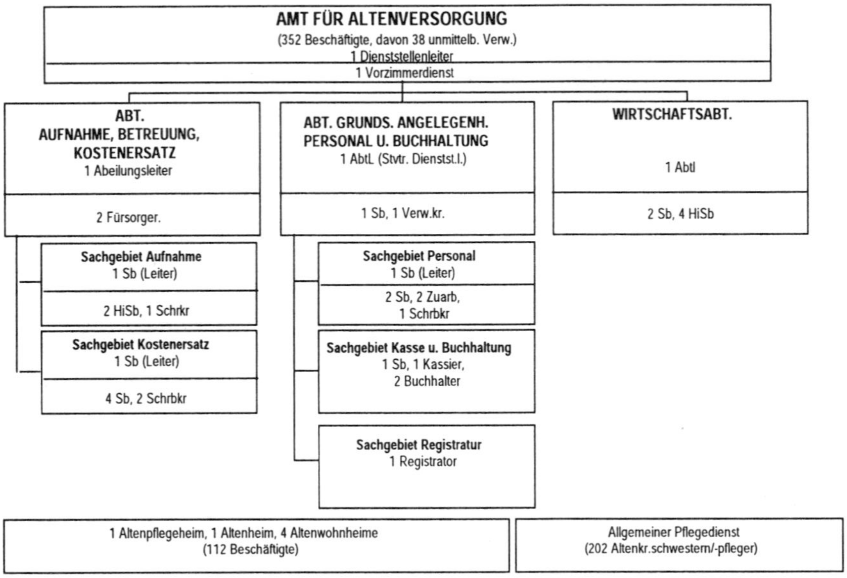

Größere organisatorische Veränderungen ergaben sich in den sechziger und siebziger Jahren beim Nürnberger *Jugendamt*, wenngleich die Grundstruktur mit der von 1950 immerhin noch vergleichbar und insofern auch hier noch eine pfadabhängige Entwicklung auftrat. Statt 7 Abteilungen im Jahr 1950 gab es nun 9 *Haupt*abteilungen mit mehreren Unterabteilungen, wobei die Ausbildungsförderung als neue Aufgabe ebenso wie die Minderjährigenhilfe, die vom Sozialamt angegliedert wurde, neu hinzukam. Neu eingerichtet wurde die Hauptabteilung 6 (Kindergarten- und Hortwesen), ferner die Hauptabteilungen 3 (Erziehungsberatung) und 4 (Jugend- und Erziehungshilfe). 1950 gab es eine solche nur für Fürsorgeerziehung. Stark gewachsen (Verdreifachung des Personals) ist die allgemeine Verwaltungsabteilung mit ihren drei Unterabteilungen, deren Aufgabenbestand leicht verändert wurde. Ihren Personalbestand verdoppelt hat auch die Abteilung Amtsvormundschaft, der die vormals selbständige Abteilung Jugendgerichtshilfe als Unterabteilung angegliedert wurde, wogegen die Abteilung Jugendschutz und -pflege auf ein Drittel der Größe von 1950 verkleinert wurde. Die neuen Aufgaben und Abteilungen, ausgenommen die Ausbildungsförderung, signalisieren, daß der Schwerpunkt mittlerweile bei sozialpädagogischen Aufgaben liegt, wie es in der Fachwelt seit einiger Zeit gefordert wurde. Dies schlug sich in vermehrtem Einsatz von Psychologen und Sozialpädagogen sowie in neuen Abteilungen wie ‚Erziehungsberatung' oder ‚Soziale Gruppenarbeit' nieder. Hier handelt es sich um eine besondere Form der Erziehungshilfe, dem ‚sozialen Lernen' in Gruppen, das im Gegensatz zu den hoheitlichen Maßnahmen auf der Freiwilligkeit der Teilnahme beruhte und eher den ‚offenen' Hilfen zugerechnet werden kann (vgl. dazu m.w.N. z.B. Jordan, E./Sengling, D. 1992: 160 f.). Beim Vergleich der Organisationsstrukturen von Sozial-, Jugend- und Gesundheitsamt fällt ferner auf, daß, vor allem beim Gesundheits-, aber auch beim Jugendamt mehr Abteilungen in horizontaler Richtung differenziert sind, während beim Sozialamt eine steilere Konfiguration dominiert. Insbesondere im ärztlichen Bereich des Gesundheitsamtes fand sich eine flache Leitungsstruktur mit kleinen, selbständigen Organisationseinheiten, d.h. eine geringere vertikale Gliederung. Dieses entspricht der theoretischen Erwartung, daß ein hoher Grad an Professionalisierung, wie dies bei den Ärzten der Fall ist, auch zu flachen Hierarchien führt. Umgekehrt sieht man bei den Organisationsschaubildern auch, daß überall, wo vorwiegend bürokratische und eher ‚programmierte' Aufgaben zu bewältigen sind, eine steilere Leitungsstruktur vorzufinden ist.

3. Wachstum von Aufgaben und Organisation im Städtevergleich (1976-1986)

a) Zum Vorgehen

Im folgenden soll das Wachstum der kommunalen Sozialverwaltung zwischen 1976 und 1986 mittels einer statistischen Analyse von Daten aus 20 Großstädten vergleichend untersucht werden. Da lediglich für diesen Zeitraum Daten vorlagen, mußte die Überschneidung mit der hier vorgenommenen Phaseneinteilung in Kauf genommen werden. Ausgewählt wurden Großstädte über 200.000 Einwohner in einer möglichst breiten regionalen Verteilung der alten Bundesländer, deren Haushalts- und Stellenpläne für die ausgewählten Jahre zur Verfügung standen, Berlin, Bremen und Hamburg ausgenommen.[294] Als erklärende Variablen wurden – analog zum für die Weimarer Republik unternommenen Vergleich (vgl. Kap. B.III.2) – verschiedene Umweltparameter, darunter in erster Linie der Aufgabendruck (Zahl der Hilfeempfänger), herangezogen. Die Probleme der Operationalisierung, die vorsichtige Bewertung und die Notwendigkeit der Weiterentwicklung derartiger Vergleiche, auch der zugrunde - liegenden Datenbasis, sind dem Autor bewußt, obwohl im folgenden von ‚erklärter' Varianz die Rede sein wird. Die Sozialhilfe wurde ausgewählt, weil hier innerhalb der Sozialverwaltung der vergleichsweise höchste konditionale

[294] Es handelt sich dabei um die Städte Augsburg, Braunschweig, Dortmund, Essen, Frankfurt/M., Hannover, Karlsruhe, Kassel, Köln, Kiel, Ludwigshafen, Lübeck, Mainz, Mannheim, München, Nürnberg, Osnabrück, Saarbrücken, Stuttgart und Wiesbaden. Alle übrigen Daten stammen aus den Statistischen Jahrbüchern Deutscher Gemeinden. Zu den Stammdaten siehe Anhang.

Programmierungs- und Standardisierungsgrad vorliegt, was die statistische Vergleichbarkeit verbessert. Die Aufgaben der Jugendhilfe etwa wären nicht annähernd so gut interkommunal vergleichbar, außerdem liegen bisher in keinem anderen Aufgabenbereich der Sozialverwaltung ausreichende Daten vor. Zur Messung des ‚Arbeitsanfalls', der Aufgaben also, wurde die Zahl der Unterstützungsempfänger pro Einwohner[295] im Bereich der ‚Sozialhilfe' herangezogen, analog zu den statistisch ausgewiesenen Kategorien des Bundessozialhilfegesetzes (BSHG): ‚Hilfe zum Lebensunterhalt' (HLu), ‚Hilfe in besonderen Lebenslagen' (HbL), und Hilfe ‚in-' und ‚außerhalb von Einrichtungen'.

Die Größe der Organisation wurde hier nicht direkt anhand der Zahl des eingesetzten Personals oder der Stellen verglichen, da dafür keine gemeindescharfen Daten vorlagen.[296] Deshalb wurde auf die einheitlich gestalteten Haushaltspläne zurückgegriffen, sprich primär auf Personal und Verwaltungskosten, die prinzipiell als aussagekräftig für die Personalintensität und damit für die ‚Größe der Verwaltung' eingeschätzt werden können. Da von Stadt zu Stadt die Organisation der Sozialverwaltung in den Ämtern, trotz zunehmender Isomorphie, variierte, ist man gehalten, möglichst alle relevanten Aufgaben umfassende Einheiten einander gegenüberzustellen, um die Vergleichbarkeit zu erhöhen. Die größtmögliche Einheit wäre durch die Personalkosten im gesamten Bereich der ‚Sozialen Sicherheit' (Einzelplan 4) gegeben, was aber auf Kosten einer schwachen Bindung an mögliche Operationalisierungen von Aufgaben, wie z.B. die hier ausgewählten Empfängerzahlen der Sozialhilfe, geht, da die gesamte Sozialverwaltung ein viel größeres, auch freiwilliges, d.h. kommunal unterschiedliches Leistungsspektrum umfaßt. Selbst wenn man eine gewisse ‚Zeigerfunktion' der Sozialhilfe für soziale Probleme annimmt, geht diese nicht soweit, daß sich daran ein aufgabenbezogener Vergleich für die gesamte Sozialverwaltung sinnvollerweise durchführen läßt. Umgekehrt ist eine Beschränkung auf das Sozialamt problematisch, weil z.B. Aufgaben des sozialen Dienstes oft beim Jugendamt angesiedelt sind; dennoch empfiehlt sich diese Operationalisierung von Verwaltungsgröße als beste zur Verfügung stehende im Hinblick auf einen Vergleich mit den Fallzahlen der Sozialhilfe als Aufgabenindikator. Dennoch ist klar, daß mit ‚suboptimalen' Lösungen gearbeitet werden muß.[297] Schließlich muß darauf hingewiesen werden, daß für einige Größen lediglich im Haushaltsplan angesetzte Planungszahlen, nicht jedoch das Rech-

---

[295] Dieser Bezug wurde grundsätzlich hergestellt, um den Einfluß der Größe der Stadt auszuschalten.

[296] Auffallend ist bei einer Durchsicht der Statistischen Jahrbücher Deutscher Städte und Gemeinden, daß aufgaben- und leistungsbezogene Daten eher als solche zum Personal dokumentiert werden. Eine Auswertung der Stellenpläne war wegen deren ziemlich uneinheitlichen und oft wenig aussagekräftigen Gestaltung nicht sinnvoll.

[297] Grundsätzlich wurden aber alternativ operationalisierte Regressionsanalysen durchgeführt (Sozialamt und Jugendamt gemeinsam; die Verwaltung sozialer Angelegenheiten gesamt, also Sozialamt, Jugendamt, Familienhilfe, Wohnungsamt, etc ; das Personal in den Einrichtungen des Sozialamtes, wie z.B. Altenpflegeheime, Obdachloseneinrichtungen alleine, das Jugendamt alleine).

nungsergebnis, also die tatsächlich getätigten Ausgaben herangezogen werden konnten, da diese bei den entsprechenden Aufstellungen in Haushaltsplänen oft fehlten. Gleichwohl ist auch ein ‚fit' zwischen den bloßen Planungszahlen und den Empfängerzahlen zu erwarten, weil vermutet werden darf, daß die Stellenprojektierung anhand der tatsächlichen Fallbelastung vorgenommen wird. Das Hauptaugenmerk der im folgenden zusammengefaßten Analysen bezieht sich also auf die Frage nach linearen Zusammenhängen (zur Methodik, vgl. Kap. 2.3.2) der Stärke des Umweltsignals ‚Anzahl der Hilfeempfänger' und der Größenentwicklung der Sozialverwaltung. Mit Hilfe von Regressionsanalysen kann die Stärke dieses Umwelteinflusses auf die Größenentwicklung gemessen werden.

b) Übersicht der Entwicklung von 1976-1986

Als erstes soll im folgenden ein Blick auf die allgemeine, jeweils gesondert betrachtete Entwicklung von Verwaltungs- und Personalausgaben und Empfängerzahlen geworfen werden. An den hierzu erzielten Ergebnissen läßt sich bereits eine Tendenz ablesen, ob sich ‚die' Bürokratie gänzlich abgekoppelt von Aufgaben entwickelte und damit ausnahmslos ‚wucherte', wie dies oft beklagt und durch pauschale theoretische Modelle, ohne Rücksicht auf *Differenzierungen,* behauptet wird.[298]

Betrachtet man zunächst allein die aggregierte Entwicklung der Verwaltungen anhand der realen – also in diesem Falle um die Kostensteigerung des Faktors Arbeit (Gehaltsentwicklung der Angestellten der Gebietskörperschaften) bereinigten – Personalausgaben in dem hier untersuchten Jahrzehnt, so ergeben sich in den 20 Großstädten die folgenden prozentualen Veränderungen:

---

[298] So die Public Choice Theorie, vgl. z.B. William A. Niskanen, 1971; 1975; 1991: 13-32; Tullock, G. 1972; 1974; als Überblicke siehe den Reader von: Blais, A./Dion, St. 1991; Dunleavy, P. 1991.

Tabelle 10:

Wachstumszahlen der Sozialverwaltung in 20 Städten, 1976-1986

	Reales Wachstum aller 20 Städte zusammen	Zahl der Städte mit abnehmender Verwaltungsgröße	Anteil der Städte mit abnehmender Verwaltungsgröße
Personalausgaben Verwaltung sozialer Angelegenheiten (Ansatz)	14,3 %	5 von 20	25 %
Personalausgaben Einzelplan 4 (Ansatz)	16,4 %	1 von 20	5%
Ausgaben Sozialamt (Rechnungsergebnis)	15 %	3 von 18	16,7 %
Personalausgaben Sozialamt (Rechnungsergebnis)	9,7 %	3 von 16	18,8 %
Ausgaben Jugendamt (Rechnungsergebnis)	33 %	1 von 20	5 %
Personalausgaben Jugendamt (Rechnungsergebnis)	31,7 %	3 von 20	15 %
Personalausgaben Einrichtungen des Sozialamts (Ansatz)	11,5 %	5 von 20	25 %
Personalausgaben Einrichtungen des Jugendamts (Ansatz)	20,3 %	0 von 19	0 %
Zuwendungen an die freie Wohlfahrtspflege (Rechnungsergebnis)	68,4 %	2 von 19	10,5 %
Zuwendungen an die freie Jugendpflege (Rechnungsergebnis)	22 %	2 von 20	10 %

Tabelle 11:

Wachstum der registrierten Sozialhilfeempfänger in 20 Städten, 1976-1984

	Wachstum aller Städte zusammen	Anzahl der Städte mit schrumpfenden Fallzahlen	Anteil der Städte mit schrumpfenden Fallzahlen
Empfänger außerhalb und in Einrichtungen	41,5 %	1 von 19	5 %
Empfänger außerhalb von Anstalten	68,6 %	1 von 16	6 %
Empfänger in Anstalten	31,8 %	8 von 15	53 %
Empfänger HLu	92,3 %	0 von 16	0 %
Empfänger HbL	4,9 %	8 von 19	42 %

Der generelle Trend der wachsenden Verwaltung läßt sich zwar bestätigen. Von einem ‚*wuchern*' kann hingegen wohl nicht die Rede sein. Im Gegensatz zu dem zwar kleinen, jedoch gleichwohl beachtenswerten Anteil nicht wachsender Sozialverwaltungen (immerhin 5 von 20 bei den Personalausgaben Verwaltung sozialer Angelegenheiten) (Zeile 1 in Tabelle 10) gibt es weitaus weniger Städte, die keine Fallzahlensteigerungen aufweisen. Allein bei der zahlenmäßig geringeren HbL zeigen einige Städte abnehmende Fallzahlen, während die Fallzahlen bei der HLu durchweg enorme Steigerungen verzeichnen. Im übrigen nehmen lediglich die Zuweisungen an die ‚private Wohlfahrts- und Jugendpflege' in einem dem Fallzahlenwachstum nahekommenden Ausmaß zu. Gewiß wäre es naiv, eine proportional zur Aufgabenerledigung ansteigende Verwaltungsentwicklung zu erwarten. Effizienzsteigerung, Skaleneffekte, fiskalische Schranken, ‚organizational slack' und dergleichen sind in der Regel vorauszusetzen. Doch scheint es bereits aufgrund solcher Überlegungen ratsam, die Vorstellung *der* wuchernden Verwaltung fallenzulassen. Wir beobachten nämlich *stagnierende* oder *schrumpfende* Verwaltungen bei immerhin zirka *einem Sechstel* der hier untersuchten Städte.

c) Die Größe der Sozialverwaltung und Umweltparameter im Querschnitt

Der klassischen Hypothesen entsprechenden Zusammenhänge zwischen dem jeweiligen örtlich zu verzeichnenden Aufgabendruck und der Verwaltungsintensität in einzelnen Bereichen der Sozialverwaltung soll nunmehr anhand verschiedener Regressionsanalysen, zunächst im *Querschnitt*, dargestellt werden. Dabei wurden, den angestellten methodischen Überlegungen folgend, verschiedene Operationalisierungen der Variablen getestet, wobei in die Felder der jeweiligen Tabellen nur die signifikanten ($p<0,05$) Ergebnisse einfacher linearer Regressionen eingetragen wurden.[299]

Betrachtet man die Übersicht in der folgenden Tabelle 12,[300] so legen diese Ergebnisse eine relativ enge Kopplung zwischen Empfängerzahlen der Sozialhilfe und den Personal- und Verwaltungsausgaben im Sozialamt der zwanzig untersuchten Städte nahe. Mit wenigen nicht signifikanten Ergebnissen, einer Spannweite der erklärten Varianz zwischen ungefähr 20 bis 40 Prozent kann man die Hypothese untermauern, daß sich die Verwaltungsgröße im Querschnitt zu rund einem Drittel linear an dem jeweiligen Aufgabenanfall orientiert, wobei zu berücksichtigen ist, daß zum einen ohnehin von der Verwaltung nicht als einer maschinenähnlichen Organisation ausgegangen werden darf, also extrem hohe Korrelationen auch nicht erwartet werden dürfen, und zum anderen die Daten eben in Kauf zu nehmende Unschärfen enthalten.

---

[299] Es muß darauf hingewiesen werden, daß die Aussagekraft der Regressionsanalysen in dem Maße beschränkt ist, in dem auch die Datenlage sich einer scharfen Operationalisierung für unsere Zwecke sperrt. So fehlt für den Querschnitt 1986 der entsprechende Datensatz der Fallzahlen, weswegen hier Fallzahlen des Jahres 1984 mit den Verwaltungsausgaben des Jahres 1986 korreliert wurden. Diese ‚zweitbeste' Lösung des Datenproblems dürfte keine schwerwiegenden Nachteile mit sich bringen: Daß eine Verwaltung zwei Jahre benötigt, um auf den steigenden Druck der Fallzahlen zu reagieren ist durchaus zu erwarten.

[300] Der Variationskoeffizient als Streuungsmaß für die relative Streuung ist die Standardabweichung dividiert durch den Mittelwert (nach Spiegel, M.R. 1976: 73).

Tabelle 12:

Ergebnisse einfacher Regressionsanalysen der Fallzahlen und der Verwaltungsausgaben im Sozialamt, 1976 und 1984/86

	Personalausgaben Sozialamt pro Einwohner (Rechnungsergebnis)		Verwaltungsausgaben Sozialamt gesamt pro Einwohner (Rechnungsergebnis)		
Jahr	1976	1984/86	1976	1984	1984/86
Sozialhilfeempfänger außerhalb von und in Einrichtungen pro Einwohner	R^2=0,29*	R^2=0,35*	R^2=0,28*	R^2=0,31*	
Sozialhilfeempfänger außerhalb von Einrichtungen pro Einwohner				R^2=0,26*	
Sozialhilfeempfänger in Einrichtungen pro Einwohner		**R^2=0,49****		R^2=0,29*	R^2=0,33*
Empfänger HLu außerhalb von Einrichtungen pro Einwohner	R^2=0,28*		R^2=0,25*		
Empfänger HbL außerhalb von Einrichtungen pro Einwohner	R^2=0,29*	**R^2=0,551****	R^2=0,33*	**R^2=0,55****	R^2=0,33*
Empfänger HbL pro Einwohner	R^2=0,34*	**R^2=0,69****	**R^2=0,35****	**R^2=0,54****	**R^2=0,52****
Empfänger Hbl in Einrichtungen pro Einwohner		**R^2=0,46****		R^2=0,31*	R^2=0,34*

Fehlende Angaben sind nicht signifikant
* signifikant auf einem Niveau von 5%
** signifikant auf einem Niveau von 1%

Weiterführende Hinweise legen uns die Zahlen aus der obigen Tabelle nahe: Das doch erstaunlich hohe ‚Spitzenergebnis' erzielte die Regressionsanalyse zwischen der Fallzahl der Empfänger für Hilfe in besonderen Lebenslagen 1984 und den Personalausgaben des Sozialamts im Rechnungsergebnis 1986 (rd. 70 % erklärter Varianz), also ein Ergebnis, welches der Erwartung der ‚versetzten' Wirkung des Aufgabendrucks entspricht. Interessanterweise ist diese Fallzahlenkategorie eine eher stagnierende Größe (vgl. oben Tabelle 11), so daß die starke Korrelation, verstanden als Adaption der Verwaltung an den Aufgabendruck, vor dem Hintergrund rückläufiger Fallzahlen in einigen Städten zustande gekommen ist. Außerdem stellt diese Kategorie die Minderheit unter den Hilfeempfängern.[301]

[301] Zu den überwiegend nicht signifikanten Werten bei der HLu ist anzumerken, daß die Regression HLu außerhalb von Einrichtungen zu Verwaltungsausgaben Sozialamt gesamt z.B. im Jahr 1984 nur knapp nicht signifikant war ($p<0{,}0509$), was ohne das stark abweichende Saarbrücken ändert (vgl. auch Abb. 41). Weitere scheinbare Widersprüche der Ergebnisse sind darauf zurückzuführen, daß einzelne hier fehlende Werte nur knapp nicht signifikant waren, weshalb sie auch nicht aufgeführt sind.

Die Vermutung, es handele sich bei der HbL und der Hilfe in Einrichtungen um eine sehr arbeitsintensive Verwaltungsaufgabe, die im Untersuchungszeitraum noch an Komplexität zugelegt hat, mag zutreffen. Inwiefern die Fallzahlenentwicklung eine *externe* Größe darstellt, also nicht durch die ‚Zulassungspraxis' der Sozialverwaltung gesteuert werden kann, muß im übrigen offen bleiben.

Insgesamt bringen die Regressionsergebnisse zur HbL deutlich stärkere lineare Zusammenhänge als die bei der HLu (mit nur wenigen signifikanten Werten) und analog dazu die Kategorie der Empfänger außerhalb von Einrichtungen schwächere als die derjenigen in Einrichtungen. Über die Ursachen können hier lediglich Vermutungen angestellt werden. Zur Vermutung, daß die HbL arbeitsintensiver ist als die HLu kommt hinzu, daß letztere vielleicht zunehmend standardisiert wurde, womit sie gegenüber der HbL vielleicht etwas rationeller erledigt werden konnte. Dies ist zudem vor dem Hintergrund der Rationalisierung durch die sich nach und nach durchsetzende elektronische Datenverarbeitung zu sehen, die insbesondere bei der HLu stärkere Erleichterungen gebracht haben dürfte. Ferner fällt auf, daß trotz des starken Wachstums der Empfängerzahlen insgesamt die Querschnittsergebnisse im Jahr 1984 durchschnittlich einen besseren ‚fit' zwischen Personalbesetzung und Aufgaben nahelegen als dies 1976 der Fall war, was auch durch die nachfolgenden Regressionsgrafiken (Abb. 40, 41) unterstrichen wird. Hier könnte vermutet werden, daß auch ‚organizational slack' aus den vorangegangenen ‚fetten' sechziger Jahren abgebaut wurde. Schließlich ist ein weiteres Ergebnis der angestellten Regressionsanalysen im Querschnitt anzumerken: Die über die Kommunen ausbezahlten Zuwendungen an die private Wohlfahrtspflege stehen in *keinem* linearen Zusammenhang zu der Anzahl der Hilfeempfänger.[302]

[302] Dieser Teil der ‚privaten Fürsorge' erhält Finanzmittel aus verschiedenen öffentlichen Quellen, unter denen der kommunale Anteil nur einen, je nach Land unterschiedlichen, Teil ausmacht. Über die genaue Mittelverteilung liegen uns keine gemeindescharfen Daten vor. Schließlich verwundern die zum Teil höheren Regressionsergebnisse des Sozialamts zusammen mit dem Jugendamt. Nimmt man die Personalausgaben des Sozial- und Jugendamtes je für sich in ein multiples Erklärungsmodell in Relation zu den Hilfeempfängern, so erweist sich jedoch die Erklärungskraft des Anteils des Jugendamtes als nicht mehr signifikant. Die zunächst für möglich gehaltene bessere Aufgabenentsprechung aufgrund des häufig bei den Jugendämtern untergebrachten Allgemeinen Sozialdienstes erwies sich somit als nicht haltbar.

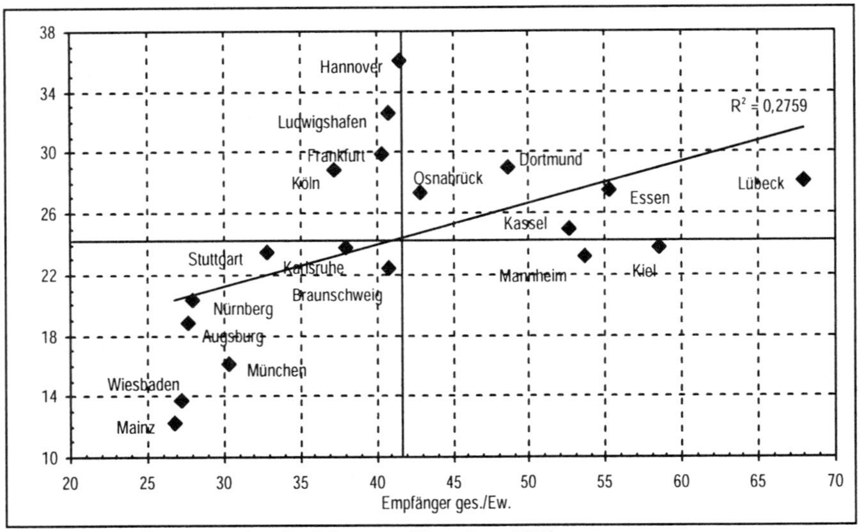

y-Achse: Verwaltungsausgaben Sozialamt ges./Einwohner 1976

Abbildung 40: Sozialhilfeempfänger gesamt zu Verwaltungsausgaben Sozialamt gesamt, 1976

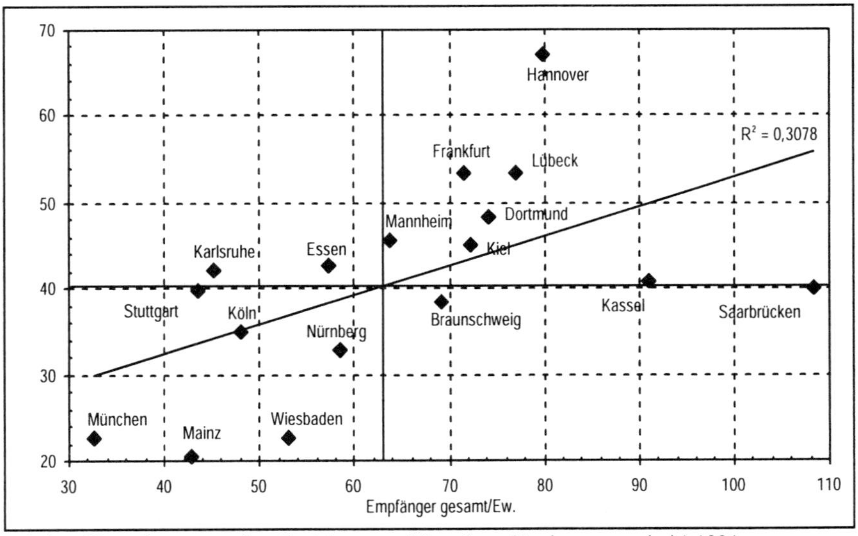

y-Achse: Verwaltungsausgaben Sozialamt ges./Einwohner (Rechnungsergebnis) 1984

Abbildung 41: Sozialhilfeempfänger gesamt zu Verwaltungsausgaben Sozialamt gesamt, 1984

d) Die Größe der Sozialverwaltung und Umweltparameter im Längsschnitt

Als erstes wurde der Überlegung nachgegangen, daß zur Analyse der Größenveränderung der Verwaltung in Relation zu jener der Aufgaben zwischen 1976 und 1986 der Einfluß des *Ausgangsstandes* der Personal- und Verwaltungsgröße von 1976 berücksichtigt werden muß. Dabei konnte festgestellt werden, daß der Ausgangsstand auch die künftige Größe der Verwaltung des Sozialamtes bedingt, d.h. zwischen 1976 und 1984 ließ sich eine sehr hohe ‚*Pfadabhängigkeit*' beobachten (r^2=0,798). Nun ist nicht davon auszugehen, daß sich die Größe der Ämter in acht Jahren radikal ändert; eher war eine Orientierung am erreichten Stand zu erwarten. Allerdings scheint die Stärke des Zusammenhangs angesichts der turbulenten Entwicklung der Aufgabenumwelt gleichwohl bemerkenswert. Die alternative Überlegung der ‚*aufholenden Entwicklung*', nach der Städte, die vormals eine kleine Sozialamtsverwaltung hatten, stark wachsen, während umgekehrt vormalig große in der Folge stagnieren oder sogar schrumpfen müßten, konnte anhand der hier vorliegenden Zahlen nicht bestätigt werden. Ebensowenig spricht für die Hypothese einer ‚*inkrementalen* Entwicklung', d.h., daß überall ähnliche Wachstumszahlen vorgelegen hätten. Die vergleichende Analyse spricht vielmehr sogar für die *These*, nach der vormals *große* Verwaltungen auch ein stärkeres Wachstum der Verwaltungsausgaben in der Folge haben als kleinere, und zwar mit einer sehr hohen erklärten Varianz (r^2=0,41).

Vergleicht man nun die Größenentwicklung des Sozialamtes mit der Entwicklung der Aufgaben im Untersuchungszeitraum, so lassen sich folgende Aussagen auf der Basis der Stichproben treffen. Analog zu den Ergebnissen im Querschnitt ergibt sich zunächst, daß die *Veränderung* der Fallzahlen in der HbL besser mit der Veränderung der Personalausgaben zwischen 1976 und 1984 korreliert (r^2=0,33) als dies bei der HLu der Fall ist, wo erst unter Einschluß des Standes der Empfängerzahlen von 1976 eine signifikante multiple Erklärung von 50% der Varianz zustande kommt. Nimmt man bei der HbL den Stand der Empfängerzahlen von 1976 (54% Erklärung der Varianz allein) hinzu, ergibt sich sogar ein multiples R^2 von 0,83. Ähnliche Werte erhält man im übrigen, wenn man nicht die Veränderung der (bereinigten) Verwaltungsausgaben pro Einwohner, sondern den Stand von *1984* in Relation zum Stand und Veränderung der Aufgaben 1976 bis 1984 setzt.

Gleichwohl *verschwindet* dieser Einfluß der Aufgabenveränderung auf die Veränderung der Verwaltungsgröße des Sozialamtes fast ganz, wenn man den Einfluß des Ausgangsstandes der Verwaltungsgröße von 1976 einbezieht.[303] Ebensowenig wird der Stand der Verwaltungsausgaben von 1984 durch die

---

[303] Die Varianz der Veränderungen der Verwaltungsausgaben pro Einwohner wird dann nur zu einem insignifikanten Bruchteil aus dem Stand der Empfängerzahlen gesamt 1976 (3,6%) und dessen Wachstum bis 1984 (1,7%) erklärt, sobald man den Stand der Verwaltungsausgaben 1976 (39%, signifikant) in die Rechnung einbezieht.

Aufgaben bestimmt, wenn man den Einfluß des Standes der Verwaltungsausgaben von 1976 einbezieht. Es stellt sich heraus, daß innerhalb dieses Modells der Anteil der ausschließlich durch die Aufgaben erklärten Varianz unter den Verwaltungsausgaben des Sozialamts mit nicht einmal zehn Prozent nur äußerst gering ist (sr^2=0,07). Umgekehrt gehen Veränderungen der Verwaltungsausgaben des Sozialamtes in diesen 8 Jahren – unter Einbezug der Veränderung der Hilfeempfängerzahlen – zu rund 43% linear aus dem Stand der Verwaltungsausgaben 1976 hervor. Diese multiple Analyse der Veränderungszahlen *relativiert* damit die bisherigen Ergebnisse. Zwar entsteht in den Quer- und Längsschnitten jeweils ein ‚fit' zwischen dem Aufgaben und der Größe der Verwaltung. Im Verhältnis zur Pfadabhängikgeit der Verwaltungsentwicklung bringen die Veränderungen in der Aufgabenumwelt jedoch kaum noch eine Erklärungskraft für die Größe und das Wachstum der Verwaltung.

Dies wird auch durch die Entwicklung der Quote der Verwaltungskosten pro Hilfeempfänger deutlich, d.h. der *Verwaltungsintensität* oder dem, was als ‚Arbeitsbelastung' (Fälle pro Personal) gefaßt werden kann. Städte mit relativ geringen Verwaltungskosten pro Hilfeempfänger 1976 hatten tendenziell auch 1984 vergleichsweise geringe Verwaltungskosten pro Empfänger (r^2=0,30). Außerdem haben Sozialämter mit hohen Personal- und Verwaltungskosten pro *Einwohner*, also große Sozialämter, tendenziell auch einen höheren Personal- und Verwaltungskostenaufwand pro Hilfeempfänger (1976: r^2=0,26), d.h. eine personalintensivere Verwaltung oder entsprechend geringere Arbeitsbelastung. Für 1984 ließ sich hierzu jedoch kein signifikanter Zusammenhang mehr nachweisen, was vermutlich auf das stark überproportionale Fallwachstum zurückzuführen ist. Dennoch gibt es insgesamt – aufgrund der relativ stagnierenden Verwaltung – eine enorme *Verringerung* der Personal- und Verwaltungsintensität pro Fall, was sich in einer entsprechend sinkenden Quote Personal- und Verwaltungsausgaben pro Hilfeempfänger des Sozialamtes zwischen 1976 und 1984 um durchschnittlich 47,6% ausdrückt.

Weitere klassische Hypothesen und Umweltvariablen brachten keine Erklärungen für die Verwaltungsgröße der Sozialverwaltungen im Untersuchungszeitraum. Für die untersuchten Großstädte gilt, daß größere Städte eben nicht eine im Verhältnis zur *Einwohnerzahl* größere oder kleinere Sozialamtsverwaltung haben als kleinere Städte. Es ist – nebenbei bemerkt – auch keineswegs so, daß unter den Großstädten gilt: Je größer die Stadt, desto mehr Sozialhilfeempfänger pro Einwohner, was gegen häufig zu hörende Argumente der Ballung sozialer Probleme in größeren Städten spricht.

Neben der Größe der Stadt übte auch die *finanzielle Lage* der Städte, gemessen an der gemeindlichen Steuerkraft und an ihren Einnahmen pro Einwohner, im Querschnitt, keinen signifikanten Einfluß auf die Personalausgaben in der Verwaltung sozialer Angelegenheiten pro Einwohner aus. Allerdings ist eine leichte (r^2=0,16), aber hoch signifikante Korrelation der Steuerkraft zu den *gesamten* Personalausgaben der Städte festzustellen, d.h. relativ reiche Städte leisten sich *im allgemeinen* eine relativ großzügigere Personalbesetzung ihrer Verwaltungen.

e) Die Ausgaben und die Zahl der Hilfeempfänger sowie Verwaltungskosten

Ein zentrales Kriterium für die Güte von Hilfsorganisationen liegt darin, daß die Verwaltungsausgaben doch wenigstens in einem Zusammenhang mit der geleisteten Hilfe stehen sollten. Die Frage wäre also, belasten relativ teure Sozialverwaltungen das Sozialbudget einer Stadt, ohne daß dies im Zusammenhang mit den Hilfsleistungen steht? Zunächst kann man von den gesamten Ausgaben für Soziale Sicherung, ohne die den Empfängern zukommenden Geldleistungen zu kennen, zu einem gewissen Grade (1976: zu rund 46%; 1984: 64%) allein aus der Höhe der Verwaltungs- und Personalkosten des Sozialamts auf den Umfang des Sozialbudgets der Stadt schließen. Umgekehrt läßt sich mit Hilfe der gesamten Sozialhilfeausgaben ebenso ein Teil, nämlich im Jahr 1976 zu 22% und 1986 23% der Varianz der Ausgaben für soziale Sicherung signifikant erklären. Nimmt man beide unabhängigen Variablen in ein multiples Modell, so ist aber erstens die Gesamterklärungskraft nur unwesentlich höher (R^2=0,50 für 1976 und 0,64 für 1986), und zweitens *überwiegt* das Gewicht der *Verwaltungsausgaben* (bei einem semipartiellen Regressionskoeffizienten von sr^2=0,27, 1976; und sr^2=0,48, 1986) als Erklärungskraft für die Gesamtausgaben für soziale Sicherung. Berücksichtigt man also die Verwaltungsausgaben, so liefern die Sozialhilfeausgaben *keine* signifikante zusätzliche Erklärungskraft für das Sozialbudget der Stadt.

Der abschließende Blick auf die Sozial*hilfe*ausgaben bestätigt dagegen wiederum erwartungsgemäß, daß sich die Bruttoausgaben für die Sozialhilfe zu einem großen Teil aus der Anzahl der Empfänger erklären lassen, nämlich mit r^2= 0,42 (1976) und mit sogar r^2=0,74 (1984). Etwas stärker gekoppelt sind die Empfänger- und Ausgabenzahlen der Hilfe zum Lebensunterhalt sowie der Leistungen außerhalb von Einrichtungen. Das ist nicht weiter verwunderlich, da man bei diesen Leistungen von einer stärkeren Standardisierung in der Vergabe ausgehen kann. Ferner hat sich der Spielraum der Leistungsvergabe vermutlich verkleinert, d.h. es wurden 1984 zusätzlich zu den obligatorischen Leistungen weniger Mittel vergeben als 1976. Nimmt man die Veränderung der inflationsbereinigten Ausgaben *pro* Hilfeempfänger, so zeigen sich deutliche ‚Sparmaßnahmen' in der Sozialhilfe pro Kopf, allerdings nur nach aggregierten realen Wachstumsraten aller Städte zusammengenommen. Die Sparmaßnahmen waren also, wie bereits dargestellt wurde, vorwiegend institutionell (reale Regelsatzkürzungen) vorgenommen worden und waren weniger durch die einzelnen Verwaltungen steuerbar. Noch stärker als die genannten Hilfeleistungen sanken im Untersuchungszeitraum übrigens die Verwaltungsausgaben pro Empfänger, d.h., die ‚Verwaltungsintensität‘ als Maß für den ‚bürokratischen Wasserkopf‘ nahm ab. Schließlich gab es keine über die Jahre annähernd stabile Rangordnung von relativ gesehen besonders großzügigen Sozialverwaltungen und eher zu restriktiver Leistungsvergabe neigenden Verwaltungen, außer in der Kategorie der Hilfe zum Lebensunterhalt in Einrichtungen (r^2=0,685). Zuletzt sei der Vollständigkeit halber darauf hingewiesen, daß die *Finanzkraft* einer Stadt das Verhalten bei der Gewährung von Sozialhilfe offenbar nicht beeinflußt. Jedenfalls standen die Sozialhilfeausgaben pro Fall nicht in einem signifikanten linearen Zusammenhang mit den Steuereinnahmen.

F. Die Sozialverwaltung in den achtziger und neunziger Jahren

I. Reform und Neuordnung des institutionellen Systems

1. Das Wachstum der Sozialhilfe im Überblick

Nachdem die Zahl der Hilfeempfänger Ende der siebziger Jahre kurzfristig stagnierte, folgte ab 1982 erneut ein rasanter Anstieg der Sozialhilfebedürftigkeit. Im Vergleich zu den siebziger Jahren verschärfte sich die Situation seit der zweiten Hälfte der achtziger Jahre sogar noch: so *verdoppelte* sich die Empfängerzahl in der Sozialhilfe innerhalb von zehn Jahren beinahe. Alle Hoffnungen auf eine Verringerung der Sozialhilfebedürftigkeit wurden ebenso enttäuscht, wie eine nachhaltige Besserung der Arbeitsmarktlage auch nach der politischen ‚Wende' 1983 nicht eintrat. Ebenso war der nach der deutschen Einigung und der kurzen wirtschaftlichen Hochkonjunktur im Jahr 1990 zu verzeichnende Rückgang der Sozialhilfebedürftigkeit nur eine kurze Episode (Abb. 42).

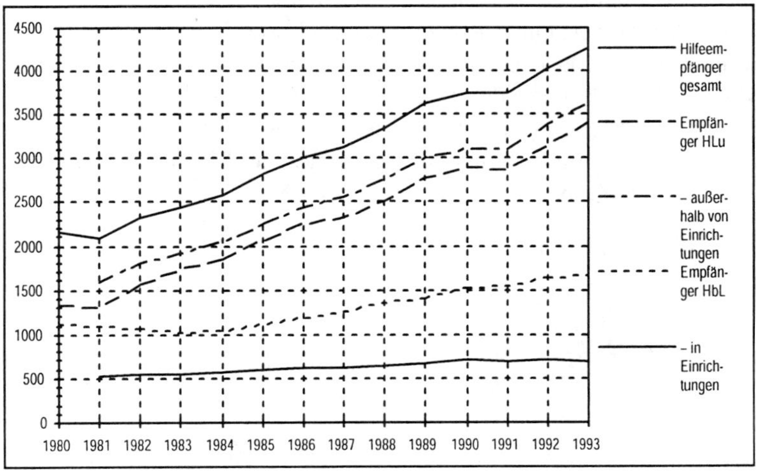

Abbildung 42: Zahl der Sozialhilfeempfängerinnen und -empfänger in der Bundesrepublik Deutschland 1980-1993 (in Tausend)

Quelle: Statistisches Bundesamt, Fachserie 13, Reihe 2, Sozialhilfe; Beck, M. 1992, ders. 1994; Neuhäuser, J. 1995. Die Zahlen beziehen sich auf das Gebiet der alten Bundesländer.

Wie in den siebziger Jahren deutet bereits die grobe Zusammensetzung nach Art der Hilfe auch in den achtziger und neunziger Jahren auf den Hintergrund der allgemeinen wirtschaftlichen Entwicklung, da insbesondere die Zahl der Hilfeempfänger *außerhalb* von Einrichtungen mit laufender Hilfe zum Lebensunterhalt, nicht dagegen die der Empfänger von Hilfe in besonderen Lebenslagen stieg.[304] Das heißt, daß bei den Sozialhilfeempfängern hauptsächlich fehlende Einkommen aufgrund von Arbeitslosigkeit zur Bedürftigkeit führten, weniger die Überwindung besonderer sozialer Problemlagen, etwa infolge von Krankheit oder Behinderung.

Außerdem kann man Veränderungen in der demographischen und sozialen Struktur der Zusammensetzung der Hilfeempfänger feststellen, die ihrerseits auch mit der wirtschaftlichen Entwicklung zusammenhängen. So nahm zum einen die Zahl der Jüngeren unter den Soziahilfebeziehern zu, darunter vor allem alleinstehende Frauen sowie Kinder und Jugendliche, zum anderen wuchs in noch stärkerem Ausmaß der Anteil der jüngeren erwerbsfähigen (männlichen) Personen. Entsprechend ging der Anteil der älteren Sozialhilfeempfänger beständig zurück. Z.B. waren 1965 noch über 50% der Empfängerinnen und Empfänger von Hilfe zum Lebensunterhalt 50 Jahre und älter – darunter überwiegend ältere Frauen mit unzureichenden Renten. Dagegen betrug der Anteil der Älteren über 50 Jahre im Jahr 1980 nur noch 31% und 18% im Jahr 1992. Der Anteil der Bezieher von Hilfe zum Lebensunterhalt außerhalb von Einrichtungen, die unter 25 Jahren waren, wuchs zwischen 1980 und 1992 von 43% auf 47%, der Anteil derjenigen zwischen 25 und 50 Jahren von gut 25% auf über 34%.[305] Im Hinblick auf die Zusammensetzung nach Haushaltsarten nahm die Zahl der Alleinstehenden, aber auch die der Familien mit Kindern überproportional zu. Daneben wuchs in den achtziger Jahren insbesondere der Anteil der Ausländer unter den Hilfeempfängern von Lebensunterhalt von 8% (1980) auf knapp 35% im Jahr 1992. Immer noch waren Frauen unter den Hilfeempfängern und -empfängerinnen insgesamt in der Mehrheit (1992: gut 60%) – darunter zur Hälfte Alleinerziehende mit Kindern.[306]

---

[304] Allerdings gibt es eine Vielzahl von Empfängern, die beide Hilfearten gleichzeitig beziehen (vgl. zur Empfängerstatistik im Jahr 1992: Beck, M. 1994: 557 ff.; zum Jahr 1993: Neuhäuser, J. 1995).

[305] Nach Statistischem Bundesamt, Fachserie 13, Reihe 2, Sozialhilfe und Beck, M. 1994: 557.

[306] Vgl. z.B. Schulz, J. 1989: 169 ff. vgl. zum besonderen Verarmungsrisiko von Frauen z.B Riedmüller, B. 1988.

Anzunehmen ist also, daß einerseits die private, familiäre Absicherung, andererseits aber noch mehr der ungenügende Arbeitsmarkt und die öffentlichen Sicherungssysteme, vor allem die Arbeitslosenversicherung, den Lebensunterhalt für eine wachsende Zahl von Menschen immer weniger gewährleisteten. Näheren Aufschluß darüber, daß die steigende *Arbeitslosigkeit* und deren mangelnde soziale Absicherung die Hauptursache für die Zunahme der Zahl der Empfänger von Hilfe zum Lebensunterhalt war, [307] gibt auch die Aufschlüsselung nach den Gründen, die laut der Einschätzung der amtlichen Sachbearbeiter zur Bedürftigkeit geführt haben. Während 1980 lediglich in gut 10% der Fälle Arbeitslosigkeit als Grund angegeben wurde, waren es 1992 beinahe 30%. Bei männlichen Haushaltsvorständen war Arbeitslosigkeit 1992 sogar in fast 40% der Fälle die Ursache von Bedürftigkeit und bei Ehepaaren mit Kindern in gut 43% der Fälle.[308] Außerdem reichte bei jüngeren Alleinstehenden oder Familien in immer zahlreicheren Fällen die zu geringe Arbeitslosenhilfe nicht, um den notwendigen Lebensunterhalt ganz zu sichern, oder die Sozialhilfe mußte bei fehlenden Anspruchsvoraussetzungen einspringen (vgl. Heinelt, H. 1989: 53).

Die *Ausgaben* für Sozialhilfe folgten im Vergleich zum vorhergehenden Zeitabschnitt, als im Verhältnis zu den Empfängerzahlen ein starker Anstieg vorlag, der Entwicklung der Empfängerzahlen (Abb. 43). Gleichwohl erhöhten sich die Gesamtausgaben für Sozialhilfe im zugrunde gelegten Zeitraum um mehr als das Doppelte.

Unterscheidet man zwischen den beiden Hilfearten, so zeigte sich insbesondere zwischen 1982 und 1987 ein verhältnismäßig starker Anstieg der Ausgaben für Hilfe zum Lebensunterhalt, weshalb sich auch der Anteil der offenen Hilfe gegenüber der Hilfe in Anstalten im Vergleich zu den siebziger Jahren – als eine starke Ausweitung des Anteils der Ausgaben in Anstalten erfolgte – wieder vergrößerte: Betrug das Verhältnis 1982 noch 37 zu 63%, so weitete sich der Anteil der Hilfe außerhalb von Anstalten bis 1989 auf über 45% aus. Danach war aber erneut ein stärkeres Wachstum bei den Ausgaben für Hilfe in besonderen Lebenslagen und bei der in Anstalten geleisteten Hilfe zu verzeichnen, weshalb auch der Anteil der offenen Hilfe an den Gesamtausgaben 1993 nur noch 42% betrug.

[307] Siehe dazu z.B. (m.w.N.) die Beiträge von Hauser, R./Fischer, I./Klein, Th.; Hoppensack, H.-Ch./ Wenzel, G. und Hanesch, W. in: Leibfried, St./Tennstedt, F. 1985a; siehe weiterhin auch Schulz, J. 1989: 155 ff.; Heinelt, H. 1989; Jaedicke, W. u.a. 1990. Dabei wurde auch festgestellt, daß 10-15% der Ausgaben für die Absicherung von Arbeitslosigkeit über Sozialhilfe finanziert wurden (vgl. Schulz, J. 1989: 159 f.; Heinelt, H. 1989: 52; Jaedicke, W. u.a. 1990: 55).

[308] Weitere wichtige Gründe für die Inanspruchnahme von HLU außerhalb von Einrichtungen waren 1992 der ‚Ausfall des Ernährers‘ mit knapp 10% (bei allein erziehenden Frauen sogar über 32%) und unzureichende ‚Versicherungs- und Versorgungsansprüche‘, wie z.B. niedrige Renten, mit 10%. Schließlich waren ‚Sonstige Gründe‘ 1992 noch sehr häufig (39%) zu finden, wozu z.B. politisches Asyl zählt. Dementsprechend ist diese Kategorie bei Ausländern mit 70% weitaus am häufigsten vertreten (vgl. Beck, M. 1994: 561 f.).

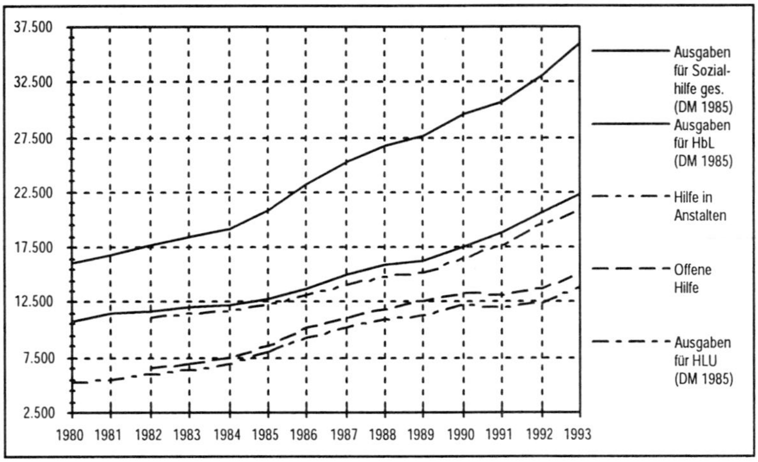

Abbildung 43: Ausgaben für Sozialhilfe in der Bundesrepublik Deutschland, 1980-1993 (in Mill. DM zu Preisen von 1985)

Quelle: Eigene Berechnung nach: Statistisches Bundesamt, Fachserie 13, Reihe 2, Sozialhilfe (1980-1990); Deininger, D. 1993; Neuhäuser, J. 1995; Statistisches Bundesamt, Fachserie 17, Preisindex für Lebenshaltung, 2-Personen-Haushalte von Renten- und Sozialhilfeempfängern mit geringem Einkommen (1995: 93).

Anhand der *Wachstumsraten* der Sozialhilfe (Tab. 13, Abb. 44) soll wiederum verfolgt werden, wie sich die starke Steigerung der Empfängerzahlen bei der Hilfe zum Lebensunterhalt im Vergleich zur Ausgabenentwicklung verhielt. Da die Sozialhilfe am unbedingt notwendigen Lebensunterhalt, d.h. bedarfsorientiert angelegt ist, müßte eine Steigerung der Empfängerzahlen auch zu einer relativ entsprechenden Ausgabensteigerung führen, wenn die Inflationsentwicklung abgezogen wird (vgl. dazu auch Schulz, J. 1989: 174 ff.).[309] Genau dies war bereits in den siebziger Jahren insbesondere bei der Hilfe zum Lebensunterhalt und zwar in den Zeiten des starken Bedarfsanstieges nicht gegeben, als sich nämlich im Gegenteil ab 1974 ein scherenartiger Zusammenhang zwischen den stark steigenden Empfängerzahlen und den nicht in gleichem Maße mit wachsenden Ausgaben eingestellt hatte – ausgedrückt durch einen sinkenden Quotienten Ausgaben pro Empfänger. Unterstützt wird die Hypothese, daß hier budgetorientierte *Sparmaßnahmen* zu verzeichnen sind, auch durch die Tatsache, daß die *Regelsätze* nach 1970 weder wie geplant 1975 noch im Jahr 1980 der Steigerung der Lebenshaltungskosten entsprechend angepaßt wurden. Letzteres wurde in der Fachwelt – deren Konsens im Sparzeitalter am

[309] Dieses Maß ist allerdings etwas grob, weil sich auch die Struktur der Hilfeempfänger dahingehend geändert haben könnte, daß tatsächlich mehr Menschen nur geringe zusätzliche Beiträge zum Lebensunterhalt benötigt haben, was insbesondere bei der Zunahme des Anteils mit ‚nicht ausreichenden' Versicherungsleistungen (z.B. Arbeitslosenhilfe) der Fall sein könnte. Allerdings machte dieser Anteil wie gesagt auch 1993 immer noch nicht mehr als ca. 10% aus.

Schwinden war (vgl. Jaedicke, W. u.a. 1990: 50 ff.) – auch als Widerspruch zum Bedarfsprinzip kritisiert.[310]

Tabelle 13:

Veränderung der Sozialhilfe in der Bundesrepublik Deutschland gegenüber dem Vorjahr in %, 1980-1993

	1980	**1981**	**1982**	**1983**	**1984**	**1985**	**1986**	**1987**
Sozialhilfeempfänger ges.	2,3	-2,8	11,4	5,0	5,5	9,5	7,3	3,9
Empfänger Hlu	0,8	-2,3	20,8	10,6	6,4	12,3	8,5	4,2
Empfänger HbL	4,2	-4,0	-1,8	-4,2	3,1	5,8	8,0	5,1
Ausgaben für Sozialhilfe ges. (DM 1985)	4,0	5,1	4,6	4,0	4,3	8,9	10,9	9,0
Ausgaben für Hlu (DM 1985)	5,2	4,2	9,0	7,2	7,6	16,6	16,7	9,6
Regelsatz (DM 1985)	-1,3	-0,6	-2,6	-1,3	0,3	4,0	5,5	3,1
Ausgaben für HbL (DM 1985)	3,4	5,5	2,5	2,4	2,5	4,5	7,3	8,5
Ausgaben Sozialhilfe ges. (DM 1985) / Empfänger ges.	1,6	8,1	-6,1	-1,0	-1,1	-0,6	3,4	4,9
Ausgaben HLu (DM 1985) / Empfänger Hlu	4,3	7,0	-9,8	-3,1	1,1	3,8	7,6	5,3
Ausgaben HbL (DM 1985) / Empfänger HbL	-0,8	10,1	4,3	6,9	-0,5	-1,2	-0,6	3,3

	1988	**1989**	**1990**	**1991**	**1992**	**1993**	**Ø**	**Ges.**
Sozialhilfeempfänger ges.	6,8	8,3	3,5	-0,4	7,9	5,8	3,8	99,1
Empfänger Hlu	7,6	10,6	4,2	-1,1	10,3	8,1	4,6	149,1
Empfänger HbL	7,3	4,1	7,6	2,2	5,5	1,9	2,5	47,6
Ausgaben für Sozialhilfe ges. (DM 1985)	6,1	3,5	7,4	3,7	7,5	8,7	4,3	124,2
Ausgaben für Hlu (DM 1985)	5,7	4,6	6,8	-1,3	3,9	10,9	5,2	136,8
Regelsatz (DM 1985)	1,8	0,0	1,5	2,3	2,8		1,3	17,7
Ausgaben für HbL (DM 1985)	6,4	2,7	7,7	7,1	9,7	7,7	4,3	91,1
Ausgaben Sozialhilfe ges. (DM 1985) / Empfänger ges.	-0,6	-4,4	3,7	4,1	-0,4	2,8	0,9	12,64
Ausgaben HLu (DM 1985) / Empfänger Hlu	-1,8	-5,4	2,5	-0,1	-5,8	2,7	0,2	2,3
Ausgaben HbL (DM 1985) / Empfänger HbL	-0,8	-1,4	0,2	4,8	4,0	5,8	2,2	39,9

Quelle: Eigene Berechnung nach: Statistisches Bundesamt, Fachserie 13, Reihe 2, Sozialhilfe (1980 ff.); Fachserie 17, Preisindex für Lebenshaltung, 2-Personen-Haushalte von Renten- und Sozialhilfeempfängern mit geringem Einkommen (1995: 93); Beck, M. 1992; 1994; Deininger, D. 1993; Neuhäuser, J. 1995; Regelsätze nach Höft-Dzemski, R. 1994: 406 und Galperin, P. 1988: 296.

[310] Vgl. stellvertretend Leibfried, St./Hansen, E./Heisig, M. 1985: 131.

Ein scherenartiger Verlauf der Zahlen der Hilfeempfänger und der Ausgaben pro Empfänger war bei der Entwicklung der Hilfe zum Lebensunterhalt in den achtziger Jahren erneut und zwar insbesondere in den Jahren 1982 und 1989, aber auch Anfang der neunziger Jahre festzustellen (vgl. Abb. 44). Vervollständigt wird die hier angestellte Beobachtung durch die relativ parallele Entwicklung des Pro-Kopf-Quotienten und der Regelsätze (wiederum jeweils inflationsbereinigt), wobei jedoch wiederum die Vermutung nahegelegt wird, daß bei einmaligen und zusätzlichen Leistungen, die einen größeren Ermessensspielraum bieten, noch mehr als bei den standardisierten Leistungen gespart wurde.

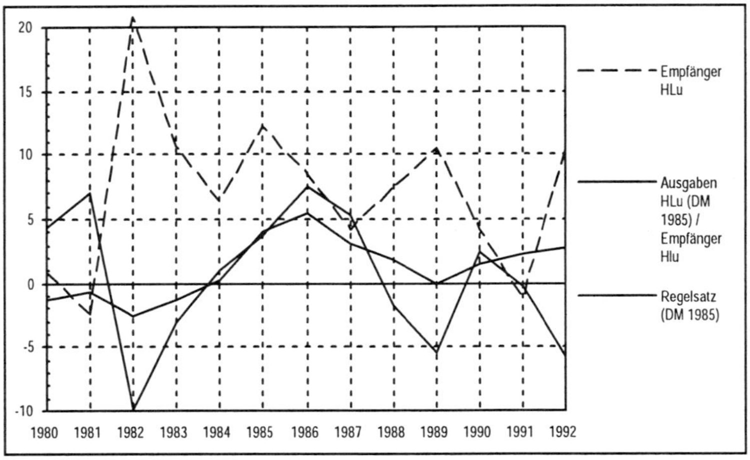

Abbildung 44: Veränderung der Ausgaben für Hilfe zum Lebensunterhalt in der Bundesrepublik Deutschland gegenüber dem Vorjahr in %, 1980-1992

Quelle: Eigene Berechnung nach: Statistisches Bundesamt, Fachserie 13, Reihe 2, Sozialhilfe (1980 ff.); Fachserie 17, Preisindex für Lebenshaltung, 2-Personen-Haushalte von Renten- und Sozialhilfeempfängern mit geringem Einkommen (1995: 93); Regelsätze nach Höft-Dzemski, R. 1994: 406 und Galperin, P. 1988: 296; Beck, M. 1992, 1994; Deininger, D. 1993; Neuhäuser, J. 1995.

Eine ähnliche Entwicklung, wenngleich in abgeschwächter Form, deutet sich in den achtziger Jahren bei der Hilfe in besonderen Lebenslagen an: So ging der Rückgang der Empfängerzahlen zu Beginn der achtziger Jahre mit einer Steigerung der Pro-Kopf-Ausgaben und der darauffolgende Anstieg der Empfängerzahlen mit einem Rückgang dieses Quotienten einher (Abb. 45). Das heißt, daß die Sparmaßnahmen in den achtziger Jahren auch bei der Hilfe in besonderen Lebenslagen ansetzten, die in den siebziger Jahren anscheinend noch verschont worden war. Gleichwohl ergibt sich immer noch eine Differenz im Gesamtniveau. Während bei der Hilfe zum Lebensunterhalt eine Stagnation der Pro-Kopf-Ausgaben (in Preisen von 1985) zu verzeichnen war, trat bei der Hilfe in besonderen Lebenslagen insgesamt immerhin noch eine durchschnittliche jährliche Steigerung von 2% des Pro-Kopf-Quotienten auf.

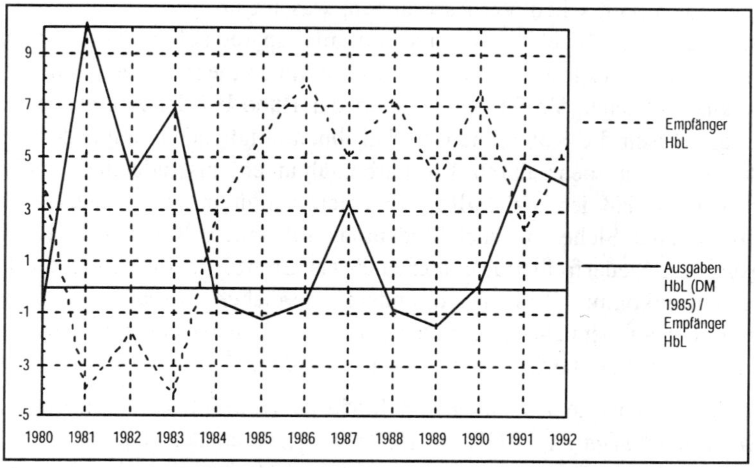

Abbildung 45: Wachstum der Ausgaben für Hilfe in besonderen Lebenslagen in der Bundesrepublik Deutschland gegenüber dem Vorjahr in %, 1980-1993

Quelle: Eigene Berechnung nach: Statistisches Bundesamt, Fachserie 13, Reihe 2, Sozialhilfe (1980 ff.); Fachserie 17, Preisindex für Lebenshaltung, 2-Personen-Haushalte von Renten- und Sozialhilfeempfängern mit geringem Einkommen (1995: 93); Beck, M. 1992, 1994; Deininger, D. 1993; Neuhäuser, J. 1995.

2. Einsparungen und Neuordnung in der wirtschaftlichen Krise

Wie ich bereits im vorigen Kapitel angesprochen hatte, setzten angesichts der wachsenden Sozialhilfebedürftigkeit und der knapper werdenden Finanzmittel bereits Mitte bis Ende der siebziger Jahre drastische Sparbemühungen ein (Erstes Haushaltsstrukturgesetz von 1975 mit dem Aussetzen der Regelsatzanpassung an die Preisentwicklung), die sich mit dem Zweiten Haushaltsstrukturgesetz von 1981 noch verschärften (vgl. Nöldeke, J. 1987).[311] Nach dem Motto

[311] Zum „Sozialabbau und Umverteilung in der Wirtschaftskrise" (Adamy, W./Steffen, J. 1983), der „Sozialpolitik der mageren Jahre" (Windhoff-Héritier, A. 1983) oder der „Kommunale(n) Sozialpolitik in der Finanzkrise" (dies. 1984 a u. b), ‚Armenpolitik in der Krise' (Adamy, W./Naegele, G. 1983 u. 1985) gibt es eine Fülle an Literatur, auf die hier nicht vollständig verwiesen werden kann (vgl. auch Gretschmann, K. 1985). Einen relativ aktuellen und umfassenden Überblick (m.w.N.) unter besonderer Berücksichtigung der Politik der kommunalen Spitzenverbände und des

„alle müssen überall sparen“, gewannen finanzpolitische Restriktionen – im Rahmen einer Sparallianz zwischen sozialdemokratischen und konservativen Politikern sowie von Bundesrat und Kommunalvertretern – die Überhand gegenüber sozialpolitischen Verbesserungen, was im übrigen den Vorgängen in der Weimarer Zeit ähnelt.[312] Wenn schon ‚alle‘ sparen sollten, konnte auch die Sozialhilfe nicht ausgespart bleiben. Dies gilt um so mehr vor dem Hintergrund der finanzpolitischen Verflechtung: Spart der Bund bei der Arbeitslosenversicherung, müssen die Kommunen die bei ihnen anfallenden steigenden Sozialhilfekosten noch mehr durch Einsparbemühungen auszugleichen suchen.[313] Hinzu kommt, daß der Sozialhilfe als Existenzminimum oder ‚Untergrenze‘ im System sozialer Sicherung auch Bedeutung für andere Rechtsbereiche (Pfändungsgrenze, Steuerfreibetrag), aber auch als Grenze für durchsetzbare Lohnsenkungen zukommt. Will man in anderen Bereichen einsparen, etwa an den Löhnen oder an Versicherungsleistungen, so muß zuerst das durch die Sozialhilfe garantierte Existenzminimum gesenkt werden.[314]

Dies führte aber in zunehmendem Maße zu Konflikten. Durch das *Zweite Haushaltsstrukturgesetz* (BGBl I: 1523) im Rahmen der ‚Operation 82‘ begrenzte der Bund z.B. die Anpassung der Regelsätze an die Lebenshaltungskosten auf 3% (§ 22 Abs. 4 BSHG) – womit die Länderkompetenz und die Vorherrschaft des Deutschen Vereins in diesem Punkt für zwei Jahre gebrochen wurde. Außerdem wurde das in den folgenden Jahren diskutierte ‚Lohnabstandsgebot‘ im Gesetz festgehalten, wonach die Höhe der Regelsätze das durchschnittliche Nettoeinkommen der Arbeiter unterer Lohngruppen (zuzüglich Kindergeld und Wohngeld) nicht überschreiten durfte (§ 22 Abs. 3 S. 2 BSHG).[315] Ferner ist die Möglichkeit ausgeweitet worden, Hilfe nur noch als

---

Deutschen Vereins bietet Jaedicke, W. u.a. 1990 58 ff. auf den im folgenden ohne die Angabe konkreter Verweise wesentlich zurückgegriffen wurde. Vgl. zur Reduktionsgesetzgebung ab 1981 als Übersicht auch Fichtner, O. 1984: 284 ff.; Nöldeke, J. 1987: 159 f.; Giese, D. 1988; vgl. generell zum BSHG, z.T. mit Entwicklungen: Birk, U.-A. u.a. 1994; Schulte, B./Trenk-Hinterberger, P. 1986.

[312] Vgl. Adamy, W./Steffen, J. 1983; Adamy, W./Naegele, G. 1983; Leibfried, St./Hansen, E./Heisig, M. 1984a.

[313] Vgl. zur Finanzsituation der Kommunen unter besonderer Berücksichtigung der Sozialausgaben neben den gerade genannten Prinz, A. 1983; Klanberg, F./Prinz, A. 1983; dies. 1984; Feser, H.-D. 1985, sowie den Gemeindefinanzbericht 1990 mit einem Rückblick auf die 80er Jahre von Karrenberg, H./ Münstermann, E. 1990; dies. 1995.

[314] Vgl. allgemein dazu mit historischer Sichtweise: Leibfried, St./Tennstedt, F. 1985.

[315] Bis dahin lediglich in § 4 der Regelsatzverordnung (vgl. Leibfried, St./Hansen, E./Leisig, M. 1985: 138. Vgl. m.w.N. Schulz, J. 1989: 121 f.; vgl. m.w.N. juristisch orientiert: Birk, U.-A. u.a. 1994: 331 f.; Stolleis, o.V. 1981 NDV: 89 ff., abgedruckt bei: Orthband, E. 1986; neuer: Schellhorn, W. 1989; ders. 1990; unter Berücksichtigung des neuen West-Ost-Gefälles Rüfner, W. 1993: 363 ff.; empirisch die These von Überschneidungen zwischen unteren Lohngruppen und Sozialhilfe widerlegend: Höft-Dzemski, R. 1994: 405 ff.; Adamy, W. 1993; Steffen, J. 1993; Bäcker, G./Steffen, J. 1995. In allen Untersuchungen der letzten Jahre, so auch in der von der Bundesregierung in Auftrag gegebenen Studie des Otto-Blume-Institutes (vgl. NDV 2/1995: 49) wird immer wieder festgestellt: Der Prozentsatz derer, bei denen Überschneidungen zwischen Sozialhilfe- und unteren

Darlehen zu gewähren (§ 15b). Außerdem werden die Mehrbedarfszuschläge des § 23 BSHG für Personen über 65 Jahre, Schwerbehinderte, werdende Mütter, Tuberkulosekranke und Alleinerziehende mit zwei und mehr Kindern von dreißig auf zwanzig Prozent gesenkt, die Ausbildungshilfe völlig gestrichen, die Hilfe für Ausländer eingeschränkt und die Krankenhilfe an den Leistungsrahmen der Krankenversicherung angepaßt, so daß z.B. Krankenkost nur noch im Rahmen der HLu gezahlt wurde. Weitere geplante Einschränkungen, wie die stärkere Kostenbeteiligung von Eltern behinderter Kinder an der Heimunterbringung (§ 43 Abs. 2 BSHG) und beim Zusatztaschengeld für Heiminsassen (§ 21 Abs. 3 BSHG), wurden nach starken Protesten wieder zurückgenommen (vgl. Jaedicke, W. u.a. 1990: 65 f.). Dagegen wurde die ‚Deckelung' der Regelsätze auch im Haushaltsbegleitgesetz von 1983 (BGBl I: 1857, 1863) weitergeführt, ja sogar noch verschärft, weil die Erhöhung auf 2% reduziert und um sechs Monate verschoben wurde.

Erstmals war im Zusammenhang mit der 1981 gescheiterten Regelsatzüberarbeitung ein jahrzehntelang bestehender *institutioneller Konsens* gebrochen – in dessen Rahmen der Deutsche Verein seine alleinige Vormachtstellung bei der Aufstellung der Regelsätze verlor und aufgab. Der nach jahrelanger Vorbereitung vom Arbeitskreis des Deutschen Vereins 1981 vorgelegte Entwurf eines überarbeiteten Warenkorbes, der eine beträchtliche Steigerung vorsah, scheiterte am Einspruch der kommunalen Spitzenverbände und fand selbst im Vorstand des Deutschen Vereins keine Mehrheit (vgl. Orthband, E. 1986: 142 f.; Jaedicke, W. u.a. 1990: 81 ff.). Deshalb wurde nach diesem ‚Eklat' eine interministerielle Arbeitsgruppe gebildet, in welcher der Deutsche Verein allerdings wiederum – neben Vertretern der Kommunen und der ‚privaten' Wohlfahrtspflege beratend beteiligt war. Offenbar hatte die Kritik von zwei Seiten am Warenkorbmodell – den einen (kommunale Spitzenverbände und Bundesregierung) geriet dieses zu teuer und die Höhe der Sozialhilfeleistungen in die Nähe der untersten Lohngruppen, den anderen (kritische Sozialwissenschaftler und vereinzelten Interessengruppen) war es zu sparsam[316] – dazu geführt, daß die Mehrheit sich immer mehr zum sogenannten ‚Statistik-Modell' bekannte, das schließlich nach langer Diskussion 1989 verwirklicht wurde. Anstatt der am konkreten Bedarf orientierten Definition des menschenwürdigen notwendigen Lebensunterhalts via eines Modellwarenkorbs wurde somit eine weniger angreifbare Definition anhand des statistisch ermittelten durchschnittlichen Verbrauchsverhaltens unterster Lohngruppen gewählt. Damit konnte problemlos der Abstand zu unteren Lohngruppen gewahrt werden.[317]

Lohneinkommen möglich sind, ist verschwindend gering, nämlich ca. 2-5%; meistens handelt es sich dabei um kinderreiche Familien.

[316] Vgl. zur Entwicklung des Konflikts um die Regelsatzüberarbeitung Jaedicke, W. u.a. 1990: 73 ff.

[317] Der mögliche Vorteil in der politischen Diskussion erweist sich aber als Nachteil in der rechtlichen Umsetzung, da vor Gericht aufgrund der konkreten individuellen Bedarfsorientierung des BSHG das Statistikmodell nur unzureichend anwendbar ist. Vgl. zu den verschiedenen Über-

Die bei der Überarbeitung des Warenkorbes auftauchenden Konflikte sind Ausdruck einer in den achtziger und neunziger Jahren zu beobachtenden *,Repolitisierung'* der Sozialhilfe. In der öffentlichen Diskussion wurde mit Beispielen aus dem Warenkorb die Beschränktheit desselben ebenso öffentlich angeprangert,[318] wie auf der konservativen Seite die Gefahr der zu großzügigen Bemessung und die mögliche Überschneidung der Sozialhilfezahlungen mit Lohneinkommen, vor allem bei Familien, immer wieder dramatisiert wurde. Ein zentraler noch auszuführender Hintergrund war, daß die Sozialverwaltung und noch mehr die konfessionellen Wohlfahrtsverbände seit den siebziger Jahren durch antiinstitutionelle Bewegungen, wie die *,Selbsthilfebewegung',* ebenso wie durch die fortschreitende ,Entkonfessionalisierung' an gesellschaftlicher Legitimation eingebüßt hatten.

Unter anderem daraus folgte, daß die *Wohlfahrtsverbände* ihre Funktion als Sozialanwälte stärker herausstellten (vgl. Backhaus-Maul/Olk 1994; Aust 1993), d.h. sich mehr auf ihre vernachlässigte – obgleich nicht eindeutige – ,Mitgliedschaftslogik' gegenüber der ,Einflußlogik' besannen.[319] Verstärkend hinzu kam, daß die Wohlfahrtsverbände durch die Sparpolitik der öffentlichen Haushalte mit unter Druck gerieten, wenn z.B. vom Kostendeckungsprinzip Abschied genommen werden sollte. Daraus folgte, daß die Wohlfahrtsverbände – im eigenen finanziellen Interesse – ihre Rolle als „Sozialanwälte" in den Vordergrund stellten und zum Widerstand gegen „Sozialabbau" aufriefen. Diese Verkopplung eigener Interessen (Ausweitung von Personal- oder Sachmittel) mit denen der „Betroffenen" ist auch bei den Beschäftigten der Sozialverwaltung zu verorten, zumal bei den zum großen Teil sozialkritisch sozialisierten Sozialarbeitern.

So hatten *kritische Sozialwissenschaftlerinnen* und -wissenschaftler gemeinsam mit *Selbsthilfegruppen* Protestaktionen[320] gegen das hundertjährige Vereinsjubiläum des DV im Jahr 1980 lanciert und dabei auch die quasi legislative Funktion des Deutschen Vereins bei der Bestimmung des Existenzminimums

---

gangsmodellen Leibfried, St./Hansen, E./Heisig, M. 1985: 132 ff.; Schellhorn, W. 1989: 157 ff; ders. 1990: ; Jaedicke, W. u.a. 1990: 86 ff.

[318] So wurde z.B. die Sozialhilfe-Aktion unter das Motto ,Halber Osterhase' gestellt. Ebenso wurde immer wieder das Hohngelächter provozierende Beispiel zitiert, wonach einem Sozialhilfeempfänger laut Warenkorb 3 Flaschen Bier pro Monat zur Bewirtung von Gästen zur Verfügung gestellt würden (vgl. zu dieser Diskussion aus der Sicht des DV: Orthband, E. 1986: 141 ff.).

[319] Vgl. Lehmbruch 1994: 371. Dabei muß betont werden, daß die Rolle der Wohlfahrtsverbände als Sozialanwälte nicht unbedingt den ,Mitgliederinteressen' entspricht, weil unter den Mitgliedern die Einrichtungen dominieren, deren Interessen wiederum nicht identisch mit denen der Klientel sind.

[320] Dieses relativ neue Phänomen, daß die im Sozialbereich Beschäftigten als „Sozialanwälte" in eigener Sache auftreten, war auch nach der Einführung der Pflegeversicherung zu beobachten, wenn Altenpfleger und Wohlfahrtsverbände gegen angeblichen „Qualitätsabbau" in Pflegeeinrichtungen öffentlich protestierten und dabei vor allem den *Personalabbau* meinten. Dabei soll nicht bestritten werden, daß Personalabbau häufig zum Qualitätsabbau führen kann. Allerdings ist nicht *immer* ein automatischer Zusammenhang gegeben, wie das oft behauptet wird.

und den Warenkorb kritisiert (vgl. aus der Sicht des Deutschen Vereins: Orthband, E. 1986: 140 ff.). Seine Funktion bei der Definition der Regelsätze wurde in der Folge auch vom Deutschen Verein selbst und diesem nahestehenden Experten (vgl. Stolleis in Orthband, E. 1986: 176 f.) in Frage gestellt. Danach sollte nicht mehr die Exekutive aufgrund von Gutachten des – wiederum von der Exekutive dominierten – DV entscheiden, sondern das Parlament selbst, obwohl sich – so die Erwartung – vom Ergebnis wohl nichts ändern würde, da das Parlament genauso auf die wissenschaftliche fachliche Beratung des Deutschen Vereins angewiesen sei (vgl. Stolleis ebenda: 177). Flankiert wurde diese Kritik schließlich auf der anderen Seite dadurch, daß sich die Kommunen gegen die Kostenüberwälzung durch den bei der Arbeitslosenversicherung sparenden Bund wehrten. In diese Kritik stimmten häufig auch die – nicht nur die von der SPD regierten – Landeregierungen mit ein. Nicht zuletzt dadurch kam die Sozialhilfe zusehends häufiger in die politische Diskussion.

Doch zunächst zur weiteren Entwicklung im Sozialhilferecht: Fortgesetzt wurden Leistungskürzungen durch das *Haushaltsbegleitgesetz von 1984* (BGBl I: 1532, 1563), indem die Länder verpflichtet wurden, die Regelsätze bis zum 30.6.1985 neu festzusetzen, unter Beachtung, daß diese das Maß der für diesen Zeitraum zu erwartenden Entwicklung der tatsächlichen Lebenshaltungskosten nicht übersteigen durften (§ 22 Abs. 4 BSHG). Darüber hinaus wurde in § 79 bei der Einkommensgrenze für die Hilfe in besonderen Lebenslagen festgestellt, daß nur die angemessenen Aufwendungen für die Unterkunft zu berücksichtigen seien, und nach § 93 Abs. 2 sollten die Heimkosten vom Sozialhilfeträger nur noch übernommen werden, wenn das Einvernehmen mit dem Heimträger über die Höhe erzielt wurde.

Außerdem wurde der Vorrang der, als preiswerter erachteten, *ambulanten* Hilfe *vor der stationären* im neuen § 3a BSHG betont, und dem Wunsch der Bedürftigen nach Unterbringung sollte nur noch entsprochen werden, wenn dies nach der Besonderheit des Einzelfalls erforderlich war (§ 3 Abs. 2 BSHG). Mit den Restriktionen, die auf den stationären Bereich abzielten, wurden erstmals Konsequenzen aus der extremen Kostensteigerung gezogen, die zumindest zum Teil aus dem Kostendeckungsprinzip resultierten.[321] Schließlich wurde die Hilfe für Asylbewerber weiter eingeschränkt (§ 120 Abs. 2 BSHG).

Die durch die Haushaltsgesetze vorgenommenen Änderungen des BSHG wurden von den kommunalen Spitzenverbänden und dem Deutschen Verein übereinstimmend als sachfremd und unsystematisch kritisiert, wogegen sie die Forderung nach einer *Reform* stellten, die vor allem darauf abzielte, die Absi-

---

[321] Eine Kostenverschiebung von den Ländern zu den Gemeinden im Interesse einer stärkeren Bündelung von Träger und Kostenverantwortung und damit verbundenen Sparhoffnungen wurde auch durch die Möglichkeit der Zuständigkeits(rück)verlagerung vom überörtlichen auf den örtlichen Träger eröffnet. Davon haben die meisten Länder auch Gebrauch gemacht (vgl. Birk, U.-A. 1994: § 100 Rz. 1 ff., S. 856 ff.).

cherung gegen *Standardrisiken* wie Pflege und Arbeitslosigkeit aus dem Sozialhilfesystem herauszunehmen oder -halten, einerseits durch die Schaffung einer *Pflegeversicherung,* andererseits durch Übernahme der Leistungen zum Lebensunterhalt für *Arbeitslose* in Höhe des tatsächlichen Bedarfs durch die Bundesanstalt für Arbeit (vgl. Fichtner, O. 1984: 288). Darüber hinaus wurde vom Deutschen Verein noch angeregt, einen umfassenden einheitlichen Familienlastenausgleich zu schaffen sowie die Sicherung des Lebensunterhalts für Asylsuchende außerhalb des BSHG zu gewährleisten (Fichtner ebenda; vgl. auch ders. 1987).

Diese Reformvorschläge fanden jedoch (noch) kein Gehör beim Gesetzgeber, weshalb die *4. BSHG-Novelle von 1985* (BGBl I: 1081) lediglich wenige Änderungen brachte, die hauptsächlich im Zusammenhang mit der endlich realisierten Anpassung der Regelsätze und Überarbeitung des Warenkorbs standen; darauf soll hier nicht näher eingegangen werden, weil es sich um eine Übergangslösung bei der Weiterentwicklung des Warenkorbmodells zum später eingeführten Statistikmodell handelt (vgl. Orthband, E. 1986; Jaedicke, W. u.a. 1990). Außerdem wurden als Leistungsverbesserungen die Altersgrenze bei Mehrbedarfszuschlägen auf 60 Jahre herabgesetzt und ein Zuschlag für Alleinerziehende mit einem Kind eingeführt (Nöldeke, J. 1987: 160).

Noch weniger Neuerungen brachte das *Fünfte Änderungsgesetz von 1986* (BGBl I: 1657; vgl. Nöldeke, ebenda), während das Rechtsbereinigungsgesetz im gleichen Jahr die Tuberkulosenhilfe aufhob (§§ 48 ff. BSHG; vgl. Zeitler, H. 1987: 96 f.). Genauso sind die Änderungen durch das Sechste und Siebte Änderungsgesetz von 1990 (BGBl I: 2644) und 1992 (BGBl I: 1225) nur am Rande von Bedeutung.

Dagegen brachten die *1993* wieder aufgelegten Spargesetze zur Umsetzung des „*Föderalen Konsolidierungsprogrammes*“ (FKPG) vom 23.6.1993 (BGBl I: 944) und das *Zweite Gesetz zur Umsetzung des Spar- Konsolidierungs- und Wachstumsprogramms* (2. SKWPG) vom 21.12.1993 (BGBl I: 2374) weitere Leistungseinschränkungen und Verschärfungen in erheblichem Umfang. Diese Gesetze standen unter dem Einfluß der *deutschen Einigung*[322] und der daraus folgenden Finanzkrise – Giese nennt diese sogar „Staatsnotlagengesetze“ (1993: 145).[323] Direkte Kürzungen gab es insbesondere bei der HLu: Erneut

[322] Das BSHG gilt nach Maßgabe des Einigungsgesetzes auch in der ehemaligen DDR, den ‚fünf neuen Ländern‘ (vgl. Birk, U.-A. 1994: 27).

[323] Daneben wurde auch wieder an den Lohnersatzleistungen des Arbeitsförderungsgesetzes gespart (vgl. Bäcker, G./Steffen, J. 1995: 187 ff.). Die Forderung der Kommunen nach einer besseren Absicherung der Arbeitslosen und Entlastung der Sozialhilfe bzw. der ‚vorgelagerten‘ Sicherungs- und Förderungssysteme blieb also nach wie vor unerfüllt. Ebenso blieben Reformansätze der seit 1991 geplanten Novellierung des BSHG aufgrund von sich durchsetzenden Sparaspekten auf der Strecke (vgl. Birk, U.-A. u.a. 1993: 107 f.). Grundlegende Reformen deuteten sich auch mit dem Wechsel zum für Sozialhilfe zuständigen Bundesgesundheitsminister Seehofer (CSU) nicht an (vgl. kurz zu den ‚Seehofer-Vorschlägen‘: info also 2/1995: 123 ff; die Reaktion des Deutschen Vereins: ZfS 4/95: 111). Dagegen stand die Einschätzung von St. Leibfried und L. Leisering (in: Die ZEIT

wurde die Regelsatzanpassung bis zum 30.6.1996 ‚gedeckelt' (§ 22 Abs. 4 BSHG), so daß nach Einschätzung der Fachkommentatoren die dort vorgesehenen geringen Erhöhungen – unter Wahrung eines Abstandes zu den unteren Arbeitseinkommen – real zu Einkommenseinbußen führten, weil die Anpassung an die Inflationsrate nicht gegeben sei.[324] Über diese direkten Kürzungen bei der HLu hinaus boten die Konsolidierungsregelungen hauptsächlich Abschrekkungsmaßnahmen gegen Mißbrauch (z.B. §§ 25 ff., 95, 117 BSHG),[325] Ansätze zur Verwaltungsvereinfachung und Kosteneinsparung (§§ 27, 91, 97, 103 ff.)[326] sowie zur Verbesserung der statistischen Berichterstattung (§§ 127 ff.).[327]

Weiter fortgesetzt wurde – zumindest nach dem Gesetz – auch der bereits früher eingeschlagene Sparkurs bei den Heimen, indem Bestrebungen dahin gingen, Leistungen in besserem Ausmaß *kontrollierbar* zu machen (§ 93 Abs. 2 BSHG) und weiter Abstand vom Kostendeckungsprinzip genommen wurde. Der Träger der Sozialhilfe sollte nach der neuen Regelung Leistungen nur noch übernehmen, wenn es eine Vereinbarung über Inhalt, Umfang und Qualität der Leistungen sowie über die zu entrichtenden Entgelte gab. Die Vereinbarung mußte außerdem ausdrücklich den Grundsätzen der Wirtschaftlichkeit, Sparsamkeit und Leistungsfähigkeit entsprechen, und was noch wichtiger ist, sie mußte Regelungen enthalten, die es den Trägern der Sozialhilfe erlaubten, dies nachzuprüfen.

Während die Abkehr vom Kostendeckungsprinzip auch der Deutsche Verein begrüßte (NDV 12/1993: 452), wurde die vorgesehene Regelsatzanpassung, wie schon in den früheren ‚Deckelungsjahren', von der Fachwelt als klarer Verstoß gegen das Bedarfsdeckungsprinzip (§ 3 BSHG) und damit auch das Würdeprinzip (§ 1BSHG) verurteilt (vgl. Birk, U.-A. u.a. 1994: 28). Der Deutsche Verein kritisierte die ‚Deckelung' aber auch deswegen, weil es „die unbe-

Nr. 23, 2.Juni 1995), wonach die Arbeiten an einer Gesetzesreform von Seehofer durchaus auf eine „große Fürsorgereform hinauslaufen könnten".

[324] Vgl. Birk, U.-A. u.a. 1994: 323 ff.; Birk, U.-A. u.a. 1993: 116 ff.; vgl. auch Wenzel, G. 1994: 127 ff. der das ‚hektische Gesetzgebungsverfahren' rügt und moniert, daß deshalb viele Zweifel blieben. Zusätzlich zu den Regelsatzkürzungen wurde bei den Mehrbedarfszuschlägen für ältere Menschen die Altersgrenze wieder auf 65 Jahre erhöht (§ 23 Abs. 1 Nr. 1 BSHG). Außerdem wurden die Mehrbedarfszuschläge für Erwerbstätige aus den §§ 23, 24 in den § 76 verlagert ('Begriff des Einkommens'). Nach der neuen Regelung sind nunmehr von dem Einkommen „Beträge in jeweils angemessener Höhe abzusetzen" (vgl. Birk, U.-A., u.a. 1993: 119). Vermutet wird in der Fachwelt, daß mit dieser definitorischen Verlagerung der sozialhilferechtliche Bedarf, dem nach dem Bundesverfassungsgericht das steuerrechtliche Existenzminimum entsprechen muß, reduziert wird (Birk u.a. ebenda).

[325] Der neu eingeführte § 117 ermöglicht umfangreiche Überprüfungen und Datenabgleiche um Leistungsmißbrauch zu verhindern. Er wird von Kommentatoren scharf verurteilt, unter Benutzung drastischer Begriffe, wie „Monstrum", „Horrorkabinett für datenschutzrechtliche Gruselwirkung", „Überwachungsstaat" (vgl. Birk, U.-A. u.a. 1993: 133 f.).

[326] Insbesondere die Zuständigkeit (§ 97 BSHG) und Kostenerstattung zwischen Sozialhilfeträgern (§§ 103 ff.) ist vereinfacht worden (vgl. Birk, U.-A. u.a. 1993: 129 f.), was zum Teil aber von der Praxis kritisch aufgenommen worden ist. Vgl. Zeitler, H. 1994: 176 ff.; vgl. Giese, D. 1993: 159 ff.; NDV 12/1993: 452 f.; Birk, U.-A. u.a. 1994.

[327] Vgl. dazu ausführlich Birk, U.-A. u.a. 1993: 135 f.

gründete Annahme unterstützen (würde), die regelsatzmäßigen Leistungen als ‚*rentenähnlich*' anzusehen" (NDV 6/1993: 208; NDV 12/1993: 450 ff.). Dagegen war jedoch durch die flankierend in den neuesten Spargesetzen vorgesehenen verschärften Abschreckungsregelungen durchaus vorgesorgt. Diese zielten insbesondere darauf ab, ‚Arbeitsanreize' im Rahmen der ‚Hilfe zur Arbeit' (§§ 18-20) zu verbessern und möglichen ‚Mißbrauch' zu verhindern (vgl. Krahmer, U./Spindler, H. 1994: 18 ff.). Hilfesuchende, die keine Arbeit finden können, wurden nach § 18 Abs. 2 Satz 2 nun verpflichtet, eine zumutbare Arbeit nach § 19 oder § 20 anzunehmen (laut 2. SKWPG). Dafür sollten Arbeitsgelegenheiten geschaffen werden (§ 19 Abs. 1), wobei die Träger der Sozialhilfe, die Dienststellen der Bundesanstalt für Arbeit sowie andere Stellen zusammenwirken und unter Umständen einen Gesamtplan für den Hilfesuchenden erstellen sollten (§ 19 Abs. 4 BSHG).[328] Erforderlichenfalls sollte die ‚Gewöhnung' eines Hilfesuchenden an eine berufliche Tätigkeit besonders gefördert oder seine Bereitschaft zur Arbeit geprüft werden (§ 20 Abs. 1 BSHG). Schließlich hieß es zur Abschreckung, daß, wer sich weigere, zumutbare Arbeit zu leisten, keinen Anspruch auf Hilfe zum Lebensunterhalt habe (§ 25 Abs. 1 BSHG) – wobei der tatsächliche Vollzug dieser Regelung in der Praxis eher selten der Fall war (vgl. Krahmer, U./Spindler, H. 1994: 23 f.). Realistischer erscheint die tatsächliche Anwendung der schwächeren Variante der Abschreckung nach § 25 Abs. 2 BSHG, nämlich die Einschränkung der Hilfe auf das zum Lebensunterhalt Unerläßliche (durch das FKPG nun Soll- statt Kann-Regelung), z.B. bei bewußter Herbeiführung der Bedürftigkeit oder bei ‚unwirtschaftlichem Verhalten', was auch im Fall einer ‚Sperrzeit' der Leistungen des Arbeitsamtes galt. Ebenso wurde in Fällen der Leistungserschleichung die Aufrechnung von Erstattungsforderungen des Sozialhilfeträgers bis zum unerläßlichen Lebensunterhalt mit dem durch das FKPG neu eingefügten § 25a BSHG ermöglicht.

3. Institutionelle Neuordnung durch die Pflegeversicherung

Obwohl in der Sozialhilfe grundlegende Veränderungen des rechtlichen Systems, wie sie beispielsweise im Zusammenhang mit Modellen einer *Grundversorgung, etwa* des ‚Bürgergelds' oder der ‚negativen Einkommenssteuer' in

[328] Darüberhinaus bringen die ‚Spargesetze' mit der neu zur Vermeidung und Überwindung von Bedürftigkeit eingefügten Regelung der umfassenden Beratung im Verbund mit anderen Beratungsangeboten (§ 17 BSHG) eine wohl überflüssige Wiederholung (vgl. Birk, U.-A. u.a. 1994: 230 ff.; Birk, U.-A. 1993: 111 ff,). Nach Ansicht der Kommentatoren ist diese Regelung „gesetzgeberisch vollständig mißglückt", dessen einziges Verdienst für die Praxis sei, daß die Aufgabe „Schuldnerberatung" als Pflichtleistung erstmals im Gesetz genannt ist.

den achtziger Jahren zunehmend diskutiert wurden,[329] bisher ausgeblieben sind, ergab sich mit dem Erlaß des als fünfte Säule der Sozialversicherung in Kraft getretenen *Pflege-Versicherungsgesetzes* (PflegeVG, BGBl I: 1014) eine institutionelle Reform, die jedoch innerhalb der bisherigen Systemlogik blieb, d.h. es handelte sich um eine „Reform" im Sinne einer Neuordnung, um die jeweiligen institutionellen Strukturen der sozialen Sicherung zu erhalten. Die gemeinsame Stoßrichtung von Kommunen und Deutschem Verein war seit langem, das System der individuellen ‚fürsorglichen' Hilfe als solches zu erhalten und, um dies zu erreichen, ‚Standardrisiken' im Versicherungssystem ausreichend zu regeln (vgl. Fichtner, O. 1987; ders. 1988; Sutter, M. 1987). Dazu zählt auch die Ausgliederung und Neuregelung der Sozialhilfe für Asylbewerber, die in Form des Gesetzes zur Neuregelung der Leistungen an Asylbewerber vom 30. Juni 1993 (BGBl I: 1074 ff) erging, hier aber nicht weiter verfolgt werden soll.

Durch die Einführung der Pflegeversicherung sind die Sozialhilfeträger im Rahmen der Hilfe zur Pflege nur noch *nachrangig* für Pflegebedürftige zuständig (§ 69c Abs. 4 BSHG). Gleichzeitig enthält der § 68 Abs. 1 Satz 2 aber eine sog. ‚Öffnungsklausel', die sicherstellen soll, daß auch solchen Kranken und Behinderten Hilfe zur Pflege gewährt wird, die nur kurzfristig, d.h. voraussichtlich für weniger als sechs Monate pflegebedürftig sind, die einen geringeren Hilfebedarf als im Pflege-Versicherungsgesetz vorausgesetzt haben oder die der Hilfe für andere Verrichtungen als im Pflege-Versicherungsgesetz festgelegt bedürfen.[330] Seit Inkrafttreten des PflegeVG (§ 13 Abs. 3) muß von den Sozialhilfeträgern in der Regel jedoch nur noch aufstockende oder *ergänzende Hilfe* zu den Leistungen der Pflegeversicherung (§§ 28 ff. SGB XI) gewährt werden, welche aber sowohl nach unten (‚Eintrittsschwelle') als auch nach oben (‚Budgetierung' oder ‚Deckelung') gesetzlich *begrenzt* sind.[331] Bei einer durch den Medizinischen Dienst der Krankenkassen (MDK) festgestellten Mindestpflegebedürftigkeit (§§ 14 ff. SGB XI) werden von den Pflegekassen weitgehend standardisierte und eben nach oben begrenzte Leistungen, abgestuft nach *drei Pflegestufen*, gewährt. Im einzelnen umfaßt dies

[329] Ohne näher darauf eingehen zu können, müssen hier die folgenden Hinweise genügen: Vgl. die konservativ orientierte Diskussion im Deutschen Verein: Fichtner, O. 1988; Ruland, F. 1988; Klanberg, F. 1988; grundlegend: Vobruba, G. 1990; Scharpf, F.W. 1995; vgl. neben anderen z.B. auch Erbe, R./Erbe, S. 1993; Bäcker, G./Steffen, J. 1995.

[330] Vgl. Birk, U.-A. u.a. 1994: 491 ff.; Wienand, M. 1994: 361 ff.; Krahmer, U. 1994: 413 ff.; Frank, W. 1993: 441 f.; ders. 1994: 366 ff.; Freimark, J. 1993; Fachinger, U./Rothgang, H. 1995: 192 ff.; Allemeyer, J. 1995.

[331] Als Überblick: Igl 1995: Anfänglich entstand eine erhebliche Unklarheit, was die Abstimmung der Hilfe zur Pflege und Eingliederungshilfe für Behinderte nach dem BSHG mit dem PflegeVG anbelangt, die auch durch das 1. SGB XI-ÄndG (vgl. Igl 1996) nicht gänzlich ausgeräumt sein dürfte; dazu: Schellhorn, 1995; ders. 1997; Wienand, 1995; Atzler, 1996; Hesse-Schiller, 1996; Neumann, 1996; Vigener, 1996; Jürgens 1997; Krahmer 1997.

- seit dem 1.4.1995 Leistungen an Pflegebedürftige in *häuslicher* Pflege (v.a. Pflegedienst- oder -sachleistung, Pflegegeld für selbst beschaffte Hilfen und eine Kombination aus Geld- und Sachleistung)[332],
- ferner seit dem 1.7.1996 Leistungen für *,teil- und vollstationäre'* Pflege.[333]

Bei der Finanzierung der *Pflegeeinrichtungen* (§ 71 SGB XI) ist eine Aufteilung in verschiedene Kosten*arten* vorgesehen (§ 82 SGB XI):[334]

- Pflegekosten,
- Kosten für Unterkunft und Verpflegung (,Hotelkosten')
- und Investitionskosten.

Dabei werden die *Pflegekosten* in begrenzter Höhe von den *Pflegekassen* bestritten, die *Investitionskosten sollen* von den *Ländern* per Förderung abgedeckt oder geregelt werden (wozu Einsparungen aus der Sozialhilfe herangezogen werden sollen), so daß der *Rest* der nicht abgedeckten Kosten und die *,Hotelkosten'* nach wie vor die *Pflegebedürftigen* selbst oder wiederum die *Sozialhilfeträger* bestreiten müssen.

Zunächst wird damit eine *Verlagerung* der Finanzierungsanteile von den Gebietskörperschaften (primär: Kommunen) (vorher ca. 80%, nun ca. 20%) zur Sozialversicherung (vorher: ca. 20%, nun: ca. 70%) eintreten (so die Schätzung bei Haug/Rothgang 1996: 244). Dann kommt es aufgrund der neuen Finanzquelle ,Beitragszahler' zu einer starken *Ausweitung des Finanzvolumens* für den gesamten tangierten Bereich: von ca. 15 auf ca. 30 Mrd. DM pro Jahr.[335] Auch sei am Rande vermerkt, daß es durch die Einführung der Pflegeversicherung eine soziale Umverteilung zugunsten der höheren Einkommen geben wird, und zwar sowohl aufgrund der Verteilungswirkung der Beiträge als auch der Leistungen (vgl. Haug/Rothgang 1996, S. 266, 288). Die größten *Ersparnisse* aufgrund der Leistungen der Pflegeversicherung wurden bei den *Sozialhilfeträgern* erwartet, wobei aber aus verschiedenen Gründen die bundesweit anvisier-

---

[332] § 36 regelt die Entlohnung professioneller Pflegekräfte bei häuslicher Pflege ('Pflegesachleistung'), § 37 umfaßt ein Pflegegeld für selbst beschaffte Pflegehilfen, § 38 sieht eine Kombination aus Geld- und ,Sachleistung vor, § 39 und 40 regeln Leistungen bei Verhinderung von Pflegepersonen und für Hilfsmittel.

[333] Die §§ 41 und 42 regeln Leistungen für die sogenannten ,teilstationären Hilfen' in Form von Tages-, Nacht- und Kurzzeitpflege. Seit dem 1. SGB XI-Änderungsgesetz vom 14. Juni 1996 sieht der § 43 bis zum 31.12.97 befristete Leistungen (Art. 49a § 1 Abs. 1 PflegeVG) für pflegebedingte Aufwendungen und (seit dem 1.SGB XI-ÄndG) auch für soziale Betreuung und (für die Zeit vom 1.7.96 bis 31.12.99) medizinische Behandlungspflege vor; ergänzend wurde mit dem 1. SGB XI-ÄndG auch der § 43a für Leistungen der Behindertenhilfe eingefügt. Schließlich sei auf Leistungen zur sozialen Sicherung von Pflegepersonen (§ 44 SGB XI) und für Pflegekurse für pflegende Angehörige und ehrenamtliche Pflegepersonen nach § 45 SGB XI hingewiesen).

[334] Bereits im sogenannten ,Dreiteilungsvorschlag' der Arbeiterwohlfahrt von 1976 wurde für die stationäre Pflege ein solches Kostensplitting gefordert (vgl. Haug/Rothgang, 1994 a. u. b).

[335] Nach einer vorläufigen Berechnung des Bundesarbeitsministeriums vom 25.11.1996 (Sozialpolitische Umschau Nr. 478/1996, S. 39). Die Leistungsbilanz der Sozialen Pflegeversicherung für das Jahr 1996 weist insgesamt Ausgaben von 21,24 Mrd. aus (Bundesarbeitsblatt Nr. 6/1997, S. 142).

ten ca. 10 Mrd. jährlich vermutlich nicht erreicht werden.[336] Ferner wurden *Einsparungen* im Bereich der *Kriegsopferversorgung und -fürsorge* in Höhe von insgesamt 160 Mio. DM vorausgesagt, die laut Art. 52 PflegeVG i.V.m. § 22 PfG NW dem *Bund* für die ‚Anschubfinanzierung' der Pflegeinfrastruktur der Ostländer zur Verfügung gestellt werden mußten.[337]

Meines Erachtens läßt sich die Pflegeversicherung kaum als „institutionelle Innovation" (so aber: Hinrichs, K. 1995: 227 ff.) bezeichnen. Es handelt sich vielmehr um eine – allerdings erneut expansiv angelegte – institutionelle Neuordnung oder Reorganisation des sozialen Sicherungssystems, weil die vorher durch verschiedene Teilsysteme (Sozialhilfe, Kranken- und Rentenversicherung) erbrachten Leistungen neu geregelt und allerdings ausgeweitet wurden. Von den institutionellen Grundstrukturen her betrachtet, fanden also hauptsächlich Verschiebungen und weitere Differenzierungen innerhalb des Systems sozialer Sicherung statt, mit allerdings schwerwiegenden Auswirkungen (vgl. Fachinger, U./Rothgang, H. 1995; Rothgang, H. 1997).

Theoretisch läßt sich sagen, daß eine bewährte Lösung, die Sozialversicherung, auf das zunehmende finanzielle Problem „steigende Pflegebedürftigkeit" angewandt wurde, ganz gleich, ob es paßte oder nicht (vgl. Cohen/March/Olsen 1972; Seibel 1992). So stellt sich die Frage, ob Pflegebedürftigkeit ein allgemeines und ausreichend breit gestreutes Risiko darstellt, wie es durch ein Gutachten des Kuratoriums Deutsche Altershilfe 1974 und in der Folge auch von den Kommunen und vom Deutschen Verein behauptet wurde.[338] Diese Behauptung wurde aufgestellt, ohne den genauen Umfang und die Steigerungszahlen der Pflegefallzahlen überhaupt zu kennen, da erst im Jahr 1980 mit dem Gutachten „Socialdata" erste statistische Daten vorlagen (vgl. Haug/Rothgang 1994: 15; 21 f.). Da selbst heute die Prävalenz von Pflegebedürftigkeit für 70-jährige in der kumulierten Längsschnittbetrachtung nur bei ca. 5% liegt (Bickel

---

[336] Schätzung der Bundesregierung in: BT Drs. 12/5262, S. 176; wiedergegeben bei: Gawel 1995, S. 211 f.; erneuert durch Schätzungen von Engels (ISG Köln) im Auftrag des BMA von 1996; kritisch zu solchen Erwartungen aus kommunaler Sicht: Recker 1995; Allemeyer 1995, vgl. auch: Rothgang/Schmähl 1997.

[337] Aufgrund des 2. Gesetzes zur Änderung und Ergänzung des Kriegsopferrechts (Art. V § 1 Nr. 1.) vom 21. Februar 1964 (BGBl I, S. 85) sind die Länder mit 20% an den Kosten der Kriegsopferfürsorge beteiligt.

[338] Peter Galperin, später Senatsrat in Bremen, war angeblich der Erste, der die Pflegeversicherung in die Diskussion brachte (NDV 1973: 145), was vom Deutschen Verein aufgegriffen wurde. Ein weiterer Eckpunkt war ein Gutachten vom Kuratorium Deutsche Altershilfe 1974, das auf die Versorgungslücken im Pflegebereich aufmerksam machte. Dies und die Kostenexplosion in der Anstaltspflege nahm der Deutsche Verein zum Anlaß für die Forderung nach einer Pflegeversicherung (NDV 1976: 297, 299; vgl. Frank, W. 1994: 366 f.). Ein wesentlicher Schritt stellte danach das im Auftrag des Bundesgesundheitsministerium erstellte und bekannte Gutachten ‚Socialdata' im Jahr 1980 dar. Zur Rolle des DV: Frank,W. 1994: 366 ff.; vgl. auch die regelmäßigen Stellungnahmen des Deutschen Vereins im NDV 1990: 329 ff.; 1991: 369 ff.; 1991: 411 ff.; 1993: 329 ff.; 1994: 402 ff. Zu dieser Diskussion ausführlich: W. Jaedicke (1990: 99 ff.); Hinrichs, K. 1995.

1996),[339] wird auch dadurch offenbar, daß das Argument vor allem von strategischer Bedeutung war, um die *Finanzierungslasten*, welche durch die Kostenexplosion bei der Hilfe zur Pflege in Einrichtungen[340] bei den kommunalen Sozialhilfeträgern anfielen, neu zu verteilen (vgl. Haug,/Rothgang 1996: 15).[341]

Eine Absicherung des Pflegerisikos im Rahmen einer Sozialversicherung und damit die Entlastung der Sozialhilfe bei der Hilfe zur Pflege wurde insbesondere vom Deutschen Verein und speziellen Fachverbänden im Schulterschluß mit den kommunalen Spitzenverbänden seit Mitte der siebziger Jahre gefordert, was schließlich trotz gravierender Hindernissen, die sich wegen Finanzierungsfragen im einzelnen in den Weg stellten, durchgesetzt wurde. Deshalb wurde das PflegeVG nicht umsonst als „Gesetz zur Finanzierung der Kommunalfinanzen" bezeichnet (Hinrichs, K. 1995: 251). Zwar wiesen seit mehreren Jahren Wissenschaftler auch auf die soziodemographische Entwicklung und die ‚alternde Gesellschaft' mit all ihren sozialen Problemen hin, doch unterstreicht gerade dieser Sachverhalt erneut eher Schwierigkeiten einer am ‚Generationenvertrag' orientierten Sozialversicherung, er spricht jedenfalls nicht unbedingt *für* eine solche Lösung. Detaillierte Untersuchungen zur Konsensfindung bei der Pflegeversicherung bestätigen ebenso die hervorragende Bedeutung der Legitimation der bestehenden Institution Sozialversicherung, so daß bei der Pflegeversicherung das Argument des Rückgriffs auf eine „*bewährte Lösung*" sogar von überragender Bedeutung ist (vgl. Götting/Hinrichs 1993: 69).

Die zahlreicher werdenden Vorstöße in Richtung Pflegeversicherung, die Mitte der achtziger Jahre zunehmend auch von den Ländern unterstützt wurden, und dem dadurch erzeugten politischen Druck bewirkten auch Handlungen der Bundesregierung, die zuerst kein Interesse an dem Thema hatte. Diese gab dem bekannten Muster entsprechend fachliche Untersuchungen in Auftrag, weitete die fachliche Diskussion auf den Bereich der Situation der Pflegepersonen und der *Arbeitsplätze* aus[342] und setzte im übrigen insbesondere das Problem der

---

[339] Deshalb wurde schon früh die Regelung in einer Sozialversicherung abgelehnt (vgl. André, A. 1985). Für über 75-jährige steigt das Risiko jedoch sehr schnell über 10%. Die Ergebnisse von Bickel als eine der wenigen Längsschnittbetrachtungen decken sich jedoch weitgehend mit jenen aus repräsentativen Querschnittsuntersuchungen, z.B. siehe: Schneekloth 1996.

[340] Die Hilfe zur Pflege macht ungefähr die Hälfte der Ausgaben für Hilfe in besonderen Lebenslagen und ungefähr ein Drittel des Gesamtvolumens aus. Gut 90% davon fallen in Einrichtungen (Altenheimen) an. Die Ausgaben für Hilfe zur Pflege stiegen von 1.106 Mill (1970), 2.956,2 (1975), 5.003,1 (1980), 7.151,6 (1985), 10.154,3 (1990) auf 13.756,3 Mill. DM im Jahr 1993 an.

[341] Der Finanzierungsverbund im Bereich der Sozialhilfe ist generell sehr kompliziert und unübersichtlich (Prinz, A. 1983: 431; Schulte, B./ Trenk-Hinterberger, P. 1986: 97). Trotz der ursprünglichen Zuständigkeit der Länder als überörtliche Träger haben diese seit 1984 dieselbe wieder an die örtlichen Träger zurück verlagert. Vgl. zum Finanzierungssystem der Sozialhilfe zwischen Ländern und Gemeinden grundsätzlich z.B. Prinz, A. 1983; Kitterer, W. 1990; vgl. zu den Auswirkungen der Pflegeversicherung: Roth, G. 1998.

[342] Die meisten Untersuchungen bestätigten einen in der Zukunft steigenden Bedarf an Pflege. Dieser wurde sowohl mit der rückläufigen Familienpflege (vor allem sinkendes ‚Töchterpflegepotential'), der zunehmenden Zahl an Einpersonenhaushalten, steigender Frauenerwerbstätigkeit und

Finanzierbarkeit als festen *Rahmen* für die Entscheidungsfindung (vgl. Rothgang/Haug 1994), in den sich später alle Beteiligten einordneten, um das Gesamtziel zu erreichen. Damit stand lediglich noch das *Wie*, nicht mehr das *Ob* einer Neuordnung zur Diskussion.[343] In diesem Zusammenhang steht die künftig noch zu prüfende Frage, ob das Verhandlungssystem, welches die Lösung Pflegeversicherung hervorbrachte, einen Großteil seines Erfolgs auch daraus bezog, daß es einerseits systematisch nicht optimale, aber sich an Bewährtem orientierende Verhandlungsergebnisse hervorbrachte, die andererseits mit hoher Wahrscheinlichkeit zu Lasten unbeteiligter Dritter (Steuer- und Beitragszahler) gehen.

Wie früh und wirksam die Weichen gestellt worden waren, verdeutlicht z.B., daß der letztlich gefundene Kompromiß zur Finanzierung, der die Pflegekassen lediglich für die Pflegekosten und die Länder für die Investitionskosten zuständig erklärt, während die Kosten für Unterkunft und Verpflegung weiterhin den Pflegebedürftigen verbleiben, weitgehend einem Vorschlag der Arbeiterwohlfahrt aus den *siebziger* Jahren entspricht (vgl. Haug/Rothgang 1996: 55). Im Vordergrund der kontroversen Diskussion in der stark von *Partei*politikern und vom Bundesministerium für Arbeit beherrschten *Endphase* der Gesetzgebung standen *Finanzierungs- und Verteilungsfragen*, wie z.B. die Beitragslasten verteilt werden und wie die Kosten begrenzt werden können. Überwiegend unstrittig waren jedoch über die gesamte Zeit die von den *Fachverbänden* und dem Deutschen Verein schon früh lancierten *fachlich* begründeten Hauptziele der Sicherstellung und Verbesserung der Pflegeversorgung, die Stärkung der häuslichen Pflege und der Selbsthilfe sowie die Verhinderung der pflegebedingten Sozialhilfebedürftigkeit.[344] Insbesondere das letzte Begründungsmuster der Verhinderung von Altersarmut erwies sich als stabil und von überragender Bedeutung (Haug/Rothgang 1996: 96).

Politisch wird die institutionelle Stabilität durch die seit den fünfziger Jahren bestehende und bei der Pflegeversicherung sich erneut bewährende Routine der sozialpolitischen *‚großen Koalition'* der politischen Parteien (Hinrichs, K. 1995: 235) repräsentiert. Die bei der Pflegeversicherung beteiligten Fachverbände lassen sich auch als Teil eines spezifischen *institutionellen Arrangements*

---

anderen gesellschaftlichen und soziodemographischen Entwicklungen begründet (vgl. dazu Klein/Salaske 1994 a u. b, Gilberg 1997).

[343] Zwar hatten vor allem die Krankenversicherungsträger und die Arbeitgeberverbände Widerstand gegen die Pflegeversicherung entwickelt (vgl. Haug/Rothgang 1996: 30 ff.), jedoch entdeckten auch die Krankenkassen ein finanzielles Eigeninteresse, weil das Problem, daß Pflegebedürftige oft teure Krankenhausbetten belegten, nur mit einem Ausbau der eigentlichen Pflegeinfrastruktur lösbar erschien. Hinzu kam, daß politische Tausch- und Koppelgeschäfte im Zuge der Gesundheitsreform mit der Bestrebung, die Krankenhauskosten zu reduzieren, dazu führten, daß seit 1989 die Krankenkassen auch gewisse Pflegeleistungen übernehmen mußten (Haug/Rothgang 1996: 41 f.), was als weitere „Weichenstellung" für die Sozialversicherungslösung interpretiert werden kann (ebenda: 43).

[344] Zu den Zielen der Pflegeversicherung: Rothgang 1995.

der ‚administrativen Interessenvermittlung' begreifen, das sich theoretisch weder dem Typus der zentralen hierarchischen Steuerung noch dem des Pluralismus oder der ‚Konkurrenzdemokratie', sondern eher dem des *Korporatismus* zurechnen läßt (vgl. oben, Einleitung). Ob das Forum des Deutschen Vereins und das hier repräsentierte Verhandlungssystem als „korporatistisch" einzustufen ist, und ob die Pflegeversicherung die Auflösung solcher Strukturen signalisiert, muß hier dahingestellt bleiben (dazu: Roth, G. 1999). Gemeinhin wird – mit teilweise schriller Begleitmusik von seiten der Wohlfahrtsverbände – die Veränderung, ja Auflösung des *kommunalen* Korporatismus (Thränhardt, D. 1984) erwartet, wobei einerseits die Zunahme zentraler hierarchischer Steuerungskompetenzen des Bundes, andererseits die Belebung der *Konkurrenz* im ‚*Pflegemarkt*' sowie das Hinzutreten neuer, grundsätzlich anders eingestellter und mächtiger Akteure (private Anbieter und Pflegekassen) hervorgehoben wird (vgl. z,B. Backhaus-Maul 1996). Allerdings wurde mit der Pflegeversicherung durchaus an vorhandene Verhandlungsstrukturen angeknüpft und mit den Wohlfahrtsverbänden und dem Deutschen Verein gibt es immer noch mächtige sowie staatlich legitimierte und zum großen Teil staatlich finanzierte Organisationen, die zumindest lange Zeit *faktisch* mehr oder weniger über ein Repräsentationsmonopol verfügten. Eine ernst zu nehmende Bedrohung des Repräsentationsmonopols der Wohlfahrtsverbände stellen neuerdings jedoch die vor allem in der ambulanten Pflegeversorgung auftauchenden privaten gewerblichen Einrichtungen und deren Verbände dar, deren Anteil im Pflegemarkt *noch* durchschnittlich unter 50% liegt (vgl. Gerste/Rehbein 1998). Entscheidend für das Überleben und die Weiterentwicklung korporatistischer Strukturen auf der kommunalen Ebene dürfte deshalb sein, ob die Einbindung dieser neuen Akteure in die etablierten Strukturen der administrativen Interessenvermittlung gelingt (vgl. Roth, G. 1999).

4. Institutionelle Neuordnung durch das Kinder- und Jugendhilfegesetz

Neben dem Pflege-Versicherungsgesetz ist nach jahrzehntelanger Diskussion die Reform des Jugendwohlfahrtsgesetzes in Form des 1990 beschlossenen *Kinder- und Jugendhilfegesetzes* (KJHG; BGBl I: 1163) zustande gekommen.[345] Blockiert und erfolglos blieben die langjährigen Reformbemühungen für ein leistungsorientiertes Gesetz Ende der siebziger, Anfang der achtziger

[345] Vgl. kurz kommentierend: Wiesner, R. 1990: 115 ff.; Happe, G./Saurbier, H. 1990: 11 ff.; Münder, J. 1990: 206 ff.; Preis, U. 1990: 90 ff.; ausführlich: Münder, J. u.a. 1993; Erwähnt sei außerdem, ohne darauf näher einzugehen: Bereits 1992 erfolgte eine sogenannte „Reparaturnovelle" (Erstes Gesetz zur Änderung des Achten Buches des Sozialgesetzbuches, wobei hauptsächlich Zuständigkeits- und Kostenbestimmungen aufgrund einiger nicht gelungener Bestimmungen neu gefaßt wurden (vgl. Münder, J. 1993: 22; NDV 12/1991: 401 ff.; Fuchs, P./Habermann, B. 1993).

Jahre einerseits durch zahlreiche und wachsende ideologisch begründete Befürchtungen konservativer Politiker, welche zu dieser Zeit die Mehrheit im *Bundesrat* hatten. Diese monierten in traditioneller Manier zu weitgehende staatliche Eingriffe in das grundgesetzlich geschützte Elternrecht sowie die Schwächung der ‚privaten' Jugendhilfe und -pflege in den Reformentwürfen. Andererseits erwiesen sich verbreitete finanzielle Sorgen bezüglich der Auswirkungen auf die öffentlichen Haushalte, aber auch fachliche Dissense, was z.B. die Einbeziehung des Rechts der Jugendhilfe in das Sozialgesetzbuch anbelangt, als außerordentlich hinderlich – zumal das Gewicht der Jugendpolitik allgemein eher als gering eingeschätzt wird.

Der *Kompromiß*, der schließlich trotz finanzieller Bedenken verabschiedet wurde, stand nicht zuletzt auch unter dem Eindruck der deutschen Einheit. Wiesner, Ministerialrat im zuständigen Ministerium, sprach von der ‚Mitgift für die deutsche Einheit' (1990: 124).[346] Von der Fachwelt wurde das Gesetzeswerk zwiespältig aufgenommen. Aus engagierterer fachlicher Sicht wurde enttäuscht festgestellt, daß das KJHG „wenig Neues" leiste und keine Innovationen biete. Es werde lediglich nachvollzogen, was die Praxis ohnehin schon leiste,[347] allerdings auch nichts verhindert – immerhin sei endlich eine Neuordnung und nachhinkende gesetzliche Anpassung an die weit fortgeschrittene Praxis erreicht worden (Merchel, J. 1990: 377).[348] Der Deutsche Verein begrüßte, daß „bei allen Mängeln" eine „zeitgemäße Regelung der Jugendhilfe vorliegt" (Habermann, B./Tries, Ch. 1990: 205). Wohlwollend sahen zwei Kommentatoren sogar einen „großen Abschnitt der Jugendhilferechtsreform erfolgreich abgeschlossen" (Happe, G./Saurbier, H. 1990: 17). Etwas zurückhaltender wollte der bereits genannte Bonner Ministerialbeamte immerhin festgehalten wissen, daß „bei aller Enttäuschung und Kritik wegen der Abstriche"

[346] D.h. eine wichtige Rahmenbedingung dürfte gewesen sein, daß die Vereinbarkeit von Erwerbstätigkeit und Familie, wie überhaupt die Situation für Frauen in der ehemaligen DDR in vielen Bereichen günstiger geregelt war, insbesondere was die Kinderbetreuung anbelangt. Insofern erleichterte ein Zugeständnis auf diesem Feld, auch als Kompensationsleistung für die in der BRD strenger regulierte Abtreibungsfrage, die Wiedervereinigung von BRD und DDR.

[347] Dies läßt sich aufgrund der hier verfolgten Entwicklung von Aufgaben und Organisation des *Nürnberger* Jugendamtes durchaus bestätigen, wo in den sechziger und siebziger Jahren neben den klassischen hoheitlichen Aufgaben insbesondere zeitgemäße neue Aufgaben im Rahmen ‚offener' und präventiver Hilfen, wie z.B. die Erziehungsberatung oder die ‚Soziale Gruppenarbeit' etabliert wurden.

[348] Aus juristischer Sicht wurde insbesondere bemängelt, daß „der Gesetzentwurf zwar praktisch wichtige Neuerungen enthält, aber den Anspruch, ein modernes Leistungsgesetz zu schaffen, mangels hinreichend präziser Rechtsnormen nicht erfüllt" (Preis, U. 1990: 90). Recht optimistisch äußert sich dagegen D. Sengling, ein ausgewiesener Fachmann, der meint, daß trotz des erlahmten Reformeifers der Reformprozeß selbst wichtiger war als das vorliegende Gesetz und daß sich eben die Praxis in dieser Zeit entscheidend gewandelt habe wie noch nie. Genau deshalb biete auch die Fortentwicklung der Praxis abseits oder mit dem Gesetz ausreichend „Chancen für die Jugend", was von einem „offensiven Umgang mit dem KJHG" abhänge (Sengling, D. 1992: 188).

„substantielle Verbesserungen" realisiert werden könnten (Wiesner, R. 1990: 121).[349]

In den Kommentaren und Darstellungen des KJHG werden folgende *Schwerpunkte* der *Neu*ordnung hervorgehoben:[350]

- Die Jugendarbeit oder Jugendsozialarbeit incl. des erzieherischen Jugendschutzes werden in einem eigenen Abschnitt (§§ 11 bis 15) hervorgehoben und verstärkt.
- Einen gesonderten Abschnitt erhält auch die ausgebaute Förderung der Erziehung in der Familie, insbesondere auch bei Alleinerziehenden und in Fragen der Trennung oder Scheidung (§§ 16 bis 21).
- Aufnahme eines Abschnitts über die Förderung von Kindern in Tageseinrichtungen und in Tagespflege (3. Abschnitt, §§ 22 bis 26).
- Hervorhebung der ambulanten und teilstationären Erziehungshilfen neben den klassischen Formen der Familienpflege und Heimerziehung im 4. Abschnitt (§§ 27 bis 41) als quantitativ umfassendste Veränderung gegenüber dem JWG. Neuordnung der Pflegekinder- und Heimaufsicht in Richtung *Beratung* der Stellen und Einrichtungen (§§ 44 bis 49) anstatt der eher hoheitlichen und aufsichtsrechtlichen Regelungen im JWG.
- Erweiterung der Hilfen für junge Volljährige (§ 41).
- Neuformulierung des Verhältnisses zwischen öffentlichen und ‚freien' Trägern in den §§ 3 und 73 ff. in Richtung eines eher partnerschaftlichen Verhältnisses.[351]
- Umfassende Zuständigkeit des örtlichen Jugendhilfeträgers (§§ 82 ff.), insbesondere wird die Doppelgleisigkeit der Zuständigkeit zwischen Jugendamt und Landesjugendamt aufgegeben.
- Neuordnung der Kinder- und Jugendhilfestatistik sowie die Einführung von Datenschutzvorschriften (§§ 61 bis 68).

Inhaltlich lassen sich die Schwerpunktverlagerungen der Neuordnung folgendermaßen charakterisieren. Einerseits wurden repressive Züge aus der polizeirechtlichen Tradition zurückgenommen. So entfiel die Fürsorgeerziehung und Erziehungsbeistandschaft, was in der Praxis ohnehin bereits an Bedeutung verloren hatte (Münder, J. 1993: 22 f.). Andererseits wurden allgemeine Förderungsangebote und präventive Leistungsangebote, wie z.B. Jugendarbeit (früher ‚Jugendpflege') und Beratung, Unterstützung von Familien, Förderung von Kindern in Tageseinrichtungen umfassender beschrieben (2. Kapitel des KJHG), wobei allerdings insgesamt ein rekordverdächtiger Bestand unbestimmter Rechtsnormen und eine Vielzahl von Sollvorschriften sowie unbe-

---

[349] Die bekannteste Einschränkung stellt der Verzicht auf die Gewährung eines Rechtsanspruchs auf einen Kindergartenplatz dar, der jedoch über den Umweg der Neuregelung des § 218 doch wieder rechtlich verankert wurde (vgl. Münder, J. 1993: 22).

[350] Die Auflistung orientiert sich vor allem an der von Münder, J. 1990: 206, ergänzt durch jene von Habermann, B./Tries, Ch. 1990: 206.

[351] Kritisch und eher ambivalent sind diesbezüglich die Erwartungen von J. Merchel (1990: 377 ff.; vgl. ebenso Preis, U. 1990: 93), der zwar keine grundlegenden Veränderungen der ‚korporatistischen Interaktionsstrukturen' sieht, obwohl er Selbsthilfegruppen in ihren Möglichkeiten zumindest potentiell etwas gestärkt erachtet. Allerdings könnten z.B. die Vorschriften zur Anerkennung (§ 75 Abs. 1 KJHG) als ein Mittel genommen werden, um neue und mißliebige Träger aus dem Kooperationszusammenhang der örtlichen Jugendhilfe herauszuhalten (Merchel, J. 1990: 379).

stimmte Rechtsbegriffe immer dann anzutreffen seien, wenn es um konkrete Jugendhilfeleistungen gehe (Preis, U. 1990: 91). Die Verwässerung der Normen, so Preis (ebenda), war für die Verantwortlichen offenbar ein Mittel, um dem politischen Druck von Ländern und Gemeinden nach Kostenreduzierung nachzukommen.

Die in der Fachwelt äußerst zwiespältige Gesamtbeurteilung des KJHG setzte sich entsprechend auch in einer unübersichtlichen Einzelbeurteilung fort. D. Sengling sah Kinder und Jugendliche z.B. deutlich gestärkt in ihrer Rechtsposition als Subjekte und nicht allein als bevormundete Objekte von Erziehung durch die Eltern[352] – andererseits hob er auf den ausgeweiteten *pädagogischen Auftrag* ab, verbunden „mit einer politischen Verantwortung zur Einmischung in die Lebensverhältnisse unserer Gesellschaft zugunsten junger Menschen", was er auch modisch als „sozialökologischen" Auftrag bezeichnete.[353] J. Münder wies auf der anderen Seite auf gegenläufige Veränderungen hin (§ 27 („Hilfe zur Erziehung", KJHG) und wähnte hauptsächlich die Position der Eltern als verbessert (Münder, J. 1990: 213). Dem Gesetzgeber, so Münder, schwebte in Verhaftung mit einem Denkmodell des letzten Jahrhunderts „eine deutliche Hierachie zwischen Eltern und Minderjährigen, eine autoritative Unterordnung der Minderjährigen unter die Eltern" vor (ebenda). Dagegen macht Sengling gerade im § 27, der auf „das Wohl des Kindes" abstellte, eine „kopernikanische Wende sozialer Arbeit" (1992:190) aus, weil nicht mehr primär auf defizitäre Verhaltensweisen, die es abzubauen gelte, abgehoben werde. Münder hob dagegen hervor, daß laut Gesetz eben ein Personenberechtigter – und gerade nicht das Kind als Subjekt – Anspruch auf Hilfe zur Erziehung habe, wenn eine dem Wohl des Kindes oder des Jugendlichen entsprechende Erziehung nicht gewährleistet und die Hilfe geeignet und notwendig sei (§ 27 Abs. 1). Da nach früherer Rechtslage unstrittig Minderjährige Anspruchsinhaber des Rechtes auf Hilfe zur Erziehung nach § 6 JWG waren, folgerte Münder, daß das „KJHG hinter bisherige sozialrechtliche Positionen zurückfällt" (1990: 213).

Unstrittig scheint mir, daß das KJHG zwar eine Fülle neuer Akzente setzte, wie die ausgeweiteten Beratungsansprüche oder offenen Hilfen, diese jedoch in der Ausgestaltung meist vage blieben, d.h. als unklare Programmsätze ausfielen (Preis, U. 1990: 90 ff). Entsprechend baute Sengling auf eine überwiegend engagierte und kämpferische Fachwelt und Praxis mit dem wirksamen Instrument der „Jugendhilfeplanung" (§ 80 KJHG) in der Hand, die im „öffentlichen und politischen Diskurs" im Interesse einer „offensiven" Jugendhilfe gegenüber

---

[352] Er führt folgende §§ an: 1 „Recht auf Erziehung", 5 „Wunsch und Wahlrecht", 8 „Beteiligung von Kindern und Jugendlichen", 9 „Grundrichtung der Erziehung", 36 „Mitwirkung, Hilfeplan" (Sengling, D. 1992: 189).

[353] Damit ist in modischer Terminologie die Untersuchung der Lebenssituation der Betroffenen in kleinräumiger, stadtteil- und wohngebietsbezogener Sichtweise gemeint (vgl. Bourgett, J./Preusser, N./ Völkel, R. 1980). Vergleichbar ist diese Orientierung mit dem, was früher als ‚Gemeinwesenarbeit' bezeichnet wurde.

dem zwar „sehr viel mächtigeren Argument der Finanzierungsgrenzen“ „optimistisch“ und mit viel Kraft standhalten und nicht resignieren sollte (Sengling, D. 1992: 191).[354] Neben diesen Möglichkeiten der fachlichen Aufgabenausweitung bleiben grundlegende Strukturen im System der Jugendhilfe durch das KHJG erhalten. So bleibt es weitgehend bei der eingespielten Kompetenzaufteilung zwischen öffentlichen und ‚privaten‘ Trägern und auch die Organisation des Jugendamtes (sowie die Arbeitsteilung zwischen Jugendamt und Jugendhilfeausschuß) bleibt im Grunde die gleiche (§§ 70 ff.) (vgl. Merchel, J. 1990: 378).[355]

II. Die Leitgedanken der Fachwelt

Ordnet man die Schwerpunkte der fachlichen Diskussion um die *Organisation* der kommunalen Sozialverwaltung in den achtziger und frühen neunziger Jahren, so wurde einerseits fundamentale Kritik geübt – einige Stichworte dazu sind Selbsthilfebewegung, Selbstorganisation, Entbürokratisierung, Privatisierung, Innovation – andererseits wurden auch reformerische und moderate Töne angeschlagen, wenn es hieß, im Rahmen ‚Lokaler Sozialpolitik‘, Handlungsspielräume zu nutzen, mehr ‚Management‘ oder ‚Controlling‘ zu betreiben, die Verwaltung zu vereinfachen oder ‚schlank‘ zu machen (‚Lean Management‘), zu rationalisieren usw. Diese Stichworte tauchten in den Diskursen meist in unterschiedlichen Mischungen auf, sie mußten sich keineswegs ausschließen und konnten sich durchaus ergänzen, indem z.B. Selbsthilfe und Netzwerke gefördert, Dezentralisierung *und* Controlling betrieben werden sollte und so fort. Außerdem gab es sich überlagernde neue und alte Konzepte, wobei das klassische sozialarbeiterische Vokabular oft im Managementgewand unter Verwendung modischer Anglizismen auftauchte, ohne greifbar Neues zu bieten. Wie in der Neuorganisationsdiskussion der sechziger/siebziger Jahre, als die Anpassung des bürokratischen Organisationstypus in Richtung eines ‚situativen‘ Modells mit der Einführung dezentraler sozialer Dienste, Arbeitsgruppen (unter gleichberechtigter Beteiligung von Verwaltungs- und Sozialfachleuten) oder

---

[354] Nicht so optimistisch ist das Bild, das Ch. Schrapper auf der Basis erster Untersuchungen zur Praxisumsetzung des KJHG zeichnet, der meint, daß das KJHG die Praxis vor eine Fülle von Aufgaben gestellt hat, „für deren Umsetzung hoffentlich nicht weitere 25 Jahre gebraucht werden“ und wozu in großem Umfang unterstützende Begleitung und Beratung sowie fachliche Kontrolle nötig sei. (1992: 287 ff., 289).

[355] Offen bleibt bisher, ob der § 36 KJHG, der eine Hilfeplanung unter Beteiligung der Betroffenen vorsieht, weitreichende organisatorische Auswirkungen im Sinne einer von der Fachwelt erhofften stärkeren Dienstleistungsorientierung auf das Jugendamt hat (vgl. Merchel, J./Schrapper, Ch. 1995: 151 ff.).

die Matrixorganisation im Vordergrund standen, wurden in den achtziger und eunziger Jahren – dem allgemeinen Trend der organisations- und verwaltungs- sowie wirtschaftswissenschaftlichen Leitbilder folgend – in der sozialarbeiterischen und Sozialverwaltungsfachwelt die angeführten neuen Leitgedanken aufgenommen und in die eigenen fachlichen Konzepte integriert. Diese Vorgänge wurden wiederum im wesentlichen durch die Anleitungen und Handreichungen der KGSt und die Veröffentlichungen des Deutschen Vereins transformiert.

Weiter entfalten konnte sich die professionelle Selbstkritik einerseits („Abschied vom Experten", so lautet der Titel von Olk, Th. 1986) sowie die Kritik durch die Selbsthilfebewegung,[356] letzteres nicht zuletzt im Rahmen der von der konservativen Regierung proklamierten ‚neuen Subsidiarität' sowie der Spar- und Rationalisierungsbestrebungen der öffentlichen Haushalte (vgl. ähnlich Olk, Th./Otto, H.-U. 1987: 1 ff.). Die darauf folgenden Forderungen zielten wie die später formulierten neuen Steuerungsmodelle auf Enthierarchisierung, Dezentralisierung und Entbürokratisierung (vgl. Bronke, K./Wenzel, G./Leibfried, St. 1989).

1. Selbstreflexion und Selbstkritik

Zur professionellen Verunsicherung im Zusammenhang mit der Selbsthilfebewegung mögen einige Stichworte und Verweise genügen, ohne auf die schier endlosen Diskussionen im einzelnen eingehen zu können.[357] Die Expertenherrschaft und Entmündigung der Betroffenen, ein angeblich abgehoben von den Betroffenen agierendes und staatlich garantiertes eigendynamisch funktionierendes institutionelles Hilfesystem prangerte insbesondere Ivan Illich (1979) öffentlichkeitswirksam an. Wenngleich die Beispiele vorwiegend aus dem Gesundheitsbereich stammten (Müller, C.W. 1992: 191), wurde diese Kritik in zahlreichen sozialarbeiterischen sozialwissenschaftlichen Werken aufgegriffen, nicht selten angereichert durch theoretische Arbeiten im Rahmen des ‚Kolonisierungstheorems' von Jürgen Habermas, das eine sozialstaatlich vermittelte, ökonomisch bedingte Rationalisierung und Kolonisierung der Lebenswelt thematisierte (z.B. 1988(2): 534 f.). Als empirischer Beleg und Ausgangspunkt derartiger Problembeschreibungen professionell erbrachter Dienstleistungen wurden eben Selbsthilfeinitiativen angeführt, die Defizite und Versagen der

---

[356] Vgl. z.B. Gross, P. 1982; Deutscher Caritasverband 1986; Merchel, J. 1986 a u. b; Klages, H. u.a. 1987; Kaufmann, F.X. 1987; Olk, Th./Otto, H.-U. 1989; Olk, Th. 1989; Müller, C.W. 1993.

[357] Einen Überblick über die neueren selbstreflexiven Diskussionen der sozialarbeiterischen Profession bieten z.B. Olk, Th. 1986a; Müller, C.W. 1992; Biermann, B. 1992: 231 ff.; André, G. 1994.

professionellen Sozialarbeit reflektierten. Obwohl klar war, daß selbstorganisierte Selbsthilfe institutionalisierte Hilfe nicht ersetzen, vielmehr lediglich ergänzen kann,[358] wurde die Selsbthilfebewegung dennoch als Anlaß genommen, um eine selbstkritische Diskussion fortzusetzen.

Teilweise ging die Sozialarbeitsfachwelt geradezu selbstzerstörerisch ans Werk, wenn sie z.B. „*Deprofessionalisierung*" forderte[359] – obwohl doch ihre Professionalität keineswegs als gefestigt galt.[360] Begünstigend für solche Forderungen dürfte die ungeliebte, historisch bedingte, institutionelle Unterordnung der Sozialarbeit unter die bürokratische Herrschaft sein, d.h. alle Kritik gegen diese wurde bereitwillig aufgenommen.[361] Wichtiger war aber die offenkundige politische Nähe großer Teile der in den Hochschulen ausgebildeten jüngeren Fachleute der Sozialarbeit zu den sich ausweitenden staatskritischen links- und grün-alternativen Bewegungen, die ihrerseits mit der Selbsthilfebewegung verknüpft waren. Daraus folgte oft auch eine antiinstitutionelle Kritik in der theoretischen Tradition Foucaults.[362]

Außerdem bedingt die Ansiedlung der Sozialarbeit im Wissenschaftssystem sozusagen automatisch die Produktion kritischer Reflexion, wozu eben auch die Frage nach den Wirkungen organisierter professioneller Sozialarbeit gehört. Relativ zeitgleich mit der professionellen Institutionskritik kam die *Evaluationsforschung* in Gang (vgl. m.w.N. Heiner, M. 1986: 71 ff.; dies. 1988), mit allerdings zwiespältigen Auswirkungen. Die Evaluationsforschung begann in der Bundesrepublik Deutschland nach M. Heiner „relativ spät" (1986: 77). Erste Ansätze fanden sich in der Rezeption der nordamerikanischen Bildungsforschung zu Beginn der siebziger Jahre. In der Sozialarbeit wurde „Begleitforschung" mit dem Sammelband von C.W. Müller (1978) publik. Zunächst dominierte eine theorielastige Diskussion um ethnomethodologisch geprägte ‚ganzheitliche' prozeßorientierte Konzepte im Rahmen kleinerer Feldfor-

---

[358] Vgl. Hegner, F. 1986: 163, 167 ff.; Vgl. weitere z.T. empirisch abgestützte Beiträge zur Komplementarität von Selbsthilfe und institutioneller Hilfe in Olk, Th./Otto, H.-U. 1989.

[359] So werden dem sogenannten ‚Labeling-Ansatz' solche Tendenzen attestiert: „Die radikalste Antwort auf das Problem der Stigmatisierung durch Definitionsprozesse ist der *Verzicht* auf Definitionen überhaupt: also die Strategie der Non-Intervention; am Ende der Reflexion stünde hier daher die *Selbst-Abschaffung* sozialarbeiterischer Intervention" (Olk, Th. 1986: 207). Vgl. zur selbstkritischen Analyse der Rolle von Sozialarbeit auch die „hilflosen Helfer" (so der Titel von W. Schmidbauer 1977) oder die These vom ‚Psychoboom' und ‚Betroffenheitskult' (kritisch zu dieser Art von Selbstkritik: Olk, Th. 1986: 206 ff.).

[360] C.W. Müller vermerkt dazu, daß angesichts des vergleichsweise „recht bescheidenen Kompetenzzuwachses durch Ausbildung und Berufseimündungsphase in unseren Berufen" „die immer wieder erhobene Forderung nach Entprofessionalisierung" „falsch" sei, denn „wir haben gar nicht allzu viel, was wir ent-professionalisieren könnten!" (1992: 194).

[361] Ähnlich vermutet C.W. Müller, daß die Forderung nach „Entprofessionalisierung" sich wohl eher auf die Ablösung der Berufe von den staatlichen Institutionen, auf „Entinstitutionalisierung" und „Dezentralisierung" beziehe (1992: 194).

[362] Vgl. Böhnisch, L./Lösch, H. 1975; Grauhan, R.-R./Leibfried, St. 1977; Barabas, F./Sachße, Ch. 1976.

schungsprojekte, die nicht am Testen von Hypothesen im Hinblick auf Ursache und Wirkung orientiert waren, und, so Heiner, wenig zur empirischen Validierung der Effektivität sozialer Arbeit beitrugen (ebenda).[363] Zudem agierte die ‚Begleitforschung' nicht unbedingt unter dem Etikett der ‚Evaluationsforschung', so daß die Anerkennung als Disziplin und ein „gemeinsames Forum" erschwert wurde (Heiner, M. 1986: 79).

Ebenso nachteilig wirkte sich andererseits aus, daß die notwendige Distanz zum Untersuchungsgegenstand überwiegend fehlte, weil eine direkte und schnelle Praxisberatung und Verbesserung erwünscht war. Ferner blieben Bewertungskriterien oft unklar:

> „Die Heterogenität der Bewertungskriterien entspricht der Vielfalt sozialpädagogischer Handlungskonzepte. Sie wird bestenfalls durch common-sense Regeln vereinheitlicht, die etwa lauten: Der Berater sollte den Klienten ausreden lassen und im Schnitt mehr zuhören als selbst reden. Der Mangel an konsensfähigen Evalutationskriterien reduziert die Akzeptanz der Untersuchungsergebnisse, verhindert die Vergleichbarkeit verschiedener Studien und die systematische Weiterentwicklung des Erkenntnisstandes durch Paralleluntersuchungen und Replikationen." (Heiner, M. 1986: 86).

Insbesondere die in der Sozialarbeit verbreitete Abneigung gegen quantitative Meßverfahren und Generalisierungen („jeder Fall ist anders") und „die Behauptung der Nicht-Meßbarkeit (Unermeßlichkeit) des Nutzens"[364] verhinderte häufig bereits im Ansatz die Möglichkeit objektiver Überprüfungen. Hinter dieser Haltung stand ebenso eine populäre ethnomethodologisch orientierte, interaktionistische wissenschaftstheoretische Einstellung des ‚ganzheitlichen' Verstehens und ‚Insichhineinversetzens', das dem positivistischen reduktionistischen Messen ‚von außen' entgegengehalten wurde (vgl. Heiner, M. 1986: 80 ff.; Olk, Th. 1986: 182 ff.). Eine radikale Strömung in der Fachwelt drückte sich dementsprechend in der empörten Zurückweisung jeglicher Selbstreflexion sozialarbeiterischer Handlungskompetenz aus, was tatsächlich der Selbstaufhebung der Profession gleichgekommen wäre und schon deshalb nicht durchsetzungsfähig war. Dazu führt Th. Olk (1986: 185) aus:

> „Vor dem Hintergrund eines derart desolaten Standes theoretischer Reflexion und empirischer Forschung mag es erlösend wirken, wenn aus ethnomethodologischer Sicht eine ‚radikale' Konsequenz gezogen wird: Lau und Wolff (vgl. 1982) plädieren schlichtweg dafür, die theoretische Reflexion über sozialarbeiterische Handlungskompetenz einzustellen. Sie tun dies, weil sie Bestimmungen sozialarbeiterischer Kompetenzen ‚von oben (administrativ/soziologisch/sozialpä-

---

[363] Der Gegensatz zeigt sich etwa daran, daß produkt- und output-orientierte Evaluation als Erfolg einer sozialarbeiterischen Intervention z.B. die ausgebliebene Straffälligkeit, regelmäßige Arbeit oder Schulbesuch werten, wogegen ‚ganzheitlich', ethnografisch und prozeßorientiert nach der gesamten Entwicklung und auch nach unintendierten Nebeneffekten gefragt wird, und auch die Ziele selbst problematisiert werden, d.h es wird auch zur Diskussion gestellt, was für die Klienten selbst wichtig ist und ob sie z.B. trotz der regelmäßigen Arbeit oder Schule Drogen konsumieren oder suizidgefährdet sind (vgl. Heiner, M. 1986: 74 ff.).

[364] Diese Haltung wurde von der Unternehmensberatungsfirma Kienbaum als eine „Schutzbehauptung" von Jugendamtsmitarbeitern eingeschätzt (nach Trube, A. 1994: 218).

dagogisch)‘ (1982: 261) als Anmaßung gegenüber den praktisch handelnden Sozialarbeitern verstehen“.

Allerdings beeinflußte diese fundamentalistische Expertenschelte mit dem Wind der Selbsthilfebewegung im Rücken gleichwohl den weiteren Gang der Diskussion um die Messung sozialarbeiterischer Kompetenzen. Die Mehrheit, die weiterhin an einer spezifischen professionellen Kompetenz, welche über die Alltagskompetenzen hinaus weist, festhalten mußte, wies somit den Weg der ‚*neuen Fachlichkeit*‘ oder ‚*alternativen*‘ Professionalität als eine Kompromißformel zwischen radikaler Professionskritik einerseits und professioneller Notwendigkeit der Standardisierung und Selbstreflexion andererseits.

Insgesamt begünstigte auch die als Kompromißformel zustande gekommene ‚*alternative*‘ professionelle Sozialarbeit mit stärkerer selbstreflexiver und ‚lebensweltlicher‘ Betroffenenorientierung (vgl. Olk, Th. 1986: 208 ff.), was man sich schon lange gewünscht hatte und gegen die gestrengen Verwaltungsleute nur ungenügend durchsetzen konnte: Zeit zu haben für die Probleme der Klienten und deren Familien, wie es früher hieß, ‚Eintauchen‘ in deren Lebenswelt, wie es nun formuliert wurde – unter kritischer Begleitung, sprich ‚Supervision‘ der Kollegen, aber unter „Einschränkung des Gebrauchs methodisch angeleiteter Deutungsroutinen“ (Olk, Th. 1986: 210). Eine derart angereicherte ‚alternative‘ Professionalität versprach demnach auch, daß die Sozialarbeiterinnen und Sozialarbeiter über ‚ganzheitliche‘, interaktive, ethnomethodologische Selbstreflexion und Evaluation durchaus mit sich reden ließen. Aber auch sonst erkannten immer mehr Sozialarbeiterinnen und Sozialarbeiter selbst, daß Fragen der Personalbemessung und Evaluation der geleisteten Arbeit

„im Blick auf die Legitimation unserer Arbeit immer wichtiger (wird) für den fach- und berufspolitischen Austausch unter SozialarbeiterInnen (nicht zuletzt Pensenvergleich!); für ein klares und professionelles Bild unserer Tätigkeit nach außen; für übereinstimmende Begründungsfaktoren bei Forderungen gegenüber Entscheidungsträgern“ (Brack, R. 1991: 58).

Insbesondere letzteres dürfte die Einsicht in die Notwendigkeit von Analysen und einer Evaluation der bürokratisch organisierten Sozialarbeit auf der Seite der Sozialarbeit selbst maßgeblich gefördert haben. Denn die rapide zunehmenden sozialen Probleme und ansteigenden Fallzahlen, z.B. in der Sozialhilfe der siebziger und achtziger Jahre, aber auch beispielsweise Drogen- und Jugenddelinquenz, ließen durchaus die Hoffnung begründet erscheinen, daß durch reflexive Analysen von Arbeitsprozessen und Organisation auch *Überlastungen* deutlich werden könnten, welche die befürchteten Konsequenzen der Rationalisierungen und des Abbaus der Sozialbürokratie sogar ins Gegenteil verkehren könnten.

Weniger Bürokratie, Expertokratie, Technokratie, mehr Dezentralisierung, Orientierung an den Klienten und deren Lebenswelt, Innovation statt Routine und reflexive Selbstkontrolle waren Antworten und Kompromißformeln angesichts kritischer und ‚alternativ‘ orientierter Selbsthilfebewegungen, professioneller Selbst- und Institutionenkritik, professionellen Mindestanforderungen. Flankiert wurde diese Betonung von Subsidiarität (gerne auch ‚Neue Subsidiarität' genannt) durch die politische „Wende" 1982 und die dramatisch zunehmenden Aufgaben bei sich verengenden Finanzierungsspielräumen. Vor diesem Hintergrund ist die in den letzten Jahren zu beobachtende Zunahme an *Selbstreflexion* zu verstehen, die sich in Evaluationsforschung und vermehrt angestellten Organisationsgutachten ebenso niederschlägt wie in rationaleren Verfahren zur Organisationsgestaltung (z.B. Personalbemessung).

2. Verbreitung von Organisationsanalysen

Mit dieser Entwicklung ging eine Verlagerung des Schwerpunktes der Meinungsführung innerhalb der Fachwelt einher: War in den siebziger Jahren das Terrain der Diskussionen um die Organisation kommunaler Sozialverwaltung noch fast ausschließlich von der Sozialpädagogik und Sozialarbeit, sowie der Sozialwissenschaft, am Rande auch von Verwaltungsleuten besetzt, so fanden sich in den achtziger und neunziger Jahren verstärkt die Wirtschafts- und Organisations- sowie die Verwaltungswissenschaft auf dem Vormarsch (vgl. KGSt 1992: 11). Zunächst ist zu registrieren, daß Ende der siebziger, Anfang der achtziger Jahre die wissenschaftlich z.B. vom REFA Verband der Arbeitsstudien und Betriebsorganisation e.V. (vgl. 1985) sowie von der KGSt angeleitete Auseinandersetzung mit den Organisationsstrukturen der kommunalen Sozialverwaltung in Form von zahlreich angestellten *Organisationsuntersuchungen* und -gutachten *quantitativ* stark zunahm (vgl. Stumpfögger, N./ Wiethoff, U. 1989: 103).

Wie aus einer Umfrage der KGSt von 1982 hervorgeht, hatten unter den Städten mit über 100.000 Einwohnern immerhin 32% eine „methodische Arbeitsuntersuchung" durchgeführt (KGSt 1982a: 20). Hauptgegenstand dieser Untersuchungen waren die Personalbemessung, die Aufbau- und Ablauforganisation, die Ziele, das Leistungsniveau, d.h. die problemgerechte, bürgernahe und effiziente Dienstleistungserbringung. Schlagendes Argument gegen alle gebetsmühlenhaft wiederholten Bedenken der Nicht-Bewertbarkeit sozialer Dienstleistungen war, daß in der Praxis ohnehin eine irgendwie geartete Bewertung im Rahmen der Zuordnung von Mitteln (Personal, Organisation, Ressourcen) zu irgendwelchen, wenn auch noch so diffusen Zielen stattfinde.[365] Zur Personalbemessung führte die KGSt aus (1977a: 336):

---

[365] Vgl. die ähnliche Argumentation in ihrer Pionierarbeit zur Bemessung des Arbeitspensums in der Sozialarbeit der Schweiz, dabei die klassischen Einwände anführend: R. Brack, 1991: 15 ff. Hervorzuheben ist, daß Brack gerade die Professionalität als Ausgangspunkt für eine pauschalisierende und generalisierende Bewertung nimmt. Erstens müßten für eine professionelle Problembearbeitung, so Brack, Problemsituationen durchaus definierbar und kategorisierbar, damit auch zählbar

„Ein bestimmter Arbeitsanfall ist durch bestimmte Mitarbeiter zu bewältigen, auch wenn dies nur gewohnheitsmäßig so geschieht; dies stellt sich im Ergebnis für den Mitarbeiter als Personalbemessung dar. Alle Einwände gegen Aufwand, Grenzen und Objektivität einer methodisch vorgenommenen Personalbemessung werden vor diesem Hintergrund relativiert. Nur aufgrund einer sachgerechten Personalbedarfsberechnung ist die Verwaltung in der Lage, die anfallenden Arbeiten gerecht zu verteilen und den Grundsatz der wirtschaftlichen Verwendung öffentlicher Mittel einzuhalten".

Ähnlich setzt sich auch bei der Diskussion um „*Sozialmanagement*" die Erkenntnis durch, daß es auch bei nicht profitorientierten sozialen Diensten gelte, „Leistungen aus der Verknüpfung der Produktionsfaktoren Finanzen, Arbeit, Management zu erbringen" (Meier-Ziegler, R. 1993: 50). Trotzdem sind die kritischen Stimmen nicht verstummt. So hielt sich die Gewerkschaft ÖTV auch in den eher organisationsanalytisch geprägten achtziger Jahren schlicht daran, daß interaktive, sozialarbeiterisch geprägte Arbeit nicht meßbar sei (nach Stumpfögger, N./Wiethoff, U. 1989: 110). Eine derartige Fundamentalposition schien sich aber nicht mehr aufrechterhalten zu lassen, so daß der Ergebnisbericht eines mit der ÖTV abgestimmten Berliner Forschungsprojektes, das sich mit der Organisationsanalyse der Berliner und Frankfurter Sozialverwaltung beschäftigte, auf den „subjektiven Kern des vermeintlich verobjektivierten Verfahrens" verwies und folgendes reklamierte: „Da in die Bewertung des ‚zeitlichen Beratungsaufwandes' immer gesellschaftliche Normvorstellungen einfließen, entzieht sie sich einer ausschließlich quantitativen Festlegung. Soweit überhaupt der zeitliche Beratungsbedarf via Organisationsuntersuchung bestimmt werden soll, wäre u.E. vorausgehend ein normativer Maßstab zu entwickeln, der zugleich wissenschaftlich interdisziplinär ... und unter politisch explizierten Zielvorstellungen angelegt sein müßte" (Stumpfögger, N./Wiethoff, U. 1989: 110).

Begünstigend für den Aufschwung effizienzorientierter Organisationsanalysen erwies sich – neben den angesprochenen Rahmenbedingungen der Verunsicherung und Verwissenschaftlichung der Profession sowie der Zunahme der ökonomischen und sozialen Probleme – die mittlerweile rasch voranschreitende und breit angelegte Einführung neuer *technischer* Hilfsmittel wie des *PC*.[366] Das Führen von Statistiken, Qualitätsberichterstattung und Selbstevaluation wurde damit erleichtert und es war allein aufgrund der technischen Möglichkeiten beinahe schon zwingend, daß Datenbanken mit Adressen, Problemkategorien, Beratungsleistungen, Hilfeansätzen und anderem mehr genutzt wurden (vgl. Brack, R. 1991: 56). Insbesondere die rationelle und statistisch orientierte *Verknüpfung* sozialplanerischer, soziodemographischer Daten mit Leistungen und Ergebnissen im Hinblick auf eine *Qualitätsdokumentation* war „bisher ‚von Hand' recht schwierig und wegen des Aufwandes kaum zu leisten", sie scheint jedoch nun mittels einer EDV-Datenbank und statistischer Aufbereitung und

---

sein, zweitens erfolge das Handeln der Sozialarbeiter und Sozialarbeiterinnen eben nach fachlichen Regeln und sei schon von daher grundsätzlich ähnlich und vergleichbar (ebenda: 26).

[366] Vgl. zur Verbreitung z.B. Dringenberg, R. 1987.

Auswertung zu bewerkstelligen zu sein (vgl. Brack, R. 1991: 62). Pessimistische Befürchtungen und euphorische Hoffnungen scheinen, was den Computereinsatz anbelangt, sehr gemischt:[367] Neben den auf der Seite der Sozialarbeit wohl dominierenden Ängsten, daß der Computereinsatz der ‚Schematisierung' Vorschub leiste, wurde auch die leichtere Kontrolle der eigenen Arbeit durch Vorgesetzte befürchtet, ebenso wie die negativen Auswirkungen auf den Klientenkontakt beschworen wurden (Kühn, D. 1995b: 199). Pikanterweise wurde von den Klienten aber, so eine englische Studie, gerade bei Geldleistungen der Computer wegen seiner Unpersönlichkeit dem Verwaltungssachbearbeiter (85%) und dem Sozialarbeiter (58%) vorgezogen (nach Kühn, D. 1995b: 199). Schließlich könnte, so ein möglicher Kompromiß – angesichts des ohnehin sich unaufhaltsam durchsetzenden Computereinsatzes –, sowohl eine stärkere Entscheidungsdelegation und Dezentralisierung als auch eine straffere Kontrolle und Planung des effizienten Zweck-Mittel-Einsatzes in der Sozialverwaltung erreicht werden; ebenso ermöglicht unter Umständen die massenhafte rationelle Zuweisung standardisierter Finanzleistungen (was ca. 62% der Sozialhilfeempfänger wünschen) eine intensivere Beratung auf der anderen Seite, die zudem nur ca. 26% erwarten.[368]

Bis jetzt gibt es meines Wissens keine repräsentativen Auswertungen von Organisationsüberprüfungen im Bereich kommunaler Sozialverwaltungen, da die Evaluation selbst hier noch in den Anfängen steckt und eine *Evaluation der Evaluation* noch nicht verbreitet ist. Nach meinen Beobachtungen muß jedoch davon ausgegangen werden, daß gegenüber den früher überwiegenden Methoden der groben Schätzung aufgrund von Erfahrungen, die nur im Ansatz interkommunal verglichen wurden, in der Regel genaue Beobachtungen und Aufzeichnungen der Arbeitsabläufe unter Messung der Dauer der einzelnen Bearbeitungszeiten und Zählung der Häufigkeit ihres Auftretens stattfanden.[369] Diese sind jedoch immer noch lediglich punktuell oder' unter der Hand', d.h. nicht öffentlich interkommunal vergleichend angelegt, wenngleich es Richtwerte der KGSt schon seit längerem gibt.[370] In der Regel geht es bei den Organisationsanalysen um die Erkundung von Überhang und Ineffizienz, anhand des ‚vor Ort' erhobenen Materials ohne Bezug auf Standardisierungen. Allerdings besteht hier die Gefahr, daß aus dem Ist-Zustand ein Soll-Zustand wird, was entweder ein Zuviel bei unerkanntem organizational slack oder ein Zuwenig bei

---

[367] Erfahrungen und Einschätzungen der letzten Jahre mit der Einführung von EDV und PC zusammenfassend (m.w.N.) siehe Kühn, D. 1995b: 196 ff.; Fromann, M. 1990: 168 ff.

[368] Zahlenangaben laut einer Untersuchung von Irle (1988), nach Kühn, D. 1995b: 198.

[369] Angewandt werden in der Regel Mitschriebe der Mitarbeiter, Multimomentaufnahmen, Zeitnahme und Beobachtung durch Organisatoren sowie Aktenanalysen. Angefertigt werden darauf aufbauend Arbeitsablaufdarstellungen, Tätigkeitskataloge mit Zeitwerttabellen und Aufbauorganisationsdarstellungen (vgl. KGSt 1977a; REFA 1985).

[370] Diese basieren aber auf methodisch sehr unterschiedlichen Niveaus. Während frühere Richtwerte zum Teil lediglich auf Erfahrungs- und Schätzwerten aus einer Stadt bis wenigen Städten beruhten, gibt es heute schon wesentlich breitere und methodisch anspruchsvoller angelegte Datengrundlagen (KGSt 1966; 1978b; 1982e; 1985).

unerkannter Überlastung festlegt. Nicht selten war nämlich auch letzteres seit den achtziger Jahren der Fall, da schon seit geraumer Zeit, trotz steigender Fallzahlen, die Zahl der Stellen in der Regel ‚eingefroren' worden war. Aufgrund dessen wurde immer häufiger auch von der Seite der Beschäftigten, vor allem in den Sozialämtern, die Forderung nach mehr Personal mit der nach einer Organisationsuntersuchung verbunden, wie z.B. in Berlin (vgl. Stumpfögger, N./Wiethoff, U. 1989: 179). Dies führte aber nicht selten dazu, daß, wenn – wie in Berlin geschehen – durch die Organisationsuntersuchung nicht die angestrebte Stellenausweitung errechnet wurde, ein Gegengutachten angestrebt wurde (vgl. Stumpfögger, N./Wiethoff, U. 1989: 179 ff.).[371] Streitfragen zwischen einsparungswilliger allgemeiner Verwaltung und der expansionsorientierten Fachverwaltung müssen somit heute fast immer via Gutachten ausgefochten werden, wobei dann aus Gründen der ‚Objektivität' immer häufiger externe Gutachter hinzugezogen werden. Trotzdem waren die hier angesprochenen Organisationsgutachten in der Regel in die Kategorie des ‚mehr' oder ‚weniger' vom Gleichen (Stumpfögger, N./ Wiethoff, U. 1989: 191) einzuordnen; zentral waren Personal- und Kostenfaktoren, allerdings unter Orientierung am Bisherigen, eine umfassende Qualitäts- und Leistungskontrolle fand genauso wenig statt, wie strukturelle Neuerungen damit meist nicht verbunden werden.

3. ‚Neues Steuerungsmodell'

Neben der zunehmenden Diskussion um solche Organisationsuntersuchungen gab es in den achtziger Jahren immer häufiger den Ruf nach Abbau und Privatisierung öffentlicher Aufgabenerfüllung.[372] Die Renaissance marktwirtschaftlicher Konzepte und die Kritik an der übermäßigen ‚Bbürokratisierung' des Staates erfuhr sowohl durch konservativ-liberale Regierungen wie in Großbritannien, den USA und der BRD eine starke Unterstützung, als auch durch die wachsende Verschuldung der öffentlichen Haushalte. In diesem Zusammenhang muß auch die Diskussion um den ‚Standort Deutschland' und die „Globalisierung" der Weltwirtschaft erwähnt werden (vgl. KGSt 1993a: 9), wobei sich nach der Öffnung der östlichen Staaten der Wettbewerb durch Billiglöhne im eigenen Land und vor der Haustür verschärft hat. Mittlerweile wird jedenfalls eine effiziente schlanke Verwaltung auch als Wettbewerbs- und Standortfaktor anerkannt. In diesem Bedingungsumfeld muß die Entwicklung neuer, an Orga-

---

[371] Insbesondere wurde dabei der Vorwurf von seiten der Gewerkschaft ÖTV und der Sozialämter laut, daß aufgrund politisch gesetzter Vorgaben (keine Stellenausweitung) das Gutachten verzerrte Ergebnisse lieferte (Stumpfögger, N./Wiethoff, U. 1989: 184 ff.).

[372] Dazu gibt es eine Fülle an Literatur (vgl. z.B. allgemein: Kund, U.G. 1988; Hagemeister, A.v. 1991; vgl. in bezug auf die kommunale Sozialverwaltung: Gotthold, J. 1983; Freier, D. 1994).

nisationskonzepten der Privatwirtschaft ausgerichteter, Modelle der Verwaltungssteuerung angesiedelt werden (vgl. KGSt 1992: 11):

> „Die Kommunalverwaltung muß sich zunehmend auf einen Wettbewerb mit anderen Kommunalverwaltungen und privaten Anbietern einstellen. Angesichts weltwirtschaftlicher Verflechtungen sind leistungsfähige Unternehmen schneller als bisher zu einem Ortswechsel bereit, und auch die Mobilität der Menschen wird wachsen. Es geht daher um bessere, schnellere, flexiblere und bürgernahe Leistungserbringung, um Unternehmen und Menschen in der jeweiligen Kommune zu halten." (KGSt 1991: 10)

In diesem Kontext waren Organisations- und Managementkonzepte aus der Privatwirtschaft rund um das sogenannte ‚Lean Management' Vorbilder, die wiederum wesentliche Anstöße auch aus der Rezeption *japanischer* ‚Erfolgskonzepte*'* bezogen. Diese Ansätze fanden über externe oder interne, betriebswirtschaftlich angeleitete Organisationsberatung im Rahmen der vermehrt angestellten Organisationsuntersuchungen ihre Verbreitung in der institutionellen Umwelt der kommunalen Sozialverwaltung.[373] Als weitere Rahmenbedingung muß erneut die Knappheit in den öffentlichen Kassen genannt werden, genauso wie die Entwicklung der elektronischen Datenverarbeitung – beides verlieh Forderungen nach ‚Schlankheit' Nachdruck. Mit der EDV wird eine *gewisse* Dezentralisierung von Organisationseinheiten bei einer gleichzeitig mit geringem Aufwand möglichen zentralen Steuerung durch ein effektives Informationsmanagement möglich.[374]

Strukturiert man die Diskussion um eine vorbildliche Verwaltungsorganisation, so gab es zum einen die *‚Privatisierung'* als meist plakativ vorgetragene Extremforderung, wobei es gleichwohl vor allem um die Privatisierung *sozialer Dienste und Leistungen* unter nach wie vor öffentlicher Aufsicht und Kontrolle geht. Insofern wurde von der sozialen Fachwelt die Hoffnung geäußert, daß eine stärkere „Eigenständigkeit für kommunale soziale Dienste und Einrichtungen" erreicht werden könne, weshalb man die „Chancen der Diskussion um ‚Privatisierung' fachlich nutzen" sollte (Freier, D. 1994: 210). Eine vollständige Privatisierung öffentlicher Aufgabenerfüllung wurde jedoch kaum erwartet, weil die öffentliche Gesamtverantwortung als unverzichtbar erachtet wurde (vgl. Freier, D. 1994: 210 ff.). Abgesehen von den der Verwaltung verbleibenden hoheitlichen Aufgaben müsse gewährleistet werden, daß bei Bedarf auch ein ausreichendes und geeignetes Angebot an sozialen Diensten zur Verfügung stehe, was sich z.B. in der ‚Sicherstellungspflicht' nach § 17 SGB niederschlage (vgl. Freier, D. 1994: 212 f.). Da es etwa zur Insolvenz von Unternehmen, zu Monopolbildung, ausbleibendem oder einseitigem Angebot (etwa nur für zahlungskräftige Kunden), d.h. ganz allgemein zu ‚Marktversagen' kommen

---

[373] Vgl. in bezug auf Auswirkungen auf das Sozialwesen: Meier-Ziegler, R. 1993: 48 ff.; Tegethoff, H.G. 1995: 133 ff.; Engelhardt, H.-D. 1991, der vor allem partizipatorische Elemente des japanischen Managementstils begrüßt (191 ff.).

[374] So heißt es dementsprechend bei der KGSt: „Das Steuerungskonzept setzt ein durch Informationstechnik unterstütztes Rechnungs- und Berichtswesen voraus. Ein Controlling ohne umfassende Unterstützung durch Informationstechnik ist nicht arbeitsfähig" (KGSt 1991: 18).

könne, bleibe die öffentliche Verwaltung so oder so in der Verantwortung und müsse steuern (vgl. Tegethoff, H.G. 1995: 141). In der Regel werde es sich deshalb um einen von der öffentlichen Verwaltung beaufsichtigten und organisierten unvollständigen ‚Markt‘ handeln, der zumindest teilweise auf der Angebots- oder Nachfrageseite subventioniert werden müsse, wie dies z.B. im Gesundheitswesen seit längerem, mit allerdings zweifelhaftem Erfolg, der Fall ist. Deshalb lag der Schwerpunkt der Privatisierungsdiskussion bei den sozialen Diensten auch bei den Gesundheitsdiensten (vgl. Damkowski, W./Luckey, K. 1990: 46 ff.), ansonsten orientierte man sich an der bei den sozialen Diensten der ‚privaten‘ Wohlfahrtspflege bereits bestehenden Mischform zwischen Markt und Staat, wie sie anhand der Konzepte des ‚Dritten Sektors‘ mehr oder weniger positiv diskutiert wurden.[375]

> „Eine gewisse ‚Privatisierungseuphorie‘ hat sich in vielen Kommunen offenbar bereits gelegt. Es wurde erkannt, daß eine politische Kontrolle über wünschbare Standards infrastruktureller Versorgung mit dem Ausmaß der Privatisierung abnimmt und die aufzuwendenden Finanzmittel sich keineswegs im gewünschten Maße verringern. Die Zukunft der Modernisierung wird daher in neuen Steuerungskonzepten gesehen“ (Tegethoff, H.G. 1995: 137).

Deshalb wurde die Fachdiskussion weniger unter dem Stichwort Privatisierung als Verzicht auf die öffentliche Aufgabenwahrnehmung abgehandelt, vielmehr steht die, allerdings (siehe Seibel, W. 1992) noch offene Frage nach der möglichst flexiblen und effizienten Steuerung und Kontrolle zunehmend selbständiger Organisationseinheiten in einem ‚organisierten Markt‘ im Vordergrund. Im Idealfall sollten die Vorteile eines mehr oder weniger starken Marktes, wie Flexibilität, Kreativität, Innovation, Effizienz und Kundenorientierung aufgrund von Wettbewerb genutzt *und* gleichzeitig Vorteile öffentlicher Leistungserbringung erhalten werden, wie Berechen- und Kontrollierbarkeit, Beständigkeit, Allgemeinheit und Gleichheit, soziale Gerechtigkeit und Legitimation (vgl. Damkowski, W./Luckey, K. 1990: 54). Die KGSt sprach dementsprechend auch von „marktähnlichen Bedingungen mit mehr Wettbewerb innerhalb der Verwaltungen und zwischen den Verwaltungen und privaten Anbietern von Dienstleistungen und Produkten“. Außerdem werde „die Schaffung von Marktsurrogaten über verschiedene Formen des Kontraktmanagements, der internen Verrechnungen und der Einführung flächendeckender Selbstkostenpreis-Systeme … als eine Alternative zur Privatisierung an sich privatisierbarer öffentlicher Einrichtungen und Verwaltungsteile angeboten“ (KGSt 1992: 12). Gerade dieses war Hintergrund bei der Einführung des Kontraktmanagements in der Niederlande (vgl. KGSt 1992: 23 f.):

> „Vor allem größere Gemeinden suchten ein neues Steuerungs- und Organisationskonzept, das den Diensten ihre betriebswirtschaftliche Selbständigkeit ließ, sie aber in ein Konzept der Gesamtsteuerung und ein darauf abgestimmtes Controllingsystem einband“.

---

[375] Vgl. allgemein dazu: Reichard Ch. 1988; Ronge, V. 1988; ders. 1993; Schuppert, G.F. 1989b; Seibel, W. 1992; insbesondere letzterer rückte vielfaches Steuerungs- und Kontrollversagen in den Mittelpunkt seiner Analysen des Dritten Sektors. Gerade ‚Dilettantismus‘, so seine These, scheint eine zentrale Erfolgsvoraussetzung der Organisationen des ‚Dritten Sektors‘ zu sein.

Die für den Bereich der kommunalen Sozialverwaltung interessantere Frage ist also nicht die der Privatisierung sondern die nach der Art der *Steuerung* mehr oder weniger verselbständigter Organisationseinheiten durch die öffentliche Verwaltung, in Anlehnung an Vorbilder des privaten Sektors. Dieser Ansatz knüpft an bestehende Organisationsstrukturen an und zielt auf eine Verbesserung der Effizienz und Bürgernähe durch die Einführung neuer Managementtechniken und Organisationsstrukturen.

a) Das Tilburger Modell: ‚Konzern Stadt'

Die so umrissene Diskussion drehte sich zunächst im wesentlichen um ein Fallbeispiel, nämlich das von der KGSt mit großem Aufsehen lancierte neue *Steuerungsmodell ‚Konzern Stadt'* nach dem Vorbild der niederländischen Stadt Tilburg. Um die möglichen Auswirkungen auf die Organisation kommunaler Sozialverwaltung einschätzen zu können, soll dieses Modell im folgenden kurz umrissen werden.[376] Begonnen hatten die dortigen Reformüberlegungen bereits Ende der siebziger Jahre. Am Anfang stand das Konzept der Dezentralisierung der Ressourcenverantwortung, d.h. die Ansiedlung der Budgetierung bei der fachlich verantwortlichen Organisationseinheit anstatt der bisherigen Trennung zwischen Querschnitts- und Fachämtern sowie mit der Einführung einer privatwirtschaftlich ausgerichteten ‚doppelten' statt der traditionellen kameralistischen Buchführung.[377] Im Zusammenspiel mit einer an Zielen und Leistungen, sprich am ‚output' orientierten und mehrjährigen Budgetierungsplanung sollten schon lange bekannte Disfunktionalitäten der bisherigen lediglich am ‚input' orientierten Haushaltsplanung, wie z.B. das ‚Dezemberfieber', das insbesondere durch Parkinson (vgl. 1984) populär wurde, oder andere damit

---

[376] Hier sollen lediglich die Grundzüge vorgestellt werden, vgl. ausführlich zur Entstehung und zum Verlauf des ‚Tilburger Modells': KGSt 1992. Vgl. zur Umsetzung des Konzeptes ‚Dezentrale Ressourcenverantwortung' in Deutschland: KGSt 1991.

[377] Als Rahmenbedingungen gab es in Tilburg ein Zusammenspiel interner und externer Faktoren. Zum einen gab es einen „im Lande umgehenden Veränderungsbazillus" und eine breite politische Diskussion um Verwaltungsmodernisierung (vgl. ausführlich m.w.N. KGSt 1992: 28 ff), ferner einen daraufhin inititativ werdenden' Gemeindesekretär' (Verwaltungschef) und eine selbst gefertigte Organisationsanalyse, die zahlreiche Mängel aufdeckte. Finanznöte und bereits bestehende Ausgliederung von Diensten mit betriebswirtschaftlicher Führung begünstigten ebenso wie die zahlreicher werdenden betriebswirtschaftlich geschulten jüngeren Mitarbeiter die Einführung der ‚doppelten' privatwirtschaftlichen Buchführung, was die gesamte Reform entscheidend unterstützte. Außerdem gab es eine breite politische Förderung und einen engagierten Bürgermeister, der die Reform ebenso mitvorantrieb. Schließlich kam begünstigend hinzu, daß viele von der Reorganisation betroffene Ressortleiter aus Altersgründen ausschieden, z.T. wurde ‚outplacement' vorgenommen, die Verantwortung für die Personaleinsparung blieb aber immer bei den betroffenen Diensten. Immerhin konnte, ohne daß jemand gegen seinen Willen entlassen wurde, eine Gesamtreduktion der Stellen von 3000 auf 1500 vorgenommen werden, was eben vor allem mit Privatisierung und Verrentung erreicht wurde (KGSt 1992: 38 f.). Privatisiert wurden der Schlachthof, die Stadtwerke, das Rechenzentrum, der Vergnügungspark und die Wohnungsbaugesellschaft.

verbundene Mechanismen der Budgetmaximierung bekämpft werden.[378] Im weitergehenden Sinne sollte damit Steuerung überhaupt erst möglich sein, da bisher überwiegend entweder die bloße inkrementalistische Fortschreibung des Vorjahres*inputs* (Geld, Personal, Stellen) im Rahmen des Möglichen, d.h. auf der Basis der Einnahmenerwartung vorherrschte; daraus entwickelte sich regelmäßig ein typischer Verteilungskampf unter Orientierung am gesetzlichen Aufgabenkatalog, politischer Ziele, Machtverhältnisse usw; auf der anderen Seite schienen völlig verselbständigte privatisierte Organisationseinheiten gar nicht mehr kontrollierbar.

Durch eine deutliche Aufgabentrennung zwischen Politik und Verwaltung sollte im Rahmen eines ‚*Kontraktmanagements*' bestimmte Ziele, Projekte, Produkte und Leistungen (output) definiert werden, die im Rahmen eines bestimmten Budgets erbracht werden sollten. Deren effiziente Umsetzung obliegt der dezentralen Organisationseinheit, kontrolliert im Rahmen eines neu etablierten Berichts- und Controllingsystems durch eine Steuerungszentrale. Entscheidend dürfte folgendes sein: Als Anreiz zum Sparen verbleiben eingesparte Mittel zur Hälfte bei der verantwortlichen Organisationseinheit und das ‚Betriebsergebnis' hat Einfluß auf die Beurteilung und Beförderung der Organisationsmitglieder (KGSt 1992: 17). Der entscheidende Unterschied zwischen Kontraktmanagement und privatem Vertrag ist jedoch, daß nach wie vor die Letztverantwortung bei der zentralen obersten Steuerungsebene verbleibt und tatsächlich keinerlei einklagbaren vertraglichen Bedingungen herrschen. Das Wort Kontrakt ist insofern irreführend und wurde von der Stadt Tilburg bald nicht mehr verwendet, vielmehr wurden lediglich ‚*Dienstpläne*' aufgestellt, „die jeweils genügend Informationen über die vereinbarten Einnahmen, Ausgaben und Leistungen der Dienste enthalten" (KGSt 1992: 45).

Organisatorisches Pendant zum Kontraktmanagement ist die ‚Konzernorganisation', wobei die Konzernebene mit den politischen Entscheidungsträgern und dem Steuerungsdienst (Controlling) einerseits und die Ebene der Dienste, d.h. der selbstorganisierten operationalen Einheiten andererseits unterschieden werden (KGSt 1992: 42).[379] Aufgabe der ‚Konzernspitze', der politischen Führung, solle die strategische Steuerung sein, d.h. die Festlegung der zu verfolgenden Ziele und Aufgaben, des ‚was' und ‚wozu' sowie die Kontrolle des Geleisteten, sowohl hinsichtlich der Zielerreichung als auch Effizienz (Controlling), während die jeweiligen Fachressorts das ‚wie' nach der Festlegung im Aufgaben- und Arbeitsplan weitgehend selbst bestimmen. Unterstützt wird die politische Führung durch die gegenüber den Diensten nicht weisungsberechtigte Steuerungszentrale, welche die einzelnen Ressorts koordinieren und überwachen, sowie über das Geleistete, auch nach außen, berichten soll. Hier werden auch

---

[378] Vgl. dazu die Analysen zur Eigendynamik der Verwaltung der ‚Public Choice'-Strömung (Downs, A. 1967; Niskanen, W.R. 1971; ders. 1991; Dunleavy, P. 1991; Blais, A../Dion, St. 1991).

[379] Dies wird mit einem Holdingsystem von Haupt- und Tochtergesellschaften verglichen (KGSt 1992: 53).

gesamtstädtische Rechtsangelegenheiten wahrgenommen und zentrale Richtlinien entwickelt.

Die ausführenden Dienste,[380] mit dem verantwortlichen Dienstdirektor an der Spitze, sind so strukturiert, daß sie nicht nur Fachaufgaben wahrnehmen, sondern auch die dazu nötigen Ressourcen (Personal, Organisation, Finanzen, Material) unter Beachtung zentraler Richtlinien selbständig bewirtschaften können. Alle ‚Produkte' werden auf der Basis der Dienstpläne im Kontraktmanagement bereitgestellt, entsprechend bewertet und auch zwischen den Diensten in Rechnung gestellt, so daß sich, konkurrierend mit privaten Anbietern, die günstigsten Marktpreise realisieren lassen. Auch bei den dezentralen Diensten ist ein Controlling eingerichtet, das Berichte über die Leistungsbilanzen erstellt und die Dienstleistungserbringung kontrolliert. Zentral und von entscheidender Bedeutung für das gesamte Modell sind die (internen und externen) ‚Produkte',[381] mit der Produktbeschreibung, der produktbezogenen Organisationsstruktur und der kennzahlengeleiteten Produktbewertung, ohne das weder ein produktkostenorientiertes Controlling noch ein Kontraktmanagement, das den Namen verdient, funktionieren kann. Aufbauend darauf wird eine produktbezogene Kostenkalkulation und -budgetierung erstellt, die, wie auch der Dienstplan, im verhandlungsorientierten Gegenstromprinzip (von oben nach unten und von unten nach oben) festgelegt wird (vgl. KGSt 1992: 76 ff.). Abschließend ist noch zu erwähnen, daß produktbezogene Dienstpläne und Konzernhaushalt jährlich, Dienst- und Konzernberichte auf der Basis eines ständig geführten Konzerninformationssystems dreimal pro Jahr, plus einmal pro Jahr als Großbericht, erstellt werden sollen. Darüberhinaus gibt es noch vierjährig angelegte präventive Betriebsuntersuchungen,[382] aber auch die Möglichkeit der ad-hoc-Beauftragung der Verwaltungsführung durch die Konzernspitze, so daß sowohl eine langfristige mehr effektivitäts- als auch kurzfristige mehr effizienzorientierte Handlungsorientierung gewährleistet ist (vgl. KGSt 1992: 80 ff.).

Nach anfänglichen Schwierigkeiten mit dem relativ umfangreich angelegten Berichts- und Planungswesen, führte deren Automatisierung und Routinisierung jedoch dazu, daß sich die finanzielle Disziplin der Dienste stark verbessert habe und die Leitungsebene viel mehr Einblick in das Geschehen erhalte als zuvor.[383] Schließlich

[380] Vgl. zum folgenden: KGSt 1992: 60 ff.

[381] Vgl. dazu ausführlich KGSt 1992: 68 ff., dies. 1994a; im Hinblick auf eine Umsetzung in der Jugendhilfe (dies. 1994b).

[382] Diese sollen von externen Beratern durchgeführt werden und insbesondere ‚politik'- qualitäts- und zielorientiert angelegt sein sowie den Zukunftsaspekt besser berücksichtigen als die ständige Berichterstattung (vgl. im einzelnen KGSt 1992: 127 ff.). Die Ergebnisse der Betriebsuntersuchung dienen auch als Grundlage für die Beurteilung der Dienstdirektoren.

[383] Anfänglich war das Berichtswesen laut KGSt (1992: 104 f.) wohl wenig effizient, da „dicke Bücher" vorgelegt wurden, die getrennt von der Rechnung unter erheblicher Mehrarbeit erhoben und analysiert wurden. Die Berichte wurden aber nach und nach abgespeckt, an das Rechnungswesen gekoppelt und damit effizienter, so daß heute, dank eines leistungsfähigen automatisierten Fi-

„werden die Überschüsse, die die Stadt Tilburg seit Jahren erzielt, zu einem wesentlichen Teil auf das gut funktionierende Berichtswesen zurückgeführt“ (KGSt 1992: 105).

Eine Schlüsselrolle im ‚Tilburger Modell‘ kam also offenbar auch der Informationsverarbeitungstechnik zu, was von der Stadt so gesehen wurde:

„In unserer Gemeinde ist die Information selbst eines der wichtigsten Produkte. Darum ist eine auf die Bedürfnisse zugeschnittene (automatisierte) Informationsversorgung ein kritischer Erfolgsfaktor“ (nach KGSt 1992: 108).

Neben der automatischen Informationsverarbeitung ist endlich noch die, allerdings nach eigenem Bekunden des Tilburger Personalchefs zu kurz gekommene Reform der Personalwirtschaft als Baustein des Tilburger Modells zu nennen. Dabei zeigten sich nämlich erheblich größere Umsetzungsprobleme, was „die Zählebigkeit der traditionellen Verwaltungskultur“ (KGSt 1992: 119) wieder einmal untermauert. So konnten lediglich wenige Elemente einer leistungsbezogenen Bezahlung und diese nur ansatzweise gegen den Widerstand der Gewerkschaften realisiert werden (vgl. KGSt 1992: 121). Eher vage bleiben von daher im hier zugrundegelegten Bericht die Ausführungen zur anzustrebenden Änderung der ‚Verwaltungskultur‘ hin zum unternehmerischen kostenbewußten Denken (KGSt 1992: 124 f.). Wie die neuen Mitarbeiter und Mitarbeiterinnen, besser Manager, ohne eine durchgängig leistungsorientierte Bezahlung „unternehmerischer, selbständiger, initiativ, kunden- und qualitätsbewußt und risikofreudiger“ werden sollten, um nur einige Stichworte der angeführten Liste zu nennen, bleibt auch in dem KGSt-Bericht dahingestellt.

b) Neue Steuerungsmodelle der KGSt

Damit ist die Frage der *Umsetzung* des Tilburger Steuerungsmodells in die deutsche Verwaltungswirklichkeit angesprochen, die vor allem die KGSt auch für die kommunale Sozialverwaltung vorantrieb.[384] Zunächst werden am Ende des KGSt-Berichts über das Tilburger Modell mögliche Umsetzungsprobleme, aber auch solche grundsätzlicher Art als „Gegenanzeigen“ skizziert. So sei z.B. „eine Kontra-Indikation“ für das Kontraktmanagement gegeben, „wenn die Zielsetzungen für eine Organisationseinheit vollkommen undeutlich und/oder absolut nicht operationalisierbar sind“ (KGSt 1992: 149). Außerdem wird als Schlußbemerkung des Berichts das Kernelement, das ‚Kontraktmanagement‘ selbst relativiert, denn „die Essenz von Kontraktmanagement ist nicht der Abschluß von Kontrakten, sondern eine moderne, faktengestützte Arbeitsweise

nanzwesens die meisten Dienste die Informationen des Berichtswesens auf der Grundlage eines standardisierten Datenmodells für das gesamte Finanzwesen ohne viel zusätzliche Arbeit rechtzeitig erheben.

[384] Begonnen hat die KGSt ihre Überlegungen für ein neues Steuerungsmodell mit dem Konzept der ‚Dezentralen Ressourcenverantwortung (1991); vgl. weiterhin dazu: dies. 1993a u. b., 1994a u. b.

des Verwaltungsapparates und der Führung“ (ebenda). Wenn dann noch wie im Schlußteil die „Herrschaft der Kennzahlen“ sowie die „Gefahr einer Analogie mit Privatunternehmen“ bemüht wird, dann klingt dies doch wieder vertraut für die deutsche Verwaltung, insbesondere, wenn unter 1. die Gefahr „zu wenig zentrale Steuerung“ von der KGSt herausgestellt wird. Gleichwohl begann die KGSt die Umsetzung im Bereich der Sozialverwaltung nicht bei der leichter operationalisierbaren Sozialhilfe, sondern bei der Jugendhilfe (vgl. KGSt 1994b).

Grundlegend für die Umsetzung neuer Steuerungsmodelle ist die *„Dezentrale Ressourcenverantwortung,“* wozu die KGSt als ersten Schritt, ähnlich der Vorgehensweise im Tilburger Modell, ein Konzept für die gesamte Kommunalverwaltung formulierte:

> „Die Verwaltungsführung steuert die Fachbereiche durch Vorgabe von Zielen (Leistungsziele und Finanzziele) sowie Vorgabe eines Handlungsrahmens, innerhalb dessen sich die Mitarbeiter bewegen müssen. Die Steuerung durch Vorgaben ist zu ergänzen durch die Beobachtung des Zielerreichungsprozesses, um ggf. korrigierend einzugreifen (Controlling)“ (KGSt 1991:3).

Eine weitere zentrale Voraussetzung für eine dezentrale Steuerung ist die Einführung von *‚Controlling‘,* das, um nicht nur ‚alten Wein in neuen Schläuchen‘ zu präsentieren, im Unterschied zur traditionellen ‚Innenrevision‘ „zukunftsorientiert“ sein soll (KGSt 1991: 7). Das Controlling beschreibt die KGSt folgendermaßen: „Es umfaßt die regelmäßige Information der Führungskräfte über Zielfindungs- und Zielerreichungsprozesse, Entwicklungen im Umfeld der Verwaltung, Abweichungen von den Soll-Vorstellungen und Vorschläge, wie steuernd eingegriffen werden kann“ (KGSt 1991: 33). Weiter unterscheidet die KGSt zwischen strategischem Controlling, wo gefragt wird: ‚Tun wir das Richtige?‘; während beim operativen Controlling gefragt wird: ‚Tun wir das Richtige richtig?‘ (vgl. KGSt 1991: 33 f.).

Ferner soll nach dem Vorbild Tilburg durch die selbständige *Budgetierung* bei den Fachbereichen im Rahmen eines an den Einnahmen orientierten Teilbudgets die „Kompetenz, Phantasie und Motivation der Fachbereiche“ genutzt werden, „um die notwendige Anpassungsfähigkeit und Dynamik des Systems“ „zu erhalten bzw. wieder zu gewinnen“ (vgl. KGSt 1993: 7). Dahinter steht wiederum die Annahme, daß die Fachbereiche selbst am besten wissen, wo Einsparungen oder mehr Einnahmen erzielt werden könnten. Wenn noch Anreize gegeben werden, wie die, daß Einsparungen oder Mehreinnahmen zum Teil dem Fachbereich zur Verfügung verbleiben, dann könnte die Nebenwirkung auftreten, daß die politische Zentrale unter Umständen unpopuläre und unspezifische Streichungsmaßnahmen auf effiziente Art und Weise auf den Fachbereich delegiert (vgl. KGSt 1993: 8). Allerdings hält die KGSt fest, daß dieses Haushaltsmodell unbedingt im Zusammenhang mit dem neuen Steuerungsmodell einzuführen und nicht allein als „reaktives Deckelungsinstrument“ angelegt sei (KGSt 1993: 7).

Wie das Konzept umgesetzt wird, blieb zunächst noch offen, bedenklich stimmte allerdings, daß, so der Referent der KGSt für die Sozialverwaltung, R. Eichmann, in der Praxis „haushaltsbezogene Fragen und Instrumente die Fragen und Instrumente der Qualitätsverbesserung dominierten" (1995: 16). Damit ein Controlling möglich ist, das tatsächlich am ‚output' und zwar an Qualität, Effektivität und Effizienz der ‚Dienstleistung' orientiert ist, müssen Aufgaben, Ziele und Leistungen *operationalisierbar* definiert werden, was im neuen Steuerungsmodell im Rahmen von „*Produktplänen*" geschehen soll, die eine weitere zentrale Voraussetzung für das neue Steuerungskonzept darstellen (vgl. KGSt 1994a: 3).

Im Hinblick darauf hat die KGSt eine dementsprechende Handreichung für die *Jugendhilfe* erarbeitet. Vergleicht man die sehr ausdifferenzierte, an den Paragraphen des KJHG orientierte Gliederung der „Ziele, Aufgaben und Tätigkeiten des Jugendamtes" (KGSt 1993c) und die neue übersichtliche outputorientierte ‚Produktgliederung',[385] so wird durchaus ein erheblicher Unterschied deutlich. Die zuletzt genannte Systematik, woraus auch die Organisationsstruktur abgeleitet werden soll, mit vier Produktbereichen (Kindertagesbetreuung; allgemeine Förderung junger Menschen und ihrer Familien; familienergänzende Hilfen für junge Menschen und ihre Familien in Problemlagen; familienersetzende Hilfen für junge Menschen und ihre Familien in besonderen Problemlagen), die wiederum in 16 Produktgruppen und insgesamt 51 Produkte gegliedert sind, ist erstmals tatsächlich an funktionalen Erfordernissen und nicht am ‚Handwerkszeug' (gesetzlicher Aufgabenkatalog) orientiert. Diese klare und übersichtliche Gliederung, so die KGSt, sollte auch die Grundlage für ein darauf aufbauendes Kennzahlensystem und damit endlich zu realisierende interkommunale Vergleiche bieten (KGSt 1994b: 26). Auf der Basis des Produktplanes sollen die Produktbeschreibungen erstellt werden, welche die verantwortliche Organisationseinheit bestimmen sollte, ferner die Auftragsgrundlage (Gesetz und Ratsbeschluß), die Zielgruppe, möglichst genau operationalisierte Ziele, Leistungsumfang (Arbeitszeit, Zahl der Fälle), Angaben zur Finanzierung sowie Daten zur Quantität und Qualität der Zielerreichung enthalten sollten, die zusätzlich nach Vorjahren, Planung und Soll-Ist-Vergleichen strukturiert sind (vgl. KGSt 1994b: 26 ff.). All diese Elemente der Produktgliederung zusammengenommen, so wird erwartet, müßten die Verwaltungsorganisationen in ihrem Handeln flexibler, leistungsorientierter, trotzdem jedoch auch transparenter und leichter kontrollierbar machen, um mehr bürgernahe Steuerung durch die Politik zu ermöglichen.

---

[385] Produkte definiert die KGSt als „zu Steuerungszwecken zusammengefaßte Leistungen eines Fachbereiches bzw. Amtes" (KGSt 1994b: 28). Als Leistung wird „jedes Arbeitsergebnis eines Fachbereiches bzw. Amtes verstanden, das zur Erfüllung einer Aufgabe erzeugt wird und für das außerhalb der Verwaltung ein Bedarf besteht" (KGSt 1994b: 13). In Abgrenzung dazu spricht die KGSt dann noch von „verwaltungsinternen Leistungen und Produkten" (ebenda).

c) Umsetzungsprobleme: Neue Steuerung versus Fachlichkeit?

Zur Umsetzung der neuen Steuerungskonzepte in die Praxis der kommunalen Sozialverwaltung gab es bis zum Ende der Untersuchung wenige Anhaltspunkte. Die KGSt selbst nennt einige Beispiele, in denen die neuen Steuerungselemente eingeführt wurden und werden (vgl. KGSt 1994a:18 f.). So hat z.B. Dortmund begonnen, Produktbeschreibungen für den Fachbereich wirtschaftliche Sozialhilfe (ebenda) und, einem Eigenbericht des Sozialdezernenten zufolge, ein Konzept „dezentrale Ressourcenverantwortung" zu erstellen, gekoppelt mit einer gleich noch näher auszuführenden organisatorischen Neuordnung (Schäfer, W./Koch, W. 1993: 184 ff.). Die Stadt Hemer etablierte eine Projektgruppe zur Einführung einer neuen Verwaltungssteuerung, welche Budgetierung, Produktpläne, Produktbeschreibungen mit Kennzahlen zur Festlegung von ouptput und Kosten erarbeiten ließ. Auch von der Stadt Bochum wird berichtet, daß diese ein Projekt ‚Dezentrale Ressourcenverantwortung' in den städtischen Alten- und Pflegeheimen eingerichtet hat mit Produktbeschreibungen, worin Qualitätsstandards und Kosten für Pflegeplätze präzisiert werden. Schließlich erwähnt die KGSt in ihrem Bericht die Stadt Castrop-Rauxel, welche die immens gestiegenen Kosten für die Heimunterbringung beim Fachbereich Jugendhilfe zum Anlaß nahm, die gesamten Hilfen zur Erziehung neu zu strukturieren und auf eine outputorientierte Steuerung umzustellen, was im Gesamtergebnis „ein beachtliches Einsparungspotential von ca. 2,5 Mio. DM" brachte (KGSt 1994a: 19).

Das gerade genannte Beispiel Dortmund zeigt, daß die neuen betriebswirtschaftlich orientierten Steuerungskonzepte der KGSt sich durchaus mit älteren Neuorganisationskonzepten der *sozialen* Fachwelt verbinden können, zumindest scheint sich dies als Umsetzungskonzept abzuzeichnen. Darauf verweist z.B. ein Beitrag des bei der KGSt im Bereich Sozialverwaltung federführenden Referenten, R. Eichmann, mit dem Titel ‚Offensives Jugendamt', der folgenden Leitsatz formuliert:

> „Gefordert ist ein stimmiges Entwicklungskonzept Jugendhilfe, das nicht nur fachliche Forderungen aufgreift, sondern auch betriebswirtschaftliche Steuerungselemente aufnimmt" (1995: 16).[386]

Gemeinsamkeiten zwischen den Konzepten der beiden Fachwelten erweisen sich beim Ziel der Dezentralisierung, der flachen Hierarchien und der Gruppenarbeit als auch bei der Forderung nach *Qualitätsmanagement* (vgl. Nüßle, W. 1994: 435 f.).[387] Wiederum wird, wie bei der vorher angesprochenen Frage der Privatisierung, in der sozialen Fachwelt die Chance erkannt, ungeliebte bürokratische Fesseln los zu werden und fachliche Aspekte besser durchsetzen zu können. Umgekehrt bestehe bei einer defensiven ablehnenden Haltung gegen-

---

[386] Andere sprechen ganz ähnlich von einem „fruchtbaren Nebeneinander von Sozialhilfe und Betriebswirtschaft" (Tolmin, R. 1995: 15).

[387] Vgl. auch Wendt, W.R. 1995.

über Fragen der Effizienz und Effektivität die Gefahr, „letztlich aufgrund der eigenen Passivität durch Vorgaben und Zwänge von Außenstehenden (z.B. Politikern, Verwaltung)[388] fremdbestimmt zu werden (Nüßle, W. 1994: 435).

Der Vormarsch des Modells einer schlanken Verwaltung scheint tatsächlich unaufhaltsam: Im Herbst 1992 befaßten sich bereits über die Hälfte der Kommunen in Westdeutschland mit Modernisierungsmodellen und -projekten. Ein Viertel der Kommunen plant eine Privatisierung von Ämtern, ca. 30% eine Privatisierung einzelner Verwaltungsaufgaben, ca. 20% planen bzw. praktizieren ein neues Steuerungsmodell wie dezentrale Ressourcenverantwortung oft in Anlehnung an das Tilburger Modell.[389] Folgender Leitsatz kann also für die soziale Fachwelt als mehrheitsfähig erachtet werden:

> „Die durch die Diskrepanz zwischen steigenden Anforderungen und der Einschränkung von Ressourcen erzwungene politische Grundsatzdebatte über Ziele und Aufgaben der Kommunalverwaltung sollte nicht als Übel begriffen und deshalb verdrängt, sondern als Chance begriffen werden“ (Tegethoff, H.G. 1995: 135).

Trotz dieser Gemeinsamkeiten stellt sich meines Erachtens beim näheren Hinsehen und bei der Umsetzung auch heute immer noch als schwer zu überwindendes Hindernis die zentrale Frage nach der *Bewertbarkeit* der sozialen Hilfe, denn:

> „Nach der Effektivität und Effizienz sozialer Einrichtungen zu fragen, gilt – zumindest bei den meisten Beschäftigten im sozialen Bereich – immer noch als Tabu-Thema. Mit dem Hinweis, menschliche Zuwendung sei nun mal nicht meßbar, werden Wirtschaftlichkeitsfragen schnell abgewürgt. Und selbstverständlich hat dieser Hinweis seine Berechtigung. Soziales Wohlbefinden und Lebensqualität sind in Zahlen oder Mark und Pfennig kaum zu benennen.“ (Nüßle, W. 1994: 434)

Andere Beiträge zur Verwaltungsmodernisierung des sozialen Bereichs, die aus dem Blickwinkel der sozialen Fachwelt formuliert werden, betonen außerdem wieder einmal den bekannten Einwand „daß Beratung und Pflege einen komplexen, konzentrierten und vor allem auf Mitwirkung des Kunden angewiesenen Arbeitseinsatz nach dem Unu-Actu-Prinzip erfordern“ (Tegethoff, H.G. 1995: 138). Die Kritik, die trotz der angesprochenen Gemeinsamkeiten an den neuen Steuerungskonzepten geübt wird, zielt auch nicht überraschend vor allem auf die durch die KGSt beabsichtigte *Quantifizierung* von Prozeß- und Ergebnisdaten im Rahmen von ‚*Kennzahlen*‘[390], wie z.B. Öffnungszeiten, Gesamtstundenzahl der Angebote pro Jahr (differenziert nach pädagogisch betreut

---

[388] Interessant scheint mir auch hier wieder das immer noch virulente Selbstverständnis der Sozialarbeit, außerhalb der Verwaltung zu stehen.

[389] Nach einer Untersuchung im Auftrag der Hans-Böckler-Stiftung und der ÖTV (zitiert nach Tegethoff, H.G. 1995: 137).

[390] R. Tormin (1995: 15) definiert Kennzahlen als „quantifizierbare und objektive Meßgrößen, die sich anhand von absoluten oder Verhältniszahlen (z.B. Anzahl der Heimunterbringungen in einer Abrechnungsperiode) ermitteln und abbilden lassen“, wogegen er „Indikatoren“ „als ersatzweise“ heranzuziehende „Hilfsgrößen“ bezeichnet, „um rein qualitative Aspekte der Leistungserstellung (z.B. Zufriedenheitsgrad der Hilfeempfänger, Selbständigkeitsgrad der betreuten Jugendlichen) beurteilen zu können“.

und unbetreut) oder die durchschnittliche Besucherzahl je Tag (nach sozialen und demographischen Kriterien) und detaillierte Angaben zum materiellen und personellen Ressourceneinsatz. Gegen die Quantifizierung sozialarbeiterischer Leistungen wird bemerkenswerterweise das Argument der Professionalität angebracht:[391]

> „Notwendige Qualitätsdebatten zwischen Controllingbereich und Fachbereichen werden durch einen Streit um Zahlen ersetzt. Qualitätssicherung durch Kompetenz verliert zugungsten einer Planung durch Hierarchie an Bedeutung. Man kann durchaus um den erreichten Stand der Professionalität fürchten. Vor einer derart weit getriebenen Quantifizierung und deren regelmäßiger Dokumentation muß deshalb gewarnt werden" (Tegethoff, H.G. 1995: 144).

Obwohl sich eine Trendwende abzeichnet, wonach Kennzahlen als nützliches Planungsmittel akzeptiert werden, wird häufig auch in den frühen neunziger Jahren noch kategorisch daran festgehalten, daß bei sozialer Arbeit das primär erforderliche „Eintauchen in die Lebenswelt" der Klienten oder Kunden „weder in Kennzahlen beschreibbar ist noch über einen direkt meßbaren Output" (Hinte, W. 1995: 146). W. Hinte zieht zum Vergleich das Beispiel der Schulen heran, wo die pädagogische Leistung ebensowenig von Wiederholungsquoten oder Bildungskarrieren abhängig gemacht werden könne, wie sozialarbeiterische Leistungen, etwa Beratung, nicht anhand der darauf verwendeten Zeit oder der Kundenzufriedenheit gemessen werden könnten. Deshalb lasse „sich denn die beliebte Controller-Meßlatte, die da heißt, ‚Welcher Input? Welcher Output?' unverichteter Dinge wieder in die Ecke legen" (ebenda: 147). So seien sozialarbeiterische Leistungen häufig von den ‚Kunden' nicht erwünscht und außerdem in der Regel nicht marktfähig (vgl. ähnlich: Meier-Ziegler, R. 1993: 49 ff). Diese Argumentation gegen Kennzahlen und Controlling gipfelt in der vorsorglich geäußerten Forderung nach einer generellen Reduktion der Ansprüche, die an die Effektivität sozialer Arbeit gestellt werden dürften, denn gesellschaftliche Problemlagen ließen sich eben nicht durch methodisch sauberes, effizientes Management oder irgendwelche Steuerungsmodelle lösen, sie seien allenfalls zu bearbeiten, zurückzudrängen oder zu kaschieren, niemals aber zu lösen. Das müsse der Profession gesagt werden, damit sie sich nicht die Schuld an allem Elend gebe und daraus allzu erdrückende Ansprüche entstünden (Hinte, W. 1995: 144).

Im Widerspruch zur Behauptung der Nichtbewertbarkeit sozialer Arbeit bekennt sich derselbe Autor jedoch durchaus zur Notwendigkeit von Controlling-

---

[391] Dagegen begrüßt z.B. H. Schröer (Stadtjugendamt München) „*grundsätzlich*" das auch in der Ausbildung etwa der Fachhochschulen immer beliebter werdende Stichwort „Soziales Management", was er gerade für einen „Ausdruck der fortschreitenden Professionalisierung von Sozialarbeit" hält, denn diese nehme damit „Abschied vom ‚anachronistischen Mißverständnis der sozialen Arbeit als Berufung, nicht als ‚Beruf' (1994: 267). Sieht man sich daraufhin sein Verständnis von Sozialmanagement an, dann wird deutlich, daß er sich lediglich an ‚weiche' Forderungen der Organisationsentwicklung hält, die denen der Neuorganisationsdiskussion der siebziger und frühen achtziger Jahre entsprechen, wie ‚Abbau von Hierarchien', „Dezentralisierung", ‚Bürgerfreundlichkeit' und Partizipation der Mitarbeiterinnen und Mitarbeiter' nicht jedoch z.B. Controlling erwähnt.

Verfahren und bemängelt selbst, daß bisher „allein die gute Absicht und der unhinterfragte Anspruch auf Fachlichkeit als Ausweis für Qualität“ galten, was sich „erfreulicherweise“ künftig ändere (ebenda: 144). Wie derartige Widersprüche konkret zu überwinden seien, bleibt auch Hinte, wie so oft in der Geschichte der Sozialarbeit, schuldig. Am Ende bleibt bei ihm die Hoffnung auf eine „stärkere Output-Kontrolle innerhalb des Systems durch Vorgesetzte“ und eine „systematische Personalentwicklung im Führungskräftebereich“ (ebenda: 150).[392]

Die schwer zu greifende ‚professionelle Kompetenz‘ wird auch an anderer Stelle der Diskurse der sozialen Fachwelt der letzten Jahre beschworen, dieses Mal, um eine oberflächliche Quantifizierung abzuwehren, weil ‚der Laie‘ (Politiker und Verwalter) sich gerne allein daran orientiere und festkralle, während eben die ‚wahre‘ zukunftsträchtige oder präventiv wirkende Leistung nur durch Fachleute zu erkennen sei: So „suggeriert die Messung von Besucherzahlen eine Priorität der Quantität über die Qualität und fördert ein quantitatives Denken“ (Tegethoff, H.G. 1995: 145).[393] Derartige Äußerungen lassen sich unschwer als Abwehrphrasen einsetzen,[394] denn quantitative Kriterien dürfen qualitative nicht ausschließen – kein Zählen ohne qualitative Differenz. Fachlichkeit und quantitative wie qualitative effektivitätsorientierte Kriterien müssen jedenfalls nicht per se Gegensätze sein.

Hinter der pauschalen Ablehnung der Quantifizierung sozialer Arbeit steht die Furcht vor Einsparungen und es kommt wieder zur Allianz zwischen ‚Eigeninteressen‘ und sozialanwaltschaftlicher Tätigkeit:

> „Der Konflikt zwischen strikter Kostenorientierung und Fachlichkeit verlangt eine Stärkung der Fachlichkeit, die dem Sozialabbau auch in der kommunalen Sozialpolitik entgegenzutreten hat“ (Tegethoff, H.G. 1995: 145).

In ähnlicher Manier wird an anderer Stelle gegen das Konzept der outputorientierten Steuerung die Frage in den Raum gestellt, ob nicht Wirkungsanalysen und sozialpädagogische Begleitforschung angemessenere Instrumente seien

---

[392] Ähnliche pauschale Forderungen lauten z.B. so: „Obwohl Nonprofit-Organisationen in einer Situation des Nicht-Marktes tätig sind, erfordert das Gebot der Effizienz, sich bei der Leistungserstellung nach den Bedürfnissen der Kunden, Klienten und Bürger zu richten“ (Meier-Ziegler, R. 1993: 55).

[393] Ein anderer Autor behauptet rundweg: „Das ‚schlanke Sozialmanagement‘ bevorzugt im Dienstleistungsbereich statt dessen qualitative Kriterien: Die Zufriedenheit der alten Menschen mit dem Altenheim oder mit dem sozialen Hilfsdienst; die Ausgewogenheit des Essens auf Rädern; die Erzogenheit und die Bildung der Kinder nach dem Heimaufenthalt, dem Hort- und Schulbesuch; die Freude, die Teilnehmer eines Bastelkurses mit ihrem Hobby haben; die Selbständigkeit der Familienmitglieder durch eine Therapie“ (Meier-Ziegler, R. 1993: 60).

[394] A. Trube meint, daß bezüglich der Meßbarkeit sozialer Leistungen „Unmöglichkeit mit Schwierigkeit“ vertauscht werde (1994: 218). Und weiter: „Schwierig ist es sicherlich, Indikatoren für Erfolg und Nutzen etwa von Sozialberatung zu entwickeln ... Allerdings kennt modernes Sozialmanagement inzwischen Rating Assessment und auch andere Methoden, die geradezu die Dimension der Qualität des Nutzens und Erfolgs durch fachgerechte Operationalisierung zu erfassen suchen“ (ebenda).

(Kühn, D. 1994: 133). Vermutet werden hinter den neuen Steuerungskonzepten aus sozialarbeiterischer Sicht Sparabsichten, das neue Steuerungsmodell sei allein finanzpolitisch, nicht jedoch fachpolitisch begründet (Kühn ebenda). Eine flächendeckende Kürzung werde lediglich als Budgetierung in Selbstverantwortung ausgegeben, die neuen Steuerungskonzepte zielten nicht wirklich auf mehr fachliche Selbständigkeit sondern lediglich auf eine zentralistische Steuerung und Kostenkontrolle von oben, so oder ähnlich lauten die Befürchtungen.[395]

Primat der Fachlichkeit und „Kompetenz vor Hierarchie“ sind in diesem Zusammenhang die Forderungen der sozialarbeiterischen Seite, was nunmehr z.B. durch konsequentes „total quality management“ mit ständigen „Qualitätszirkeln“ in partizipativ angelegter „Organisationsentwicklung“[396] umgesetzt werden soll. So wird immer wieder hervorgehoben, daß zunächst über Ziele und Qualitäten der Leistungen diskutiert werden müsse, bevor die Quantität oder Kosten erörtert werden könnten (vgl. Trube, A. 1994: 217).[397] Die „anstehende Modernisierung“ der kommunalen Sozialverwaltung „kann also nicht vorrangig in der Erstellung eines Produktplanes bestehen, der eine betriebswirtschaftliche Steuerung der Kostenstellen zum Ziel hat, sondern muß zugleich zu einer breit angelegten Diskussion über die kommunalpolitischen Zielvorstellungen führen“ (Tegethoff, H.G. 1995: 146). Dahinter stehe eben auch, daß kompetente und interessierte Mitarbeiter keine Befehlsempfänger oder Ausführungsorgane sein wollten und die Arbeitsinhalte und -prozesse selbst gestalten möchten, d.h. einer „längst überholten und klar diskreditierten top-down-Planung“ werde eine Absage erteilt (vgl. Nüßle, W. 1994: 438, 438 f.).

Doch Partizipation und Kommunikation über Qualität von Leistungen und Organisation brauchen, so lautet die weitere Argumentation – ganz ähnlich zu derjenigen, als es Ende der sechziger Jahre um die Einführung von Teams ging[398]–, als Voraussetzungen Zeit, personelle und materielle Ressourcen, was im folgenden klassisch zu nennenden Leitsatz jeder Reorganisation mündet:

> „Qualitätssicherung ist grundsätzlich nicht zum Nulltarif zu bekommen. Freilich gehört zu ihren Zielen, die Effektivität und Effizienz der Arbeitsprozesse zu erhöhen – und damit Kosten einzu-

---

[395] W. Hinte (1995: 144 f.) spricht drastisch von „Sparwut“ und einer „Rasenmäher-Kür“, bei der um jeden Preis gespart werde. Scharf polemisiert er auch gegen die KGSt: „Einen Bärendienst“ erweise das outputorientierte Konzept der Jugendhilfe, in dem „ungetrübt von fachlichen Standards“ „technokratisch sich anbiedernd an die aktuelle Output-Diskussion, Orientierungen und Musterfolien für die Jugendhilfe“ vorgestellt würden, „die auch bei der Entwicklung der Leistungspalette etwa eines Versandunternehmens brauchbar wären“ (ebenda: 145.

[396] Vgl. m.w.N.: Trube, A. 1994.

[397] Vgl. auch Müller, B.K. 1995: 19 ff.

[398] Auch von anderen Autoren wird in der Diskussion um lean management das Leitbild der Teamarbeit reaktiviert. Direktiv heißt es etwa: „Das ‚schlanke Sozialmanagement fördert Teamarbeit insbesondere zwischen der verwaltenden und sozialpädagogischen Arbeit...“ (Meier-Ziegler, R. 1993: 60). Darüberhinaus werden damit erneut Forderungen nach Transparenz, Beteiligung, Mitbestimmung, Partizipation und sogar Demokratisierung mit dem Konzept des ‚schlanken Sozialmanagements‘ verbunden (ebenda: 57).

sparen. Jedoch kommt ein Qualitätssicherungsprozeß ohne die Bereitstellung personeller wie materieller Ressourcen erst gar nicht zum Laufen. Besondere Bedeutung gewinnt in diesem Kontext ein abgestimmtes Schulungs- und Fortbildungsprogramm, das das notwendige know how zur Verfügung stellt und zugleich helfen kann, bestehendes Mißtrauen und Ängste gegenüber neuen Anforderungen abzubauen“ (Nüßle, W. 1994: 438).

Ebenso weist A. Trube (1994: 220) anhand eines Praxisbeispiels darauf hin, „daß auch die Strategien zur Kostenminimierung erst einmal zusätzlichen Mitteleinsatz unabdingbar machen“. Als Gipfel am Horizont der Wünsche taucht selbst in der durch finanzielle Restriktionen geprägten Zeit nichtsdestotrotz erneut ein sehr weitgehendes, hochgestochenes und entsprechend diffuses organisatorisches Leitbild auf: während bisher noch „bürokratische Dienstgemeinschaften“ vorherrschten, sollen nunmehr im Rahmen von „Selbstorganisation“ „*anspruchsvolle Kommunikationsgemeinschaften*“ entwickelt werden.[399] Daß größere Organisationen Gefahr laufen, einen „unkoordinierten Verbund aus ausdifferenzierten Einzelorganisationen“ darzustellen, wird in derartigen ‚Fachbeiträgen‘ zwar gerade noch gesehen, doch dagegen ist auch schon eine entsprechend „nondirektive“ moderne Rezeptur zur Hand, nämlich:

„Dem kann durch Maßnahmen zur Reintegration begegnet werden, die auf einer nondirektiven, symbolischen und wertgebundenen Ebene ablaufen. Gemeint sind damit integrierende Vorgaben und Muster, wie sie im Zusammenhang mit der Entwicklung einer Corporate Identity innerhalb von Organisationen entstehen“ (Nüßle, W. 1994: 440).

Reicht dies noch nicht aus, um zielgerichtetes und effizientes Handeln in sozialverwaltenden Organisationen zu bewirken, setzt der genannte Autor auf „*Selbstevaluation*“ in Form einer „kritischen Kollegenbegutachtung, was wiederum ein offenes, kollegiales, aber zugleich kritikbewußtes Arbeitsklima voraussetzt“ (ebenda). Ebenso wird gerne in diesem Zusammenhang von „Supervision“ geredet (Kühn, D. 1995a: 40).

Ob diese reichlich unverbindlichen sozialpädagogischen „Sozialmanagement-Konzepte“[400] zur Realisierung gelangen und den beabsichtigten qualitäts- und effizienzsteigernden ‚output‘, mehr noch ‚outcome‘ bewirken könnten, muß dahin gestellt bleiben. Offen bleibt bisher, ob von beiden Seiten lediglich ‚viel Lärm um Nicht*s*‘ gemacht und „Wind und Gegenwind“ produziert wird (Müller, B.K. 1995: 19), ohne daß sich substantielle Reformen ergeben. Schon wird eingewandt:

„Die Verwaltung beschäftigt sich mit sich selbst, und das Leben geht nebenher seinen Gang. Die Professionellen werden beschäftigt mit dem Erstellen von Produktbeschreibungen und dem

[399] Nüßle, W. 1994: 440, mit Bezug auf Pankoke (1986). Ähnlich führt D. Kühn innerhalb des ‚Sozialmanagements‘ den „gruppendynamischen bzw. kommunikationsfördernden“ Ansatz an, wobei neben der „Förderung der prokuktiven Teamarbeit“ und der „Sprach- und Ausdrucksfähigkeit“ auch die Stichworte „Meditation, Einführung in die Förderung der Kommunikation“ genannt werden (1995a: 40). Ob es nicht vielmehr ‚Mediation‘ heißen müßte, kann hier aber nicht gesagt werden.

[400] Vgl. als Überblick über diese vor allem bei den Sozialpädagogen beliebten ‚weichen‘ oder ‚ganzheitlichen‘ Ansätze: D. Kühn (1995a: 40 ff.).

Kampf um Kennziffern, während Spaltungs- und Ausgrenzungsprozesse im Land voranschreiten und eifrig von unten nach oben verteilt wird" (Hinte, W. 1995: 144).

Ähnlich wird die Wirkung der neuen betriebswirtschaftlichen Steuerungselemente auch von einem anderen Vertreter der sozialen Fachwelt skeptisch eingeschätzt:

„...daß mit einem Großteil der Diskussion (um Fachlichkeit und neue Steuerungsmodelle, G.R.) mehr heiße Luft als sonst was produziert wird. Daß nämlich die meisten der demnächst eingeführten Produktbeschreibungs- und Controlling-Systeme weder zu Kosteneinsparungen noch zu Qualitätsverbesserungen, noch zu output-orientierter Steuerung führen werden, sondern nur zu erhöhtem bürokratischen Aufwand bei der Mittelvergabe, also aufwendigerer Steuerung des ‚inputs', ohne positive Steuerungseffekte für die Qualität der Leistungen." (Müller, B.K. 1995: 19)

Auch B.K. Müller setzt auf die eigenen *fachlichen* „Selbstregulierungsmechanismen", um „ohne oder mit wenig ‚operativem' Controlling auszukommen", denn: „Das beste Controlling ist immer das, was sich selbst überflüssig macht, nämlich Selbstregulierungsmechanismen schafft, deren Regulierung weniger Kontrolle als bisher erfordert" (1995: 20). Um nicht Gefahr zu laufen, daß eine pauschale ‚Deckelung' oder ‚Budgetierung' im Rahmen der neuen Steuerungsmodelle zur Bevorzugung der effizienz- und zur Vernachlässigung der effektivitätsorientierten fachlichen Einflüsse führt, gilt es deshalb, so seine These, für Sozialpädagogen ihre bisher nicht gemachten ‚Hausaufgaben' zu erledigen, d.h. die Anwendbarkeit der Steuerungs- und Controllingtechniken nicht pauschal abzulehnen, sondern sorgfältig zu überprüfen (ebenda: 19). Wie dies in weitestgehender Orientierung am ‚outcome' und an den Kosten möglich sein könnte, verdeutlicht er anhand des Beispiels der Erziehungshilfen, wozu er die folgenden fünf *Erfolgsfaktoren*: anführt:

- die Intensität (der Zeitaufwand), welche Mitarbeiterinnen und Mitarbeiter für die Betreuung der Einzelfälle zur Verfügung haben (also der *Personalschlüssel*)
- die fachliche *Kompetenz* der Mitarbeiterinnen und Mitarbeiter, die sie instand setzt, die im Einzelfall geeigneten und notwendigen Hilfen zu ermitteln, zu vermitteln und zu erbringen
- die Attraktivität und der *faktische Nutzen*, welche die sachlichen Leistungen von ‚Hilfe zur Erziehung' für ihre Adressaten bereitstellen (z.B. Schutz vor Übergriffen, Wohnraum, Freizeit- und Bildungsangebote, Chancenvermittlung)
- die *Aktivierung* und Unterstützung *eigener Beiträge der Klientenseite* (der Leistungsberechtigten wie der Kinder und Jugendlichen selbst) um einen Hilfe zur Erziehung notwendig machenden Zustand zu überwinden
- die *Mobilisierung* und Unterstützung der Ressourcen des ‚engeren sozialen *Umfeldes*" der Adressaten zur Bewältigung und Überwindung jenes Zustandes" (B.K. Müller 1995: 22 f.).

Einleuchtend argumentiert Müller in dem Beitrag weiter, daß es wichtig sei, diese Faktoren im Zusammenspiel ihrer Wirkungen zu beurteilen; bei jedem Faktor sei es notwendig, zwischen ‚Zuviel' und ‚Zuwenig' in Annäherung an ein Optimum zu urteilen. So komme es insgesamt darauf an, die besonderen Bedingungen der Einzelfälle, die Erfolgsfaktoren und ein begrenztes Budget in ein *angemessenes* Verhältnis zu bringen (ebenda: 23). Bei der Betrachtung der genannten Faktoren werde außerdem deutlich, daß die bisher übliche am Gesetz orientierte Trennung zwischen offenen und geschlossenen Erziehungshilfen[401] und ihre jeweilige gesonderte Bewertung der Effizienz aus fachlicher Sicht wenig Sinn habe, weil z.B. eine isolierte Effizienzsteigerung in der geschlossenen Hilfe (z.B. durch mehr Selbstorganisation in Heimen) sich als sinnlos oder ineffektiv erweise, wenn eine Fremdplazierung selbst verhindert worden wäre. Wie anhand dieses Beispiels klar werde, könne eine sinnvolle Evaluation und ein effektivitätsorientiertes Controlling allein auf der fachlichen Ebene stattfinden und so Kosten einsparen, obwohl letzteres für den Fachmann naturgemäß schwer zu vermitteln sei (Müller, B.K. 1995: 23). Schließlich sei „beim gegenwärtigen Stand der Entwicklung“ leider Pragmatik und Geduld angesagt, ebenso wie es besser sei, im einzelnen Controlling-Techniken zu entwickeln und anstatt der großen Verwaltungsreform diese Schritt für Schritt einzuführen (ebenda: 24).

Ob die ‚Verschlankung‘ der Sozialverwaltung durch die ‚neuen Steuerungsmodelle‘ erreicht werden kann und wie der dann zu schließende Kompromiß mit der sozialen Fachwelt aussehen wird, bleibt aufgrund der noch wenig analysierten Erfahrungen noch offen. Die „zukunftsorientierte Umorganisation“ am Beispiel der Dortmunder Sozialverwaltung enthält primär die Kernelemente der Neuorganisationskonzepte der siebziger und achtziger Jahre, wie Dezentralisierung, Teams, Entscheidungsdelegation und Einheitssachbearbeitung (Sozial- und Jugendhilfe, Verwaltungskraft und Sozialarbeiter zusammen) im Rahmen einer Bezirkseinteilung von neu geschaffenen Sozialdiensten (vgl. Schäfer, W./ Koch, W. 1993: 184 ff.), darüber hinaus soll jedoch auch das Konzept der dezentralen Ressourcenverantwortung entwickelt werden, ebenso wie eine verstärkte Datenerhebung als Aufbau einer Sozialplanung stattfinden soll. Ein vollkommen neues Steuerungskonzept im Sinne der KGSt ist damit aber noch nicht verbunden. Außerdem: Zwar werden Abteilungen im Sozial- (3 von 10) und Jugendamt (2 von 8) aufgegeben, jedoch auch neue geschaffen, wie die Einrichtung der Fachreferenten zur Koordination mit den neuen Organisationseinheiten der Sozialdienste (inkl. Leitung und Steuerungseinheit) – sprich ob mit der Reorganisation gleichzeitig eine ‚Verschlankung‘ erreicht worden ist, bleibt also offen.

Ein zweiter Praxisbericht bringt erste Erfahrungen zur Einführung von Controlling aus Osnabrück – „des vermutlich bundesweit ersten Software-Tools zur Unterstützung des Controllings im Sozialamt“. Darin wird betont, daß es für die Durchsetzung nicht erfolgreich wäre, ohne Einverständnis der Mitarbeiterinnen

[401] So differenziert auch die KGSt in ihrem Produktplan für die Jugendhilfe (vgl. 1993c; 1994b) offenbar immer noch in Anlehnung an die gesetzliche Differenzierung.

und Mitarbeiter ein Controlling-Konzept ‚überzustülpen‘ , vielmehr brauche es intensive und umfassende Beteiligung von Sachbearbeiter- und Leitungsebene und generell sollte in kleinen Schritten begonnen werden (vgl. Kunze, U./Schröder, J. 1995: 245). Als ersten Schritt ließen sich kleine und weitestgehend selbständige stadtteilorientierte Teams in Verzahnung mit dem Allgemeinen Sozialdienst schaffen. Als „Interimslösung“ wurde ein Controlling-Prototyp bei der bereits computerunterstützten Bearbeitung der Hilfe zum Lebensunterhalt entwickelt, wobei Klienten- und Ausgabendaten verfügbar waren (ebenda: 248), später sollten – wenn die dezentrale Ressourcenverantwortung gegeben ist – auch die Einnahmedaten einbezogen werden, um z.B. Refinanzierungsquoten errechnen zu können.

III. Grundzüge der organisatorischen Entwicklung

1. Allgemeine Tendenzen

Wie in den vorangegangenen Zeiträumen finden sich auch in den achtziger und neunziger Jahren nur wenige empirische Erhebungen über die tatsächlichen Organisationsstrukturen der kommunalen Sozialverwaltung. Ebenso steht dabei erneut das Jugendamt im Vordergrund des Interesses (vgl. Kühn, D. 1994: 101 ff.).[402] Die in den Jahrzehnten nach dem Krieg gewachsene organisatorische *Selbständigkeit* der meisten Jugendämter blieb auch in der aktuellen Zeit auf einem hohen Stand: 1988/89 hatten gut 85% der Städte ein eigenständiges Jugendamt, gegenüber ca. 90% im Jahr 1969; außerdem verweist die inzwischen nur noch in 3,6% der Städte existierende Personalunion in der Leitung von Sozial- und Jugendamt (geg. ca. 30% im Jahr 1969) auf eine in diesem Fall weiter fortgeschrittene funktionale Differenzierung in der Sozialverwaltung (Kreft, D./Lukas H. u.a. 1990: 142).

Ebenso ungebrochen blieb jedoch die Beliebtheit der Einrichtung eines allgemeinen sozialfürsorgerischen bzw. sozialpädagogischen Dienstes, in Form eines ‚*Allgemeinen Sozialdienstes*‘ (oder Familienhilfe), dessen Existenz 1988/89 nur noch 5% aller Städte verneinten (knapp 2% der Großstädte über 200.000 Einwohner), während dies 1969 noch immerhin 30% waren. Was die organisatorische Angliederung des Allgemeinen Sozialdienstes anbelangt, zeigte sich wieder einmal der Einfluß der Fachwelt auf die organisatorische Entwicklung der Sozialverwaltung: knapp 80% der Städte haben den ASD mittlerweile den Empfehlungen der KGSt (1975a) und des Deutschen Vereins (1983) gemäß

---

[402] So bei Schrapper, Ch./Wickenbrock, W. 1987; Kreft, D./Lukas, H. u.a. 1990; Böllert, K./Otto, H.-U. 1990; Otto, H.-U. 1991; Kreft, D. 1992; Faltermeier, J. 1992.

beim *Jugendamt* angesiedelt.[403] Hier hat also inzwischen eine enorme Veränderung stattgefunden, denn die noch zu Beginn der sechziger Jahre zu verzeichnende dominierende Anbindung an das Gesundheitsamt war nur noch selten, relevant war ansonsten lediglich noch die Organisation des ASD als selbständiges Amt (insgesamt in 7% der Städte), die vor allem bei Städten über 200.000 Einwohnern mit 27% sehr häufig zu finden war; entsprechend wiesen diese Städte auch nur einen Anteil von knapp 60% mit einem beim Jugendamt untergebrachten ASD auf (Kreft, D./Lukas, H. 1990: 146). Parallel zum in der Regel vorhandenen Allgemeinen Sozialdienst war jedoch die Zahl der Spezialdienste ebenso weiter gestiegen: während 1975 lediglich die Hälfte der Städte über solche zusätzliche Dienste verfügten, hatten dies 1988/89 z.B. fast 90% der Jugendämter (Kreft, D./Lukas, H. 1990: 149), wobei hauptsächlich Pflege- und Heimkinderdienst, Adoptionsvermittlung und die Jugendgerichtshilfe mit speziellen Diensten arbeiten (ebenda: 150).

Somit läßt sich also sowohl eine stärker generalisierte ‚ganzheitliche‘ als auch eine mehr spezialisierte Aufgabenwahrnehmung feststellen. Das Erste wird ebenso durch die Tendenz der Zusammenlegung von Innen- und Außendienstarbeit gestützt, die bereits in den vorherigen Jahrzehnten festzustellen war und die sich im Zuge der Neuorganisationsdiskussion der siebziger Jahre weiter fortgesetzt hat: waren es 1975 ca. 64% der Jugendämter, so arbeiteten Ende der achtziger Jahre 71% der von H.-U. Otto untersuchten 28 Großstadtjugendämter in Nordrhein-Westfalen vollständig und 25% teilweise mit einem kombinierten Innen- und Außendienst (Otto, H.-U. 1991: 25). Ch. Schrapper (1987: 67) fand in seiner Untersuchung von 42 der 180 Jugendämter in Nordrhein-Westfalen und Niedersachen sogar einen Anteil von 90% mit einem kombinierten Innen- und Außendienst, der mittlerweile überwiegend von Sozialarbeiterinnen und Sozialarbeitern allein, d.h. ohne Verwaltungsfachleute, wahrgenommen wird (vgl. Otto, H.-U. 1991: 30; Böllert, K/Otto, H.-U. 1990: 113).

Ergänzt werden diese Hinweise auf eine eher ‚ganzheitliche‘ Fallbearbeitung durch die in der neueren Zeit scheinbar ebenso weiter voranschreitende Arbeitsteilung nach Bezirken und Straßen, die z.B. bei den nordrhein-westfälischen Jugendämtern in über 75% der Fälle vorlag (Otto, H.-U. 1991: 21). Da in den vorherigen Zeiträumen noch eine stärkere Präsenz etwa der Buchstabengliederung zu finden war, wirkte anscheinend auch hier die Neuorganisationsdiskussion mit der intensiven Thematisierung von Dekonzentration erst mit einem gewissen time-lag, wozu gleich noch mehr zu sagen sein wird. Bemer-

[403] Vgl. dazu auch Feldmann, U. 1988: 334 f., woraus hervorgeht, daß im ASD überwiegend Teamarbeit (ca. 80% der 76 befragten Kommunen, Städte und Kreise) und auch Supervision (70%) praktiziert wurde, jedoch nur ca. 32% der befragten Städte eine Problemstatistik führten. Der Allgemeine Sozialdienst erfreute sich auch in den achtziger Jahren großer Beliebtheit (vgl. auch dies. 1989; 1993), ebenso wie die allerdings vorwiegend gesundheitspflegerisch orientierten ‚Sozialstationen‘ (vgl. dazu z.B. Dahme, H.-J. u.a. 1980; Grunow-Lutter, V./Grunow, D. 1981; Bahr, S. u.a. 1987).

kenswert im Zusammenhang mit der Dekonzentration ist noch, daß die überwiegende Begründung, näher an die Bürger heranzurücken, durch die Tatsache karikiert wird, daß bei Bezirksgliederungen weniger Zeit für persönliche Klientenkontakte zur Verfügung stand (Otto, H.-U. 1991: 23).[404] Ebenso gibt zu denken, daß der tatsächliche Aufgabenvollzug auch nach dekonzentrierender Neuorganisation in den untersuchten Jugendämtern überwiegend durch die klassischen einzelfallorientierten Tätigkeiten (Aktenführung und Hausbesuche) geprägt ist, nicht durch die angestrebte präventive ‚Stadtteilorientierung' oder ‚Unterstützung von Selbsthilfegruppen' (Otto, H.-U. 1991: 26 f.); eine entscheidende Veränderung der Handlungsprofile durch organisationsstrukturelle Änderungen konnte also nicht nachgewiesen werden, sehr wohl jedoch eine höhere Arbeitszufriedenheit der Mitarbeiterinnen und Mitarbeiter (ebenda: 182; vgl. ähnlich Böllert, K./Otto, H.-U. 1990: 123 ff.).

Hinsichtlich der ebenfalls als Kernelement der Neuorganisationsdiskussion fungierenden Teamarbeit, fand Schrapper in der genannten Untersuchung einen gegenüber früher weiter, wenn auch nur leicht, gestiegenen Anteil der Gruppenarbeit: Ende der achtziger Jahre bestätigten ca. 20% Prozent der Jugendämter, diese Organisationsform anzuwenden (Schrapper, Ch. 1987: 68). Bei der Analyse großstädtischer Jugendämter in Nordrhein-Westfalen von H.-U. Otto gaben sogar über 50% der befragten Sozialarbeiterinnen und Sozialarbeiter an, in Gruppen zu arbeiten, wobei lediglich 27% auch Entscheidungskompetenzen der Teams bejahten. Betrachtet man nur den stärker sozialarbeiterisch geprägten ASD, so arbeiteten nach der oben genannten Befragung von 76 Städten, Gemeinden und Kreisen durch U. Feldmann (1988: 334 f.) sogar über 80% mit Teams. Die Arbeit der Teams bezog sich scheinbar wieder, wie im vorangegangenen Zeitraum, vorwiegend auf unpopuläre und komplizierte *sozialerzieherische* Entscheidungen, wie z.B. die Anordnung von Fürsorgeerziehung (Otto, H.-U. 1991: 33 f.). Ansonsten erbrachte die Untersuchung der großstädtischen Jugendämter eine sehr hohe Entscheidungsdelegation auf der Ebene der Sozialarbeiterinnen und Sozialarbeiter (ebenda: 31 f.), insbesondere bei der Einzelfallbearbeitung, die gleichzeitig immer noch einen sehr hohen *konditionalen* Programmierungsgrad durch Gesetze und Organisationsvorschriften aufwies, ohne daß aber diese Tatsache von den Befragten als ihre Entscheidungsfreiheit einschränkend erlebt wurde (Otto, H.-U. 1991: 37 ff.).[405]

Die angesprochenen Veränderungen der Organisationsstruktur verweisen nach über zehn Jahren mittlerweile auf erhebliche Auswirkungen der Diskussionen um eine Neuorganisation sozialer Dienste und der Sozialverwaltung. In

---

[404] Dieser Befund geht einher mit der oben bereits angesprochenen Erfahrung im Trierer Modell, die nahelegt, daß bei einer mit der Bezirksgliederung verbundenen stärkeren Generalisierung offenbar Vorteile der funktionalen Differenzierung verlorengehen können (vgl. oben 6.2.1.3. S. 249).

[405] Teilweise wird, vor allem bei konfliktträchtigen Entscheidungen, ergänzend eine professionelle Abstimmung unter Kollegen geübt (ebenda: 45 ff.).

der repräsentativen Befragung von Jugendämtern durch D. Kreft/H. Lukas u.a. (1990) gaben knapp 74% an, seit 1972 organisatorische Veränderungen durchgeführt zu haben,[406] wobei es hauptsächlich um den Auf- oder Ausbau sozialer Dienste und um die Neugliederung einzelner Aufgabenbereiche ging (ebenda: 152 f.). Als Gründe für die Neuorganisation wurden, innerhalb der allerdings wenig aussagekräftigen Kategorien, vor allem die ‚Verbesserung der Arbeit', verstanden als höhere Fachkompetenz einer zeitgemäßen Jugendhilfe (!), ‚bessere Koordinierung' und ‚bessere Organisation' genannt (ebenda). Sowohl die Art der Kategorienbildung als auch die Antworten zeigen wieder einmal, daß die Frage der Qualität der Aufgabenbewältigung, wie überhaupt aufgabenbezogene Kriterien, quasi automatisch mit professionellen Kriterien verbunden wird. Elaborierte fachliche Kriterien, so wird wie immer im Rahmen der professionell geprägten Rationalität erwartet, führen notwendigerweise zu einer besseren Aufgabenerledigung.

Die formale fachliche Qualifikation des zahlenmäßig ungeheuer stark gewachsenen *Personals* der Jugendämter zeigt[407] im Untersuchungszeitraum einen neuerlichen starken Professionalisierungsschub. Bei der Qualifikation der Leiterinnen (4,3%) und Leiter (95,7%)[408] der Jugendämter weitete sich der Anteil mit sozialpädagogischer Ausbildung stark aus: der Anteil diplomierter Sozialpädagogen und Sozialarbeiter stieg z.B. von 11% Anfang der siebziger Jahre auf über 40% im Jahr 1988/89 an, jedoch dominierte auch in den späten achtziger Jahren trotz der Etablierung vielfältiger sozialpädagogischer Studienmöglichkeiten noch die Verwaltungsausbildung, die ca. 50% der Leiter aufwiesen (Kreft, D./Lukas, H. 1990: 145; 318). Allerdings verfügten mittlerweile fast 80% der Jugendamtsleiter über eine Fachhochschulqualifikation, während sich der Anteil der Leiter mit Universitätsabschluß im Untersuchungszeitraum jedoch nicht erhöhte.

Die Qualifizierung des Jugendamtspersonals schritt jedoch nicht nur auf der Leitungsebene voran: Waren zu Beginn der siebziger Jahre immerhin noch 20% der im Jugendamt Beschäftigten *ohne* irgendeine soziale oder verwaltungstechnische Ausbildung, so verschwand dieser Teil bis Ende der achtziger

---

[406] Darunter waren wiederum die kreisfreien Städte überdurchschnittlich vertreten. Einen ähnlich hohen Grad an Neuorganisation fanden H.-U. Otto (u.a.) in ihren Untersuchungen nordrhein-westfälischer Jugendämter (vgl. Böllert, K./Otto, H.-U. 1990: 112).

[407] Unter Berücksichtigung verschiedener, teilweise etwas grober und voneinander abweichender Datenquellen beschreibt Th. Rauschenbach (1990) folgende Entwicklung auf der Basis der Berufs- und Volkszählungen sowie der amtlichen Statistik sozialversicherungspflichtiger Beschäftigter (seit 1980): „...von 67.000 im Jahr 1950, über 96.000 im Jahr 1961, 155.000 im Jahr 1970, 280.000 im Jahr 1980, 380.000 im Jahr 1987 und rund 417.000 im Jahr 1989 hat sich die Zahl der Erwerbstätigen in sozialpflegerischen Berufen mit dem Kernbereich ‚Jugendhilfe' ... mehr als versechsfacht ... Damit haben die sozialen Berufe eine Expansionskarriere über einen derart langen Zeitraum von 40 Jahren hinter sich, wie kaum eine andere Berufsgruppe (Rauschenbach, Th. 1990: 276).

[408] Während immer noch ca. 80% der in der Jugendhilfe Beschäftigten Frauen waren (vgl. Rauschenbach, Th. 1990: 273; 281 f.), war das Verhältnis in der Leitung mehr als umgekehrt.

Jahre völlig (Kreft, D./Lukas, H. 1990: 160; 318).[409] Ebenso verschwand in dieser Zeit gänzlich der Anteil der Beschäftigten mit Verwaltungsqualifikationen (ebenda), der 1970 immerhin noch über 30% betragen hatte (vgl. auch H.-U. Otto u.a. (1990: 30). Über diese erhebliche Ausweitung sozialpädagogischer und sozialarbeiterischer Qualifikationen im Jugendamt hinaus, haben Ende der achtziger Jahre sogar gut *35%* der Mitarbeiterinnen und Mitarbeiter in den Jugendämtern einen nicht weiter präzisierten wissenschaftlichen *Hochschulabschluß* (vgl. Kreft, D./Lukas, H. 1990: 160), gegenüber nur 2% zu Beginn der siebziger Jahre.[410]

2. Organisatorische Entwicklung am Beispiel der Stadt Nürnberg

a) Die Entwicklung der Ausgaben

Die Ende der siebziger, Anfang der achtziger Jahre allgemein zu verzeichnenden beträchtlichen Bemühungen zur „Konsolidierung" der städtischen Haushalte[411] waren auch in Nürnberg nur kurzfristig erfolgreich. Besonders problematisch für die finanziellen Rahmenbedingungen der Städte erwies sich, daß im gleichen Zeitraum die Einnahmen infolge der schlechten wirtschaftlichen Konjunktur sowie bundes- und landespolitischer Entscheidungen nur in geringem Maße stiegen, was sich insbesondere im wachsenden Schuldenstand niederschlug.[412]

---

409 Vgl. dazu und zur Entwicklung seit 1970: Rauschenbach, Th. 1990: 287 ff., der abweichend zu den hier angegebenen Zahlen auf der Basis allgemeiner statistischer Daten der sozialversicherungspflichtig Beschäftigten noch einen erheblichen Anteil Unausgebildeter in sozialpflegerischen Berufen aufwies (ebenda: 288). Rauschenbach ging aufgrunddessen insgesamt lediglich von einem Anteil von 46% sozialpädagogischem Fachpersonal in der Jugendhilfe im Jahr 1972 aus, der sich nach seiner Einschätzung auf 55% im Jahr 1982 und 58% im Jahr 1986 erhöhte (ebenda: 289).

410 Auch zum Akademikeranteil der in der Jugendhilfe tätigen Personen, brachte Th. Rauschenbach (1990: 290) abweichende Zahlen. Er nannte bei den ‚sozialpflegerisch Beschäftigten' lediglich einen Akademikeranteil von gut 15% im Jahr 1986, wobei er allerdings in der Unterkategorie ‚Heimleiter/ Sozialpädagogen' einen Akademikeranteil von fast 30% auswies, der in der Unterkategorie ‚Sozialarbeiter/Sozialpfleger' ca. 20% und in der der ‚Kindergärtnerin/-pflegerin' lediglich knapp 4% betrug.

411 Vgl. zur Entwicklung der Kommunalfinanzen in den achtziger Jahren den Gemeindefinanzbericht von 1990 (Karrenberg, H./Münstermann, E. 1990: 83 ff.); vgl. auch den von 1995 (dies. 1995).

412 Vgl. z.B. den Vorbericht des Nürnberger Kämmerers zum Haushaltsplan 1983 (Bd. 2: 1.2. ff.). In der finanzpolitischen Diskussion ist in den letzten Jahren vor allem ein entsprechender Gemeindefinanzausgleich, der insbesondere in Bayern heftig diskutiert wird (vgl. Karrenberg, H./Münstermann, E. 1990: 108 f.; dies. 1995: 180 ff.). Aufgrund von Wanderungsverlusten der großen Kernstädte zugunsten des Umlands (‘Suburbanisierung‘) treten Nachteile für die Kernstädte auf, weil zentrale Aufgabenangebote bestehen bleiben und von den Bewohnern des Umlands zwar mitgenützt aber nicht mit Steuern mitgetragen werden. Außerdem kommt es nicht selten zu einem

Insbesondere ab Mitte der achtziger Jahre stiegen die Ausgaben (jeweils in Preisen von 1985) vergleichsweise wieder stark an, wobei vor allem die Ausgaben für „Soziale Sicherung“ (Einzelplan 4) ab 1984 überproportional zu Buche schlugen (vgl. Abb. 47). Während die Ausgaben für Soziale Sicherung im Untersuchungszeitraum um durchschnittlich jährlich gut 3% zulegten (die Steigerungsraten des Zuschußbedarfs, d.h. die nach Abzug der Erstattungen von der Stadt zu tragenden Kosten, lagen sogar noch etwas höher), wuchsen im selben Zeitraum die gesamten städtischen Ausgaben durchschnittlich lediglich um 1,8% pro Jahr und die im bundesdeutschen Vergleich ohnehin unterdurchschnittlichen Steuereinnahmen Nürnbergs (ohne Zuweisungen) lediglich um 0,3%.[413] Aufgrund der überproportionalen Steigerung der Sozialausgaben wuchs dementsprechend deren Anteil an den Gesamtausgaben von knapp 17% zu Beginn der achtziger auf knapp 23% zu Beginn der neunziger Jahre.

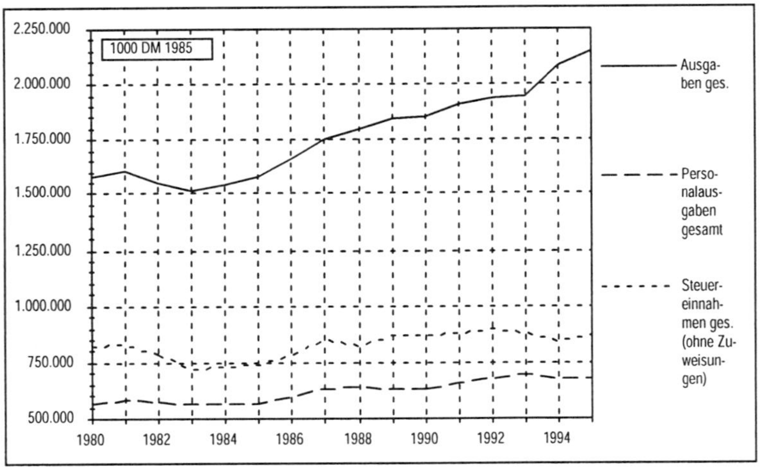

Abbildung 46: Gesamt- und Personalausgaben sowie Steuereinnahmen der Stadt Nürnberg, 1980-1995

Quelle: Eigene Berechnung nach Haushaltsplänen der Stadt Nürnberg, Verwaltungshaushalt, Bruttoausgaben, StBA: Preisindex der Lebenshaltung für Arbeitnehmerhaushalte mit mittlerem Einkommen (StJb 1994: 662; StBA, Fachserie 17, Reihe 7, Nr. 7/1995: 35).

ungünstigen Segregationsprozeß, wenn Einkommensreiche in das Umland abwandern und Einkommensarme in städtischen Problem- und Sanierungsgebieten zurückbleiben.

413 Vgl. die Vorbemerkungen des Stadtkämmerers im Haushaltsplan der Stadt Nürnberg von 1985, der an dieser Stelle auf Nürnbergs überdurchschnittliche Personalausgaben hinweist (S. 1). Dies sei aber laut einer Darstellung des Nürnberger Finanzreferats (1990: 11) vor allem auf die zahlreichen Schulen in kommunaler Trägerschaft zurückzuführen, während die Kernverwaltung selbst im Vergleich zu anderen Großstädten sehr klein sei.

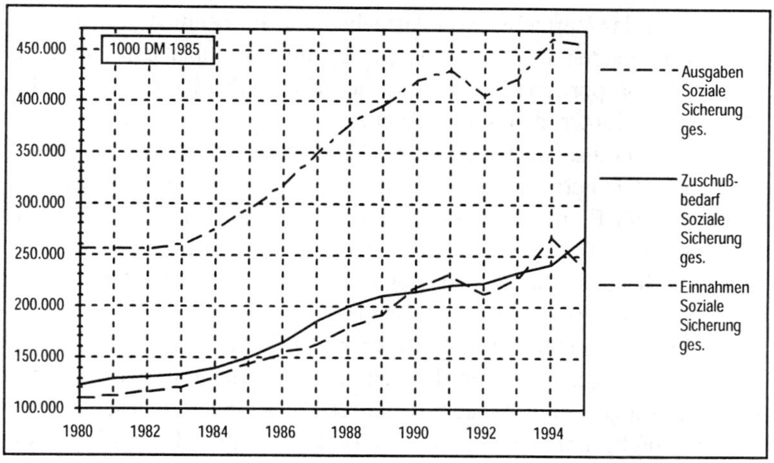

Abbildung 47: Ausgaben, Einnahmen und Zuschußbedarf für ‚Soziale Sicherung' der Stadt Nürnberg, 1980-1995

Quelle: Eigene Berechnung nach Haushaltsplänen der Stadt Nürnberg, Verwaltungshaushalt, Bruttoausgaben, StBA: Preisindex der Lebenshaltung für Arbeitnehmerhaushalte mit mittlerem Einkommen (StJb 1994: 662; StBA, Fachserie 17, Reihe 7, Nr. 7/1995: 35).

Differenziert nach verschiedenen Ausgabenposten der „Sozialen Sicherung", fällt auf, daß insbesondere der Sozialhilfeaufwand und die Zuschüsse an die „anderen Träger der Wohlfahrtspflege" überdurchschnittlich, dagegen der Personal- und Verwaltungsaufwand der Sozialverwaltung sowie jener für *Einrichtungen* der Alten- und Sozialhilfe eher gering gestiegen sind (vgl. Tab. 14, Abb. 48), womit der Spartrend, welcher bereits Ende der siebziger Jahre begann, sich diesbezüglich fortsetzte.

Bei den Sozialhilfekosten nahmen vor allem die Aufwendungen für Sozialhilfe *außerhalb* von Einrichtungen – aufgrund der auch in Nürnberg dafür hauptsächlich verantwortlichen Arbeitslosigkeit[414] – stark überproportional zu; diese wuchsen real im Durchschnitt sogar jährlich über 5%, während die Ausgaben für Sozialhilfe *in* Einrichtungen real im Durchschnitt nur gut 2% jährlich zulegten. Bezüglich des Wachstums der Sozialhilfeausgaben der Stadt Nürnberg (‚örtlicher Träger') lassen sich *vier* unterschiedliche *Phasen* aufzeigen: zuerst setzte sich die Ende der siebziger Jahre begonnene rückläufige Tendenz Anfang der achtziger Jahre fort, was jedoch durch ein von 1984 bis 1989 dauerndes enormes Wachstum abgelöst wurde. Nach einer kurzen Erholungsphase, die zwischen 1990 und 1993 eintrat, zeigte sich schließlich ein erneuter ähnlich starker Anstieg der Sozialhilfeausgaben in den letzten Jahren.

[414] Vgl. zum Zusammenhang von Arbeitslosigkeit und Sozialhilfebezug in Nürnberg: Trutzel, K. 1991. Danach war Arbeitslosigkeit bei knapp 30% der Sozialhilfeempfänger die Hauptursache für die Bedürftigkeit.

Der Blick auf das Verhältnis von Ausgaben und Einnahmen, d.h. auf den von der Stadt zu tragenden *Zuschußbedarf*, zeigt die gegenüber den Gesamtausgaben leicht überproportionale Zunahme des Zuschußbedarfs im Einzelplan 4 (vgl. Tab. 14), darunter insbesondere der stark steigende Zuschußbedarf der Jugendhilfe mit durchschnittlichen jährlichen Steigerungsraten von real 4,6% (dieser stieg im Untersuchungszeitraum insgesamt um fast 177%). Daneben nahm auch der für Einrichtungen der Jugendhilfe (jährlich im Durchschnitt mit 3,5%), aber auch für diejenigen der Sozialhilfe (jährliche Steigerung von durchschnittlich 4,4%) überproportional zu. Dies heißt, daß die Erstattungen von anderen Kostenträgern wie z.B. Bund, Bezirk, Versicherungen oder sonstiger Erstattungspflichtiger (wie z.B. Unterhaltspflichtige) im Verhältnis zu den von der Stadt aufzubringenden Kosten im Untersuchungszeitraum deutlich langsamer gestiegen sind (erstere wuchsen zusammen insgesamt um 48%; jährlich im Durchschnitt um 2,3%). Teilweise waren die Erstattungen sozialer Leistungen in dieser Zeit sogar rückläufig, wie etwa die Erstattungen an Empfänger innerhalb von Einrichtungen, die im fraglichen Zeitraum im Durchschnitt jährlich real um knapp 14% und insgesamt um knapp 66% sanken. Dagegen stiegen die Erstattungen für Empfänger außerhalb von Einrichtungen stark überdurchschnittlich an, nämlich jährlich mit gut 4%, was einen Gesamtanstieg von über 150% bewirkte.[415]

Tabelle 14:

Veränderung der Ausgaben für „Soziale Sicherung" der Stadt Nürnberg geg. dem Vorjahr in %, 1980-1995

	1981	1982	1983	1984	1985	1986	1987	1988	1989
Soziale Sicherung ges. *Zuschußbedarf*	-0,2 *4,0*	-0,1 *1,7*	1,6 *1,2*	5,6 *5,6*	7,5 *7,4*	8,3 *10,0*	9,4 *12,2*	7,8 *7,2*	5,0 *5,8*
Personalkosten	4,7	1,7	-3,1	1,0	1,7	7,4	10,5	3,5	-0,9
Unterhalt u. sonst. Verwaltungskosten	-7,6	1,7	1,6	1,1	13,9	-4,3	5,5	0,2	0,9
Sozialhilfe örtlicher Träger	-9,4	3,8	-2,7	23,9	9,8	19,0	12,8	7,5	8,5
Altenheime und –versorgung	3,8	2,3	-2,3	1,5	1,4	4,6	5,2	0,6	1,1
Einrichtungen der Sozialhilfe	-33,3	11,1	-4,2	7,5	23,2	3,6	15,6	11,0	-5,3
Jugendhilfe	-3,1	-1,7	3,1	2,9	1,0	4,9	-2,2	9,0	-0,7
Einrichtungen der Jugendhilfe	3,3	1,3	0,3	-1,0	9,1	4,7	13,2	0,0	1,1
Förderung von anderen Trägern der Wohlfahrtspflege	18,3	2,0	0,4	5,3	13,5	-2,0	4,9	8,9	5,9

...

415 Der Frage der Veränderung der Lastenverteilung zwischen den verschiedenen Sozialleistungsträgern kann hier ebensowenig nachgegangen werden, wie der weiteren Differenzierung der Einnahmen.

	1990	1991	1992	1993	1994	1995	Ø	Ges.
Soziale Sicherung ges.	6,0	2,5	-5,5	4,2	9,1	-0,9	**3,1**	**78,6**
Zuschußbedarf	*1,7*	*3,3*	*0,2*	*4,8*	*4,1*	*11,0*	***3,7***	***108,5***
Personalkosten	-0,8	11,9	1,6	5,8	4,8	-2,3	**2,4**	**50,6**
Unterhalt u. sonst. Verwaltungskosten	-0,3	6,7	0,7	22,4	-11,4	27,8	**3,2**	**80,2**
Sozialhilfe örtlicher Träger	-0,6	-0,2	-8,3	-1,0	8,0	10,9	**4,1**	**131,9**
Altenheime und –versorgung	0,5	8,9	1,3	9,2	1,1	2,5	**2,2**	**44,5**
Einrichtungen der Sozialhilfe	-1,7	2,5	6,8	13,4	4,5	-8,4	**3,7**	**107,6**
Jugendhilfe	-6,9	6,9	-1,1	20,5	3,7	9,5	**2,6**	**57,8**
Einrichtungen der Jugendhilfe	-4,2	8,6	-8,4	4,8	14,4	7,6	**2,7**	**61,5**
Förderung von anderen Trägern der Wohlfahrtspflege	16,8	-0,6	15,7	-0,5	5,5	3,9	**3,8**	**112,4**

Quelle: Eigene Berechnung nach Haushaltsplänen der Stadt Nürnberg, Verwaltungshaushalt, Bruttoausgaben, StBA: Preisindex der Lebenshaltung für Arbeitnehmerhaushalte mit mittlerem Einkommen (StJb 1994: 662; StBA, Fachserie 17, Reihe 7, Nr. 7/1995: 35).

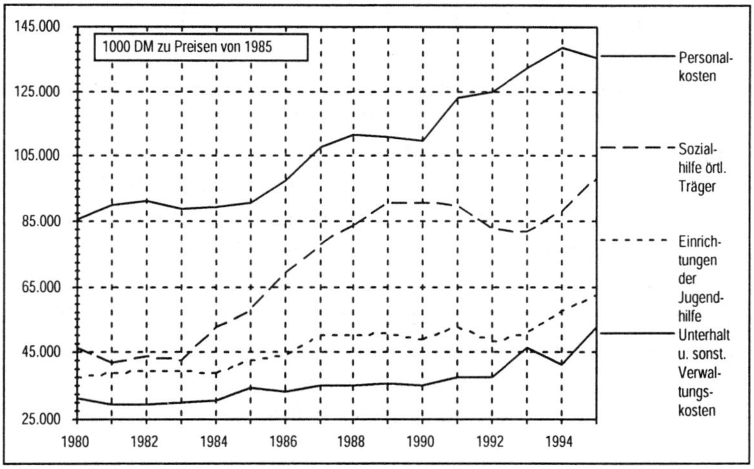

Abbildung 48: Struktur der Ausgaben für „Soziale Sicherung" der Stadt Nürnberg, 1980-1995

Quelle: Eigene Berechnung nach Haushaltsplänen der Stadt Nürnberg, Verwaltungshaushalt, Bruttoausgaben, StBA: Preisindex der Lebenshaltung für Arbeitnehmerhaushalte mit mittlerem Einkommen (StJb 1994: 662; StBA, Fachserie 17, Reihe 7, Nr. 7/1995: 35).

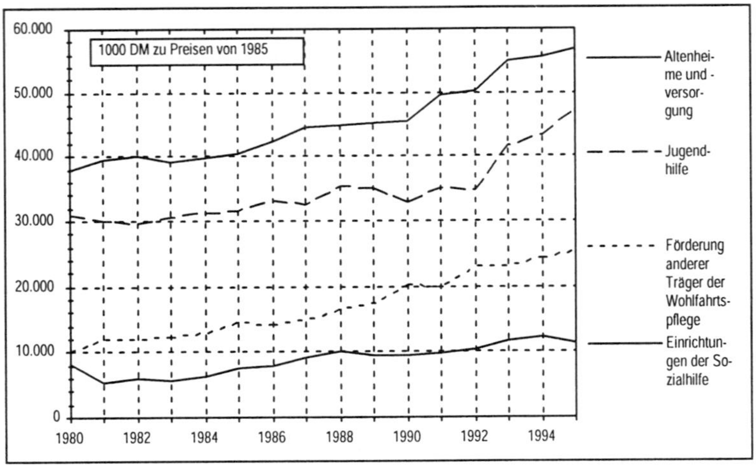

Abbildung 49: Struktur der Ausgaben für „Soziale Sicherung" der Stadt Nürnberg, 1980-1995

Quelle: Eigene Berechnung nach Haushaltsplänen der Stadt Nürnberg, Verwaltungshaushalt, Bruttoausgaben, StBA: Preisindex der Lebenshaltung für Arbeitnehmerhaushalte mit mittlerem Einkommen (StJb 1994: 662; StBA, Fachserie 17, Reihe 7, Nr. 7/1995: 35).

Das in den achtziger und neunziger Jahren im Vergleich zu den Gesamtausgaben für ‚Soziale Sicherung' der Stadt Nürnberg überdurchschnittliche Wachstum der Ausgaben für Sozialhilfe schlug sich auch in einer Steigerung des *Anteils* der Sozialhilfekosten an den Gesamtausgaben für ‚Soziale Sicherung' nieder, der – angesichts des bereits aufgezeigten ‚Wachstumspause' zu Beginn der achtziger Jahre – zunächst zwar von über 18% (1980) auf 16% (1983) leicht zurückging, um danach jedoch – in der Zeit des steilen Anstiegs der Sozialhilfeausgaben – auf 23% im Jahr 1989 anzusteigen (Tabelle 15). Die zwischenzeitlich zu verzeichnende erneute Stagnation zwischen 1990 und 1993 ließ den Anteil der Sozialhilfeausgaben zwar kurz wieder unter 20% sinken, jedoch durchbrach er bereits 1995 erneut diese Marke.

Tabelle 15:

Anteile diverser Ausgaben für „Soziale Sicherung" der Stadt Nürnberg in Prozent, 1980-1995

	1980	1981	1982	1983	1984	1985	1986	1987	1988	1989
Personalkosten	33,5	35,1	35,7	34,1	32,6	30,9	30,6	30,9	29,7	28,0
Unterhalt u. sonst. Verwaltungskosten	12,3	11,4	11,6	11,6	11,1	11,8	10,4	10,0	9,3	9,0
Sozialhilfe örtlicher Träger	18,2	16,5	17,2	16,4	19,3	19,7	21,7	22,3	22,3	23,0
Jugendhilfe	12,1	11,7	11,6	11,7	11,4	10,8	10,4	9,3	9,4	8,9
Förderung anderer Träger der Wohlfahrtspflege	3,9	4,6	4,7	4,7	4,7	4,9	4,5	4,3	4,3	4,4

	1990	1991	1992	1993	1994	1995
Personalkosten	26,2	28,6	30,8	31,3	30,0	29,6
Unterhalt u. sonst. Verwaltungskosten	8,4	8,8	9,3	11,0	8,9	11,5
Sozialhilfe örtlicher Träger	21,6	21,0	20,4	19,4	19,2	21,4
Jugendhilfe	7,8	8,2	8,5	9,9	9,4	10,4
Förderung anderer Träger der Wohlfahrtspflege	4,8	4,7	5,7	5,4	5,3	5,5

Quelle: Eigene Berechnungen nach Haushaltsplänen der Stadt Nürnberg, Verwaltungshaushalt (brutto).

Abschließend soll wiederum, analog zur allgemeinen bundesdeutschen Entwicklung, die Ausgaben in der Sozialhilfe im Vergleich zu den *Empfängerzahlen* betrachtet werden. Im vorigen Kapitel hatte sich gezeigt, daß ein steiler Anstieg der Empfängerzahlen – entgegen dem Bedarfsprinzip – allem Anschein nach nicht mit entsprechend steigenden Ausgaben einher ging,[416] so daß stark steigende Empfängerzahlen von sinkenden Ausgaben-pro-Empfänger begleitet waren. Dieser hypothetische Zusammenhang findet erneut durch die Nürnberger Zahlen der achtziger und neunziger Jahre Unterstützung (vgl. Tab. 16, Abb. 50, nachstehend).

[416] Wiederum vorausgesetzt, die Struktur von Zähler und Nenner änderte sich nicht *grundlegend.* Diese Annahme wurde wie erwähnt dadurch unterstützt, daß der Anteil der unzureichenden Versicherungs- und Versorgungsleistungen, also der Anteil derjenigen, die wahrscheinlich nur zusätzliche geringe Zahlungen brauchten, auch 1993 im Bundesdurchschnitt nur 10% ausmachte. D.h. es ist wahrscheinlich nicht zu einem überproportionalen Anstieg von Teilzahlungen gekommen, was den Quotienten vermutlich am ehesten verzerren könnte, wenn etwa mehr Bedürftige immer weniger Geld brauchten, so daß in diesem Fall zwar die Empfängerzahlen steigen könnten, die Ausgaben pro Empfänger aber nicht entsprechend zunehmen *müßten.*

Tabelle 16:

Ausgaben und Zahl der Empfänger für Sozialhilfe in der Stadt Nürnberg, 1980-1992

	1980	**1981**	**1982**	**1983**	**1984**	**1985**	**1986**	**1987**	**1988**	**1989**
Sozialhilfeempfänger ges.	10925		15507	18915	27686	31811	34495	39657	43172	43275
Veränderung geg. Vorjahr in %			*41,9*	*22,0*	*46,4*	*14,9*	*8,4*	*15,0*	*8,9*	*0,2*
Sozialhilfeempf. örtlicher Träger	8064		11037	14510	20142	22448	23999	25659	25322	26367
Veränderung geg. Vorjahr in %			*36,9*	*31,5*	*38,8*	*11,4*	*6,9*	*6,9*	*-1,3*	*4,1*
Haushalte mit laufender Hilfe zum Lebensunterhalt (HLu)	4501		7891	10065	14502	16881	18515	21761	23214	22650
Veränderung geg. Vorjahr in %			*75,3*	*27,6*	*44,1*	*16,4*	*9,7*	*17,5*	*6,7*	*-2,4*
Empfänger HLu	7215		12071	15545	22798	26177	28513	33365	36479	36476
Veränderung geg. Vorjahr in %			*67,3*	*28,8*	*46,7*	*14,8*	*8,9*	*17,0*	*9,3*	*0,0*
Ausg. HLu ges. (1000 DM 1985)	32425	36793	39768	44885	48883	56144	65491	71549	77068	73453
Veränderung geg. Vorjahr in %			*22,6*	*12,9*	*8,9*	*14,9*	*16,6*	*9,3*	*7,7*	*-4,7*
Regelsatz (DM 1985)	367	372	363	358	364	384	394	407	415	
Veränderung geg. Vorjahr in %		1,4	-2,4	-1,3	1,5	5,5	2,6	3,3	1,9	
Veränderung Ausgaben HLu ges. (DM 1985) / Empfänger HLu ges geg. Vorjahr. in %			*-26,7*	*-12,4*	*-25,7*	*0,0*	*7,1*	*-6,6*	*-1,5*	*-4,7*
Ausgaben laufende HLu außerhalb von Einrichtungen (1000 DM 1985)	15893	17867	22349	33311	36788	41581	48336	52207	57500	55535
Veränderung geg. Vorjahr in %			*40,6*	*49,1*	*10,4*	*13,0*	*16,2*	*8,0*	*10,1*	*-3,4*
Ausgaben einmalige HLu außerhalb von Einrichtungen (DM 1985)	10561	12862	11304	10208	12024	14506	17088	19317	19547	17858
Veränderung geg. Vorjahr in %			*7,0*	*-9,7*	*17,8*	*20,6*	*17,8*	*13,0*	*1,2*	*-8,6*

...

	1990	1991	1992	Ø	Ges.
Sozialhilfeempfänger ges. *Veränderung geg. Vorjahr in %*	41009 *-5,2*	39597 *-3,4*	41832 *5,6*	 *6,2*	 *282,9*
Sozialhilfeempfänger örtlicher Träger *Veränderung geg. Vorjahr in %*	27436 *4,1*	27525 *0,3*	29007 *5,4*	 *6,0*	 *259,7*
Haushalte mit laufender Hilfe zum Lebensunterhalt (Hlu) *Veränderung geg. Vorjahr in %*	21425 *-5,4*	20586 *-3,9*	21665 *5,2*	 *6,6*	 *381,3*
Empfänger Hlu *Veränderung geg. Vorjahr in %*	34389 *-5,7*	32560 *-5,3*	34716 *6,6*	 *6,6*	 *381,2*
Ausgaben HLu ges. (1000 DM 1985) *Veränderung geg. Vorjahr in %*	79983 *8,9*	72564 *-9,3*	74728 *3,0*	 *4,7*	 *130,5*
Regelsatz (DM 1985) *Veränderung geg. Vorjahr in %*					
Veränderung Ausgaben HLu ges. (DM 1985) / Empfänger HLu ges. in %	*15,5*	*-4,2*	*-3,4*	*-9,1*	*-52,1*
Ausgaben lfd. HLu außerhalb von Einrichtungen (1000 DM 1985) *Veränderung geg. Vorjahr in %*	62318 *12,2*	57064 *-8,4*	58190 *2,0*	 *6,1*	 *266,1*
Ausgaben einm. HLu außerhalb von Einrichtungen (DM 1985) *Veränderung geg. Vorjahr in %*	17639 *-1,2*	15470 *-12,3*	16519 *6,8*	 *3,0*	 *56,4*

Anmerkung: 1981 waren keine Fallzahlen, Regelsätze nur für 1980 bis 1988 verfügbar. Ausgaben sind Bruttoausgaben incl. solche, die der überörtliche Träger (Bezirk oder Land) trägt, wie z.B. ab 1990 Ausgaben für Asylbewerber.

Quelle: Eigene Berechnungen nach Amt für Stadtforschung und Statistik der Stadt Nürnberg 1990: 142 f.; 1994: 153 ff.; Maaß, S. u.a. 1988; Statistisches Bundesamt, Preisindex für Lebenshaltung, 2-Personen-Haushalte von Renten- und Sozialhilfeempfängern mit geringem Einkommen (1995: 93).

Wiederum stiegen die Zahlen der Empfänger laufender Hilfe zum Lebensunterhalt unverhältnismäßig stärker als die realen Ausgaben, weshalb der Quotient der realen Ausgaben-pro-Empfänger entsprechend sank und womit sich graphisch der oben besprochene scherenartige Verlauf abbildet (Abb. 50). Bei einer Differenzierung der Ausgaben für Hilfe zum Lebensunterhalt nach laufender und einmaliger Hilfe (jeweils außerhalb von Einrichtungen) fällt außerdem auf, daß insbesondere die Ausgaben für *einmalige* Hilfen – hier gibt es per Gesetz den größeren Ermessensspielraum für die Sozialverwaltung – besonders niedrige Wachstumsraten aufwiesen. Auch dies kann als Beleg der Sparmaßnahmen bei steigenden Empfängerzahlen gewertet werden, weil die größere Flexibilität entsprechend eher für Sparmaßnahmen genutzt werden konnte als dies vermutlich bei den stärker programmierten und standardisierten Leistungen möglich war.

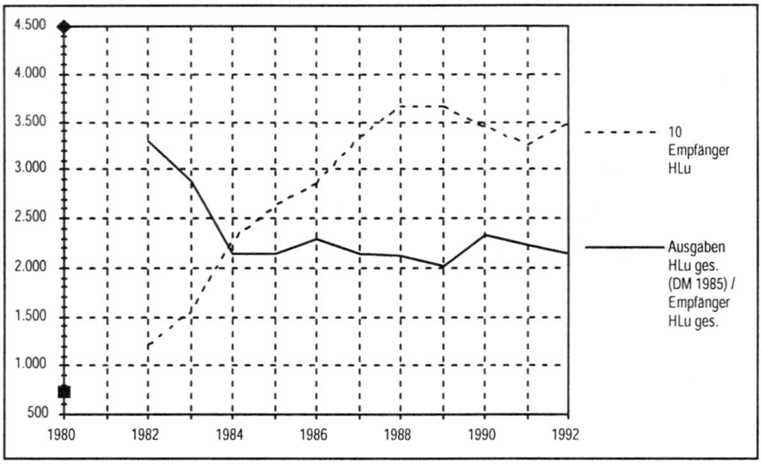

Abbildung 50: Empfänger und Ausgaben für Hilfe zum Lebensunterhalt der Stadt Nürnberg, 1980-1992

Quelle: Amt für Stadtforschung und Statistik der Stadt Nürnberg 1990: 142 f.; 1994: 153 ff.; eigene Berechnungen; Inflationsbereinigt nach: Statistisches Bundesamt, Preisindex für Lebenshaltung, 2-Personen-Haushalte von Renten- und Sozialhilfeempfängern mit geringem Einkommen (1995: 93).

b) Organisation und Aufgaben

Wie in den sechziger/siebziger Jahren stieg auch in den achtziger und frühen neunziger Jahren die Zahl der Stellen in der Nürnberger Sozialverwaltung mit insgesamt durchschnittlich knapp 2% jährlich etwas weniger stark an als die gesamten realen Ausgaben für ‚Soziale Sicherung', die pro Jahr durchschnittlich gut 3% zulegten (vgl. Tab. 39 im Anhang, Tab. 7 oben). Dennoch wuchs die Stellenzahl im Sektor Sozialverwaltung im Vergleich zur gesamten Stadtverwaltung, die lediglich durchschnittlich 0,8% pro Jahr zulegte, stärker an. Wiederum lassen sich in der Stellenentwicklung ähnliche Phasen beobachten wie bei den Ausgaben: Nach einer anfänglichen Stagnation zu Beginn der achtziger Jahre erfolgte in der zweiten Hälfte der achtziger ein spürbarer Anstieg, der auch zu Beginn der neunziger Jahre anhielt. Bei der Betrachtung nach verschiedenen Aufgabenbereichen ist bemerkenswert, daß, nach langer Zeit der relativen Stagnation – die trotz den schon seit längerem stark steigenden Fallzahlen bis dahin zu verzeichnen war –, in den achtziger Jahren das *Sozialamt* mit zum Teil zweistelligen Zuwachsraten überproportional am Stellenwachstum der Sozialverwaltung beteiligt war (Abb. 51, 52, nachfolgend). Es wies, auch im Bereich der Einrichtungen im Untersuchungszeitraum mit einer durchschnittlichen jährlichen Steigerung von über 3% (insgesamt fast 75%) die höchsten Steigerungsraten der Zahl der Stellen in der Sozialverwaltung auf (vgl. Abb. 58 unten). Ähnliche Zuwächse gab es sonst lediglich noch bei den *Kindergärten und -krippen*, die insbesondere Ende der achtziger Jahre sehr zahlreich Personal einstellten.

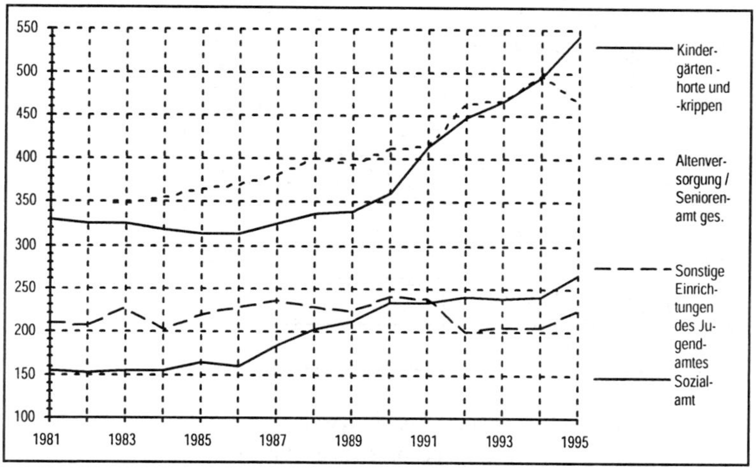

Abbildung 51: Stellen der Sozialverwaltung der Stadt Nürnberg nach Aufgabenbereichen, 1981-1995

Quelle: Haushaltspläne der Stadt Nürnberg (Stellenpläne Beamte und Angestellte)

Ansonsten stellte sich im Jugendamt gegenüber den sechziger und siebziger Jahren nur noch ein mäßiger Zuwachs ein, nämlich durchschnittlich knapp 1% pro Jahr. Neben den stark zulegenden Einrichtungen der Kinderbetreuung war die Entwicklung in den sonstigen ‚Einrichtungen' des Jugendamtes aufgrund der wechselnden Zuordnungen von Aufgabenbereichen etwas undurchsichtig.[417] Grob läßt sich allerdings feststellen, daß in der ‚offenen Jugendarbeit' und in Beratungseinrichtungen wie der ‚Erziehungsberatung', bzw. dem ‚Sozialen Beratungsdienst', der ‚Straßensozial- und Zielgruppenarbeit' und den neu aufkommenden ‚Jugendwohngruppen(-heimen)' noch ein Stellenausbau auftrat. Ebenso im Durchschnitt nur noch geringfügige Steigerungen wies in den achtziger und neunziger Jahren der Aufgabenbereich *Altenversorgung* auf,

[417] Dabei gab es Überschneidungen in der Zuordnung von Aufgabenbereichen, insbesondere bei ‚Sozialzentren', die z.T. Jugend- und Altentreffs, Jugendfreizeit- oder Kinderbetreuungseinrichtungen umfassen, aber auch als allgemeines Sozialzentrum fungierten und entsprechend entweder beim Jugendamt (Einrichtungen), Amt für Altenversorgung, Amt für Familienhilfe aber auch beim Sozialamt angesiedelt waren. Diese fielen aber zahlenmäßig kaum ins Gewicht.

wobei 1994/95 das vormalige ‚Amt für Altenversorgung' in ‚Seniorenamt' umbenannt wurde.

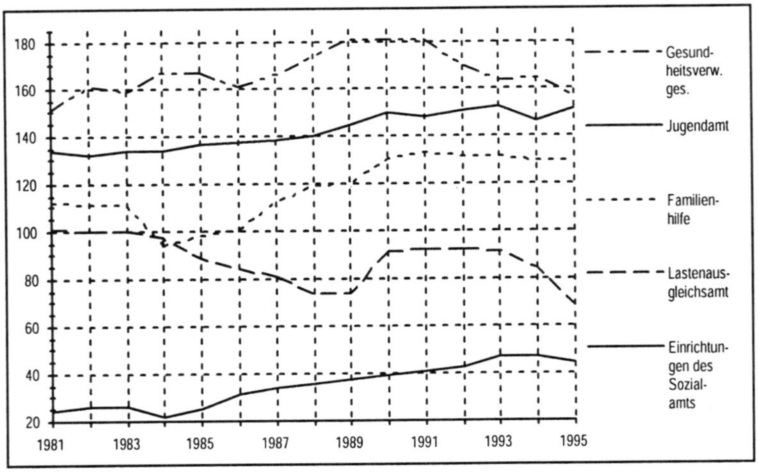

Abbildung 52: Stellen der Sozialverwaltung der Stadt Nürnberg nach Aufgabenbereichen, 1981-1995

Quelle: Haushaltspläne der Stadt Nürnberg (Stellenpläne Beamte und Angestellte)

Weiterhin stagnierend erwies sich im übrigen auch in den achtziger und neunziger Jahren die Stellenentwicklung im *Gesundheitsbereich*, wo zwar zwischen 1986 und 1991 das Gesundheits*amt* ein kurzfristiges Stellenwachstum z.B. 1983 in Form der neuen Aufgabe der Drogenberatung auftrat; insgesamt war im Jahr 1995 jedoch lediglich ein Plus von 3,5% zusätzlicher Stellen gegenüber 1981 zu verzeichnen. Weiter rückläufig, allerdings mit nachlassendem Tempo und mit kurzfristiger Unterbrechung in den Jahren nach der deutschen Wiedervereinigung, waren schließlich auch die Stellen beim *Ausgleichsamt*, die im Durchschnitt 3,3% jährlich abnahmen. Gebremst wurde der Rückgang aufgrund der Übernahme neuer Aufgaben, nachdem die alten, die Bewältigung der Folgen des 2. Weltkriegs, mehr und mehr verschwanden. Als neue Aufgabe stellten sich nunmehr die Betreuung der Spätaussiedler und die Rückführung von Deutschen aus den östlichen Staaten.

Nach diesem Überblick soll die Stellenentwicklung der Nürnberger Sozialverwaltung in einzelnen Aufgabenbereichen in Relation zu *quantitativen Aufgabenbelastungen* betrachtet werden. Im Vordergrund steht dabei wieder das Sozialamt, welches, nimmt man die Kindergärten aus, die höchsten Steigerungsraten in der Nürnberger Sozialverwaltung aufwies. Letzteres trat jedoch, ähnlich wie zehn Jahre zuvor, erneut mit einiger Verzögerung zum Wachstum der Fallzahlen auf. Zunächst war also – aufgrund des enormen Wachstums der

Zahl der Sozialhilfebedürftigen, das in den achtziger und neunziger Jahren sogar noch weit über dem der siebziger Jahre lag und durchschnittlich 6,2% pro Jahr betrug (vgl. Tab. 16 oben, Abb. 53 nachstehend) sowie einer Stagnation der Zahl der Stellen im Sozialamt – eine *stark steigende Arbeitslast* zu bewältigen. So stieg der Quotient Sozialhilfeempfänger pro Stelle im Sozialamt insbesondere zu Beginn bis Mitte der achtziger Jahre sehr steil an, d.h. um mehr als das Doppelte innerhalb von fünf Jahren. Selbst wenn durch die zunehmende elektronische Datenverarbeitung große Rationalisierungsvorteile unterstellt werden müssen, kann davon ausgegangen werden, daß sich die Arbeitsbelastung allein aufgrund dessen, daß sich die Organisation des Nürnberger Sozialamtes nicht entsprechend den wachsenden Aufgaben anpaßte, beträchtlich steigerte (Abb. 54). Erst Ende der achtziger Jahre machte sich – infolge der nachlassenden Wachstumsraten der Empfängerzahlen, die 1990 und 1991 sogar negativ waren – wieder eine ‚Entspannung' in Form eines rückläufigen Quotienten Empfänger-pro-Stellen bemerkbar, die zudem dadurch unterstützt wurde, daß die Zahl der Stellen des Sozialamts zwischen 1987 und 1990 stark, d.h. zum Teil mit mehr als 10% zulegte.

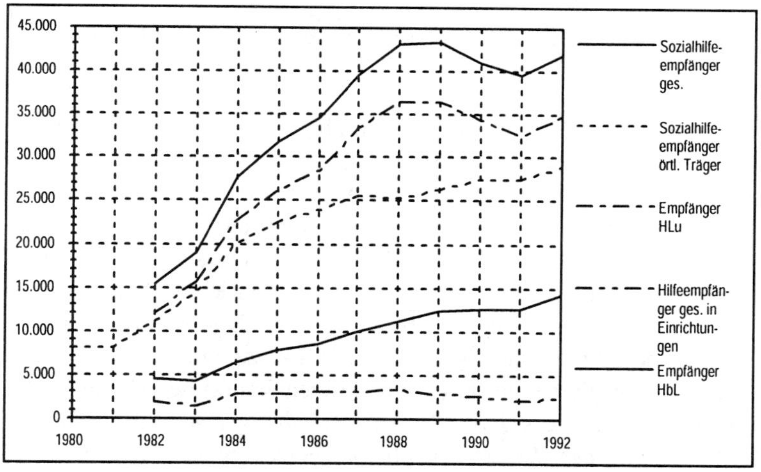

Abbildung 53: Zahl der Sozialhilfeempfänger der Stadt Nürnberg, 1980-1992

Quelle: Amt für Stadtforschung und Statistik der Stadt Nürnberg 1990: 142 f.; 1994: 153 ff.

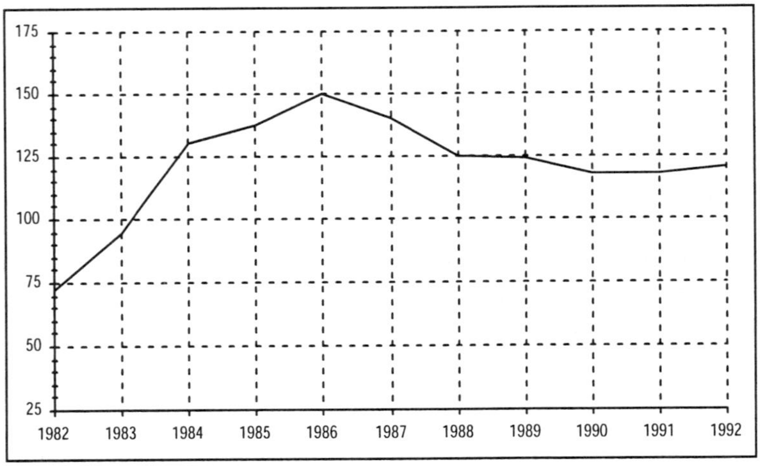

Abbildung 54: Sozialhilfeempfänger pro Stelle im Sozialamt der Stadt Nürnberg, 1982-1992

Quelle: Eigene Berechnung nach: Amt für Stadtforschung und Statistik der Stadt Nürnberg 1990: 142 f.; 1994: 153 ff.; Haushaltspläne der Stadt Nürnberg (Stellenpläne Beamte und Angestellte).

Der aufgezeigte Stellenausbau im Nürnberger Sozialamt in der zweiten Hälfte der achtziger Jahre ging einher mit der *Wieder*errichtung von Außenstellen des Sozialamtes, beginnend mit der Außenstelle ‚West', deren Errichtung 1985 geplant und schließlich 1987 als realisiert im Haushaltsplan auftauchte. Ähnlich wie in der Weimarer Republik – angesichts der Zahlen kann von ‚Weimarer Verhältnissen' geredet werden – wurde der Ansturm der Sozialhilfebedürftigen also durch die Errichtung von ‚Bollwerken' in Form von Außenstellen bewältigt, anders gesagt, die Grenze zu einer komplexer werdenden Aufgabenumwelt mußte durch Ausdifferenzierung der Organisation aufrechterhalten werden. Aus der Sicht der Verwaltung lautete die Hauptbegründung ‚Verkürzung der Wege', d.h. die Verbesserung der ‚Bürgerfreundlichkeit',[418] wobei die Ursachenforschung hier im einzelnen aber nicht weiter vertieft werden kann. Weitere Außenstellen folgten, die vierte (in ‚Langwasser') war 1991 etabliert und die fünfte, ‚Asyl', im Jahr 1995.

Weitere Hinweise zum Hintergrund der jüngsten Entwicklung des Zusammenhangs von Aufgaben und Organisation im Nürnberger Sozialamt liefert die 1991 zur Frage der Arbeitsbelastung und Personalbemessung in der Sozialhilfebearbeitung (wirtschaftliche, oder ‚offene') der Stadt Nürnberg durchgeführte *Organisationsuntersuchung* in den Außenstellen des Sozialamtes, deren

[418] Vgl. die gleichlautenden Formulierungen in den Haushaltsplänen der Stadt Nürnberg (jeweils Bd. 2) 1981 ff.

Ergebnisse 1992 vorlagen und woraus im folgenden kurz referiert werden soll. Anlaß und Ursache für die Organisationsuntersuchung war ein Dissens zwischen dem Organisations- und Personalausschuß und Mitarbeitern des Sozialamtes, der dadurch entstand, daß der Ausschuß aufgrund der seit 1990 sinkenden Fallzahlen eine *Einziehung* von 19,5 Stellen erreichen wollte. Die Quote Fälle-pro-Sachbearbeiter war zuletzt 1986 auf 133 festgelegt worden und lag zwischenzeitlich infolge Arbeitszeitverkürzungen bei 128 Fällen. Gegen die geplante Stellenstreichung machte das Sozialreferat jedoch schwieriger gewordene Arbeitsinhalte geltend und beantragte deshalb eine Herabsetzung der Fallzahl anstatt der Stellenstreichung. Nach Verhandlungen und unter Heranziehung eines Vergleichs mit einer in der Stadt Essen im Jahre 1985 durchgeführten Untersuchung schlug das Nürnberger Organisationsamt schließlich vor, die Fallbelastung auf 116 Fälle-pro-Sachbearbeiter festzusetzen und lediglich sieben Stellen einzuziehen. Darauf antwortete die Mehrheit der Mitarbeiter des Sozialamtes ostentativ mit einem kollektiven Versetzungsgesuch, worauf wiederum zur Klärung dieser Streitfrage die Durchführung der besagten Organisationsuntersuchung beschlossen wurde.[419]

Der weitere Gang der Dinge war ebenso klassisch wie die Art der Untersuchung. Eine Projektgruppe wurde unter der Federführung des Organisationsamtes und Beteiligung der Betroffenen von Sozialreferat und Sozialamt incl. Außenstellen gebildet – ohne die heutzutage meistens hinzugezogenen externen Berater einzubeziehen. Allerdings wurden als vergleichbar eingestufte Erfahrungen der Stadt Essen herangezogen. Bei der Untersuchung selbst handelte es sich um eine klassische Organisationsanalyse nach dem genannten Vorbild von KGSt und REFA, wobei die bekannten Methoden, wie Arbeitsaufzeichnungen, Dokumentanalysen, Interviews, Gruppengespräche und Beobachtungen zum Einsatz kamen, die durch eine Klientenbefragung und eine Städteumfrage zu den Besuchszeiten ergänzt wurden.

Die folgenden Ergebnisse standen am Ende der Organisationsanalyse des Nürnberger Sozialamtes, die insgesamt keine weitreichenden Neuerungen erbrachte und vielmehr der Herstellung und legitimatorischen Absicherung eines Kompromisses diente, was ja auch dem Auftrag entsprach. Die Personalbemessung ergab eine neue Fallzahl, die aus praktischen Gründen allein auf der Basis von regelmäßigen EDV-Fällen errechnet worden war,[420] von 60,5 Fällen pro Sachbearbeiter und damit zwar immer noch einen rechnerischen Überhang von

---

[419] Vgl. den ganz ähnlich verlaufenen Konflikt um die Personalbemessung in den Sozialämtern Berlins, der ebenso in Organisationsuntersuchungen endete (vgl. dazu ausführlich Stumpfögger, N./Wiethoff, U. 1989). Das Folgende stammt aus der Organisationsuntersuchung (Stadt Nürnberg 1992), wobei auf jeweiliges exaktes Zitieren in der Regel verzichtet wird.

[420] Bis dahin waren in der Statistik auch die manuell geführten Arbeitslosenfälle und die einmaligen Leistungen an sogenannte Minderbemittelte enthalten. Der Einfachheit halber ging man künftig davon aus, daß die Zahl der regelmäßigen EDV-Fälle auch die Gesamtarbeitsbelastung inklusive manuell geführter Fälle und saisonaler Schwankungen zureichend wiedergibt (vgl. Stadt Nürnberg 1992: 149 f.).

8,5 Stellen. Dieser sollte jedoch laut den Empfehlungen der Projektgruppe nicht eingespart werden, sondern in Reserve gehalten und für Qualitäts- und Arbeitsverbesserungen genutzt werden,[421] zumal die Zahl der Unterstützten 1992 wieder anstieg. Außerdem sollte somit langfristig der relativ hohen Fluktuation der Mitarbeiter entgegengewirkt werden. In der Frage der Personalbesetzung machten die Mitarbeiter des Sozialamtes zur Einschätzung der Arbeitslast inbesondere folgendes geltend. Die Arbeit habe qualitativ zugenommen und sei komplizierter geworden, auch aufgrund der Veränderung des Klientels, das zunehmend jünger, anspruchsvoller und widerspruchsfreudiger geworden sei:

> „Die Mitarbeiter beklagen pauschal das zu hohe Maß der momentan vorhandenen Arbeit, nennen dazu aber auch insbesondere neu hinzugekommene bzw. auf sie verlagerte Aufgaben" (Stadt Nürnberg 1992: 52) (pauschalisiertes Wohngeld, Einzug von Sozialversicherungsausweisen).

Darüber hinaus wird das folgende traditionelle Leitbild der Sozialarbeit wieder einmal zur Legitimationsbeschaffung bemüht – möglichst intensive individuelle Betreuung statt ‚Schematismus' und ‚Automatismus':

> „Die Mitarbeiter beklagen, daß sie teilweise nicht mehr die *individuelle Betreung* der Sozialhilfeempfänger durchführen könnten, die in der Theorie vorgesehen ist. Vielfach sei ein *Automatismus* in der Hilfegewährung eingetreten, verbunden mit der Resignation vor bestimmten Persönlichkeitsstrukturen der Klienten und der mangelnden Aufarbeitungsmöglichkeit der dadurch bedingten Streßsituationen, sowie der Resignation vor der überhandnehmenden Arbeitsmenge. Die Zeit zu *intensiver Beratung* sei nicht vorhanden und im Lauf der Jahre in der Sachbearbeitung sinke auch die entsprechende soziale Motivation." (Stadt Nürnberg 1992: 49; kursive Hervorhebung, G.R.).

Weiteres zur Beilegung des Konflikts erwartete man im einzelnen auch dadurch, daß die Leitungsspanne von 12 auf 6 Sachbearbeiter pro Gruppenleiter verkürzt und die Einheitssachbearbeitung unter Beteiligung von jeweils 3 Sachbearbeitern eingeführt werden sollte, womit eine einheitlichere höhere Bezahlung und weniger Motivation für Stellenwechsel gegeben sei. Darüber hinaus sollten ‚institutionalisierte Kommunikationsebenen' mit Dienstbesprechungen sowie eine ‚geregelte Fortbildung' im Rahmen eines neu zu entwickelnden und fortzuschreibenden Fortbildungskonzeptes eingeführt werden, wofür besondere Zeitanteile bei der Personalbemessung zur Verfügung gestellt wurden. Außerdem sollte ein Konzept zur verbesserten und standardisierten ‚Qualitätskontrolle' erstellt werden, was bisher nur in Einzelfällen und teilweise sich mehrfach überschneidend durchgeführt werde.

Die Bürgerfreundlichkeit betreffend, wurde Bekanntes befürwortet, wie Warteräume freundlicher zu gestalten und Wartezeiten dadurch zu verkürzen,

---

[421] Zur Arbeitsqualität wurde ausgeführt, daß Aussagen dazu erfolgen könnten, wenn z.B. Anhaltspunkte zur Fehlerquote, Erkenntnisse aus Erfolgskontrollen oder auch ein Indikator für die Zufriedenheit des Klientels vorhanden wäre. Da zu den beiden ersten Aspekten keine Daten vorlagen, wurde lediglich, so hieß es, „die Situation der derzeitigen Qualitätsprüfung von Arbeit mit den betroffenen Stellen beleuchtet und hieraus Ansatzpunkte zur Optimierung gesucht" (S. 95). Allein zum Stimmungsbild der Klientel wurden jedoch Daten erhoben, die keine größere Unzufriedenheit ergaben. Wenn, dann seien dies Einzelbeispiele, während im großen und ganzen das Bild eines freundlichen und hilfsbereiten Sachbearbeiters gezeichnet worden sei.

daß jeweils zwei Sachbearbeiter der Arbeitsgruppe für den Publikumsverkehr eingesetzt werden sollten. Ansonsten sollten aber die in Nürnberg gegenüber anderen Städten extrem langen Sprechzeiten auf die Vormittage konzentriert werden. Hinsichtlich der Streitfrage, ob genügend Zeit bleibe für Beratung, hieß es, daß die Organisationsuntersuchung und Klientenbefragung dieses übereinstimmend bestätigten. Schließlich fanden sich noch einige Empfehlungen zur Rationalisierung des Arbeitsablaufs, wie z.B. die, daß Weisungen und Regelungen zentral in Form übersichtlicher Handreichungen aufbereitet und aktualisiert werden sollten,[422] ebenso wie Textbausteine zur Erledigung des Schriftverkehrs erarbeitet und die Aktualisierung der elektronischen Datenverarbeitung via ‚online-gesteuerten' Personal Computer statt des bis dahin üblichen ‚Belegverfahrens' verwirklicht werden sollten. Außerdem sollten die bisher auf Antrag zweimal jährlich gewährten Bekleidungshilfen für Bezieher von Hilfe zum Lebensunterhalt automatisiert ausbezahlt werden.

Vergleicht man die Organisationsstruktur der Nürnberger Sozialverwaltung von 1994 mit der von 1980 (vgl. Abb. 39, oben, Abb. 55, nachfolgend), so sind wiederum Elemente der Kontinuität als auch des Wandels festzustellen. Beim Sozialamt hielten sich in Anbetracht der Tatsache, daß eine gehörige Aufgabensteigerung stattfand, sowohl Organisationswachstum wie auch strukturelle Veränderungen in Grenzen. Ein Ausbau fand aufgrund der Fallzahlensteigerungen vor allem in den Außenstellen des Sozialamtes statt, mithin bei den Stellen, die am nächsten mit der unmittelbaren Fallbearbeitung betraut sind. Daneben fällt auf, daß, offenbar wegen der steigenden Zahlen von Asylbewerbern aufgabenbedingt, der Bereich Hilfe für Asylbewerber und Bürgerkriegsflüchtlinge im zentralen Sozialamt als neue Abteilung mit immerhin drei Unterabteilungen und fast 30 Beschäftigten eingerichtet wurde. Unklar bleibt für mich allerdings, warum diese bei der Querschnittshauptabteilung ‚Personal und Recht' eingerichtet worden ist, ebenso ist für mich fragwürdig, weswegen daneben noch eine zweite Hauptabteilung für allgemeine Verwaltungsaufgaben (‚Haushalt und Unterhaltssicherung') besteht. Hier scheint mir immer noch eine mangelnde Bündelung allgemeiner Verwaltungsaufgaben zu bestehen, wie sie die KGSt schon 1950 in ihrem Gutachten bemängelt hatte und was ebenso im Städtevergleich 1961/62 mit München festgestellt worden war. Schließlich hatte mittlerweile auch in der Organisationsstruktur des Nürnberger Sozialamtes das Element Gruppenarbeit Einzug gehalten, wobei jedoch, wenn man die Stellenpläne vergleicht, 1994 scheinbar sogar eine stärkere vertikale Differenzierung als 1980 zu verzeichnen war. Dasselbe gilt übrigens auch für den Bereich der Familienhilfe, der 1980 noch eine sehr geringe Differenzierung ohne Abteilungsbildung aufwies und wo lediglich anhand der Besoldungsgruppen eine Hierar-

[422] Dazu heißt es in der Organisationsuntersuchung: „Die Leitung der Dienststelle konfrontiert den Bereich der Sachbearbeitung aus der Komplexität des Regelungsbedarfs heraus seit 1977 mit ca. 100 verschiedenen, teilweise mehrseitigen Weisungen jährlich. Die Mitarbeiter empfinden diese Flut von Weisungen als unsystematisch und unüberschaubar." (S. 51).

chie im Stellenplan auftauchte. Hier waren mittlerweile im Stellenplan klare Abteilungen mit Gruppen ersichtlich, innerhalb derer jeweils Gruppenleiterinnen oder -leiter und Stellvertreterinnen bzw. Stellvertreter ausgewiesen wurden.[423]

Eher geringe Änderungen der Organisationsstruktur traten im Untersuchungszeitraum beim Jugendamt auf (vgl. Abb. unten), wobei einige Aufgabenverlagerungen und zum Teil gesetzlich oder fachlich induzierte Neubenennungen und aber auch organisatorische Zusammenlegungen auffallen: so wurde z.B. die Hauptabteilung „Jugendpflege“ zur „Jugendarbeit“, die „Erziehungsberatung“ zur Hauptabteilung „Psychologische Beratungsdienste“ mit einer neuen Unterabteilung der „Prävention und Suchtberatung“. Ferner wurde die Hauptabteilung „Ausbildungsförderung“ und die „Minderjährigenhilfe“ in eine Hauptabteilung „wirtschaftliche Jugendhilfe, Ausbildungsförderung“ vereinigt. Insgesamt läßt sich eine Schwerpunktverlagerung hinsichtlich der mehr präventiven, beratenden, psychologischen und erzieherischen Dienste und der weniger hoheitlich verwaltenden und polizeilichen Aufgaben auch organisatorisch und am Stellengefüge festmachen, in dem insbesondere die Stellen, die explizit für Psychologen und Sozialpädagogen ausgewiesenen sind, mittlerwiele mehr als ein Drittel im Jugendamt (ohne Einrichtungen) ausmachten, wenn man das gesamte Leitungspersonal der Verwaltung einbezieht, von dem ein Gutteil ebenso pädagogisch gebildet gewesen sein dürfte.

[423] Eben deshalb ‚lohnt‘ es sich, *erstmals* ein Organisationsschaubild anzufertigen.

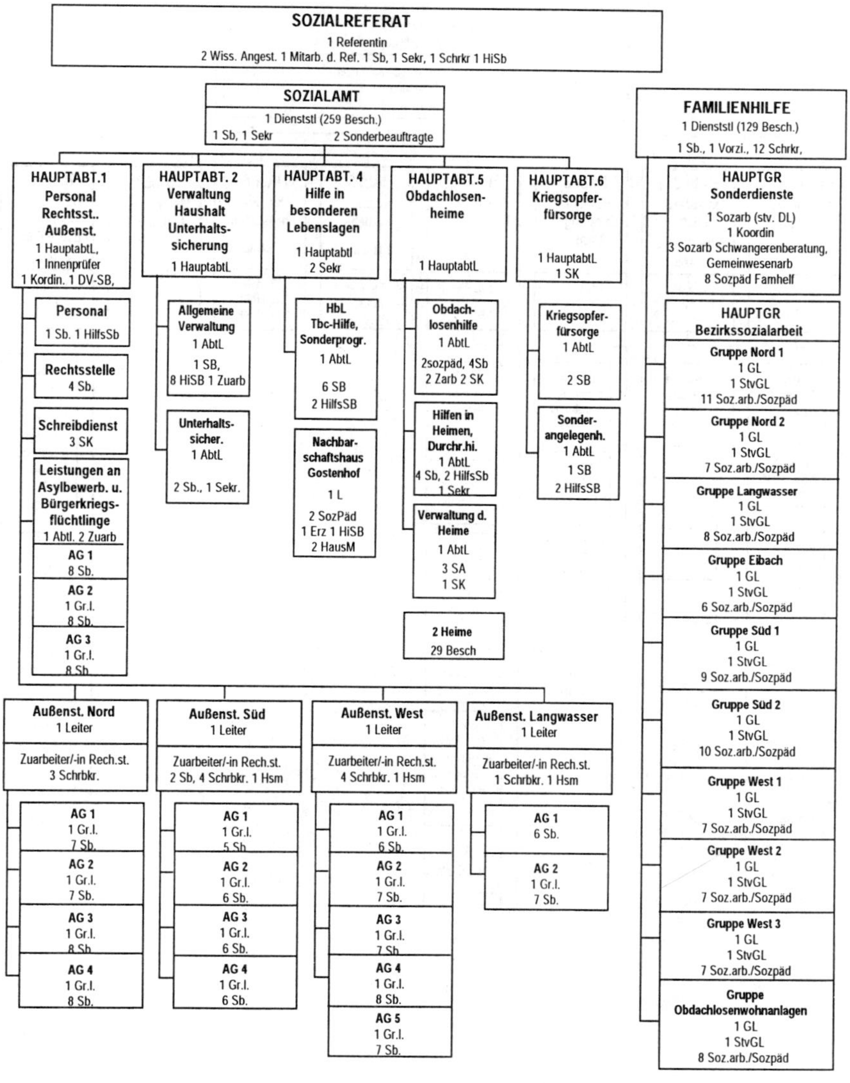

Abbildung 55: Organisationsstruktur der Nürnberger Sozialverwaltung: Sozialamt und Familienhilfe, 1994

Quelle: Eigene Erstellung nach Stellenplan der Stadt Nürnberg (Stand: 1.08.1994, Stellenzahl incl. Teilzeit).

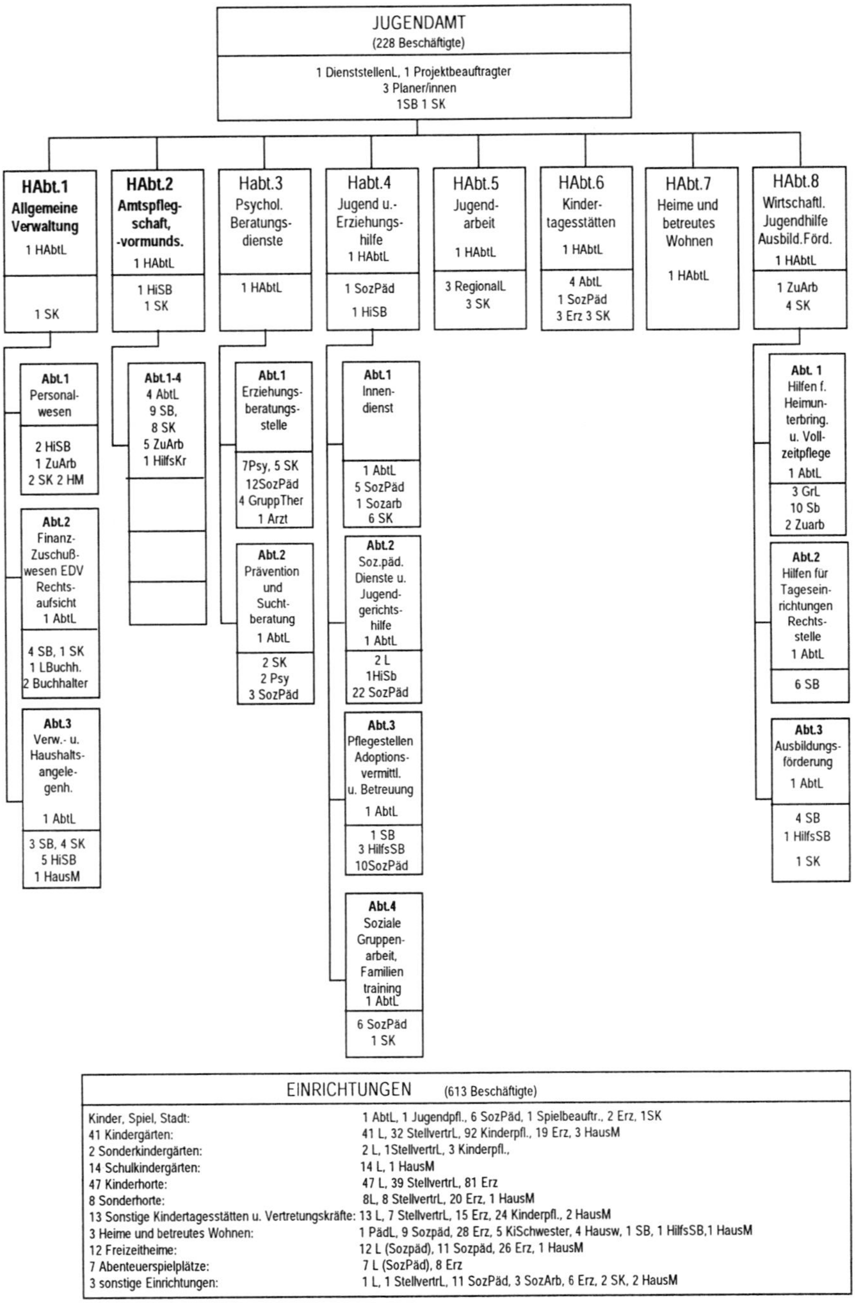

Abbildung 56: Organisationsstruktur der Nürnberger Sozialverwaltung: Jugendamt, 1994

Quelle: Eigene Erstellung nach Stellenplan der Stadt Nürnberg (Stand: 1.08.1994)

Größere Veränderungen der Organisationsstruktur und insbesondere ein starkes Wachstum (von knapp 40 Beschäftigten der unmittelbaren Verwaltung im Jahr 1980 auf knapp 100 Stellen im Jahr 1994) und Differenzierung traten im Bereich der Verwaltung der *Altenhilfe* (nunmehr „Seniorenamt") auf (Abb. unten). War das Amt für Altenversorgung im Jahr 1980 noch ein relativ kleines Amt allein zur Verwaltung der klassischen Altenheime, mit einem Schwerpunkt im Versorgungs- und Pflegesektor, so gab es nun immer mehr Verwaltungsabteilungen und Personal zur auch *ambulanten* Beratung, psychologischen Betreuung, Freizeit- und kulturellen Beschäftigung sowie Rehabilitation. Auffällig ist ferner, daß alle allgemeineren Verwaltungsaufgaben von den mehr fachlichen, pflegerischen und pädagogisch-psychologischen und neuen „geriatrischen" Aufgaben organisatorisch getrennt sind – eine Entflechtung dieser gegensätzlichen Aufgaben; dieser Vorgang war in der jüngeren Zeit ähnlich, wenn auch in eingeschränktem Maße, beim Jugendamt zu beobachten. Schließlich ist zu bemerken, daß erstmals, den aktuellen fachlichen Diskussionen entsprechend, auch eine Abteilung für „Controlling" eingerichtet wurde. Ebenso taucht wie im Sozial- und Jugendamt auch die Datenverarbeitung als relativ neue Aufgabe und Abteilung auf.

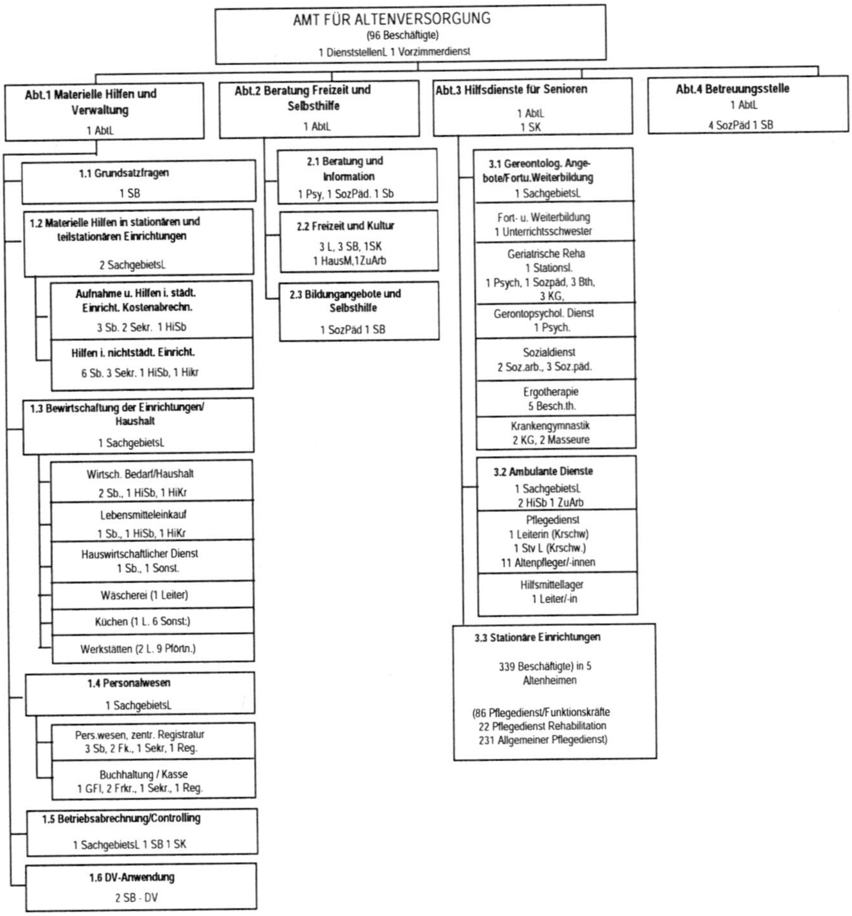

Abbildung 57: Organisationsstruktur der Nürnberger Sozialverwaltung: Altenversorgung, 1994

Quelle: Eigene Erstellung nach Stellenplan der Stadt Nürnberg (Stand: 1.08.1994)

Ein eher begrenzter organisatorischer Wandel war schließlich beim im Wachstum stagnierenden Nürnberger Gesundheitsamt festzustellen, wobei sich auch hier neue eher pädagogische oder Beratungsaufgaben, wie z.B. die „AIDS-Beratung", der „Gesundheitspädagogische Dienst" oder die „Gesundheitsförderung" (2 Sozialwissenschaftler) etablierten und gegenüber den traditionellen hygienepolizeilichen Aufgaben mehr Raum verschafften. Derartige Wandlungsprozesse machen sich nebenbei bemerkt auch daran fest, daß die „Geisteskrankenfürsorge" nunmehr „Hilfe für psychisch Kranke" hieß. Auch im Gesundheitsamt wurden im übrigen Beratungsaufgaben und eher bürokratisch-hoheitliche Aufgaben organisatorisch zunehmend besser getrennt.

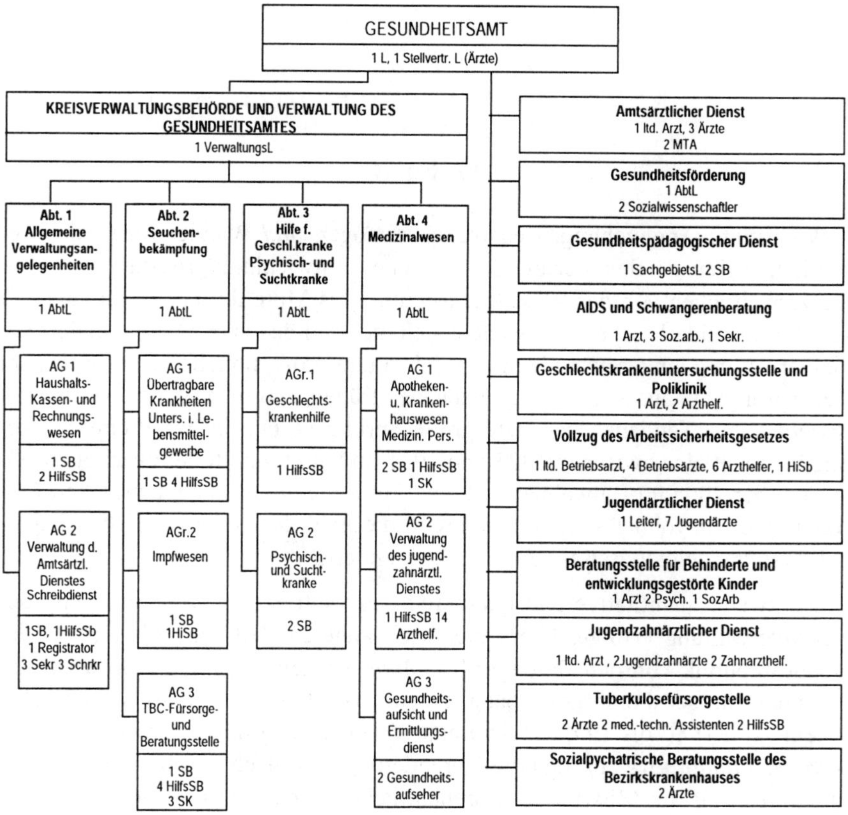

Abbildung 58: Organisationsstruktur der Nürnberger Sozialverwaltung: Gesundheitsamt, 1994

Quelle: Eigene Erstellung nach Stellenplan der Stadt Nürnberg (Stand: 1.08.1994)

G. Fazit

Wachstum, Angleichung, Beharrungsvermögen *und* Wandel waren die wesentlichen Kennzeichen der organisatorischen Entwicklung großstädtischer Sozialverwaltungen von der Weimarer Republik bis Mitte der neunziger Jahre.[424] Als überragende Erscheinung weitete sich die Zahl des in der kommunalen Sozialverwaltung eingesetzten hauptamtlichen und professionellen *Personals* zum Teil sprunghaft aus – allerdings nach der frühen enormen Vergrößerung mit *abnehmender* Tendenz: Der erste große Sprung efolgte in der Weimarer Republik, als alleine zwischen 1925 und 1931 im Durchschnitt der zwanzig Großstädte über 200.000 Einwohner fast eine *Verdopplung* des hauptamtlichen Personals pro Einwohner stattfand, während die Zahl des „ehrenamtlichen Personals" (so der zeitgenössische Ausdruck) stagnierte.[425]

Die zweite quantitative und qualitative Ausweitung in der Entwicklung der Sozialverwaltung erfolgte über einen viel längeren Zeitraum, als sich in der Bundesrepublik von den fünfziger bis Mitte der neunziger Jahre die Zahl des Personals in der Fürsorge-, später Sozialverwaltung, nochmals verdoppelte. Alleine von 1980 bis 1995 erfolgte eine Vergrößerung um durchschnittlich ca. 45%. Als *qualitative* sprunghafte Veränderung kam nach den fünfziger Jahren hinzu, daß auf die Mitwirkung Ehrenamtlicher *in* der kommunalen Sozialverwaltung fast ausnahmslos verzichtet wurde. Ehrenamtliche soziale Arbeit wurde in die private Wohlfahrtspflege verwiesen, in der öffentlichen Verwaltung sah man in den sechziger Jahren dafür keinen Platz mehr.

Die Ausweitung des hauptamtlichen Apparates und die gleichzeitig stattfindende Professionalisierung seit der Weimarer Republik ist nur *zum Teil* mit Veränderungen der gesellschaftlichen, politischen und ökonomischen *Umwelt* sowie mit der Zunahme der Zahl der Hilfeempfänger und der steigenden Komplexität der Materie, d.h. mit dem wachsenden *Aufgabendruck* zu erklären. Zwar gab es nach dem Ersten Weltkrieg, in der Weimarer Republik, aber auch nach dem Zweiten Weltkrieg in der Bundesrepublik Deutschland und hier vor allem seit den siebziger/achtziger Jahren eine schnell wachsende Masse an Hilfsbedürftigen. Jedoch ergab die in dieser Studie durchgeführte differenzierte quantitative wie qualitative Analyse, daß in der Regel *keine enge Kopplung* von organisatorischem Wachstum (und Differenzierung) und zunehmendem Aufgabendruck bestand.

---

[424] Die Entwicklung in der Deutschen Demokratischen Republik wurde nicht berücksichtigt.

[425] Beides stand jedoch nicht in Zusammenhang, d.h. die Städte mit wenig Ehrenamtlichen hatten nicht mehr Hauptamtliche und umgekehrt, was nicht für deren funktionale Äquivalenz spricht.

Zunächst zu den Ergebnissen der *quantitativen Analyse*: Die statistischen Befunde zur Entwicklung von 20 großstädtischen Fürsorge- oder Sozialverwaltungen in der Weimarer Republik zwischen 1925 und 1931 (Kap. II.C.2.) und in der Bundesrepublik zwischen 1975 und 1985 (Kap. IV.D) zeigten differenzierte Zusammenhänge zwischen der Größenentwicklung und den Veränderungen von Umweltparametern. Für die Weimarer Republik konnte die Varianz der Größe und des Wachstums der zwanzig Fürsorgeverwaltungen (deren Wachstum lag im Durchschnitt sogar etwas *über* dem der Aufgaben) lediglich zu einem geringen Teil (ca. 30%) mit dem Aufgabendruck – und nur unter Ausschluß von ‚Ausreißern' – erklärt werden. Dieser Zusammenhang war damals übrigens stärker, wenn die Ehrenamtlichen, der „Außendienstanteil" und der Frauenanteil unter den insgesamt „Tätigen" der Wohlfahrtsverwaltung der Weimarer Republik einbezogen wurden.

Die Kopplung von Aufgabendruck und Verwaltungsgröße zeigte sich zum späteren Zeitpunkt (zwischen 1975 und 1985) jedoch weitaus enger: für das Jahr 1985 konnte sogar, je nach Fallgruppe der Hilfeempfänger (bei der HbL besser als bei der HLu), zwischen 30 und 70% der Varianz der Größe der Sozialämter mit der Zahl der Hilfeempfänger erklärt werden. Weitere Umweltvariablen, wie die Zahl der *Einwohner* (die im Finanzausgleich bis heute als Determinante zur Bestimmung der Aufgaben einer Verwaltung herangezogen wird), die *Finanzkraft* und die Zahl des gesamten Personals der Stadtverwaltung hatten kaum eine Erklärungskraft in bezug auf die Größe der Sozialverwaltungen. Als Ausnahme stand allerdings die Größe der gesamten Verwaltung in der Weimarer Republik in einem starken linearen Zusammenhang zur Größe der Sozialverwaltung. Ebenso nahm die Größe der Gesamtverwaltungen, d.h. bei einem Einschluß aller Aufgabenbereiche, in den siebziger/achtziger Jahren linear mit steigender Finanzkraft der Städte zu.

Daneben bestand im untersuchten Sample von zwanzig Großstädten sowohl in der Weimarer Republik als auch in den siebziger/achtziger Jahren auch eine *Kontinuität* der Größenentwicklung der Fürsorge- oder Sozialverwaltungen. D.h., daß in der Weimarer Republik die relative Größe einer Verwaltung zu einem Teil (26% „erklärter Varianz") auch die relative Größe zum späteren Zeitpunkt determinierte; zwischen 1975 und 1985 betrug die ‚erklärte Varianz in diesem Modell sogar 80%.

In diesem Sinne kann also von einer *‚Pfadabhängigkeit'* der Verwaltungsentwicklung gesprochen werden. Diese war als unabhängige Variable in einem multiplen Modell sogar deutlich *stärker* in ihrer Erklärungskraft als jene des Aufgabendrucks, sowohl in der Weimarer Republik als auch in den siebziger/-achtziger Jahren. Nun ist nicht zu erwarten, daß eine Verwaltung ihre Größe plötzlich radikal ändert. Allerdings erscheint angesichts der dramatischen Veränderungen bei den Aufgaben, insbesondere in der akuten Wirtschaftskrise der Weimarer Republik – der vergleichsweise geringe Einfluß der Aufgaben auf die Größenentwicklung der Sozialverwaltungen dennoch beachtlich. Zu bedenken ist auch, daß gerade in dieser Zeit das enorme Wachstum der Verwaltungen *im Durchschnitt* sogar noch leicht *über* der rasanten Zunahme der Zahl der Unterstützungsfälle lag. Außerdem kam es in der Weimarer Republik zu einem *Anpassungsprozeß* dahingehend, daß die im Jahr 1925 relativ kleinen Fürsorgeverwaltungen in der Folge stärker zulegten als vergleichsweise gut besetzte, so daß für diese Phase sowohl von einer pfadabhängigen als auch „nachholenden Entwicklung" der Größe der Fürsorgeverwaltungen gesprochen werden kann.

In diesem Zusammenhang muß die in der Weimarer Zeit und danach bis heute zu verzeichnende kontinuierliche *Angleichung* oder *‚Isomorphie'* der Sozialverwaltungen und ihrer Strukturmerkmale hervorgehoben werden, was auf weitere *qualitative* Variablen deutet, unter denen die *institutionellen* hervorzuheben sind. Die Verwaltungen streuten im Sample von zwanzig Großstädten in der Organisationsstruktur beispielsweise weitaus weniger stark als beim Aufgabendruck und ihre Variation nahm im Zeitverlauf ab. Insgesamt wirkte die institutionelle Umwelt, darunter die interessierten *Fachkreise* mit ihren Organisationen wie dem Deutschen Verein, dem Städtetag und der KGSt entscheidend in die Richtung der *Vereinheitlichung* der Organisation, was nicht alleine mit der Aufgabenentwicklung erklärt werden konnte, sondern auch auf eine institutionelle *Eigendynamik* zurückgeführt werden konnte.

Die Organisation der kommunalen Sozialverwaltung wurde somit weder einem steigenden noch sinkenden Aufgabendruck jeweils entsprechend angepaßt. In Phasen großer wirtschaftlicher Not und einem raschen Anstieg von Fallzahlen erfolgte keinesfalls zwingend und den steigenden Aufgaben entsprechender zügiger Ausbau der Organisation, wobei diese z.B. in den siebziger und achtziger Jahren zunächst Rationalsierungspotential und aus den sechziger Jahren mitgeführten „slack" ausschöpfen konnte.

Entsprechend erfolgte bei einem *Rückgang* von Aufgaben, so z.B. – aus welchen Gründen auch immer – in der Zeit des Dritten Reiches und in den fünfziger und sechziger Jahren, keineswegs ein angemessener Abbau der Organisation. Im Gegenteil, in solchen Phasen wurden gerne neue Aufgaben gefunden und alte verfeinert oder aufwendiger wahrgenommen. Insbesondere im Dritten Reich zeigte sich ein großes *Beharrungsvermögen* der Verwaltung, die allen radikalen Abbauversuchen und Angriffen der Nationalsozialisten mit überwiegend großem Erfolg auswich. Ebenso zeigte sich am Fall der Entwicklung im Nationalsozialismus die partielle Abkopplung der Institution Sozialverwaltung von einer *direkten* und simplen Einflußnahme durch die politische Umwelt. Das Beharrungsvermögen und die von der Umwelt *relativ* abgekoppelte, zum Teil *eigendynamische,* Entwicklung der Institution Sozialverwaltung zeigte sich aber auch in späteren Phasen, so beim politischen Systemwechsel nach dem Zweiten Weltkrieg, als die Organisation in den alten Strukturen (vor allem: Recht und Personal) weiterarbeitete. Ebenso blieb trotz ‚turbulenter' Aufgabenlage auch danach eine zwar diskutierte grundsätzliche ‚Sozialreform' aus.

Dagegen konnten in den sechziger Jahren im Rahmen verbesserter ökonomischer Rahmenbedingungen von der Fachwelt neue, pädagogisch anspruchsvolle und theoretisch endlose Aufgaben definiert werden.

Wie eine gut organisierte Sozialverwaltung auszusehen habe, wurde durch die Fachwelt mit ihren Zeitschriften und ihrer Literatur sowie im Schriftverkehr zwischen den Städten als Leitgedanken und -modelle proklamiert. Darüberhinaus fanden Besuche zwischen den leitenden Beamten der Städte statt. Modellhaft tauschten die Beamten Organisations- und Aufgabengliederungspläne mit den einzelnen Abteilungen, Bildern der Büros, Erfahrungsberichten, Details aus Arbeitsprozessen, Musterlösungen usw., später auch Fallzahlen pro Stelle aus. Auf diese Art und Weise wurden Modelle wie das „Elberfelder“ und „Straßburger System“, das zentrale Wohlfahrtsamt, das „Trierer Modell“, die „Familienfürsorge“, die Dezentralisierung sozialer Dienste im Rahmen des „situativen Organisationstypus“ und schließlich das „Neue Steuerungsmodell“ in der Fachwelt diskutiert, propagiert und „vor Ort“ nach und nach übernommen, selbst wenn zum Teil bedeutende Unterschiede in der Organisation bis heute geblieben sind. Angesichts der immer noch bestehenden kommunalen Organisationshoheit ist das Maß an Vereinheitlichung dennoch frappant und belegt das starke Wirken der Fachwelt auf die Organisation der Sozialverwaltung und deren Differenzierung. Beispielsweise empfahl man in der Weimarer Republik in der Fachliteratur neben einer Bibliothek, die im Wohlfahrtsamt einzurichten sei, für größere Städte auch eine eigene Zeitschrift für das Wohlfahrtswesen, was auch in der Wirtschaftskrise trotz bedrückender finanzieller Not der Städte nicht selten realisiert wurde. Nach dem Vorbild anderer Städte und mit den Modellen der Fachwelt ließen sich Reorganisationen und Personalforderungen in der Regel leicht und oft ohne weitere Argumentation durchsetzen. Der Verweis auf die als fortschrittlich geltende Stadt konnte in der Regel schon genügen. An dieser Stelle ist beispielsweise nochmals darauf zu verweisen, daß der Personalausbau in der Weimarer Republik – auf dem Höhepunkt der Wirtschaftskrise – im Durchschnitt der untersuchten Städte etwas *über* dem Aufgabenwachstum lag.

Man brauche eine „moderne“ und „gut ausgebaute“ Organisation, dies sei „fachlich unumstritten“ und so fort, war die über den gesamten Zeitraum immer wiederkehrende Argumentation, die bei Personalforderungen überzeugen konnte, wobei es sich nicht selten um sogenannte „*rationale Mythen*“ handelte (vgl. Meyer, J.W./Rowan, B. 1977; Meyer, J.W./Scott, W.R. 1992; Scott, W.R./Meyer 1994). Dabei konnte man im interkommunalen Vergleich lange Zeit dann Ansehen ernten, wenn man eine besonders *stark* besetzte, weil „leistungsstarke“ Verwaltung aufwies. Selbstverständlich wurde mit der neuen, verfeinerten und vergrößerten Organisation immer auch eine bessere Aufgabenerfüllung *behauptet*. Ob diese jedoch tatsächlich erreicht wurde, war dann nie mehr ein Thema. Genauso wurde der Leitgedanke der sozialen Hilfe an sich, die Hilfe zur Selbsthilfe, über den gesamten Zeitraum zwar vom institutionellen System als Leistung behauptet und als institutionelles Prinzip reproduziert, jedoch nie in seiner Wirksamkeit überprüft oder gar wissenschaftlich nachgewiesen. In den siebziger Jahren wurde beispielsweise von der Fachwelt die „Bürgernähe" der Verwaltung und das möglichst intensive „Eintauchen in die Lebenswelt" empfohlen. Dieses erfordere, so die engagierten Fachleute, „selbstverständlich" einen intensiveren Personaleinsatz und mehr Kompetenzen für die Sozialarbeiter. Ebenso verwies man darauf, daß die Wiederbelegung ehrenamtlicher Aktivitäten Zeit und Geld sowie einen noch größeren, keinesfalls geringeren, professionellen sozialarbeiterischen Einsatz erfordere. Wurde die Seite der Sozialarbeit gestärkt, forderten im Gegenzug die Verwaltungsleute ihrerseits den Ausbau der Leitungs- und Kontrollstruktur, weshalb die Neuorganisationsbemühungen der siebziger/achtziger Jahre auch im Ergebnis nicht, wie beabsichtigt, weniger, sondern meist mehr Bürokratie und eher weniger Bürgernähe mit sich brachten. Ob mit der verfeinerten und komplexeren Organisation dann eine bessere Aufgabenbewältigung erreicht wurde, stand jedoch nach Abschluß der Reorganisation nie mehr zur Debatte. Der durch den Ausbau des bürokratischen Apparates zu verzeichnenden „kurzfristigen" Erhöhung der Personalkosten wurde immer wieder – auch dies war als *Leitgedanke* über den gesamten Untersuchungszeitraum wirksam – plakativ die angebliche *„langfristige Senkung"* der „Gesamtkosten" gegenüber gestellt. Als Belege wurden allenfalls, wenn überhaupt, Einzelbeispiele, wiederum sogenannte „vorbildlich" oder „gut ausgebaute Wohlfahrts- oder Sozialverwaltungen" angeführt. Diese vorbildlichen Verwaltungen und ihre führenden Fachbeamten, meist aus den großen Städten, gaben ihrerseits den Ton an im zentralen Fachgremium Deutschen Verein, der wiederum als Ratgeber der Politik auftrat und z.B. Gesetze weitgehend bestimmte, womit sich der Kreis schließt.

Der Ausbau und die Vereinheitlichung der Fürsorgeorganisation war, so die Quintessenz, mit *‚funktionalen' wie institutionellen* Faktoren verknüpft, die meist *wechselseitig* wirkten: so wurde sowohl mit der seit der Industrialisierung steigenden Zahl und Mobilität der Klientel, als auch der rechtlichen Differenzierung in der *institutionellen Umwelt* (Eckpunkte waren: Sozialversicherung, differenzierteres Anstaltswesen, Kriegsfürsorge nach dem Ersten Weltkrieg, sozialstaatliche Verfassung der Weimarer Republik) die Komplexität und damit die Bürokratisierung und Professionalisierung der Fürsorge entscheidend gefördert. Tatsächlich waren einerseits immer mehr und anspruchsvollere Fälle zu bewältigen und soziale Mißstände sowie Unruhen zu verhindern. Der Austausch zwischen den Fürsorgeverbänden häufte sich somit zwangsläufig und das Klientel rekrutierte sich nicht mehr nur aus „anspruchslosen Asozialen", sondern bei den Kriegsopfern aus zahlreichen Rentnern mit sozialer Reputation und Rechtsansprüchen aus der Sozialversicherung. All dies führte wohl tatsächlich oft zur Überlastung des, so damals noch, „ehrenamtlichen Personals" und der überwiegend ehrenamtlichen Sozialverwaltung. Die von den sich etablierenden Fachverbänden durchgesetzte rechtliche Differenzierung, Standardisierung und Bürokratisierung stellte andererseits aber auch einen Wert *an sich* dar, es signalisierte eine neue *Rationalität* der Aufgabenbewältigung. Mit der von der Fachwelt spätestens Anfang des Jahrhunderts vehement und oft mit *mythologischer* Verklärung geforderten „*modernen*" *planvollen*, *systematischen* und wohl *organisierten* Hilfe, die sich an *einheitlichen rechtlichen* Grundsätzen und an *Richtsätzen* für bestimmte Fallgruppen orientierte, ließ sich eine größere allgemeine Zustimmung und *Legitimation* erreichen, die jedoch unabhängig vom wirklichen Erfolg war. Insofern trug die fachliche Rationalität mit „*rationalen Mythen*", ihrerseits zur institutionellen Absicherung des „Systems" Sozialverwaltung bei, das zumindest teilweise „*eigengesetzliche*" Züge annahm und sich von seiner Umwelt ablöste. Denn grundsätzlich hängt das massenhafte Ein- und Ausströmen von Hilfsbedürftigen wesentlich von der durch die Sozialverwaltung nicht zu steuernden weiteren *ökonomischen* und *institutionellen* Umwelt (hier: Funktion der anderen sozialen Sicherungssysteme) ab.[426]

In der sich zunächst in der Jugendfürsorge langsam etablierenden *Sozialpädagogik* orientierte man sich am wissenschaftlichen Leitbild der *Medizin* und der *sozialen Hygiene*, wobei im Analogieschluß argumentiert wurde, daß ohne eine professionelle Betreuung sich die ‚*soziale Krankheit*' (‚Asozialität') ausbreite und eine tödliche Gefahr für den gesunden Volkskörper' erwachse. Es sollte, so der Tenor, nicht nur „Symptombekämpfung" betrieben, sondern „das Übel an der Wurzel" gepackt werden, indem eine „*erzieherische*" Einwirkung auf die Unterstützten erreicht, d.h. präventiv gearbeitet werde. Damit werde einzelne Not nicht zur dauerhaften und es drohe keine flächenmäßige „Verseuchung". So wie der Arzt, sei die professionelle Fürsorgerin und Fürsorger sowie der Beamte im Wohlfahrtsamt dafür nötig, denn für eine planvolle und deshalb sparsame Hilfe brauche es *mehr* als unregelmäßige Almosen, d.h. *mehr* als ehrenamtliche Hilfe. Lediglich geregelte, kontinuierliche, berechenbare, bürokratisch kontrollierte, standardisierte und professionelle Hilfe könne eine planvolle und effektive Hilfe sein. Für die Vorreiterrolle der sozialen Hygiene und die Dominanz der Gesundheitsfürsorge bei der Institutionalisierung einer professionell-bürokratischen Sozialverwaltung steht auch, daß sich zuerst die kommunale Gesundheitsfürsorge organisatorisch verselbständigte und häufig einen Führungsanspruch in der Sozialverwaltung reklamierte. Entsprechend ‚mußte' die Sozialpädagogik mit- und nachziehen — nicht selten schlicht mit diesem Argument. Nicht zuletzt war nämlich die beschriebene Entwicklung mit der Erschließung von Betätigungsfeldern und dem *Statusgewinn* der sozialen Frauenbewegung, aber auch der professionellen Armenpfleger und der im Amt Beschäftigten verbunden.

Die soziale Hygiene stellte in der historischen Perspektive ein ambivalentes Leitmotiv der „Rationalisierung" der Fürsorge dar, das neben der Professionalisierung auch das später von den Nationalsozialisten betriebene ‚Ausmerzen',

[426] Erst mit dem „Bremer Projekt" zur Erforschung sogenannter „Armutskarrieren" (vgl. Leibfried, St./Leisering, L. 1995) begann die Überprüfung des Erfolgs der sozialen Hilfe.

d.h. die radikale Vernichtung von ‚Asozialen‘ oder ‚unwertem Leben‘ unterstützte. Auch an diesem Fall läßt sich eine *Kontinuität* der historischen Entwicklung und die Beharrungskräfte der *Institution* Sozialverwaltung aufzeigen, die über die *politischen und ökonomischen* Zäsuren hinweg *relativ* unabhängig von diesen Variablen blieb. Die Kontinuität sozialhygienischer Leitbilder läßt sich in der Fachliteratur sogar – völlig ungeachtet der nationalsozialistischen Radikalisierung – bis in die fünfziger und sechziger Jahre, nachweisen, selbst wenn deren praktische Auswirkung nach dem Zweiten Weltkrieg schnell bedeutungslos wurde.

Mit dem Ausbau des bürokratischen Apparates verlagerte sich – beginnend in der Weimarer Republik, abgeschlossen in den fünfziger Jahren – die Entscheidungs*kompetenz* (insbesondere über Hilfegesuche) von den ehrenamtlichen Ausschüssen in die sich rasch verbreitenden und schnell nach relativ einheitlichen Grundsätzen, nach *rationalen* Leitideen der Fachwelt, ausgebauten Wohlfahrtsämter. Diesem durch die Fachleute proklamierten Ausbau der Wohlfahrtsämter standen die Ehrenamtlichen nicht unbedingt positiv gegenüber, bedeutete dies doch den eigenen Kompetenzverlust. Lediglich Erfüllungsgehilfe der Ämter zu werden, während sie zuvor noch als Honoratioren mehr oder weniger großzügige und spontane Zuwendungen an die von ihnen betreuten Armen verteilen konnten, führte entweder zu Widerstand oder Resignation, zur Überforderung und schließlich zum endgültigen Rückzug der Ehrenamtlichen in den fünfziger Jahren.

Entsprechend wurde die fachliche Rationalität schließlich *institutionell* abgesichert, so wurde der Einsatz von Fachkräften Anfang der sechziger Jahre rechtlich verankert. Nach dem Zweiten Weltkrieg ließ der schnelle wirtschaftliche Aufschwung eine begrenzte Reform, eine Anhebung des Anspruchsniveaus sowie eine Aufgabenausweitung und -intensivierung im Sinne der erstarkenden sozialarbeiterischen und sozialerzieherischen Profession zu. So war der Stand der Zahl der Unterstützungsempfänger seit 1949 praktisch ständig gesunken und Anfang der sechziger Jahre, als bereits wieder Vollbeschäftigung herrschte und ein Arbeitskräftemangel auftrat, auf einem absoluten Tiefpunkt angelangt. Da die Organisation in der Regel kaum verkleinert wurde, herrschten günstige Rahmenbedingungen, um die individuell angelegte, erzieherische Hilfe zu intensivieren und auszuweiten. Der sich weiterentwickelnde Leitgedanke war, daß nicht mehr materielle, sondern *‚seelische‘* Not bekämpft werden sollte, womit wiederum der Stand der erreichten Professionalisierung gestärkt wurde. Im neuen ‚Sozialhilfegesetz‘, mit dem man die Absetzung von der ‚Armenfürsorge‘ auch symbolisch reflektierte, fand sich auf Drängen der Fachkreise der Schwerpunkt bei den *‚persönlichen* Hilfen‘ und bei der, wie man nun sagte, *‚sozialen Integration‘*. Neu am ausgeweiteten pädagogischen Anspruch war auch, daß man die *‚Altenhilfe‘* als neues Aufgabengebiet mit sehr weitreichenden Ansprüchen formulierte (kulturelle Integration und Verhinderung von Vereinsamung).

Damit war der sozialstaatliche Aufgabenbereich zumindest theoretisch endlos ausgeweitet, der „*präzeptorale Supervisionsstaat*" (Willke, H. 1992) drohte gar am Horizont. Auf der anderen Seite wollte man nämlich ‚besonders Willensschwache' oder ‚in ihrem Triebleben besonders Hemmungslose', sowie solche die ‚zu verwahrlosen *drohten'*, im Rahmen der ‚Gefährdetenhilfe' in Anstalten verwahren, was erst in den siebziger Jahren durch das Bundesverfassungsgericht aufgehoben wurde. Übrigens fanden sich gegen ‚Arbeitsscheue' im BSHG von 1961 ganz ähnliche Formulierungen wie in den früheren Reichsgrundsätzen der zwanziger Jahre. Der Durchbruch der sozialfürsorgerischen Professionalisierung manifestierte sich außerdem dadurch, daß bei der gesetzlichen Reform die Notwendigkeit des Einsatzes von ‚Fachkräften' seinen Niederschlag fand. Ferner konnte von Fachverbänden der Einrichtungsträger Ende der sechziger Jahre auch das sogenannte „Kostendeckungsprinzip" im 2. BSHGÄndG durchgesetzt werden, womit die spätere „Kostenexplosion" im Einrichtungsbereich zumindest mitverursacht wurde.

Mit der institutionell abgesicherten ‚rationalen' professionellen Aufgabenwahrnehmung und dem größeren Personaleinsatz trat insbesondere nach dem Zweiten Weltkrieg und bis zu den siebziger Jahren eine weitere enorme Differenzierung und Steigerung der Komplexität der Organisation der Sozialverwaltung auf. Die einzelnen Ämter, Sozial-, Jugend- und Gesundheitsamt, wurden *selbständiger*, je größer und differenzierter sie wurden; in großen Städten differenzierten sich, beginnend nach dem Zweiten Weltkrieg in der Regel auch die Familienfürsorge, später der Allgemeine Soziale Dienst und die Altenfürsorge und -versorgung als relativ eigenständige Organisationseinheiten innerhalb von Dezernaten. Gestärkt wurde in den sechziger Jahren schließlich die Entscheidungskompetenz der Professionen der Sozialarbeiter, ebenso wie sich zunehmend Arbeitsgruppen oder, wie es im Interesse größerer Legitimation hieß, ‚teams' im Rahmen einer Dezentralisierung durchzusetzen begannen.

Bis Mitte der siebziger Jahre erfolgte eine beständige Leistungsausweitung und -anhebung: Es entstanden sowohl neue oder intensiver wahrgenommene soziale Dienste für das bestehende Klientel der Sozial- und Jugendhilfe, z.B. die ‚offene Jugendarbeit', die sogenannte ‚Gemeinwesenarbeit', ‚Stadtteilbüros, ‚Essen auf Rädern' für Alte oder ‚Alten- und Jugendbegegnungszentren', zahlreiche Kindertagesstätten sowie Alten- und Behindertenheime. Darüber kamen neue Gruppen von Hilfsbedürftigen in das Blickfeld, wie z.B. mißhandelte Frauen, wofür ‚Frauenhäuser' als Schutz- und Hilfseinrichtungen geschaffen wurden. Die quantitativ dominierende Zunahme der Kinder- und Altenbetreuungseinrichtungen zeigt einerseits, daß hier der ab den sechziger Jahren vehement betriebene Ausbau auf Veränderungen der *gesellschaftlichen Nachfrage* sozialer Dienste traf, die traditionell in der Familie, insbesondere von Frauen und unentgeltlich geleistet wurden. Diese Art der Selbsthilfe nahm aufgrund der zunehmenden Zahl an Einpersonenhaushalten, Alleinerziehenden und der steigenden Müttererwerbstätigkeit ab, so daß staatliche Unterstützung tatsächlich häufiger gefragt war. Andererseits stellte die steigende Nachfrage auch eine Reaktion auf ein zur Verfügung gestelltes Angebot dar, wofür vom Staat und der Politik auch geworben wurde, wie bei Kinder- und Altenbetreuungseinrichtungen. Ganz anders verhielt sich beispielsweise der restriktiv gehandhabte und schleppend sich entwickelnde Bereich der Obdachloseneinrichtungen. Während man in der Altenversorgung oder bei den Kindergärten als Kommune gerne eine *,führende'* Rolle für sich in Anspruch nahm und politisch verwertete, war dies bei den Obdachloseneinrichtungen eher umgekehrt.

Theoretisch läßt sich also *bilanzieren*, daß Aufgaben und Verwaltungsorganisation in einem *Wechselspiel* stehen, indem die Organisation die Aufgabe wahrnimmt, nach ihren Regeln verarbeitet und sie wie sich selbst *institutionalisiert*. Dabei antizipiert die Organisation soziale Probleme und gesellschaftliche wie politische Entwicklungen. Je mehr die Organisation zur *Institution* wird und in geregelten Austauschbeziehungen zu ihrer Umwelt steht, desto mehr ist sie auch an der Entwicklung der Problemsicht und an der aus ihr hervorgehenden Aufgabendefinition beteiligt. Das gilt gegenüber der gesellschaftlichen Umwelt, die Erwartungen formuliert, an deren Entstehen die Organisation aber unmittelbar beteiligt ist, und gegenüber der Politik, welche die Erwartungen aufgreift oder, meist von der Verwaltung bestimmte, eigene Vorstellungen entwickelt. Die Organisation, d.h. viele Verwaltungen, die zur Institution geworden sind, dominiert. Deshalb gibt es nur in wirklichen Umbruchsituationen Organisationsabbau und deshalb haben Aufgaben, gleichgültig, ob sie aus Notwendigkeit oder zufällig entstanden sind, eine Bestandsgarantie: Sie rechtfertigen die Organisation, obwohl sich diese nach anderen Gesetzmäßigkeiten entwickelt (vgl. Ellwein, Th. 1997: 50).

Einen radikalen institutionellen *Umbruch* gab es auch in den achtziger und Neunziger Jahren (noch) nicht, obwohl sich strukturelle Wandlungen abzeichnen, auf die *ausblickend* eingegangen werden soll. Zunächst gab es eine wachsende und grundsätzlicher werdende Kritik, auch im Rahmen einer allgemeinen Diskussion um den „Umbau" des Sozialstaates, und gewisse Tendenzen einer *institutionellen Krise*, in dessen Rahmen die soziale Hilfe und die sozialen Dienste stärker in die allgemeine parteipolitische Diskussion einbezogen wurden sowie etablierte institutionelle Strukturen erschüttert wurden. Dazu gehört, daß der Deutsche Verein *zum Teil* seine Vormachtstellung und seine ‚ex-cathedra-Funktion' bei der Entwicklung und Formulierung institutioneller Regelungen in diesem Bereich einbüßte, weil es zu einer stärkeren direkten parteipolitischen Einflußnahme durch die Bundesebene kam. Dieses zeigte sich insbesondere anhand der Diskussion um die Festsetzung der Regelsätze in der Sozialhilfe und um den „Warenkorb" (die Regelsätze wurden für einige Jahre durch die Haushaltsgesetzgebung „gedeckelt") sowie zum Teil bei einigen Regelungen der Pflegeversicherung.[427]

Zur institutionellen Krise trug bei, daß die Kommunen infolge der ständig steigenden Zahl der (arbeitslosen) Hilfeempfänger und den noch stärker wachsenden Sozialhilfekosten – trotz *Sparbemühungen* – ernste *Finanzierungsprobleme* bekamen, die öffentlich wirksam beschworen wurden. Die Grenzen der Finanzierbarkeit des sozialstaatlichen Wachstums tauchten auf. Darauf konzentrierte sich die ‚neokonservative und ‚neoliberale' Sozialstaatskritik, welche durch die seit 1982 bestehende Bundesregierung der CDU/CSU/FDP-Koalition starken Auftrieb erhielt, und in den letzten Jahren vehement einen ‚schlanken Staat', ‚mehr Markt' und subsidiäre Selbsthilfe proklamierte. Die Maßnahmen der Budgetbegrenzung erfaßten in der Sozialhilfe vor allem die Regelsätze der Hilfe zum Lebensunterhalt, erst zu Beginn der Neunziger Jahre wurden auch im Bereich der Finanzierung von Einrichtungen die Bemühungen um eine Kostendämpfung grundlegender: Der Abschied vom Kostendeckungsprinzip wurde ab 1994 sowohl im BSHG als auch in der neu geschaffenen *Pflegeversicherung* mit neuen institutionellen Regeln vollzogen.[428]

Neben den Finanzierungsproblemen und der allgemeinen Sozialstaatskritik stellte die seit den siebziger Jahren wachsende *Selbsthilfebewegung* das institutionelle soziale Sicherungssystem grundsätzlich in Frage. Diese institutionelle Kritik wurde zum Teil wiederum von gesellschaftskritischen oder den ‚Neuen Sozialen Bewegungen' nahestehenden Sozialarbeiterinnen und Sozialarbeitern auch innerhalb des institutionellen Systems proklamiert. Im Zuge solcher Entwicklungen kam es darüber hinaus zu einer streckenweise erheblichen *Selbstkritik* der Profession und Fachwelt. Verstärkt wurde diese Kritik des institutionellen Sicherungssystems sowohl durch die wachsenden sozialen Probleme auf der einen und durch die allgemeinen Sparbemühungen auf der anderen Seite. Allerdings kam es seit den achtziger Jahren häufiger als früher zur sozialanwaltschaftlichen Koalition von Beschäftigten der Sozialverwaltung, sozialen Einrichtungen und Verbandsvertretern der privaten Wohlfahrtspflege, die allesamt öffentlich gegen „Sozialabbau" eintraten. Vereinzelt bildeten sich sogar politische Initiativgruppen von Sozialhilfeempfängerinnen und -empfängern oder Arbeitslosen.

Vor dem Hintergrund solcher Entwicklungen erfolgten in den neunziger Jahren einige *Reformen*, die jedoch, was die institutionellen Makrostrukturen anbelangt, bisher überwiegend eine *Konsolidierung* der bisherigen Sicherungssy-

---

[427] Eine vertiefende Betrachtung der Veränderungen etablierter Verhandlungsstrukturen durch die Pflegeversicherung siehe bei: Roth, G. 1999.

[428] Zur aktuellen Entwicklung der Pflegesätze: Roth, G./Rothgang, H. 1999. Danach wurde zwar eine Standardisierung der Pflegesätze mit den neuen Regelungen erreicht, jedoch auf nach wie vor – wenngleich im Vergleich zu früher mäßiger – steigendem Niveau. Allerdings lag die Steigerung im Durchschnitt von ca. 800 untersuchten Pflegeeinrichtungen deutlich *über* der gesetzlich vorgeschriebenen Höchstgrenze, so daß die Regelungen offenbar noch nicht in vollem Maße greifen.

steme bedeuten und weitgehend in der *Kontinuität* der herrschenden Strukturen verbleiben. Allerdings zeichnet sich unterhalb und innerhalb dieser Makrostrukturen ein *Wandel* ab. Außerdem wurde in neuester Zeit verstärkt an eine *Aufgabe* der Aufgabe der sozialen Hilfe gedacht, obwohl solches bisher ausblieb: auf der einen Seite geschah dies im Zusammenhang mit der Diskussion um versorgungsorientierte Modelle eines Grundeinkommens, des Bürgergelds oder der ‚negativen Einkommensteuer' und auf der anderen Seite im Rahmen der Diskussion um den ‚schlanken Staat' sowie um die *Privatisierung* sozialer Dienste. Beides zielte zumindest theoretisch auf einen radikalen *Abbau* der Sozialverwaltung.

Tatsächlich gibt es Bemühungen um eine Privatisierung und verstärkte marktwirtschaftliche Organisation sozialer Dienste, die sich z.B. in der neu geschaffenen *Pflegeversicherung* niedergeschlagen haben. Dennoch, auch hier überlagern sich institutionelle Kontinuität und Wandel. Zwar wurde die Absicherung des Pflegerisikos lediglich von der Sozialhilfe in einen neuen Zweig der Sozialversicherung *verlagert*, wie dies vor allem vom Deutschen Verein und von den Kommunen seit den siebziger Jahren betrieben wurde, um die Finanzierung neu zu regeln, d.h. die kommunalen Haushalte zu entlasten. Dadurch wurde das gesamte für diesen Bereich zur Verfügung stehende, staatlich regulierte, Finanzvolumen ungefähr verdoppelt. Dabei, auch das ein Aspekt der institutionellen Beharrungskräfte, war das Hauptziel der Bemühungen um eine Pflegeversicherung, die Sozialhilfe als ‚individualisierendes' Hilfesystem zu erhalten. Dann wurden in weiten Zügen die Vorschläge des Deutschen Vereins, die zum Teil sogar aus den siebziger Jahren stammten, auch verwirklicht. Detaillierte Untersuchungen zur Konsensfindung bei der Pflegeversicherung bestätigen die hervorragende Bedeutung der Legitimation der bestehenden Institution Sozialversicherung, so daß bei der Pflegeversicherung das Argument des Rückgriffs auf eine *‚bewährte Lösung'* sogar von durchschlagender Wirkung war (vgl. Götting/Hinrichs 1993: 69). Dies entspricht ganz einem Befund im Sinne von March/Olsen, wonach als bewährt geltende Lösungen auf neue Probleme angewandt werden, ganz gleich, ob sie passen oder nicht. Ebenso machte sich auch hier die Dominanz des institutionalisierten Leitkonzeptes Sozialversicherung bemerkbar, ungeachtet der relativ wenig breit gestreuten Risikolage von Pflegebedürftigkeit und ungeachtet der zukünftigen demographischen Herausforderungen einer am ‚Generationenvertrag orientierten', bereits heute ‚schwächelnden' Sozialversicherung.

Mit der Pflegeversicherung wurden, trotz der Aspekte, die für weitere institutionelle Kontinuität sprechen, einige *neue* Prinzipien eingeführt, die den neuen Leitbildern der derzeitigen Verwaltungsreformen entsprechen. So sollte mehr *Wettbewerb* zwischen den Anbietern von Pflegeleistungen erreicht und ein *‚Pflegemarkt'* geschaffen werden, was zumindest quantitativ dadurch erreicht wurde, daß sich seit Beginn der Neunziger Jahre neben den etablierten öffentlichen und jenen der ‚freien Wohlfahrtspflege' zahlreiche *privatgewerbli-*

che Anbieter von Pflegeleistungen etablieren konnten. Dies gelang vor allem bei den ambulanten Pflegediensten, wo private Anbieter aufgrund der Leistungen der Pflegeversicherung sozusagen über Nacht wie Pilze aus dem Boden schossen. An der gleichwohl immer noch vorhandenen Marktmacht der ‚freien Wohlfahrtspflege' zeigt sich neben dem institutionellen Wandel, dies sei am Rande vermerkt, ein besonders pikanter Aspekt der Kontinuität. Denn die heutige Marktposition verdanken die christlichen Wohlfahrtsverbände vor allem der Tatsache, daß sie im Unterschied zu anderen, in der NS-Zeit ausgeschalteten, Trägern während dieser Zeit organisatorisch weitgehend unangetastet blieben (Klein u.a. 1997: 61). Auch dies kann als ein Hinweis auf das Wirken eher langfristiger Entwicklungen verstanden werden. Trotz der Einführung neuer Strukturen im Bereich der sozialen Dienste, wie sie insbesondere mit der Pflegeversicherung lanciert wurden, trifft die Neuordnung auf den Widerstand etablierter Staat-Verbände-Beziehungen, die sich reorganisieren und wodurch erneut institutionelle Beharrungstendenzen wirksam werden können (vgl. Roth, G. 1999). Nach wie vor liegt ein grundsätzliches Problem, welches für institutionelle Kontinuität sorgt darin, daß – wie von Fachkreisen zumindest bisher überzeugend betont wurde–, soziale Dienstleistungen nicht zu standardisieren und der Bedarf immer individuell unterschiedlich sei. D.h., die ‚Ware soziale Dienstleistung' gilt als kaum marktfähig, schon weil die Konsumenten häufig hilflos und wenig souverän sind, die ‚Hilfe' oder Dienstleistung eher zurückhaltend nachgefragt wird (z.B. bei straffälligen Jugendlichen), und bei Wahlentscheidungen einer sozialen Dienstleistung eine Vielzahl von Determinanten eine Rolle spielen, von denen der Preis nur eine untergeordnete, andere, wie der Standort, institutionelle Faktoren oder z.B. die Religion eine oft übergeordnete Rolle spielen.

Insofern bleibt abzuwarten, ob das in den Kommunen in den letzten Jahren flächendeckend eingeführte *Neue Steuerungsmodell* und die Bemühungen um die *Privatisierung* sozialer Dienstleistungen dazu beitragen, die institutionellen Strukturen der kommunalen Sozialverwaltung *grundlegend* zu verändern und vor allem ob diese *sinnvoll* umgebaut oder gar abgebaut werden. Dezentrale Ressourcenverwaltung und die effiziente Bereitstellung *vertraglich* vereinbarter *‚Produkten'* scheinen allerdings ebenso wie ‚Controlling' nicht mehr auf einen grundsätzlichen fachlichen Widerspruch zu stoßen, wenngleich die Vorbehalte dort bleiben. Die Sozialarbeiter sahen in den Neuen Steuerungsmodellen zunächst oft ‚reaktive Deckelungsinstrumente' und die Strategie, die Verantwortung für politisch unpopuläre Streichungen auf die Schultern der Fachbereiche zu verlagern. Da eine öffentliche Verantwortung, d.h., die Aufgabe der sozialen Hilfe und Dienste unumstritten scheint, ist hinsichtlich der weiteren Umsetzung der in den letzten Jahren begonnenen Reformen zumindest Skepsis angebracht, was radikale Änderungen anbelangt. Diese Skepsis ist angesichts der in der vorliegenden Arbeit vorherrschenden Pfadabhängigkeit der Verwaltungsentwicklung geboten. Mit der Auslagerung und im Gegenzug vermutlich sogar verstärkten öffentlichen Kontrolle sozialer Dienste wird sich insgesamt die *Re-*

flexivität und damit Komplexität sowohl der Aufgabenbewältigung als auch Organisation überwiegend weiter steigern.

H. Literatur

Abelshauser, W., (Hg.) 1987: Die Weimarer Republik als Wohlfahrtsstaat: zum Verhältnis von Wirtschafts- und Sozialpolitik in der Industriegesellschaft (Vierteljahrschrift für Sozial- und Wirtschaftsgeschichte: Beihefte; Nr. 81), Stuttgart: Franz Steiner-Verlag-Wiesbaden.

Adamy, W., 1993: Sozialhilfeniveau und Arbeitnehmereinkommen. Neue Armut als Folge der Regierungspolitik, in: Soziale Sicherheit 6/42. Jg., S. 161-168.

Adamy, W./*Naegele*, G., 1983: Sozialabbau und Umverteilung in der Wirtschaftskrise — zum Vergleich der Wirtschafts- und Sozialpolitik in Bonn und Weimar, in: WSI Mitteilungen, S. 603-616.

– 1985: Armenpolitik in der Krise. Bestandsaufnahme und Entwicklungstrends, in: Leibfried, St./Tennstedt, F. (Hg.), Politik der Armut und die Spaltung des Sozialstaats, Frankfurt/M.: Suhrkamp, S. 94-121.

Adamy, W./*Steffen*, J., 1983: Sozialabbau und Umverteilung in der Wirtschaftskrise — Zum Vergleich der Wirtschafts- und Sozialpolitik in Bonn und Weimar, in: WSI-Mitteilungen 10/1983, S. 603-616.

Alber, J., 1982: Vom Armenhaus zum Wohlfahrtsstaat. Analysen zur Entwicklung der Sozialversicherung in Westeuropa, Frankfurt/M.

– 1989: Der Sozialstaat in der Bundesrepublik: 1950-1983, Frankfurt/M.: Campus.

Albrecht, G., 1919a: Städtische Wohlfahrtsämter, in: Concordia Zeitschrift der Zentralstelle für Volkswohlfahrt, No. 21, 26. Jg., S. 187-189.

– 1919b: Städtische Wohlfahrtsämter II, in: Concordia Zeitschrift der Zentralstelle für Volkswohlfahrt, No. 22, 26. Jg., S. 206-208.

– 1919c: Städtische Wohlfahrtsämter III, in: Concordia Zeitschrift der Zentralstelle für Volkswohlfahrt, No. 23, 26. Jg., S. 222-225.

– 1920: Städtische Wohlfahrtsämter. Ihre Entstehung und Zweckbestimmung, ihr Arbeitsgebiet und ihre Organisation, Berlin.

Allemeyer, Jürgen, 1995: Die Pflegeversicherung und das System der Sozialhilfe: Auswirkungen für Pflegebedürftige und Einrichtungen, in: Fachinger, Uwe/Rothgang, Heinz, (Hg.), S. 177-195.

– 1996: Monetik und Ethik -- Die Kosten- und Leistungsrechnung in Alten- und Pflegeheimen, in: Theorie und Praxis der sozialen Arbeit, Nr. 7/96, S. 9-14.

André, A., 1985: Chancen der Verwirklichung der Fortentwicklung sozialer Dienste, in: Sozialer Fortschritt, S. 153-159.

André, G., 1993: Die Professionalisierung in der öffentlichen Sozial- und Altersfürsorge zwischen 1933 und 1989 (Dissertation, Universität Konstanz), Konstanz.

– 1994: Das SozialAmt, Weinheim: Beltz.

Arbeitskreis Kritischer Sozialarbeiter (AKS, Berlin), 1973: Sozialarbeit zwischen Verwaltung und Caritas oder: Was die Sozialarbeit hindert, die Interessen der „Klienten" zu vertreten, in: Hollstein, W./ Meinhold, M., (Hg.), Sozialarbeit unter kapitalistischen Produktionsbedingungen, Frankf./Main, S. 226-242.

Ascher, L., 1927: Gesundheitsfürsorge, in: Handbuch der sozialen Hygiene und Gesundheitsfürsorge (hrsgg. von Gottstein, A./Schlossmann, A./Telekey, L.) Bd. IV, Berlin: Springer, S. 1 ff.

Atzler, Bernhard, 1996: Änderung des Bundessozialhilfegesetzes durch das Pflege-Versicherungsgesetz, in: Beiträge zum Recht der sozialen Dienste und Einrichtungen, Heft 33, S. 19-29.

Aust, A. 1993: Wohlfahrtsverbände -- Hindernisse eines sozialpolitischen Strukturwandels? Überlegungen zu einigen unwidersprochenen Thesen am Beispiel des armutspolitischen Verhaltens des Paritätischen Wohlfahrtsverbandes (DPWV), in: Zeitschrift für Sozialreform (39) 9, S. 570-590.

Ayass, W., 1995: Asoziale im Nationalsozialismus, Stuttgart: Klett-Cotta.

Bach, M., 1990: Die charismatischen Führerdiktaturen: Drittes Reich und italienischer Faschismus im Vergleich ihrer Herrschaftsstrukturen, Baden-Baden: Nomos.

Bachmann, B., 1993: Verhandlungen (mit) der Bauverwaltung. Aushandlungsprozesse im Grenzbereich von Planungs- und Organisationsrecht, Opladen: Westdeutscher Verlag.

Bäcker, G./*Steffen*, J., 1995: Lohnt es sich noch zu arbeiten?, in: Theorie und Praxis der sozialen Arbeit Nr. 5/95, S. 183-192.

Backhaus-Maul; Holger, 1996: Trägerkonkurrenz und Wirtschaftlichkeitsmaximen im Sozialsektor, in: NDV 9/1996, S. 28ß-286, Halle-Wittenberg.

Backhaus-Maul, Holger/*Olk*, Thomas, 1994: Von Subsidiarität zu „outcontracting": Zum Wandel der Beziehungen von Staat und Wohlfahrtsverbänden in der Sozialpolitik, in: Streeck, Wolfgang (Hg.), Staat und Verbände (Politische Vierteljahresschrift, Sonderheft 25/1994), Westdeutscher Verlag, Opladen, S. 100-135.

Bahr, S./*Mörsberger*, Th./*Weber*, G., 1987: Sozialstationen — Inbegriff vielgestaltiger sozialer Dienste, in: NDV Nr. 6/67. Jg., S. 226-229.

Bajohr, F., 1991: Vom Honoratiorentum zur Technokratie. Ambivalenzen städtischer Daseinsvorsorge und Leistungsverwaltung im Kaiserreich und in der Weimarer Republik, in: Bajohr, F./Johe, W./Lohalm, U. (Hg.) (1991), Zivilisation und Barbarei. die widersprüchlichen Potentiale der Moderne. Detlev Peukert zum Gedenken, Hamburg, S. 66-82.

Bamberger, E., 1947: Kampf gegen Verwahrlosung und Straffälligkeit unserer Jugend, in: Deutscher Verein (Hg.), Aufgaben der Fürsorge zur Überwindung der deutschen Volksnot (Bericht über den deutschen Fürsorgetag in Frankfurt/M. des Deutschen Vereins für öffentliche und private Fürsorge am 13. Mai 1946), Berlin u.a., S. 45-69.

Bangert, W., 1969: Die Sozialhilfe, 2. Aufl., Stuttgart.

Barabas, F./*Sachße*, C., 1976: Bundessozialhilfegesetz: Sozialstaatliche Versorgung oder Armenpolizei?, in: Kritische Justiz, Heft 4, S. 359 ff.

Bastiaan, P., 1977: Die Entwicklung und Funktion der Familienfürsorge in Deutschland im Kontext der Jugendhilfe (Phil. Diss. Univ. Tübingen).

Baum, D., 1988: Bürokratie und Sozialpolitik - zur Geschichte staatlicher Sozialpolitik im Spiegel der älteren deutschen Staatsverwaltungslehre; ein Beitrag zu einer historisch-soziologischen Begründung der Bürokratisierung der Sozialpolitik, Berlin: Duncker & Humblot.

Baum, M., 1928: Familienfürsorge (Neue Folge der Schriften des Deutschen Vereins für öffentliche und private Fürsorge Heft 12), Karlsruhe.

– 1951: Familienfürsorge (Sozialpädagogische Arbeitshefte, Schriftenreihe eines sozialpädagogischen Arbeitskreises, hrsgg. v. Dr. Phil. Lina Mayer-Kulenkampff, Folge D: Methoden der Gemeinschaftshilfe, Heft 1), Berlin, Hannover, Frankfurt/M.: Berthold Schulz.

Beck, M., 1992: Sozialhilfeempfänger 1991, in: Wirtschaft & Statistik 4/1993: 279-291.

– 1994: Sozialhilfeempfänger 1992, in: Wirtschaft & Statistik 7/1994: 557-568.

Becker, A./*Küpper*, W./*Ortmann*, G., 1988: Revisionen der Rationalität, in: Küpper, W./Ortmann, G. (Hg.), Mikropolitik. Rationalität, Macht und Spiele in Organisationen. Opladen: Westdeutscher Verlag, S. 89-113.

Becker, B., 1976: Aufgabentyp und Organisationsstruktur von Verwaltungsbehörden, in: Die Verwaltung 3/1976, S. 273-296.

– 1988: Hypothesen zur Entwicklung der öffentlichen Verwaltung in Deutschland, in: Ellwein, Th./Hesse. J.J./Mayntz, R./Scharpf, F.W. (Hg.), Jahrbuch zur Staats- und Verwaltungswissenschaft, Band 2, S. 13-68.

– 1989: Öffentliche Verwaltung, Percha/Starnberger See: Verlag R. S. Schultz.

Behrend, F., 1925: Das Reichsgesetz für Jugendwohlfahrt vom 9. Juli 1922 (Kommentar), Berlin u. München: Müller.

Benson, J.K., 1977: Organizations: A Dialectical View, in: Administrative Science Quarterly, (22) March 1977, S. 1-21.

– 1983: Paradigm and Praxis in Organizational Analysis, in: Research in Organizational Behaviour, Vol 5, S. 33-56.

Berger, G., 1979: Die ehrenamtliche Tätigkeit in der Sozialarbeit. Motive, Tendenzen, Probleme — dargestellt am Beispiel des ‚Elberfelder Systems', Frankfurt, Bern, Las Vegas.

Bertram, H./*Gille*, M., (Hg.), 1990: Datenhandbuch. Zur Situation von Familien, Kindern und Jugendlichen in der Bundesrepublik Deutschland (Materialien zum 8. Jugendbericht, Bd. 4) (hrsgg. v. d. Sachverständigenkommission 8. Jugendbericht), München: Juventa/Deutsches Jugendinstitut.

Beyer, L./*Grimmer*, K./*Kneissler*, Th./Urlen, M., 1994: Verwaltungsorganisation und Institution, in: Göhler, G. (Hg.), Die Eigenart der Institutionen: zum Profil politischer Institutionentheorie, Baden-Baden: Nomos, S. 245-272.

Bickel, H., 1996: Pflegebedürftigkeit im Alter: Ergebnisse einer populationsbezogenen retrospektiven Längsschnittstudie, in: Das Gesundheitswesen, 58, S. 56-62.

Biermann, B., 1992: Soziale Arbeit als Beruf: Institutionalisierung und Professionalisierung sozialer Arbeit (mit einem Exkurs von Dietrich Kühn), in: Biermann, B. u.a., Studienbücher für soziale Berufe: Soziologie, Neuwied: Kriftel, Berlin, S. 231-280.

Birk, H.-U., u.a., (Hg.), 1994: Bundessozialhilfegesetz: Lehr- und Praxiskommentar; mit einer Kurzkommentierung zum Asylbewerberleistungsgesetz (Gesetzesstand 1.7.1994), 4. Aufl., Baden-Baden: Nomos.

Birk, U.-A./*Brühl*, A./*Hofmann*, A./*Roscher*, F./*Stahlmann*, G./*Trenk-Hinterberger*, P./*Weth*, H.-U., 1993: Änderungen des Sozialhilferechts (Gesetz zur Umsetzung des Föderalen Konsolidierungsprogramms, Asylbewerberleistungsgesetz, Entscheidung des Bundesverfassungsgerichts zu § 218 StGB), in: info also 3/93, S. 107-136.

Blais, A./*Dion*, St., (Hg.), 1991: The Budget-Maximizing Bureaucrat. Appraisals and Evidence, Pittsburgh: University Press.

Blanke, Th./*Sachße*, Ch., 1987: Wertwandel in der Sozialarbeit — Verfassungstheoretische Überlegungen zur Kritik des Sozialisationsstaates, in: Olk, Th./Otto, H.-U. (Hg.), Soziale Dienste im Wandel (Bd. 1). Neuwied; Darmstadt: Luchterhand.

Blau, P./*Schoenherr*, R.A., 1971: The structure of organizations, New York/London: Basic Books.

Blau, P.M./*Meyer*, M.W., 1987: Bureaucracy in Modern Society, 3. Aufl., New York: Random House.

Blaum, o.V., 1924: Wohlfahrtsämter, in: Handwörterbuch der Kommunalwissenschaften Bd. IV (Hgg. v. J. Brix u.a.), Jena: Gusav Fischer, S. 492-494.

Boeßenecker, K.-H., 1995: Das neue Steuerungsmodell: Eine neue Rationalisierungsvariante der sozialen Arbeit oder: Guten Tag, Herr Kollege, was macht Ihre Erfolgskurve?, in: Soziale Arbeit 4/95, S. 127-134.

Böhnisch, L./*Lösch*, H., 1975: Das Handlungsverständnis des Sozialarbeiters und seine institutionelle Determination, in: Otto, H.-U./Schneider, S. (Hg.), Gesellschaftliche Perspektiven der Sozialarbeit, S. 21-40.

Böllert, K./*Otto*, H.-U., 1990: Jugendhilfe zwischen Prävention und Normalisierung. Strukturmuster und Interventionsvormen öffentlicher Erziehungshilfe am Beispiel von Großstadtjugendämtern (NRW), in: Sachverständigenkommission 8. Jugendbericht, Jugendhilfe — Historischer Rückblick und neuere Entwicklungen, Materialien zum 8. Jugendbericht, Bd. 1, Deutsches Jugendinstitut, S. 97-154.

Bolzau, H., 1917: Wohlfahrtsämter. Zentralisation der Wohltätigkeit und Wohlfahrtspflege in deutschen Städten, Stuttgart.

Bonnenberg, E., 1926: Jugendamt und Wohlfahrtsamt - Grundsätzliche Erläuterungen zum organisatorischen Einbau der Jugendfürsorge in die allgemeine soziale Fürsorge, Freiburg i.Br.: Caritasverlag.

Böttger, o.V., 1930: Denkschrift zur Reform der Wohlfahrtspflege in Mannheim, in: Blätter der Wohlfahrtspflege der Stadt Mannheim .

Bourgett, J./*Preusser*, N./*Völkel*, R., 1980: Kommunale Sozialpolitik, Sozialökologie und Verwaltungshandeln in der Jugend- und Sozialhilfe, in: Müller, S./Otto, H.-U. (Hg.), Sozialarbeit als Sozialbürokratie?, S. 29-59.

Bracher, K.D., 1985: Grundlagen des nationalsozialistischen Herrschaftssystems, in: Jeserich/ Pohl/Unruh, (Hg.), Deutsche Verwaltungsgeschichte Bd. 4. Stuttgart: Deutsche Verlags-Anstalt, S. 653-663.

Brack, R., 1991: Das Arbeitspensum des Sozialarbeiters, 2. Aufl., Bern, Stuttgart: Haupt.

Brackmann, P./*Drilling*, Ph., 1950: Wohlfahrtspflege, Detmold, Herford.

Brandes, W., 1990: Der Staat als Arbeitgeber: Daten und Analysen zum öffentlichen Dienst in der Bundesrepublik, Frankfurt/M.: Campus.

Braun, H., 1955: Der Deutsche Verein im Geschehen seiner Zeit, in: Deutscher Verein (Hg.), Beiträge zur Entwicklung der deutschen Fürsorge. 75 Jahre Deutscher Verein. Köln/Berlin: S. 1-132.

Breckner, I./*Heinelt*, H. u.a., 1989: Armut im Reichtum: Erscheinungsformen, Ursachen und Handlungsstrategien in ausgewählten Großstädten der Bundesrepublik, Bochum: Germinal.

Breidenstein, W. 1997: Beschäftigte der öffentlichen Arbeitgeber am 30. Juni 1996, in: wirtschaft und statistik, 11/1997, S. 785-792.

Bronke, K./*Wenzel*, G., 1980: Sozialarbeiterische Verwaltung oder verwaltete Sozialarbeit? Neuorganisation der sozialen Dienste in Duisburg-Hamborn, in: Barabas, F./Blanke, Th./Sachße, Ch./Stascheit, U. (Hg.), Jahrbuch der Sozialarbeit 1978, S. 309-342.

Bronke, K./*Wenzel*, G./Leibfried, St., 1989: Soziale Dienste zwischen Herrschaft und öffentlicher Produktion — Zur Doppelstruktur kommunaler Sozialverwaltung, in: Olk, Th./Otto, H.-U. (Hg.), Soziale Dienste im Wandel Bd. 3, S. 23-54.

Broszat, M, 1992: Der Staat Hitlers — Grundlegung und Entwicklung seiner inneren Verfassung, 13. Aufl., München: DTV.

Bruch, R.v., (Hg.), 1985: ‚Weder Kommunismus noch Kapitalismus'. Bürgerliche Sozialreform in Deutschland vom Vormärz bis zur Ära Adenauer, München.

Brunsson, N., 1993: The organization of hypocrisy. Talk, decisions and actions in organizations, Chichester.

Buck, L., 1990: Entwicklung von Organisation und Aufgabe der Straßenbauverwaltung im 19. Jahrhundert (Projektpapier Universität Konstanz), Konstanz.

Buck-Heilig, L., 1989: Die Gewerbeaufsicht. Entstehung und Entwicklung, Opladen: Westdeutscher Verlag (Studien zur Sozialwissenschaft, Bd. 87).

Buck-Heilig, L./*Drexler*, A./*Ellwein*, Th./Schmitt, R., 1989: Die Bedeutung der Gendarmerie und Ortspolizei. Projektpapier SFB 221-B5, Konstanz.

Bull, H.P., 1974: Wandel und Wachsen der Verwaltungsaufgaben, in: Becker, U./Thieme, W. (Hg.), Handbuch der Verwaltung, Heft 2.1, S. 1-24.

– 1977: Die Staatsaufgaben nach dem Grundgesetz, Kronberg.

– 1990: Zum Wandel öffentlicher Aufgaben und Staatsfinanzen, in: Hesse/Zöpel (Hg.), Der Staat der Zukunft, a.a.O., S. 31-38.

Bundesministerium für Jugend, Familie und Gesundheit (Hg.), 1973: Dritter Jugendbericht (BTDrs VI/3170), 2. Aufl., Bonn.

Burns, T./*Stalker*, G.M., 1961: The Management of Innovation, London: Tavistock.

– 1971: Mechanische und organisatorische Systeme des Management, in: Mayntz, R. (Hg.), Bürokratische Organisation, 2. Aufl., Köln und Berlin: Kiepenheuer & Witsch Verlag, S. 147-154.

Bußmann-Strelow, G., 1992: Kommunale Politik im Sozialstaat. Nürnberger Wohlfahrtspflege in der Weimarer Republik (Diss. Universität Münster), Münster.

Büttner, R., 1939: Städtische Wohlfahrtsarbeit, in: Althaus, H/Betcke, W. (Hg.), Handwörterbuch der Wohlfahrtspflege, Berlin, S. 1004-1012.

Campbell, C./*Naulls*, D., 1991: The Limits of the Budget-Maximizing Theory: Some Evidence from Officials' Views of Their Roles and Careers, in: Blais, A.,/Dion, St., (Hg.), The Budget-Maximizing Bureaucrat. Appraisals and Evidence, Pittsburgh: University Press, S. 85-119.

Caplan, J., 1988: Government without administration. State and Civil Service in Weimar and Nazi-Germany, Oxford: Clarendon Press.

Carspecken, F., 1971: Die Selbständigkeit des Jugendamts — unmodern oder notwendig?, in: NDV Nr. 7/51. Jg., S. 183-185.

Child, J., 1972: Organizational Structure, Environment and Performance: The Role of Strategic Choice, in: Sociology, (1972), S. 1-22.

Cohen, J./*Cohen*, P., 1975: Applied multiple regression/correlation analysis for the behavioral sciences, Hillsdale, New-York: Erlbaum.

Cohen, M.D./*March*, J.G./*Olsen*, J.P., 1972: A Garbage Can Model of Organizational Choice, in: Administrative Science Quarterly 1972, S. 1-25.

Conze, W., 1984: Rasse, in: Geschichtliche Grundbegriffe: histor. Lexikon zur polit.-sozialen Sprache in Deutschland (Hrsg. v. O. Brunner), Stuttgart: Klett-Cotta, S. 135-178.

Cordemann, M. 1934: Zusammenarbeit zwischen beruflichen und ehrenamtlichen Kräften in der Wohlfahrtspflege des nationalsozialistischen Staates, in: Deutsche Zeitschrift für Wohlfahrtspflege, 9. Jg. Nr. 11, S. 490-495.

Crew, D.F., 1990: „Wohlfahrtsbrot ist bitteres Brot". The Elderly, the Disabled and the Local Welfare Authorities in the Weimar Republic, in: Archiv für Sozialgeschichte 30 (1990), S. 217-245.

Crozier, M., 1964: The Bureaucratic Pheonomenon, Chicago: University of Chicago Press.

– 1971: Der bürokratische Circulus vitiosus und das Problem des Wandels, in: Mayntz, R. (Hg.), Bürokratische Organisation. Köln, Berlin: Kiepenheuer & Witsch Verlag, S. 277-287.

Crozier, M./*Friedberg*, E., 1979: Macht und Organisation - Die Zwänge des kollektiven Handelns, Original 1977, übersetzt von E. Friedberg u. S. Stelzer, Königstein/Ts.: Athenäum.

Cuno, 1927: Grundsätzliches bei der Aufstellung und Handhabung von Richtsätzen für die Unterstützung Hilfsbedürftiger (Veröffentlichungen d. Deutschen Vereins für öffentliche und private Fürsorge, Reihe: Aufbau und Ausbau der Fürsorge, Heft 12).

– 1933: Die Richtsätze der öffentlichen Fürsorge; Grundsätze für ihre Aufstellung und Handhabung (Veröffentlichungen d. Deutschen Vereins für öffentliche und private Fürsorge Reihe: Aufbau und Ausbau der Fürsorge, Heft 19).2. Aufl.,

Czada, R. 1994: Konjunkturen des Korporatismus: Zur Geschichte eines Paradigmenwechsels in der Verbändeforschung, in: Streeck, Wolfgang (Hg.), Staat und Verbände (Politische Vierteljahresschrift, Sonderheft 25/1994), Westdeutscher Verlag, Opladen, S. 37-64.

Czada, R./*Schmidt*, M.G., 1993: Einleitung zu Verhandlungsdemokratie, Interessenvermittlung, Regierbarkeit (Festschrift für Gerhard Lehmbruch zum 65. Geburtstag), in: Czada, Roland/Schmidt, M.G. (Hg.), Verhandlungsdemokratie, Interessenvermittlung, Regierbarkeit (Festschrift für Gerhard Lehmbruch zum 65. Geburtstag), Westdeutscher Verlag, Opladen, S. 7-24.

– 1993: Verhandlungsdemokratie, Interessenvermittlung, Regierbarkeit (Festschrift für Gerhard Lehmbruch zum 65. Geburtstag), Westdeutscher Verlag, Opladen.

Czada, R.M./*Windhoff*, A., (Hg.), 1991: Political choice: institutions, rules, and the limits of rationality, Frankfurt/M. u. Bolder, Colorado: Campus, Westview Press.

Dahme, H.-J./*Grunow*, D./*Grunow-Lutter*, V./*Hegner*, F./*Lempert*, J., 1980: Die Neuorganisation der ambulanten Sozial- und Gesundheitspflege, Bielefeld: B. Kleine.

Damkowski, W./*Luckey*, K., 1990: Neue Formen lokaler Sozial- und Gesundheitsdienste (Bd. 3 der Reihe „Zukunft durch öffentliche Dienste“, hrsgg. v. M. Wulf-Mathies), Köln: Bund Verlag.

Dane, Thomas, 1996: Auf Heller und Pfennig, in: Blätter der Wohlfahrtspflege 10/96, S. 274-277.

Dedijer, V., 1989: Jasenovac — das jugoslawische Auschwitz und der Vatikan (hrsgg. und mit einem Vorwort von G. Niemietz), 2. Aufl., Freiburg: Ahriman.

Deininger, D., 1993: Sozialhilfe und Kriegsopferfürsorge, in: wirtschaft und statistik 12/1993, S. 916-923.

Deschner, K., 1965: Mit Gott und den Faschisten. Der Vatikan im Bunde mit Mussolini, Franco, Hitler und Pavelic, Stuttgart: Hans E. Günther.

Deutscher Caritasverband, (Hg.), 1986: Ehrenamt und Selbsthilfe (Redaktion: Boll, F./Buschmann, E.), Freiburg: Lambertus.

Deutscher Städtetag, 1926: Städte — Staat — Wirtschaft (Denkschrift des Deutschen Städtetages), Berlin: Selbstverlag.

Deutscher Verein, (Hg.), 1919: Jugendämter als Träger der öffentlichen Jugendfürsorge im Reich, Bericht über Verhandlungen des Deutschen Jugendfürsorgetages am 20. und 21. Sept. 1918 in Berlin, Berlin: Carl Heymanns.

– 1921a: Die gesetzliche Reform der öffentlichen Armenpflege. Bericht über die Verhandlungen des 36. Dt. Fürsorgetages des DV am 25.9. 1920 in Jena, Karlsruhe: Braun.

– 1921b: Wohlfahrtsamt und Familienfürsorge (Gekürzter Bericht über die Tagung des Fachausschusses für städtisches Fürsorgewesen in Nürnberg am 13. u. 14. Sept. 1921), Frankfurt/M., Hanau: Kittsteiner.

– 1924: Bericht über die Verhandlungen des 38. Dt. Fürsorgetages des DV am 7./8.3. 1924 in Frankfurt a.M., Karlsruhe: Braun.

– 1961: Materialien zum Reichsjugendwohlfahrtsgesetz vom 9.7.1922 Bd. I u. II, Frankfurt/M.

– 1983: Empfehlungen zur Organisation des kommunalen allgemeinen Sozialdienstes, Heft 68 (Kleine Schriften des DV), Frankfurt/M.

– 1922: Bericht über die Verhandlungen des 37. Deutschen Fürsorgetages des DV am 28. und 29. Oktober in Weimar, Karlsruhe: Braun.

– 1926: Bericht über die Verhandlungen des 39. Dt. Fürsorgetages des DV am 14./15./16.10. 1925 in Breslau, Karlsruhe: Braun.

– 1947: Aufgaben der Fürsorge zur Überwindung der deutschen Volksnot (Bericht über den deutschen Fürsorgetag in Frankfurt/M. des DV am 13. Mai 1946), Berlin, München, Wien: Urban & Schwarzenberg.

– 1950: Fürsorge im Dienst der wirtschaftlichen und sozialen Sicherung der Bevölkerung. Verhandlungen und Ergebnisse des deutschen Fürsorgetages 1949 in Bielefeld, herausgegeben von Prof. Dr. Wilhelm Polligkeit, München, Düsseldorf: Wilhelm Steinebach.

– 1955: Beiträge zur Entwicklung der Deutschen Fürsorge, 75 Jahre Deutscher Verein (Schriften des DV, hrsgg. v. Hans Muthesius), Köln, Berlin: Carl Heymanns.

– 1958: Die Neuordnung des Fürsorgerechts als Teil einer Sozialreform. Gesamtbericht über den Deutschen Fürsorgetag 1957 in Essen, Berlin.

– 1976: Empfehlungen zur Teamarbeit in sozialen Diensten. Mit Erläuterungen von Ursula Feldmann und Walter Schellhorn (Kleine Schriften des DV, Heft 56), Frankfurt/M.

Deutsches Jugendinstitut (Hg.), 1973: Zur Reform der Jugendhilfe: Analysen und Alternativen, München: Juventa.

Dewe, B./*Otto*, H.-U., 1984: Professionalisierung, in: Eyferth, H. u.a. (Hg.), Handbuch zur Sozialarbeit/Sozialpädagogik, Neuwied, Darmstadt: Luchterhand, S. 775-811.

DiMaggio, P.J./*Powell*, W.W., 1983: The Iron Cage Revisited: Institutional Isomorphism and Collective Rationality in Organizational Fields, in: American Sociological Review 48 (April): 147-60.

– 1991: The New Institutionalism in Organizational Analysis, Chicago: University Press.

Dolls, M./*Hammetter*, V., (Hg.), 1978: Organisation des Jugendamtes (Bestand), Überlegungen zum Bestand und zu Entwicklungstendenzen hinsichtlich der Organisation Jugendamt, in: Deutsches Institut für Urbanistik (Hg.), Planung der Jugendhilfe, Berlin: DIFU.

Dornbusch, U./*Grimme*, K./*Kraak*, R./*Spindler*, H./*Stoll*, Ch., 1977: Der Berliner Modellversuch zur Neustrukturierung der Sozialen Dienste, in: NDV Nr. 8/57. Jg., S. 213-216.

Downs, A., 1967: Inside Bureaucracy, Boston: Little, Brown and Company.

Dreier, H., 1991: Hierarchische Verwaltung im demokratischen Staat: Genese, aktuelle Bedeutung und funktionelle Grenzen eines Bauprinzips der Exekutive, Tübingen: Mohr.

Dreisbach, D., 1975: Zur bürokratischen Organisation der Sozialarbeit, in: Otto, H.-U./Schneider, S. (Hg.), Gesellschaftliche Perspektiven der Sozialarbeit, zweiter Halbband, S. 41-53.

Drexler, A., 1989: Alte und neue Fürsorglichkeit. Gewerbeförderung von 1800 bis heute. Mit Fallstudien aus Ostwestfalen-Lippe, Opladen: Westdeutscher Verlag.

Dringenberg, R., 1987: Dezentrale elektronische Datenverarbeitung in der sozialen Arbeit — Bestandsaufnahmen und Entwicklung in den Feldern der beruflichen Praxis. Ergebnisse und Einschätzungen einer Umfrage, in: NDV 3/67. Jg., S. 106-115.

Dunleavy, P., 1991: Democracy, bureaucracy and public choice. Economic explanations in political science, New York u.a.: Harvester Wheatsheaf.

Dünner, J., (Hg.), 1929: Handwörterbuch der Wohlfahrtspflege, 2. Aufl., Berlin.

– 1925: Gesetze, Verordnungen, Erläuterungen: Reichsfürsorgerecht, München: Beck'sche Verlagsbuchhandlung.

Dunsire, A., 1991: Bureaucrats and Conservative Governments, in: Blais, A.,/Dion, St., (Hg.), The Budget-Maximizing Bureaucrat. Appraisals and Evidence, Pittsburgh: University Press, S. 175-205.

Düthorn, K. 1941: Die Ausgaben der wirtschaftlichen Fürsorge in Nürnberg (1924-38), Diss.

Dyckerhoff, K., 1983: Die Fürsorge in der Nachkriegszeit, in: Landwehr, R./Baron, R. (Hg.), Geschichte der Sozialarbeit. Basel, Weinheim, S. 219-249.

Eichenmüller, N., 1929: Die wirtschaftliche Fürsorge der Stadt Nürnberg in den letzten zehn Jahren, in: Wohlfahrtsblätter der Stadt Nürnberg 8. Jg. Nr.4/1929, S. 1-9.

Eichmann, R., 1995: Offensives Jugendamt, in: Social management 5/95, S. 16-18.

Eiserhardt, H., 1925: Das Zusammenwirken der Organe des Innen- und Außendienstes in der wirtschaftlichen Fürsorge eines Wohlfahrtsamtes. Aufbau und Ausbau der Fürsorge, in: Veröffentlichungen des Deutschen Vereins für öffentliche und private Fürsorge, Heft 5. Frankfurt.

– 1929: Ziele eines Bewahrungsgesetzes (Veröffentlichungen des Deutschen Vereins für öffentliche und private Fürsorge, Heft 15, Reihe: Aufbau und Ausbau der Fürsorge), Frankfurt.

Ellwein, Th., 1981: Geschichte der öffentlichen Verwaltung, in: König, K./Oertzen, H.J. v./Wagener, F. (Hg.), Öffentliche Verwaltung in der Bundesrepublik Deutschland. Baden-Baden: Nomos Verlagsgesellschaft, S. 37-51.

– 1987a: Verwaltung heute und morgen - Verwaltung im gesellschaftlichen Wandel, in: Verband der Verwaltungsbeamten in Baden-Württemberg e.V. (Hg.), Verwaltung im Wandel der Zeit. Stuttgart, München, Hannover: Boorberg Verlag, S. 124-139.

– 1987b: Entwicklungstendenzen der deutschen Verwaltung im 19. Jahrhundert, in: Ellwein, Th. u.a. (Hg.), Jahrbuch zur Staats- und Verwaltungswissenschaft, Band 1. Baden-Baden: Nomos Verlagsgesellschaft, S. 13-54.

– 1989: Verwaltungsgeschichte und Verwaltungstheorie, in: Jahrbuch zur Staats- und Verwaltungswissenschaft, Bd. 3. Baden-Baden: Nomos, S. 465-476.

– 1992: Norm, Normalität und das Anormale. Entwurf einer Problem- und Forschungsskizze, in: Benz, A./Seibel, W. (Hg.), Zwischen Kooperation und Korruption: Abweichendes Verhalten in der Verwaltung. Baden-Baden: Nomos-Verlagsgesellschaft, S. 19-30.

– 1993: Der Staat als Zufall und als Notwendigkeit. Die jüngere Verwaltungsentwicklung in Deutschland am Beispiel Ostwestfalen-Lippe. Band 1: Die öffentliche Verwaltung in der Monarchie 1815-1918, Opladen: Westdeutscher Verlag.

– 1994a: Bemerkungen zu den Fragestellungen, zum Ablauf und zu einigen Ergebnissen des Projektes ‚Verwaltungsentwicklung', in: Beiträge zur Verwaltungsentwicklung — vorläufiger Ergebnisbericht eines von Thomas Ellwein geleiteten Forschungsprojektes, Universität Konstanz (verfielfältigter Bericht), S. 1-18.

– 1994b: Das Dilemma der Verwaltung: Verwaltungsstruktur und Verwaltungsreformen in Deutschland (Meyers Forum 22), Mannheim u.a.: BI-Taschenbuchverlag.

– 1997: Der Staat als Zufall und als Notwendigkeit: Die jüngere Verwaltungsentwicklung in Deutschland am Beispiel Ostwestfalen-Lippe. Bd. 2: Die öffentliche Verwaltung im gesellschaftlichen und politischen Wandel, 1919-1990, Opladen: Westdeutscher Verlag.

Ellwein, Th./*Hesse*, J. J., 1987: Das Regierungssystem der Bundesrepublik Deutschland, 6. Aufl., Opladen: Westdeutscher Verlag.

– 1995: Der überforderte Staat, Baden-Baden: Nomos.

Ellwein, Th./*Zoll*, R., 1973: Zur Entwicklung der öffentlichen Aufgaben in der Bundesrepublik Deutschland. Forschungsgruppe Ellwein/Zoll für Systemanalyse und politische Planung, in: Siedentopf, H. (Hg.), Funktion und allgemeine Rechtsstellung - Analyse der Funktion des öffentlichen Dienstes. Baden-Baden: Nomos Verlagsgesellschaft, S. 203-350.

Elsas, F., 1930: Wohlfahrtserwerbslose und Gemeindefinanzen, in: Der Städtetag (Mitteilungen des Deutschen Städtetages) 24. Jg., Nr. 2, 4.2.1930, S. 53-56.

Engel, St./*Behrendt*, H., 1927: Säuglingsfürsorge (einschließlich Pflegekinderwesen und Mutterschutz), in: Handbuch der sozialen Hygiene und Gesundheitsfürsorge (hrsgg. von Gottstein, A./Schlossmann, A./Telekey, L.) Bd. IV, Berlin: Springer, S. 28 ff.

Engelhardt, H.D. 1991: Innovation durch Organisation: unterwegs zu problemangemessenen Organisationsformen (Fachhochschule München, Fachbereich 11), München: Steinbauer u. Rau.

Engeli, Ch., 1983: Städte und Staat in der Weimarer Republik. Hans Herzfeld zum Gedenken, in: Kirchgässner, B./Schadt, J. (Hg.), Kommunale Selbstverwaltung — Idee und Wirklichkeit, Sigmaringen, S. 163-181.

Erbe, R./*Erbe*, S. 1993: Sozialhilfe auf dem Prüfstand, in: Wirtschaftsdienst, XI, S. 588-596.

Ettwein, o.V., 1934: Wohlfahrtspflege im neuen Staat, in: DZW 6/34, S. 209-215.

Evans, P.B./*Rueschemeyer*, D./*Skocpol*, Th., (Hg.), 1985: Bringing the State Back In, Cambridge u.a.: Cambridge Univ. Press.

Fachinger, U./*Rothgang*, H., 1995: Die Auswirkungen der Einführung der gesetzlichen Pflegeversicherung (Bericht über ein Kolloquium am Zentrum für Sozialpolitik der Universität Bremen), in: NDV 5/95, S. 192-197.

– 1995a: Die Wirkungen des Pflege-Versicherungsgesetz (Sozialpolitische Schriften; H. 68), Duncker & Humblot, Berlin.

– 1995b: Die Neustrukturierung der Finanzierung von Pflegeleistungen: Eine Analyse ihrer Wirkungen auf die personelle Einkommensverteilung, in: Fachinger, Uwe/Rothgang, Heinz (Hg.): Die Wirkungen des Pflege-Versicherungsgesetzes, Duncker & Humblot, Berlin, S. 223-241.

Falkenberg, E., 1961: 40 Jahre Familienfürsorge, in: Der Sozialarbeiter: 2-12.

Faltermeier, J., 1992: Jugendhilfe im gesellschaftlichen Wandel, Frankfurt/M.: Deutscher Verein.

Faust, A., 1987: Von der Fürsorge zur Arbeitsmarktpolitik: Die Errichtung der Arbeitslosenversicherung, in: Abelshauser, W. (Hg.), Die Weimarer Republik als Wohlfahrtsstaat, S. 260-279.

Fehre, Horst, 1977: Ausgewählte Strukturdaten der Gemeinden mit 10.000 und mehr Einwohnern, in: DST (Hrsg.) Statistisches Jahrbuch Deutscher Gemeinden, 64. Jg., S. 24 ff.

Feldmann, U., 1988: Der Allgemeine Sozialdienst in der Bundesrepublik Deutschland — Bestandsaufnahme und Weiterentwicklung (Bericht über eine Fachtagung), in: NDV Nr. 11/68. Jg., S. 334-340.

– 1989: Einsatz und Arbeitsprobleme des Allgemeinen Sozialdienstes (Bericht über eine Fachtagung für Dezernenten und Amtsleiter), in: NDV Nr. 11/69. Jg., S. 385-390.

– 1993: Einsatz und Arbeitsprobleme des Allgemeinen Sozialdienstes (Bericht über eine Fachtagung für Dezernenten und Amtsleiter), in: NDV Nr. 11/69. Jg., S. 385-390.

Feser, H.-D., 1985: Zu den ökonomisch-fiskalischen Handlungsprämissen der Kommune, in: Krüger, J./Pankoke, E. (Hg.), Kommunale Sozialpolitik, München, Wien: R. Oldenbourg: 1985, S. 77-97.

Fichtner, O., 1984: Die Zukunft der Sozialhilfe, in: NDV 8/64. Jg., S. 284-289.

– 1987: Sozialhilfe 2012. Perspektiven und Entwicklungstendenzen, in: Blätter der Wohlfahrtspflege 7-8/87: 182-184.

– 1988: Brauchen wir eine neue soziale Grundsicherung (Referat bei der Mitgliederversammlung des Deutschen Vereins am 3. 12.1987), in: NDV 3/68. Jg., S. 70-73.

Fischer, I., 1925: Die heutige Organisation der öffentlichen Jugendfürsorge in Nürnberg, in: Wohlfahrtsblätter der Stadt Nürnberg, Nr. 1/2, S. 6-9. Nürnberg.

Flamm, F., 1959: Verwaltung und behördliche Sozialarbeit im Blick auf die Neuordnung der sozialen Berufsausbildung, in: NDV 9/1959, S. 275-277.

Flora, P., 1982: Krisenbewältigung oder Krisenerzeugung? Der Wohlfahrtsstaat in historischer Perspektive, in: Mommsen, W.J. (Hg.), Die Entstehung des Wohlfahrtsstaates in Grossbritannien und Deutschland 1850-1950 (Veröffentlichungen des Deutschen Historischen Instituts London, Bd. 11), Stuttgart: Klett-Kotta, S. 353-398.

Foucault, M., 1977: Überwachen und Strafen. Die Geburt des Gefängnisses, Frankfurt/M.: Suhrkamp.

Frank, W., 1993: Zum sozialpolitischen Effekt der Pflegeversicherung, in: NDV 12/1993, S. 441-442.

– 1994: Zur Umsetzung der Pflegeversicherung, in: NDV 10/1994, S. 366-373.

Frankenberg, (o.V.), 1907: Die berufliche und fachliche Ausbildung in der Armenpflege, in: Levy, A./Frankenberg, (o.V.)v., Die berufliche und fachliche Ausbildung in der Armenpflege. Schriften des Deutschen Vereins für Armenpflege und Wohltätigkeit, Heft 79. Leipzig, S. 1-84.

Freier, D., 1970: Überlegungen zu einer neuen Organisation der kommunalen Sozialarbeit, in: NDV Nr. 2, 50. Jg., S. 34-39.

– 1994: Eigenständigkeit für kommunale soziale Dienste und Einrichtungen — Chancen der Diskussion um ‚Privatisierung' fachlich nutzen!, in: NDV Nr. 6/94, S. 210-216.

Freimark, J., 1993: Die Gesetzliche Pflegeversicherung schafft neue Strukturen, in: NDV 12/1993, S. 442-449.

Friedeberg, E., (Hg.), 1924: Reichsjugendwohlfahrtsgesetz nebst Einführungsgesetz vom 9.7.1922 i.d.F. der Verordnung v. 14.Februar 1924, Preussischem Ausführungsgesetz und Preussischer Ausführungsanweisung v. 29.März 1924 (Textausgabe), Berlin: Carl Heymanns.

Friedeberg, E./*Polligkeit*, W., 1923: Reichsgesetz für Jugendwohlfahrt - Kommentar, Berlin: Carl Heymanns.

Fromann, M., 1990: Neue Informations- und Kommunikationstechniken in der sozialen Arbeit, in: NDV 6/1990, S. 168-183.

Früh, W., 1991: Inhaltsanalyse. Theorie und Praxis, 3. Aufl., München: Ölschläger.

Fuchs, M., 1963: Sozialhilfe und Kriegsopferfürsorge, Siegburg.

Fuchs, P./*Habermann*, B., 1993: Änderungen des Kinder- und Jugendhilfegesetzes, in: NDV 3/1993, S. 92-94.

Gaensslen, H./*Schubö*, W., 1976: Einfache und komplexe statistische Analyse. Darstellung der multivariaten Verfahren für Sozialwissenschaftler und Mediziner, 2. Aufl., München: Reinhardt.

Galperin, P., 1988: Der (Eck-) Regelsatz der Sozialhilfe — Rückblick und Ausblick, in: NDV Nr. 10/68. Jg., S. 296-297.

Gawel, E., 1995: Die Wirkungen des Pflege-Versicherungsgesetzes auf die institutionelle Verteilung, in: Fachinger, Uwe/Rothgang, Heinz, (Hg.), S. 197-222.

Gerlach,, o.V., 1927: Überorganisation in der Wohlfahrtspflege, in: Arbeiterwohlfahrt 2/15.Januar 1927.

Gerste, B./*Rehbein*, I., 1998: Der Pflegemarkt in Deutschland. Ein statistischer Überblick. Hrsgg. vom Wissenschaftlichen Institut der AOK (WIdO), Bonn: Selbstverlag.

Giese, D., 1973: Zur Kompatibilität von Gesetz und Sozialarbeit, in: Otto, H.-U./Schneider, S. (Hg.), Gesellschaftliche Perspektiven der Sozialarbeit, Bd. 1, Neuwied, Darmstadt: Luchterhand, S. 45-66.

– 1986: 25 Jahre Bundessozialhilfegesetz. Entstehung — Ziele — Entwicklung, in: ZfSH/SGB 1986, S. 249 ff.

– 1988: Die Entwicklung des Bundessozialhilfegesetzes (BSHG) seit 1962, in: Münder, J., Zukunft der Sozialhilfe, S. 9-20.

– 1993: Die Änderungen des Sozialhilferechts durch das Gesetz zur Umsetzung des Föderalen Konsolidierungsprogramms (FKPG), in: Zeitschrift für das Fürsorgewesen, Nr. 7, S. 145-164.

Gilberg, R., 1997: Hilfe- und Pflegebedürftigkeit und die Inanspruchnahme von Hilfe- und Pflegeleistungen im höheren Lebensalter (Dissertation Freie Universität Berlin).

Glücksmann, o.V., 1921: Soziale Ämter als selbständige Ressorts oder als Abteilungen eines Wohlfahrtsamtes, in: Deutscher Verein (Hg.), Wohlfahrtsamt und Familienfürsorge (Gekürzter Bericht über die Tagung des Fachausschusses für städtisches Fürsorgewesen in Nürnberg am 13- u. 14. September 1921), S. 15-21.

Goeze, W., 1925: Das Reichsgesetz für Jugendwohlfahrt vom 9. Juli 1922, i.d.F. der Verordnung v. 14. Feb. 1924, Berlin: F. Vahlen.

Göhler, G., (Hg.), 1994a: Die Eigenart der Institutionen: Ein Profil politischer Institutionentheorie, Baden-Baden: Nomos.

– 1994b: Politische Institutionen und ihr Kontext. Begriffliche und konzeptionelle Überlegungen zur Theorie politischer Institutionen, in: ders. (Hg.), Die Eigenart der Institutionen: Ein Profil politischer Institutionentheorie, Baden-Baden: Nomos, S. 19-46. Baden-Baden: Nomos.

Gotthold, J., 1983: Privatisierung oder Entbürokratisierung. Zur Erfüllung von Aufgaben, die nicht durch Geld und Recht steuerbar sind, in: Voigt, R. (Hg.), Abschied vom Recht?.

– 1985: Jenseits von Geld und Recht. Chancen und Grenzen kommunaler Sozialpolitik für Soziale Brennpunkte, in: Krüger, J./Pankoke, E. (Hg.), Kommunale Sozialpolitik, München, Wien: R. Oldenbourg: 1985, S. 267-285.

Götting, U./*Hinrichs*, K., 1993: Probleme der politischen Kompromißbildung bei der gesetzlichen Absicherung des Pflegefallrisikos -- Eine vorläufige Bilanz, in: Politische Vierteljahresschrift I/93, S. 47-71.

Gottschick, H./*Giese*, D., 1981: Das Bundessozialhilfegesetz, 7. Aufl., Köln u.a.: Carl Heymanns.

Grauhan, R.-R./*Leibfried*, St., 1977: Die Sozialverwaltung zwischen politischer Herrschaft und politischer Produktion, in: Zeitschrift für Sozialreform 23/1977, S. 65-78.

Gretschmann, K., 1985: Kommunale Sozialpolitik unter Finanzierungsdruck, in: Olk, T./Otto, H.U. (Hg.) Der Wohlfahrtsstaat in der Wende. München: Juventa, S. 88-98.

Groell, R., 1972: Organisationsmodelle im Bereich der kommunalen Sozial- und Jugendhilfe (hrsgg. v. Deutschen Verein für öffentliche und private Fürsorge), Frankfurt a.M.: Eigenverlag d. Deutschen Vereins.

Groot, G., 1936: Organisationsfragen der kommunalen Wohlfahrtspflege, in: Die nationalsozialistische Gemeinde, 5. Jg., S. 161-163.

– 1937a: Die Organisation der kommunalen Wohlfahrtspflege, in: Die nationalsozialistische Gemeinde, Nr. 25, S. 442-447.

– 1937b: Organisationsfragen der kommunalen Wohlfahrtspflege, in: DZfW, Nr. 7 (Okt.), S. 352-359.

– 1937c: Organisationsfragen der kommunalen Wohlfahrtspflege, in: Die nationalsozialistische Gemeinde, 6. Jg., S. 159-165.

Gross, P., 1982: Der Wohlfahrtsstaat und die Bedeutung der Selbsthilfebewegung, in: Soziale Welt, Nr. 1, 23. Jg./1982, S. 26-48.

Grunow, D./*Hegner*, F. 1975: Zum Verhältnis von kommunaler Sozialverwaltung und Publikum - Probleme der Interaktion zwischen Verwaltung und Bürger (Schriftenreihe der Forschungsgruppe Sozialplanung und Sozialverwaltung, Bd. 1), Bielefeld.

– 1978: Die Gewährung persönlicher und wirtschaftlicher Sozialhilfe: Untersuchungen zur Bürgernähe der kommunalen Sozialverwaltung, Bielefeld: Forschungsgruppe Sozialplanung und Sozialverwaltung.

Grunow, D./*Lempert*, J. 1980: Gründung von Sozialstationen als Beitrag für eine Neuorganisation sozialer Dienste?, in: Müller, S./Otto, H.-U. (Hg.), Sozialarbeit als Sozialbürokratie? Zur Neuorganisation sozialer Dienste (Neue Praxis, Sonderheft 5), S. 159-178.

Grunow-Lutter, V./*Grunow*, D., 1981: Aufgaben und Rolle des Allgemeinen Sozialdienstes in den 90er Jahren, in: NDV 10/93, S. 378-382.

Grunwald, P., 1985: Verwaltungsorganisation der Gemeinden. Grundriß für die Ausbildung und Fortbildung, Köln u.a.: Deutscher Gemeindeverlag/Kohlhammer.

Gunzert, R., 1959: Organisation und Tätigkeit der Jugendämter in der Bundesrepublik und West-Berlin 1957/1958, Frankfurt/M.: Institut für Sozialforschung.

Haase-Schur, I., 1980: Realisierungschancen von Neuorganisationen sozialer Dienste, in: Müller, S./Otto, H.-U. (Hg.), Sozialarbeit als Sozialbürokratie? Zur Neuorganisation sozialer Dienste (Neue Praxis, Sonderheft 5), S. 208-215.

Habermann, B./*Tries*, Ch., 1993: Das neue Kinder- und Jugendhilfegesetz, in: NDV 7/1990, S. 205-210; Fortsetzung: NDV 8/1990, S. 231-234; NDV 10/1990, S. 339-342; NDV 12/1990, S. 398-401; NDV 2/1991, S. 48-52.

Habermas, J., 1988: Theorie des kommunikativen Handelns (Bd. 1 und 2), 4. Aufl., Frankfurt/M.: Suhrkamp.

Hagemeister, A.v., 1991: Die Privatisierung öffentlicher Aufgaben: eine verfassungs- und verwaltungsrechtliche Abhandlung unter Zugrundelegung des Verfassungs- und Verwaltungsrechts der Republik Österreich und der Bundesrepublik Deutschland (Rechtswissenschaftliche Forschung und Entwicklung, 332), München: V. Florentz.

Hall, R., 1991: Organizations. Stuctures, processes and outcomes, 5. Aufl., Englewood, New Jersey: Prentice Hall.

Hamburger, E., 1927: Reform der Wohlfahrtsverwaltung, in: Arbeiterwohlfahrt, Nr. 22 15. Nov.

Hanesch, W., 1985: Armutspolitik und neue Beschäftigungsformen. Perspektiven jenseits des Arbeitszwangs, in: Leibfried, St./Tennstedt, F. (Hg.), Politik der Armut und die Spaltung des Sozialstaats, Frankfurt/M.: Suhrkamp, S. 268-294.

Hanschel, H., 1977: Oberbürgermeister Hermann Luppe. Nürnberger Kommunalpolitik in der Weimarer Republik (Nürnberger Forschungen, hrsgg. v. Verein der Geschichte der Stadt Nürnberg, Bd. 21), Nürnberg: Selbstverlag.

Hansen, E., 1991: Wohlfahrtspolitik im NS-Staat: Motivationen, Konflikte und Machtstrukturen im ‚Sozialismus der Tat' des Dritten Reiches, Augsburg: Maro Verlag.

Hansmeyer, K.-H., (Hg.), 1972: Kommunale Finanzpolitik in der Weimarer Republik (Schriftenreihe des Vereins für Kommunalwissenschaften, Bd. 36), Stuttgart u.a.: Kohlhammer.

Happe, G./*Saurbier*, H., 1990: Jinder- und Jugendhilfegesetz — Texte jugend- und familienrechtlicher Vorschriften mit einer erläuternden Einführung, 18. Aufl., Köln: Dt. Gemeindeverlag/Kohlhammer.

Hartmann, H., 1985: Armut trotz Sozialhilfe. Zur Nichtinanspruchnahme von Sozialhilfe in der Bundesrepublik, in: Leibfried, St./Tennstedt, F. (Hg.), Politik der Armut und die Spaltung des Sozialstaats, Frankfurt/M.: Suhrkamp, S. 169-189.

Hasenclever, Ch., 1978: Jugendhilfe und Jugendgesetzgebung seit 1900, Göttingen: Vandenhoeck u. Ruprecht.

Haug, K./*Rothgang*, H., 1994: Das Ringen um die Pflegeversicherung -- ein vorläufiger sozialpolitischer Rückblick, in: Beiträge zum Recht der sozialen Dienste und Einrichtungen, Heft 24, S. 1-30.

– 1996: Die gesetzliche Absicherung des Pflegefallrisikos. Eine Untersuchung der Konsensbildungsprozesse und Wirkungen der Pflegeversicherung (Forschungsbericht Universität Bremen), Bremen.

Hauser, R./*Fischer*, I./*Klein*, Th., 1985: Verarmung durch Arbeitslosigkeit?, in: Leibfried, St./Tennstedt, F. (Hg.), Politik der Armut und die Spaltung des Sozialstaats, Frankfurt/M.: Suhrkamp, S. 213-248.

Heclo, H., 1974: Modern Social Politics in Britain and Sweden, New Haven, Conn.: Yale Univ. Press.

Hegel, G.W.F., 1972: Grundlinien der Philosophie des Rechts oder Naturrecht und Staatswissenschaft im Grundrisse, Frankfurt/M., Berlin, Wien: Ullstein.

Hegner, F., 1981: Sozialarbeit als Verwaltungshandeln: Fachliches und administratives Handeln im Bereich des Allgemeinen Sozialdienstes und des psychiatrischen Dienstes der kommunalen Sozialverwaltung, in: Projektgruppe soziale Berufe (Hg.), Sozialarbeit. Expertisen II. Ausbildung und Qualifikation, München, S. 43-81.

– 1986: Sozialarbeit im Spannungsfeld zwischen Selbsthilfe und Sozialstaat, in: Oppl, H./Tomaschek, A. (Hg.), Soziale Arbeit 2000, S. 151-172.

Heimerich, H., 1921: Erfahrungen mit der Einführung der Familienfürsorgerin, in: Deutscher Verein (Hg.), Wohlfahrtsamt und Familienfürsorge (Gekürzter Bericht über die Tagung des Fachausschusses für städtisches Fürsorgewesen in Nürnberg am 13- u. 14. September 1921), S. 31-34.

– 1922: Der Einfluss der Finanznot auf die öffentliche Wohlfahrtspflege in den Städten, in: Deutscher Verein, (Hg.), Bericht über die Verhandlungen des 37. Deutschen Fürsorgetages des DV am 28. und 29. Oktober in Weimar, Karlsruhe: Braun, S. 13-29.

– 1924: Die Durchführung der neuen Reichsverordnung über die Fürsorgepflicht vom Standpunkt des städtischen Fürsorgewesens, in: Deutscher Verein (Hg.), Bericht über die Verhandlungen des 38. Deutschen Fürsorgetages am 7. u. 8. März 1924 in Frankfurt a.M., Karlsruhe: Braun, S. 21-29.

– 1925: Neuregelung des Fürsorgewesens im Reich und in Bayern, Aufgaben und Lasten der Städte. Vortrag auf dem 18. bayerischen Städtetag in München am 3. u. 4. April 1925.

Heinelt, H., 1989: Arbeitslosigkeit und Sozialhilfebezug als Indikatorien für Armut, in: Breckner, I./Heinelt, H. u.a., Armut im Reichtum: Erscheinungsformen, Ursachen und Handlungsstrategien in ausgewählten Großstädten der Bundesrepublik, Bochum: Germinal-Verlag, S. 47-92.

Heiner, M., 1986: Evaluation und Effektivität in der sozialen Arbeit. Modelle, Methoden, Erfahrungen, in: Oppl, H./Tomaschek, A. (Hg.), Soziale Arbeit 2000, S. 71-106.

– 1988: Selbstevaluation in der sozialen Arbeit, Freiburg: Lambertus.

Helbling, E., 1927: Die öffentliche Fürsorge im Jahre 1925, in: Statistisches Jahrbuch Deutscher Städte, 22. Jg., (N.F. 1.Jg.), S. 431-441.

– 1928: Die öffentliche Fürsorge im Jahre 1926, in: Statistisches Jahrbuch Deutscher Städte, 22. Jg., (N.F. 1.Jg.), S. 123-161.

– 1931: Die öffentliche Fürsorge. Ergebnisse der Reichsfürsorgestatistik für das Jahr 1929, in: Statistisches Jahrbuch Deutscher Städte, 26. Jg., S. 328-345.

– 1932a: Die öffentliche Fürsorge. Ergebnisse der Reichsfürsorgestatistik für das Jahr 1930, in: Statistisches Jahrbuch Deutscher Städte, 27. Jg., S. 321-336.

– 1932b: Die Organisation der kommunalen Wohlfahrtspflege im Jahre 1931, in: Städte und Statistik, Der Städtetag Nr. 4, Beilage, S. 37-43.

Helfer, I./*Mörsberger*, Th., 1979: Ehrenamtliche Mitarbeiter im sozialen Bereich (Bericht über eine Studientagung des Deutschen Vereins).

Hentschel, V., 1983: Geschichte der deutschen Sozialpolitik 1880-1980, Frankfurt a.M.: Suhrkamp.

Hesse, G., 1979: Staatsaufgaben. Zur Theorie der Legitimation und Identifikation staatlicher Aufgaben, Baden-Baden: Nomos Verlagsgesellschaft.

Hesse-Schiller, W., 1996: Das Erste Gesetz zur Änderung des Elften Buches Sozialgesetzbuch und anderer Gesetze (1.SGB XI-ÄndG) -- Klärungen, Reparaturen und Einschränkungen, in: Recht der sozialen Dienste und Einrichtungen Nr. 34, S. 42-71.

Heynacher, M., 1925: Die Berufslage der Fürsorgerinnen unter Verarbeitung einer vom Preußischen Ministerium für Volkswohlfahrt vorgenommenen statistischen Erhebung. Neue Folge der Schriften des Vereins für öffentliche und private Fürsorge, 6. Heft, Vorbericht für den 39. deutschen Fürsorgetag in Breslau, Karlsruhe: Braun.

Hinrichs, K., 1995: Die Soziale Pflegeversicherung — eine institutionelle Innovation in der deutschen Sozialpolitik, in: Staatswissenschaften und -praxis Nr. 2, S. 227-259.

Hinte, W., 1995: Neue Steuerung: alte Falle oder neue Chance für sozialarbeiterische Fachlichkeit?, in: Theorie und Praxis der sozialen Arbeit, Nr. 4/95, S. 143-151.

Hirschfeld, D., 1930: Wohlfahrtsgesetze, Wohlfahrtsbehörden und Fürsorgepraxis - Das geltende Fürsorgerecht, in: Hauptausschuss für Arbeiterwohlfahrt e.V. (Hg.), Lehrbuch der Wohlfahrtspflege. Nürnberg: Verlag Hauptausschuß für Arbeiterwohlfahrt e.V., S. 215-274.

Hofmann, A., 1925a: Die Entwicklung der Organisation der wirtschaftlichen Fürsorge des städtischen Wohlfahrtsamtes Nürnberg, in: Wohlfahrtsblätter der Stadt Nürnberg 1/2: 3-6.

– 1925b: Ausbildungsfragen der Sozialbeamten, in: Wohlfahrtsblätter der Stadt Nürnberg 3: 4-6.

– 1927a: Fürsorge- und Verwaltungstechnik beim städtischen Wohlfahrtsamt Nürnberg, in: Wohlfahrtsblätter der Stadt Nürnberg 2/3: 10-15.

– 1927b: Das System der Berufshelfer beim Städt. Wohlfahrtsamt in Nürnberg, in: Wohlfahrtsblätter der Stadt Nürnberg 2/3: 15-16.

Höft-Dzemski, R. 1994: Zur Einkommensposition von Haushalten von Sozialhilfeempfängern in den Jahren 1972 bis 1992, in: NDV 11/1994, S. 405-409.

Hönle, H., 1973a: Überlegungen zur Neuorganisation der Sozialen Dienste, in: NDV Nr. 3/53. Jg., S. 78 f.

– 1973b: Teamarbeit und ihre Bedeutung für neue Organisationsformen in der Sozial- und Jugendhilfe, in: NDV Nr. 4/53. Jg., S. 106-108.

Hood, Ch./*Schuppert*, G.F, (Hg.), 1988: Verselbständigte Verwaltungseinheiten in Westeuropa: die Erfüllung öffentlicher Aufgaben durch Para-Government Organizations (PGOs), Baden-Baden: Nomos Verlagsgesellschaft.

Hoppensack, H.-Ch./*Wenzel*, G., 1985: Hilfe zur Arbeit und Arbeitszwang. Sozialhilfe und administrative ‚Normalisierung‘ von Lohnarbeit, in: Leibfried, St./Tennstedt, F. (Hg.), Politik der Armut und die Spaltung des Sozialstaats, Frankfurt/M.: Suhrkamp, S. 249-267.

Igl, G., 1995: Zu einigen sozialrechtlichen und sozialpolitischen Problemen des neuen Pflegeversicherungsrechts, in: Fachinger, Uwe/Rothgang, Heinz (Hg): Die Wirkungen des Pflegeversicherungsgesetzes, Duncker & Humblot, Berlin, S. 279-294.

– 1996: Das Erste Änderungsgesetz zur sozialen Pflegeversicherung (SGB XI), in: Neue Juristische Wochenschrift (NJW), 49(1996), 48, S. 3169-3173.

Illich, I., u.a., (Hg.), 1979: Entmündigung durch Experten. Zur Kritik der Dienstleistungsberufe, Reinbek: Rowohlt.

Irle, G., 1980: Wie rational sind Organisationsstrukturen? Ambivalente Auswirkungen der Neuorganisation sozialer Dienste.

Israel, C., 1931: Der Abbau von Fürsorgekräften als Sparmaßnahme, in: Soziale Praxis 1931, Sp. 378-384.

Jaedicke, W./*Ruhland*, K./*Wachendorfer*, U./*Wollmann*, H./*Wonneberg*, H., 1990: Lokale Politik im Wohlfahrtsstaat, Zur Sozialpolitik der Gemeinden und ihrer Verbände in der Beschäftigungskrise, Opladen: Westdeutscher Verlag.

Japp, K.-P., 1986: Wie psychosoziale Dienstleistungen organisiert werden. Widersprüche und Auswege, Frankfurt a.M.: Campus.

Japp, K.P./*Olk*, Th., 1980: Wachsende Bedürfnisbefriedigung oder Kontrolle durch soziale Dienstleistungen — Normative versus funktionale Begründung von Entwicklungstrends des Dienstleistungssystems, in: Müller, S./Otto, H.-U. (Hg.), Sozialarbeit als Sozialbürokratie? Zur Neuorganisation sozialer Dienste (Neue Praxis, Sonderheft 5), S. 60-89.

– 1981: Zur Neuorganisation sozialer Dienste, in: Projektgruppe Soziale Berufe (Hg.)., Sozialarbeit: Problemwandel und Institutionen (Expertisen II), München: Juventa, S. 82-116.

Jerosch, 1951: Gute Verwaltungsorganisation — gute Fürsorge, in: NDV 7/1951, S. 187-190.

Jeserich, K.G.A, 1985: Kommunalpolitik in der Weimarer Zeit, in: ders. (Hg.), Deutsche Verwaltungsgeschichte Bd. 4. Stuttgart: Deutsche Verlags-Anstalt, S. .

Jeserich, K.G.A./*Pohl*, H./*Unruh*, G.-Ch. v., (Hg.), 1985: Deutsche Verwaltungsgeschichte Bd. 4: Das Reich als Republik und in der Zeit des Nationalsozialismus, Stuttgart: Deutsche Verlags-anstalt.

Jordan, E./*Münder*, J., (Hg.), 1987: 65 Jahre Reichsjugendwohlfahrtsgesetz — ein Gesetz auf dem Weg in den Ruhestand?, Münster: Votum.

Jung, B., 1924: Die öffentliche und private Wohlfahrtspflege in Deutschland nach der Reichsverordnung über die Fürsorgepflicht vom 13. Februar 1924. Staatsbürger-Bibliothek, Heft 118/119, M. Gladbach: Volksverein-Verlag.

Jürgens, A., 1997: Die Hilfe zur Pflege als Ergänzung und Erweiterung der Pflegeversicherung, in: ZFSH/SGB 1/97, S. 24-29.

Karolus, St. 1977: Neuorganisation der Sozialen Dienste im Ortenaukreis mit institutionalisierter Teamarbeit, in: NDV Nr. 7, 57. Jg., S. 187-190.

Karrenberg, H./*Münstermann*, E., 1990: Gemeindefinanzbericht 1990, in: Der Städtetag, S. 82-135.

– 1995: Gemeindefinanzbericht 1995, in: Der Städtetag, S. 82-135.

Kaufmann, F.-X., (Hg.), 1987: Staat, intermediäre Instanzen und Selbsthilfe: Bedingungsanalysen sozialpolitischer Intervention, München: Oldenbourg.

– 1991a: The Public Sector. Challenge for coordination and learning, Berlin, New York: Walter de Gruyter.

– 1991b: The Blurring of the Distinction „State Versus Society" in the Idea and Practice of the Welfare State, in: Kaufmann, F.X. (Hg.), The Public Sector. Berlin: Walter de Gruyter, S. 151-164.

– 1995: Zukunft der Familie im vereinten Deutschland: gesellschaftliche und politische Bedingungen, München: C.H. Beck.

Kayser, K., 1900: Die Stellung der ehrenamtlichen Organe in der Armenpflege, in: Kayser, K./Hildebrand, H., Die Stellung der ehrenamtlichen Organe in der Armenpflege. Schriften des Deutschen Vereins für Armenpflege und Wohltätigkeit, Heft 49. Leipzig, S. 1-59.

Keese, H., 1954: Die öffentliche Fürsorge. Ein Leitfaden für Unterricht und Praxis, 4. Aufl., Stuttgart, Köln: Kohlhammer.

– 1976: Überlegungen zur Verbesserung der Finanzsituation der Sozial- und Jugendhilfe, in: NDV Nr. 3/56. Jg., S. 73-79.

Kershaw, I. 1994: Der NS-Staat. Geschichtsinterpretationen und Kontroversen im Überblick, Reinbek: Rowohlt.

Kessels, J., 1967: Die gesellschaftliche Hilfe und der ehrenamtliche Dienst, Freiburg.

Kessner, C., 1932: Bevölkerungsentwicklung, in: Statistisches Jahrbuch Deutscher Städte, 27. Jg., S. 43-48.

Kieser, A., 1974: Der Einfluß der Umwelt auf die Organisationsstruktur der Unternehmung, in: Zeitschrift für Organisation (ZO), S. 302-314.

– 1985: Die Entwicklung von Organisationen über die Zeit - Theoretische Ansätze zur Erklärung organisatorischen Wandels., in: Lüder, K. (Hg.), Betriebswirtschaftliche Organisationstheorie und öffentliche Verwaltung. Einige neuere Erkenntnisse und Entwicklungen der Organisationstheorie mit besonderer Berücksichtigung ihrer Bedeutung für Verwaltungsorganisationen. Speyer, S.1-29.

– (Hg.), 1993a: Organisationstheorien, Stuttgart: Kohlhammer.

– 1993b: Max Webers Analyse der Bürokratie, in: Ders. (Hg.), Organisationstheorien. Stuttgart: Kohlhammer, S. 37-62.

– 1993c: Managementlehre und Taylorismus, in: Ders. (Hg.), Organisationstheorien. Stuttgart: Kohlhammer, S. 63-94.

– 1993d: Human-Relations-Bewegung und Organisationspsychologie, in: Ders. (Hg.), Organisationstheorien. Stuttgart: Kohlhammer, S. 95-126.

– 1993e: Der Situative Ansatz, in: Ders. (Hg.), Organisationstheorien. Stuttgart: Kohlhammer, S. 161-192.

– 1993f: Evolutionstheoretische Ansätze, in: Ders. (Hg.), Organisationstheorien. Stuttgart: Kohlhammer, S. 243-276.

Kieser, A./*Kubicek*, H., 1992: Organisation, 3. Aufl., Berlin, New York: Walter de Gruyter.

Kiewiet, D.R., 1991: Bureaucrats and Budgetary Outcomes: Quantitative Analyses, in: Blais, A.,/Dion, St., (Hg.), The Budget-Maximizing Bureaucrat. Appraisals and Evidence, Pittsburgh: University Press, S. 143-175.

Kimberly, J.R., 1976: Organizational Size and the Structuralist Perspective: A Review, Critique and Proposal, in: Administrative Science Quarterly, 1976, 21, S. 571-597.

Kirmeß, A., 1939: Die Entwicklung der Wohlfahrtspflege zur Volkswohlfahrtspflege (Dissertation), München.

Kitterer, W., (Hg.), 1990: Sozialhilfe und Finanzausgleich, Heidelberg.

Klages, H./*Braun*, J./*Röhrig*, P., (Hg.), 1987: Soziale Selbsthilfe. Entwicklungsperspektiven und Unterstützungsmöglichkeiten durch die Sozial- und Gesundheitspolitik von Bund, Ländern und Gemeinden, Speyer: Forschungsinstitut für öffentliche Verwaltung bei der Hochschule für Verwaltungswissenschaften Speyer.

Klanberg, F., 1989: Die Sozialhilfe vor neuen Herausforderungen, in: NDV 5/69. Jg., S. 161-167.

Klanberg, F./*Prinz*, A., 1983: Anatomie der Sozialhilfe, in: Finanzarchiv, Bd. 41, H. 2, S. 281-311.

– 1984: Sozialhilfe im Spannungsfeld gesellschafts- und haushaltspolitischer Interessen, in: Wirtschaftsdienst, 66. Jg., H. 5, S. 237-244.

Klein, Th./*Salaske* I., 1994a: Determinanten des Heimeintritts im Alter und Chancen seiner Vermeidung - Eine Längsschnittuntersuchung für die Bundesrepublik Deutschland, in: Zeitschrift für Gerontologie und Geriatrie 7/94, S. 442-455.

– 1994b: Die Bedeutung sozialer Beziehungen für den Heimeintritt im Alter. Theoretische Überlegungen und empirische Befunde, in: Zeitschrift für Sozialreform, 40. Jg. Heft 10, S. 641-661.

Klein, Th./*Salaske*, I./*Schilling*, H./*Schneider*, S./*Wunder*, E., 1997: Altenheimbewohner in Deutschland: Sozialstrukturelle Charakteristika und die Wahl des Heimes, in: Zeitschrift für Gerontologie und Geriatrie 30, S. 54-67.

Klumker, C./*Schmittmann*, B., (Hg.), 1920: Wohlfahrtsämter, Stuttgart.

Klumker, Ch.J., 1931: Vom Werden deutscher Jugendfürsorge, zugleich eine Geschichte der deutschen Berufsvormundschaft (zum 25jährigen Bestehen des Archivs Deutscher Berufsvormünder, Berlin: Carl Heymanns.

Kobrak, 1932: Entwicklungslinien in der Fürsorge 1931, in: DZW 10/1932, S. 521-530.

Koelble, Th.A., 1995: The New Institutionalism in Political Science and Sociology, in: Comparative Politics 1/1995, S. 231-243.

Kolodziej, V., 1971: Überlegungen zur Organisation der Sozialverwaltung, in: NDV Nr. 12, 51. Jg., S. 336-340.

Kommunale Gemeinschaftsstelle für Verwaltungsvereinfachung (KGS) (Hg.), 1950a: Gutachten für die Prüfung der Stadtverwaltung Nürnberg, Köln: Eigenverlag.

– 1950b: Bericht über die Prüfung der Sozialverwaltung der Städte Bielefeld, Hagen, Herne, Remscheid (Arbeitskreis 4), 5. Aufl., Köln: Eigenverlag.

– 1953: Verwaltungsgliederung für Städte, Köln: Eigenverlag.

– 1954: Sachliche Verwaltungsreform im Fürsorgeamt, Köln: Eigenverlag.

– 1962: Kommunaler Aufgabengliederungsplan, Köln: Eigenverlag.

– 1966: Richtzahlen, Stichwort ‚Sozialwesen', 2. Aufl., Köln: Eigenverlag.

– 1967: Verwaltungsorganisation der Gemeinden — Teil I: Aufgabengliederungsplan, Köln: Eigenverlag.

– 1968: Verwaltungsorganisation der Gemeinden — Teil II: Verwaltungsgliederungsplan, Köln: Eigenverlag.

– 1974: Organisation des Jugendamtes (Bericht Nr. 22/1974), Köln: Eigenverlag.

– 1975a: Organisation des Jugendamtes: Allgemeiner Sozialdienst (Bericht Nr. 6/1975), Köln: Eigenverlag.

– 1975b: Organisation des Jugendamtes: Erziehungsbeistandschaft (Bericht Nr. 7/1975), Köln: Eigenverlag.

– 1975c: Organisation des Jugendamtes: Erziehungsbeihilfe außerhalb des Elternhauses (Bericht Nr. 25/1975), Köln: Eigenverlag.

– 1976a: Organisation des Jugendamtes: Jugendgerichtshilfe (Bericht Nr. 9/1976), Köln: Eigenverlag.

– 1976b: Organisation des Jugendamtes: Amtspflegschaft/Amtsvormundschaft (Bericht Nr. 12/1976), Köln: Eigenverlag.

– 1976c: Organisation des Jugendamtes: Wirtschaftliche Erziehungshilfe (Bericht Nr. 26/1976), Köln: Eigenverlag.

– (Hg.), 1977a: Organisationsuntersuchungen in der Kommunalverwaltung, 5. Aufl., Köln: Eigenverlag.

– 1977b: Organisation der Jugendarbeit: (Jugendpflege) (Bericht Nr. 1/1977), Köln: Eigenverlag.

– 1978a: Organisation des Jugendamtes: Dekonzentration sozialer Dienste (Bericht Nr. 5/1978), Köln: Eigenverlag.

– 1978b: Richtzahlen für den Personalbedarf: Richtzahlen-Sammlung der KGSt (Bericht Nr. 6/1978), Köln: Eigenverlag.

– 1978c: Organisation der Sozialhilfe (Bericht Nr. 17/1978), Köln: Eigenverlag.

– 1980: Organisation der Sozialhilfe: Wirtschaftliche Sozialhilfe (Bericht Nr. 4/1980), Köln: Eigenverlag.

– 1982a: Einsatz von Zuarbeitern für Aufgaben der wirtschaftlichen Sozialhilfe — Ergebnisse einer Erhebung (Bericht Nr. 1/1982), Köln: Eigenverlag.

– 1982b: Organisation der Sozialhilfe: Hilfen für behinderte Menschen (Bericht Nr. 3/1982), Köln: Eigenverlag.

– 1982c: Organisation sozialer Dienste (Bericht Nr. 6/1982), Köln: Eigenverlag.

– 1982d: Organisation der Sozialhilfe: Hilfen für ältere Menschen (Bericht Nr. 9/1982), Köln: Eigenverlag.

– 1982e: Organisation des Jugendamtes: Personalrichtwerte, Amtsvormundschaft, Amtspflegschaft (Bericht Nr. 2/1982), Köln: Eigenverlag.

– 1983: Haushaltskonsolidierung in den Aufgabengruppen 50 und 51 — Sozial- und Jugendhilfe (Bericht Nr. 15/1983), Köln: Eigenverlag.

– 1985: Organisation des Jugendamtes: Personal-Richtwerte für den Allgemeinen Sozialdienst (ASD) (Bericht Nr. 4/1985), Köln: Eigenverlag.

– 1987: Organisation des Sozialamtes (Bericht Nr. 9/1987), Köln: Eigenverlag.

– 1991: Dezentrale Ressourcenverantwortung: Ueberlegungen zu einem neuen Steuerungsmodell (Bericht Nr. 12/1991), Köln: Eigenverlag.

– 1992: Wege zum Dienstleistungsunternehmen Kommunalverwaltung — Fallstudie Tilburg, Köln: Eigenverlag.

– 1993a: Das neue Steuerungsmodell: Begründung, Konturen, Umsetzung, Köln: Eigenverlag.

– 1993b: Budgetierung: Ein neues Verfahren der Steuerung kommunaler Haushalte, Köln: Eigenverlag.

– 1993c: Organisation der Jugendhilfe: Ziele, Aufgaben und Tätigkeiten des Jugendamtes (Bericht Nr. 3/1993), Köln: Eigenverlag.

– 1994a: Das neue Steuerungsmodell: Definition und Beschreibung von Produkten (Bericht Nr. 8/1994), Köln: Eigenverlag.

– 1994b: Outputorientierte Steuerung der Jugendhilfe (Bericht Nr. 9/1994), Köln: Eigenverlag.

König, K., 1979: Die Ausbildung für den gehobenen Verwaltungsdienst, Baden-Baden.

Kosmale, A.F., 1966: Bereiche ehrenamtlicher Mitarbeit in der sozialen Arbeit und Kategorien ehrenamtlicher Mitarbeiter, in: NDV Nr. 6/46. Jg., S. 172-175.

Krahmer, U./*Spindler*, H., 1994: Konsolidierung der Qualifikationsanforderungen an die ‚Hilfe zur Arbeit' durch das FKPG von 1993 — Vorläufig Thesen zu den neuen §§ 18-20, 25, Bundessozialhilfegesetz, in: ZfSH/SGB 1/1994, S. 18-24.

Kramer, D., 1983a: Das Fürsorgesystem im Dritten Reich, in: Landwehr, R./Baron, R. (Hg.), Geschichte der Sozialarbeit: Hauptlinien ihrer Entwicklung im 19. u. 20. Jh., Weinheim; Basel: Beltz, S. 173-217.

– 1983b: Das Wohlfahrtswesen in der NS-Zeit, in: Soziale Arbeit, 6/83, S. 294-315.

Krahmer, U., 1994: Zu einigen Folgen der Pflegeversicherung für die Sozialhilfe, in: NDV 11/1994, S. 413-418, Düsseldorf.

Kraus, H., 1926: Betriebsstatistik im Wohlfahrtsamt, in: Schriften des Deutschen Vereins für öffentliche und private Fürsorge, 8, Sparmaßnahmen unter möglichster Aufrecherhaltung des Gesamtstandes der Fürsorge. Karlsruhe, S. 113-129.

Krauß, S., 1984: Kommunale Wohlfahrtspolitik in der frühen Weimarer Republik am Beispiel der kommunalpolitischen Tätigkeit Dr. Hermann Heimerich in Nürnberg vom Ersten Weltkrieg bis 1925 (Magisterarbeit, Universität Erlangen-Nürnberg).

Krautwig, P., 1913: Organisation der Wohlfahrtspflege der Städte, in: Soziale Hygiene und Praktische Medizin, Nr. 12 (1913), S. 224-228.

– 1925: Die Organisation der Gesundheitsfürsorge, insbesondere die Aufgabe von Provinz, Stadt- und Landkreisen auf dem Gebiete der Gesundheitsfürsorge, in: Handbuch der sozialen Hygiene und Gesundheitsfürsorge (hrsgg. von Gottstein, A./Schlossmann, A./Telekey, L.) Bd. I, Berlin: Springer, S. 439-495.

Kreft, D., 1992: Neue Handlungsanforderungen — neues Handeln. Zum Perspektivenwandel in der Jugendhilfe, in: Faltermeier, J., Jugendhilfe im gesellschaftlichen Wandel, Frankfurt/M.: Deutscher Verein, S. 117-133.

Kreft, D./*Lukas* u.a., 1990: Perspektivenwandel der Jugendhilfe, Bd. I: Forschungsmaterialien und eine umfassende Bibliographie zu neuen Handlungsfeldern in der Jugendhilfe sowie Ergebnisse einer Totalerhebung (Daten/Fakten/Analysen) zur aktuellen Aufgabenwahrnehmung der Jugendämter, Nürnberg: Institut für soziale und kulturelle Arbeit.

Kreutzer, P., 1969: Zur Organisation der kommunalen Sozial- und Jugendhilfe, in: Nachrichtendienst des Deutschen Vereins, Nr. 3, S. 71-75. Deutscher Verein.

– 1970: Modelle einer wirksameren Organisation in der kommunalen Sozial- und Jugendhilfe, in: Deutscher Verein (Hg.), Die Fürsorge im sozialen Rechtsstaat, Gesamtbericht über den 66. Fürsorgetag 1969 in Essen, Franfurt, S. 106-129. Deutscher Verein.

– 1975: Das Trierer Modell — Eine Bestandsaufnahme, in: Nachrichtendienst des Deutschen Vereins, Nr. 3, S. 66-71. Deutscher Verein.

– 1981: Neuorganisation der kommunalen Sozial- und Jugendhilfe, Bericht aus Trier 1962-1979, Deutscher Verein.

Krug von Nidda, C.L., 1955: Entwicklungstendenzen und gegenseitige Beziehungen der öffentlichen und freien Wohlfahrtspflege in Deutschland in der Epoche des Übergangs von der Armenpflege zur Fürsorge, in: Deutscher Verein (Hg.), Beiträge zur Entwicklung der deutschen Fürsorge. 75 Jahre Deutscher Verein. Köln/Berlin: S. 133-349.

– 1961: Wilhelm Polligkeit. Wegbereiter einer neuzeitlichen Fürsorge (Schriften des Deutschen Vereins für öffentliche und private Fürsorge Heft 219), Berlin.

Kühn, D., 1980: Historisch-systematische Darstellung von Neuorganisationsmodellen der kommunalen Sozialverwaltung, in: Müller, S./Otto, H.-U. (Hg.), Sozialarbeit als Sozialbürokratie? Zur Neuorganisation sozialer Dienste (Neue Praxis, Sonderheft 5), S. 90-105.

– 1985: Kommunale Sozialverwaltung. Eine organisationswissenschaftliche Studie, Bielefeld.

– 1986: Entwicklung des Jugend- und Gesundheitsamtes im Nationalsozialismus, in: Neue Praxis 16 (1986), S. 322-332.

– 1992: Organisationen sozialer Arbeit: Administrative Strukturen und Handlungsformen im Sozialwesen, in: Biermann, B. u.a., Soziologie, Neuwied, Kriftel, Berlin, S. 281 ff.

– 1994: Jugendamt — Sozialamt — Gesundheitsamt. Entwicklungslinien der Sozialverwaltung in Deutschland, Neuwied, Kriftel, Berlin: Luchterhand.

– 1995a: Sozialmanagement. Konzepte und ihre Relevanz für die Sozialen Dienste, in: Soziale Arbeit Nr. 2/95, S. 38-44.

– 1995b: EDV und die Entwicklung der Sozialen Dienste, in: Soziale Arbeit Nr. 6/95, S. 196-201.

Kühnl, R., 1979: Faschismustheorien. Ein Leitfaden, Reinbek: Rowohlt.

– 1988: Der Faschismus: Ursachen, Herrschaftsstruktur, Aktualität. Eine Einführung, Heilbronn: Distel.

Kund, U.G., 1988: Nachwirkende Pflichten der Gemeinden bei der Ausgliederung öffentlicher Aufgaben auf Private. Europäische Hochschulschriften: Reihe 2, Rechtswissenschaft; Bd. 758, Frankfurt a.M., u.a.: Lang.

Kunze, U./*Schröder*, J., 1995: Einführung von Controllinginstrumenten im Sozialamt — ein Praxisbeispiel, in: NDV Nr. 6/95, S. 244-250.

Landwehr, R., 1983: Funktionswandel der Fürsorge vom Ersten Weltkrieg bis zum Ende der Weimarer Republik, in: Landwehr, R./Baron, R. (Hg.), Geschichte der Sozialarbeit: Hauptlinien ihrer Entwicklung im 19. u. 20. Jh., Weinheim; Basel: Beltz, S. 73-138.

Landwehr, R./*Baron*, R., (Hg.), 1983: Geschichte der Sozialarbeit, Basel, Weinheim.

Lawrence, P.R./*Lorsch*, J. W., 1967: Organization and Environment - Managing Differentiation and Integration, Boston: Harvard.

Lehmbruch, G. 1976: Parteienwettbewerb im Bundesstaat, Kohlhammer, Stuttgart.

– 1991: The Organization of Society, Administrative Strategies, and Policy Networks, in: Czada, R.M./Windhoff, A., (ed.), Political choice: institutions, rules, and the limits of rationality, Frankfurt/M.: Campus, S. 121-160.

– 1994: Dilemmata verbandlicher Einflußlogik im Prozeß der deutschen Vereinigung, in: Streeck, Wolfgang (Hg.), Staat und Verbände (Politische Vierteljahresschrift, Sonderheft 25/1994), Westdeutscher Verlag, Opladen, S. 370-392.

Leibfried, St./*Hansen*, E./*Heisig*, M., 1984a: ‚Politik mit der Armut': Notizen zu Weimarer Perspektiven anläßlich bundesrepublikanischer Wirklichkeiten', in: PROKLA, 56 (1984), S. 105-26.

– 1984b: Geteilte Erde? Bedarfsprinzip und Existenzminimum unter dem NS-Regime: Zum Aufstieg und Fall der Regelsätze in der Fürsorge, in: Neue Praxis 1/84, S. 3-20.

– 1985: Vom Ende einer bedarfsorientierten Armenpolitik? Anmerkungen zu einem Regime sozialer Grundsicherung und seinen Gefährdungen, in: Leibfried, St./Tennstedt, F. (Hg.), Politik der Armut und die Spaltung des Sozialstaats, Frankfurt/M.: Suhrkamp, S. 125-152.

Leibfried, St./*Leisering*, L. 1995: Zeit der Armut: Lebensläufe im Sozialstaat, Frankfurt/M: Suhrkamp.

Leibfried, St./*Tennstedt*, F., (Hg.), 1985a: Politik der Armut und die Spaltung des Sozialstaats, Frankfurt/M.: Suhrkamp.

– 1985b: Armenpolitik und Arbeiterpolitik. Zur Entwicklung und Krise der traditionellen Sozialpolitik der Verteilungsformen, in: Leibfried, St./Tennstedt, F. (Hg.), Politik der Armut und die Spaltung des Sozialstaats, Frankfurt/M.: Suhrkamp, S. 64-93.

Leppin, H./*Tersteegen*, G., 1980: Die Neuorganisation sozialer Dienste in Bremen — Zur Entwicklung eines Reformprojekts, in: Müller, S./Otto, H.-U. (Hg.), Sozialarbeit als Sozialbürokratie? Zur Neuorganisation sozialer Dienste (Neue Praxis, Sonderheft 5), S. 196-203.

Lepsius, R.M., 1995: Institutionenanalyse und Institutionenpolitik, in: KZfSS (Sonderband) 1995, S. 392-403.

Lichtenstein, H., 1933: Die Finanzwirtschaft der deutschen Grosstädte von 1925-1931. Ein Beitrag zu dem Problem des Finanzausgleichs (Finanzwissenschaftliche und volkswirtschaftliche Studien (hrsgg. von K. Bräuer) Heft 29), Jena: Gustav Fischer.

Lindblom, Ch.E., 1965: The Intelligence of Democracy. Decision Making Through Mutual Adjustement, New York.

Litwak, E. 1971: Drei alternative Bürokratiemodelle, in: Mayntz, R. (Hg.), Bürokratische Organisation. Köln, Berlin: Kiepenheuer & Witsch Verlag, S. 117-126.

Lohalm, U., 1991: Die Wohlfahrtskrise 1930-1933. Vom ökonomischen Notprogramm zur rassehygienischen Neubestimmung, in: Bajohr, F./Johe, W./Lohalm, U. (Hg.) (1991), Zivilisation und Barbarei. die widersprüchlichen Potentiale der Moderne. Detlev Peukert zum Gedenken, Hamburg.

Lohse, (o.A.), 1924: Die reichsrechtlichen Grundlagen der künftigen Fürsorge für Hilfsbedürftige, in: Deutscher Verein für öffentliche und private Fürsorge (Hg.), Bericht über die Verhandlungen des 38. Deutschen Fürsorgetages am 7. u. 8. März 1924 in Frankfurt a.M., Karlsruhe: Braun, S. 4-13.

Luhmann, N., 1971a: Politische Planung. Aufsätze zur Soziologie von Politik und Verwaltung, Opladen: Westdeutscher Verlag.

– 1971b: Zweck - Herrschaft - System. Grundbegriffe und Prämissen Max Webers, in: ders., Politische Planung. Aufsätze zur Soziologie von Politik und Verwaltung. Opladen: Westdeutscher Verlag, S. 90-112.

– 1971c: Politische Planung, in: ders., Politische Planung. Opladen: Westdeutscher Verlag, S. 66-89.

– 1973: Formen des Helfens im Wandel gesellschaftlicher Bedingungen, in: Otto, H.-U./Schneider, S. (Hg.), Gesellschaftliche Perspektiven der Sozialarbeit, Bd. 1, Neuwied, Darmstadt: Luchterhand, S. 21-43.

– 1978: Die Organisationsmittel des Wohlfahrtsstaates und ihre Grenzen, in: Geissler, H. (Hg.), Verwaltete Bürger — Gesellschaft in Fesseln, Frankfurt a.M. u.a.,.

– 1981: Politische Theorie im Wohlfahrtsstaat, München, Wien.

– 1988a: Soziale Systeme. Grundriß einer allgemeinen Theorie, 2. Aufl., Frankfurt a.M: Suhrkamp Verlag.

– 1988b: Organisation, in: Küpper, W./Ortmann, G. (Hg.), Mikropolitik. Rationalität, Macht und Spiele in Organisationen. Opladen: Westdeutscher Verlag, S. 165-185.

– 1993: Die Paradoxie des Entscheidens, in: VerwArch 3/1993, S. 287-310.

Luppe, H., 1918: Die Neuordnung der Wohlfahrtspflege in Frankfurt a. M., in: Archiv der Hamburgerischen Gesellschaft für Wohltätigkeit, Heft 14, Hamburg, Juli 1918, S. 5-32.

– 1924: Wohlfahrtspflege, in: Handwörterbuch der Kommunalwissenschaften Bd. IV (Hgg. v. J. Brix u.a.), Jena: Gusav Fischer, S. 495-500.

– 1925a: Die soziale Fürsorge, in: Die Zukunftsaufgaben der deutschen Städte, Berlin-Friedenau, 752 ff.

– 1925b: Stadtrat Dr. Heimerich, in: Wohlfahrtsblätter der Stadt Nürnberg 1/2: 2-3.

– 1929: Moderne Entwicklungen und Gestaltungen im Fürsorgewesen (Vortrag, gehalten am 25.4.1929 in der Aula der Handelshochschule Nürnberg), in: Wohlfahrtsblätter der Stadt Nürnberg 8. Jg., 1/2 (Mai), S. 1-4.

– 1930: Krisenfürsorge und Wohlfahrtsunterstützung für Arbeitslose, in: Die Arbeitslosenversicherung, 7/1930.

– 1931: Die gegenwärtigen Beziehungen von Wirtschaft und Wohlfahrtspflege, in: Deutscher Verein für öffentliche und private Fürsorge (Hg.), Bericht über den 41. Deutschen Fürsorgetag in Berlin am 26. u. 27. Nov. 1930. Karlsruhe.

Lynn, L.E. jr., 1991: The Budget-Maximizing Bureaucrat: Is There a Case?, in: Blais, A.,/Dion, St., (Hg.), The Budget-Maximizing Bureaucrat. Appraisals and Evidence, Pittsburgh: University Press, S. 59-85.

Maaß, S./Trutzel, K./Moosberger, G., 1988: Ist der Nürnberger Sozialhilfe-Regelsatz angemessen?, in: Stadt Nürnberg (Hg.), Statistische Nachrichten 3/1988, S. 17-20.

Mäding, E., 1955: Fürsorge und Verwaltungsreform, in: Blätter der Wohlfahrtspflege, S. 66 f.

– 1973: Aufgaben der öffentlichen Verwaltung, in: Die Verwaltung, S. 257-282.

– 1982: Verwaltungsgeschichte als Aufgabengeschichte, in: Die Verwaltung 1982, S. 193 ff.

Maier, H., 1930: Aufbau und Aufgaben der Wohlfahrts- und Jugendämter, in: Hauptausschuss für Arbeiterwohlfahrt e.V. (Hg.), Lehrbuch der Wohlfahrtspflege. Nürnberg: Verlag Hauptausschuß für Arbeiterwohlfahrt e.V., S. 322 ff.

March, J.G./*Olsen* J.P., 1984: The New Institutionalism: Organizational Factors in Political Life, in: The American Political Science Review, Vol. 78, 3/Sept. 1984, S. 734-749.

Martini, (o.A.), 1931: Die neue Geschäftsordnung der hamburgischen Wohlfahrtsbehörde, in: Deutsche Zeitschrift für Wohlfahrtspflege, Nr. 6, 1930/31, S. 729-735.

Matzerath, H., 1970: Nationalsozialismus und kommunale Selbstverwaltung, Stuttgart, u.a.: Kohlhammer.

Mayer, G., 1979: Warum ist die Zusammenarbeit zwischen Verwaltungsbeamten und Sozialarbeitern häufig so mühsam?, in: DVP 4/79, S. 72-78.

Mayntz, R., (Hg.), 1971a: Bürokratische Organisation, Köln, Berlin: Kiepenheuer & Witsch Verlag.

– 1971b: Max Webers Idealtypus der Bürokratie und die Organisationssoziologie, in: Dies. (Hg.), Bürokratische Organisation. Köln, Berlin: Kiepenheuer & Witsch, S. 27-35.

– 1985: Soziologie der öffentlichen Verwaltung, 3. Aufl., Heidelberg.

Mayntz, R./*Nedelmann*, B., 1987: Eigendynamische Prozesse. Anmerkungen zu einem analytischen Paradigma, in: Kölner Zeitschrift für Soziologie und Sozialpsychologie 39, S. 648-668.

Mayntz, R./*Scharpf*, F.W. 1973: Planungsorganisation: Die Diskussion um die Reform von Regierung und Verwaltung des Bundes.

– (Hg.), 1995a: Gesellschaftliche Selbstregelung und politische Steuerung (Max-Planck-Institut für Gesellschaftsforschung, Köln Bd. 23), Frankfurt/M.; New-York: Campus.

– 1995b: Steuerung und Selbstorganisation in staatsnahen Sektoren, in: dies (Hg.), Gesellschaftliche Selbstregelung und politische Steuerung (Max-Planck-Institut für Gesellschaftsforschung, Köln Bd. 23), Frankfurt/M., New-York: Campus, S. 9-38. Frankfurt/M.; New-York: Campus.

– 1995c: Der Ansatz des akteurzentrierten Institutionalismus, in: dies (Hg.), Gesellschaftliche Selbstregelung und politische Steuerung (Max-Planck-Institut für Gesellschaftsforschung, Köln Bd. 23), Frankfurt/M., New-York: Campus, S. 39-72. Frankfurt/M.; New-York: Campus.

Mayring, Ph., 1991: Qualitative Inhaltsanalyse, in: Flick, U. (Hg.), Handbuch qualitative Sozialforschung: Grundlagen, Konzepte, Methoden und Anwendungen. München: Psych. Verl.-Union, S. 209-213.

– 1993: Qualitative Inhaltsanalyse: Grundlagen und Techniken, Weinheim: Deutscher Studienverlag.

Mehl, H.P., 1978: Zuordnung der ‚Familienfürsorge' im Rahmen einer binnenorganisatorischen Einheit von Sozial- und Jugendamt — Kriterien und Argumente, in: NDV Nr. 9/58. Jg., S. 260-261.

Meier-Ziegler, R., 1993: Lean management und lean production. Überlegungen für ein radikales Umdenken im Sozialwesen, in: Archiv für Wissenschaft und Praxis der sozialen Arbeit 24. Jg., S. 48-63.

Memelsdorff, F., 1926: Der Aufbau des Wohlfahrtsamtes in einer größeren Stadt, 4. Bd. Wohlfahrtspflege in Einzeldarstellungen, Berlin: Carl Heymann.

– 1931: Möglichkeiten und Grenzen von Sparmaßnahmen in der Wohlfahrtspflege, in: DZW 11/1931: 653-662.

Merchel, J., 1986a: Selbsthilfe-Förderung als Herausforderung für kommunale Sozialpolitik, in: Neue Praxis 2/1986: 137-150.

– 1986b: Selbsthilfe-Förderung als Herausforderung für kommunale Sozialpolitik — Argumente gegen ein verkürztes sozialpolitisches Handlungsverständnis, München: Oldenbourg.

– 1990: Veränderungen in der kommunalen Jugendhilfepolitik: Auswirkungen des Kinder- und Jugendhilfegesetzes auf das Zusammenwirken verschiedener Träger der Jugendhilfe, in: NDV 11/1990, S. 377-380.

Merchel, J./*Schrapper*, Ch., 1995: Hilfeplanung gem. § 36 KJHG als fachliche und organisatorische Herausforderung an das Jugendamt, in: NDV 4/1995, S. 151-156. 2. Aufl., Münster: Votum.

Mergler, O., 1963: Bundessozialhilfegesetz, Köln.

Merten, K., 1983: Inhaltsanalyse: Einführung in Theorie, Methode und Praxis, Opladen: Westdeutscher Verlag.

Metzger, U./*Weingarten*, J., 1989: Einkommensteuer und Einkommensteuerverwaltung in Deutschland. Ein historischer und verwaltungswissenschaftlicher Überblick, Opladen: Westdeutscher Verlag.

Meyer, (o.V.), 1919: Gesundheits- und Wohlfahrtsämter in deutschen Städten, in: Mitteilungen der Zentralstelle des Deutschen Städtetages, Nr.12/1919, S.230-243.

Meyer, J.W./*Rowan*, B., 1977: Institutionalized organizations: formal structure as myth and ceremony, in: AJS, vol. 83, no. 2, S. 340-363.

Meyer, J.W./*Scott*, W.R., 1992: Organizational Environments. Ritual and Rationality, Newbury Park, London, New Delhi: Sage Publications.

Meyer, M.W., 1979: Change in public bureaucracies, Cambridge, London, New York, Melbourne: Cambridge University Press.

Meyer, M.W./*Brown*, M.C., 1977: The process of bureaucratization, in: AJF, volume 83, number 2 (1977), S. 364-385.

Meyer, M. W./*Stevenson*, W./*Webster*, S., 1985: Limits to Bureaucratic Growth, Berlin, New York: Walter de Gruyter.

Meyer, M.W./*Zucker*, L.G., 1989: Permanently failing organizations, Newbury Park, London, New Delhi: Sage.

Michaelis, H, 1941: Die Entwicklung der behördlichen und freien Wohlfahrtspflege. Eine Untersuchung über das Verhältnis von behördlicher und freier Wohlfahrtspflege in Vergangenheit und Gegenwart (Diss. Univ. Breslau), Würzburg: Triltsch.

Michel, M., 1926: Städtischer Gemeindehaushalt und soziale Lasten vor und nach dem Kriege (Veröff. d. Deutschen Vereins für öffentliche und private Fürsorge), Frankfurt/M.

– 1927: Verwaltungsreform und Gemeinden, in: Frankfurter Wohlfahrtsblätter Nr. 11, April 1927.

Miller, M./*Soeffner*, H.G. (Hg.), 1996: Modernität und Barbarei. Soziologische Zeitdiagnose am Ende des 20. Jahrhunderts, Frankfurt/M.: Suhrkamp.

Mulert, O., 1925: Kommunalfinanzen und Reichssteuerreform, Berlin: Gersbach & Sohn.

– 1927: Wohlfahrtspflege und Gemeindefinanzen, in: Soziale Praxis und Archiv für Volkswohlfahrt 4/1927, S. 75-78.

– 1931: Notverordnung und Städte, in: Der Städtetag 25 (1931), Nr. 7: 297-304.

Müller, B.K., 1995: Fachlichkeit und neue Steuerungsmodelle, in: Social management 5/95, S. 19-24.

Müller, C.W., 1992: Wie Helfen zum Beruf wurde. Eine Methodengeschichte der Sozialarbeit, Bd. 2: 1945-1985, 2. Aufl., Weinheim, Basel: Beltz.

– 1993: Selbsthilfe: ein einführendes Lesebuch, Weinheim, Basel: Beltz.

– 1994: Jugendamt: Geschichte und Aufgaben einer reformpädagogischen Einrichtung, Weinheim; Basel: Beltz.

Müller, Ed., 1986: Organisationsstruktur und Aufgabenerfüllung, in: DÖV 1/86, S.10-15.

Müller, H., 1969: Fragen zur Organisation eines Sozial- und Jugendamtes, in: NDV 1/1969: 7-10.

– 1979: Einzelfragen zur Organisation der Sozial- und Jugendhilfe, in: NDV Nr. 2/59. Jg., S. 52-54.

Müller, S./*Otto*, H.U., (Hg.), 1980a: Sozialarbeit als Sozialbürokratie? Zur Neuorganisation sozialer Dienste (Neue Praxis, Sonderheft 5), Neuwied: Luchterhand.

– 1980b: Gesellschaftliche Bedingungen und Funktionsprobleme der Organisation sozialer Arbeit im Kontext staatlichen Handelns, in: dies. (Hg.), Sozialarbeit als Sozialbürokratie? Zur Neuorganisation sozialer Dienste (Neue Praxis, Sonderheft 5), S. 5-29.

Müller-Englisch, A./*Buck*, G., 1976: Neustrukturierung sozialer Dienste: Das Beispiel Berlin, in: Sozialmagazin, Dez./76, S. 29-40.

Münder, J. u.a., 1993: Frankfurter Lehr- und Praxiskommentar zum Kinder- und Jugendhilfegesetz (Stand: 1.4.1993), 2. Aufl., Münster: Votum.

– (Hg.), 1988: Zukunft der Sozialhilfe. Sozialpolitische Perspektiven nach 25 Jahren BSHG, Münster.

– 1990: Das neue Kinder- und Jugendhilfegesetz, in: NDV 6/1990, S. 206-213.

– 1993: Familien- und Jugendrecht: eine sozialwissenschaftlich orientierte Darstellung des Rechts der Sozialisation, Weinheim, Basel: Beltz.

Münsterberg, E., 1897: Die Armenpflege. Einführung in die praktische Pflegetätigkeit, Berlin.

– 1903: Das Elberfelder System. Festbericht aus Anlaß des 50jährigen Bestehens der Elberfelder Armenordnung. Schriften des Deutschen Vereins für Armenpflege und Wohltätigkeit, Heft 63, Leipzig.

Muthesius, H., 1925: Die Wohlfahrtspflege. Systematische Einführung auf Grund der Fürsorgepflichtverordnung und der Reichsgrundsätze, Berlin: Julius Springer.

– 1926: Sparmaßnahmen unter möglichster Aufrechterhaltung des Gesamtstandes der Fürsorge unter städtischen Verhältnissen, in: Neue Folge der Schriften des Deutschen Vereins für öffentliche und private Fürsorge, 8. Heft (Vorbericht für die Tagung des Hauptausschusses zu Hildesheim 1926), S. 1-34.

– 1931: Möglichkeiten der Sparmaßnahmen durch behördliche Organisation und durch Veränderung der Methoden, in: Deutsches Archiv für Jugendwohlfahrt, Sparmaßnahmen in der Jugendwohlfahrtspflege (Tagung vom 28. bis 29.11. 1930 in Berlin).

– 1950: Genügt unser geltendes Jugendwohlfahrtsrecht den Anforderungen der Nachkriegszeit?, in: Polligkeit, W. (Hg.), Fürsorge im Dienst der wirtschaftlichen und sozialen Sicherung der Bevölkerung, Verhandlungen und Ergebnisse des deutschen Fürsorgetages 1949 in Bielefeld. München, Düsseldorf: W. Steinebach, S. 67-74.

– (Hg.), 1955: Öffentliche Einkommenshilfe und Richtsatzpolitik.

– 1962: Der Deutsche Verein, das Bundessozialhilfegesetz und das Gesetz für Jugendwohlfahrt., in: ders. (Hg. im Auftrag des Deutschen Vereins), Die Fürsorge im Spannungsfeld der Generationen, Gesamtbericht über den 62. Deutschen Fürsorgetag 1961 in Mannheim, Carl Heymanns Verlag, S. 452-460.

– 1963: Die sozialen Aufgaben der kommunalen Selbstverwaltung, in: Archiv für Kommunalwissenschaft 2/1963, 1 ff.

Mutius, A.v., 1985: Kommunalverwaltung und Kommunalpolitik, in: Jeserich/Pohl/Unruh, (Hg.), Deutsche Verwaltungsgeschichte Bd. 4. Stuttgart: Deutsche Verlags-Anstalt, S. 1055-1081.

Naschold, F./*Väth*, W., (Hg.), 1973: Politische Planungssysteme, Opladen.

Nedelmann, B., 1995: Gegensätze und Dynamik politischer Institutionen, in: Kölner Zeitschrift für Soziologie und Sozialpsychologie (Sonderband 1995).

Neises, G., 1954: Die Mitarbeit der ehrenamtlichen Kräfte im Aufgabenbereich der öffentlichen Fürsorge, in: NDV, S. 192-197, 234-238.

Neuhäuser, J., 1995a: Sozialhilfeaufwand 1993, in: wirtschaft und statistik 2/1995, S. 147-154.

– 1995b: Sozialhilfeempfänger 1993, in: wirtschaft und statistik 9/1995, S. 704-718.

Neumann, F. 1993: Behemoth: Struktur und Praxis des Nationalsozialismus (Erstausgabe: 1944; 1963), Frankfurt/M.: Fischer.

Neumann, V., 1996: Leistungserbringung im Einrichtungsbereich der Sozialhilfe, in: Beiträge zum Recht der sozialen Dienste und Einrichtungen, Heft 33, S. 124-145.

Niemeyer, W., 1950: Ziele, Arbeitsformen und Arbeitsweise der Familienfürsorge, in: Polligkeit, W. (Hg.), Fürsorge im Dienst der wirtschaftlichen und sozialen Sicherung der Bevölkerung, Verhandlungen und Ergebnisse des deutschen Fürsorgetages 1949 in Bielefeld. München, Düsseldorf: W. Steinebach, S. 91-110.

Niskanen, W.A., 1971: Bureaucracy and Representative Government, Chicago, New York: Aldine.

– 1975: Bureaucrats and Politicians, in: Journal of law and economics 18, S. 617-643.

– 1991: A Reflection on Bureaucracy and Representative Government, in: Blais, A./Dion, S. (Hg.), The Budget-Maximizing Bureaucrat. Appraisals and Evidence. Pittsburgh: University of Pittsburgh Press, S. 13-32.

Nöldecke, J., 1987: 25 Jahre Bundessozialhilfegesetz: Versuch einer objektiven Würdigung, in: Blätter der Wohlfahrtspflege 7-8/1987, S. 159-160.

Nootbaar, H., 1983: Sozialarbeit und Sozialpädagogik in der Bundesrepublik 1949-1962, in: Landwehr, R./Baron, R. (Hg.), Geschichte der Sozialarbeit, Weinheim/Basel, S. 251-299.

Nordsieck, F., 1937: Verwaltungsgliederung, Geschäftsverteilung und Aktenführung der Gemeinden, in: Der Gemeindetag 1937, S. 428-433.

– 1949: Organisation und Aktenführung der Gemeinden, 4. Aufl., Stuttgart, Köln.

Nüßle, W., 1994: Qualitätssicherung in der Sozialarbeit — Tabu oder Notwendigkeit, in: neue praxis 5/94, S. 434-442.

o.V., 1924: Die örtliche Organisation der Wohlfahrtspflege, in: Mitteilungen des Deutschen Städtetages, Bd. XI, Nr. 4, Sp. 49-55.

– 1932: Richtsätze der öffentlichen Fürsorge (nach einer Rundfrage des Deutschen Städtetages), in: Statistisches Jahrbuch Deutscher Städte, 27. Jg., S. 337-349.

– 1954: Das Recht auf Fürsorge, in: Nachrichtendienst des Deutschen Vereins für öffentliche und private Fürsorge, 1954, S. 133 ff.

– 1980: Neuorganisation sozialer Dienste=Neue Strategie sozialer Befriedung?, in: Informationsdienst Sozialarbeit Heft 27, S. 61-90.

Olk, Th., 1986a: Abschied vom Experten. Sozialarbeit auf dem Weg zu einer alternativen Professionalität, Weinheim, München: Juventa.

– 1986b: Die professionelle Zukunft sozialer Arbeit. Zur Veränderung des beruflichen Selbstverständnisses in einem schwierigen Arbeitsfeld, in: Oppl, H./Tomaschek, A. (Hg.), Soziale Arbeit 2000, S. 107-136.

– 1989: Vom ‚alten' zum ‚neuen' Ehrenamt, in: Blätter der Wohlfahrtspflege Nr. 1, S. 7-10.

Olk, Th./*Otto*, H.-U., (Hg.), 1987: Soziale Dienste im Wandel (Bd. 1) — Helfen im Sozialstaat, Neuwied; Darmstadt: Luchterhand.

– 1989: Soziale Dienste im Wandel Bd. 3: Lokale Sozialpolitik und Selbsthilfe, Neuwied.

Ollendorff, F., 1927: Zur Organisation der Familienfürsorge (unter besonderer Berücksichtigung grosstädtischer Verhältnisse, in: Familie und Fürsorge. Vortragsfolge hrsgg. von Dr. W. Polligkeit (Fr. Manns Pädagog. Magazin Heft 1119), S. 141-151.

Olsen, J.P., 1991: Political Science and Organization Theory. Parallel Agendas but Mutual Disregard, in: Czada, R./Windhoff-Hèritier, A. (ed.), Political Choice: institutions, rules, and the limits of rationality. Frankfurt/M: Campus, S. 87-119.

Oppl, H./*Tomaschek*, A., (Hg.), 1986: Soziale Arbeit 2000 Bd. 2: Modernisierungskrise und soziale Dienste — Chancen für gesellschaftlichen Stellenwert, Profession und Ausbildung, Freiburg: Lambertus.

Orthband, E., 1980: Der Deutsche Verein in der Geschichte der deutschen Fürsorge, 1880-1980 (Schriften des Deutschen Vereins für öffentliche und private Fürsorge, Nr. 260), Frankfurt a.M.: Eigenverlag.

– 1986: Tarife, Richtsätze, Regelsätze, Stuttgart.

Otto, E./*Kister*, W., 1950: Fürsorge und Jugendwohlfahrt (Der Verwaltungsbeamte, Heft 9), Göttingen.

Otto, H.-U., 1991: Sozialarbeit zwischen Routine und Innovation. Professionelles Handeln in Sozialadministrationen, Berlin, New York: Walter de Gruyter.

Otto, H.-U./*Sünker*, H., (Hg.), 1989a: Soziale Arbeit und Faschismus, Frankfurt/M.: Suhrkamp.

– 1989b: Nationalsozialismus, Volksgemeinschaftsideologie und soziale Arbeit, in: Otto, H.-U./Sünker, H. (Hg.), Soziale Arbeit und Faschismus, Frankfurt/M.: Suhrkamp, S. 7-35.

Otto, H.-U./*Utermann*, K., (Hg.), 1973: Sozialarbeit als Beruf. Auf dem Weg zur Professionalisierung, 2. Aufl., München: Juventa.

Parkinson, N., 1984: Parkinsons neues Gesetz, Reinbek: Rowohlt.

Pennings, J.M., 1992: Structural contingency theory: A reappraisal, in: Research in Organisational Behaviour, Vol. 14, S. 267-309.

Peters, H., 1968: Moderne Fürsorge und ihre Legitimation — eine soziologische Analyse der Sozialarbeit, Opladen: Westdeutscher Verlag.

– 1971: Die mißlungene Professionalisierung der Sozialarbeit, in: Otto, H.-U./Utermann, K., Sozialarbeit als Beruf. Auf dem Weg zur Professionalisierung? München: Juventa, S. 99-123.

– 1982: Sozialarbeit als Sozialplanung, Opladen.

Peters, K., 1952: Der ehrenamtliche Helfer, in: Soziale Arbeit, S. 393-396.

Peukert, D., 1986: Grenzen der Sozialdisziplinierung: Aufstieg und Krise der deutschen Jugendfürsorge 1878-1932, Köln.

– 1989: Zur Erforschung der Sozialpolitik im Dritten Reich, in: Otto, H.-U./Sünker, H. (Hg.), Soziale Arbeit und Faschismus, Frankfurt/M.: Suhrkamp, S. 36-46.

Pfaffenberger, H., 1981: Zur Situation der Ausbildungsstätten, in: Projektgruppe Soziale Berufe (Hg.), Expertisen I, S. 89-119.

Pitschas, R., 1976: Zur Neuorganisation der Sozialen Dienste im Land Berlin. Zur Analyse und Kritik eines Modells der Strukturreform staatlicher Sozialverwaltung, in: Archiv für Wissenschaft und Praxis der Sozialen Arbeit 7/1976, S. 50-81.

– 1978: Sozialer Fortschritt durch Verwaltungsreform? Bemerkungen zur Reform der sozialen Dienste im Land Berlin und ihrer Kritik, in: Soziale Arbeit 27/1978, S. 302-311.

– 1979: Neubau der Sozialverwaltung. Die Verbindung des Sozialen mit der Verwaltung als Aufgabe von Rechtswissenschaft, Organisationssoziologie und Verwaltungslehre, in: Die Verwaltung 12, S. 409-432.

Plank, R., 1929: Die Entwicklung der Nürnberger Gesundheits- und Jugendfürsorge in den letzten zehn Jahren, in: Wohlfahrtsblätter der Stadt Nürnberg 8. Jg. Nr.4/1929, S. 9-27.

Polligkeit, W., 1928: Forderungen für den systematischen Ausbau der Altersfürsorge (Veröffentlichungen des Deutschen Vereins für öffentliche und private Fürsorge, Heft 14), Frankfurt/M.

– 1947: Stand und Entwicklung des deutschen Fürsorgewesens, in: Deutscher Verein (Hg.), Aufgaben der Fürsorge zur Überwindung der deutschen Volksnot, Bericht über den Deutschen Fürsorgetag in Frankfurt/M. am 13. Mai 1947.

Polligkeit-Eiserhardt, H./*Pense*, R., 1955: Ziele und Aufgaben des Deutschen Vereins in alter und neuer Zeit, in: Deutscher Verein (Hg.), Beiträge zur Entwicklung der deutschen Fürsorge. 75 Jahre Deutscher Verein. Köln/Berlin: S. 439-489.

Pontusson, J., 1995: From Comparative Public Policy to Political Economy. Putting Political Institutions in Their Place and Taking Interests Seriously, in: Comparative Political Studies, April 1995, S. 117-147.

Preis, U., 1990: Eine notwendige Reform ohne sozialpolitischen Fortschritt, in: ZRP 3/1990, S. 90-94.

Preiser, K., 1931: Neue Organisationsformen in der öffentlichen Wohlfahrtspflege, in: DZW 12/1931: 717-726.

Prestel, R., 1950: Genügt auf dem Gebiet der wirtschaftlichen Fürsorge in den Städten unser geltendes Fürsorgerecht den Anforderungen der Nachkriegszeit?, in: Polligkeit, W. (Hg.), Fürsorge im Dienst der wirtschaftlichen und sozialen Sicherung der Bevölkerung, Verhandlungen und Ergebnisse des deutschen Fürsorgetages 1949 in Bielefeld. München, Düsseldorf: W. Steinebach, S. 25-47.

Prinz, A., 1983: Die Finanzierung der Sozialhilfe im Finanzverbund zwischen Bund, Ländern und Gemeinden, in: Finanzarchiv, 41. Jg. H. 3, S. 431-451.

Prinz, M., 1989: Wohlfahrtsstaat, Modernisierung und Nationalsozialismus. Thesen zu ihrem Verhältnis, in: Otto, H.-U./Sünker, H. (Hg.), Soziale Arbeit und Faschismus, Frankfurt/M.: Suhrkamp, S. 47-62.

Projektgruppe Soziale Berufe, (Hg.), 1981c: Sozialarbeit: Professionalisierung und Arbeitsmarkt. Expertisen III, München.

Pugh, D.S./*Hickson*, D.J./*Hinings*, C.R./*Turner*, C., 1969: The Context of Organization Structures, in: Administrative Science Quarterly, 14, S. 91-114.

Rauschenbach, Th., 1990: Jugendhilfe als Arbeitsmarkt, in: Sachverständigenkommission 8. Jugendbericht, Jugendhilfe — Historischer Rückblick und neuere Entwicklungen, Materialien zum 8. Jugendbericht, Bd. 1, Deutsches Jugendinstitut, S. 225-297.

Rebentisch, D. / *Teppe*, K., (Hg.), 1986: Verwaltung contra Menschenführung im Staat Hitlers: Studien zum politisch-administrativen System, Göttingen: Vandenhoeck und Ruprecht.

Recker, E., 1995: Steuerungselemente und Lastenverteilung zwischen Sozialhilfe und Pflegeversicherung, in: Der Landkreis 2/1995, S. 59-67.

REFA (Verband für Arbeitsstudien und Betriebsorganisation e.V.), 1985: Methodenlehre der Organisation für Verwaltung und Dienstleistung (3 Bände, Teil 1: Grundlagen; Teil 2: Ablauforganisation; Teil 3: Aufbauorganisation), München: Hanser.

Rehberg, K.S., 1994: Institutionen als symbolische Ordnungen. Leitfragen und Grundkategorien zur Theorie und Analyse institutioneller Mechanismen, in: Göhler, G. (Hg.), Die Eigenart der Institutionen: zum Profil politischer Institutionentheorie, Baden-Baden: Nomos, S. 47-84.

Rehm, F.-K., 1976: Die Finanzsituation der Städte und Landkreise, in: NDV Nr. 3/56. Jg., S. 73-79.

Reichard, Ch., 1988: Der Dritte Sektor - Entstehung, Funktion und Problematik von ‚Nonprofit'-Organisationen aus verwaltungswissenschaftlicher Sicht, in: DÖV 1988, S. 363-370.

– 1990: Verselbständigte Verwaltungseinheiten im Vergleich, in: Die Verwaltung 23 (1990), S.491-509.

Reichsarbeitsministerium 1929: Deutsche Sozialpolitik 1918-1928. Erinnerungsschrift, Berlin: Mittler & Sohn.

Reiner, H., 1931: Der Personalbestand der öffentlichen Verwaltung im Deutschen Reich, in: Städte und Statistik, Beilage zu „Der Städtetag" Nr. 7/31, S. 102-106.

Reulecke, J., 1991: Sozialpolitik und Sozialreform im deutschen Kaiserreich. Ein Überblick, in: Rumpler, H. (Hg.), Innere Staatsbildung und gesellschaftliche Modernisierung in Österreich und Deutschland; 1867/71 bis 1914. Wien: Verlag für Geschichte und Politik; München: Oldenbourg, S. 125-149.

Reutti, K., 1933: Neue Wege in der Wohlfahrtspflege, in: Deutsche Zeitschrift für Wohlfahrtspflege 1/1933, S. 1-7.

Richter, E.-J., 1978: Sozialhilfe 1976/1977, in: DST (Hrsg.) Statistisches Jahrbuch Deutscher Gemeinden, S. 274 ff.

– 1986: Sozialhilfe 1984/85, in: DST (Hrsg.) Statistisches Jahrbuch Deutscher Gemeinden, S. 259-277.

– 1987: Gemeindliche Sozialausgaben 1986, in DST (Hrsg.) Statistisches Jahrbuch deutscher Gemeinden, S. 272 ff.

Riedmüller, B., 1988: Die Defizite der Sozialhilfe, in: Münder, J. (Hg.), Zukunft der Sozialhilfe. Sozialpolitische Perspektiven nach 25 Jahren BSHG, Münster, S. 51-55.

Rieger, E., 1992: Die Institutionalisierung des Wohlfahrtsstaates, Opladen: Westdeutscher Verlag.

Ries, o.V., 1921: Erfahrungen mit der Einführung der Familienfürsorgerin, in: Deutscher Verein (Hg.), Wohlfahrtsamt und Familienfürsorge (Gekürzter Bericht über die Tagung des Fachausschusses für städtisches Fürsorgewesen in Nürnberg am 13- u. 14. September 1921), S. 25-31.

Ritter, G.A., 1989: Der Sozialstaat: Entstehung und Entwicklung im internationalen Vergleich, München.

Rocholl, W., 1959: Ist die Familienfürsorge reformbedürftig?, in: NDV 4/1959, S. 97-101.

Röhr, W., (Hg.), 1992a: Faschismus und Rassismus: Kontroversen um Ideologie und Opfer (Arbeitsgruppe Faschismusforschung), Berlin: Akademie.

– 1992b: Faschismus und Rassismus. Zur Stellung des Rassenantisemitismus in der nationalsozialistischen Ideologie und Politik, in: ders. (Hg.), Faschismus und Rassismus: Kontroversen um Ideologie und Opfer, S. 23-65. Berlin: Akademie.

Rohwer, G., 1986: Die Entwicklung der Richtsätze in der öffentlichen Fürsorge 1926-1942. Quantitative Studien, Forschungsbericht, Universität Bremen, Bremen: Eigenverlag.

Ronge, V., 1988: Theorie und Empirie des ‚Dritten Sektors', in: Jahrbuch zur Staats- und Verwaltungswissenschaft 2/1988, S. 113-148.

– 1993: Die Verflechtung von Staat und Drittem Sektor auf kommunaler Ebene, in: Voigt, R. (Hg.), Abschied vom Staat — Rückkehr zum Staat? Baden-Baden, Nomos, S. 333-350.

Ronge, V./*Schmieg*, G., 1973: Restriktionen politischer Planung, Frankfurt/M.

Roth, G. 1994: Theorien zur Verwaltungsentwicklung - Ein Überblick, in: Ellwein, Th. (Hg.), Beiträge zur Verwaltungsentwicklung — vorläufiger Ergebnisbericht eines von Thomas Ellwein geleiteten Forschungsprojektes, Universität Konstanz (verfielfältigter Bericht), S. 111-151.

– 1996: Kontinuität und Wandel: Die Entwicklung von Aufgaben und Organisation kommunaler Sozialverwaltung und ihre institutionelle Bestimmung. Quantitativ vergleichende und qualitativ vertiefende Studien von der Weimarer Republik bis zur Gegenwart (Diss. Universität Konstanz).

– 1998: Veränderungen der institutionellen Finanzverflechtung durch das Pflege-Versicherungsgesetz und Landespflegegesetz Nordrhein-Westfalen. Eine erste systematische Betrachtung, in: Sozialer Fortschritt 2/98, S. 37-45.

– 1999: Auflösung oder Konsolidierung korporatistischer Strukturen durch die Pflegeversicherung? In: Zeitschrift für Sozialreform Nr. 5/99, S. 418-446.

Roth, G./*Rothgang*, H., 1999: Die Entwicklung der Pflegesätze vor und nach Inkrafttreten der Pflegeversicherung: Führen durch das Pflege-Versicherungsgesetz ausgelöste Veränderungen im Vergütungsrecht zu einer Angleichung der Pflegesätze? Arbeitspapier Nr. 11 des Zentrums für Sozialpolitik der Universität Bremen.

Rothgang, H., 1995: Konzeptionelle Überlegungen zur Evaluation des Pflege-Versicherungsgesetzes, in: Fachinger, Uwe/Rothgang, Heinz: Die Wirkungen des Pflegeversicherungsgesetzes, Duncker & Humblot, Berlin, S. 11-24.

– 1996: Vom Bedarfs- zum Budgetprinzip? Die Einführung der Pflegeversicherung und ihre Folgen für die gesetzliche Krankenversicherung, in: Clausen, Lars (Hg.), Gesellschaften im Umbruch. Beiträge des 27. Kongreß der Deutschen Gesellschaft für Soziologie. Band 1., Campus, Frankfurt, S. 930-946.

– 1997: Ziele und Wirkungen der Pflegeversicherung: Eine ökonomische Analyse, Campus, Frankfurt/M..

Rothgang, H./*Haug*, K., 1993: Habits und Frames in der Sozialpolitik: Konzeptionelle Überlegungen (ZeS-Arbeitspapier Nr. 9/93), Zentrum für Sozialpolitik, Bremen.

Rothgang, Heinz/*Schmähl*, Winfried, 1997: Pflegeversicherung und Sozialhilfe, in: Der Landkreis, Sonderheft August/September 97, S. 424-427.

Rowan, B., 1984: Environmental Expectations and Structural Changes in the California Public Schools, in: Westrum, R./Samaha, K./DesHarnais, G. (Hg.), a.a.O., S. 319-338.

Rüfner, W., 1993: Grundsätze einer verfassungsmäßigen und familiengerechten Ausgestaltung der Sozialhilfe — Familienregelsätze und Lohnabstand, in: NDV Nr. 10, S. 363-370.

Ruland, F., 1988: Brauchen wir eine neue soziale Grundsicherung (Referat bei der Mitgliederversammlung des Deutschen Vereins am 3. 12.1987), in: NDV 3/68. Jg., S. 61-69.

Sachße, Ch., 1986: Mütterlichkeit als Beruf. Sozialarbeit, Sozialreform und Frauenbewegung 1871-1929, Frankfurt.

– 1990: Der Wohlfahrtsstaat in historischer und vergleichender Perspektive, in: Geschichte und Gesellschaft 16, S. 479-490.

Sachße, Ch./*Tennstedt*, F., 1980: Geschichte der Armenfürsorge in Deutschland, Band 1: Vom Spätmittelalter bis zum 1. Weltkrieg, Stuttgart: Kohlhammer.

– 1988: Geschichte der Armenfürsorge in Deutschland, Band 2: Fürsorge und Wohlfahrtspflege 1871-1929, Stuttgart: Kohlhammer.

– 1992: Der Wohlfahrtsstaat im Nationalsozialismus: Geschichte der Armenfürsorge in Deutschland, Band 3, Stuttgart: Kohlhammer.

Salomon, A., 1925a: Betrachtung zur Entwicklung der sozialen Fürsorge, in: DZW 1925, Nr. 1, S. 3-6.

– 1925b: Soziale Diagnose — ein Versuch zu einer Analyse der Ermittlung, in: DZW 1925, Nr. 3, S. 114-120.

– 1927: Die Ausbildung zum sozialen Beruf, Berlin.

Sandré, E., 1925: Fürsorgegesetze (mit späteren Änderungen, nachträglich ergänzt).

Schäfer, D., 1966: Die Rolle der Fürsorge im System der sozialen Sicherung. Ein Beitrag zur Entwicklung und Begründung eines gegliederten Sozialleistungssystems, Frankfurt.

– 1976: Selbsthilfe und ihre Aktivierung durch die soziale Arbeit — Gedanken zum Gesamtthema des Deutschen Fürsorgetags 1976, in: NDV Nr. 11/56. Jg., S. 293-296.

– 1985: Sozialhilfe und andere Leistungsbereiche im System sozialer Sicherung, in: Archiv für Wissenschaft und Praxis der sozialen Arbeit, 16. Jg., S. 3-23.

Schäfer, W./*Koch*, W., 1993: Zukunftsorientierte Umorganisation eines Sozialdezernats — am Beispiel Dortmund —, in: NDV Nr. 5/93, S. 184-188.

Scharpf, F.W., 1973: Planung als politischer Prozeß. Aufsätz zur Theorie der planenden Demokratie, Frankfurt/M.

– 1995: Subventionierte Niedriglohn-Beschäftigung statt bezahlter Arbeitslosigkeit?, in: Zeitschrift für Sozialreform 2/41. Jg., S. 65-82.

Schellhorn, W., 1980a: Probleme der Organisation sozialer Dienste, in: Archiv für Wissenschaft und Praxis der sozialen Arbeit 11. Jg., 1980: 58-70.

– 1980b: Das Sozialgesetzbuch. Versuch einer kritischen Zwischenbilanz aus der Sicht der Sozialhilfe und der Jugendhilfe, in: NDV 5/60. Jg., S. 145-149.

– 1989: Neues Bedarfsbemessungssystem für die Regelsätze der Sozialhilfe: Ableitung der Regelsätze für sonstige Haushaltsangehörige, in: NDV 5/69. Jg., S. 157-161.

– 1990: Einführung eines neuen Bedarfsbemessungssystems für die Regelsätze in der Sozialhilfe, in: NDV Nr. 1, S. 14-16.

– 1995: Pflegeversicherung und Sozialhilfe -- Fragen der Abgrenzung, der Ergänzung und der Zusammenarbeit, in: NDV 2/1995, S. 54-61.

– 1997: Auswirkungen der Pflegeversicherung (stationärer Bereich) auf die Sozialhilfe, in: NDV 2/97, S. 39-43.

Schirmel, O., 1927: Der gegenwärtige Stand der öffentlichen großstädtischen Wohlfahrtspflege (Diss.), Berlin.

Schmidbauer, W., 1977: Die hilflosen Helfer. Über die seelische Problematik der helfenden Berufe, Reinbek: Rowohlt.

Schmidt, G., 1910: Die Organisation der Jugendfürsorge. (Schriften des Deutschen Vereins für Armenpflege und Wohltätigkeit, Nr. 92), Leipzig: Duncker & Humblot.

Schmidt, M.G., 1997: Sozialpolitik in Deutschland. Historische Entwicklung und internationaler Vergleich (2. Aufl.), Opladen: Leske + Budrich.

Schmitt, R., 1993: Kooperationsbeziehungen in der Sozialverwaltung: Geschichte und Gegenwart der institutionellen Zusammenarbeit von öffentlichen und freien Trägern der kommunalen Wohlfahrtspflege (Dissertation, Universität Konstanz), Konstanz.

Schmitter, Ph./*Grote*, J.R. 1997: Der korporatistische Sisyphus: Vergangenheit, Gegenwart und Zukunft, in: PVS 4/97, S. 530-554.

Schneekloth, U., 1996: Entwicklung von Pflegebedürftigkeit im Alter, in: Zeitschrift für Gerontologie und Geriatrie, Bd. 29, Heft 1/1996, S. 11-17.

Schneider, H., 1964: Die öffentliche Jugendhilfe zwischen Eingriff und Leistung. Eine juristisch-sozialpädagogische Analyse der Aufgaben des Jugendamts und ihrer gesetzlichen Regelung, Berlin-Spandau; Neuwied: Luchterhand.

Schoen, P., 1985: Armenpflege im Nationalsozialismus. Die Wohlfahrtspflege in Preußen zwischen 1933 und 1939 am Beispiel der Wirtschaftsfürsorge, Weinheim/Basel.

Scholz, R., 1973: Soziale Dienste und Verwaltungsreform, in: Vierteljahresschrift für Sozialrecht (VSSR) 1973, S. 283 ff.

Schönwitz, J., 1965: Die personelle Entwicklung der öffentlichen Verwaltung in Deutschland. Versuch einer Wachstums- und Strukturanalyse, Mainz: Ditters Bürodienst.

Schoppen, o.V. 1929: Das Personal der städtischen Verwaltungen, in: Statistisches Jahrbuch Deutscher Städte, 24. Jg., S. 449-505.

– 1931: Der Aufbau des Gesundheitswesens in den deutschen Städten, insbesondere die städtischen Gesundheitsämter, in: Statistisches Jahrbuch deutscher Städte, S. 469-497.

Schrapper, Ch., 1992: Zwischen Neuorientierung und Überforderung? Probleme und Perspektiven bei der Umsetzung des Kinder- und Jugendhilfegesetzes für das örtliche Jugendamt, in: NDV 9/1992, S. 287-290.

Schrapper, Ch./*Sengling*, D./*Wickenbrock*, W., 1987: Welche Hilfe ist die richtige? Historische und empirische Studien zur Gestaltung sozialpädagogischer Entscheidungen im Jugendamt, Frankfurt/M.: Eigenverlag des DeutschenVereins für öffentliche und private Fürsorge.

Schrapper, Ch./*Wickenbrock*, W., 1987: Organisation und Maßstäbe sozialpädagogischer Entscheidungen im Jugendamt — Ergebnisse einer empirischen Studie, in: Schrapper, Ch./Sengling, D./Wickenbrock, W., Welche Hilfe ist die richtige? Historische und empirische Studien zur Gestaltung sozialpädagogischer Entscheidungen im Jugendamt, Frankfurt/M.: Deutscher Verein, S. 60-80.

Schrauth, (o.A.), 1924: Die Durchführung des Reichsjugendwohlfahrtsgesetzes unter städtischen Verhältnissen, in: Deutscher Verein für öffentliche und private Fürsorge (Hg.), Bericht über die Verhandlungen des 38. Deutschen Fürsorgetages am 7. u. 8. März 1924 in Frankfurt a.M., Karlsruhe: Braun, S. 4-13.

Schröer, H., 1994: Jugendamt im Wandel: Von der Eingriffsbehörde zum Dienstleistungsunternehmen, in: neue praxis 3/94, S. 263-274.

Schulte, B., 1991: Die Entwicklung der Sozialhilfe, in: Enke, K.-D. (Hg.), Die Zukunft der sozialen Sicherung in Deutschland. Baden-Baden: Nomos Verlagsgesellschaft, S. 101-125.

Schulte, B./*Trenk-Hinterberger*, P., 1986: Sozialhilfe — Eine Einführung, 2. Aufl., Heidelberg: Müller, Juristischer Verlag.

Schulz, J., 1989: Armut und Sozialhilfe, Stuttgart, Berlin, Köln: Kohlhammer.

Schuppert, G.F., 1980: Die öffentliche Aufgabe als Schlüsselbegriff der Verwaltungswissenschaft, in: Verw.archiv 1980, S. 309 ff.

– Die Erfüllung öffentlicher Aufgaben durch verselbständigte Verwaltungseinheiten, Göttingen.

– 1988: PGOs in der Bundesrepublik Deutschland, in: Hood/Schuppert (Hg.), Verselbständigte Verwaltungseinheiten in Westeuropa. Baden-Baden: Nomos Verlagsgesellschaft, S. 202-226.

– 1989: Markt, Staat, Dritter Sektor - oder noch mehr? Sektorspezifische Steuerungsprobleme ausdifferenzierter Staatlichkeit, in: Jahrbuch zur Staats- und Verwaltungswissenschaft 3/1989, S. 47-87.

Schwander, R., 1905a: Bericht über die Neuordnung der Hausarmenpflege. Im Auftrag des Armenamtes erstattet durch den Beigeordneten Dr. Schwander, Straßburg.

– 1905b: Die offene Armenpflege der Stadt Straßburg, in: Zeitschrift für das Armenwesen, VI Jg., Heft 9/Sept., S. 257-267. Straßburg.

Sckell, St., 1990: Der Deutsche Verein. Eine Fallstudie über die institutionelle Zusammenarbeit von staatlicher Sozialverwaltung und freier Wohlfahrtspflege (Diplomarbeit, Universität Konstanz), Konstanz.

Scott, W.R., 1986: Grundlagen der Organisationstheorie (aus d. Amerik.), Frankfurt a.M., New York: Campus.

– 1992a: Introduction: From Technology to Environment, in: Meyer, J.W./Scott, W.R., Organizational Environment. Ritual and Rationality. Newbury Park u.a.: Sage Publications, S. 13-15.

– 1992b: The Organization of Environments: Network, Cultural and Historical Elements, in: Meyer, J.W./Scott, W.R., Organizational Environment. Ritual and Rationality. Newbury Park u.a.: Sage Publications, S. 155-175.

– 1992c: Reform Movements and Organizations: The Case of Aging, in: Meyer, J.W./Scott, W.R., Organizational Environment. Ritual and Rationality. Newbury Park u.a.: Sage Publications, S. 115-127.

Scott, W.R./*Meyer*, J.W., 1992: The Organization of Societal Sectors, in: Meyer, J.W./Scott, W.R., Organizational Environment. Ritual and Rationality. Newbury Park u.a.: Sage Publications, S. 129-153.

– 1994: Institutional environments and organizations: structural complexity and individualism, Thousand Oaks, California u.a.: Sage.

Seibel, W., 1992: Funktionaler Dilettantismus: Erfolgreich scheiternde Organisationen im ‚Dritten Sektor' zwischen Markt und Staat. Baden-Baden: Nomos.

– 1994: Historische Analyse und politikwissenschaftliche Institutionenforschung (Beitrag zum 2. Workshop „Politik- und verwaltungswissenschaftliche Theorieentwicklung" der Sektion Staatslehre und Politische Verwaltung der Deutschen Vereinigung für Politische Wissenschaft in Konstanz, 13./14. Januar, Verf. Manuskript), Konstanz.

Sengling, D., 1992: Ein Jahr Kinder- und Jugendhilfegesetz: Abschluß oder Beginn einer Reformphase?, in: NDV 6/1992, S. 187-191.

Seutemann, K., 1927: Finanzübersicht nach den Voranschlägen für 1925, in: Statistisches Jahrbuch Deutscher Städte, 22. Jg., (N.F. 1.Jg.), S. 1-55 .

– 1933: Finanzübersicht nach der Rechnung von 1930, in: Statistisches Jahrbuch Deutscher Städte, 28. Jg., (N.F.), S. 189-234,.

Siepmann, H./*Siepmann*, U., 1981: Verwaltungsorganisation, Köln u.a.: Deutscher Gemeindeverlag/Kohlhammer.

Simon, H., 1922: Aufgaben und Ziele der neuzeitlichen Wohlfahrtspflege, Berlin: J.H.W. Dietz Nachfolger/Buchhandlung Vorwärts.

– 1930: Voraussetzung, Begriff und Entwicklung der Wohlfahrtspflege, in: Hauptausschuss für Arbeiterwohlfahrt e.V. (Hg.), Lehrbuch der Wohlfahrtspflege. Nürnberg: Verlag Hauptausschuß für Arbeiterwohlfahrt e.V., S. 99-107. Berlin.

Simon, H.A., 1982: Models of bounded rationality, Cambridge.

Simon, o.V., 1921: Der Einfluss der Finanznot auf die städtische Wohlfahrtspflege — Vorläufige Ergebnisse einer gemeinsamen vom Deutschen Städtetag und Deutschen Verein für öffentliche und private Fürsorge veranlassten Umfrage bei 33 Städten (Veröffentlichungen des Deutschen Vereins).

Skocpol, Th., 1985: Bringing the State Back In: Strategies of Analysis in Current Research, in: Evans, P.B./Rueschemeyer, D./Skocpol, Th. (ed.), Bringing the State Back In, Cambridge: University Press, S. 3-43.

– 1992: Protecting Soldiers and Mothers: The Political Origins of Social Policy in the United States, Cambridge (Mass.), London: Harvard Univ. Press.

Spiegel, H.R., 1976: Statistik, Düsseldorf: MacGraw-Hill.

Stadt Frankfurt (Magistrat), 1926: Verwaltungsbericht der Stadt Frankfurt am Main, Frankfurt/M.

Stadt Nürnberg, (Hg.), 1990a: Aufgabengliederungsplan - Verwaltungsgliederungsplan - Geschäftsverteilungsplan, Nürnberg.

– 1990b: Nürnbergs Finanzen im Städtevergleich, Information des Finanzreferates, Nürnberg.

Stallberg, F.W. 1984: Soziale Probleme, in: Eyferth, H./Otto, H.-U./Thiersch, H. (Hg.), Handbuch zur Sozialarbeit/Sozialpädagogik. Neuwied/Darmstadt: Luchterhand.

Staudacher, L., 1925: Bedeutung und Aufgaben der ehrenamtlichen Mitarbeit in der neuzeitlichen städtischen Fürsorge, in: Wohlfahrtsblätter der Stadt Nürnberg 5/6: 2-3.

Steffen, J., 1993: Das Verhältnis von Lohn und Sozialhilfe, in: Sozialer Fortschritt 4/5, S. 91-95.

Steinhilber, W., 1931: 25 Jahre Straßburger System, in: Deutsche Zeitschrift für Wohlfahrtspflege, Nr.2/1931, S. 61-77.

Steinmo, S./*Thelen*, K., *Longstreth*, F., (Hg.), 1992: Structuring politics: historical institutionalism in comparative analysis, Cambridge, NY: University Press.

Streeck, W., (Hg.) 1994: Staat und Verbände (Politische Vierteljahresschrift, Sonderheft 25/1994), Westdeutscher Verlag, Opladen.

– 1994: Staat und Verbände: Neue Fragen. Neue Antworten?, in: Streeck, Wolfgang (Hg.), Staat und Verbände (Politische Vierteljahresschrift, Sonderheft 25/1994), Westdeutscher Verlag, Opladen, S. 7-36.

Studienkommission (Hg.), 1973: Bericht der Kommission zur Reform des öffentlichen Dienstrechts, Baden-Baden: Nomos.

Stumpfögger, N.,/*Wiethoff*, U., 1989: Armutsverwaltung. Kritik und Perspektive der Sozialhilfe, Berlin.

Sturm, E., 1961: Die Entwicklung des öffentlichen Dienstes in Deutschland - Eine Untersuchung über die Wachstumstendenzen der deutschen Verwaltung, in: Ule, C.H. (Hg.), Die Entwicklung des öffentlichen Dienstes. Köln u.a.: Carl Heymanns, S. 1-285.

Sutter, M., 1987: Aktuelle Probleme der Sozialhilfe aus der Sicht der kommunalen Spitzenverbände, in: NDV 4/67. Jg., S. 146-150.

Tegethoff, H.G., 1995: Schlankheitskur für die Jugendhilfe. Rationalisierung nach dem Modell der Kommunalen Gemeinschaftsstelle für Verwaltungsvereinfachung (KGSt), in: neue praxis 2/95, S. 132-149.

Tennstedt, F., 1981a: Fürsorgegeschichte und Vereinsgeschichte. 100 Jahre Deutscher Verein in der Geschichte der Deutschen Fürsorge, in: Zeitschrift für Sozialreform 27, S. 72-100.

– 1981b: Fünfzig Jahre von 100. Wilhelm Polligkeit und der Deutsche Verein, in: Jahrbuch für soziale Arbeit 4 (hgg. v. Sachße, Ch./Tennstedt, F.) Reinbek 1981, S. 445-469.

Textor, R., (Hg.), 1994: Allgemeiner Sozialdienst: ein Handbuch für soziale Berufe, Weinheim, Basel: Beltz.

Thelen, K./*Steinmo*, S., 1992: Historical Institutionalism in comparative politics, in: Steinmo, S./Thelen, K./Longstreth, F. (Hg.), (1992), Structuring politics: historical institutionalism in comparative analysis, Cambridge: Univ. Press, S. 1-32 .

Thränhardt, D., 1984: Von Thron und Altar zur bürokratischen Verknüpfung. Die Entwicklung korporatistischer Beziehungen zwischen Wohlfahrtsverbänden und Staat in Deutschland, in: Bauer, Rudolph (Hg.), Die liebe Not: Zur historischen Kontinuität der ‚Freien Wohlfahrtspflege', Weinheim/Basel, S. 164-171.

Tolbert, P.S./*Zucker*, L.G., 1983: Institutional Sources of Change in the Formal Structure of Organizations: The Diffusion of Civil Service Reform, 1880-1935, in: Administrative Science Quarterly 28 (March): 22-39.

Tormin, R., 1995: Offensives Jugendamt, in: Social management 5/95, S. 13-15.

Treutner, E./*Wolff*, S./*Bonß*, W., 1978: Rechtsstaat und situative Verwaltung. Zu einer sozialwissenschaftlichen Theorie administrativer Organisationen, Frankfurt a.M., New York: Campus Verlag.

Trube, A., 1994: Not macht erfinderisch: Zur Krise örtlicher Sozialverwaltung und den Chancen anwendungsorientierter Organisationsentwicklung, in: NDV 6/1994, S. 214-220.

Trutzel, K., 1991: Arbeitslosigkeit und Sozialhilfebezug in Nürnberg 1989 (Nürnberger Ergebnisse der Sonderuntersuchung der Bundesvereinigung der kommunalen Spitzenverbände in Zusammenarbeit mit der Bundesanstalt für Arbeit im September 1989).

Tullock, G., 1965: The Politics of Bureaucracy, Washington: Public Affairs Press.

– 1972: Book Review: Bureaucracy and Representative Government. William A. Niskanen, Chicago 1971, in: Public Choice, Vol. XII.

– 1974: Dynamic Hypothesis on Bureaucracy, in: Public Choice 19, S. 117-131.

Türk, K., 1989: Neuere Entwicklungen in der Organisationsforschung: ein Trend-Report, Stuttgart: Enke.

– 1992: Organisationssoziologie, in: Frese, E. (Hg.), Handwörterbuch der Organisation. Stuttgart: Poeschel, S. 1633-1647.

Viernstein, N./*Gaensslen*, H., 1971: Materialien zur Situation der Jugendämter (Teilwiederholung der Erhebung des Deutschen Vereins über Organisation und Tätigkeit der Jugendämter in der Bundesrepublik von 1957/58), München: Deutsches Jugendinstitut.

Vigener, G., 1996: Sozialhilfe und zweite Stufe der Pflegeversicherung, in: NDV 9/96, S. 269-272.

– 1997: Auswirkungen des Gesetzes zur Reform des Sozialhilferechts auf das Pflegesatzwesen, in: NDV Heft 3/97, S. 61-64.

Vobruba, G., (Hg.), 1990: Strukturwandel der Sozialpolitik. Lohnarbeitszentrierte Sozialpolitik und soziale Grundsicherung, Frankfurt a.M.: Suhrkamp Verlag.

– 1985: Arbeiten und Essen. Die Logik im Wandel der Verhältnisses von gesellschaftlicher Arbeit und existentieller Sicherung im Kapitalismus, in: Leibfried, St./Tennstedt, F. (Hg.), Politik der Armut und die Spaltung des Sozialstaats, Frankfurt/M.: Suhrkamp, S. 41-63.

Vogel, M.R., 1960: Das Jugendamt im gesellschaftlichen Wirkungszusammenhang, Köln, Berlin: Heymann.

– 1965: Aus der Forschung über die kommunale Apparatur der öffentlichen Hilfe, in: NDV Nr. 8/45. Jg., S. 256-261.

– 1966: Die kommunale Apparatur der öffentlichen Hilfe, Stuttgart: Enke.

Vorländer, H., 1988: Die NSV — Darstellung und Dokumentation einer nationalsozialistischen Organisation (Schriften des Bundesarchivs Nr. 35), Boppardt: Boldt.

Wagener, F., 1974: Neubau der Verwaltung, 2. Aufl., Berlin.

Wagner, K., 1981: Organisation kommunaler Sozialarbeit: Eine Fallstudie (Schriften des Deutschen Instituts für Urbanistik, Bd. 68), Stuttgart; Berlin: Kohlhammer.

Warwick, D.P., 1975: A Theory of Public Bureaucracy. Politics, Personality, and Organization in the State Department, Cambridge, Massachusetts: Harvard University Press.

Weber, M., 1972: Wirtschaft und Gesellschaft, 5. Aufl., Tübingen.

Weber, Mi.., 1994: Das Wachstum von Verwaltungsorganisationen: Formen, Ursachen und Grenzen, Opladen: Westdeutscher Verlag.

Weddigen, W., 1957: Grundzüge der Sozialpolitik und Wohlfahrtspflege, Stuttgart.

Weick, K.E., 1976: Educational organizations as loosely coupled systems, in: Administrative Science Quaterly, vol. 21, march 1976, S. 1-19.

Weinbrenner, E., 1953: Die Mitwirkung ehrenamtlicher Kräfte in der öffentlichen Fürsorge — Gegenwart und Zukunft, in: NDV, S. 163-170.

Weingarten, J., 1993: Finanzverwaltung und Gesetzesvollzug. Anforderungen, Probleme und Vorgehen der Steuerverwaltung bei der Anwendung steuerrechtlicher Normen, Opladen.

Weller, A., 1956: Mobilisierung und Einordnung der Mitbürger in die Sozialarbeit, in: Blätter der Wohlfahrtspflege, S. 123-127.

– 1961: Die Altenhilfe und das Bundessozialhilfegesetz, in: Blätter der Wohlfahrtspflege, S. 264-267.

Wendt, W.R., 1995: Qualitätsmanagement: Das Ziel heißt Verfahrensgerechtigkeit, in: Social management 3/95, S. 14-17.

Wenzel, G., 1994: Regelsatzanhebung unter Konsolidierungsgesetzen, in: NDV 4/1994, S. 127-130.

Werner, G., 1953: Hundert Jahre Hilfe von Mensch zu Mensch, in: Hilfe von Mensch zu Mensch. 100 Jahre Elberfelder Armenpflege-System 1853-1953, S. 16-78.

Wex, E., 1929: Die Entwicklung der sozialen Fürsorge in Deutschland 1914-1927, Berlin.

Wienand, M., 1994: Das Pflege-Versicherungsgesetz im Überblick, in: NDV 10/1994, S. 361-366.

– 1995: Bisherige Erfahrungen mit der Pflegeversicherung, in: NDV 12/95, S. 469-477.

Wiesner, R., 1990: Der mühsame Weg zu einem neuen Jugendhilfegesetz. Zur Geschichte der Neuordnung des Jugendhilferechts, in: Recht der Jugend, 38. Jg. 2/1990, S. 112-131.

Wiester, H., 1993: Dienstleistungen für Kinder im europäischen Vergleich: Dänemark und das Vereinigte Königreich. Funktionalistische und institutionalistische Analysen (unveröffentlichtes Manuskript, Universität Konstanz).

Wildavsky, A.B., 1986: Budgeting: a comparative theory of budgetary process, New Brunswick, New Jersey: Transaction.

Willke, H., 1992: Ironie des Staates, Frankfurt a.M.: Suhrkamp.

Wilson, J.Q., 1989: Bureaucracy: what government agencies do and why they do it, o.O.: Basic Books.

Windhoff-Héritier, A., 1983: Sozialpolitik der mageren Jahre, in: Mäding, H. (Hg.), Sparpolitik, Opladen: Westdeutscher Verlag, S. 77:99.

– 1984a: Politik der Abhängigkeit — Kommunale Sozialpolitik in der fiskalischen Krise, in: Archiv für Kommunalwissenschaften 23. Jg. (1984), S. 177-192.

– 1984b: Kommunale Sozialpolitik in der Finanzkrise, in: Heinze, R.G. (Hg.), Neue Subsidiarität: Leitidee für eine zukünftige Sozialpolitik? Opladen: Westdeutscher Verlag, S. 248-255.

Wolgast, E., 1984:Reform, Reformation, in: Brunner, O. (Hg.), Geschichtliche Grundbegriffe: historisches Lexikon zur polit. sozialen Sprache in Deutschland, S. 313-360.

Wunder, B., 1991: Neuere Literatur zur Verwaltungsgeschichte des Dritten Reiches, in: Jahrbuch für Staats- und Verwaltungswissenschaft, Baden-Baden: Nomos, Nr. 5/1991, S. 269-280.

Young, R.A., 1991: Budget Size and Bureaucratic Careers, in: Blais, A.,/Dion, St., (Hg.), The Budget-Maximizing Bureaucrat. Appraisals and Evidence, Pittsburgh: University Press, S. 33-59.

Zeck, W., 1930: Die öffentliche Wohlfahrtspflege. Sozialpolitik und Wohlfahrtspflege, Heft 2, Stuttgart: Kohlhammer .

Zeitler, H., 1987: Änderung des Bundessozialhilfegesetzes ab 1. Januar 1987, in: NDV 3/67. Jg., S. 96 f.

– 1994: Zweifelsfragen, die sich aus den Änderungen des BSHG durch das FFKPG und das 2. SKWPG in der Praxis bisher ergeben haben, in: NDV 5/1994, S. 96 f.

Ziegler, M.M., 1976: The Socio-economic and Demographic Bases of Political Behavior in Nuremberg During the Weimar-Republic, 1919-1933 (Diss. University of Virginia).

Zimmermann, (o.V.), 1894: Ehrenamtliche und berufsamtliche Thätigkeit in der städtischen Armenpflege, in: Brinkmann, (o.V.)/Zimmermann, (o.V.), Ehrenamtliche und berufsamtliche Thätigkeit in der städtischen Armenpflege. Schriften des Deutschen Vereins für Armenpflege und Wohltätigkeit, Heft 18. Leipzig: S. 31-69.

Zucker, L.G., (Hg.), 1988: Institutional Patterns and Organizations: Culture and Environment, Cambridge Mass.: Ballinger Publishing Co.

Zurmühl, P., 1980: Mitwirkungsmöglichkeiten der Sozialarbeiter bei der Neuorganisation am Beispiel der Berliner Sozialämter, in: Müller, S./Otto, H.-U. (Hg.), Sozialarbeit als Sozialbürokratie? Zur Neuorganisation sozialer Dienste (Neue Praxis, Sonderheft 5), S. 204-207.

I. Quellen

Ausgewertete Fachzeitschriften:

Archiv für Wissenschaft und Praxis der sozialen Arbeit (Jg. 1971-1996)

Deutsche Zeitschrift für Wohlfahrtspflege (Jg. 1925-1944)

Nachrichtendienst des Deutschen Vereins für öffentliche und private Fürsorge (Jg. 1922-1996)

Neue Praxis. Kritische Zeitschrift für Sozialarbeit und Sozialpädagogik (1971-1996)

Zeitschrift für das Fürsorgewesen (1949-1995)

Sonstige gedruckte Quellen:

Haushaltspläne der Stadt Nürnberg (Jg. 1922-1996)

Aufgabengliederungs- und Geschäftsverteilungspläne (verstreute Jg.)

Verwaltungsberichte der Stadt Nürnberg (Jg. 1922-1979, davon: 1933-45 als 'Rechenschaftsberichte und z.T. lückenhaft)

Tätigkeitsberichte des Bezirksfürsorgeverbandes Nürnberg/Wohlfahrtsamtes der Stadt Nürnberg (1922-1945)

Statistische Jahrbücher der Stadt Nürnberg (Jahrgänge 1925-1995, z.T. nicht erschienen)

Wohlfahrtsblätter der Stadt Nürnberg (1922-1929)

Archivalien:

Statdarchiv Nürnberg: C7/IX (Nr. 1232-1239, 1299, 1300, 1324, 1325, 1328, 1329, 1353, 1354, 1563, 1364, 1391,1398,1392, 1564, 1565, 1573); C 18/I (Nr. 459, 479, 640, 641); C 18/I 1 (Nr. 285, 302, 307, 311, 323, 459, 479, 642); C 25/I (Nr. 1a, 1b, 2, 5, 6, 7, 11, 15, 18, 19, 22, 25, 33, 38, 53, 54, 55, 56, 57, 59, 80, 81, 95, 102, 103a, 103b, 116, 125, 131, 132, 152, 170, 175, 177a, 177b, 182, 194, 204, 229, 239, 256, 599, 631, 634, 640, 667, 788, 805, 1375, 1385); C 29 (Nr. 122); C 58 (Nr. 18, 28, 29, 62, 63, 78, 79, 80, 81, 85, 184, 187, 193); C 74 (Nr. 26, 27, 28, 31, 32, 33, 34, 85); C 85/III (Nr. 567-598; 195-355);

Stadtarchiv Offenburg: Alter Aktenplan Nr. 5/7846, 5/2089

J. Anhang

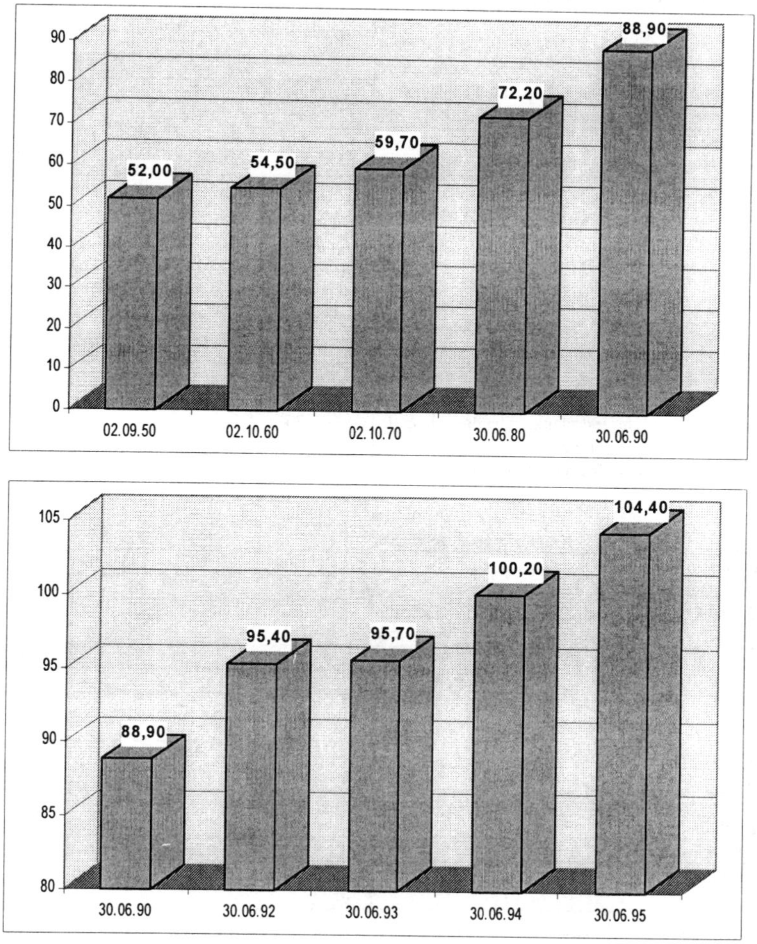

Abbildung 59: Vollzeitbeschäftigte der Gemeinden im Bereich „Soziale Sicherung, Soziale Kriegsfolgeaufgaben, Wiedergutmachung“ (1950-1995) in 1000

Quelle: Statistisches Bundesamt, Statistisches Jahrbuch 1997: 534 (Personal der öffentlichen Haushalte (Bis einschl. 1980 bereinigte Zahlen; 1950 ohne Saarland; einschl. Sonderrechn.; (z.B. Eigenbetriebe). - Früheres Bundesgebiet

Tabelle 17:

Stellenentwicklung gesamt und in der Fürsorgeverwaltung der Stadt Nürnberg (Beamte und Angestellte), 1925-1932

	1925	**1926**	**1927**	**1928**	**1929**	**1930**	**1931**	**1932**
Stellen Beamte und Angestellte gesamt	3386	3845	3883	4113	4329	4539	4357	4199
Beamte	3187	3638	3662	3920	4118	4329	4279	4103
Angestellte	199	207	221	193	211	210	78	96
Anteil Fürsorge an Personal ges. in %	4,9	4,6	4,8	4,6	4,9	4,5	6,8	10,9
Bezirksfürsorgeverband Summe	**167**	**175**	**185**	**194**	**215**	**349**	**476**	**582**
Verwaltung			177	178	197	189	280	442
Innendienst			143	152	170	269	347	428
Außendienst			31	31	31	65	112	137
Fürsorgeanstalten			11	11	14	15	17	17
Sonst. Einrichtungen und Anstalten	32	15	43	62	60	62	64	61
Ehrenbeamte		250	249	259	377	386		
Ehrenamtliche Wohlfahrtspfleger /-pflegerinnen			216	214	211	250	254	254
Jugendamt ges.	184	95	93	94	105	108	100	91
Zentrale, ab 1928 „Verwaltung“		8	8	69	78	82	81	73
Bezirksfürsorge	50							
Säuglings- und Kleinkinderfürsorge	42							
Berufsvormundschaft, Gemeindewaisenrat, Kostkinderaufsicht	32							
Jugendschutz	36							
Fürsorgeerziehung	8							
Jugendgerichtshilfe	3							
Kinderhilfe	13							
Jugendschutz, Jugendgerichtshilfe, Fürsorgeerziehung u. Jugendpflege		26	27					
Amtsvormundschaft, Pflegekinderwesen, Gemeindewaisenrat		37	35					
Anstalten		24	23					
Kindergärten, Jugendhorte				37	46	45	46	45
Gesundheitsamt	18	126	128	130	136	141	141	129
davon: 1. Gesundheitsamt, Zentrale	18	35	35	37	42	44	45	38
2. Sonst. Einrichtungen d. Jugend- u. Gesundheitsfürsorge		91	93	93	94	97	96	91
von 2.: Bezirksfürsorge, ab 1927 „Familienfürsorge“		53	54	54	55	59	59	59
Mutterberatung		8	8	9	9	8	7	5
Säuglingsheime		17	19	19	19	19	19	17
Kinderhilfe		13	12	11	11	11	11	10
Allgemeines Krankenhaus	135	151	147	148	155	163	169	164
Heilstätte Engelthal	8	8	8	8	7	7		
Wöchnerinnenheim	13	13	13	14	14	21		
Frauenklinik							32	35
Desinfektionsanstalt	10	12	12	12	12	12	12	12
Lebensmittelaufsicht	12	12	12	13	15	16	15	16
Veterinäramt	7	7	6					
Landwirtschaftsamt			25	7	8	9	8	
Stadtamt für Leibesübungen, Stadion (ab 1928)	6	6	6	8	9	10	9	5
Öffentlicher Arbeitsnachweis	80	80	117	120				
Wohnungsfürsorge	1	1	1	1	1	1	1	1

Quelle: Haushaltspläne und Verwaltungsberichte der Stadt Nürnberg

Tabelle 18:

Strukturdaten großstädtischer Fürsorgeverwaltungen, 1925 (Teil a)

Stadt	Einwohner in 1000	Beschäftigte in der Fürsorgeverwaltung / 100.000 Ew.	Ehrenamtliche in der Fürsorge / 100.000 Ew.	Anteil Hauptamtlicher in %	Anteil Leiter und wissenschaftliches Personal an Fürsorgepersonal ges. in %	Anteil Innendienst an Hauptamtlichen in %	Anteil Außendienst an Hauptamtlichen in %	Anteil fürsorgerisch Vorgebildeter an Hauptamtlichen in %	Anteil Frauen an Hauptamtlichen in %	Unterstützungsfälle / 1000 Einwohner
Köln	698,1	47,6	312,4	13,2	1,8	66,3	31,9	31,3	47,3	48,7
München	680,7	60,8	267,8	18,5	2,2	83,3	14,5	17,9	41,5	35,2
Leipzig	679,3	72,3	390,5	15,6	2,4	70,1	16,4	7,7	31,8	18,9
Dresden	618,7	109,9	151,3	42,1	0,9	70,0	27,8	18,1	33,4	29,7
Breslau	554,8	100,2	723,0	12,2	0,5	89,2	10,3	9,4	38,7	56,9
Essen	468,7	59,7	299,6	16,6	0,7	75,0	24,3	18,2	47,5	39,3
Frankfurt/M	461,8	116,7	514,2	18,5	0,7	76,6	22,6	18,4	33,2	56,6
Düsseldorf	434,1	64,0	261,0	19,7	3,6	66,9	20,3	11,5	33,8	32,9
Nürnberg	392,5	66,5	128,2	34,2	1,9	85,1	13,0	2,7	18,4	17,5
Stuttgart	341,5	61,8	215,3	22,3	1,9	80,6	12,1	7,6	61,1	33,7
Chemnitz	331,6	46,4	.	.	1,9	85,7	12,3	5,2	22,7	25,7
Dortmund	320,3	63,4	285,1	18,2	1,5	65,5	27,7	19,7	38,9	.
Magdeburg	292,3	72,2	134,8	34,9	0,5	59,2	25,4	12,3	44,5	50,2
Königsberg	279,9	60,4	158,6	27,6	2,4	82,2	15,4	11,2	31,4	42,6
Duisburg	271,8	44,5	335,9	11,7	4,1	64,5	31,4	13,2	27,3	18,4
Stettin	253,7	62,3	273,9	18,5	1,3	76,6	22,2	17,1	30,4	24,2
Mannheim	247,5	63,8	188,3	25,3	2,5	77,2	20,3	15,8	31,6	18,4
Kiel	213,6	72,1	276,7	20,7	2,6	63,0	29,4	18,8	32,5	30,7
Gelsenkirchen	207,2	50,2	142,9	26,0	1,9	72,1	26,0	21,2	33,7	26,0
Mittelwert	407,8	68,2	281,1	22,0	1,9	74,2	21,2	14,6	35,8	33,6
Var.koeff.	39,8	28,7	51,4	36,9	51,6	11,4	32,0	44,6	26,4	37,4

Absteigend sortiert nach Einwohnern am 16.6.1925, Stichtag sonst Ende Mrz1925. Stichtag beim Personal der Kämmereiverwaltung ohne Betriebe war der 1.7.1928. a) Die Zahl der laufend unterstützten Fälle in *Nürnberg* entspricht als Monatsstichprobe nicht der in Kap. B widergegebenen Zahl der Jahresstichprobe.

Quelle: Statistisches Jahrbuch deutscher Städte 1927, 1929, eigene Berechnungen

Tabelle 19:

Strukturdaten großstädtischer Fürsorgeverwaltungen, 1925 (Teil b)

Stadt	Unterstützungsfälle pro Beschäftigten	Anteil ‚gehobener‘ Unterstützungsfälle in %	Verwaltungspersonal gesamt pro 100.000 Ew. 1928	Steuereinnahmen pro Einwohner	Gesamtausgaben pro Einwohner	Ausgaben Wohlfahrtspflege pro Ew.	Ausgaben für laufende und einmalige Unterstützungen pro Ew.	Ausgaben für laufende Barunterstützungen pro Ew.	Ausgaben für laufende Barunterstützungen pro laufende Fälle
Köln	102,4	27,3	546,1	87,2	179,9	32,9	20,2	.	.
München	57,8	.	501,7	61,1	148,8	36,7	15,5	12,5	354,9
Leipzig	26,2	50,2	659,7	.	.	.	8,6	7,1	375,5
Dresden	27,0	.	933,5	54,5	140,2	29,2	9,3	8,0	269,2
Breslau	56,7	35,1	639,9	58,2	126,8	27,6	19,3	.	.
Essen	65,7	35,8	346,6	.	.	.	6,7	.	.
Frankfurt/M	48,5	51,1	810,0	96,0	218,8	35,7	16,7	.	.
Düsseldorf	51,4	35,6	626,4	76,6	144,3	18,3	13,0	.	.
Nürnberg	26,3	56,9	464,5	60,7	113,3	24,0	6,3	5,0	287,3
Stuttgart	54,5	38,1	610,4	80,4	150,8	26,8	9,6	5,9	175,7
Chemnitz	55,4	61,5	607,8	55,5	127,0	20,0	6,2	5,4	210,0
Dortmund	.	.	525,8	56,3	148,3	21,6	7,3	.	.
Magdeburg	69,5	51,2	698,8	68,4	141,5	24,9	14,6	14,0	279,1
Königsberg	70,5	.	479,6	68,5	131,9	26,9	11,2	8,7	204,8
Duisburg	41,4	35,7	478,5	70,5	129,9	20,8	7,3	7,2	392,3
Stettin	38,9	63,5	503,7	58,1	113,0	19,4	9,8	7,8	320,3
Mannheim	28,8	.	578,8	76,0	169,8	30,8	7,5	5,4	293,4
Kiel	42,6	53,7	514,7	57,7	124,6	24,5	12,1	9,6	311,1
Gelsenkirchen	51,7	.	307,5	51,2	99,5	12,8	6,8	6,2	237,0
Mittelwert	50,9	45,8	570,2	66,9	141,7	25,4	11,0	7,9	285,4
Variationskoeffizient	36,8	24,5	25,0	18,4	19,3	24,4	39,4	33,4	22,4

Absteigend sortiert nach Einwohnern am 16.6.1925, Stichtag sonst Ende Mrz1925. Stichtag beim Personal der Kämmereiverwaltung ohne Betriebe war der 1.7.1928.
Alle Angaben in RM zu jeweiligen Preisen ohne Erstattungen. Ausgaben für laufend und einmalige Unterstützungen ohne Sachleistungen.

Quelle: Statistisches Jahrbuch deutscher Städte 1927, 1929, eigene Berechnungen

Tabelle 20:

Strukturdaten großstädtischer Fürsorgeverwaltungen, 1931 (Teil a)

Stadt	Einwohner in 1000	Beschäftigte in der Fürsorgeverwaltung pro 100.000 Ew.	Ehrenamtliche in der Fürsorge pro 100.000 Ew.	Anteil Hauptamtlicher in %	Anteil Leiter und wissenschaftliches Personal an Hauptamtlichen in %	Anteil Innendienst an Hauptamtlichen in %	Anteil Außendienst an Hauptamtlichen in %	Anteil fürsorgerisch Vorgebildeter an Hauptamtlichen in %	Anteil Frauen an Hauptamtlichen in %	Unterstützungsfälle pro 1000 Einwohner	Unterstützungsfälle pro Beschäftigten	Anteil ‚gehobener' Unterstützungsfälle
Köln	740,1	115,0	369,1	23,8	1,1	73,0	20,0	18,4	49,7	38,7	33,6	78,5
München	730,0	88,8	246,6	26,5	1,4	80,2	17,1	18,5	38,1	52,7	59,4	77,9
Leipzig	718,2	115,1	545,7	17,4	1,1	79,4	16,8	11,5	28,7	54,7	47,5	76,2
Dresden	633,4	121,1	148,1	45,0	0,9	70,9	27,6	20,7	35,6	54,1	44,7	87,1
Breslau	617,0	157,9	690,8	18,6	1,1	74,5	22,1	13,0	36,3	86,9	55,1	74,3
Essen	648,5	89,0	248,7	26,3	0,7	85,7	10,5	12,1	30,8	35,1	39,4	75,8
Frankfurt/M	540,9	140,5	496,4	22,1	0,9	68,4	30,5	19,9	35,8	58,4	41,6	76,7
Düsseldorf	476,3	68,4	293,5	18,9	1,2	78,4	13,6	14,4	32,2	36,7	53,7	71,7
Nürnberg	416,7	140,6	144,5	49,3	1,2	69,6	25,8	12,6	23,5	45,7	32,5	77,0
Stuttgart	376,5	81,8	183,0	30,9	3,2	77,4	16,6	23,4	60,7	47,1	57,6	90,8
Chemnitz	361,2	132,9	91,9	59,1	1,5	93,0	5,1	15,2	27,9	66,3	49,9	87,5
Dortmund	535,1	99,8	251,2	28,4	2,4	65,0	30,2	20,4	32,6	50,9	51,0	71,3
Magdeburg	308,4	133,9	392,7	25,4	3,9	66,0	25,7	25,7	41,2	59,9	44,7	90,7
Königsberg	294,9	104,8	142,4	42,4	1,3	83,2	15,5	31,1	41,1	71,2	68,0	86,2
Duisburg	441,7	71,1	273,3	20,6	4,8	60,1	31,6	15,6	26,4	57,9	81,3	80,2
Stettin	270,2	152,1	118,4	56,2	1,2	85,6	13,1	13,9	22,9	38,8	25,5	80,4
Mannheim	271,8	108,9	330,4	24,8	1,0	72,5	24,3	15,9	37,5	56,9	52,2	83,3
Kiel	219,2	115,0	.	.	2,8	66,3	25,0	17,5	38,9	60,8	52,9	87,1
Gelsenkirchen	336,2	75,0	188,0	28,5	2,0	75,0	21,4	14,7	23,4	36,5	48,7	73,9
Mittelwert	470,3	111,1	286,4	31,4	1,8	75,0	20,7	17,6	34,9	53,1	49,4	80,4
Variationskoeff.	35,6	24,0	55,0	40,7	62,2	10,9	34,5	28,0	26,2	24,4	25,1	7,6

Stichtag bei den personalbezogenen Daten war der 1.4.1931, sonst 1.1.1931. Auch hier gilt für *Nürnberg* das gerade Gesagte. Bei der Zahl der Ehrenamtlichen in *Kiel* schien jedoch ein Beantwortungsfehler vorzuliegen, weshalb dieser Wert ausgespart blieb.

Quelle: Statistische Jahrbücher deutscher Städte 1928-1933, Helbling, E. 1932b, eigene Berechnungen

Tabelle 21:

Strukturdaten großstädtischer Fürsorgeverwaltungen, 1931 (Teil b)

Stadt	Steuereinnahmen pro Einwohner	Gesamtausgaben Verwaltungshaushalt pro Einwohner	Ausgaben Fürsorgewesen gesamt pro Ew.	Unterstützungsausgaben (Bar- und Sachleistungen) pro Einwohner	Ausgaben für laufende Barunterstützungen pro Ew.	Ausgaben für laufende Barunterstützungen pro laufende Fälle
Köln	85,0	189,2	45,9	32,5	19,4	500,5
München	53,6	126,7	36,3	22,6	15,4	291,6
Leipzig	63,2	173,9	49,3	37,8	21,7	396,2
Dresden	59,1	176,3	42,8	31,1	18,3	339,2
Breslau	65,3	148,8	47,8	39,7	27,3	313,8
Essen	62,1	119,1	24,0	14,5	9,3	264,0
Frankfurt/M	87,7	219,8	50,6	41,2	28,0	479,1
Düsseldorf	68,7	156,2	33,4	23,9	12,3	334,5
Nürnberg	50,8	117,2	37,2	27,8	17,3	377,6
Stuttgart	69,3	140,7	37,0	25,2	16,1	342,8
Chemnitz	51,4	156,0	35,2	27,6	20,1	303,4
Dortmund	75,8	121,1	34,5	22,6	14,7	288,1
Magdeburg	64,5	139,7	37,0	28,8	20,7	345,5
Königsberg	56,2	129,3	41,9	34,7	23,7	332,8
Duisburg	60,1	126,7	38,2	32,3	20,7	357,3
Stettin	55,1	141,4	29,0	20,6	10,6	272,0
Mannheim	68,2	170,0	45,8	33,7	19,0	333,2
Kiel	54,6	146,6	39,7	28,9	17,8	292,2
Gelsenkirchen	53,4	94,1	23,9	17,0	12,4	339,5
Mittelwert	63,4	147,0	38,4	28,6	18,1	342,3
Variationskoeffizient	16,3	19,6	19,5	25,0	27,5	17,7

Stichtag bei den personalbezogenen Daten war der 1.4.1931, sonst 1.1.1931. Auch hier gilt für *Nürnberg* das gerade Gesagte. Bei der Zahl der Ehrenamtlichen in *Kiel* schien mir jedoch ein Beantwortungsfehler vorzuliegen, weshalb dieser Wert ausgespart blieb.

Quelle: Statistische Jahrbücher deutscher Städte 1928-1933, Helbling, E. 1932b, eigene Berechnungen

Tabelle 22:

Veränderung von Strukturdaten großstädtischer Fürsorgeverwaltungen von 1925-1931 (Teil a)

Stadt	Einwohner in 1000	Beschäftigte in der Fürsorgeverwaltung pro 100.000 Ew.	Ehrenamtliche in der Fürsorge pro 100.000 Ew.	Anteil Hauptamtlicher in %	Anteil Leiter und wissenschaftliches Personal an Hauptamtlichen in %	Anteil Innendienst an Hauptamtlichen in %	Anteil Außendienst an Hauptamtlichen in %	Anteil fürsorgerisch Vorgebildeter an Hauptamtlichen in %	Anteil Frauen an Hauptamtlichen in %	Unterstützungsfälle pro 1000 Einwohner	Unterstützungsfälle pro Beschäftigten	Anteil ‚gehobener' Unterstützungsfälle
Köln	42,0	67,4	56,7	10,5	-0,7	6,8	-11,9	-12,9	2,4	-10,0	-68,8	51,2
München	49,3	27,9	-21,2	8,0	-0,8	-3,1	2,6	0,6	-3,4	17,5	1,6	.
Leipzig	38,9	42,9	155,1	1,8	-1,4	9,4	0,3	3,7	-3,1	35,8	21,3	26,0
Dresden	14,7	11,2	-3,2	2,9	0,0	0,9	-0,2	2,6	2,2	24,4	17,6	.
Breslau	62,2	57,6	-32,2	6,4	0,6	-14,7	11,8	3,7	-2,3	30,0	-1,7	39,2
Essen	179,8	29,2	-50,8	9,7	0,0	10,7	-13,8	-6,1	-16,7	-4,2	-26,3	40,0
Frankfurt/M	79,1	23,8	-17,8	3,6	0,2	-8,2	7,9	1,5	2,6	1,8	-7,0	25,7
Düsseldorf	42,2	4,4	32,5	-0,8	-2,4	11,5	-6,7	2,9	-1,6	3,8	2,3	36,1
Nürnberg	24,2	74,1	16,3	15,2	-0,7	-15,5	12,8	9,9	5,2	28,2	6,2	20,1
Stuttgart	35,0	20,0	-32,3	8,6	1,4	-3,2	4,4	15,8	-0,4	13,4	3,1	52,7
Chemnitz	29,6	86,5	.	.	-0,5	7,3	-7,3	10,0	5,2	40,6	-5,5	26,0
Dortmund	214,8	36,4	-33,9	10,2	1,0	-0,5	2,6	0,7	-6,3	.	.	.
Magdeburg	16,1	61,7	257,9	-9,4	3,4	6,7	0,2	13,3	-3,4	9,7	-24,8	39,4
Königsberg	15,0	44,4	-16,2	14,8	-1,1	0,9	0,1	19,8	9,7	28,6	-2,5	.
Duisburg	169,9	26,6	-62,7	8,9	0,6	-4,3	0,2	2,4	-0,8	39,5	39,9	44,5
Stettin	16,5	89,8	-155,5	37,7	0,0	9,1	-9,0	-3,2	-7,5	14,6	-13,4	16,9
Mannheim	24,3	45,1	142,1	-0,5	-1,5	-4,7	4,1	0,1	5,9	38,5	23,4	.
Kiel	5,6	42,9	.	.	0,2	3,4	-4,4	-1,4	6,4	30,1	10,3	33,4
Gelsenkirchen	129,0	24,8	45,1	2,5	0,1	2,9	-4,5	-6,5	-10,2	10,5	-3,1	.
Mittelwert	62,5	43,0	286,4	7,7	-0,1	0,8	-0,6	3,0	-0,9	19,6	-1,5	34,7
Variationskoeffizient	98,1	55,2	55,0	125,3	-1322,1	971,3	-1263,0	259,3	-732,0	77,1	-1505,2	31,2

Quelle: Statistische Jahrbücher deutscher Städte 1927-1933, Helbling, E. 1932b, eigene Berechnung

Tabelle 23:

Veränderung von Strukturdaten großstädtischer Fürsorgeverwaltungen von 1925-1931 (Teil b)

Stadt	Steuereinnahmen pro Einwohner	Gesamtausgaben Verwaltungshaushalt pro Einwohner	Ausgaben Fürsorgewesen ges. pro Ew.	Unterstützungsausgaben (Bar- und Sachleistungen) pro Einwohner	Ausgaben für laufende Barunterstützungen pro Ew.	Ausgaben für laufende Barunterstützungen pro lfd. Fall
Köln	23,5	62,3	22,7	18,3	.	.
München	10,5	21,8	10,4	11,7	6,6	41,3
Leipzig	.	.	.	31,7	16,7	131,4
Dresden	20,6	77,4	22,3	24,5	12,7	149,4
Breslau	24,2	59,4	28,3	26,1	.	.
Essen	.	.	.	9,8	.	.
Frankfurt/M	20,0	65,5	25,4	29,5	.	.
Düsseldorf	14,7	54,4	20,5	14,7	.	.
Nürnberg	8,1	37,3	20,3	23,4	13,7	175,0
Stuttgart	12,7	34,4	18,1	18,4	12,0	218,9
Chemnitz	12,2	66,4	21,1	23,2	16,3	155,3
Dortmund	36,1	16,6	19,3	17,4	.	.
Magdeburg	16,3	39,9	19,5	18,5	10,8	148,7
Königsberg	7,9	36,2	22,9	26,8	17,6	188,4
Duisburg	10,4	35,1	23,5	27,1	15,6	80,6
Stettin	14,1	61,8	15,4	13,8	5,1	46,1
Mannheim	14,6	50,3	24,1	28,3	15,2	126,3
Kiel	13,9	58,7	22,4	20,3	11,0	72,8
Gelsenkirchen	17,2	24,0	14,9	12,1	8,0	172,4
Mittelwert	16,3	47,2	20,7	20,8	12,4	131,3
Variationskoeffizient	41,9	36,8	20,1	30,6	30,9	40,7

Quelle: Statistische Jahrbücher deutscher Städte 1927-1933, Helbling, E. 1932b, eigene Berechnung

Tabelle 24:

Stellen in der Gesamt- und Sozialverwaltung der Stadt Nürnberg, 1951-1962

	1951	**1952**	**1953**	**1954**	**1955**	**1956**	**1957**	**1958**	**1959**	**1960**	**1961**	**1962**
Gesamt (ohne Betriebe)	5295	5232	5355	5523	5712	5843	5897	6129	6289	6616	6558	6751
Soziales und Jugend ges.	634	615	676	700	744	798	841	846	870	912	926	923
Anteil Soz. u. Jug. an Ges. (%)	11,97	11,75	12,62	12,67	13,03	13,66	14,26	13,80	13,83	13,78	14,12	13,67
Soziales ges.	433	418	470	481	529	577	611	607	616	641	654	645
Sozialamt (Summe 1 u. 2)	215	197	191	195	197	206	207	201	211	207	223	210
Sozialamt (Summe 1)	186	175	172	175	176	181	182	179	180	178	194	183
Soziales, allg. Verwaltung			6	7	6	6	5	5	6	6	6	6
Fürsorgeamt, Sozialamt	183	172	163	166	168	173	175	172	172	170	186	177
Gerichtshilfe	3	3	3	2	2	2	2	2	2	2	2	
Anstalten d. SA (Summe 2)	29	22	19	20	21	25	25	22	31	29	29	27
Fürsorgewohnungen	1	1	1	2	2	3	3	3	4	4		
Fürsorgewerkstätten									2	2	2	2
Arbeitsheime	6	7	7	7	8	8	8	7	8	8	8	9
Johannisheim									3	3	3	3
Werkstätten f. Schwerbeschäd.	2	1	1	1	1	1	1	1				
Landwirtschaftliche Betriebe	20	12	9	8	8	8	8	6	7	6	6	6
Obdachlosenunterkünfte		1	1	2	2	5	5	5	7	6	10	7
Familienfürsorge -hilfe	71	72	73	73	73	73	76	77	77	77	77	77
Pflegamt/Gefährdetenfürsorge	3	3	3	3	3	3	3	3	3	3	3	3
Altersversorgungsanstalten	31	30	30	34	34	34	34	35	38	57	66	66
Lastenausgleich u. Kriegsf.:		11	11	11	19	20	24	21	20	20		
Sonderfürs:, Vertriebenenamt	27	23	20	23	33	34	27	26	24	23	21	18
Lastenausgleichsamt	86	82	142	142	170	207	240	244	243	254	261	271
Jugend ges.	201	197	206	219	215	221	230	239	254	271	272	278
Jugendamt Verwaltung	77	78	80	79	81	82	82	79	84	87	86	89
Anstalten des JA ges.	124	119	126	140	134	139	148	160	170	184	186	189
Kinder- und Jugendheim	16	16	18	19	20	20	20	20	26	25	25	25
Jugendhof und -heim Buch..	8	6	6	6	5	4	5	8	8	8	8	8
Kindergärten und Jugendhorte	57	65	59	65	65	71	80	85	87	101	101	104
Kinderhilfe	6	6	8	11	10	10	9	10	10	10	10	11
Jugendwohnheime	7	5	11	11	10	11	11	11	12	12	12	12
Kindererholungsheime	24	21	20	21	17	16	16	19	20	21	23	22
Heime der offenen Tür			4	7	7	7	7	7	7	7	7	7
Gesund. ges. (ohne Kr.anst.)	114	116	117	116	109	107	142	145	145	148	150	155
Gesundheitsamt Verw . ges.	60	59	57	55	54	53	62	62	64	66	68	71
Anstalten des GA ges.	54	57	60	61	55	54	80	83	81	82	82	84
einzelne Titel: Gesundheitsamt	19	23	25	25	22	30	30	31	39	38	46	49
Gesundheitsüberwachung	31	25	22	20	21	12	12	11	4	7		
Schulärztlicher Dienst	6	6	6	6	7	8	9	9	9	9	9	9
Lebensmittelüberwach.							8	8	8	8	9	9
Kindergenesungsheime		8	10	10	9	9	8	10	10	10	11	11
Mutterberatungsstelle	7	1	1	1	1	1	2	3	2	2	1	1
Tuberkulosefürsorgestelle							26	26	25	26	26	26
Poliklinik u. Geschl.kr.unters.	4	5	4	4	4	3	3	3	4	4	4	4
Schulzahnklinik	15	15	15	14	14	14	14	14	14	14	14	12
Krankenanstalten	366	357	423	441	457	482	514	570	680	700	728	816
Desinfektionsanstalt	14	15	15	15	12	11	11	11	11	11	11	11
Chem. Untersuchungsanstalt	18	18	19	21	19	19	19	19	19	19	19	23

Quelle: Haushaltspläne, Verwaltungsberichte der Stadt Nürnberg

Tabelle 25:

Stellenentwicklung (Beamte und Angestellte) in der Gesamt- und in der Sozialverwaltung der Stadt Nürnberg, 1963-1980

	1963	**1964**	**1965**	**1966**	**1967**	**1968**	**1969**	**1970**	**1971**	**1972**	**1973**
Stadtverwaltung ges.	6391	6512	6722	7009	7013	7119	7285	7439	7756	8117	8419
Soziales und Jugend ges.	**921**	**936**	**963**	**970**	**980**	**993**	**984**	**1009**	**1062**	**1073**	**1100**
Soziales ges.	**630**	**627**	**638**	**631**	**631**	**623**	**617**	**632**	**644**	**643**	**673**
Sozialamt ges.	**194**	**193**	**195**	**201**	**179**	**170**	**173**	**171**	**168**	**164**	**165**
Sozialamt	*172*	*171*	*171*	*175*	*153*	*143*	*145*	*143*	*140*	*136*	*137*
Anstalten d. Sozialamtes	*22*	*22*	*24*	*26*	*26*	*27*	*28*	*28*	*28*	*28*	*28*
Heime der Sozialhilfe	9	10	10	10	10	13	14	14	14	14	17
Fürsorge- Behindertenwerkstätten	2	2	4	7	7	7	7	8	9	9	9
Landwirtschaftliche Betriebe	4	4	4	2	2	2	2	2	2	2	
Obdachlosenunterkünfte	7	6	6	7	7	5	5	4	3	3	2
Soziales, allg. Verwaltung	6	6	6	6	5	5	5	5	5	5	5
Familienfürsorge -hilfe	78	78	78	78	78	88	78	78	78	78	81
Pflegamt/Gefährdetenfürsorge	3	3	3	3	3	3	3	3	3	3	3
Wohngeldstelle						17	17	18	18	21	20
Altersversorgungsanstalten	82	83	97	102	163	184	200	222	236	238	266
Altenwohnheim Hl.Geist	1	1	1	1	1	1	1				
Lastenausgleich u. Kriegsfolgen	266	263	258	240	202	155	140	135	136	134	133
Jugend ges.	291	309	325	339	349	370	367	377	418	430	427
Jugendamt Verwaltung	*90*	*89*	*89*	*89*	*117*	*128*	*125*	*129*	*145*	*144*	*134*
Anstalten d. Jugendamtes ges.	201	220	236	250	232	242	242	248	273	286	293
Kinder- u. Jug.heim Reutersbr.	27	28	27	28	27	27	27	28	28	28	31
Jugendhof u. -heim Buchenb.	8	9	9	9							
Kindergärten u. -horte	111	122	139	149	148	161	167	174	185	188	186
Schulkindergärten										10	13
Tagesheime f. Säugl. u. Kleinki.									13	12	12
Kinderhilfe	11	11	11	11							
Jugendwohnheime	13	12	12	12	13	13	13	13	13	13	13
Kindererholungsheime	24	24	24	24	27	24	19	17	17	17	17
Freizeiteinrichtungen (früher Heime d. offenen Tür)	7	7	7	10	10	10	9	9	9	9	12
Sozialer Beratungsdienst		7	7	7	7	7	7	7	8	9	9
Gesundheit ges. (ohne Krankenh.)	**159**	**163**	**165**	**167**	**176**	**172**	**172**	**169**	**171**	**173**	**172**
Einzelne Titel:											
Gesundheitsamt	50	53	53	53	53	54	54	54	54	57	59
Schulärztlicher Dienst	9	9	9	9	9	9	10	10	10	12	14
Johannisheim	3	3	3		8						
Kindergenesungs- u. Kurheime	11	11	11	11	11	13	13	13	15	17	17
Mutterberatungsstelle	1	2	3	4	4	4	4	4	4	1	1
Poliklinik u. Geschlechtskr.unters.stelle	4	4	4	4	4	4	4	4	4	4	4
Tuberkulosefürs.stelle	26	27	28	28	28	28	28	27	27	25	23
Schulzahnklinik	12	12	12	14	14	14	12	10	10	10	8
Desinfektionsanstalt	11	11	11	11	11	11	11	11	11	11	10
Chemische Unters.anstalt	23	23	23	25	26	27	28	28	28	28	28
Lebensmittel- u. Viehseuchenüberw.	9	8	8	8	8	8	8	8	8	8	8
Krankenanstalten	901	946	1031	1237	1252	1264	1310	1403	1594	1674	1738

...

Fortsetzung von Tabelle 25

	1974	1975	1976	1977	1978	1979	1980	Veränd. in % (Ø pro Jahr)	Veränd. ges. in %
Stadtverwaltung ges.	8639	7253	7568	7686	7915	8100	8558	1,5	48,3
Soziales und Jugend ges.	**1203**	**1242**	**1272**	**1229**	**1262**	**1363**	**1448**	**2,1**	**57,2**
Soziales ges.	**725**	**745**	**744**	**744**	**750**	**779**	**804**	**1,3**	**27,6**
Sozialamt ges.	**171**	**175**	**174**	**173**	**176**	**186**	**190**	**-0,1**	**-2,1**
Sozialamt	*140*	*144*	*144*	*143*	*144*	*150*	*151*	*-0,8*	*-12,2*
Anstalten d. Sozialamtes	*31*	*31*	*30*	*30*	*32*	*36*	*39*	*2,6*	*71,3*
Heime d. Sozialhilfe	17	17	16	16	19	20	20		
Behindertenwerkstätten	12	12	12	12	11	14	17		
Obdachlosenunterkünfte	2	2	2	2	2	2	2		
Soziales, allg. Verwaltung	5	7	10	10	10	10	10		
Familienfürsorge -hilfe	82	86	83	87	92	99	106	1,6	35,9
Pflegamt/Gefährdetenfürsorge	3	3	3	3	3	3	3		
Ausländerbetreuung						1	1		
Wohngeldstelle	20	21	22	22	27	30	30		
Versicherungsamt	27	25	25	25	24	24	24		
Altersversorgungsanstalten	292	315	317	320	318	326	338	4,4	307,2
Ambulante soziale Hilfsdienste							1		
Ausgleichsamt	125	113	110	104	100	100	101	-9,6	-62,0
Jugend ges.	478	497	528	518	541	584	644	3,2	121,3
Jugendamt Verwaltung	133	132	114	117	120	128	127	1,7	41,1
Anstalten d. Jugendamtes ges.	345	365	414	401	421	456	517	3,6	157,2
Kinder- u. Jugendheim Reutersbr.	34	34	33	34	33	33	33		
Kindergärten u. -horte	262	279	293	273	251	276	298		
Schulkindergärten							16		
Jugendwohnheime	13	5	16	16	17	18	18		
Kindererholungsheime	17	22	24	16	22	21	22		
Freizeiteinrichtungen (früher Heime d. offenen Tür)	11	14	18	18	27	31	41		
Sozialer Beratungsdienst	8	11	11	11	14	14	16		
Soziale Gruppenarbeit			19	5	5	5	8		
Tagesstätte f. Behind. Ki.					18	23	25		
Wohngruppen							4		
Kinderkrippen					5	5	5		
Sozialzentrum				28	29	30	31		
Gesundheit ges. (ohne Krankenh.)	**174**	**171**	**160**	**154**	**134**	**133**	**139**	**-0,8**	**-12,6**
Gesundheitsamt	61	63	63	61	61	83	91	2,7	82,0
Schulärztlicher Dienst	14	14	12	15	15				
Kindergenesungs- u. Kurheime	22	22	19	19					
Mutterberatungsstelle			1	1	1	1	1		
Poliklinik u. Geschlechtskr.unters.stelle	4	4	4	4	4	4	4		
Tuberkulosefürs.stelle	19	18	18	17	17	17	17		
Schulzahnklinik	8	8	9	7	5				
Desinfektionsanstalt	10	9	9	3	3				
Chemische Unters.anstalt	28	28	16	18	19	19	20		
Lebensmittel- u. Viehseuchenüberw.	8	5	9	9	9	9	6		
Krankenanstalten	2003	2045	2082	2086					

Quelle: Zahlen der Gesamtverwaltung: Verwaltungsberichte (ab 1975 ohne 1788 Mitarbeiter des Polizeipräsidiums; Zahlen jeweils vom 1.1. d. Jahres (ohne Auszubildende und ohne Sparkasse); entsprechend wurde bei der Ermittlung der Steigerungsraten der Gesamtstellen das Jahr 1975 ausgenommen; Zahlen der Sozialverwaltung: Haushaltspläne der Stadt Nürnberg (Stellenpläne Beamte und Angestellte).

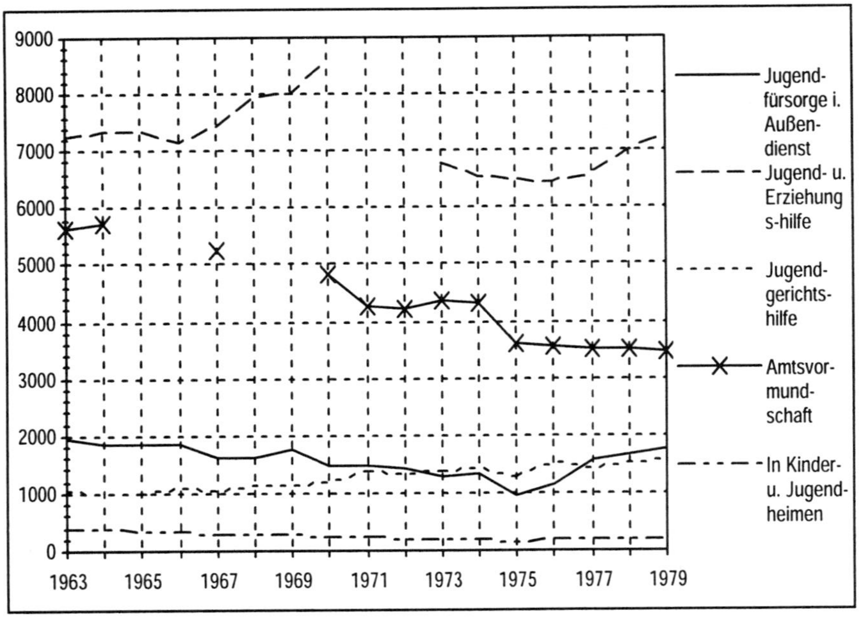

Abbildung 60: Fälle beim Jugendamt
der Stadt Nürnberg, 1963-1979

Quelle: Verwaltungsberichte der Stadt Nürnberg, eigene Erstellung

Tabelle 26:

Verwaltungs- und Personalausgaben der Sozialverwaltungen bundesdeutscher Großstädte, 1976

Stadt	Einwohner	Personalausgaben Sozialamt Rechnungsergebnis	Verwaltungsausgaben Sozialamt ges. Rechn.	Personalausgaben Jugendamt Rechn.	Verwaltungsausgaben Jugendamt ges. Rechn.	Personalausgaben Verwaltung d. sozialen Angelegenheiten (Ansatz)	Personalausgaben Einrichtungen der Sozialhilfe (Ansatz)	Personalausgaben Einrichtungen der Jugendhilfe (Ansatz)	Personalausgaben Soziale Sicherung ges. (Ansatz)	Ausg. Soziale Sicherung ges. Rechn.	Förderung freie Wohlfahrtspflege Rechn.	Förderung der freien Jugendhilfe Rechn.
München	1314572	14,9	16,2	12,0	12,3	37,7	18,5	36,8	93,3	310,9	4,0	6,8
Köln	981021	26,9	28,9	11,4	12,4	43,0	25,3	37,0	105,3	428,1		36,5
Essen	670221	25,9	27,6	12,1	12,8	46,7	17,6	24,6	88,9	349,7	3,1	25,0
Frankfurt	645867	28,3	30,0	17,4	18,5	59,0	2,8	70,4	132,4	537,0	22,2	16,2
Dortmund	623667	27,7	29,0	12,3	12,8	46,9	12,6	25,8	87,5	363,3	2,1	18,6
Stuttgart	590135	20,4	23,4	20,1	22,0	50,3	16,6	52,5	119,4	445,9	15,6	45,1
Hannover	547077	31,5	36,1	12,4	14,1	63,4	36,9	25,8	126,7	535,0	2,8	13,1
Nürnberg	492447	18,8	20,4	9,8	10,2	42,7	38,2	31,8	112,7	329,7	1,2	9,1
Mannheim	309059	22,0	23,2	22,7	24,9	65,6	12,5	38,8	117,0	406,6	2,3	13,3
Karlsruhe	276620		23,8	19,5	20,5	58,5	13,9	12,5	102,4	409,3	1,7	16,2
Wiesbaden	269245	13,5	13,7	22,9	23,1	50,6	20,9	23,4	95,0	335,6	1,7	10,8
Braunschweig	267124	21,6	22,5	11,0	11,3	50,6	7,3	30,0	88,2	250,4	4,6	15,7
Augsburg	264193	17,9	18,8	6,9	7,1	36,8	5,4	13,7	56,7	194,1	6,1	9,7
Kiel	259430	20,5	23,7	13,0	13,3	47,2	30,1	37,2	114,4	342,7	2,0	6,1
Lübeck	230407	26,1	28,2	13,9	14,5	56,3	47,6	45,0	148,8	442,3	2,5	5,0
Kassel	203490	24,2	25,0	12,5	13,2	52,0	19,5	46,6	118,1	380,9	1,2	8,1
Saarbrücken	203429		18,4	11,8	13,1	45,6	8,1	13,6	67,2	285,7	0,8	4,1
Mainz	183911	10,8	12,3	16,7	18,0	54,1	2,7	53,2	106,4	377,1	9,6	13,4
Ludwigshafen	166083	30,1	32,6	15,5	16,2	62,0	26,5	43,9	132,4	501,9	3,6	20,3
Osnabrück	160242	26,3	27,4	10,0	10,3	46,1	9,0	6,5		378,3	4,0	19,3
Mittelwert	432912	22,6	24,1	14,2	15,0	50,8	18,6	33,5	105,9	380,2	4,8	15,6
Var.koeff.	0,70	0,25	0,26	0,31	0,31	0,16	0,67	0,48	0,22	0,23	1,14	0,66

Alle Angaben pro Einwohner, in 1000 DM zu Preisen von 1976.

Quelle: Fehre, H. 1977: 24 ff.; Haushaltspläne der jeweiligen Städte; eigene Berechnungen.

Tabelle 27:

Sozialhilfeempfänger und -ausgaben der Sozialverwaltung in ausgewählten bundesdeutschen Großstädten, 1976

Stadt	Empfänger außerhalb von und in Anstalten gesamt	Empfänger außerhalb von Anstalten gesamt	Empfänger in Anstalten ges.	Empfänger HLu gesamt	Empfänger HbL gesamt	Empfänger außerhalb von Anstalten HLu	Empfänger außerh. v. Anstalten HbL	Empfänger in Anstalten HLu	Empfänger in Anstalten HbL	Bruttoausgaben Sozialhilfe ges.	Ausgaben HLu ges.	Ausgaben HLu außerhalb v. Anstalten ges.	Ausgaben HLu in Anstalten	Ausgaben HbL ges.	Ausgaben HbL außerh. v. Anstalten	Ausgaben HbL in Anstalten
München	30,25	25,35	6,07	19,25	16,29	18,05	11,87	1,26	5,12	74,5	49,4	41,9	7,4	25,1	13,9	11,2
Köln	37,20	28,92	8,84	25,19	18,41	24,52	10,63	0,69	8,18	115,4	84,1	73,8	10,3	31,2	14,1	17,1
Essen	55,29	47,68	8,49	39,01	27,23	37,72	20,57	1,36	7,18	118,4	87,1	78,4	8,7	31,3	21,8	9,5
Frankfurt	40,37				24,01	21,15	13,25	1,05	10,76	185,0	103,2	98,6	4,7	81,8	23,7	58,1
Dortmund	48,64	40,79	8,77	31,49	25,79	30,80	18,08	0,73	8,06	117,6	85,6	80,2	5,4	32,0	19,3	12,7
Stuttgart	32,87	24,44	9,65	18,68	19,75	18,09	11,38	0,64	9,27	67,2	40,7	38,2	2,5	26,5	10,0	16,5
Hannover	41,46	30,20	11,68	22,48	24,55	21,20	14,30	1,29	10,40	115,7	86,2	73,3	13,0	29,5	17,5	12,0
Nürnberg	28,02	20,42	8,66	17,30	13,51	15,25	7,21	2,08	6,75	61,8	48,3	37,2	11,1	13,5	8,9	4,6
Mannheim	53,59	44,70	11,26	37,96	24,14	37,65	14,11	0,38	10,99	109,2	72,4	71,6	0,8	36,9	17,0	19,8
Karlsruhe	37,94	29,30	9,43	24,25	19,83	24,06	11,01	0,21	9,31	62,3	41,1	40,3	0,7	21,3	11,1	11,1
Wiesbaden	27,21				15,77	12,34	6,78	0,95	9,10	132,6	95,3	81,8	13,5	37,4	17,1	20,3
Braunschweig	40,74	32,61	9,49	24,44	22,07	23,34	14,79	1,16	8,37	80,2	61,6	56,3	5,4	18,5	11,8	6,8
Augsburg	27,64	20,31	8,79	16,96	15,60	15,62	8,85	1,43	7,68	55,9	44,8	35,7	9,0	11,1	7,5	3,6
Kiel	58,43	45,57	13,51	38,13	28,31	36,89	16,20	1,25	12,37	139,4	99,9	90,8	9,0	39,6	22,1	17,5
Lübeck	67,91	50,45	19,99	44,27	29,36	41,89	12,34	2,37	17,79	170,9	117,7	97,1	20,7	53,2	19,0	34,2
Kassel	52,61				24,64	31,66	15,18	5,10	9,52	131,3	95,0	90,1	4,9	36,3	18,8	17,6
Saarbrücken										110,2	80,7	65,3	15,4	29,4	13,9	15,5
Mainz	26,80	18,61	8,63	15,56	14,10	14,34	6,84	1,36	7,43	66,0	52,0	42,7	9,2	14,0	7,4	6,6
Ludwigshafen	40,75	32,66	8,62	29,26	18,12	28,47	10,56	0,96	7,76	105,1	69,3	60,8	8,5	35,7	18,5	17,2
Osnabrück	42,84	33,77	9,27	27,70	19,25	26,55	11,06	1,17	8,32	113,5	87,2	75,7	11,5	26,3	14,7	11,6
Mittelwert	41,61	32,86	10,07	27,00	21,09	25,24	12,37	1,34	9,18	106,61	75,07	66,49	8,58	31,53	15,41	16,17
Variationsk.	0,28	0,30	0,30	0,32	0,23	0,34	0,29	0,76	0,28	0,33	0,30	0,31	0,56	0,48	0,31	0,72

Alle Angaben pro Einwohner, Ausgaben in 1000 DM zu Preisen von 1976

Quelle: Fehre, H. 1977: 24 ff.; Haushaltspläne der jeweiligen Städte; Richter, E.-J. 1978: 274 ff.; eigene Berechnungen

Tabelle 28:

Personal- und Verwaltungsausgaben der Sozialverwaltung in bundesdeutschen Großstädten 1984/86 (nominal)

Stadt	Einwohner 1986	Einwohner 1984	Personalausgaben Sozialamt 1986 Rechn.	Verwaltungsausgaben Sozialamt ges. 1986 Rechn.	Verwaltungsausgaben Sozialamt ges. 1984 Rechn.	Personalausgaben Jugendamt 1986 Rechn.	Verwaltungsausgaben Jugendamt ges. 1986 Rechn.	Personalausgaben Verw. d. sozialen Angelegenheiten 1986 (Ansatz)	Personalausgaben Einrichtungen der Sozialhilfe 1986 (Ansatz)	Personalausgaben Einrichtungen der Jugendhilfe 1986 (Ansatz)	Personalausgaben Soziale Sicherung ges. 1986 (Ansatz)	Ausgaben Soziale Sicherung ges. 1984 Rechn.	Ausgaben Soziale Sicherung ges. 1986 Rechn.	Zuwendungen an die freie Wohlfahrtspflege 1984 Rechn.	Zuwendungen an die freie Wohlfahrtspflege 1986 Rechn.	Zuwendungen an die freie Jugendpflege 1984 Rechn.	Zuwendungen an die freie Jugendpflege 1986 Rechn.
München	1266549	1283457	22,75	28,99	22,74	21,93	22,50	63,61	20,62	62,47	147,02	543,82	677,60	7,94	16,30	9,38	10,47
Köln	916153	940663	37,87	40,00	34,87	38,33	39,63	91,90	44,79	72,09	208,78	716,54	897,20	4,53	5,95	53,81	61,78
Essen	619991	631680	48,96	51,38	42,67	26,95	28,27	84,79	24,79	53,32	162,89	629,25	807,60	4,68	7,88	29,94	33,87
Frankfurt	595348	610244	58,09	60,46	53,32	34,17	35,27	108,54	0,86	121,02	230,43	836,66	1083,90	15,75	12,40	29,20	27,04
Dortmund	572094	589955	48,92	52,26	48,34	27,40	28,27	90,33	35,33	63,81	189,48	723,50	895,35	11,07	28,36	29,64	20,06
Stuttgart	561628	567020	40,87	46,64	39,80	31,72	36,77	80,03	30,27	83,14	193,43	637,77	748,23	38,08	44,04	88,86	98,57
Hannover	508298	523033	68,51	78,52	67,14	26,87	32,53	117,59	61,13	44,77	223,49	1068,52	1235,88	3,51	4,32	23,18	26,34
Nürnberg	465255	474290	35,05	38,83	32,90	18,29	19,59	69,49	67,00	73,06	209,55	589,67	726,49	4,20	5,05	21,65	25,76
Mannheim	294984	298042		49,49	45,68	38,77	47,83	102,95	34,65	61,49	199,09	618,88	678,90	9,05	10,02	34,72	31,92
Karlsruhe	268211	269389		41,60	42,16	36,41	38,22	87,88	26,14	40,41	155,03	588,76	636,60	2,88	3,08	33,55	32,95
Wiesbaden	266623	270444	24,34	24,87	22,59	34,02	34,48	74,65	36,84	59,44	171,58	554,77	690,87	3,54	4,32	27,04	37,01
Braunschweig	248001	256931	43,69	45,81	38,42	17,87	19,61	78,54	7,34	67,12	156,77	847,43	968,86	11,52	2,05	35,58	39,93
Augsburg	245193	246685	26,01	28,72		9,20	9,65	41,36	9,01	28,65	87,85	358,54	415,75	12,43	13,87	22,98	29,42
Kiel	245682	248288	47,35	52,16	45,03	31,34	33,19	124,07	72,94	65,86	262,87	703,16	995,73	4,13	5,46	22,52	26,61
Lübeck	210318	214980	58,08	62,92	53,53	31,85	33,84	103,62	80,92		253,53	811,52	1121,92	5,81	13,67	10,51	11,16
Kassel	184446	188356	29,52	30,60	40,88	47,69	49,15	84,47	37,00	90,70	212,65	740,32	960,89	1,66	1,92	13,14	15,90
Saarbrücken	186229	190150		46,12	40,04	31,36	34,29	91,21	9,71	43,18	144,17	679,89	821,82	1,57	10,61	21,05	17,20
Mainz	188571	187080	21,23	25,70	20,45	33,02	35,78	69,23	4,95	84,84	159,02	584,67	697,86	2,82	14,63	17,42	18,97
Ludwigshafen	153654	156697						95,50	50,33	105,97	251,80	779,36					
Osnabrück	153202	155873	47,18					67,17	21,73	16,55			944,64				

Alle Angaben umgerechnet pro Einwohner in 1000 DM in jeweiligen Preisen (nominal).

Quelle: Haushaltspläne der jeweiligen Städte, Statistisches Jahrbuch Deutscher Gemeinden; eigene Berechnungen.

Tabelle 29:

Verwaltungs- und Personalausgaben der Sozialverwaltungen in ausgewählten bundesdeutschen Großstädten 1984/86 (real)

Stadt	Personal-ausgaben Sozial-amt 1986 Rechn.	Verwal-tungsaus-gaben So-zialamt ges. 1986 Rechn.	Verwal-tungsaus-gaben So-zialamt ges. 1984 Rechn.	Personal-ausgaben Jugen-damt 1986 Rechn.	Verwal-tungsaus-gaben Ju-gendamt ges. 1986 Rechn.	Personalaus-gaben Verw. d. soz. Ange-legenheiten 1986 (An-satz)	Personalaus-gaben Ein-richtungen d. Sozialhil-fe 1986 (Ansatz)	Personalaus-gaben Ein-richtungen d. Jugendhilfe 1986 (An-satz)	Personal-ausgaben Soziale Sicherung ges. 1986 (Ansatz)	Ausga-ben So-ziale Si-cherung ges. 1984 Rechn.	Ausga-ben So-ziale Si-cherung ges. 1986 Rechn.	Förderung freie Wohl-fahrtspfle-ge 1984 Rechn.	Förderung freie Wohl-fahrtspfle-ge 1986 Rechn.	Förderung freie Ju-gend-pflege 1984 Rechn.	Förderung freie Ju-gendpfle-ge 1986 Rechn.
München	15,73	20,05	16,78	15,17	15,56	43,98	14,26	43,20	101,66	397,54	484,49	5,80	11,65	6,86	7,39
Köln	26,19	27,66	25,73	26,51	27,40	63,55	30,98	49,85	144,37	523,79	641,50	3,31	4,25	39,33	43,02
Essen	33,86	35,53	31,49	18,63	19,55	58,63	17,14	36,87	112,64	459,98	577,43	3,42	5,63	21,88	23,77
Frankfurt	40,17	41,81	39,34	23,63	24,39	75,05	0,59	83,68	159,34	611,60	774,99	11,52	8,86	21,34	18,86
Dortmund	33,83	36,14	35,67	18,95	19,55	62,47	24,43	44,13	131,02	528,88	640,17	8,09	20,28	21,67	13,91
Stuttgart	28,26	32,25	29,37	21,93	25,43	55,34	20,93	57,49	133,76	466,21	534,98	27,83	31,49	64,94	69,80
Hannover	47,37	54,29	49,54	18,58	22,49	81,32	42,27	30,96	154,54	781,09	883,65	2,57	3,09	16,95	18,30
Nürnberg	24,24	26,85	24,28	12,65	13,54	48,05	46,33	50,52	144,91	431,05	519,44	3,07	3,61	15,82	18,07
Mannheim		34,22	33,71	26,81	33,08	71,19	23,96	42,52	137,67	452,40	485,41	6,62	7,17	25,37	22,59
Karlsruhe		28,77	31,11	25,18	26,43	60,77	18,08	27,94	107,20	430,38	455,17	2,11	2,20	24,52	23,45
Wiesbaden	16,83	17,20	16,67	23,53	23,84	51,62	25,48	41,11	118,65	405,54	493,97	2,58	3,09	19,76	26,09
Braunschweig	30,21	31,68	28,35	12,36	13,56	54,31	5,07	46,41	108,41	619,47	692,74	8,42	1,47	26,01	27,56
Augsburg	17,98	19,86		6,37	6,68	28,60	6,23	19,81	60,75	262,09	297,26	9,08	9,92	16,79	20,91
Kiel	32,74	36,07	33,23	21,67	22,95	85,79	50,44	45,54	181,77	514,01	711,95	3,02	3,91	16,46	18,82
Lübeck	40,17	43,51	39,50	22,02	23,40	71,65	55,95		175,32	593,22	802,18	4,25	9,78	7,68	7,81
Kassel	20,42	21,16	30,17	32,98	33,99	58,41	25,58	62,72	147,05	541,17	687,04	1,21	1,37	9,61	11,13
Saarbrücken		31,89	29,55	21,69	23,71	63,07	6,72	29,86	99,69	497,00	587,60	1,15	7,58	15,38	12,04
Mainz	14,68	17,77	15,09	22,83	24,74	47,87	3,42	58,67	109,96	427,39	498,97	2,06	10,46	12,73	13,67
Ludwigshafen						66,04	34,80	73,28	174,12	569,71					
Osnabrück	32,63					46,45	15,03	11,44			675,42				
Mittelwert	28,18	30,93	29,98	20,64	22,24	60,41	23,82	46,92	131,73	500,66	598,27	5,90	8,10	21,28	22,07
Var.koeff.	34,22	30,88	28,59	29,13	29,60	21,92	67,08	33,27	22,85	21,42	23,50	102,87	89,89	60,79	64,07

Alle Angaben umgerechnet pro Einwohner in 1000 DM in Preisen von 1976.

Quelle: Haushaltspläne der jeweiligen Städte, Statistisches Jahrbuch Deutscher Gemeinden; eigene Berechnungen.

Tabelle 30:

Verwaltungsausgaben sowie Ausgaben (real) und Empfänger der Sozialhilfe in bundesdeutschen Großstädten, 1976 und 1984

Stadt	Empfänger außerhalb von u. in Einrichtungen ges.	Empfänger außerhalb von Einrichtungen ges.	Empfänger in Einrichtungen ges.	Empfänger HLu ges.	Empfänger HbL ges.	Empfänger außerhalb von Einrichtungen HLu	Empfänger außerhalb von Einrichtungen HbL	Empfänger in Einrichtungen Hlu	Empfänger in Einrichtungen HbL	Verwaltungsausgaben Sozialamt Rechn. 1976/ Empfänger außerh. u. in Einrichtungen 1976	Bruttoausgaben Sozialhilfe ges. 1976/Empfänger außerh. u. in Einrichtungen 1976	Verwaltungsausgaben ges. 1984 real/ Empfänger außerh. u. in Einrichtungen 1984	Bruttoausgaben Sozialhilfe ges. 1984 real / Empfänger außerh. u. in Einrichtungen 1984
München	32,54	29,34	3,16	28,11	9,76	26,71	7,66	1,40	2,31	535,11	2462,17	376,03	2325,89
Köln	47,99	36,73	11,37	35,90	21,40	35,18	10,76	0,72	10,80	777,61	3101,22	463,85	3437,72
Essen	57,39	46,58	11,01	44,71	22,21	43,22	12,85	1,50	9,53	498,97	2141,03	376,32	3604,62
Frankfurt	71,59	58,12	14,04	53,51	25,90	51,34	13,97	2,23	12,25	742,72	4582,57	327,11	3144,03
Dortmund	74,12	64,00	10,30	57,81	30,93	57,14	21,47	0,68	9,63	596,65	2417,33	305,43	2464,40
Stuttgart	43,50	34,03	11,57	29,59	21,27	28,82	12,05	0,85	10,95	712,84	2044,24	413,62	2630,38
Hannover	79,75	61,71	19,24	54,32	45,26	53,25	27,69	1,10	18,17	870,74	2791,08	349,41	2461,05
Nürnberg	58,37	52,77	5,77	48,07	13,60	46,95	8,97	1,12	4,68	727,60	2205,36	267,61	1453,35
Mannheim	63,74	52,88	10,91	48,76	21,67	48,34	22,31	0,43	10,49	432,39	2038,40	278,19	2691,20
Karlsruhe	45,31	35,62	11,04	33,21	19,01	31,87	9,88	1,47	10,10	626,94	1642,78	397,77	2282,10
Wiesbaden	53,02	39,09	13,99	35,39	19,53	34,20	6,77	1,19	12,83	502,72	4875,49	189,49	3206,68
Braunschweig	69,22	55,38	16,75	47,61	26,66	46,16	13,43	1,49	15,38	551,08	1968,21	248,85	2208,03
Augsburg	53,11	48,76	5,39	45,92	18,96	44,59	15,39	1,39	4,38	681,57	2021,09	280,29	1189,18
Kiel	72,32	62,08	11,60	58,28	24,81	56,88	15,72	1,45	10,22	405,61	2386,31	252,69	3091,15
Lübeck	77,00	61,75	15,29	54,60	28,00	51,83	15,06	2,79	12,95	414,94	2516,81	289,40	3491,70
Kassel	90,93	79,28	11,68	76,77	21,67	72,84	11,13	3,93	10,55	474,82	2495,94	218,99	2752,09
Saarbrücken	108,41	89,03	22,04	82,54	40,94	79,57	23,70	3,36	19,36			134,06	3361,71
Mainz	42,79	34,61	8,19	32,06	16,68	30,89	9,59	1,17	7,09	458,97	2462,66	208,47	2968,15
Ludwigshafen	49,43	42,04	7,40	39,25	13,02	38,72	5,97	0,53	6,87	798,92	2578,16		2671,38
Osnabrück	60,20	43,86	17,24	40,10	27,09	38,88	11,75	1,37	16,08	639,53	2650,79		2188,88
Mittelwert	62,66	51,78	11,62	47,71	23,22	46,24	13,91	1,52	10,45	447263	600,57	298,76	2707,10
Var.koeff.	29,13	29,87	39,25	30,19	36,79	29,87	42,20	60,36	40,54	66,59	23,65	27,97	23,39

Alle Angaben umgerechnet pro Einwohner; Ausgaben in Preisen von 1976

Quelle: Richter, E.-J. 1986: 259-277; eigene Berechnungen.

Tabelle 31:

Sozialhilfeausgaben der Sozialverwaltungen bundesdeutscher Großstädte

(nominal) 1984/1985/86

Stadt	Einwohner 1985	Bruttoausgaben Sozialhilfe ges. 1984	Bruttoausgaben Sozialhilfe ges. 1985	Sozialhilfe n. BSHG ges. 1986	Sozialhilfe n. BSHG ges. örtl. Träger 1986	Ausg. HLu ges. 1984	Ausg. HLu ges. 1985	Ausg. HLu außerhalb v. Einrichtungen ges. 1984	Ausg. HLu außerhalb v. Einrichtungen ges. 1985	Ausg. HLu in Einrichtungen 1984	Ausg. HLu in Einrichtungen 1985	Ausg. HbL ges. 1984	Ausg. HbL ges. 1985	Ausg. HbL außerhalb v. Einrichtungen 1984	Ausg. HbL außerhalb v. Einrichtungen 1985	Ausgaben Hbl in Einrichtungen 1984	Ausg. Hbl in Einrichtungen 1985
München	1267451	103,55	119,79	251,63	134,83	80,29	148,43	80,24	93,12	0,06	0,07	23,25	26,60	22,47	24,83	0,78	1,76
Köln	922286	225,72	283,09	398,39	331,47	235,02	239,71	211,16	215,37	23,86	24,34	42,54	43,38	27,25	27,79	15,28	15,59
Essen	625705	283,05	349,30	496,05	392,51	238,05	300,45	216,73	279,62	21,32	20,83	45,00	48,86	27,40	29,40	17,60	19,45
Frankfurt	599634	307,96	359,43	412,50	412,50	217,03	263,86	199,97	245,17	17,06	18,69	90,93	95,57	34,35	40,20	56,58	55,37
Dortmund	579697	249,92	284,80	312,13	312,13	203,18	236,56	189,90	222,61	13,28	13,95	46,74	48,23	31,85	34,34	14,89	13,90
Stuttgart	561567	156,55	181,53	214,73	214,73	108,87	132,96	104,34	127,60	4,53	5,36	47,68	48,57	12,47	13,64	35,21	34,93
Hannover	514010	268,52	326,01	653,05	490,74	210,96	257,84	230,63	245,07	14,74	12,77	57,57	68,17	34,06	38,76	23,50	29,55
Nürnberg	468352	116,07	135,73	162,57	157,93	101,11	119,88	100,96	119,75	0,15	0,12	14,96	15,85	14,69	15,80	0,28	0,05
Mannheim	295178	234,68	274,59	310,37	310,37	179,64	214,50	176,63	211,41	3,01	3,09	55,04	60,09	27,76	29,45	27,28	30,64
Karlsruhe	269638	141,47	170,25	319,29	162,68	104,48	127,52	102,96	125,32	1,52	2,20	36,99	42,74	16,60	18,26	20,39	24,48
Wiesbaden	267467	232,63	272,80	327,81	325,67	186,94	227,74	154,58	197,94	32,36	29,81	45,69	45,06	10,16	21,49	35,53	23,57
Braunschweig	253057	209,10	240,78	567,16	386,42	179,85	211,70	163,78	197,25	16,07	14,45	29,25	29,08	18,50	20,58	10,75	8,50
Augsburg	244400	86,41	104,98	187,15	117,97	72,76	90,16	72,72	90,00	0,05	0,16	13,65	14,83	12,71	13,82	0,94	1,01
Kiel	245751	305,84	475,42	567,23	562,56	246,15	300,67	224,99	276,95	21,16	23,72	59,68	174,75	39,10	44,29	20,58	130,46
Lübeck	211707	367,84	567,81	642,21	642,21	312,22	350,85	268,95	303,01	43,27	47,83	55,62	216,96	40,40	42,32	15,22	174,64
Kassel	187447	342,38	417,03	478,89	478,54	282,06	349,42	267,98	336,10	14,07	13,32	60,32	67,61	27,78	34,48	32,53	33,13
Saarbrücken	188763	498,64	581,39			399,47	488,93	341,00	431,65	58,47	57,28	99,17	92,45	57,37	61,48	41,80	30,98
Mainz	184997	173,79	210,94	361,55	241,89	148,51	183,32	133,28	164,93	15,23	18,39	25,27	27,62	13,76	16,74	11,51	10,89
Ludwigshafen	155311	180,67	200,87	375,78	229,41	114,72	132,17	106,70	121,03	8,02	11,14	65,96	68,71	26,32	26,04	39,64	42,66
Osnabrück	153587	180,27	215,64	339,62	339,62	146,46	174,14	125,53	154,64	20,93	19,50	33,82	41,51	20,53	23,09	13,29	18,43
Mittelwert	423285	236,04	292,45	391,03	328,03	190,60	230,35	176,18	210,73	16,22	16,71	48,17	65,01	26,05	29,14	22,12	35,87
Var.koeff.	67,00	42,20	46,57	37,17	44,63	43,62	42,08	40,46	41,61	92,50	90,43	45,65	77,44	44,79	41,70	66,93	120,01

Alle Angaben umgerechnet pro Einwohner in jeweiligen Preisen.

Quelle: Richter, E.-J. 1986; ders. 1987, eigene Berechnungen

Tabelle 32:

Sozialhilfeausgaben in ausgewählten bundesdeutschen Großstädten (real) 1984/1985/86

Stadt	Einwohner 1985	Bruttoausgaben Sozialhilfe ges. 1984	Bruttoausgaben Sozialhilfe gesamt 1985	Sozialhilfe nach BSHG ges. 1986	Sozialhilfe nach BSHG ges. örtl. Träger 1986	Ausgaben HLu ges. 1984	Ausgaben HLu ges. 1985	Ausgaben HLu außerh. von Einrichtungen zus. 1984	Ausgaben HLu außerh. von Einrichtungen zus. 1985	Ausgaben HLu in Einrichtungen 1984	Ausgaben HLu in Einrichtungen 1985	Ausgaben HbL ges. 1984	Ausgaben HbL ges. 1985	Ausgaben HbL außerh. v. Einrichtungen 1984	Ausg. HbL außerhalb von Einrichtungen 1985	Ausgaben Hbl in Einrichtungen 1984	Ausgaben Hbl in Einrichtungen 1985
München	1267451	75,7	85,9	179,9	96,4	58,7	106,4	58,6	66,8	0,0	0,1	17,0	19,1	16,4	17,8	0,6	1,3
Köln	922286	165,0	202,9	284,8	237,0	171,8	171,8	154,3	154,4	17,4	17,4	31,1	31,1	19,9	19,9	11,6	11,2
Essen	625705	206,9	250,4	354,7	280,6	174,0	215,4	158,4	200,4	15,6	14,9	32,9	35,0	20,0	21,1	13,4	13,9
Frankfurt	599634	225,1	257,6	294,9	294,9	158,6	189,1	146,2	175,7	12,5	13,4	66,5	68,5	25,1	28,8	43,0	39,7
Dortmund	579697	182,7	204,1	223,2	223,2	148,5	169,6	138,8	159,6	9,7	10,0	34,2	34,6	23,3	24,6	11,3	10,0
Stuttgart	561567	114,4	130,1	153,5	153,5	79,6	95,3	76,3	91,5	3,3	3,8	34,8	34,8	9,1	9,8	26,8	25,0
Hannover	514010	196,3	233,7	466,9	350,9	154,2	184,8	168,6	175,7	10,8	9,2	42,1	48,9	24,9	27,8	17,9	21,2
Nürnberg	468352	84,8	97,3	116,2	112,9	73,9	85,9	73,8	85,8	0,1	0,1	10,9	11,4	10,7	11,3	0,2	0,0
Mannheim	295178	171,5	196,8	221,9	221,9	131,3	153,8	129,1	151,5	2,2	2,2	40,2	43,1	20,3	21,1	20,8	22,0
Karlsruhe	269638	103,4	122,0	228,3	116,3	76,4	91,4	75,3	89,8	1,1	1,6	27,0	30,6	12,1	13,1	15,5	17,5
Wiesbaden	267467	170,0	195,5	234,4	232,9	136,6	163,2	113,0	141,9	23,7	21,4	33,4	32,3	7,4	15,4	27,0	16,9
Braunschweig	253057	152,8	172,6	405,5	276,3	131,5	151,7	119,7	141,4	11,7	10,4	21,4	20,8	13,5	14,8	8,2	6,1
Augsburg	244400	63,2	75,3	133,8	84,4	53,2	64,6	53,1	64,5	0,0	0,1	10,0	10,6	9,3	9,9	0,7	0,7
Kiel	245751	223,5	340,8	405,6	402,2	179,9	215,5	164,4	198,5	15,5	17,0	43,6	125,3	28,6	31,7	15,7	93,5
Lübeck	211707	268,9	407,0	459,2	459,2	228,2	251,5	196,6	217,2	31,6	34,3	40,7	155,5	29,5	30,3	11,6	125,2
Kassel	187447	250,2	298,9	342,4	342,2	206,2	250,5	195,9	240,9	10,3	9,5	44,1	48,5	20,3	24,7	24,8	23,8
Saarbrücken	188763	364,5	416,7			292,0	350,5	249,2	309,4	42,7	41,1	72,5	66,3	41,9	44,1	31,8	22,2
Mainz	184997	127,0	151,2	258,5	173,0	108,5	131,4	97,4	118,2	11,1	13,2	18,5	19,8	10,1	12,0	8,8	7,8
Ludwigshafen	155311	132,1	144,0	268,7	164,0	83,8	94,7	78,0	86,8	5,9	8,0	48,2	49,2	19,2	18,7	30,2	30,6
Osnabrück	153587	131,8	154,6	242,8	242,8	107,0	124,8	91,8	110,8	15,3	14,0	24,7	29,8	15,0	16,5	10,1	13,2

Alle Angaben umgerechnet pro Einwohner in 1000 DM zu Preisen von 1976.

Quelle: Richter, E.-J. 1986; ders. 1987; eigene Berechnungen

Tabelle 33:

Veränderung der Personal- und Verwaltungsausgaben (real) ausgewählter bundesdeutscher Sozialverwaltungen, 1976-1984/86

Stadt	Personal-ausg. Sozialamt 1976-1986 Rechn.	Verwaltungsausg. Sozialamt ges. 1976-1986 Rechn.	Verwaltungsausg. Sozialamt ges. 1976-1984 Rechn.	Personal-ausgaben Jugendamt 1976-1986 Rechn.	Verwaltungsausg. Jugendamt ges. 1976-1986 Rechn.	Personal-ausg. Verw. d. sozialen Angel. 1976-1986 (Ansatz)	Personal-ausg. Einricht. d. Sozialhilfe 1976-1986 (Ansatz)	Personal-ausg. Einricht. der Jugendhi. 1976-1986 (Ansatz)	Pers.ausg. Soziale Sicher. ges. 1976-1986 (Ansatz)	Ausgaben Soziale Sicherung ges. 1976-1984 Rechn.	Ausgaben Soziale Sicherung ges. 1976-1986 Rechn.	Förderung freie Wohlfahrtspfl. 1976-1984 Rechn.	Förderung freie Wohlfahrtspfl. 1976-1986 Rechn.	Förderung freie Jugendpflege. 1976-1986 Rechn.	Förderung freie Jugendpflege 1976-1986 Rechn.
München	0,80	3,86	6,55	3,17	3,23	6,27	-4,29	6,44	8,41	173,62	86,67	1,77	7,61	0,07	0,60
Köln	-0,76	-1,27	5,94	15,07	15,02	20,55	5,69	12,81	39,04	213,36	95,66			2,87	6,56
Essen	7,94	7,94	15,08	6,55	6,75	11,97	-0,47	12,30	23,77	227,78	110,32	0,30	2,51	-3,09	-1,21
Frankfurt	11,88	11,82	23,33	6,19	5,88	16,02	-2,18	13,33	26,91	237,98	74,59	-10,65	-13,30	5,12	2,64
Dortmund	6,17	7,12	19,32	6,64	6,79	15,59	11,80	18,35	43,55	276,88	165,58	5,96	18,14	3,12	-4,64
Stuttgart	7,85	8,82	16,37	1,81	3,38	4,99	4,30	5,03	14,32	89,04	20,27	12,27	15,93	19,85	24,71
Hannover	15,89	18,19	31,04	6,17	8,36	17,89	5,41	5,14	27,86	348,68	246,12	-0,19	0,34	3,86	5,21
Nürnberg	5,42	6,46	12,51	2,88	3,37	5,38	8,16	18,68	32,22	189,74	101,35	1,89	2,43	6,77	9,01
Mannheim		11,05	22,51	4,15	8,20	5,56	11,41	3,68	20,65	78,80	45,79	4,30	4,85	12,06	9,27
Karlsruhe		4,98	18,37	5,67	5,94	2,26	4,15	15,43	4,78	45,89	21,11	0,39	0,48	8,33	7,27
Wiesbaden	3,30	3,52	8,92	0,65	0,75	1,01	4,61	17,69	23,63	158,37	69,93	0,93	1,43	8,95	15,28
Braunschweig	8,59	9,23	15,96	1,37	2,23	3,67	-2,24	16,46	20,24	442,35	369,09	3,80	-3,15	10,34	11,89
Augsburg	0,12	1,02		-0,52	-0,39	-8,17	0,84	6,14	4,05	103,19	68,02	3,03	3,86	7,13	11,24
Kiel	12,20	12,37	21,33	8,69	9,70	38,64	20,36	8,35	67,34	369,21	171,27	1,01	1,89	10,38	12,75
Lübeck	14,09	15,33	25,36	8,13	8,89	15,38	8,40		26,48	359,83	150,88	1,72	7,25	2,66	2,78
Kassel	-3,80	-3,82	15,90	20,48	20,81	6,42	6,10	16,16	28,99	306,15	160,28	0,05	0,20	1,51	3,03
Saarbrücken		13,48	21,63	9,86	10,58	17,52	-1,38	16,31	32,49	301,91	211,31	0,36	6,79	11,33	7,99
Mainz	3,89	5,48	8,15	6,12	6,73	-6,26	0,73	5,43	3,53	121,88	50,30	-7,56	0,84	-0,70	0,23
Ludwigshafen						4,06	8,28	29,38	41,69						
Osnabrück	6,37					0,39	6,06	4,92		297,12					
Mittelwert	6,24	7,53	16,96	6,28	7,01	9,41	4,72	12,62	25,79	224,70	123,25	1,14	3,42	6,14	6,92
Var.koeff.	89,22	73,99	40,10	79,52	70,61	110,33	124,29	51,81	59,56	49,51	69,71	420,03	198,80	88,20	97,06

Alle Angaben umgerechnet pro Einwohner in 1000 DM in Preisen von 1976.

Quelle: Haushaltspläne der jeweiligen Städte, Statistisches Jahrbuch Deutscher Gemeinden; eigene Berechnungen.

Tabelle 34:

Veränderung der Zahl der Sozialhilfeempfänger und der Verwaltungsausgaben pro Empfänger in ausgewählten bundesdeutschen Großstädten (1976-1984)

Stadt	Empf. außerhalb von und in Einrichtungen ges.	Empf. außerhalb von Einrichtungen ges.	Empf. in Einrichtungen ges. 1976-1984	Empf. HLu ges.	Empf. HbL ges.	Empf. außerhalb von Einrichtungen HLu	Empf. außerhalb von Einrichtungen HbL	Empfänger in Einrichtungen HLu	Empfänger in Einrichtungen HbL
München	2,28	3,99	-2,91	8,86	-6,53	8,66	-4,21	0,15	-3768,0
Köln	10,79	7,80	2,52	10,71	2,99	10,65	0,13	0,04	2137,0
Essen	2,11	-1,10	2,52	5,70	-5,02	5,50	-7,72	0,14	1213,0
Frankfurt	31,22				1,89	30,20	0,71	1,17	528,0
Dortmund	25,48	23,21	1,53	26,33	5,13	26,33	3,40	-0,05	653,0
Stuttgart	10,63	9,59	1,91	10,91	1,52	10,73	0,67	0,21	737,0
Hannover	38,29	31,51	7,57	31,83	20,71	32,05	13,39	-0,18	3817,0
Nürnberg	30,35	32,35	-2,89	30,77	0,09	31,69	1,76	-0,96	-1100,0
Mannheim	10,14	8,18	-0,34	10,80	-2,47	10,69	8,20	0,05	-270,0
Karlsruhe	7,37	6,32	1,61	8,96	-0,82	7,81	-1,13	1,26	146,0
Wiesbaden	25,82	39,09			3,76	21,86	-0,01	0,24	1018,0
Braunschweig	28,48	22,77	7,26	23,17	4,59	22,82	-1,36	0,33	1715,0
Augsburg	25,47	28,45	-3,40	28,95	3,36	28,97	6,54	-0,04	-949,0
Kiel	13,88	16,51	-1,91	20,15	-3,50	19,99	-0,47	0,20	-670,0
Lübeck	9,09	11,30	-4,70	10,34	-1,36	9,94	2,72	0,42	-1317,0
Kassel	38,32				-2,98	41,18	-4,05	-1,16	49,0
Saarbrücken									3681,0
Mainz	16,00	15,99	-0,45	16,50	2,57	16,55	2,75	-0,19	-40,0
Ludwigshafen	8,68	9,38	-1,22	9,99	-5,10	10,25	-4,59	-0,43	-211,0
Osnabrück	17,36	10,09	7,98	12,40	7,84	12,32	0,68	0,21	1173,0
Mittelwert	18,58	16,59	0,47	16,93	1,05	19,22	0,93	0,07	387,84
Var.koffizient	62,10	68,32	739,83	51,83	563,8	53,62	521,69	867,20	439,32

Alle Angaben umgerechnet pro Einwohner, Ausgaben in DM 1976

Quelle: Richter, E-J. 1986; eigene Berechnungen.

Tabelle 35:

Veränderung der Verwaltungsausgaben pro Sozialhilfeempfänger in ausgewählten bundesdeutschen Großstädten (1976-1984)

Stadt	Verwaltungsausgaben SA ges. Rech. real/ Emp. außerhalb u. in Einrichtungen 1976-1984	Bruttoaus. SH ges. 1976-1984 real/Empf. außerhalb u. i. Einrichtungen 1976-1984	Ausg. HLu ges. 1976-1984 real/Empf. HLu 1976-1984	Ausg. HLu außerhalb v. Einrichtungen ges./Empf. Hlu außerhalb v. Einrichtungen 1976-1984	Ausg. Hlu in Ein. real ges./EmpHlu in Einrichtungen 1976-1984	Ausgaben Hbl real / Empfänger Hbl 1976-1984	Ausg. Hbl außerh v. Einrichtungen real/ Empf. HbL außerhalb v. Einrichtungen 1976-1984	Ausg. HbL in Einrichtungen real/Empf. Hbl in Einrichtungen 1976-1984
München	-159,08	-136,28	-477,51	-128,15	-5886,67	200,53	973,67	-1930,86
Köln	-313,76	336,50	1447,04	1377,08	9196,29	-244,50	520,70	-1015,09
Essen	-122,64	1463,59	1658,39	1585,38	4003,80	332,90	500,24	82,77
Frankfurt	-415,61	-1438,54		-1815,02	1174,82	-839,31	11,93	-1887,10
Dortmund	-291,22	47,07	-149,10	-175,15	6960,80	-136,11	16,33	-399,13
Stuttgart	-299,22	586,14	512,89	535,51	14,42	295,53	-126,22	669,01
Hannover	-521,33	-330,03	-995,77	-290,68	-296,36	-272,38	-324,36	-171,16
Nürnberg	-459,99	-752,01	-1253,42	-868,69	-5223,56	-196,29	-34,23	-643,24
Mannheim	-154,19	652,80	786,49	769,94	3038,71	328,04	-298,22	172,98
Karlsruhe	-229,17	639,32	606,74	684,81	-2718,79	349,47	224,39	348,39
Wiesbaden	-313,23	-1668,81		-3325,98	5760,89	-660,55	-1424,79	-119,81
Braunschweig	-302,23	239,82	238,75	182,21	3280,87	-38,58	209,69	-275,80
Augsburg	-401,28	-831,91	-1479,69	-1094,23	-6313,88	-186,03	-240,92	-309,69
Kiel	-152,92	704,85	468,07	428,92	3441,86	360,44	452,64	119,90
Lübeck	-125,53	974,89	1519,35	1474,89	2625,72	-358,68	421,11	-1024,64
Kassel	-255,82	256,15		-156,09	1651,51	560,56	589,46	500,93
Saarbrücken		3361,71			12716,97		1769,50	1643,14
Mainz	-250,50	505,49	44,54	173,24	2723,71	114,15	-33,19	345,84
Ludwigshafen		93,22	-232,84	-121,63	2231,67	1729,79	1466,06	2167,57
Osnabrück		-461,90	-478,49	-489,60	1258,75	-456,50	-55,39	-765,78
Mittelwert	-280,45	247,58	179,60	-42,42	2020,15	74,39	245,99	-90,84
Var.koffizient	-41,13	431,13	523,38	-2757,21	235,75	730,44	275,48	-1083,0

Alle Angaben umgerechnet pro Einwohner, Ausgaben in DM 1976

Quelle: Richter, E-J. 1986; eigene Berechnungen.

Tabelle 36:

Veränderung der Sozialhilfeausgaben (real) in ausgewählten bundesdeutschen Großstädten, 1976-1986

Stadt	Bruttoausgaben Sozialh. ges. 1976-1984	Bruttoausgaben Sozialh. ges. 1976-1985	Sozialhilfe n. BSHG ges. 1976-85	Sozialh. n. BSHG ges. örtl. Träger 1976-1986	Ausgaben HLu ges. 1976-1984	Ausgaben HLu ges. 1976-1985	Ausg. HLu außerhalb von Einrichtungen zus. 1976-1984	Ausg. HLu außerhalb von Einrichtungen zus. 1976-1985	Ausgaben HLu in Einrichtungen 1976-1984	Ausgaben HLu in Einrichtungen 1976-1985	Ausgaben HbL ges. 1976-1984	Ausgaben HbL ges. 1976-1985	Ausg. HbL außerhalb von Einrichtungen 1976-1984	Ausg. HbL außerhalb von Einrichtungen 1976-1985	Ausgaben Hbl in Einrichtungen 1976-1984	Ausgaben Hbl in Einrichtungen 1976-1985
München	1,19	11,38	15,28	21,91	9,30	57,00	16,70	24,80	-7,40	-7,39	-8,11	-6,04	2,53	3,90	-10,61	-9,94
Köln	49,62	87,56	75,90	121,64	87,70	87,74	80,51	80,55	7,18	7,19	-0,15	-0,15	5,78	5,78	-5,48	-5,93
Essen	88,51	132,01	111,52	162,27	86,87	128,24	79,97	121,99	6,91	6,26	1,63	3,77	-1,74	-0,69	3,91	4,46
Frankfurt	40,07	72,63	39,25	109,92	55,38	85,89	47,57	77,15	7,81	8,74	-15,31	-13,27	1,44	5,15	-15,05	-18,41
Dortmund	65,08	86,56	73,62	105,59	62,92	83,99	58,57	79,34	4,35	4,65	2,16	2,57	3,98	5,31	-1,37	-2,74
Stuttgart	47,24	62,93	93,67	86,34	38,91	54,64	38,08	53,29	0,83	1,36	8,32	8,29	-0,93	-0,26	10,31	8,55
Hannover	80,54	117,96	101,93	235,16	67,97	98,61	95,30	102,41	-2,18	-3,80	12,57	19,35	7,40	10,28	5,87	9,17
Nürnberg	23,04	35,49	57,42	51,12	25,62	37,64	36,57	48,61	-10,95	-10,97	-2,58	-2,15	1,86	2,45	-4,43	-4,61
Mannheim	62,29	87,58	80,17	112,68	58,95	81,40	57,53	79,97	1,42	1,43	3,34	6,19	3,25	4,07	0,91	2,12
Karlsruhe	41,07	59,71	95,80	53,99	35,32	50,35	34,92	49,49	0,39	0,86	5,76	9,36	1,08	2,03	4,46	6,49
Wiesbaden	37,39	62,90	47,42	100,21	41,37	67,98	31,18	60,08	10,19	7,90	-3,98	-5,08	-9,67	-1,70	6,76	-3,38
Braunschweig	72,65	92,40	115,23	196,10	69,82	90,11	63,44	85,11	6,39	5,00	2,83	2,29	1,74	2,97	1,42	-0,67
Augsburg	7,30	19,39	34,71	28,49	8,43	19,88	17,44	28,81	-9,01	-8,93	-1,13	-0,48	1,82	2,43	-2,92	-2,91
Kiel	84,10	201,35	144,40	262,79	80,05	115,66	73,61	107,69	6,43	7,97	4,05	85,69	6,47	9,64	-1,80	76,05
Lübeck	97,95	236,10	138,15	288,27	110,45	133,74	99,49	120,12	10,96	13,62	-12,50	102,36	10,53	11,34	-22,57	91,02
Kassel	118,94	167,62	127,66	210,85	111,18	155,49	105,80	150,84	5,38	4,64	7,75	12,13	1,55	5,96	7,18	6,17
Saarbrücken	254,27	306,55	278,20		211,29	269,78	183,98	244,15	27,31	25,63	43,11	36,89	28,01	30,14	16,35	6,75
Mainz	61,03	85,22	129,14	106,97	56,57	79,43	54,67	75,47	1,91	3,95	4,46	5,79	2,66	4,60	2,15	1,19
Ludwigshafen	26,99	38,92	37,05	58,97	14,53	25,42	17,18	25,95	-2,65	-0,53	12,46	13,50	0,71	0,14	12,94	13,36
Osnabrück	18,22	41,03	36,13	129,28	19,85	37,62	16,08	35,18	3,76	2,45	-1,63	3,41	0,26	1,80	-1,49	1,61
Mittelwert	66,28	103,38	94,55	128,52	64,88	90,68	62,76	85,04	3,43	3,56	3,40	14,79	3,60	5,45	0,42	9,30
Var.koeff.	80,54	72,01	60,41	60,66	70,35	60,49	62,61	58,97	241,71	228,36	347,38	197,58	194,41	124,62	2191,59	285,87

Alle Angaben umgerechnet pro Einwohner in DM zu Preisen von 1976.

Quelle: Richter, E.-J. 1986; ders. 1987; eigene Berechnungen

Tabelle 37:

Veränderung der Personal- und Verwaltungsausgaben in ausgewählten bundesdeutschen Sozialverwaltungen in %, 1976-1984/86

Stadt	Personal-ausgaben Sozialamt 1976-1986 Rechn.	Verwal-tungsaus-gaben So-zialamt ges. 1976-1986 Rechn.	Verwal-tungsaus-gaben So-zialamt ges. 1976-1984 Rechn.	Personal-ausgaben Jugendamt 1976-1986 Rechn.	Verwal-tungsausg. Jugendamt ges. 1976-1986 Rechn.	Personalaus-gaben Ver-waltung d. soz. Angel. 1976-1986 (Ansatz)	Personal-ausgaben Einricht. d. Sozialhilfe 1976-1986 (Ansatz)	Personal-ausgaben Einricht. der Jugendhilfe 1976-1986 (Ansatz)	Personal-ausgaben Soziale Sich. ges. 1976-1986 (Ansatz)	Ausg. So-ziale Si-cher ges. 1976-1986 Rechn.	Ausgaben Soziale Sicherung ges. 1976-1986 Rechn.	Zuwend. an die freie Wohl-fahrtspflege ges. 1976-1984 Rechn.	Zuwend. an die freie Wohl-fahrtspflege ges. 1976-1986 Rechn.	Zuwend. an die freie Ju-gendpflege ges. 1976-86 Rechn.
München	5,39	23,84	40,49	26,44	26,17	16,63	-23,13	17,53	9,01	55,85	27,88	43,72	188,55	1,09
Köln	-2,81	-4,38	20,55	131,74	121,21	47,78	22,49	34,57	37,06	49,84	22,34			7,88
Essen	30,64	28,78	54,67	54,17	52,77	25,66	-2,66	50,06	26,74	65,14	31,55	9,65	80,51	-12,38
Frankfurt	42,02	39,43	77,81	35,51	31,75	27,13	-78,68	18,95	20,32	44,32	13,89	-48,05	-60,01	31,59
Dortmund	22,32	24,53	66,56	53,93	53,26	33,27	93,47	71,22	49,79	76,21	45,58	278,90	849,32	16,80
Stuttgart	38,45	37,65	69,86	9,01	15,34	9,92	25,85	9,58	11,99	19,97	4,55	78,84	102,34	44,03
Hannover	50,49	50,38	85,97	49,74	59,18	28,21	14,68	19,90	22,00	65,18	46,01	-6,74	12,31	29,51
Nürnberg	28,81	31,69	61,38	29,41	33,19	12,61	21,37	58,64	28,59	57,55	30,74	159,50	204,84	74,68
Mannheim		47,70	97,14	18,32	32,94	8,47	90,93	9,48	17,65	19,38	11,26	185,81	209,52	90,59
Karlsruhe		20,95	77,25	29,05	28,99	3,86	29,79	123,31	4,67	11,21	5,16	22,56	28,23	51,47
Wiesbaden	24,40	25,74	65,20	2,86	3,26	2,00	22,12	75,54	24,87	47,19	20,84	56,01	86,38	82,75
Braunschweig	39,73	41,10	71,10	12,43	19,69	7,25	-30,63	54,93	22,95	176,67	147,41	82,12	-68,22	66,01
Augsburg	0,68	5,41		-7,51	-5,52	-22,22	15,61	44,86	7,14	53,17	35,05	50,02	63,82	73,73
Kiel	59,42	52,19	90,00	66,93	73,15	81,93	67,66	22,44	58,85	107,72	49,97	49,92	93,97	170,92
Lübeck	54,04	54,41	89,99	58,48	61,25	27,34	17,66		17,79	81,35	34,11	67,94	286,74	52,95
Kassel	-15,71	-15,30	63,67	163,78	157,91	12,36	31,33	34,71	24,56	80,38	42,08	3,92	17,59	18,61
Saarbrücken		73,23	117,49	83,31	80,57	38,45	-17,07	120,34	48,34	105,68	73,97	44,97	858,15	279,71
Mainz	36,04	44,53	66,26	36,60	37,34	-11,57	26,91	10,20	3,31	32,32	13,34	-78,56	8,73	-5,24
Ludwigshafen						6,55	31,19	66,93	31,48					
Osnabrück	24,28					0,85	67,63	75,42		78,54				
Mittelwert	27,59	32,33	71,49	47,46	49,03	18,72	18,89	46,84	24,59	63,84	36,43	58,85	174,28	59,71
Var.koeff.	77,42	65,55	30,03	89,46	80,25	118,60	207,64	72,34	61,00	59,40	87,68	141,35	151,93	114,31

Alle Angaben pro Einwohner in DM zu Preisen von 1976.

Quelle: Haushaltspläne der jeweiligen Städte, Statistisches Jahrbuch Deutscher Gemeinden; eigene Berechnungen.

Tabelle 38:

Prozentuale Veränderung der Zahl der Sozialhilfeempfänger, der Verwaltungsausgaben pro Empfänger und der Bruttoausgaben Sozialhilfe pro Empfänger in ausgewählten bundesdeutschen Großstädten (1976-1984)

Stadt	Empf. außerhalb v. u. in Einrichtungen ges. 1976-1984	Empf. außerhalb v. Einrichtungen ges. 1976-1984	Empf. in Einrichtungen ges. 1976-1984	Empf. HLu ges. 1976-1984	Empf. HbL ges. 1976-1984	Empf. außerhalb v. Einrichtungen HLu 1976-1984	Empf. außerhalb v. Einrichtungen HbL 1976-1984	Empf. in Einrichtungen HLu 1976-1984	Empf. in Einrichtungen HbL 1976-1984	Verwaltungsausgaben Sozialamt ges. Rechn. real/ Empf. außerhalb u. in Einrichtungen 1976-1984	Bruttoausgaben Sozialhilfe ges. 1976-1984 real/ Empf. außerhalb u. in Einrichtungen 1976-1984
München	7,55	15,74	-47,95	46,00	-40,09	47,96	-35,49	11,53	-55,99	-29,73	-5,54
Köln	29,01	26,97	28,54	42,52	16,25	43,44	1,25	5,22	26,64	-40,35	10,85
Essen	3,81	-2,30	29,63	14,61	-18,43	14,59	-37,54	10,42	25,22	-24,58	68,36
Frankfurt	77,33				7,86	142,78	5,38	111,68	7,60	-55,96	-31,39
Dortmund	52,38	56,91	17,45	83,60	19,90	85,48	18,80	-6,86	12,99	-48,81	1,95
Stuttgart	32,36	39,23	19,83	58,38	7,68	59,33	5,89	32,86	13,47	-41,98	28,67
Hannover	92,34	104,37	64,79	141,58	84,36	151,22	93,59	-14,27	67,12	-59,87	-11,82
Nürnberg	108,30	158,41	-33,35	177,83	0,66	207,79	24,44	-46,06	-33,11	-63,22	-34,10
Mannheim	18,93	18,29	-3,04	28,46	-10,22	28,38	58,10	14,42	-7,95	-35,66	32,03
Karlsruhe	19,42	21,59	17,06	36,94	-4,15	32,46	-10,29	613,39	5,67	-36,55	38,92
Wiesbaden	94,90				23,87	177,15	-0,17	24,74	41,53	-62,31	-34,23
Braunschweig	69,89	69,84	76,48	94,83	20,81	97,78	-9,17	28,11	76,67	-54,84	12,18
Augsburg	92,17	140,08	-38,68	170,66	21,55	185,50	73,88	-2,85	-46,77	-58,88	-41,16
Kiel	23,76	36,22	-14,12	52,84	-12,36	54,19	-2,92	16,13	-20,89	-37,70	29,54
Lübeck	13,39	22,41	-23,52	23,35	-4,63	23,73	22,03	17,56	-32,12	-30,25	38,74
Kassel	72,85				-12,09	130,09	-26,69	-22,80	2,53	-53,88	10,26
Mainz	59,71	85,93	-5,16	106,10	18,24	115,36	40,19	-13,88	-2,93	-54,58	20,53
Ludwigshafen	21,31	28,72	-14,16	34,15	-28,14	36,01	-43,44	-45,02	-16,38		3,62
Osnabrück	40,53	29,90	86,08	44,77	40,74	46,41	6,17	17,65	88,00		-17,43
Mittelwert	49,41	54,83	4,92	74,12	5,06	90,74	9,88	40,80	3,52	-46,42	7,63
Var.koeff.	67,77	84,21	709,34	69,53	519,11	66,59	372,82	350,20	992,15	-26,25	382,63

Alle Angaben pro Einwohner

Quelle: Richter, E-J. 1986; eigene Berechnungen.

Tabelle 39:

Prozentuale Veränderung der Sozialhilfeausgaben (real) in ausgewählten bundesdeutschen Großstädten, 1976-1986

Stadt	Bruttoausgaben Sozialhilfe ges. 1976-1984	Bruttoausgaben Sozialhilfe ges. 1976-1985	Ausgaben HLu ges. 1976-1984	Ausgaben HLu ges. 1976-1985	Ausg. HLu außerhalb v. Einrichtungen ges. 1976-1984	Ausg. HLu außerhalb v. Einrichtungen ges. 1976-1985	Ausg. HLu in Einrichtungen 1976-1984	Ausg. HLu in Einrichtungen 1976-1985	Ausg. HbL ges. 1976-1984	Ausg. HbL ges. 1976-1985	Ausg. HbL außerhalb v. Einrichtungen 1976-1984	Ausg. HbL außerhalb v. Einrichtungen 1976-1985	Ausg. Hbl in Einrichtungen 1976-1984	Ausg. Hbl in Einrichtungen 1976-1985
München	1,60	15,28	18,82	115,41	39,80	59,12	-99,43	-99,28	-32,30	-24,05	18,17	28,07	-94,70	-88,71
Köln	43,01	75,90	104,30	104,35	109,06	109,11	70,03	70,08	-0,49	-0,47	40,90	40,88	-32,02	-34,69
Essen	74,77	111,52	99,72	147,20	101,94	155,51	79,60	72,10	5,23	12,05	-8,01	-3,18	41,18	47,01
Frankfurt	21,66	39,25	53,64	83,20	48,25	78,26	167,83	187,77	-18,72	-16,22	6,08	21,75	-25,91	-31,69
Dortmund	55,35	73,62	73,53	98,14	73,01	98,89	81,35	86,89	6,74	8,03	20,61	27,54	-10,81	-21,60
Stuttgart	70,31	93,67	95,70	134,39	99,76	139,58	33,36	54,61	31,38	31,25	-9,25	-2,62	62,54	51,90
Hannover	69,60	101,93	78,84	114,37	130,09	139,78	-16,80	-29,34	42,58	65,59	42,27	58,75	48,90	76,36
Nürnberg	37,27	57,42	53,05	77,96	98,24	130,60	-99,04	-99,21	-19,08	-15,94	20,98	27,64	-95,44	-99,18
Mannheim	57,02	80,17	81,47	112,51	80,38	111,73	181,78	183,70	9,06	16,77	19,06	23,88	4,59	10,66
Karlsruhe	65,90	95,80	86,02	122,65	86,57	122,69	55,03	120,24	27,07	43,99	9,76	18,38	40,35	58,71
Wiesbaden	28,19	47,42	43,43	71,36	38,12	73,44	75,68	58,68	-10,65	-13,58	-56,55	-9,91	33,33	-16,67
Braunschweig	90,59	115,23	113,27	146,18	112,73	151,25	119,11	93,18	15,27	12,36	14,73	25,20	20,96	-9,97
Augsburg	13,07	34,71	18,84	44,41	48,85	80,68	-99,61	-98,77	-10,20	-4,33	24,29	32,49	-80,31	-80,06
Kiel	60,31	144,40	80,16	115,81	81,05	118,56	71,21	88,17	10,24	216,55	29,27	43,60	-10,32	435,55
Lübeck	57,31	138,15	93,80	113,58	102,48	123,72	53,02	65,90	-23,52	192,56	55,40	59,66	-66,08	266,49
Kassel	90,58	127,66	117,07	163,72	117,47	167,48	109,54	94,50	21,34	33,40	8,28	31,79	40,83	35,12
Saarbrücken	230,75	278,20	261,86	334,35	281,91	374,11	176,96	166,08	146,71	125,56	201,10	216,44	105,81	43,66
Mainz	92,49	129,14	108,84	152,81	127,88	176,54	20,67	42,85	31,83	41,30	35,89	62,10	32,50	18,02
Ludwigshafen	25,69	37,05	20,97	36,68	28,26	42,68	-31,13	-6,22	34,85	37,77	3,83	0,77	75,14	77,59
Osnabrück	16,04	36,13	22,76	43,14	21,26	46,49	32,63	21,20	-6,19	12,94	1,75	12,23	-12,86	13,85

Alle Angaben pro Einwohner in DM zu Preisen von 1976.

Quelle: Richter, E.-J. 1986; ders. 1987; eigene Berechnungen

Tabelle 40:

Stellen in der Gesamt- und Sozialverwaltung der Stadt Nürnberg, 1981-1995

	1981	1982	1983	1984	1985	1986	1987	1988	1989
Stadtverwaltung ges. [a)]	6625	6600	6609	6899	6572	6656	6827	6903	6937
Soziales u. Jugend ges.	1482	1473	1493	1451	1483	1502	1573	1621	1625
Soziales ges.	811	810	810	798	815	824	873	915	918
davon: Soziales, allg. Verwaltung	6	7	9	8	8	8	8	9	9
davon: Sozialamt ges.	178	178	180	177	188	191	217	239	249
davon: Sozialamt	*154*	*152*	*154*	*155*	*163*	*160*	*183*	*203*	*212*
Einrichtungen d. Sozialamtes	*24*	*26*	*26*	*22*	*25*	*31*	*34*	*36*	*37*
davon: Heime der Sozialhilfe.	24	24	23	19	21	27	27	27	28
Sozialstationen	0	0	0	0	0	0	0	2	2
Nachbarschaftshaus	0	2	3	3	4	4	7	7	7
Altenversorgung / Seniorenamt ges.	352	352	349	356	365	369	381	400	394
Ambulante Hilfsdienste	5	5	9	12	14	14	14	14	14
Altenheime	303	347	340	344	351	355	367	385	379
Sonst. Altenversorgung	44	0	0	0	0	0	0	1	1
Familienhilfe	112	111	111	94	98	101	112	119	120
Pflegeamt	3	3	3	8	8	8	8	8	8
Ausländerbetreuung	3	3	3	3	4	5	8	8	8
Wohngeldstelle	32	32	31	31	31	34	34	34	34
Versicherungsamt	24	24	24	24	24	24	24	24	22
Lastenausgleichsamt	101	100	100	97	89	84	81	74	74
Jugend ges.	671	663	683	653	668	678	700	706	707
davon: Jugendamt	134	132	134	134	136	137	138	140	144
Kindergärten	149	156	155	149	145	148	157	169	168
Kinderhorte, und -krippen	180	169	169	169	169	166	169	169	172
Sonst. Einrichtungen des Jugendamtes:	208	206	225	201	218	227	236	228	223
Jugendsozialarbeit	5	5	7	8	9	12	14	14	15
Kinder- u. Jugendheim	32	32	31	31	30	29	31	31	31
Jugendzentrum	0	0	6	6	7	7	7	6	7
Betreuung f. arbeitslose Jugendl.	0	0	7	7	7	8	9	14	13
Kommunikationszentrum	0	0	6	6	6	7	7	8	7
Gemeinschaftshaus	0	0	0	0	9	9	11	11	11
Sozialer Beratungsdienst	18	18	18	18	22	22	23	24	24
Soziale Gruppenarbeit	8	8	8	8	8	8	8	8	8
Jugendwohnheime	22	18	13	12	13	12	12	11	10
Tagesstätte f. beh. Kinder	29	29	29	24	24	24	24	0	0
Kindererholungsh.	22	22	20	1	0	0	0	0	0
Sozialzentrum	30	32	33	32	32	31	31	31	31
Spielen in der Stadt	6	6	8	8	10	10	10	10	10
Jugendarb. FreizeitEinrichtungen	36	36	39	40	41	48	49	60	56
Gesundheit ges. (ohne Krankenanst.)	151	161	159	167	167	161	166	174	181
Referat für Gesundheitsverwaltung	5	7	8	8	8	8	9	9	9
Gesundheitsamt	95	96	81	91	89	91	95	98	101
Krankenanstalten	0	6	8	8	8	0	0	0	0
Mutterberatungsstelle	1	1	1	0	0	0	0	0	0
Poliklinik u. Geschlechtskr.unters.	4	4	4	4	4	4	4	4	4
Tuberkulosefürs. Gesundheitspfl.	17	17	17	17	16	16	15	15	14
Indikationsstelle	0	1	1	1	1	1	1	1	1
Psychosoz/Drogenberatung	0	0	11	10	12	12	12	11	11
Chem. Unters.anstalt	23	23	23	23	23	23	24	26	31
Lebensmittel- u. Viehseuchenüberw.	6	6	5	5	6	6	6	10	10

...

Fortsetzung von Tabelle 40

	1990	1991	1992	1993	1994	1995	Ø der Veränd. in %	Verän-der. ges in %
Stadtverwaltung ges. [a)]	7185	7336	7408	7510	7539	7494	0,8	13,1
Soziales u. Jugend ges.	1741	1801	1854	1877	1925	1967	1,8	32,7
Soziales ges.	991	999	1057	1054	1078	1050	1,6	29,5
davon: Soziales, allg. Verwaltung	9	8	8	8	8	8		
Sozialamt ges.	272	274	283	284	287	310	3,0	74,2
davon: Sozialamt	*233*	*233*	*240*	*237*	*240*	*266*	3,0	72,7
Einrichtungen d. Sozial-amtes	*39*	*41*	*43*	*47*	*47*	*44*	3,2	83,3
Heime der Sozialhilfe.	30	32	36	40	40	37		
Sozialstationen	2	2	0	0	0	0		
Nachbarschaftshaus	7	7	7	7	7	7		
Altenversorgung / Seniorenamt ges.	412	414	465	466	498	465	1,7	32,1
Ambulante Hilfsdienste	15	15	15	15	18	0		
Altenheime	396	398	447	448	453	417		
Sonst. Altenversorgung	1	1	3	3	27	48		
Familienhilfe	130	133	131	131	129	129	0,9	15,2
Pflegeamt	7	7	7	7	7	7		
Ausländerbetreuung	9	11	11	9	9	9		
Wohngeldstelle	37	37	34	32	31	31		
Versicherungsamt	24	23	26	26	25	22		
Lastenausgleichsamt	91	92	92	91	84	69	-3,3	-31,7
Jugend ges.	750	802	797	823	847	917	1,9	36,7
davon: Jugendamt	149	148	150	152	146	151	0,8	12,7
Kindergärten	183	227	239	253	261	285	3,4	91,3
Kinderhorte, und -krippen	178	189	208	214	235	259	2,2	43,9
Sonst. Einrichtungen des Jugendamtes:	240	238	200	204	205	222	0,5	6,7
Jugendsozialarbeit	21	22	4	1	0	0		
Kinder- u. Jugendheim	37	37	37	37	37	0		
Jugendzentrum	7	7	7	7	7	7		
Betreuung f. arbeitslose Jugendl.	16	15	0	0	0	0		
Kommunikationszentrum	8	8	7	7	7	7		
Gemeinschaftshaus	11	11	10	11	11	11		
Sozialer Beratungsdienst	28	28	28	29	29	29		
Soziale Gruppenarbeit	8	8	8	8	8	8		
Jugendwohnheime	6	6	3	7	7	52		
Sozialzentrum	24	19	1	0	0	0		
Betreuungsstelle	0	0	0	0	0	6		
Spielen in der Stadt	12	15	0	0	12	12		
Jugendarb. FreizeitEinrichtungen	62	62	95	97	87	90		
Gesundheit ges. (ohne Krankenanst.)	181	181	169	163	164	156	0,2	3,5
Referat für Gesundheitsverwaltung	8	7	6	0	0	0		
Gesundheitsamt	105	105	80	84	86	85		
Krankenanstalten	0	0	0	0	0	0		
Mutterberatungsstelle	0	0	0	0	0	0		
Poliklinik u. Geschlechtskr.unters.	4	4	0	0	0	0		
Tuberkulosefürs. Gesundheitspfl.	14	14	19	19	16	15		
Indikationsstelle	1	1	0	0	0	0		
Psychosoz/Drogenberatung	11	11	11	9	9	9		
Chem. Unters.anstalt	28	29	28	26	28	26		
Lebensmittel- u. Viehseuchenüberw.	10	10	25	25	25	21		

a) Summe der Einzelpläne 0-7 (Beamte und Angestellte)

Quelle: Haushaltspläne der Stadt Nürnberg (Stellenpläne Beamte und Angestellte)

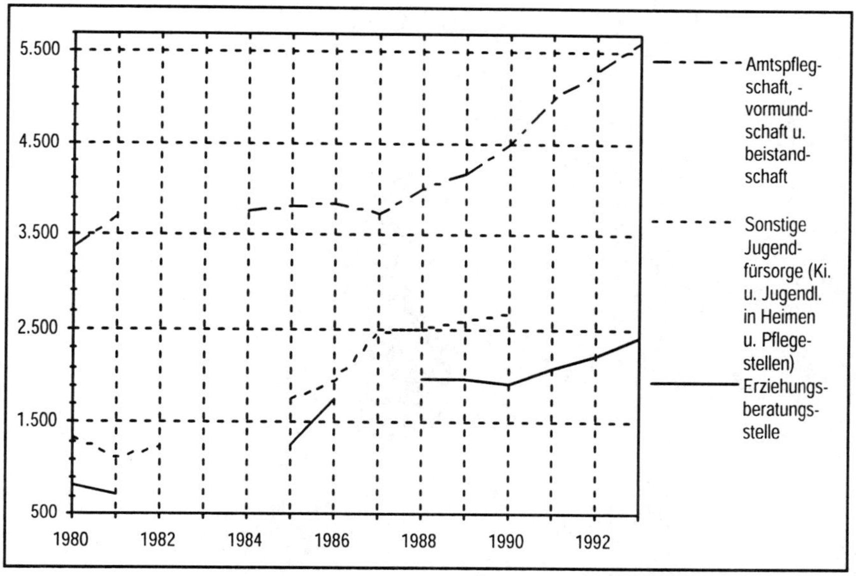

Abbildung 61: Fälle beim Jugendamt der Stadt Nürnberg, 1980-1993

Quelle: Verwaltungsberichte der Stadt Nürnberg, eigene Erstellung